北京高等教育精品教材
BEIJING GAODENG JIAOYU JINGPIN JIAOCAI

新媒体概论（第十版）

◎ 宫承波 主编

中国广播影视出版社

《新媒体概论》(第十版)编写组

主　编　宫承波

副主编　詹骞　闫玉刚　张晶晶　范松楠　孙宇

执笔人员

　　第一单元　第一至三章　　　　孙　宇　宫承波

　　第二单元　第四至五章　　　　詹　骞　赵冰洁
　　　　　　　第六章　　　　　　詹　骞　周蒳航　李伟森
　　　　　　　第七章　　　　　　徐瀚祺
　　　　　　　第八章　　　　　　徐瀚祺　孙　宇

　　第三单元　第九章　　　　　　王伟鲜
　　　　　　　第十章　　　　　　郝丽丽
　　　　　　　第十一章　　　　　付砾乐
　　　　　　　第十二章　　　　　陈　曦
　　　　　　　第十三章　　　　　王晶晶
　　　　　　　第十四章　　　　　管　璘

　　第四单元　第十五章　　　　　朱逸伦
　　　　　　　第十六章　　　　　马晓丹
　　　　　　　第十七章　　　　　罗晓琳
　　　　　　　第十八章　　　　　王　琳
　　　　　　　第十九章　　　　　王　炎
　　　　　　　第二十章　　　　　夏天一

　　第五单元　第二十一至二十三章　范松楠

　　第六单元　第二十四章　　　　闫玉刚　张　隽
　　　　　　　第二十五章　　　　闫玉刚　蒋珍珍

　　第七单元　第二十六至二十八章　张晶晶　蒋海升

　　第八单元　第二十九至三十章　孙　宇　宫承波

代总序

扫码可见
全书PPT

拥抱创意时代

在传媒业界,所谓"媒体创意"现象早已是司空见惯的客观现实,但若要问什么是媒体创意,人们却大多说不清楚。作为一种新生事物,人们对其语焉不详,甚至有些疑惑,都是正常现象。由于我们创办了一个媒体创意专业,所以也就时常有人向我询问,作为该专业的负责人,当然是回避不了的。

从逻辑学的角度说,一个事物的概念可以分为内涵性的概念和外延性的概念,内涵性的概念是对所指事物的特征和本质属性的概括,外延性的概念则是对所指事物的集合的概括。关于媒体创意,我们不妨把两者结合起来做一个界定:即创新性、创造性思维在传媒领域的运用,其要旨在于因势而变、不断推陈出新,它是市场化时代媒介生存与发展的必要手段,是传媒发展的第一生产力;其基本内涵,指现代传媒面向市场需求和变化,在信息建构与传播和媒介经营与管理的各个领域、各个层面、各个环节所采取的具有创新性或创造性的策略和构思——其视野开阔,内涵丰富,涉及传媒运作的方方面面,对此,可简要地概括为创意传播、创意经营和创意管理三大领域和范畴。

为什么要进行媒体创意呢?有人说是媒介竞争的产物,这当然没有错,但仅仅认识至此还是粗浅的。其更为深层的原因,是随着经济发展和物质生活水平的提高,广大受众的精神文化需求提高了,这当然也包括对大众传媒的需求——正是广大受众这种不断增长的精神文化需求引发了媒介竞争,由媒介竞争进而催生了媒体创意。事实上,这是媒体创意热兴的根本原因,也是近年来媒体创意产业以至整个文化创意产业迅速崛起的根本原因。

创意产业的发展呼唤创意产业人才,呼唤创意产业教育。笔者认为,文化创意产业的发展大体上可以说需要三方面的人才,即创意方面的人才、创意经营方面的人才和创意管理方面的人才,这也就决定了创意产业教育的三大领域,即创意教育、创意经营教育和创意管理教育。媒体创意专业正是应媒体创意产业发展需求,由中国传媒大学创办的一个面向传媒领域的属于创意教育方面的专业,可以说是回应业界需求、拥抱创意时代的产物。本专业自2003年起开始招生,经过几年来的努力和探索,如今专业定位已经明确,办学模式已基本成型,专业培养方案和教学计划已基本稳定。

我们的媒体创意专业是如何定位的呢?

笔者认为,所谓媒体创意教育,从整体上说,其终极目标应当是培养面向传媒市场需求和变化,能够为大众传媒的信息建构与传播和媒介经营与管理等不断地提供创新性、创造性策略和构思的专业的职业化的媒体"创意人",也即人们常说的所谓"媒介军师"。从人才规格上说,这是一种以创新性、创造性思维为核心,集人文艺术素养、传播智慧以及媒介经营策略、管理策略等于一体,面向现代传媒整体运营的素质高、能力强的现代复合型人才。这是我们媒体创意专业的教育理想。然而,教育是循序渐进的、是分层次的,作为本科层次的媒体创意专业,其教育目标的设定还应当实事求是、从实际出发,目标过高、过大,不仅不能够顺利实现,而且实施起来容易失去重点和方位感,容易在办学上流于宽泛。

正是因此,我们采取了适当收拢、收缩培养口径,同时与一定的职业岗位相结合的思路。根据业界需求和本校、本专业优势,目前我们将媒体创意专业教育的重点定位在"创意传播"领域。所谓创意传播,根据笔者的理解和界定,它既包括信息传播与媒介运用的策略和智慧,也应当包括媒介信息建构的技能、技巧,即我手达我心,想到了就能做到——比如,为了强化视觉冲击力,利用现代电子技术、数字技术创造新潮的视觉语言,进行超现实、跨媒体的艺术表现、特技表现,等等。这样的专业定位,意在与当前传媒业界兴起的所谓创意策划职业相结合,同时兼顾到多数本科生毕业后要从操作层面的具体工作做起的现实。这样的专业定位,无疑也蕴含了抓创意产业教育"牛鼻子"的意图。根据上文所述创意产业教育的三大范畴,所谓创意传播,无疑属于创意教育范畴——创意教育是以培养创意人才为目标的,应当说是整个文化创意产业教育的基础和核心。因为,如果没有创意人才、没有创意,那么所谓创意经营、创意管理也就成了一句空话。

总之,媒体创意专业是一个以培养专业的媒体"创意人"为目标的专业,是一个创意智慧与创意的技术、技能相融合、相交叉的专业,其培养目标可以做这样的简要概括和表述:培养现代大众传媒创新发展所需要的传播"创意人"(也可以称作初级媒体"创意人")。从人才规格上说,这是一种以创造性、创新性思维为核心,集人文艺术素养、传播策略和智慧以及现代传播的技能、技巧于一体的面向现代传媒传播业务的现代复合型人才。

从上述培养目标出发,本专业秉持中国传媒大学新闻传播学科多年来积淀而成的"宽口径、厚基础、高素质、强能力"的教育理念,同时结合本专业的内在要求,在办学模式上也就自然地体现出以下几方面的特色:

其一是综合性、交叉性。

智慧源于心胸,心胸源于眼界。创意不是从天上掉下来的,靠所谓天分,靠小聪明、小火花或许能竞一时之秀,但却不能长久。没有开阔的知识视野和理论视野,智慧往往就会陷于黔驴技穷的困境,创意就会成为无源之水、无本之木。只有在丰富的信息交流与碰撞中,在多学科知识、多维理论的交叉与融合中,智慧之树才能常青,创意活水才会"汩汩"而来。

为贯彻上述思想,我们认为,必须倡导学生广开视野、广取思维、广泛接触社会人生,即"读万卷书,行万里路"。在培养方式上,我们一直强调和重视基础知识与基本理论教学:一方面,以创新、创意能力的培养为核心、为旨归,打破现有的专业壁垒,强调多学科知识、多学科理论的交叉与融合;另一方面,则引导学生对大众传媒的信息建构与传播以及媒介经营与管理等现代传媒运作的主体领域及其前沿动态进行全面、深入的了解,对现代传媒运营有一个整体性、综合性把握。总之,我们要求学生应具有相对开阔的知识视野,较为扎实的理论功底,对现代传媒及其运营的全面了解和把握,并掌握创新思维原理,这是从事创意传播的必要前提。只有具备这样的前提和基础,才能进一步将创新思维原理成功地应用到现代传媒领域,形成相关领域的创意策划能力。

其二是艺术性。

我们知道,大众传媒的一个重要功能是消遣、娱乐,文艺、艺术传播是其中的重要组成部分,不懂艺术何谈创意?著名美学家王朝闻先生就曾经指出:"不通一艺莫谈艺。"更为重要的是,想象力是创意之母,而艺术与美学教育则是培养想象力的重要手段。大家都知道英国是发展创意产业的先驱,在那里,作为创意教育的手段,文学艺术教育受到高度重视。1998年英国国会的一个报告就曾指出："想象力主要源于文学熏陶。文艺可以使数学、科学与技术更加多彩……"

因此我们认为，艺术与美学教育是媒体创意教育不可或缺的重要组成部分，并坚持从以下两个方面予以保证：一方面，在生源选拔方面按艺术类招生，从选才上把好艺术素养关；另一方面，从培养措施上对艺术素养和美学教育予以着重加强，设置一大批文学、艺术和美学类课程，从而使学生通晓文学艺术以及大众文化领域的基础知识、基本观念，并掌握有关必要的技能、技巧。

其三是实践性。

不言而喻，媒体创意专业是一个实践性较强的专业，加强实践教学本是专业教学的题中应有之义。所以，本专业教育的一个重点，就是要面向传媒业界实践，开展强有力的职业化的模拟训练，强调高素质教育和强职业技能教育的互补与互助，从而有效地促进学生由知识向能力的转化。尤其对于本科生来说，将来一般都要从具体工作做起，为了有利于就业，操作层面的技能、技巧教育就更是必不可少的。

因此，我们充分发扬中国传媒大学的传统优势，重视媒介信息建构与传播的具体操作能力的培养，重视案例教学，通过一系列实践教学和职业化的模拟训练，努力使学生具备较强的传媒文本读解能力，熟练掌握对色彩、声音、画面、图形、文字等传播符号的操控技术，并能够在创造性、创新性思维指导下灵活运用媒介信息建构与传播的技能、技巧。另外，我们还通过"请进来""送出去"等措施，密切跟踪业界前沿，同时与业界展开必要的互动。几年来，我们曾聘请大量业界专家、校友走进校园授课或举办讲座，带来业界前沿的动态信息；同时，还借助于多年来中国传媒大学与传媒业界所结成的良好的业务联系，利用每年暑假时间成建制地安排学生到业界实习。经过几年来的实践，学生们普遍反映，摸一摸真刀真枪，感觉就是不一样！

其四是个性化。

所谓个性化，也即教育"产品"多向出口。现代传媒运营是一个庞大的系统，面对这样一个庞大、复杂的系统，作为本科教育，笔者认为，其教育目标还应当实事求是，有放有收。因此，在广播、电视、网络、报刊等多种媒体中，在信息建构与传播的多个领域，我们提倡学生既有专业共性，又有个性专长，倡导学生根据个人兴趣，自主选择主攻方向，发展创新思维，努力形成个人的业务专长和优势。

为支持和促进学生的个性化成长与发展，本专业在一、二年级主要学习公共基础课和有关现代传媒教育的平台性课程，从三年级开始则多向开设选修课，并全面实行导师制。几年来的实践证明,这些做法都是务实的、有效的,受到学生、家长的欢迎,得到传媒业界的肯定。

上述这些认识,已经成为我们建设媒体创意专业的指导思想。2005年上半年以来,在学校的支持下,我们承担了校级教改立项"媒体创意专业建设研究"项目。在该项目推动下,笔者与同事们一道,在研究、探索的基础上,经过群策群力,已连续推出三个不断完善的培养方案版本以及相应的教学计划。

但是,我们也应当看到,对于一个新专业建设来说,有了成型的培养方案,还只能说是迈出了第一步,是起码的一步。如果说培养方案相当于一个人的躯干,那么它还需要两条强健的腿,才能成为一个健全的人,才能立起来、走起来,以至跑起来——这"两条腿",笔者认为,也即当前贯彻实施该专业培养方案、确保培养目标实现的两大当务之急:其一是教材建设;其二是实践教学机制建设。

关于教材建设。

自成体系的知识构架和核心课程是一个新专业得以确立和运行的基本支撑,因此,要想使该专业真正得以确立,就必须构建一个具有本专业特点的核心课程体系,同时还必须编撰一套相应的适应本专业教学需要的教材。

由于媒体创意专业具有交叉性、综合性特点,所以该专业教材编写的重点,也是难点在于,要以创意传播能力的培养为核心、为旨归,解决好多学科知识、多学科理论的交叉与融合问题。在深入研讨的基础上,我们通过组织、整合有关师资力量,关于"媒体创意专业核心课程系列教材"的出版已经启动。根据我们的计划,两年内将至少推出15部具有本专业特点的核心课程教材。但目前面临的困难还相当大、相当多,最为核心和关键的是人的问题,也即师资问题。

关于实践教学机制建设。

如上所述,媒体创意专业是一个实践性较强的专业,所以实践教学必须置于重要地位,贯穿于教学工作的全过程。这不仅仅是几种措施的简单相加,还应当是一整套的有机体系。为了使实践教学切实有效,就必须保证这一体系的科学化和规范化。所以,对这一体系的构成及其运行机制做出全面探索,将本专业实践教学科学化并进一步制度化,是本专业教学基本建设中重要的一维。目前,虽然已经建立了几个实践教学基地,但还远远满足不了本专业全面开展实践教学工作的需要。

以上两个方面既是当前我们贯彻实施媒体创意专业培养方案、确保培养目标实现的两大当务之急,也可以说是媒体创意专业建设的"两条腿"。笔者认为,只有这"两条腿"

强健起来了,该专业建设才能够获得实质性、突破性进展。

综上所述,媒体创意专业是适应创意时代需要而创办的一个崭新的专业,是一个新型、特色的专业,我们的办学模式和教学建设的方方面面都是既具探索性,又具示范性的。正是基于这样的认识和责任感,我们一直坚持既小心翼翼、深入研究,又实事求是、大胆实践、大胆探索,坚持在实践中探索、在探索中创新、在创新中发展的原则。在校方的领导和支持下,经过几年来的群策群力,目前该专业已基本创立成型。可以这样说,媒体创意专业抓住了创意时代大众传媒的本质,适应了市场经济条件下传媒竞争与发展的需要,是一个有时代感、有活力的专业,它有效地利用、整合了中国传媒大学的资源优势——如良好的传媒教育基础和丰厚的业界资源等,体现了中国传媒大学的办学特色。

当然也应当看到,我们的探索还是初步的,同任何新生事物一样,目前该专业还是幼小的、稚嫩的,它目前需要的是理解和呵护。我们殷切地希望学界、业界同仁能够从事业大局出发,都来浇水施肥,遮风挡雨。我们相信,在传媒事业发展和文化创意产业大潮的双重促动下,这样一个新型、特色专业一定会尽快成长起来,我们也一定能够探索出一套既适应传媒市场需要,又符合教育规律且切合我校实际的专业办学模式,从而使它成为我校教学改革的一个亮点,成为中国传媒大学的一个品牌,成为我国传媒教育的一道新的风景,同时,也为专业扩张提供规范和标杆。

宫承波

2006 年 9 月 30 日初稿

2007 年 5 月 10 日修订

于中国传媒大学

目 录

第一单元 新媒体概说

第一章 什么是新媒体 002
  第一节 关于新媒体的界定 002
  第二节 新媒体的基本特点 004

第二章 新媒体用户审视 007
  第一节 传播过程中的新媒体用户 007
  第二节 社交网络中的新媒体用户 009
  第三节 社会活动中的新媒体用户 011

第三章 新媒体技术依托审视 014
  第一节 新媒体的数字技术依托 014
  第二节 新媒体的网络技术依托 017
  第三节 新媒体的移动通信技术依托 021
  第四节 新媒体的智能技术依托 026

第二单元 新媒体形态论

第四章 新媒体形态演变概观 032
  第一节 网络媒体发展及形态 032
  第二节 聚合类媒体发展概说 046
  第三节 社交类媒体发展概说 047
  第四节 智能媒体发展概说 049
  第五节 沉浸媒体发展概说 051
  第六节 互动电视媒体发展及形态 053
  第七节 新型媒体发展及形态 060

第五章 聚合类媒体 068
  第一节 搜索引擎 068
  第二节 知识聚合媒体 071
  第三节 新闻聚合媒体 075

第六章 社交类媒体 085

  第一节 网络社区、博客与即时通信 ································· 085
  第二节 微博 ··· 089
  第三节 微信 ··· 095
  第四节 小程序 ··· 098
  第五节 移动办公平台 ··· 101
第七章 智能媒体 ··· 107
  第一节 智能可穿戴设备 ··· 107
  第二节 智能音频 ··· 112
  第三节 写作机器人 ··· 119
第八章 沉浸媒体 ··· 126
  第一节 感官沉浸媒体 ··· 126
  第二节 环境沉浸媒体 ··· 130

第三单元 新媒体传播论

第九章 新媒体传播概说 ··· 140
  第一节 何为新媒体传播 ··· 140
  第二节 新图景:新媒体传播的发展与变革 ················ 144
  第三节 新面向:新媒体传播的重构与整合 ················ 149
第十章 新媒体新闻 ··· 154
  第一节 新媒体新闻概观 ··· 154
  第二节 新媒体新闻的发展现状及问题 ······················ 160
  第三节 新媒体新闻的发展趋势 ··································· 163
第十一章 新媒体舆论 ··· 171
  第一节 新媒体舆论的内涵与特征 ······························ 171
  第二节 新媒体舆论的形成机制与传播规律 ··············· 175
  第三节 "后真相时代"新媒体舆论的问题及引导 ······ 179
  第四节 新媒体事件 ··· 182
第十二章 新媒体广告与营销 ··· 188
  第一节 新媒体广告 ··· 188
  第二节 新媒体营销 ··· 198
第十三章 网络直播 ··· 206
  第一节 网络直播概观 ··· 206
  第二节 网络直播的传播特性 ······································ 209
  第三节 网络直播发展现状与趋势 ······························ 211
第十四章 数字出版 ··· 217
  第一节 何为数字出版 ··· 217
  第二节 数字出版的诞生与发展 ··································· 217
  第三节 数字出版的未来 ··· 221

第四单元　新媒体艺术论

第十五章　网络审美文化与新媒体艺术概说　228
- 第一节　网络审美文化与新媒体艺术初探　228
- 第二节　新媒体艺术特性及主要类型　233
- 第三节　新媒体艺术的娱乐化传播　238

第十六章　网络综艺　243
- 第一节　网络综艺概述　243
- 第二节　网络综艺的主要类型与特点　248
- 第三节　网络综艺的现状与未来　251

第十七章　网络短视频　256
- 第一节　网络短视频概述　256
- 第二节　网络短视频的分类及特征　260
- 第三节　Vlog：短视频热点领域　262

第十八章　网络动画　266
- 第一节　网络动画形态变迁　266
- 第二节　网络动画的特点及类型　269
- 第三节　网络动画的现状与前景　272

第十九章　网络游戏　276
- 第一节　网络游戏概述　276
- 第二节　网络游戏的传播模式　278
- 第三节　网络游戏的未来展望　281

第二十章　网络交互艺术　288
- 第一节　网络交互艺术概述　288
- 第二节　网络交互艺术的主要形态　290
- 第三节　网络交互艺术的困境与进路　295

第五单元　新媒体应用论

第二十一章　互联网思维及其应用概说　300
- 第一节　互联网思维的内在含义　300
- 第二节　互联网思维的跨界影响　302

第二十二章　新媒体在社会经济领域的应用　305
- 第一节　新媒体为传统农业转型升级培育新动能　305
- 第二节　新媒体为互联网工业融合创新提供推动力　309
- 第三节　新媒体为服务业业态优化植入催化剂　313

第二十三章　新媒体在智慧生活领域的应用　318
- 第一节　新媒体在智能家居领域的应用　318
- 第二节　新媒体在教育领域的应用　320

第六单元　新媒体产业论

第二十四章　新媒体产业概说 ………………………………………………… 324
第一节　新媒体产业的内涵和特征 …………………………………………… 324
第二节　新媒体产业的作用与意义 …………………………………………… 329
第三节　新媒体产业的发展趋势 ……………………………………………… 332

第二十五章　新媒体产业现状分析 …………………………………………… 336
第一节　网络游戏产业 ………………………………………………………… 336
第二节　网络影视产业 ………………………………………………………… 340
第三节　网络直播产业 ………………………………………………………… 344
第四节　短视频与MCN产业 ………………………………………………… 347

第七单元　网络文明建设论

第二十六章　网络文明建设体系概观 ………………………………………… 354
第一节　网络文明建设的基本认识与范畴 …………………………………… 354
第二节　网络文明建设的基础与原则 ………………………………………… 355
第三节　我国网络文明建设的路径选择 ……………………………………… 357

第二十七章　网络法治文明建设 ……………………………………………… 361
第一节　国外对网络的政府监管与法律规制 ………………………………… 361
第二节　我国对网络的法律规制与行政管理 ………………………………… 368

第二十八章　网络伦理建设与网络素养教育 ………………………………… 373
第一节　国外网络伦理规范 …………………………………………………… 373
第二节　我国网络伦理规范 …………………………………………………… 378
第三节　网络素养教育 ………………………………………………………… 382

第八单元　新媒体创新与未来媒体论

第二十九章　用户思维与新媒体创新 ………………………………………… 387
第一节　用户思维概说 ………………………………………………………… 387
第二节　用户大数据与新媒体创新 …………………………………………… 389
第三节　用户体验与新媒体创新 ……………………………………………… 393

第三十章　未来媒体 …………………………………………………………… 401
第一节　未来媒体概观 ………………………………………………………… 401
第二节　区块链+媒体:未来媒体的结构性变革 ……………………………… 406
第三节　元宇宙:未来媒体的组合式向度 …………………………………… 409

附录:《新媒体概论》第一至第九版编写组 ……………………………………… 414

第一单元

新媒体概说

XINMEITIGAILUN

所谓新媒体，是伴随着科技进步而发展起来的一系列"新"的媒体的统称。借助新媒体传播优势推动媒体深度融合发展，已成为构建全媒体传播体系的关键一环。本书第一单元将对新媒体的概念、用户和技术等进行相对宏观的阐述。

"新媒体"不仅是一个时间性、物质性概念，还是一个技术性概念。新媒体用户突破传统媒体受众的信息接收角色，发展出信息传播者、关系连接者和社会参与者等多种角色。技术发展是新媒体进化的先驱，没有数字技术、网络技术、移动通信技术、智能技术等技术的推动，就没有新媒体的今天和未来，对技术的了解是认识新媒体的重要途径。随着技术的进一步发展，场景、体验和算法成为更关键的媒体生态要素，信息传播格局不断发生剧变，将对新媒体的演化产生深远影响。

第一章 什么是新媒体

扫码可见
第一章PPT

第一节 关于新媒体的界定

在全书的开始,我们有必要对"媒体"和"媒介"这两个经常混用的概念做一下说明。两个词语均来自英文单词中的"media/medium",并无概念上的本质区别,只是在使用习惯上有细微的差别。一般来说,媒介是整体的抽象名词,媒体则是个体的具象名词;也有的学者认为媒介指的是语言、文字、声音、图像等内容信息,而媒体指的是书本、报纸、杂志、广播、电视等传播媒介及其机构。在本书中,"媒介"与"媒体"以及"新媒介"与"新媒体"的概念等同,未作区分。

"新媒体"这一概念最早可以追溯到50多年前。1967年,美国哥伦比亚广播电视网(CBS)技术研究所所长P. 高尔德马克(P. Goldmark)发表了一份关于开发电子录像(EVR)商品的计划书,他在计划书中将"电子录像"称作"New Media(新媒体)","新媒体"概念由此诞生。随后,美国传播政策总统特别委员会主席E. 罗斯托(E. Rostow)在向当时的美国总统尼克松提交的报告书中也多次提到"New Media"这一概念。"新媒体"一词随后开始在美国流行,不久便成为全世界的热门话题。

近年来,随着新媒体在我国的迅猛发展,"新媒体"一词也成为国内业界和学界炙手可热的新词,越来越多的媒体从业者、IT人士和学者开始关注、探讨新媒体。尽管如此,对新媒体的许多基本问题,比如界定问题,国内研究者们众说纷纭、各执一词,并未形成较为统一的认识。

对此我们认为,从严格意义上说,新媒体并非一个科学的概念,因为"新"是相对"旧"来说的,任何事物在诞生之始都是以新面目出现,但随着时间的流逝,"新""旧"之间的界限会逐渐模糊,直至消失。鉴于此,本书试图从时间性、物质性和技术性三个维度来对新媒体做出相对客观的界定。

首先,"新媒体"是一个时间性概念。我们知道,媒体作为一种传播载体,其物质形态是随着技术的发展而不断演变的。从最早的口口相传、结绳记事到文字的诞生、印刷术的发明,从书籍的广泛普及再到近代新闻报业的崛起、广播电视等电子媒体的壮大,直至当前以数字和网络等技术为支撑的一系列新媒体的兴盛,媒介形态始终处于一个不断发展、演化的过程之中。所以所谓"新媒体",只是在与"旧媒体"的对照中所产生的时间性、历史性概念。例如广播、电视相对于印刷媒体是"新媒体",但相对于网络媒体便是"旧媒体"了。在媒介发展史上,每一次媒介技术的变革都会带来所谓的"新媒体",特别是在知识爆炸、技术更新迅速的今天,各类新媒体层出不穷,新媒体的外延更是不断被拓展。仅以社交类媒体为例,在短短几年中,微博、微信、移动办公平台等新媒体形态纷纷冒了出来。在信息时代,不仅是新的技术变革和物质形态的变化可以产生新媒体,新的软件开发、新的信息服务方式的推出都可称之为一种新媒体的诞生。可以预期的是,今日的新媒体在未来同样会被归入"旧媒体"的范畴。从这一角度说,本书所界定的新媒体立足于当下,指的是相对于报刊、广播、电影、电视等传统媒体而言的新的媒体形态。但需要说明的是,新出现的媒体并不都是新媒体,与传统媒体相比,如果支撑技术或传播方式未发生实质性变化,那么就不能认定为新媒体。

其次,"新媒体"是一个物质性概念。在数字化时代,电视机、收音机、计算机、手机和智能音箱等各类媒介终端可被称作"媒介物",而其承载的信息内容、媒体软件或信息服务方式则可视为"数码物"。对广播、电视等传统媒体而言,其媒介物和数码物在名称的使用上一般是相同的,即广播、电视既能指代媒介终端,又能指代媒介内容(如看电视、听广播)。因而,我们往往会忽视对传统媒体的物质性探讨。但由于新媒体终端和服务的扩充,新媒体的物质性则要复杂一些。首先,出现媒介物与数码物并非完全对应的情况:作为新媒体的媒介物可能承载多种数码物,如智能手机包含了各种软件、程序、网页、算法等;一种数码物也可能存在多种新媒体的媒介物之中,如可以在计算机、智能手机、平板电脑甚至是智能电视、智能可穿戴设备上使用微信。其次,媒介物和数码物的类型都在快速增长,媒介物和数码物的分离、组合促进了新媒体形态的丰富:一种情况是新的媒介物作为新媒体被凸显,如智能手机、智能可穿戴设备、智能音箱;另一种情况是数码物作为新媒体形态的增多,如新闻客户端、搜索引擎、微博和智能音频。最后,不同媒体形态之间不再是完全区隔的状态,除了功能的可连接性,我们还可以从物质性视角将一定范围的新媒体划分层级,例如"智能手机——微信——小程序"(从高到低层级),可以看出,这种划分不仅实现了媒介物和数码物的连接,而且使我们能更加直观探究不同尺度下的新媒体形态。总之,新媒体是物质性的,不论是互联网电视、智能手机、智能可穿戴设备等媒介物,还是微博、微信、小程序等数码物,都是新媒体形态的一员。

最后,"新媒体"是一个技术性概念。当下的新媒体指的是依托数字技术、网络技术、移动通信技术、智能技术等基础技术或新兴科技而产生的向用户提供信息服务的一系列新的工具或手段,在"万物皆媒"条件下,其种类仍在急剧扩充。其中有的属于新的媒体形式,有的则属于新的媒体硬件、新的媒体软件或新的信息服务方式。从传播学视角看,它们又可以分为两类:

一类可以称作新兴媒体,是新媒体的典型形态,以桌面互联网媒体、移动互联网媒体、智能媒体、沉浸媒体、互动电视媒体为代表。它们依托全新的传播技术,以改变传播形态为主要诉求,强调体验和互动,内容生产日趋分散化和个性化。

另一类则可以称作新型媒体,包括户外彩屏、楼宇电视和车载移动电视等。它是在传统媒体基础上依托新技术衍生而来的,其传播形态并未发生根本性改变,但是信息质量有效提高,传播范围更加宽广,到达了以前无法覆盖的区域。

综上所述,我们对"新媒体"这一概念作广义和狭义两种界定。广义上的"新媒体",是利用数字技术、网络技术、移动通信技术和智能技术,通过互联网、物联网、无线通信网和卫星等渠道,以电视、计算机和移动终端等为主要输出终端,向用户提供视频、音频、语音数据服务、社交服务、休闲游戏、远程办公、在线教育等集成信息和娱乐服务的所有新的传播手段或传播形式的总称,包括"新兴媒体",也包括"新型媒体";而狭义上的"新媒体"则专指"新兴媒体"。(详见第二单元)

本书对新媒体的审视基本依据广义上的界定及其视野而展开;其中,某些理论概括和阐述,则主要聚焦"新兴媒体"。

第二节 新媒体的基本特点

一、微传播

在新媒体环境中,独立而广泛的传播技术共享主体借用短小却精简的多媒体内容向特定用户进行多层级、裂变性、碎片化、交互式的信息传递,体现出"微内容""微交互""微介质""微受众"等传播特性,促进了传播过程的微传播转向。这种微传播不仅形成了以微博、微信为代表的微媒体形式和以微电影、短视频为代表的微内容形态,甚至塑造了以微社交、微支付为代表的微生活方式,在掀起一场传播"微革命"的同时,也给人们的表达方式、表达内容、社会文化和社会事件的组织方式等多个方面带来了深刻变化,在社会文化层面开启了一个以短小精悍为文化传播特征的"微时代"。

二、交互性

交互性是新媒体区别于传统媒体的最突出特点。它包括两层含义:信息发送者和接收者之间的信息交流是双向的;参与个体在信息交流过程中都拥有自主权。面对面的信息交流、电话就具有很强的交互性;而作为大众传播媒介的报刊、广播、电视,其信息的传播具有单向性,信息反馈不方便,交互性比较差。

互联网特别是移动互联网的普及为人们提供了廉价且便捷的传播渠道,这就使任何拥有联网信息终端的个人既可以是信息的接收者也可以是发送者,真正实现了信息的双向交流。新媒体使参与者对信息交流过程具有平等的控制权,可以依据自己的兴趣和需要选择性地交流信息。例如,在微博中,用户可以自主选择关注哪些账号、浏览哪些信息,还可以随时随地发布文字、图片、视频等内容,又可以进行点赞、转发、分享、发送弹幕等互动;而VR/AR、可穿戴设备等技术让用户得以进入沉浸式的传播状态,能够发生更加深层次的互动,未来与新媒体的交互将是万物互联式的交互,交互由"刻意"变为自然。由此可见,在新媒体环境中,交流双方真正实现了信息的交互传播。

三、具身性

新媒体利用连接全球电脑的互联网和通信卫星完全打破了地理区域的限制,只要有相应的信息接收设备,在地球的任何角落都可以接收到新媒体传播的信息。尤其是移动互联网的发展,使新媒体摆脱了有线网络的限制,提高了用户接收信息的即时性。新媒体还大大缩短了信息交互传播的速度,甚至实现了信息的"零时间"即时传播。无论是早期的网络社区,还是现在以微信为代表的社交类媒体都使信息的交互传播突破了时空限制。在这种情况下,新媒体可以弥补、增强甚至超越身体的限制,从不同的维度重塑人的身体,造成图形化身、VR 具身和数字孪生等多种形态的技术身体,从而造就了不同形式的具身性在场。① 在移动办公平台中,不同用户可以在其中发起线上讨论,还可以举行实时视频会议、多人网络授课,这就是新媒体突破时空限制实现具身性在场的代表。

四、个性化

新媒体环境下,用户往往拥有专属的信息终端,如手机、智能音箱等;并且这些信息终端在网络中都有一个固定的信息标识,如 IP 地址、微信号、电子邮箱、短视频账号等。在这种条件下,用户对信息具有极高的控制权,可以通过新媒体定制、选择、检索信息。另外,用户在长期使用新媒体过程中形成的信息接收习惯也有机会被记录,形成特定的信息接收标签,信息传播者可以根据信息标识和信息接收标签确定一个或多个用户向其传播特定信息。这样,每一个新媒体用户都可以发布和接收完全个性化的信息,大众传播转变为"小众传播",甚至是"一对一传播"。随着大数据技术、算法推荐技术、机器学习技术等的应用和发展,新媒体将更加智能,从而提供更加个性化的内容和服务。

五、虚拟化

新媒体基于数字化的信息,塑造并存在于一定的虚拟空间当中。数字化信息以比特("0"或"1")的排列组合来表示和传播,人们可以方便地通过调整比特的排列来修改信息甚至制作虚拟的信息。文字、声音、影像、互动场景等在内的数字化信息都是由技术人员利用数字技术模拟真实世界信息制作出来的。近年来,人工智能的概念从计算机科学的专业层面延伸至大众视野,机器人记者和围棋手正是新媒体虚拟性的一种表现,VR、AR 和 MR 技术让人能够完全沉浸到虚拟环境或虚拟和现实复合的环境当中,将新媒体的虚拟化特点直观地呈现到人们面前。

新媒体的虚拟信息传播不仅指信息呈现的虚拟性,还指传播关系的虚拟性。人类之间信息传播的目的是在人与人之间建立关系,进行信息的沟通和交流。在传统媒体环境下,传播者和受众的角色是特定的,至少传播者的角色是特定的,人们知道信息来源。然而在新媒体环境下,传播者和受众的角色大部分是匿名的,被赋予了"虚拟角色",交流双方在这种条

---

① 谭雪芳:《图形化身、数字孪生与具身性在场:身体—技术关系模式下的传播新视野》,《现代传播(中国传媒大学学报)》2019 年第 8 期。

件下开展交流活动。所以,建立在虚拟数字信息交流基础上的人际关系也具有一定的虚拟性,而这种虚拟的人际关系将极大地改变传统社会的人际关系模型。

六、平台化

新媒体带有深刻的平台化基因。虽然被称为"新媒体",但新媒体并不局限于"媒体"的信息传播属性,而是逐步发展出了丰富多样的"平台"属性。在这个意义上讲,新媒体不仅是纯粹的信息传播平台,还可能带有学习教育、休闲娱乐、购物交易、移动办公、社会交往等平台属性。对早期的论坛来说,人们在上面发布各种类型的内容,实质上就具有了平台化的特征。在微博、今日头条等新媒体中,平台的入驻者可能是个人,也可能是一种组织,如新闻媒体、企业、行政机构,还有可能是某一虚拟形象,如虚拟偶像。随着"万物皆媒"时代的到来,新媒体存在的场景将进一步拓展,新媒体的平台化特征也会越来越明显。

本章思考题

1. 请举例说明新媒体概念的内涵和外延。
2. 请从传播学视角对新媒体的特点进行分析。

本章参考文献

1. 宫承波. 新媒体的多维审视[M]. 北京:中国广播电视出版社,2008.
2. 匡文波."新媒体"概念辨析[J]. 国际新闻界,2008(06).
3. 彭兰."新媒体"概念界定的三条线索[J]. 新闻与传播研究,2016(03).
4. 景东,苏宝华. 新媒体定义新论[J]. 新闻界,2008(03).
5. 魏文利,杨强,杨娜. 新媒体平台化特征分析[J]. 科技传播,2018(06).
6. 章戈浩,张磊. 物是人非与睹物思人:媒体与文化分析的物质性转向[J]. 全球传媒学刊,2019(02).
7. 谭雪芳. 图形化身、数字孪生与具身性在场:身体—技术关系模式下的传播新视野[J]. 现代传播(中国传媒大学学报),2019(08).

第二章 新媒体用户审视

扫码可见
第二章PPT

新媒体的社会地位在不断变化、不断上升,从单维度的通信工具、技术名词发展为多维度的信息公共平台、舆论构建平台、娱乐休闲平台和社会治理平台,成为公众日常生活中不可或缺的一部分。如今,新媒体用户已不仅是传播内容的接收者,还拓展出信息传播者、关系连接者和社会参与者等多方面的角色。

第一节 传播过程中的新媒体用户

在传统广播、电视等传统媒体的传播过程中,用户一般被称为"受众",表明用户往往只是被动地接收媒体信息,自主选择空间较小。而新媒体则让受众的地位得到极大提升,由"受众"升级为"用户",这意味着新媒体的受众不再是被动的信息接收者,而转为包含信息生产、接收和交互等多重含义的信息传播者。

一、信息生产环节的新媒体用户

截至2021年12月,我国网民规模达10.32亿,互联网普及率为73%,手机网民规模达10.29亿,占总网民数量的99.7%。① 庞大的用户数量既是新媒体发展的基石,也凸显出当下新媒体的主流地位。图2-1即为我国近几年网民规模和互联网普及率增长趋势图。

新媒体的传播特性启动了独立个体进行自我传播的时代,从而强烈地激发了公众的参与热情。新媒体的发展动因具有多重性,既有技术力量的推动,也有市场利益的诉求,但如果从用户层面探寻新媒体发展的核心动力,普通公众对话语权的诉求则一定要提及。新媒体的主要特征就是开辟了自由的空间和通道,让每个普通公众都有机会表达自己的情感、传播自己的思想、提出自己的质疑。诚然,这一空间不可避免地会遭到政治权力的干预和商业利益的侵蚀,但相较于传统媒体时代所有的传播媒介都由专门机构牢牢把控、个体话语难以

---

① 中国互联网络信息中心(CNNIC):《第49次中国互联网络发展状况统计报告》,中国互联网络信息中心,2022年2月,http://www.cnnic.net.cn/hlwfzyj/hlwxzbg/hlwtjbg/202202/t20220225_71727.htm,访问日期:2022年6月28日。

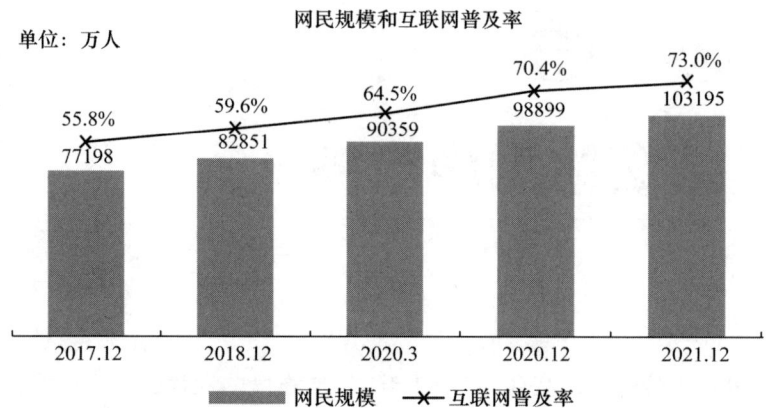

图 2-1　我国网民规模和互联网普及率历年增长趋势 ①

表达的境地,新媒体的表达和传播空间相对而言已经扩大很多。论坛、微博、微信、短视频应用等新媒体打造了开放自由的参与空间和"表演"场所,开辟了信息时代的"公共领域"。

UGC(User Generated Content,用户生产内容)是目前新媒体内容生产的一个重要特征,鲜明地昭示了新媒体用户的创造活力。这些带着鲜明草根风格的内容,也正是新媒体的魅力所在,吸引了大批受众、观阅者,培育出大量草根作家、艺术家。在新媒体时代,人人都可以做导演,人人都可以办公众账号,人人都可以成为媒体。微信公众号内容与形式花样迭出、直播平台上明星与粉丝直接互动、微博上永不落幕的新闻发布会,构成了信息时代独特的文化景观。当下,以微博和微信为代表的社交媒体成为用户常用软件,终端和网络的相互融合,让"两微"的内容生产更迅捷,也使网民更及时地把握热点信息并创作热门话题。

此外,用户参与新媒体的各种行为也会产生大量数据,包括用户在新媒体中注册时产生的个人信息,发生浏览、点赞、转发以及更复杂的互动行为时产生的行为数据。这些数据与内容生产不同,并非用户有意识地生产,而是用户在新媒体活动过程中形成的行为数据。可以说,用户在新媒体世界中的一举一动都有可能被记录,正因为如此,这些行为数据的产生是相对隐蔽的,用户自身有时都可能无法意识到。

二、信息接收环节的新媒体用户

新媒体提供的内容更加丰富庞大,并且种类繁多、针对性强、更新速率快,能够帮助用户更好地满足多方面的信息获取需求。新媒体用户的主动性接收日益凸显,用户可以不受使用空间和时间的约束,根据自己的需要,选择自己想使用的信息终端、接收的信息形式、获取的视听内容、体验的互动与服务等。用户接收的信息源也更加多样,他们可以选择是否关注

---

① 中国互联网络信息中心(CNNIC):《第49次中国互联网络发展状况统计报告》,中国互联网络信息中心,2022年2月,http://www.cnnic.net.cn/hlwfzyj/hlwxzbg/hlwtjbg/202202/t20220225_71727.htm,访问日期:2022年6月28日。

或添加某个信息源,决定接收信息源的种类、信息类型、接收方式和接收频率等。新媒体通过相关技术可以深入了解每个用户的基础画像、需求方向和行为特征,实现点对点传播和定制化传播,给予了用户个性化的信息接收体验。在这种语境下,结合用户使用新媒体的场景,新媒体用户培养出了全新的信息接收习惯,碎片化、浅层次的信息接收成为主流。

三、信息交互环节的新媒体用户

信息交互是新媒体赋予新媒体用户的全新交互方式,在某些场景下,信息交互甚至成为用户使用新媒体的全部内容。新媒体让用户实现的不只是基础的信息反馈,与传统媒体的信息反馈相比,新媒体具有明显的优势,用户能收到即时的信息反馈,在发送信息的一瞬间就能收到发送成功与否的反馈或是其想要了解的内容。

在信息反馈基础上,新媒体更拓展出了多元的信息交互形式。在算法层面,信息交互可以理解为新媒体环境下人们的输入的信息往往经过算法处理,其所收到的信息反馈是由算法加工或分发的,这种信息交互可能基于用户的使用行为、地理位置、生理信息和社交状况等。在硬件层面,人们与新媒体终端设备进行互动,如智能手机的屏幕交互、智能音频的语音交互、体感游戏的身体交互形式。在应用层面,信息交互形式更为丰富,如社交媒体的点赞和分享、H5页面的测试问题、网络视频的弹幕互动、互动影视的游戏交互。随着万物皆媒时代的到来,环境交互成为新媒体正在发展的交互形式,人与物、物与物的交互得到立体化呈现,家庭(智慧家居)、交通(智能汽车)、城市(智慧城市)等环境交互形式将进一步应用和拓展。

第二节　社交网络中的新媒体用户

在传统媒体中,受众与其他受众的联系并不紧密,连接的形式也很有限。而新媒体构建了与他人进行互动的社交网络,用户成为社交网络中的一个个节点,每一位用户都是关系连接者。在通过新媒体构建新"自我"的基础上,新媒体用户实现了现实环境人际关系的迁移与衍化,也创建了一些不同于现实环境的新连接关系。

一、新媒体用户的"自我"构建

米德认为,作为社会实体的自我本质上是一种社会存在,必须把它当作整个社会系统和社会过程的组成部分来考虑,个体自我只有通过社会关系及其中不断进行的互动过程才能产生和存在。[1] 而在新媒体环境下,受到个体自我、新媒体和他者反馈的影响,不同于个体自我的新媒体"自我"得以构建。

在各类新媒体特别是社交属性较强的新媒体中,用户在其账号中设置个人资料、发布个性化内容、不断与他人进行互动,会对新媒体用户的"自我"产生影响。首先,从客观角度来讲,新媒体无法完整复制新媒体用户的所有属性和状态,依据各类新媒体的特点,新媒体一

---

[1] 李美辉:《米德的自我理论述评》,《兰州学刊》2005年第3期。

般只能突出用户的部分特征,因此,与现实环境中的新媒体用户相比,新媒体用户的"自我"是个体自我的片段化呈现。其次,从用户主观角度来讲,新媒体用户可能为了某种目的或受到新媒体环境氛围的影响,对新媒体中的"自我"加以修饰,如匿名状态下的用户隐藏真实信息、利用图片处理软件对照片进行美化、精心设计发布的文字,导致新媒体用户的"自我"与现实自我之间存在一定的差异。最后,新媒体及其他用户给予某一新媒体用户的反馈也是社会关系的一部分,会对个体自我产生影响,用户据此进一步调整新媒体上的"自我"。总之,新媒体用户的"自我"以个体自我为基础,但存在一定的差异,是一种媒介化的"自我"。而新媒体用户的关系连接就是在新媒体"自我"构建基础上展开的。

二、新媒体用户的关系迁移与衍化

新媒体用户的关系网络同样受到现实环境人际关系的影响,表现为对现实环境各种人际关系的迁移,如基于家庭关系的迁移、基于工作关系的迁移和基于学校关系的迁移。但在新媒体环境中,这种人际关系的迁移也不是完全的平移,而是发生了一定的关系衍化,如新媒体的扁平化特征对原有关系的影响。这里主要以家庭关系为例,解释新媒体用户的关系迁移与衍化。

在家庭关系为基础的微信群聊中,年长世代和年轻世代的身份被迁移到群聊内。研究表明,年长世代与年轻世代同处于微信构建的交流场景中时,年长世代还是会将自己的角色定位为教化者。在亲属群中,可以看到年长世代频繁地分享有关中国社会传统文化的内容,比如孝道、勤劳、诚信等。但在一些情境下,他们的角色关系会发生一定衍化现象。年长世代在微信中,包括微信聊天、微信朋友圈,以及微信群中的交流都呈现了一种不同于传统长辈权威的形象。例如,表情包打破了年长世代的话语结构,使得他们不再使用日常生活中面对年轻世代时的严肃的、正式的话语,而是贴近年轻世代的娱乐性话语,试图构造与年轻世代相似的价值和情感共同体。①

三、新媒体用户的新连接关系

除了对现实环境人际关系的迁移和衍化,新媒体还创建了与现实环境十分不同的新连接关系,比如社区用户的关系、网络游戏玩家的关系、创作者与订阅者的关系,等等。由于新媒体用户的新连接关系类型繁多,且新应用的出现也可能促进新关系类型的出现,本节不一一列举,而是以新闻评论区和粉丝社群为例进行介绍。

新闻评论区主要是指出现在新闻网页、微博账号、新闻公众号或新闻客户端等新媒体渠道的评论功能区,新媒体用户可以在此发表自己的观点。他们的身份各异,但并不影响他们的评论行为,他们基于共同的新闻话题展开讨论。新闻评论区的关系主要是临时性的、松散的,随着新闻热度的消退,这种讨论随时可能终止。

而新媒体环境的粉丝社群是一种组织性较强的连接关系。当下国内娱乐产业受韩国

---

① 李会林:《年长世代的微信使用对亲属关系的影响——基于差序格局的分析》,硕士学位论文,南京大学,2018。

"练习生"制、"养成系"偶像培养模式影响,经过"超级女声""偶像练习生""创造101""青春有你"等偶像制造实践,陪伴偶像成长、帮助偶像出道的明星制造模式渐趋形成,并被疯狂复制。这一模式催生了有组织的粉丝社群大规模、深度参与偶像制造,要求粉丝既能短期集中打投刷数据,还要长期关注维持流量热度;既有线上数据指标,又需要线下应援。根本上是借助媒介工具(从最初的手机,到现今各种网络平台)完成投票、打榜、刷数据,或应援、宣传、做公益。为了完成上述活动,粉丝社群需要更好地沟通、协商,在使用微博、QQ、微信等兼具内容分享与人际社交的平台时,粉丝连接与群体身份得以强化,并逐渐形成社群内部沟通的密语行话和具备一定强制性、约束性的集体规范。①

第三节 社会活动中的新媒体用户

随着新媒体平台属性的增强,入驻主体的增多,用户可以在新媒体平台开展许多类型的社会活动,实现广泛的社会参与。对新媒体用户来说,他们通过新媒体参与到各类社会活动中,有机会获取社会服务和劳动报酬,实现人生价值乃至发挥巨大社会影响。

一、作为服务对象的新媒体用户

"用户"实质上就是服务对象的一种,随着新媒体的发展,新媒体用户能够获取的服务内容已不局限于基本的信息获取,而发展出广泛的社会服务,如政务服务、消费服务。

新媒体使新媒体用户成为政务服务对象。在地方媒体自有平台上接入政务服务入口,是近两年地方融媒体中心建设中非常明显的趋势。以湖北广播电视台为例,由湖北广电、长江传媒集团建设运营的"长江云"客户端,首页底端专设服务栏,在嵌入自身的特色服务以外,也接入了政府多个政务服务入口,"鄂汇办"一栏里,新媒体用户可以进入全省政务平台入口,更可获取多达47项查询服务,包括社会保障、医疗健康、交通出行、公积金等。②

新媒体还使新媒体用户成为消费服务对象。新媒体用户可以在新媒体中购买他们想要获取的服务,比如办理新媒体会员订阅服务、在电商平台购买商品、充值网络游戏。知识付费是新媒体用户作为消费服务对象一种比较有特色的模式。知识付费模式脱胎于内容付费,当前市场上流行的知识以音频类为主,文字、视频类为辅,尽管其载体和原有付费音乐和付费视频等形式类似,但其内核"知识"与音乐、视频大相径庭。前者是为解决移动互联网用户知识焦虑,以有针对性和可操作性的高场景度的价值信息为主;而后者则是用户日常生活休闲娱乐的"调味品"。线上知识付费平台的兴起缘自用户在知识盈余的压力下的渴望与焦虑,是一种内容消费的升级形式。尽管总体上未来信息生产和分享领域将长期维持免费为主、付费为辅的格局,但知识付费将会受到越来越多用户的青睐。③

---

① 赵丽瑾:《粉丝社群的组织结构与动员机制研究》,《现代传播(中国传媒大学学报)》2020年第8期。
② 汪艳、乔飞:《融媒时代,"新闻+政务服务商务"发展初探》,《新闻前哨》2021年第4期。
③ 喻国明、郭超凯:《线上知识付费:主要类型、形态架构与发展模式》,《编辑学刊》2017年第5期。

二、作为劳动主体的新媒体用户

作为劳动主体的新媒体用户有三方面的含义：一是用户的新媒体使用行为客观上为新媒体平台带来利益，如平台影响力、广告收益和用户数据，使用户成为新媒体平台某种意义上的劳动者；二是新媒体更新了传统的工作方式，部分工作流程由线下场景转移到新媒体场景，如移动办公平台可以实现考勤、会议、信息收集等功能，现实的劳动主体成为新媒体场景中的劳动主体；三是基于新的传播过程和关系连接，新媒体促进了新职业的出现，并以新媒体用户（新媒体节点）的姿态出现，如网络作家、网约车司机、网络主播和外卖配送员。

网络主播是典型的新媒体劳动主体，其直播工作的展开，天然需要依赖于新媒体提供的直播媒介。直播媒介最重要的特征便是平台属性，而网络主播则是遵从直播协议而利用直播的平台属性展开工作的数字经济从业者。网络直播过程中能展现出实时性，建构了更为接近日常对话的真实感。这在很大程度上扩展了人们在互联网世界中的情感表达空间。因而，大量的观众进入直播间与网络主播进行互动，寻求情感满足与情感支持。相应地，网络主播在直播互动过程之中，或多或少地付出自己的情感能量。由此可见，网络主播职业是一个充满情感交流的行业。网络主播据此获取一定的经济收益，这种收益主要来自观众打赏、平台激励或公会分成。直播平台的主要功能便是通过其直播产品构建网络主播进行直播的工作场景，并将这种工作场景中所产生的直播数字内容这样的非物质劳动转换成经济资本的市场交易机制。①

三、作为治理主体的新媒体用户

新媒体已成为人们社会生活的重要工具和场域，承载了社会转型期多种社会主体在生产、生活等多方面的需求；各级党政机关也纷纷入驻新媒体提供政务服务、接受问政监督，并定期发布新信息和新政策，解决群众的各类现实问题，新媒体成为新时代社会治理所依托的新场景。如果我们再对这一场景进行展望，智慧社会将成为未来社会的生存架构，新媒体则成为智慧社会的平台应用，为智慧社会的运行提供所需的信息、数据和服务，既是用户生活的联络中枢和连接器，也是社会治理的底层场景。②

从这个意义上说，普通民众通过新媒体平台成为新媒体用户，进而转变为治理主体，参与到社会治理的过程中来。一方面，新媒体用户可以表达关于社会建设的各种意见，提供有益于问题解决的信息，为社会建设贡献自身的力量。另一方面，新媒体用户能够对社会存在的各种不公平、不和谐乃至违法犯罪等现象进行揭露，发挥舆论监督的作用。互助文档就是新媒体用户参与社会治理的典型案例。在2021年河南暴雨灾害中，新媒体用户自发利用开放、可编辑的在线文档，收集、对接和跟进各类救援信息，打造出"多用途"的民间抗洪资源对接平台，促进了救援信息的高效流转。

---

① 胡鹏辉、余富强：《网络主播与情感劳动：一项探索性研究》，《新闻与传播研究》2019年第2期。
② 曾润喜、张军兴：《媒体融合发展与我国社会治理的关系》，《青年记者》2020年第1期。

本章思考题

1. 试分析新媒体环境下的信息接收对用户的影响。
2. 请分析新媒体环境下用户的关系连接有哪些基本特点？
3. 请从不同角度理解作为劳动主体的新媒体用户。

本章参考文献

1. 官承波. 新媒体的多维审视[M]. 北京：中国广播电视出版社, 2008.
2. 张跣. 微博与公共领域[J]. 文艺研究, 2010(12).
3. 赵丽瑾. 粉丝社群的组织结构与动员机制研究[J]. 现代传播（中国传媒大学学报），2020(08).
4. 喻国明, 郭超凯. 线上知识付费：主要类型、形态架构与发展模式[J]. 编辑学刊, 2017(05).
5. 胡鹏辉, 余富强. 网络主播与情感劳动：一项探索性研究[J]. 新闻与传播研究, 2019(02).
6. 曾润喜, 张军兴. 媒体融合发展与我国社会治理的关系[J]. 青年记者, 2020(01).

第三章 新媒体技术依托审视

扫码可见
第三章PPT

媒体作为技术革新的产物，其外在形态与传播方式，天然地与技术不可分割。新媒体更是如此，其每一次升级与变革，都离不开新媒体技术的迭代演进。无论是一直推动新媒体发展的数字技术、计算机网络技术和移动通信技术，还是近几年在媒体领域得到广泛应用的智能技术，都显示出新媒体背后技术逻辑对传媒生态的主导性作用。当物联网、区块链、人工智能等成为技术界的研发热点时，可穿戴设备、区块链媒体、智能音频等各种新媒体形态也将成为媒体行业的新宠。我们正经历着空前的新媒体技术迅猛发展时期，这些新技术对媒体引发的巨大变革，已引发了媒介生态的全方位重塑，对人类的信息传播模式也必然造成持续而深远的影响。

第一节 新媒体的数字技术依托

数字技术是信息社会的基础，也是新媒体的根本技术，当下的新媒体无不以"数字"的方式呈现，正是因此，也有人称新媒体为"数字媒体"。

一、数字技术的原理与发展

（一）数字技术的原理

数字技术是一种与计算机相生相伴的信息编码技术，它以数字"0"或"1"作为信息存储的最小单位——比特（bit）。文字、图形、图像、声音等任何信息都可以通过数字技术转换成为一系列"0"和"1"组合排列，供计算机识别，并在数字编码的基础上，通过计算机、光缆、通信卫星等设备进行存储、处理和传播。简言之，数字技术就是将各类信息数字化的技术。

从传播学的角度看，信息的数字化过程（图3-1）是一个典型的"编码—译码"的过程。具体来说，信息的数字化包括两个方面：一是将人类可感知到的模拟信息数字化（模/数转换），亦即对要发送的模拟信息进行编码；二是将数字化的信息进行还原，转换为人类可理解的模拟信息（数/模转换），亦即对接收到的数字信息进行译码。

具体到新媒体，这种信息的数字化主要表现在：任何新媒体的信息（网络信息、数字电视

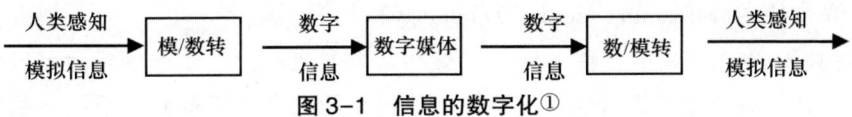

图 3-1 信息的数字化①

信息、移动和智能终端信息等)都是已经编码或自动生成的二进制数字信息,可以自由进入信息系统的汪洋大海,为各种基于数字技术的媒体所共享。这种共享性正是新媒体最重要的特性之一,实现了信息的多样化传播,整合了媒体资源,在一定程度上实现了信息时代人类的传播理想——任何时间或地点,通过任何媒体,使任何人的信息得以传播和接收。因此,数字技术是新媒体当之无愧的技术基石。同时,以下也是数字技术之所以对新媒体具有基础性作用的几个考量要素。

首先,数字技术使多种媒体的融合成为可能。统一的数字编码技术使文字、图像、视频、声音以及客观世界存在的任何信息都可以通过数字"0"和"1"来表达,各种信息可以融合为一体,通过数字设备加工和传播。智能手机属于数字移动终端,用户安装微信后通就可以编辑和分享文字、语音、图片、视频、文章、链接等数字化的内容,在一对一聊天界面、群聊、朋友圈中进行人际交流,使用不同的小程序满足使用者的个性化需求,实现丰富的线上数字生活。

其次,数字技术使信息的交互成为可能。由于各类信息都已统一为数字格式,使得信息的采集、传递和接收系统实现了技术上的统一,任何相互连接的信息终端之间都可以进行数字信息的交互传播。这使人与人、人与物、物与物之间的信息传播与交换成为可能。

最后,数字技术是软件技术和智能技术的基础。目前,软件程序是所有自动化电子设备的核心,包括计算机、智能终端、数字电视在内的新媒体都是依靠软件系统来工作,而诸如网络社区、微信、微博等所有的社交类新媒体更是以软件为存在的基础。没有各类软件的开发,新媒体就无法工作甚至根本不可能出现,而各类软件的编程、工作都是在数字技术的基础上完成的。

由此可见,数字技术为新媒体的出现提供了可能,为新媒体的发展提供了源动力。与传统媒体(尤其是电视)所依托的模拟技术相比,数字技术不仅使用户得以体验多种形态、清晰流畅的数字内容,同时也为媒体从业人员带来了难以想象的高效和便利。数字时代的到来,是媒介发展史上令人瞩目的里程碑。

(二)数字技术的发展

近年来,数字技术的新发展,催生了多种新媒体技术的涌现,进而推动了新媒体的飞速发展,流媒体技术、大数据技术和云计算技术即是其中的典型。需要说明的是,由于数字技术是信息社会的基础性技术,网络技术、移动通信技术和智能技术的一些代表技术也属于数字技术。

---

① 张文俊:《数字新媒体概论》,复旦大学出版社,2009,第 4 页。

1. 流媒体技术（Streaming Media Technology）

流媒体技术，简单而言就是把连续的影像和声音信息经过压缩处理后放到网站服务器上，让用户一边下载一边收看、收听，而不需要等整个压缩文件下载到自己机器后才能观看收听的网络传输技术。该技术先在用户端的计算机上创造一个缓冲区，在播放前预先下载一段资料作为缓冲，当网络实际链接速度小于播放所耗资料的速度时，播放程序就会取用这一小段缓冲区的资料，避免播放的中断，同时也保证播放的品质。流媒体是流媒体技术的核心，它将普通的多媒体通过特殊编码变成在网络中使用流式传输的连续时基媒体，可以适应在网络上边下载、边播放的方式。① 互联网上多媒体信息的激增，以及用户对音视频信息快速浏览的需求是流媒体技术产生的现实动力。流媒体技术克服了需要下载到本地才能观看的限制，在其支持下，用户可以一边下载一边观看或收听，大大提升了用户体验。

2. 大数据技术（Big Data Technology）

国际数据中心（IDC）在2011年的报告中定义了大数据："大数据技术描述了一个技术和体系的新时代，被设计于从大规模多样化的数据中通过高速捕获、发现和分析技术提取数据的价值"②。简单来说，大数据是指无法在一定时间范围内用常规软件工具进行捕捉、管理和处理的数据集合，它具有大量、高速、多样、低价值密度、真实的特征。从大数据价值链来分，我们可以将大数据技术大致分为数据生成技术、数据获取技术、数据存储技术和数据分析技术。

大数据技术在媒体领域的应用主要体现在以下三个方面：一是进行数据转化和扩张，将传统媒体的内容批量数字化，并尽可能扩大数据来源；二是搭建基于大数据技术的大数据资源平台、智能生产和传播平台以及用户沉淀平台③；三是开发丰富多样的数据产品，现在基于大数据技术的媒体产品主要包括数据新闻、精准广告等。

3. 云计算技术（Cloud Computing Technology）

从信息领域的角度对云计算的定义，是分布处理（Distributed Computing）、并行处理（Parallel Computing）和网格计算（Grid Computing）技术的结合运用。从用户的应用角度来理解，云计算是通过一个巨大的数据中心来协同全球各地的各种数据计算资源，随时随地满足用户的各种需求。被誉为"革命性计算模型"的云计算是目前业界的研究热点，谷歌、微软等IT巨头都在开发基于此技术的应用，云计算正在成为新媒体发展所需依托的超级技术平台。在"云"里，有成千上万台计算机为网民提供服务；但在"云"外，用户只会看到一个简洁明了的使用界面。

数字技术的发展，新媒体的不断涌现，都在诠释以人（用户）为本的服务理念，不断改善着人们获取信息、分享内容和互相沟通的方式。云计算更是志在努力让数据、资源和服务紧紧围绕每一个人，使互联网世界的初衷——自由、平等和分享精神惠及全球网民。

---

① 庄捷：《流媒体原理与应用》，中国广播电视出版社，2007，第5页。
② 李学龙、龚海刚：《大数据系统综述》，《中国科学：信息科学》2015年第1期。
③ 郭全中、胡洁：《大数据时代背景下的传统媒体出路》，《新闻前哨》2017年第3期。

二、数字技术对媒体的影响

(一)重塑传媒从业人员的工作方式

数字技术对新媒体和传统媒体从业人员的工作方式都产生了巨大影响。在数字技术的支撑下,媒体从业人员可以采用全新的、更具创造性的方式工作,信息的采集、加工、发送更加简易,成本更低廉,极大地提高了媒体从业人员的工作效率。

具体来说,数字技术极大地简化并改进了新闻采访的各环节。在采访阶段,记者可以利用数字录音、数字摄影等手段直接采集数字化信息,必要的话还可通过无线网络直接上传至互联网,从而减少新闻报道的环节,使新闻的现场直播报道更具时效性。在信息的编辑加工阶段,非线性、数字化的编辑方式取代了繁杂的线性编辑,文本、图片、声音、图像等不同形式的信息经数字化后,加工更加高效便捷。在信息的播发阶段,数字技术催生的各种新媒体形态提供了多种传播渠道,从桌面互联网到移动互联网,信息得以被全方位地展示给受众,提高了信息的到达率。

数字技术不仅大大改变和简化了信息采编及传播的各环节,而且完全改变了媒体从业人员的工作方式和工作内容。基于数字技术的新媒体行业为从业人员提供了全新的岗位,如网络主播、自媒体创作者、内容审核员等,新媒体行业的潜质被不断发掘,新兴领域不断被创造出来。

(二)实现了传播方式的巨变

在数字技术出现之前,传统媒体往往是通过单一的形式传播信息,如报刊通过图文、广播通过声音、电视通过图像和声音等。数字技术的诞生则带来了信息传播内容的巨变,通过数字技术的整合,新媒体打破了不同媒介形态之间的界限,将文本、音频、视频等传播形态融为一体,向用户提供着多媒体的信息内容。尤其是流媒体技术的诞生为网民带来了网络阅听的狂欢,大数据技术、云计算技术的广泛应用使信息与用户的匹配更加方便。

数字技术给新媒体内容带来的另一个巨变是虚拟信息的产生。如果说传统媒体时代产生的信息均为实际的、可感知的信息,那么数字技术下的新媒体时代则开启了数字化的虚拟信息。数字化赋予了人们制造虚拟信息的权利,网民既可以在互联网上生成第二身份,更可以通过微博、视频网站、短视频平台等制作出丰富的数字内容。与此同时,人们制造虚拟信息的能力迅速地转变为生产力,创造出影响力巨大的数字内容产业。

第二节 新媒体的网络技术依托

所谓计算机网络,是指将地理位置不同的具有独立功能的多台计算机及其外部设备,通过通信线路连接起来,在网络操作系统、网络管理软件及网络通信协议的管理和协调下,实现资源共享和信息传递的计算机系统。简单地说,计算机网络就是通过有线(电缆、电话线等)或无线通信技术将两台以上的计算机互联起来的集合。计算机网络技术与数字技术的结合,使得网络中的计算机实现了信息的数字化交互传播。

一、计算机网络的实现与升级

(一)计算机网络的实现

当下,网络新媒体的各项应用和服务完全基于一种最为实用和优越的计算机网络——因特网(Internet)。因特网的前身是美国国防部高级研究计划局(ARPA)主持研制的ARPANET(阿帕网),它于1969年正式启用,当时仅连接了4台计算机,供科学家们进行计算机联网实验。因特网是由许多小的子网互联而成的一个逻辑网,每个子网中连接着若干台计算机。这些计算机基于一些协议族——其中最重要的是TCP/IP协议——并通过许多交换机和公共互联网连接在一起,以实现相互交流信息资源的目的。信息的自由分享是发展因特网初衷,网络中任何一台计算机都可以访问其他任何一台计算机中公开的信息。同时,因特网也是一个资源共享的集合,汇总全球信息资源。

伴随因特网经常出现的另外一个词是"互联网"。互联网是指将两台或者是两台以上的计算机终端、客户端、服务端通过通信技术进行互联组成的网络,由广域网、局域网及单机按照一定的通信协议组成的国际互联网,可以说是网上之网。互联网与因特网最大的区别在于联网计算机数量的不同,互联网的规模可大可小,即便连接的是两台计算机也可称互联网,而因特网是已经固定的由上千万台设备组成的互联网。因此,互联网包括了因特网。值得注意的是,虽然从技术角度来说,互联网和因特网是两个不同的概念,但是在一些非技术领域,比如新闻传播领域,对两者的界定并不清晰,甚至两者可以等同。

除此之外,与互联网和因特网经常一起出现的另一个概念是万维网(WWW),万维网可看作是因特网上的一大重要应用——浏览网页,借助万维网的可视性和易操作性,借助无法数计的HTTP(Hyper Text Transport Protocol)网页,因特网才得以在全世界普及。Web站点的诞生使因特网的发展取得爆炸性突破,其特点是将分散存在的信息片段无缝地组织成为站点,从而成为无数个网络节点和网页的集合。

从技术角度来看,Web站点是因特网上那些支持超文本传输协议HTTP的客户机与服务器的集合,通过它可以浏览世界各地的超媒体文件,内容包括文字、图形、声音、动画、资料库以及各式各样的软件。通过Web站点,互联网上的资源可以在一个网页里比较直观地表示出来,而且资源之间在网页上可以来回链接。这种利用互联网络实现人类海量资源共享的技术,就叫作"Web1.0"。①

除网页浏览外,因特网提供的其他服务还包括文件传输(FTP)、电子邮件(E-mail)、远程登陆(Telnet)、Usenet新闻组等。现在,随着各类基于因特网的软件和信息服务的推出,因

---

① 刘畅:《网人合一·类像世界·体验经济——从Web1.0到Web3.0的启示》,《云南社会科学》2008年第2期。

特网已经成为各类新媒体存在的大平台,即时通讯、网络电视、网络游戏等新媒体形式都可以看作是因特网上推出的新服务。

(二)计算机网络的升级

计算机网络技术的发展可谓是一日千里,从Web1.0更新迭代到Web3.0,都离不开网络技术的更新和推动。

1. 从Web1.0到Web2.0

Web1.0的本质是聚合和搜索。在Web1.0时代,用户主要通过使用互联网浏览器获取信息,这种接收方式只解决了用户对信息搜索、聚合的要求,但本质上仍然是单向传播模式,无法避免你传我受的传播状况。

Web2.0的出现则打破了Web1.0时代单一的信息接收方式,填补了Web1.0在参与、沟通、交流上的空白。它更注重开发用户的主动性,使用户掌握信息自主权,极大地满足了网络用户个性化和互动性的需求。在Web2.0的应用中,用户不仅可以使用各类浏览器、RSS阅读器等浏览互联网,还可以创造互联网内容,成为网站内容的生产者。在Web2.0时代,除了Web1.0时代的门户网站、即时通信、搜索引擎等得到新的发展外,更涌现出很多新的媒体形态,比如Blog(博客)、Tag(社会化标签)、Wiki(维客)、RSS(简易聚合)、SNS(社交网络)等。

2. Web3.0

如果说Web1.0是"可读"的互联网,Web2.0是"可读+可写"的互联网,那么Web3.0将是"可读+可写+可拥有"的互联网,是基于去中心化理念运用区块链等数字技术打造出来的将多个场景融为一体的新型数字生态系统,将成为用户与建设者拥有并信任的互联网基础设施。

总体来看,Web3.0具有以下两方面典型特征[1]:

第一,去中心化。到了Web3.0时代,分布式数字身份使用户控制自己的身份管理信息成了可能,并可以用该信息验证并登录任何平台和程序。其最大的特点就是去中心化理念,将原本属于互联网服务提供商的权力下放到用户手上。因此,Web3.0不仅提升了用户的隐私和信息安全,让他们掌握自己的数字身份、数据信息以及数字资产,还打破了平台对信息管理和算法的垄断,通过机制设计引导人们自发地协调行为,彻底改变用户与平台间的权利义务关系。这种去中心化的模式极大地挑战了平台的垄断地位,用户可以选择去中心化的替代产品。

第二,融合发展。Web3.0将重塑现实和数字空间经济社会活动的边界,推动实体与数字产业的融合发展。基于分布式账本技术,Web3.0通过全新的去中心化的DNS根域名治理体系,实现端到端访问过程的去中介化。用户可以自己命名和解析域名,技术可以运用到数字资产、数字实体等资源,使得现实和数字空间更好地融合。

---

[1] 刘典:《Web3.0,为什么说是"互联网未来的模样"》,新京报评论微信公众号,2022年6月2日,https://mp.weixin.qq.com/s/rs1d2WAecajHEXBeiei9nQ,访问日期:2022年6月29日。

二、当下新媒体领域网络技术发展重点

（一）Wi-Fi 7 技术

Wi-Fi，在中文里又称作"行动热点"，是 Wi-Fi 联盟制造商的商标做为产品的品牌认证，是一个创建于 IEEE 802.11 标准的无线局域网技术。使用 Wi-Fi 可以简单地理解为无线上网，几乎所有智能手机、平板电脑和笔记本电脑都支持 Wi-Fi 上网，是当今使用最广的一种无线网络传输技术。在家庭环境、办公环境和一些公共空间内，用户实际上使用的就是 Wi-Fi 上网，而非其他移动通信技术。相比于移动通信技术，用户使用 Wi-Fi 网络性价比更高。此外，在同一 Wi-Fi 网络场景下，可以实现更加便捷多样的服务，如多个用户之间资源的快速共享、智能家居的控制、公共服务信息的获取等。对部分使用场景来说，加密程度足够高的 Wi-Fi 网络也能够提升信息安全水平。

最新的 Wi-Fi 技术 Wi-Fi 7，又称为 IEEE 802.11be。第七代 Wi-Fi 无线网络，速度可高达每秒 30Gbits，是 Wi-Fi 6 最高 9.6Gbps 速率的三倍之多。相比于 Wi-Fi 6，Wi-Fi 7 将引入 CMU-MIMO 技术，最多可支持 16 条数据流；除了支持传统的 2.4GHz 和 5GHz 两个频段，还将新增支持 6GHz 频段，并且三个频段能同时工作。随着 Wi-Fi 7 的研发与应用，对各类新媒体终端的使用和连接，Wi-Fi 7 技术将提供极为强大的网络支持，提升新媒体使用的场景体验。

（二）物联网技术

物联网也称传感网，是指物与物、人与物之间实现智能化，其技术基础是无线射频识别系统(Radio Frequency Identification)，可通过无线数据通信网络进行信息采集和物品的识别，进而通过开放性的计算机网络实现信息的交互和共享，被誉为继计算机、互联网和移动通信网之后的第三次浪潮。物联网进一步开拓了"人的延伸"，让人与物理系统实现协调一致。在 2005 年突尼斯的信息社会世界峰会(WSIS)上，国际电信联盟(ITU)发布了《ITU 互联网报告 2005：物联网》，第一次提出了物联网的概念。报告指出，无所不在的"物联网"通信时代即将来临，世界上所有的物体从轮胎到牙刷、从房屋到纸巾，都可以通过因特网主动进行信息交换。我国于 2009 年在无锡成立了"国家传感网创新示范区""维纳传感网工程技术研发中心"，试图在这一新兴领域中走在全球前列，先行制定出国际标准，紧紧把握住这一新兴战略性产业。

物联网的出现给全面革新信息采集方式带来了新的发展机遇，对传媒行业真正实现智能化传播、互动化传播和高效率传播具有重要意义。首先，物联网将进一步优化媒体资源的融合和共享，各类终端及其承载的媒介内容将无缝对接。其次，物联网技术结合其他媒介技术产生的多元化信息表达方式，将创造新的媒体形态，形成包括物基媒体(基于物的媒体，如机器新闻采集)、物向媒体(以人以外的各类"物"为受众的媒体，如动物看护媒体)在内的"物联网新媒体"[①]。最后，物联网是促进"万物皆媒"时代全面到来的关键力

---

① 曹三省、鲁丹：《万物互联时代的"物联网新媒体"》，《新闻与写作》2016 年第 1 期。

量,万物互联环境下人在传播过程中的角色将进一步转化,媒介信息环境与客观环境进一步融合。

第三节 新媒体的移动通信技术依托

移动通信是移动体之间的通信,或移动体与固定体之间的通信。如今的移动通信已经像水和空气一样不可或缺,这种无处不在的服务深刻改变了社会生产方式和人们的生活方式。随着移动通信技术的快速发展,整个行业与社会经济各领域融合渗透程度逐渐加深,促使很多新业态、新模式层出不穷地出现,共享经济、移动支付、电商直播等都得益于移动通信的发展。

一、移动通信技术的发展

(一) 第一代移动通信技术(1G)

第一代移动通信技术(1G,1st Generation)是指最早在世界上使用的模拟制式移动通信技术。1983年,蜂窝式电话系统开始在美国使用。1987年11月,我国引进了第一套模拟移动通信设备,拉开了我国移动通信产业发展的序幕。当时的移动通信设备缺点十分明显,除了体积较大以外,其频率利用率低,支持的用户数量十分有限,通话质量、保密性、安全性、业务功能均不理想。因此,那时的手机,其全部功能就是可移动的通信工具,并且这种移动性十分有限。2001年12月31日,我国彻底关闭了模拟移动通信网。

(二) 第二代移动通信技术(2G)

20世纪90年代初期,随着数字技术和微型电子芯片技术的发展以及移动通信终端硬件和软件的进一步数字化,第二代移动通信技术(2G,2nd Generation)发展起来。第二代移动通信技术采用数字的时分多址(TDMA)和码分多址(CDMA)技术,以GSM、PDC、CDMA、D-AMPS等系统为代表,以数字语音传输技术为核心。与第一代模拟蜂窝移动通信相比,第二代移动通信系统采用了数字化制式,具有保密性强、业务丰富、标准化程度高等特点,在通话质量、安全性等方面都比第一代有了很大的进步,这使移动通信得到了空前的发展,从过去的补充地位跃居主导地位。

(三) 第三代移动通信技术(3G)

第三代移动通信技术(3G,3rd Generation)是指将无线通信与国际互联网等多媒体通信相结合的新一代移动通信系统。与第一代移动通信技术和第二代移动通信技术相比,3G最大的特点是其超越了手机所依赖的无线通信技术,而把无线技术与网络信息技术相结合,由此实现了传统手机和电脑的融合,使手机成为新的"个人通信终端"。

全球3G技术标准包括欧洲的WCDMA、美国的CDMA2000、中国自主研发的TD-SCDMA

和 WiMAX 四种。3G 网络首先在日本和韩国建成，日本移动通信龙头 NTTDoCoMo 于 2001 年 10 月 1 日全球第一个开通 3G 服务，该服务基于 WCDMA 标准。随后，3G 网络在世界范围内发展势头越来越强劲，全球 3G 的商用得以普及。

手机上网以其特有的便捷性获得了很多网民的认可，急剧增长的移动网民数量为 3G 的商用提供了前提。2008 年 4 月 1 日，中国移动通信集团公司在北京、上海、天津、沈阳、广州、深圳、厦门和秦皇岛 8 个城市，启动 3G 的"中国标准"TD-SCDMA 社会化业务测试和试商用，这标志着我国第三代移动通信(3G)标准 TD 的商业化应用的起航。2009 年 1 月 7 日，我国工业与信息化部给中国移动、中国电信和中国联通发放三张 3G 牌照，其中，中国移动获得基于 TD-SCDMA 制式的 3G 牌照，中国电信增加基于 CDMA2000 制式的 3G 牌照，中国联通获得基于 WCDMA 制式的 3G 牌照，这标志着我国进入 3G 时代，2009 年也由此成为我国的 3G 元年。

（四）第四代移动通信技术（4G）

第四代移动通信技术（4G,4th Generation）是在 3G 基础上发展起来的。4G 在应用上集合了 3G 技术与 WLAN 技术，能够在极短时间内向用户传递清晰的视频图像，或者是能够满足用户所有在线的要求。2013 年 12 月 4 日工信部正式向三大运营商发布 4G 牌照，中国移动、中国电信和中国联通均获得 TD-LTE 牌照。2014 年，中国 4G 产业大规模启动，中国从此步入移动互联快速发展的时代。

相对于 3G 而言，4G 在技术和应用上有质的飞跃，数据传输速度达到 3G 速率的 50 倍，可以支持双向下载传递文件、图片、影像，接收高分辨率的数字电影和电视节目，观看视频直播，还可以与其他玩家一起联机玩手机网游。获得普及的 4G 手机成为一个小型的移动电脑，是一个可以提供多媒体信息服务的综合性信息接发终端。经过几年的建设，我国已拥有全球规模最大的 4G 网络，移动宽带网速为 33.49Mbps，比全球平均水平高出 22%，自 2015 年以来，流量单价下降 90% 以上，4G 网络的"提速降费"目标已经实现。可以说，4G 技术支持下的移动终端功能满足了人们大部分生活场景的使用需求，即便 5G 已经启动建设，4G 在短期内依然不会退出历史舞台。

（五）第五代移动通信技术（5G）

随着经济社会及物联网技术的迅速发展，云计算、社交网络、车联网等新型移动通信业务不断产生，对移动通信技术提出了更高层次的需求，第五代移动通信技术（5G,5th generation）应运而生。5G 技术是 4G 技术的延伸，其追求的是高数据速率、减少延迟、节省能源、降低成本、提高系统容量和大规模设备连接。国际电信联盟（ITU）规范要求速度高达 20Gbit/s，可以实现宽信道带宽和大容量多进多出（MIMO）。

2016 年 6 月 1 日，我国 5G 推进组在第一届全球 5G 大会上正式发布了《5G 网络架构设计》白皮书，这体现出我国 5G 网络技术研究的新成果，也意味着我国对 5G 的研发已经从概念探讨进入实质推进阶段。2019 年 6 月 6 日，工信部正式向中国电信、中国移动、中国联通、中国广电发放 5G 商用牌照，中国正式进入 5G 商用元年。

图 3-2 清晰地指出了不同代际的移动通信技术及其主要的应用服务,有助于我们更好地理解不同代际移动通信技术的差异与优势。

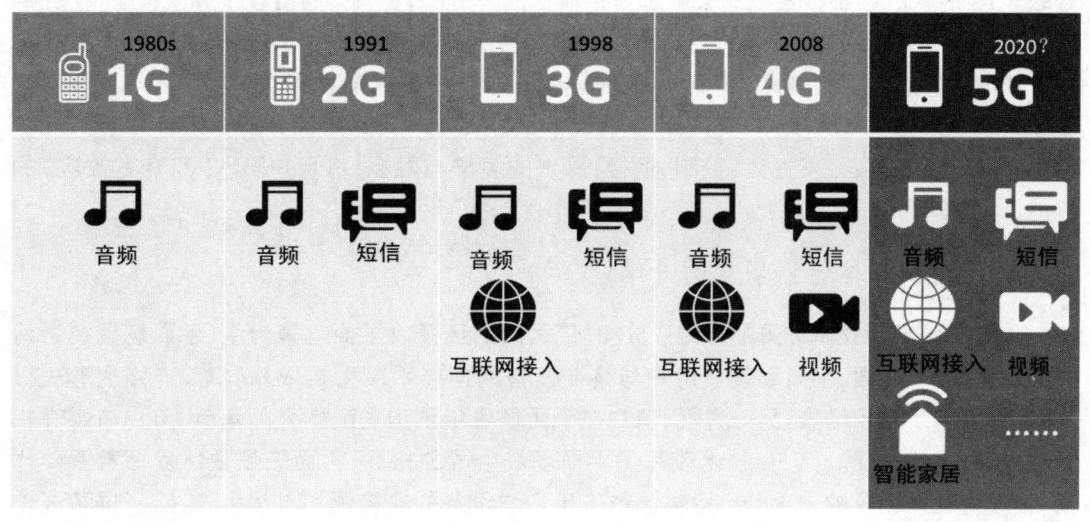

图 3-2　移动通信技术及其核心应用①

二、5G 技术对媒体的影响

(一)对新媒体传播内容的再造

5G 技术将为人工智能发展带来新动能,促进人工智能深度介入新媒体内容生产,形成"人机协同"的内容生产格局。人工智能在 5G 时代的内容生产角色将由"辅助生产者"转向"协同生产者"。5G 时代的传感器等智能设备变得更加"主动",可以实时记录任何现实和虚拟时空的信息现场,并将采集内容进行大批量存储,实现采集信息的即时性、全面性和多角度可回溯性,让记者在内的信息采集者能够以最大可能还原事实信息。在内容加工阶段,超高清、全景化、实时化的批量图像和视频自动化生产成为可能,并且自动化生产的所有类型内容的深度将得到大幅度提升,甚至还可以做到"千人千面"的定制化生产。

相比于比 4G 技术,5G 技术在用户体验速率、流量密度、时延、移动性和峰值速率等方面都具备更高的性能。依托于 5G 的技术优势,以视觉化传播为主的新媒体内容生态将迎来新突破。② 首先,5G 技术将推动"超视频"的发展,"4K、8K、VR/AR+直播"形式的视频内容成为常态,新媒体视觉内容的品质接近极致。其次,5G 技术将使信息反馈延迟接近于无,新媒体视觉内容的双向互动体验、沉浸互动体验和游戏互动体验将进一步被开拓。最后,5G 时代新媒体用户生产的视觉内容比重将继续提升,融合直播、互动、VR/AR 和智能场景的短视频、

---

① 前瞻产业研究院:《2019 年中国 5G 产业发展现状及趋势分析报告》,中国大数据产业观察,2019 年 6 月,http://www.cbdio.com/BigData/2019-06/03/content_6136947.htm,访问日期:2021 年 4 月 27 日。
② 谭汪洋:《5G 时代视觉传播的能化突破与发展空间》,《新闻记者》2019 年第 8 期。

中长视频都将成为用户创作的发力重点,用户生产高质量视觉内容的积极性被激发。

理想的内容分发机制并不是一味给用户推送同一范畴的兴趣信息,而应向"价值信息"升级。5G 时代的内容分发机制会在加强精准性的基础上,重构内容分发的算法模型,挖掘用户的边际兴趣,提升信息传播的匹配性和内容本身的附加价值。5G 时代的内容分发形式也会更加多样,借助生理、情感、环境和社交等多维度个人数据信息,自然对话式分发、智能家居和交通场景分发等分发形式将被广泛应用。此外,5G 时代的内容分发将朝着"融合分发"的方向进一步发展,分发主体、机制、途径、算法的多样与融合,将用户陷入"回音室效应"的可能性大大降低。

(二)对新媒体传播场景的升维

从平面场景到立体场景的升维。5G 时代之前的场景以平面场景为主,平面场景包含两方面的含义:一方面,平面场景下用户与终端设备的连接手段主要依靠屏幕,连接的形式极其有限,限制了应用场景;另一方面,用户在平面场景中承担支配媒介的角色,用户与媒介相互独立、分离感较强。而 5G 技术改写了平面场景主导的格局,平面场景依然发挥着重要作用,但成为立体场景的一部分。立体场景下用户与设备的连接更加自然多样,除了屏幕式连接,语音、手势、动作、眼睛、神态、神经等形式都加入连接范畴;5G 技术使更多的物体成为媒介,用户与媒介的角色对等趋势加强,人可以不刻意接触实体媒介达成传播目的,但这没有加强分离感,反而让用户成为传播过程中的自然存在,人本身亦是媒介,是场景的有机构成要素。

从单一场景到叠加场景的升维。按照场景的界面形式,可以将其划分为现实性场景、虚拟性场景以及现实增强性场景。① 4G 时代的新媒体场景主要是虚拟性场景,社交类媒体、音视频应用等满足了用户与虚拟内容的连接需求;此时,新媒体也悄然介入现实性场景当中,但这种介入是初级介入,即新媒体往往是伴随状态。可以说,4G 时代的现实性场景只是新媒体的初级介入,而未深刻影响场景,也未塑造出应用广泛的新场景。而 5G 技术塑造出 5G 家庭新媒体、5G 个人移动新媒体和 5G 车载新媒体,不仅拓宽了新媒体信息传播的应用场景,也为社会各领域和垂直行业创新新媒体传播生态提供了现实可能。② 在 5G 新场景下,现实性场景与虚拟性场景的界限被打破,新媒体深度介入现实性场景,现实增强性场景被创造,各种具体场景能够进行自由组合,场景呈现"叠加态"。

从真实场景到"拟真实"场景的升维。从内容的真实性来说,在 4G 时代的大部分时刻,我们很容易辨认出场景的内容、感受和体验是否是真实的。而虚拟现实(VR)、增强现实(AR)等沉浸式技术在 5G 时代将实现突破性发展与应用,真实场景与媒介构建的信息场景变得越来越难以辨认,新媒体信息场景升维到"拟真实"场景。从场景形式上看,"拟真实"场景是虚拟性场景或现实增强性场景,但与以往的场景的区别在于沉浸式技术构建的各类场

---

① 喻国明、王佳鑫、马子越:《场景:5G 时代 VR 改写传播领域的关键应用》,《现代视听》2019 年第 8 期。
② 卢迪、邱子欣:《5G 新媒体三大应用场景的入口构建与特征》,《现代传播(中国传媒大学学报)》2019 年第 7 期。

景与现实性场景几无差别,我们完全沉浸在这种复合空间当中,以至于我们愿意相信"拟真实"即是真实。

(三)对新媒体传播关系的重塑

对 5G 时代的传播来说,技术对人体的嵌入程度加深,新的人体感官体验在发现或创造,人与人、物与物、人与物、人与社会的关系将被重塑,"万物皆媒"的传播格局正在形成。

5G 时代人与人的关系更多通过虚拟在场的方式来连接。虚拟在场指的是通过虚拟技术把人用符号、影像等方法展现出来,即使我们的肉体不在时,也能让我们和传播者或受传者产生一种全真模拟在场感。① 在 4G 时代,以网络人际互动、网络社群互动为代表的人人关系已经实现了基础的虚拟在场。5G 时代的虚拟在场将进一步升级,借助于沉浸式技术,打造异地的个人虚拟现实影像或全息影像,使影像更加逼真,且人与人的互动维度更加丰富。

5G 时代物与物的关系则是万物互联。5G 技术是物联网得以广泛应用的基础技术之一,使无限量物体之间的通信成为可能。许多物体因此被打上了"信息标记(一般为传感器)",这个标记使它可以接收或传输各类信息,物体被媒介化,实现了一定意义上的"万物皆媒"。物与物的关系不再是互相独立的个体,而是密切关联的传播节点,它们的关系可能造就全新的信息生产者,共同采集、加工、分发信息,如"媒体大脑";也有可能造就问题解决协作者,共同保证某一传播生态的和谐运转,如智慧家居、无人驾驶汽车;甚至可能是竞争者,参加某一竞技类比赛,如机器之间的象棋比赛。

5G 时代人与物的关系将同时存在两个极端:完全嵌入或完全"分离"。完全嵌入的情形是,未来人也像物体一样被打上"信息标记",标记是人体不能缺失的一部分(甚至是芯片植入),否则很多活动无法正常开展。完全"分离"的情形有两种:一种是物理意义上的,人所处的所有场景中物体都被媒介化,人与物不用接触就可发生传播过程,从而完成大部分传播活动;另一种是功能意义上的,机器学习人的智慧,相对独立于人进行"思考",与人形成互补关系,如机器自动化生产内容。不论是完全嵌入,还是完全"分离",人与物实则保持着高度密切的联系,形成一种如影随形的"共生关系",这种关系将为人机之间形成更多的互动与协作提供可能,甚至最终形成"人机合一"的局面。②

在人与人、物与物和人与物的关系被重塑的同时,个人与社会的关系也在发生深层次变革。对于即将形成的 5G 社会,采集、生产和传播信息的未必是人,发生信息交互的也未必是人;在某些信息传播环节,人或许更多是指挥者、引路者,而不是执行者;但在某些环节,人或许不再是主导者,而变成了协作者、辅助者,甚至朝着旁观者的方向发展。这些都让我们思考人在这社会系统中处于怎样的地位。在这个新的社会关系系统中,除了原有的媒介,更多的物体成为媒介,人也成为广泛意义上的媒介,媒介因此变得隐没,因为它是生活中极其自然的存在——新媒体的价值也将被重新定义。

---

① 包甜甜、常奕晨:《沉浸传播时代虚拟在场的思考》,《传播与版权》2019 年第 7 期。
② 彭兰:《万物皆媒——新一轮技术驱动的泛媒化趋势》,《编辑之友》2016 年第 3 期。

第四节　新媒体的智能技术依托

智能技术在媒体领域带来的理念和实践变革,为新媒体的发展开拓了新的空间,媒体智能化已经成为媒体发展的主导性趋势之一。这一趋势不仅重塑着媒体组织的生产和运营方式,还深刻改变着整个社会的信息传播方式和传播关系。

一、智能技术的核心:人工智能

人工智能技术是媒体智能技术的核心技术。人工智能指由机器等人造物展现出的智能,即人造物对环境、信息等进行感知并在此基础上采取相应的符合其设计目标的行动。从13世纪欧洲哲学家拉蒙·柳利最早提出"逻辑机"的设想,到1955年美国科学家约翰·麦卡锡第一次明确提出"人工智能(Artificial Intelligence)"一词并开始严肃探讨如何制造一台模拟人类各方面智能的机器,人工智能开始飞速发展。

20世纪90年代至今,由于网络技术特别是国际互联网技术的发展,人工智能开始由单个智能主体研究转向基于网络环境下的分布式人工智能研究。不仅研究基于同一目标的分布式问题求解,而且研究多个智能主体的多目标问题求解,将人工智能面向实用。[1]

近年来,人工智能技术开始进入媒体领域。2010年,美国《洛杉矶时报》率先在其关于城市犯罪的博客报道(Homicide Report)中采用计算机程序自动生成稿件;2014年,美联社开始使用WordSmith平台自动写作公司季度财报,成为较早采用人工智能写作的世界级新闻媒体。目前,不少全球重要新闻机构,如福布斯、纽约时报、新华社等——也都纷纷尝试将人工智能技术应用于新闻生产。除了新闻生产,人工智能技术还全面进入内容分发、内容审核、人机交互等领域,给世界的媒体行业带来了翻天覆地的变化。

我国媒体也积极将人工智能技术引入实践中。例如,江苏网络电视台在对用户数据进行计算建模实现了精准推送的基础上,推出了"荔枝云"系统,将相关的实践应用拓展到了智能视频剪辑和大数据分析。此外,大型媒体集团还多方与人工智能技术公司开展合作,如新华社与阿里巴巴成立了新华智云,专门进行人工智能技术研发。[2]

二、媒体智能技术主要类型

媒体智能技术虽然以人工智能技术为核心,但并不等同于人工智能技术,它是一个技术群落,[3]还包括机器学习、算法推荐、识别交互等技术,同时需要数字技术(如云计算)、网络技术(如物联网)、移动通信技术(如5G)等技术的配合。

---

[1] 朱祝武:《人工智能发展综述》,《中国西部科技》2011年第17期。
[2] 田丽:《我国媒体人工智能发展现状与问题》,《新闻战线》2019年第23期。
[3] 阿里研究院:《从互联网+到智能+——智能技术群落的聚变与赋能》,网经社,2019年4月,http://www.aliresearch.com/Blog/Article/detail/id/21774.html,访问日期:2021年4月27日。

(一)机器学习技术

机器学习技术指的是计算机模拟或实现人类的学习行为,以获取新的知识或技能,重新组织已有的知识结构使之不断改善自身性能。[1] 深度学习是人工智能中发展迅速的领域之一,可帮助计算机理解大量图像、声音和文本形式的数据。利用多层次的神经网络,现在的计算机能像人类一样观察、学习复杂的情况,并做出相应的反应,有时甚至比人类做得还好。这样便给媒体提供了一种截然不同的方式,用于思考数据、技术以及人类所提供的产品和服务,这也是实现媒体自我"进化"的重要方式。

(二)计算机视觉技术

计算机视觉是指用摄影机和电脑代替人眼对目标进行识别、跟踪和测量等机器视觉,并进一步做图形处理,使电脑处理成为更适合人眼观察或传送给仪器检测的图像。[2] 计算机视觉的基本目标是使计算机具备人类的视觉能力,能看懂图像内容、理解动态场景、自动提取视觉数据中蕴含的语义概念等。部分计算机视觉的研究成果已经得到应用,如图像分类、目标检测、人脸识别、智能视频监控等。将计算机视觉应用到媒体当中,可以创新媒体产品交互方式,实现更加复杂的智能交互活动。人民日报新媒体平台在2019年国庆节前夕推出了《56个民族服装任你选 快秀出你的爱国Style》H5产品,用户可以上传自己的照片,选择不同民族的服装进行换装,体验各族服装,生成海报或者头像进行分享与传播,这里实现该效果应用到的"人脸融合"技术就是计算机视觉的代表。

(三)算法推荐技术

算法推荐,简单而言就是通过用户的浏览记录以及行为对用户行为进行"画像",从而为用户推送符合其偏好的信息,即基于算法对用户进行个性化推送。目前,就媒体的算法推送而言,一般有三种策略。一是内容推荐,也称作用户画像算法,基于内容推荐算法的原理是计算机挖掘用户喜好和历史浏览关注记录,总结出用户的兴趣图谱,然后计算每条新闻与用户画像的相似度,将相似度最高的内容推荐给用户。二是协同过滤推荐,较为常见是基于用户的协同过滤,即当用户喜欢那些具有相似兴趣用户喜欢的内容时,那么就会推荐给该用户。三是常见的单因子推荐,即基于媒体内容的点击量、阅读量、点赞或转发量等某单一因子的量值实现对用户的推荐。此外,越来越多的平台开始采用多种算法混合的策略来进行推送。

(四)语音交互技术

语音交互是现阶段媒体迈向智能化的应用重点。斯坦福大学人工智能科学家吴恩达认

---

[1] 清华大学—中国工程院知识智能联合研究中心:《2019人工智能发展报告》,个人图书馆,2019年12月,http://www.360doc.com/content/19/1208/18/29968938_878315721.shtml,访问日期:2021年4月27日。

[2] 《计算机视觉》,百度百科,2021年4月16日,https://baike.baidu.com/item/计算机视觉?fr=aladdin,访问日期:2021年4月27日。

为，当语音识别技术的准确率达到99%，将会引起行业颠覆性的发展。语音交互技术逐渐成熟，搭载语音识别技术的终端从集成平台，如智能手机中的语音助手，到垂直领域的具体应用，如教育、公共服务、汽车、客服、医疗保健等，迎来了蓬勃发展。据预测，到2023年，全球有超过90%的智能手机将会搭载全新的语音助手，语音交互走向大众化。语音交互技术的进步创造了媒体与用户接触的更多场景。对媒体而言，内容生产与分发、媒介经营、用户反馈等全链条均可由智能语音交互带来优化。

（五）沉浸式技术

学术意义上的"沉浸式"来源于匈牙利籍著名心理学家米哈里·契克森米哈1975年提出的沉浸理论。该理论认为，当人们在进行某些日常活动时，会完全投入情境当中，过滤掉所有不相关的知觉，进入一种沉浸的状态。当沉浸理论延伸到人机互动媒体上时，就出现了沉浸式媒体。AR的专业术语是增强现实技术，VR是虚拟现实技术，MR是混合现实技术，将这些技术运用在媒体形式上，就出现了沉浸式媒体技术。沉浸式媒体技术所生成的虚拟时空环境，不只给体验者带来视听感官上的刺激，还形成了内容、进程和场景等多维度的沉浸交互体验。随着沉浸式技术的成熟，作用于人的感官将不只局限于视听，触、嗅、味等感觉将进一步拓展。目前常见的沉浸式媒体技术应用有沉浸式影视、沉浸式游戏、沉浸式广告等。

（六）传感器技术

传感器是一种检测装置，能感受到被测量的信息，并能将感受到的信息，按一定规律变换成为电信号或其他所需形式的信息输出，以满足信息的传输、处理、存储、显示、记录和控制等要求。传感器是媒体从业者获得信息的一种方式，传媒从业者在制作传感器新闻或其他媒体产品时，需要用不同类型的传感器获得数据、收集数据，按一定的要求分析数据，将分析后的数据结合计算机技术和视觉传达技术用受众容易理解和接受的呈现方式融入媒体产品制作过程中。① 个人传感器则是以智能可穿戴设备为代表的用户端技术，它可以收集用户个性化的数据信息，包括地理位置、环境信息、运动状态、健康数据等，以便媒体对用户进行更加有针对性的内容与服务提供。

三、智能技术对媒体的影响

长期以来，以报纸、广播、电视为代表的传统媒体和各种类型的新媒体形成了相对独立的发展体系。虽然近些年一直在强调和尝试不同媒体间的融合发展，但始终未能实现深层次的融合。而智能技术的发展冲击了不同介质媒体的自循环体系，让各种媒体向智能化融合方向发展。媒体融合不再是简单的迁移或相加，也不仅是全方位的融合，而是在融合的各个环节上表现出智能融合的特点。智能技术对传播的深刻影响在于赋能，力图不断提升内容生产力，建立供给与需求的精准连接，加快信息流动从量大到质优的转变。② 智能融合是

---

① 王娟、何琰：《未来传媒业主力军——传感器新闻》，《科技传播》2016年第22期。
② 卢维林、宫承波：《赋能视角下媒体组织智能化思考》，《青年记者》2019年第27期。

指基于智能技术发展之下,人体、物体、内容、数据、终端以高效率的方式无缝连接,包含但不限于渠道、终端、机制、机构、内容等领域和要素的整体融合,呈现生态型融合的状态。

智能技术改造着原有媒体,传统媒体和新媒体都带上了智能化的特征。智能技术还催生了新的媒体形态——智能媒体,如今以智能音频、智能可穿戴设备、写作机器人为代表的智能媒体丰富了新媒体形态。智能技术全面融入了媒体运作的各个环节,重塑媒体内容生产模式,使其面临升级转型,同时也助力媒体生产和运营,推动传媒行业新发展。例如,在媒体内容分发机制方面,形成了人工分发、社交分发和算法分发相融合的局面,改写传统媒体时代的大众传播规则。又例如,智能技术助力电视媒体探索创新发展的路径,人工智能拓展了电视内容传播的场景,沉浸式技术带来了新的电视观看与互动形式等。智能技术同时深刻改变着媒体产业,一批新兴的媒体产业领域诞生,从而延长媒体产业链条,成为媒体产业新的增长点。

智能技术打造全新的媒介接触场景,使我们所处的时代走向万物互联的前奏。万物皆媒描述了未来泛媒化的趋势,指的是在智能融合基础上实现物体的媒介化和人体的媒介化,即人机合一、万物皆媒。万物皆媒最终改变的是人和媒介的互动关系,人本身是媒介、一切物体都是媒介,达到高维的互动层次。

智能技术给媒体行业带来新的发展机遇,也带来了诸多的挑战。这些挑战可能来自伦理层面,包括如何防止智能算法所隐含的价值观偏见;也可能来自法律层面,如智能技术与用户隐私权保护、著作权保护的矛盾日益凸显。只有以有力的制度规范和良好的环境保障把握好技术发展与伦理、法律等之间的平衡,才能充分有效地发挥出智能技术特有的功能,从而为数字经济和社会文化的双重健康发展提供助力。①

总之,技术的发展激荡着时代的脉搏,时代的需求又成为技术前进的原动力。数字技术、网络技术、移动通信技术、智能技术相互融合、相互支撑、相互促进,共同构建起一个无缝连接的复合式生存空间。在这个空间中,虚拟与现实相融合,为人们创造出数字化生存的多种可能性。

本章思考题

1. 试概述新媒体的四大技术依托。
2. 你了解物联网吗?请思考物联网的普及会给人们的生活带来哪些变化。
3. 请从多个角度分析5G技术对新媒体产生的影响。
4. 请思考智能技术在媒体领域的应用有可能给社会带来哪些伦理与法律问题。

本章参考文献

1. 玛丽·吉科.超连接:互联网、数字媒体和技术——社会生活[M].黄雅兰,译.2版.

---

① 宫承波:《加强智媒规范,保护人权隐私》,《新闻论坛》2018年第6期。

北京:清华大学出版社,2019.

2. 帕夫利克. 新媒体技术:文化和商业前景[M]. 周勇,译. 2版. 北京:清华大学出版社,2005.

3. 张文俊. 数字新媒体概论[M]. 上海:复旦大学出版社,2009.

4. 李学龙,龚海刚. 大数据系统综述[J]. 中国科学:信息科学,2015(01).

5. 郭全中,胡洁. 大数据时代背景下的传统媒体出路[J]. 新闻前哨,2017(03).

6. 曹三省,鲁丹. 万物互联时代的"物联网新媒体"[J]. 新闻与写作,2016(01).

7. 朱祝武. 人工智能发展综述[J]. 中国西部科技,2011(17).

8. 田丽. 我国媒体人工智能发展现状与问题[J]. 新闻战线,2019(23).

9. 王娟,何琰. 未来传媒业主力军——传感器新闻[J]. 科技传播,2016(22).

10. 卢维林,宫承波. 赋能视角下媒体组织智能化思考[J]. 青年记者,2019(27).

11. 宫承波. 加强智媒规范,保护人权隐私[J]. 新闻论坛,2018(06).

12. 谭汪洋. 5G时代视觉传播的能化突破与发展空间[J]. 新闻记者,2019(08).

13. 喻国明,王佳鑫,马子越. 场景:5G时代VR改写传播领域的关键应用[J]. 现代视听,2019(8).

14. 卢迪,邱子欣. 5G新媒体三大应用场景的入口构建与特征[J]. 现代传播(中国传媒大学学报),2019(07).

15. 彭兰. 万物皆媒——新一轮技术驱动的泛媒化趋势[J]. 编辑之友,2016(03).

16. 孙宇,马晓丹. 立体、叠加与拟真实:5G时代传播场景升维的基本方向[J]. 中国出版,2020(19).

第二单元

新媒体形态论

新媒体在发展演化过程中,各种形态层出不穷,从门户兴盛的 Web1.0 时代,到社会化媒体崛起的 Web2.0 时代,再到大数据、云计算、AI、VR/AR/MR 云集的移动互联网时代,技术所催生的新媒体形态发生了翻天覆地的变化。这种变化离不开底层技术的驱动、社会需求的助力、政治力量的博弈和经济力量的制衡,正是社会生态中多维度力量的竞合关系推动了新媒体形态的巨变。用户需求的增长,草根话语的勃兴,国际软实力的较量,创意产业链的构建与绞合,媒体行业的协同发展,和新媒体技术一道促成了新媒体各种形态的裂变、分化与再聚合。

本书将新媒体形态划分为七大类:

一是网络媒体,即新媒体最原初和最基本的形态,也是阐发出"新媒体"这一概念的核心应用领域。

二是聚合类媒体,即利用各种网络技术,将分散的互联网资源按照一定逻辑加以整合的媒体形态,并通过用户主动发出信息需求获取内容,或通过多样化、个性化、智能化方式推送到用户使用的终端设备上,从而满足用户"一站式访问"获取各类信息的需求。

三是社交类媒体,依托于传统的人际网络关系,将日常的人际交流映射到互联网络之中,再借助于互联网络的连通性和无限延展性将日常人际交流再扩大和再深化,形成了独特的、伴随性的电子交流场域。

四是智能媒体,在媒体朝着智能化方向演进的过程中,很多媒体都带上了智能化的特征,还衍生出了新的媒体形态,我们把这类媒体形态归为智能媒体。

五是沉浸媒体,即在虚拟现实、即时通信、微处理器、能耗管理等数字和网络技术的进步下催生的沉浸式媒介形态。

六是互动电视媒体,其依托数字技术和网络技术发展而成,开辟了双向互动的电视传播模式,主要形态包括数字电视、IPTV 和 OTT-TV。

七是新型媒体,基本保持着传统媒体的单向传播特性,但提供了新型的服务,获得了更广阔的传播范围,主要形态包括户外彩屏、楼宇电视和车载移动电视等。

第四章 新媒体形态演变概观

扫码可见
第四章PPT

第一节 网络媒体发展及形态

一、网络媒体发展历程

从20世纪90年代中叶至今,我国网络媒体经历了萌芽、成长、转型调整、全面发展以及进入移动互联网时代等发展阶段。

(一)拓荒探路:网络媒体的萌芽(1994—1998)

1969年被认为是互联网的诞生年,美国国防部启动用于核战时通信的计算机网络开发计划阿帕网(ARPANET),即今天互联网的雏形。此后ARPANET技术开始向大学等研究机构普及。1983年,阿帕网宣布将过去的通信协议"NCP(网络控制协议)"向新协议"TCP/IP(传输控制协议/互联网协议)"过渡,美国全国性互联网才真正建立起来。1991年,欧洲粒子物理研究所科学家提姆·伯纳斯·李开发出了万维网(World Wide Web)以及便捷的浏览器软件,此后互联网开始向社会大众普及。从1994年开始,国际互联网的发展开始从科研教育领域向商业性计算机网络转变,一批以搜索引擎服务来吸引用户的商业门户网站(如Yahoo!)开始亮相,从而引发了全球性的互联网热潮。

中国是这次全球性互联网热潮的践行者。早在1987年,北京计算机应用技术研究所就建成了我国第一个互联网电子邮件节点;1987年9月14日,钱天白教授向世界发出了我国第一封电子邮件:"Across the Great Wall we can reach every corner in the world(越过长城,走向世界)",从而揭开了中国人使用互联网的序幕。1994年4月20日,中国与国际互联网相连的网络信道开通,首次加入国际互联网大家庭,开始踏上互联网征程。

1995年5月,张树新创立了第一家互联网服务提供公司——瀛海威时空,教育和培养了中国第一代网民。1997年,我国开始引入门户网站的概念,互联网成为一种日趋独立的新媒体。这一年,中国三大商业门户网站开始起步,张朝阳创办了爱特信ITC网站,次年2月,推出"搜狐";6月,丁磊创办了网易公司;9月,王志东的四通利方获得风投,次年12月,与台湾华渊资讯网合并,取名"新浪"。新浪、网易、搜狐这三大门户网站在互联网的萌芽阶段相继诞生,并日趋活跃,成为日后中国诸多商业网站中的领头羊。

值得一提的是,互联网开始发展的20世纪90年代中期,也是传统新闻媒体网络化的初始阶段。早在 1987 年,位于美国硅谷的《圣何塞信使报》就已经利用互联网传送报纸内容。①1995 年 1 月 12 日,由教育部主办的《神州学人》杂志通过互联网发行了《神州学人周刊》电子版,成为国内刊物上网的开拓者,由此拉开了国内网络媒体发展的序幕。1995 年 12 月,《中国日报》网站开通,在国内开全国性日报办网站之先河。1995 年 4 月,中国新闻社香港分社开通网站,次年 12 月,中央电视台建立网站(www.cctv.com),标志着中国广播电视媒体开始向网络传播领域进军。在这一时期,中国传统媒体网络化的主要目标是借助网络改善发行状况,提高自己在海外的影响力,但从形式上看,还不免有些原始、粗糙,内容也多是印刷版的翻版。② 即便如此,它们依旧是传统媒体中勇敢的尝试者,中国传统媒体的网络化由此迈出了第一步。

(二)快速成长:网络媒体飞跃发展(1999—2000 年上半年)

从 1999 年到 2000 年上半年,受全球互联网高热、亢奋的影响,国内互联网空间异常活跃,各类网站开始兴起,中文网站建设和网民数量呈指数增长,新闻网站成为网民获取新闻信息的重要途径,中国网络媒体的发展进入了一个飞跃发展的阶段。

国内的商业网站在这一阶段获得飞速成长,尤其是新浪、搜狐和网易三大网站,逐渐发展成为国内门户网站中的中坚力量。同时,经过萌芽期的发展,全国已有 1/7 的报纸办起了自己的网络版,进入这一阶段后,中国传统媒体开始了第二次触网潮。

2000 年 1 月,国务院新闻办公室在北京举行了国内首次互联网网络新闻宣传工作会议,由此拉开了网络媒体规范发展的序幕,网络传播、网络新闻正式被纳入法制化管理轨道。同年 4 月,国务院新闻办网络新闻管理局成立,负责统筹全国互联网网络新闻宣传工作,网络新闻传播管理体制初具雏形。2000 年 5 月,中宣部、中央外宣办下发《国际互联网新闻宣传事业发展纲要(2000—2002)》,这一文件提出了互联网新闻事业建设的指导原则。

(三)转型调整:网络媒体破冰而行(2000 年下半年—2004)

1. 商业网站曲折发展

2000 年,国内几大门户网站刚刚在纳斯达克上市,就经历了全球互联网经济的泡沫和纳斯达克市场惊心动魄的动荡,这给整个互联网产业发展带来了灾难性的影响。国内许多商业网站都没能熬过这个网络泡沫的严冬,纷纷倒闭,仅新浪、搜狐、网易等几家在苦苦支撑,国内商业网站由此进入了一个调整与重新探索的时期。

在巨大的生存压力下,一路狂奔的国内商业网站开始放慢速度,重新审视自己的经营模式,进行以盈利为目标的艰难转型。国内商业网站的盈利模式已经从单纯的以网络广告为主要收入来源,拓宽到以增值服务、网络游戏、网络广告三大渠道为主的多元化收入渠道。

2. 媒体网站改版,舆论引导能力增强

商业网站的寒冬并未过多影响到我国媒体类网站的发展。这一阶段,媒体网站仍在其

---

① 闵大洪:《数字传媒概要》,复旦大学出版社,2003,第 77 页。
② 彭兰:《中国网络媒体的第一个十年》,清华大学出版社,2006,第 33 页。

既定的轨道上平稳运行,人民网、新华网、央视国际等重点新闻网站相继调整定位,升级改版,进一步提高了网络新闻报道的权威性和时效性。

此外,这一阶段国内外的重大突发事件也促进了网络新闻与网络舆论的飞速成长。"哥伦比亚"号飞机失事、美伊战争、"非典"暴发等重大事件的发生,使得国内媒体网站的新闻业务水平获得历练与提高,无论是新闻报道的速度与数量,还是报道的深度,国内网站都有很大提升。

3. 2004年:网络媒体发展的第二个转折点

2004年被誉为中国网络媒体发展的第二个拐点。到2004年4月,我国依法取得登载新闻资格的网站有163家,全国有1400多家新闻单位在网上提供新闻服务。新浪、搜狐等商业门户网站以快速全面的内容、免费丰富的服务获得网民青睐;由传统新闻媒体创办的综合性新闻网站迅速崛起,这些网站不仅成为人们获取信息的重要渠道,还成为其他网站登载新闻的主要来源。

以博客为代表的网络传播新形态此时也开始崭露头角。2003年的"木子美事件",引发了2003年年底到2004年的博客热潮。2004年,博客数量突破了百万并日益主流化,博客开始成为互联网上的一种普遍现象,其个人媒体的性质使它成为网络迈入Web2.0时代的标志之一。

2003年12月,中国互联网协会互联网新闻信息服务工作委员会在北京成立,其首批成员单位签署了《互联网新闻信息服务自律公约》,标志着网络媒体行业自律机制的建立。与此同时,国内各网站也开始关注自身的社会责任与自律问题。

(四)全面发展:网络媒体的主流化成长(2005—2009)

1. 网络媒体从边缘成为主流

2005年以后,中国网络媒体日趋成熟,进入全面发展的新阶段。经过互联网十多年的发展,新闻网站的影响力和公信力日益壮大,以新华网和人民网为代表的中央重点新闻网站已经成为中国网络新闻影响力的重要主导者。2006年7月,中华全国新闻工作者协会主办的第16届"中国新闻奖"揭晓,网络新闻作品首次纳入该奖评选。2008年是我国的网络舆论年,这一年,在"5·12"汶川地震、北京奥运会等重大主题新闻中,网络媒体均发挥了前所未有的作用。

同期,网络音频、视频网站出现爆发式增长。2004年11月,乐视网成立掀开了中国视频网站的序幕,而YouTube在美国的成功,促使国内如土豆网、56.com、优酷网在内的大批视频分享网站的成立,到2007年,中国视频分享网站已经超过200家。此外,新兴的垂直类网站开始崛起,挑战着传统的主流门户网站。

2. 社交媒体的产生与初步发展

到2005年,博客进入大众化阶段,拉开了中国网络媒体以社交媒体、自媒体为标志的新阶段。国外社交产品推动了社交网络的深度发展。2002年LinkedIn成立,2003年MySpace成立,2004年Facebook成立,这些优秀的社交网络产品,一直遵循社交网络的"低成本替代"原则,降低人们社交的时间与成本,取得了长足发展。同期,中国社交网络产品相继出现,如2005年成立的人人网,2007年成立的饭否网,2008年成立的开心网等,拉开了中国社交媒体的序幕。

3. 网络媒体进一步纳入规范化发展道路

2005年9月25日,国务院新闻办公室、信息产业部联合发布《互联网新闻信息服务管理规定》,同时废除了2000年颁布的《互联网站从事登载新闻业务管理暂行规定》,这成为网络新闻媒体史上又一标志性的大事件。从2009年下半年起,新浪、搜狐、网易等门户网站纷纷开启测试微博与微信功能,进一步丰富了新闻的传播方式。[①]

(五)移动网络媒体的诞生与发展(2010年至今)

1. 智能手机和通信网络的发展

2007年1月,苹果正式推出了第一款真正意义上的智能手机iPhone。2009年,3G牌照正式向中国三大运营商电信、联通、移动发布。以iPad和iPhone为代表的平板电脑和智能手机,在2010年将中国网络媒体全面带入了移动新媒体时代,智能终端为信息显示提供了载体,而通信网络为信息传递提供了通道。截至2021年12月,我国网民规模为10.32亿,其中,网民使用手机上网的比例达99.7%。[②] 2019年6月6日上午,工信部向中国电信、中国移动、中国联通、中国广电发放了5G商用牌照,标志着中国正式进入5G时代。截至2021年底,我国累计建成并开通5G基站142.5万个,建成全球最大5G网,实现覆盖全国所有地级市城区、超过98%的县城城区和80%的乡镇镇区,并向有条件、有需求的农村地区逐步推进。[③]

2009年8月,新浪推出"微博",由此拉开了中国微信息社交网络时代的大幕。2010年,具有LBS功能的街旁网诞生,具有O2O性质的团购网站美团网正式开始运营。2011年,具有革命性的移动端语音即时通信平台微信正式推出。微博和微信等移动社交产品的出现,掀起了自媒体的第二次高潮。

2. 移动互联网时期的网络媒体

随着移动互联网时代在中国的全面到来,媒体基于移动平台的转型时期正式拉开帷幕。传统媒体最先试水新闻客户端,如《人民日报》、央视新闻、澎湃新闻以及并读新闻客户端等,此类客户端主要依托传统媒体提供新闻信息,内容的差异化不明显。2012年,以今日头条为代表的聚合类新闻客户端迅速发展起来,这类客户端更多地显现出平台属性,即整合其他网站或自媒体信息,同时对用户个人数据进行挖掘,通过算法将个性化资讯推

[①] 国家互联网信息办公室、北京市互联网信息办公室主编:《中国互联网20年:网络媒体篇》,电子工业出版社,2014,第33页。

[②] 中国互联网络信息中心(CNNIC):《第49次中国互联网络发展状况统计报告》,中国互联网络信息中心,2022年2月,http://www.cnnic.net.cn/hlwfzyj/hlwxzbg/hlwtjbg/202202/P020220407403488048001.pdf,访问日期:2022年6月28日。

[③] 运行监测协调局:《2021年通信业统计公报解读 行业发展向好 新型信息基础设施加快构建》,中华人民共和国工业和信息化部,2022年1月25日,https://www.miit.gov.cn/gxsj/tjfx/txy/art/2022/art_e2c784268cc74ba0bb19d9d7eeb398bc.html,访问日期:2022年6月28日。

送给用户。

在移动资讯应用市场，垂直类资讯应用渗透率不断提升，如"第一财经""梨视频"等，且容易聚集高忠诚度的用户形成社群，便于在此基础上开展付费内容业务。① 此外，"新闻+社交"也成为移动媒体发展的重要方向，国内的移动新闻客户端开始尝试在整合新闻信息的基础上链接用户的社交关系，在产品形态、功能升级以及界面呈现上不断强化社交功能，继"信息流"之后，"社交流"将成为新的内容呈现方式。②

目前，我国移动互联网市场已经全面进入存量时代。用户结构渐趋稳定，用户的网络使用程度在进一步加深。③

3. 边缘化的门户业务

2010年，建立在PC端优势上的门户开始遭遇第一次全面的冲击：网民主要上网时间开始从PC转向手机。以高密度、大容量聚合内容与服务的门户网站，在这场终端注意力大转移中，成为最大的输家之一，门户网站由此全面进入边缘化阶段。

2015年至2016年，美国电信巨头威瑞森(Verizon)相继收购了老牌门户AOL和雅虎。国内，BAT在收入和市场价值的绝对数上极大地超越了三大门户。直到今天，门户并没有死亡，但互联网的门户时代的已经远去。随着移动互联网时代的全面到来，媒体特性不再是互联网最重要的特性之一，互联网已经成为真正的、全方位的生活方式，严格意义上的媒体消费也已不再是主流网民的主流消费。④

二、门户网站

门户网站译自英文"PortalSite"，被理解为人们进入互联网的始发地，是一个为了满足网民对信息与服务的不同需求而产生的信息共享的网络枢纽。在这个枢纽中，网民为了相同的目的——获取信息而来，又为了各自不同的目的而去。于是，门户网站就成为集合众多内容、提供多样服务的"大门厅"，以便最大限度地成为人们上网的首选。⑤

在早期的发展中，门户网站主要向用户提供信息检索服务，如门户网站的鼻祖Yahoo！即以分类搜索起家。随着Web2.0的蓬勃发展与门户网站自身的成长，门户网站从单一的搜索门户扩展到集内容服务、信息服务、网上交易、虚拟社区于一体的综合性门户，⑥如国外的

---

① 彭兰：《网络传播概论(第四版)》，中国人民大学出版社，2017，第147页。
② 唐辰：《资讯类客户端的演进之路：社交化将是共同方向》，搜狐网，2017年11月，http://www.sohu.com/a/205991700_135562，访问日期：2022年6月28日。
③ QustiMobile研究院：《QuestMobile2020中国移动互联网年度大报告》，QustiMobile，2021年1月，https://www.questmobile.com.cn/research/report-new/142，访问日期：2022年6月28日。
④ 方兴东、钟祥铭：《中国门户网站之发展历程、规律和启示———反思门户思维对中国互联网和传统媒体转型的内在影响》，《新闻与写作》2019年第2期。
⑤ 杜骏飞：《网络传播概论》，福建人民出版社，2004，第62页。
⑥ 屠忠俊主编《网络传播概论》，武汉大学出版社，2007，第125页。

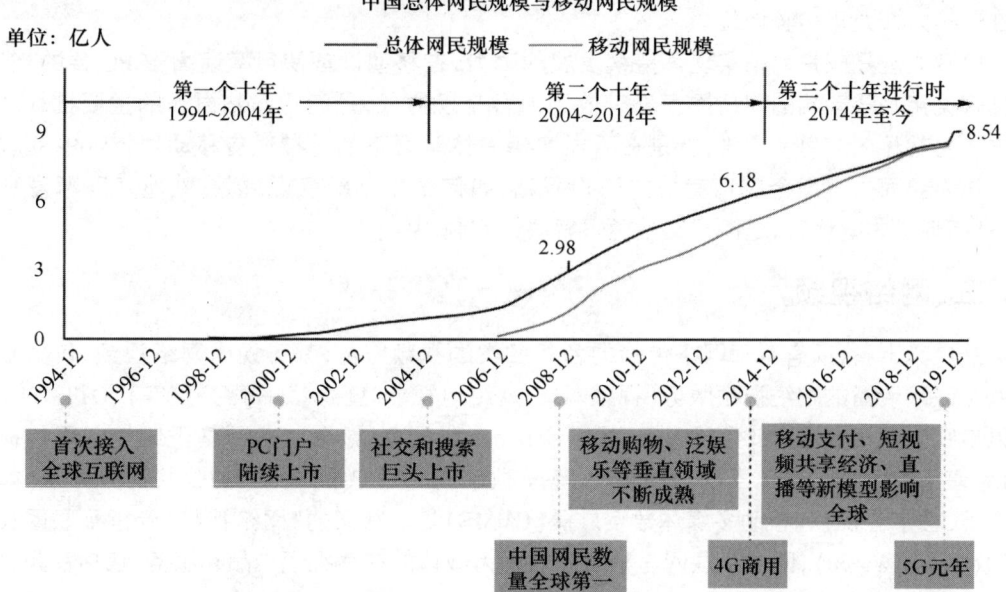

图 4-1　1994 年 12 月至 2019 年 6 月中国网民规模发展状况①

AOL、MSN，国内的新浪、搜狐、网易、腾讯等。同时，随着市场的细分趋势，门户网站又从大众化的商业门户、综合门户发展到分众化的政府门户、个人门户、垂直门户等第二代门户。

（一）门户网站的类型与特征

门户网站从最初的搜索引擎服务发展到集多种功能于一体的一站式服务，其内涵与外延不断被拓展。根据不同的划分标准，门户网站可以分为不同的类型。比如按门户网站的内容分，可以分为新闻网站、行业网站和综合性门户网站；按门户网站的功能分，可以分为服务型网站、展示型网站和交易型网站；按门户网站的创建者分，可以分为个人网站和机构网站。

门户网站作为一种比较有代表性的新媒体，既拥有网络媒体的共性，早期也包含着自身的一些独特性：如稳定而庞大的用户群、网民的依赖性与高黏性、巨大的吸纳能力等。

（二）门户网站的式微与转型

新媒体环境下，与门户网站功能相似但又具有突出优势的聚合类媒体应用不断涌现，形成对门户网站用户的争夺。一方面，随着智能手机和移动互联网的普及，传统 PC 端门户网站逐渐被边缘化，移动资讯领域成为各大互联网公司争夺的重要资源，也深受各路资本青睐。另一方面，这些移动资讯类客户端强调信息流和精准推送，更加符合用户的阅读习惯，

---

① QuestMobile 研究院：《Qusetmobile2019 中国移动互联网八大关键词》，QustiMobile，2020 年 1 月，https://www.questmobile.com.cn/research/report-new/79，访问日期：2022 年 6 月 28 日。

并能更积极推动其客户端与智能手机生产商进行合作,实现预装,提前收获用户,而门户网站在这一方面处于劣势地位。

内容变现是门户网站实现可持续发展的动力,在移动设备使用率远高于PC端的当下,如何根据用户移动端的使用探索出有效的内容变现方式,是门户网站面临的重要挑战。如目前较为常见的信息流广告,就是在不损害用户体验之下的一种适应移动端特性的变现方式。作为要同内容聚合应用竞争的门户网站,如何强化创新意识,创造性地开辟新盈利模式,从而促进内容变现,是门户网站亟须解决的问题。①

三、网络视频

从广义上看,所有基于网络传输的各式各类的视频服务,都可视为网络视频,包括基于公共互联网传播的在线视频服务(视频网站、网络电视台、直播/点播客户端等)、OTT-TV(互联网电视)、实时视频(如视频聊天、视频会议、在线教育、影像监控);基于电信专网传播的IPTV;基于广电网的高清互动电视;以及基于数字化广播电视网传播的公共视听媒体(如移动电视、楼宇电视)和移动多媒体数字广播(CMMB)等。狭义的"网络视频"专指互联网在线视频(Online Video),即以互联网与移动互联网为载体的在线视频产品和服务,包括视频分享网站、视频客户端,与互动电视、公共视听媒体等不属于同一个门类。② 目前学界和业界惯用的"网络视频"更倾向于其狭义概念。

(一)网络视频的类型

从网络视频的内容产品角度来划分,网络视频可以是网络新闻、网络综艺、网络影视剧、网络纪录片、网络广告等影像节目类型;从网络视频的内容来源来看,网络视频可以分为用户创作视频(如B站、YouTube)和专业机构创作视频,其中,专业机构创作视频又可以分为广电系统创作的网络视频(如芒果TV、CNTV)和互联网公司创作的视频(如爱奇艺、优酷和腾讯视频);从网络视频的时长来分,网络视频可以分为长视频和短视频;从拍摄和播放的时间关系来看,网络视频又可以分为直播视频与录播视频。

(二)网络视频的现状和趋势

截至2021年12月,我国网络视频用户规模达9.75亿,占网民总体的94.5%,其中,短视频用户规模为9.34亿,占网民整体的90.5%。③ 头部视频平台优势继续凸显,在线视频平台用户、内容、流量均向爱奇艺、优酷、腾讯视频集中,短视频平台中抖音、快手月活用户遥遥领先,直播平台中花椒、斗鱼、YY和虎牙稳居第一阵营,市场格局更加明晰。各类网络视频平

---

① 黄楚新、郭海威:《媒介演进视域下中国门户网站发展转型研究》,《新闻与写作》2019年第2期。
② 何白:《中国网络视频产业发展研究》,博士学位论文,厦门大学,2017,第7页。
③ 中国互联网络信息中心(CNNIC):《第49次中国互联网络发展状况统计报告》,中国互联网络信息中心,2022年2月,http://www.cnnic.net.cn/hlwfzyj/hlwxzbg/hlwtjbg/202202/P020220407403488048001.pdf,访问日期:2022年6月28日。

台加速生态布局,内容、宣发、体验、付费多端链路结合,平台整体协同能力逐渐凸显。①

经历了上半场的野蛮生长和江湖混战,下半场的短视频行业将逐步过渡到规范发展、深耕细作的新阶段。② 2019 年 1 月,中国网络视听节目服务协会发布《网络短视频平台管理规范》和《网络短视频内容审核标准细则》,为快速发展的短视频行业提供了规范的运营方向。同年 3 月,国家互联网信息办公室指导组织抖音、快手、火山小视频试点上线"青少年防沉迷系统",进一步加大对短视频平台的内容质量监管。规范发展的同时,"短视频+电商""短视频+社交""短视频+旅游"等模式逐渐成熟,不仅为短视频行业发展带来了新的价值增长点,也助力了其他行业的多样化和垂直化发展。此外,短视频产业的快速发展也引发了传统媒体和政务部门的关注和入驻,拓展了短视频平台的社会功能,《人民日报》、新华社、中央电视台等主流媒体和共青团中央、中国长安网、平安北京等政务媒体在抖音、快手等短视频平台开设了账号。截至 2020 年底,共有 26098 个政务号入驻抖音,抖音成为政务和媒体信息传播的新平台。③

抖音及快手是短视频领域中优势明显的头部应用。快手发展起步早,用户基础深厚,且积极发展电商和游戏直播等业务;抖音虽然发展时间较短,但入驻 KOL 数量多,带货推广情况良好,也成为用户最多的短视频平台。

2019 年,各大直播平台继续推动"直播+"布局,与电竞、综艺、文化、旅游、教育等产业相结合,努力构建多元化、差异化、高品质直播生态体系,成为行业发展的主要动力。2020 年,受到全球范围暴发的新冠肺炎疫情影响,电商直播发展势头迅猛。在政府层面,电商直播成为各级政府提振经济、拉动消费新增长点的重要手段;在企业层面,各大互联网公司的涌入和积极布局使得电商直播迅速发展壮大;在用户层面,电商直播激发和满足了新冠肺炎疫情期间用户的线上购物需求,并与抗疫救灾、脱贫助农等具体目标实现了有机结合。④ 2021 年,在国家政策的不断推动扶持以及如云服务、5G 技术持续发展等诸多因素的助推下,网络直播规模得到了进一步的扩大,行业的规范性也在不断增强。

四、网络出版

出版活动是满足人类传递信息、保存知识、传承文化等需求的重要方式。长久以来,传统的出版为我们留下了内容丰富、载体各异的皇皇巨著。而互联网时代所开辟的网络出版则拓展了传统出版的物理空间和行为空间,以比特流方式承载丰富的多媒体形态,从单维度的权威出版向多维度的草根出版改变。

---

① 王晓红、王芯蕊:《网络视频的生态融合与跨界赋能》,《中国新闻传播研究》2019 年第 3 期。
② 赵子忠、付姝姣:《2018 年中国短视频行业发展报告》,载《全球传播生态发展报告(2019)》,社会科学文献出版社,2019,第 151 页。
③ 中国互联网络信息中心(CNNIC):《第 47 次中国互联网络发展状况统计报告》,中国互联网络信息中心,2021 年 2 月,http://cnnic.cn/hlwfzyj/hlwxzbg/hlwtjbg/202102/P020210203334633480104.pdf,访问日期:2022 年 6 月 28 日。
④ 中国互联网络信息中心(CNNIC):《第 46 次中国互联网络发展状况统计报告》,中国互联网络信息中心,2020 年 9 月,http://cnnic.cn/hlwfzyj/hlwxzbg/hlwtjbg/202009/P020210205509651950014.pdf,访问日期:2022 年 6 月 28 日。

图 4-2　2017.12—2021.12 网络直播用户规模及使用率①

（一）网络出版的界定与特点

2016 年 2 月 4 日，国家新闻出版广电总局与工业和信息化部颁布了《网络出版服务管理规定》，对网络出版服务及网络出版物进行了明确界定。其中网络出版服务是指通过信息网络向公众提供网络出版物，网络出版物则是指通过信息网络向公众提供的，具有编辑、制作、加工等出版特征的数字化作品。网络出版物的范围主要包括：（一）文学、艺术、科学等领域内具有知识性、思想性的文字、图片、地图、游戏、动漫、音视频读物等原创数字化作品；（二）与已出版的图书、报纸、期刊、音像制品、电子出版物等内容相一致的数字化作品；（三）将上述作品通过选择、编排、汇集等方式形成的网络文献数据库等数字化作品；（四）国家新闻出版广电总局认定的其他类型的数字化作品。②

从广义上来看，凡是通过互联网这一技术媒介，以文字、图片、音频、视频等形式传播知识、信息、观点的活动都可以称为网络出版。从狭义上来讲，网络出版指的是那些具有合法出版资格的出版机构，以互联网为载体和流通渠道出版并销售数字出版物的行为。这一概念肯定了网络出版是传统出版手段在电子与网络时代的新形式，主体的合法性、作品的数字化、流通的网络化和交易的电子化构成了网络出版的基本要素。③

按出版主体划分，网络出版可以分为个人直接出版、出版机构直接出版和网络公司等代理机构代理出版。按出版的内容分，网络出版可以细分为网络学术出版、网络文学出版、网络报纸出版、网络期刊出版、网络图书出版、网络游戏出版、网络音像出版等。按出版形式

---

① 中国互联网络信息中心（CNNIC）：《第 49 次中国互联网络发展状况统计报告》，中国互联网络信息中心，2022 年 2 月，http://www.cnnic.net.cn/hlwfzyj/hlwxzbg/hlwtjbg/202202/P020220407403488048001.pdf，访问日期：2022 年 6 月 28 日。

② 新闻出版广电总局、工业和信息化部：《网络出版服务管理规定》，中华人民共和国中央人民政府，2016 年 2 月 4 日，http://www.gov.cn/gongbao/content/2016/content_5074079.htm，访问日期：2022 年 6 月 28 日。

③ 周荣庭：《网络出版》，科学出版社，2004，第 6 页。

分,网络出版可以分为简单出版、多媒体出版、混合出版三种类型。

(二) 网络文学

1. 网络文学的界定与发展概况

网络文学主要是指以传统手法创作出来、在网上发表的原创作品,包括在网上"发表"后又被传统出版物出版的文学作品;同时,网络文学也包括利用网络的多媒体和 Web 交互作用创作出来的文学作品,仅在互联网中存在,其代表有多媒体剧本、接龙小说等。

网络文学作为一种新的文学样式,与传统文学有着千丝万缕的联系,而又彻底颠覆了以往文学的存在样态。1998 年痞子蔡的《第一次的亲密接触》在网络上引起关注,成为中国网络文学发端的标志性事件。1999 年朱威廉在上海创立的"榕树下",揭开了网络与文学的"黄金时代"。2003 年 10 月起点中文网成功推出在线收费模式。付费阅读、网络作家职业化、用户激励机制等成为中国网络文学独特的商业模式。随后诞生了一批受欢迎的网络写手,如唐家三少、安妮宝贝等,以及为各大出版社争相抢印的网络文学作品。2010 年随着移动端发展,网络阅读从 PC 端转移到手机端,中国网络文学进入移动阅读新时代。

目前国内最大的网络文学平台阅文集团成立于 2015 年 3 月,"由腾讯文学和盛大文学合并组成,旗下囊括了起点中文网、潇湘书院、红袖添香等网文品牌",从内容、作者、渠道和产业链四个方面对其旗下的海量 IP 资源进行运营。[①] 近年来,网络文学 IP 生态急剧升温,通过对网络文学原创作品进行影视、游戏、动漫等不同内容形式的再开发,延长了网络文学产业链,带动泛娱乐生态链各环节产生联动放大效应。2021 年中国网络文学产业规模达 358 亿元,同时网络文学 IP 全版权运营带动游戏、影视、动漫、音乐、音频等数字文化市场规模达 3037 亿元,全 IP 运营链条已经逐渐成熟。[②]

2. 网络文学的特征

网络文学已成为互联网上重要的内容产业,拥有着完整的产业链,成熟的商业模式,为影视、游戏等源源不断提供着素材。在产业链上游,越来越多的"95 后"、"00 后"年轻作家在网络文学平台脱颖而出。数据显示,2018 年至 2020 年,实名认证的新作者中"95 后"占 74%,新签约作者中"00 后"占比 50% 以上。内容创作方面,作品日益聚焦现实生活,现实题材如脱贫攻坚、抗疫与医疗等成为新的突破点,此外,不同题材类型小说的融合创新趋势明显,呈现出多元化、精品化的发展走向。在产业链下游,2020 年国内网络文学用户规模达 4.67 亿人,读者中"95 后"与"00 后"占比约 60%。[③]

另外,国内网络文学平台的海外影响力不断扩大,为行业营收进一步增长提供了空间。

---

① 姚婷婷:《阅文集团 IP 运营研究》,硕士学位论文,南京大学,2016,第 24 页。
② 中国新闻出版广电报/网:《中国版权协会发布〈2021 年中国网络文学版权保护与发展报告〉版权意识不断觉醒 完善行业原创生态》,中国新闻出版广电网,2022 年 5 月 27 日,https://www.chinaxwcb.com/info/579682,访问日期:2022 年 6 月 28 日。
③ 文艺报:《2020 中国网络文学蓝皮书》,中国作协网络文学中心,2021 年 6 月 2 日,http://www.chinawriter.com.cn/n1/2021/0602/c404023-32119854.html,访问日期:2022 年 6 月 28 日。

2020年网络文学出海市场规模达到11.3亿,用户达8316.1万人,同时诸多海外读者也开始积极投身创作,阅文集团旗下海外门户"起点国际"海外原创作者已超11万人。从最初的海外出版授权、到海外平台搭建与网文内容输出,再到目前海外原创内容上线及IP内容输出,网络文学出海步伐稳步推进。①

(三)网络游戏

网络游戏是人类在21世纪发现的一座魔力金矿,其所创造的产业价值令人惊叹。随着宽带网络的不断升级和游戏技术的日臻成熟,全球网络游戏市场不断融合,产业规模快速增长。同时,移动互联技术的发展让移动端游戏成为日常生活中重要的便携式娱乐内容。

1. 网络游戏的概念与发展概况

网络游戏,是指以互联网为媒介,以游戏运营商服务器和用户计算机、手机为处理终端,以游戏客户端软件为信息交互窗口,可供多人同时参与的,以娱乐、休闲、交流为目的的游戏项目。根据网络游戏内容不同,可将其分为七大类型:角色扮演类游戏、动作类游戏、休闲类游戏、策略类或战略类游戏、棋牌类游戏、模拟类游戏、运动类游戏。网络游戏已成为一个资源整合的交互型媒体平台,包括实时聊天、游戏角色扮演、虚拟社区、虚拟财产交易甚至游戏文化衍生等多种功能,从而"为人们创造了一个具有时空压缩、无边界、开放、自由、匿名等特征的虚实世界,让人们能够在其中从事探险、交往、竞争、互动、建构认同等社会行为"。②

1998年,联众游戏大厅出现,人们开始在网络上进行棋牌类休闲游戏的对战,之后大量的PC端游逐步出现,包括《传奇》《大话西游》等都大获成功,从1998年到2010年,端游和页游共同构成了PC网络游戏发展的黄金12年。2010年,随着移动互联网的发展,移动游戏开始出现,2014年移动设备的普及基本完成,4G网络成为主流,移动游戏获得快速发展,《王者荣耀》等多款现象级游戏出现,移动游戏的社交属性在微博、微信的催化下也得到了迅速放大。2016年起,移动游戏收入占比超过PC端游,用户依赖手机玩游戏的习惯逐渐养成。

随着移动游戏的发展,H5小游戏、小程序中的小游戏等由于门槛低、玩法轻度,适应人们碎片化的移动互联网生活,以及能够利用平台入口切入人们的游戏需求,获得了大量用户的喜爱。微信生态中大量的活跃用户以及小游戏基于社交、易于分享的特质都展现了小游戏发展的巨大潜力。

随着5G时代的到来,云游戏作为5G新应用领域,引发了高度关注。云游戏是一种以云计算技术为基础的在线游戏方式。游戏中的所有计算(包括画面渲染、数据同步、交互逻辑等)全部在云端服务器进行,并通过互联网接受玩家的输入指令,同时将处理完成后的最终画面结果显示在玩家的前端设备上。用户无须下载游戏,且对显卡、CPU等设备的要求不高,只需要具备基本的视频解压能力和联网功能即可。云游戏的发展展现了游戏载体轻量化,游戏内容重度化、精品化的趋势。

---

① 艾瑞咨询:《2021年中国网络文学出海报告》,艾瑞网,2021年9月3日,https://report.iresearch.cn/report_pdf.aspx?id=3840,访问日期:2022年6月28日。
② 黄少华:《网络空间的社会行为:青少年网络行为研究》,人民出版社,2008,第224页。

2. 网络游戏发展的融合态势

随着互联网的普及与网游渗透率的快速提高,中国已成为全球网络游戏用户最集中的地区,我国网络游戏的市场规模在全球占据着相当大的比重,已成为全世界最为活跃的网络游戏市场之一。

(1) 产业融合

网络游戏具有高产业关联度,因此产业融合是网络游戏发展的大势所趋。游戏作为文化产业的重要组成部分,在泛娱乐融合上一直走在前列。泛娱乐是贯通游戏、文学、动漫、影视、戏剧等多种文化创意领域的互动娱乐新生态,本质是内容产品在多元文化娱乐业态之间的迭代开发,通过内容产品连接、受众关联和市场共振,有效地降低产品前期开发风险,同时扩大受众范围,实现规模效应。游戏作为文化产业中的重要一环,和影视、文学、动漫间的融合发展越来越多。

(2) 媒体融合

网络游戏的媒体融合趋势,既表现为交互电视网络游戏的出现,还表现为近几年社交媒体与游戏的深度融合。

游戏与社交媒体尤其是视频社交平台的融合造就了各类以游戏为中心的社群。尤其是短视频平台,成为玩家观看游戏教学内容、赛事集锦以及主播日常的重要渠道。社交媒体成为玩家游戏外交流、互动的空间,有利于玩家获取游戏最新消息,增强对游戏的认同感和归属感。KOL(Key Opinion Leader)作为游戏优质 UGC(User Generated Content)内容的生产者,为游戏文化和游戏氛围的形成起着至关重要的作用。

游戏与电视媒体的融合催化了职业电子竞技和游戏联赛的诞生。通过电视游戏频道、游戏媒体、直播平台,电竞聚集起数亿观众共同观看电竞赛事。电竞赛事已逐渐发展成为一个规模庞大的产业,产生了包含游戏、直播、电子竞技赛事等相关的收益价值链。2018 年以来,中国电子竞技进入爆发期。2021 年,电子竞技市场规模由 2018 年的 836 亿元增至 1736 亿元。在电竞入亚以及英雄联盟总决赛夺冠的影响下,其讨论热度节节攀升,此外,VR/AR 等技术的融入也在不断推动电竞行业的发展与革新。[①]

(3) 影游融合

游戏自身所具有的高度互动性与挑战性等特点给予了受众较强的沉浸感,这一"身体介入影像"的特点促使着游戏产业的不断繁荣,同时也给影视行业的创新提供了方向,影游融合成为当下电影的发展的一个重要趋势。

影游融合的相关形态其实早有存在,但早期更多停留在 IP 联动层面,电影的技术、叙事等未出现较大变革。目前的影游融合则逐渐深入,从"联动"走向了"融合",诸多电影甚至直接以游戏为主要脉络进行展开。在不断考量与调和游戏与影视二者特点的过程中,影视业的创作空间与积极整合资源的产业化思路都得以拓展延伸,展现了其未来更加广阔的发展潜力与市场前景。

---

① 艾媒咨询:《2022 年中国电子竞技用户行为研究报告》,艾媒网,2022 年 2 月 14 日,https://www.iimedia.cn/c400/83489.html,访问日期:2022 年 6 月 28 日。

（四）网络动画

1. 网络动画的发展历程

自 1906 年美国电影胶片动画《一张滑稽面孔的幽默姿态》起,动画片已有超过百年的历史。广义上的网络动画应该包括 Flash 动画、Gif 动画以及通过调用类似 JavaApplet 这样的小程序由静态图片制作而成的动态画面等。

伴随动画技术和相关软件工具的不断创新,网络动画亦随之获得了良好的发展契机。1999 年,世界著名的 Flash 动画独立创作人乔·希尔兹(JoeShields)利用 Flash 软件制作了一部动画短片《搅拌机里的青蛙》,可算是 Flash 动画的肇始。1999 年,在网络动画界赫赫有名的"边城浪子"率先提出了"闪客"这一概念。

随着视频网站如暴风、B 站的兴起,Flash 动画热度不断下降。2009 年"闪客帝国"关闭促使很多独立制作人转战成为网络动画的中坚力量,如曾经的闪客皮三于 2011 年创作的《泡芙小姐》火爆网络。

在国漫领域,腾讯企鹅影视自制国漫一路领跑,2019 年全网国漫播放量过 10 亿的作品中,8 部为腾讯视频独家播出,7 部为企鹅影视自制。2019 年,B 站国创区的月活跃人数首次超过番剧区,总播放时长破 3 亿小时,相比 2018 年增长 125%。①

2. 网络动画特点分析

（1）网络动画的多维度发展

除娱乐性之外,部分网络动画成为影院动画的试验田,或是作为商业产品的衍生动画而存在。院线动画巨大投资背后是巨大的风险,不理想的市场回报会带来较为严重的后果,甚至导致动画公司破产。在互联网上通过网络动画事先积累一定数量的观众,再进行院线动画制作,是一种有效降低风险的途径。而作为商业产品衍生动画存在的网络动画是顺应"互联网+"时代潮流的产物。

（2）受众从低龄化向全年龄段发展

随着动画播放段渠道变迁,网络动画内容的广泛性逐渐体现,内容也从单纯的低幼化向全年龄段发展,"动画是给小孩子看的"这一观点被打破。网络动画不再只有少儿类、亲子类题材,腾讯动漫、爱奇艺、优酷土豆等相继开设了动画频道,这一变动在很大程度上改变了动画市场。

五、网络广播

网络广播(InternetBroadcast)是指以互联网为传播媒介,向受众提供音频服务的广播,是传统广播和互联网络"联姻"的产物。随着社交应用的不断发展和用户参与度的不断提升,网络广播的形态也在不断变迁。

---

① 邓瑶:《国漫价值导向与创新转化——2019 年国产动画创作发展综述》,《中国广播电视学刊》2020 年第 2 期。

网络广播的播出形式分为直播和点播两种形式,前者与传统广播形式相似,即按照固定的节目时间表来播出音频节目,主要采取流媒体的技术来实现,适用于一些重大活动和突发事件的在线即时报道;后者是将节目内容依类别存放于服务器中,受众可根据标题或分类选择所喜爱的节目来收听,这种播放形式节约资源,选择性、针对性强,能够合理地满足受众要求。

(一)网络广播的发展历程

世界上最早进入因特网的广播电台是美国的 ABC 广播公司,其于 1995 年 8 月首先利用因特网进行全球播音,这标志着网络广播的正式诞生。随后,世界上主要的国际广播公司纷纷进军网络。如美国之音网站采用 20 多种语言在互联网上进行新闻广播。与此同时,我国的广播业也不落人后。1996 年底,广东人民广播电台建立网站,通过互联网播出节目,这标志着中国网络广播的正式诞生。1998 年 8 月,中央人民广播电台注册开通了中央人民广播电台网站,之后正式更名为"中国广播网",以流媒体音频广播技术支持中央人民广播电台 9 套节目网上直播、270 多个重点栏目在线点播的服务。

(二)移动互联网时代网络广播的新机遇

1. 移动音频发展概况

移动互联网时代物理网络的铺设和移动终端的普及为网络广播的发展带来了新的机遇,"耳朵经济"适应了当下人们"碎片化学习+陪伴感满足"需求,深刻改变了人们的学习与生活方式。目前,已有的网络音频应用软件主要可分为三类:一是包罗万象的聚合型平台,如"喜马拉雅""蜻蜓 FM"等;二是小众窄播的专业型平台,如聚焦"高效知识服务"的"得到"、瞄准二次元市场的"猫耳 FM"和专注有声书的"懒人听书"等;三是以直播互动为核心业务的音频直播平台,如"荔枝""KilaKila"等。[1]

2. 移动音频特征

(1) UGC 内容生产

荔枝 FM 和喜马拉雅 FM 上都倡导"人人都能做主播"这一新理念,提供工具让用户上传自己的声音节目,并开设自己的音频频道,极大地刺激了用户的参与积极性,不仅为用户提供了声音的秀场,还为用户的内容选择提供了丰富的音频资源。这种用户生产音频内容、用户构建音频社区的方式是移动互联网背景下网络广播的独特发展途径。

(2) 内容付费

内容付费是音频平台成功发展的商业模式之一。2021 年,喜马拉雅总营收增至人民币 58.6 亿元。其中,订阅收入为 29.9 亿元。[2] 最早完成付费转型的喜马拉雅,正在向包含了硬

---

[1] 陈昌凤:《"耳朵经济":知识与资讯消费新形态》,《人民论坛》2020 年第 5 期。
[2] 央广网:《喜马拉雅更新招股书:营收、付费率双增长 但 2021 年仍亏损 51 亿》,央广网,2022 年 3 月 30 日,http://tech.cnr.cn/techyw/technews/20220330/t20220330_525780718.shtml,访问日期:2022 年 6 月 28 日。

知识、泛知识和娱乐类内容在内的内容付费转变。内容付费必须以丰厚的精品内容为基础。内容多、覆盖范围广仅仅只是喜马拉雅能够取得竞争优势地位的基础原因,其背后更深层次的驱动力来自强大的版权库以及日积月累的高版权壁垒。喜马拉雅不仅打造精品的有声内容,而且通过与出版商签约合作的方式实现对知识产权的有效保护,并与阅文集团、纵横网等线上出版机构达成排他性合作,目前,已拥有市场上超过70%的畅销书有声版权。

(3) 全场景生态

相比文字、图片和视频,数字音频有非常强的伴随性,因而其使用场景具有其他形式无可替代的优势。随着移动互联网及5G技术的发展,移动音频朝着全场景发展,即硬件制造商、移动音频平台和内容生产商联合,通过构建音频场景生态,满足用户在特定场景下的音频收听需求,并以个人的音频收听习惯和偏好为基础,通过不同设备之间的无缝衔接和切换,融合贯穿不同场景下的音频收听行为。车联网、智能家居与可穿戴设备是目前网络音频平台的主要发展方向。未来,全场景生态可以真正满足用户各个场景的使用需求,将音频与场景深深融合在一起,为用户提供智能化、沉浸式、互动式的体验。

第二节 聚合类媒体发展概说

聚合类媒体是利用各种网络技术,将分散的互联网资源按照一定逻辑加以整合的媒体形态,并通过用户主动发出信息需求获取内容,或通过多样化、个性化、智能化的方式推送到用户使用的终端设备上,满足用户"一站式访问"获取各类信息的需求。聚合类媒体凭借丰富的内容、实时的发布、个性化的推送、随时随地的互动,被越来越多的用户所认可。

一、聚合类媒体的发展背景

未加整理的、千篇一律的内容已很难满足用户需要,人们倾向选择那些个性化、便捷化的信息形式。聚合类媒体让每个人看到的新闻信息都不同,甚至可以达到千人千面的程度。另外,聚合类媒体还让来自不同信息源的信息以相对统一的形式呈现出来,聚合到一个平台之中,让用户能够较为集中地获取信息,信息获取便捷度大大提高。

机器算法在一定程度上决定着信息的意义、信息的流向,以及受众对信息感知的方式。目前,聚合类媒体已经借助算法推荐技术和机器学习技术超越了简单的检索和分发,形成了基于大数据的个性化推荐。聚合类媒体的核心运作逻辑,在于通过信息抓取技术从互联网上广泛采集信息,再借助社交关系或算法匹配,向用户推送符合其兴趣或价值偏好的特定信息。借助算法推荐机制,用户得以从互联网的海量信息中高效地获得感兴趣的信息。

二、聚合类媒体的类型

(一) 按照传播形态划分

按照传播形态的不同,聚合类媒体主要包括聚合网站和聚合App。

聚合网站是以网站形态聚合各类信息,包括搜索引擎网站,如百度、谷歌;新闻聚合网站,如 Buzzfeed。聚合 App 以 App 传播形态聚合,当我们谈到移动聚合媒体的时候,更多指向的是聚合 App,主要形态是新闻聚合客户端、搜索客户端。

(二)按照信息获取方式划分

按照获取方式的不同,可以划分为搜索引擎、一般聚合媒体、个性化聚合媒体。

搜索引擎是指根据一定策略从互联网上搜集信息,在对信息进行组织和处理后,为用户提供检索服务,将用户检索相关的信息以聚合的形态展示给用户的系统。一般聚合媒体是用户主动获取信息和自动聚合信息兼具的媒体形态。一方面,一般聚合媒体每隔一段时间从互联网抓取信息展示给用户;但另一方面,这些内容不会主动推送给用户,而是需要用户自己去查看。因此,一般聚合媒体主要是指桌面聚合媒体和不带有个性化推送功能的聚合App。个性化聚合媒体的概念则与移动聚合媒体一致。

(三)按照聚合内容划分

按照聚合内容划分,聚合类媒体可以划分为新闻聚合媒体、知识聚合媒体、视频聚合媒体等。

新闻聚合媒体是一种新型的新闻内容供应商以特定方式进行整合的新闻传播平台。知识聚合媒体,如果壳网、知乎等,是能够聚合用户形成虚拟社区并在其中进行知识分享、交流学习的问答类媒体平台。视频聚合媒体是一个基于互联网视频资源的视频聚合流媒体服务平台。

第三节　社交类媒体发展概说

社交媒体的迅速发展与移动终端的普及密切相关。移动互联网媒体是所有具有移动便携特性的新兴媒体的总称,包括以手机、平板电脑为代表的各种便携式移动智能终端。随着技术的进步,移动媒体群的形态进一步丰富。鉴于手机媒体在移动媒体群中的典型代表性,本节仅对这一种移动媒体形态的发展历程做简要介绍。

一、移动终端的发展

最初,手机是作为便携式通信工具被发明出来的。1973 年 4 月 3 日,美国摩托罗拉公司的马丁·库帕发明了世界上第一款手机(图 4-3)。它的重量超过了 1000g,而长度、宽度和厚度分别为 10 英寸、1.5 英寸和 3 英寸,由于它是在模拟蜂窝网络的基础上运行的,因此在当时又被称作蜂窝式移动电话。

然而,手机的诞生并不代表手机时代的来临,它只是手机普及道路上的一小步。从研发成功到推出市场,摩托罗拉公司等了整整十年的时间。早期的手机只具备语音通话功能,直到 20 世纪 90 年代末,欧洲老牌的移动运营商 Vodafone 又开发了 SMS 短信息业务。短信作为移动增值业务的先驱,带动了彩信、彩铃、手机游戏、手机广播、手机电视等后续增值业务的发展。随着手机的普及应用和手机业务的日益丰富,手机已经不仅是单纯的个人通信工具,而是成为新媒体产业的领跑者之一。人们通过手机不仅可以通话交流,还可以登录互联网、阅读新闻、收看视频等,因此手机最初又被称为"第五媒体"。

图 4-3　世界上第一部手机

手机媒体是伴随第二代移动通信技术发展起来的,从短消息服务到多内容服务的发展过程中,技术的进步及无线网络平台的发展,为手机从通信工具向大众媒体的演变提供了必要条件,衍生出多样化的服务功能。在 5G 时代,手机的使用场景、媒体内容和功能又迎来新一轮的升级改变。2021 年我国全年国内市场 5G 手机出货量 2.66 亿部,5G 终端用户达到 4.5 亿户。①

二、移动终端下的社交媒体

汤姆·斯丹迪奇指出:"人类作为灵长类动物,天生就是社会性动物",喜欢分享与社交,"人们在社交关系网中评估和维持自己地位的一个主要方法是与别人交流信息和交流关于别人的信息"。② 在社交关系网中,社交媒介不可或缺,是个体表达和人际传播的重要载体。

智能手机和移动互联网的发展,让移动终端媒体成为"携带着体温"的重要媒介,在当下流动的社会交往空间中,手机几乎与它的使用者融为一体。当移动终端媒体成为使用者随时随地的言说平台时,大众的话语开始不断地充塞整个网络空间,传统的熟人社交搭载着移动互联网不断地向外延伸枝蔓,混合着既有的匿名社交,把互联网交往推向"半熟社会"。滋生于手机媒体上的 Facebook、Twitter、微信以及越来越多的小众化、垂直化社交应用等,占据了人们越来越多的网络时间,构成了蔚为壮观的社交媒体。"无时无处不社交"成为当下大

---

①　中国信通院:《2021 年 12 月国内手机市场运行分析报告》,中国信通院,2022 年 1 月 18 日,http://www.caict.ac.cn/kxyj/qwfb/qwsj/202201/P020220118485148188545.pdf,访问日期:2022 年 6 月 28 日。
②　汤姆·斯丹迪奇:《从莎草纸到互联网——社交媒体 2000 年》,林华译,中信出版社,2015,第 13 页。

部分国人的日常生活状态,社交媒体也从个人化的情感表达空间进入社会政治、经济、文化参与空间,成为大众发表言论、表达态度、形成舆论的重要场域。

第四节 智能媒体发展概说

互联网的发展已经由最初的网络化演进到今天的智能化发展阶段。未来互联网发展和竞争的高地就是对广域网络空间中的人与人、人与物、物与物实现其价值匹配与功能整合的高度智能化。这是社会生产方式和运作方式以及"游戏规则"的深刻改变,这是以人工智能技术为代表的下一轮次的互联网发展给我们带来的新的"风口"。① 人工智能技术在传媒领域的全面渗透使媒体的发展、进化与融合进入一个新的阶段。未来传媒业的发展,很大程度上与人工智能技术的引入和应用关联在一起。在媒体朝着智能化演进的发展阶段,很多媒体都带上了智能化特征,并在智能化的过程中演变出新的产品形态,在本书中我们将之称为智能媒体。

一、媒体智能化:智能媒体时代的到来

1955年,美国科学家约翰·麦卡锡第一次明确提出"人工智能(Artificial Intelligence)"概念,即以人类的智慧研究、开发、创造出堪与人类大脑相匹敌的"机器脑"。"人工智能"的出现让人类传统的信息处理方式得以升级,"人工智能"也成为一种强大的技术工具。随着人工智能技术发展的高歌猛进,我们已然身处于智能时代的洪流之中。

近年来,人工智能技术开始进入媒体领域。"算法采集、生产和分发内容"的新闻报道模式应运而生,数据新闻、机器人新闻、自动化报道等先后推出,各种创新报道令人目不暇接。这些报道的核心都是"算法",运用计算机科学去探寻规律、设计系统和理解人类的行为,特别是大数据技术的发展,以前所未有的广度和深度"透视"人类社会。大数据与人工智能是媒体革新的基础,在全球范围内给媒体行业都带来了深远的影响,特别是进入21世纪的第二个十年,从平台流程到组织机制,各个媒体都在随技术的发展进行着深刻调整,媒体智能化在未来传媒业的发展过程中成为必然的趋势,也标志着智能媒体时代的到来。

人工智能技术在重新定义、结构媒体的同时,也给新闻业带来全新的挑战,但也有一些问题值得思考。高度智能的算法真的比人类更了解自己吗?如何解决算法黑箱以及算法歧视?智能时代,人工智能与人的工作究竟哪个更有价值?人工智能是否会取代人?究其根本我们需要将技术思维和人文关照结合起来,更好地推动智能时代的媒体融合与发展。

---

① 喻国明、兰美娜、李玮:《智能化:未来传播模式创新的核心逻辑——兼论"人工智能+媒体"的基本运作范式》,《新闻与写作》2017年第3期。

二、媒体智能化的特征

(一)人工智能技术参与新闻生产传播的各个环节

1. 信息采集智能化

信息采集是媒体运行过程中至关重要的环节。过去的信息采集完全依赖人力提供的信息和数据作为新闻制作的原材料。智能媒体时代,以传感器为载体、大数据处理技术为支撑的传感器技术对丰富和优化媒体信息源起到了重要作用,搭载传感器或数据处理器的任何物体都有可能成为信息的采集者。传感器技术一方面拓展了信息来源的途径,另一方面扩增了信息采集的时间维度和空间维度。例如,CCTV4 于 2016 年推出的融媒体新闻评论节目《中国舆论场》,每期节目通过大数据捕捉一周内全媒体平台的舆论热点作为节目的素材,从而带动全民参与话题讨论。

2. 内容生产智能化

智能媒体的信息生产是人机合一、多元主体、去中心化的模式。写作机器人的出现就是其代表。写作机器人的优势在于在标准化新闻生产,使其生产效率更高,生成的结构性文本精准可读、中立客观。写作机器人的适用范围是有限的,主要涉及财经、体育以及突发自然灾害领域等。当然写作机器人也在逐渐扩大其应用领域,比如中国科技学报社研发的"小柯",是一款专注于科学新闻报道的写作机器人,《广州日报》研发的"阿同"则用于政府工作报告的分析。此外,写作机器人在判断力与创造力、温度和深度等情感立场表达还有待提升。

智能技术通过各种方式介入音视频新闻生产,当前不断涌现的 AI 合成主播、5G+AI 声像分析以及智能云剪辑师等新兴技术,正在逐渐丰富新闻的生产模式与呈现样态。计算机视觉能够在图像的识别、处理、转换和编辑方面带来新的新闻生产潜力。定制化的新闻生产作为机器人写作的一种衍生应用逐渐发展起来。用户可使用个人化的模板,由机器人填充数据来形成满足个人偏好的新闻作品。[①] 在机器深度学习算法的推动下,机器人将根据不同用户的行为习惯、场景偏好、社交兴趣等方面形成一套精准的定制化新闻生产服务,这种精准化到微观的个体用户是以往媒体无法做到的。

3. 互动反馈智能化

在智能媒体环境下,用户与智能媒体的互动和反馈方式更加丰富。如个性化分发,媒体利用算法推荐技术根据用户特点分发其可能会感兴趣的内容;沉浸式体验,通过 VR 和 AR 技术打造媒体场景,让用户沉浸体验媒体内容;语音交互,用户可以通过语音的方式与媒体进行智能互动;对话式新闻,将新闻变成对话,让用户从"看新闻"到"聊新闻",运用智能对话技术提供留言回复等服务。移动互联网与人工智能的结合创造出许多新的互动反馈场景,未来随着技术的成熟,互动化、个性化、智能化的场景将越来越丰富。

---

① 郭全中、胡洁:《智能传播平台的构建———以今日头条为例》,《新闻爱好者》2016 年第 6 期。

(二)人—机关系的再定义

当人工智能技术被引入媒体行业,给新闻工作者带来便利的同时,也带来了职业挑战。人工智能接手了繁复与琐碎的数据搜集,解放了新闻生产力,但新闻工作者依然是整个新闻生产系统的创造者、组织者与维护者。机器是人的"辅助""助手"与"附属",新闻人才是新闻生产的核心。

当人工智能技术开始渗入新闻生产与传播的各个环节时,媒体行业中的人—机关系也开始悄然转变,不再是简单的工具与辅助。人与机器在新闻生产与传播的过程中各自拥有不同的能力、优势与劣势,人机协同将成为未来的常态。人机协同的过程,是人与机器相互学习、相互增强的过程,其理想的结果,是人与机器的共同进化。①

(三)各级云平台的建立

在智能化媒体发展的过程中,媒体通过自身的互联网化实现以互联网为基础链接的平台,即云平台。在此基础上实现个性化的产品创造,满足用户需求。各级媒体都在建立自己的云平台。比如央视新闻的云平台中有四个主要功能系统,包括记者视频回传系统、移动直播系统、账号矩阵系统以及用户上传系统,平台汇集优质的 PGC 与 UGC 内容,逐步实现电视与新媒体的一体化生产与资源共享。从央视到省级卫视再到地方电视台,各具特色的智慧广电应用与原有平台形成互补,提升融传播的速度与力度。

三、智能媒体的主要形态

2017 年,被称为"人工智能应用元年",从这一年开始,人工智能在应用层面的投资开始火爆,其落地形式之一就是智能媒体。智能媒体在传感器领域的代表是智能可穿戴设备,在智能语音交互领域的代表是智能音频,在内容生产特别是新闻生产领域的代表是写作机器人。(详见第七章)

第五节　沉浸媒体发展概说

美国心理学家米哈利·契克森米用"沉浸"(flow)一词定义一种感官体验:"用户被吸引进入一种经验模式之中,其意识被限定在一个框架内,其他不相关的想法、感官体验被屏蔽,只对特定的事物有回应和反馈。通过这种体验,用户获得对环境的操控感。"如今这种沉浸式体验已经可以被数字技术和电子设备还原出来,即在虚拟现实、即时通信、微处理器、能耗管理等数字和网络技术的进步下催生的沉浸媒体形态,将"遥在"升级为"泛在",复制了时空,延伸了人的视觉、听觉、触觉乃至嗅觉和味觉,实现了感官的全替代。沉浸媒体的出现开启了以其为代表的"第三媒介时代",这是一个万物皆媒的时代。

---

① 彭兰:《智媒趋势下内容生产中的人机关系》,《上海交通大学学报(哲学社会科学版)》2020 年第 1 期。

一、沉浸媒体设备的发展

沉浸媒体的代表性载体主要有 VR/AR/MR（虚拟现实/增强现实/混合现实）设备和沉浸式装置艺术等。沉浸式的显示设备的概念始于 1838 年，英国物理学家查尔斯·惠斯通提出了立体视觉的概念；1929 年出现了世界上第一个商业化飞行模拟器"林克教练"；1952 年，莫顿·海利格制造了第一台沉浸式虚拟现实设备 Sensorama，该设备拥有 3D 屏幕、立体声扬声器、气味、振动座椅，用户可以体验所有感官；1960 年，莫顿·海利格又推出了世界首台头戴式显示器；1968 年，第一个由计算机模拟画面的头戴式虚拟现实头盔出现，次年计算机生成的人工现实环境诞生；1975 年，米隆·克鲁格首次在密尔沃基艺术中心展出虚拟现实环境作品 VIDEOPLACE，由摄像机捕捉观者动作，与投影仪投射出的虚拟影像互动；1987 和 1991 年，虚拟现实开发工具和量产的虚拟现实游戏机"Virtuality"问世；90 年代后，第一次 VR 眼镜热潮到来，世嘉、任天堂等厂商推出 VR 眼镜产品，但产品的性能和用户体验仍然极其原始；2012 年，Oculus Rift 和 Google Glass 问世，AR 眼镜首次出现，同时也重启了又一次 VR 热潮；2015 年 MR 眼镜微软 HoloLens 诞生；2016 年，谷歌、微软、索尼、三星、HTC、Oculus 等数百家厂商开始投入虚拟现实项目，这一年也被称为虚拟现实元年。①

沉浸式装置艺术也逐渐从 20 世纪 70 年代至 80 年代的"分布式数码影像"进化到 21 世纪第二个十年后的交互式虚拟现实数字装置，代表性作品如草间弥生的《无限镜屋》、奥拉维尔·埃利亚松和马岩松合作的《感觉即真实》、艺术团队兰登国际的《雨屋》、teamLab 团队的《花与人的森林：迷失和沉浸》等，将技术融入艺术，拓展和探索了沉浸媒体的外延，使其形态愈发丰富。

二、沉浸媒体是泛众的传播形态

万物皆媒意味着媒介不再仅仅指代书籍报刊、广播电视或互联网等狭义的传播形态，一切能够产生、传播、接收和展示信息的有形或无形的"物"都可以是媒介，物联网、云计算、隐式交互等技术的普及之下，沉浸媒体集合了过往的一切媒介形态，还赋予所有在线的"物"不曾有过的"人性"——都是人的延伸，也都是人工智能形态各异的载体。智能化是沉浸媒体的重要特性之一，被赋予了技术含义的"物"成为泛在网络的节点，在媒介化环境中生存的人们在无意识中被包裹在内，人与媒介不再是对立的传受关系，人也成了媒介和节点，沉浸于多样化的信息流之中。在这种媒介化环境中，不仅不同场景间的界限消逝了，人与人之间的边界也变得模糊，在沉浸媒体中，身—心—物—环境是一体化的，真实和虚拟也叠加于同一空间中。这种新传播形态和新型媒介空间打破了此前大众传播媒介的中心权力，智能、动态且多极化特点使媒介物的主体性浮现，从 VR 头显到智能社区乃至智慧城市，人机在沉浸媒介中共生，是"第三媒介时代"的数字化生存方式。

---

① 云洲科技：《虚拟现实（VR）发展史：从 1838 年到 2022 年》，https://zhuanlan.zhihu.com/p/497110752，访问日期：2022 年 7 月 9 日。

三、沉浸媒体的主要形态

无论何种形态的智能媒体，其演进趋势均为泛在化——曾只存在于机房和桌面的计算设备如今可以无处不在，具备感知、通信、计算等能力的全天候在线设备是环境中的智能化节点。智能可穿戴设备、智能音频和 AI 内容生产都指向了沉浸式传播，沉浸媒体通过各类智能设备营造视觉、听觉、触觉乃至味觉、嗅觉等感官体验，使用户的身心沉浸其中，获得在场参与的具身体验，这种体验是外部技术构建的信息空间和人类的认知结构共同作用的产物。①

自 15 世纪中叶金属活字印刷诞生以来，媒介组织以书报杂志等文字形式、广播电视等电磁波形式、"机械复制艺术"电影、各类互联网等大众传播媒介，传播各种复制信息。因此，大众传播是一种特定社会集团向社会大多数成员进行的信息传递过程，同时也是一种离身的传播模式：传者与受者之间存在着机械复制或电子复制工具，时空的可塑性令传播不再需要即时即地，人们的视、听、触等感官通道被剥离于原始的情境，感官从自然的整体状态被割裂，接受着不在场的信息。而"第三媒介时代"的代表沉浸媒介是泛众的、具身的传播形态，是超越大众传播的多对多或一对一的传播，打通人之间的区隔并逐步统一不同设备间的架构，人生存于虚拟与现实交织融合的世界里——人与媒介的交互模式从文本/指令主导的纸媒时代、图形主导的二维视频时代跨越到了以 VR/AR 技术为主导的多维沉浸时代，②是数字技术复制时空的时代。

"第三媒介时代"以智能媒体为技术基础，其代表沉浸媒介是人工智能、虚拟现实、即时通信等技术在人的生理或心理的结构逻辑和需求的促动之下出现的媒介形态，这种形态能够弥合并延伸分裂状态中的感官与身体，改变了人与物的对立关系，淡化了人与物的界限。沉浸媒体有着多变的样貌和越来越多的应用场景，本书将其总结为感官沉浸媒体和环境沉浸媒体两类，前者以沉浸式可穿戴设备为基础实现人体部分感官的沉浸式体验，主要包括沉浸式娱乐和办公场景；后者除了沉浸式可穿戴设备，还将人体所处的环境纳入其中，实现更大范围的环境沉浸，主要包括沉浸式交通和沉浸式展览场景。（详见第八章）

第六节　互动电视媒体发展及形态

从 1983 年开始到 21 世纪初近 20 年的时间里，中国电视行业取得了长足的发展，逐渐成为国内的主流媒体。在电视行业蓬勃发展的同时，互联网技术也在逐渐发展，传统电视行业面临着以网络为技术基础的视频网站以及快速更新的移动终端设备的双重挑战，中国电视媒体逐渐演化出新的媒体形态，例如数字电视、IPTV、互联网电视等。在新媒体时代，我国电

---

① 喻发胜、张玥：《沉浸式传播：感官共振、形象还原与在场参与》，《南昌大学学报（人文社会科学版）》2020 年第 2 期。

② 杭云、苏宝华：《虚拟现实与沉浸式传播的形成》，《现代传播》2007 年第 6 期。

视产业存在着内部深层次的矛盾以及外部复杂形势的挑战,如何将制度创新、技术创新以及模式创新相结合,最终实现电视产业内部各环节的产业联动和资源整合,从而助力我国电视产业摆脱发展困境和实现产业转型是现在亟待解决的问题,也是中国电视产业的发展方向。①

一、数字电视

数字电视(Digital Television),是指从节目摄制、编辑、存储、发射、传输到信号的接收、处理、显示等全过程完全数字化的电视系统。数字电视传输的图像及其伴音信号是经过数字压缩和数字调制后形成的数字电视信号,经过地面无线电波、有线电缆和卫星信号的传送,由数字电视机接收后,通过数字解调和数字音频、视频解码处理,还原成原来的图像和伴音。

(一)数字电视的分类

按信号传输的不同方式,数字电视可分为地面数字电视(地面无线传输)、有线数字电视(有线传输)和卫星数字电视(卫星传输)三类。不同的传输方式各有特点,详见表4-1。

表4-1 不同种类数字电视对比

	传输方式	传输特点	较为适用的区域
有线数字电视	有线电视光线和同轴电缆	双向化,接收质量高,铺网费用高	城市
地面数字电视	无线电波(主要利用甚高频VHF和超高频UHF频段)	双向化,可实现移动接收,信号会受影响	城乡接合部,平原地区,交通干线区域
卫星数字电视	地球同步卫星	覆盖广,接均简单高效,易受到建筑物、地形及天气限制,单向传输	农村等广阔、边远地区

(二)数字电视发展历程

我国拥有世界上最大的有线电视网络,并且从发展伊始就具有良好的用户及网络基础。

1. 实验探索(1992—2002)

我国数字电视在1992年就已正式立项并由国务院亲自成立了相应的领导小组,1999年完成了有线数字电视转播试验。2001年11月,国家广电总局批准在全国13个城市率先开展有线数字电视的商业运营试验。同年4月28日,苏州有线数字电视正式推出,这也成为我国第一个投入市场运营的有线数字电视。2002年,中国数字电视产业化进程启动,有线数字电视开始在较大范围内开展。

---

① 熊波:《新媒体时代中国电视产业发展研究》,博士学位论文,武汉大学,2013,第137页。

2. 初步试点(2003—2006)

2003年,数字电视推广试点工作展开,北京、重庆、江西等地陆续开始了数字电视的试播或正式播出。青岛、杭州、佛山等地的数字电视产业模式纷纷出炉。数字电视开始进入大刀阔斧的发展期。在全国主要城市中,数字机顶盒开始大规模地进入家庭。

3. 快速发展(2007—2015)

2007年,全国数字电视产业从全面启动阶段过渡到快速发展阶段。在这一阶段,相关政策的制定对于推动数字电视快速发展发挥了重要作用,如《关于加强广播电视有线网络发展的若干意见》和《关于加强有线电视收费管理等有关问题的通知》等。2015年,我国有线电视市场进入数字化扫尾阶段,有线电视用户突破2.51亿户,数字化率突破80%,用户规模突破两亿,达到2.01亿户,用户结构向智能化、高清化、双向化加速演进发展。[1]

4. 增速放缓(2016年至今)

2016年广西广电网络以及贵州广电网络成功上市,进一步推动了有线电视网络行业的市场化转型。在白热化的市场竞争影响下,2016年第四季度有线电视用户总数首次出现负增长,第四季度环比减少215.2万户。[2] 2020年7月,全国5000余座发射台上万部数字电视发射机通过多渠道传输覆盖广大城乡地区,这也标志着:无线模拟电视将退出历史舞台,我国全面进入数字电视时代。

这一阶段,有线数字电视用户持续流失,有线数字化率缓慢增长;有线数字电视缴费用户数量经历了最初的持续下降。2020年第一季度,我国有线电视用户总量净减310.4万户,降到了2.06亿户,有线电视在用户家庭电视收视的份额降至45.58%。[3] 这期间,有线电视收视、用户安装、卫视落地等传统业务受到较大的市场竞争影响,但同时新培育的融媒体转型业务起步时间短、规模小,不足以弥补传统业务下滑的缺口。

(三)数字电视的变革

1. 电视技术的变革

数字电视采取了不同的信息编码解码方式,这是与模拟电视最本质的技术上的区别,其信号更加稳定,而且容易实现信号的加密、解密,便于电视节目的条件接收。数字电视信号在传输过程中不会产生噪波、失真的累积,而且可以很容易地实现检错和纠错,抗干扰能力强,图像质量能达到DVD或电影胶片的水平。它采用了数字编码方法的数字电视信号经过数字压缩后传输,所占的带宽非常小。这样,相同的带宽条件可提供更多的电视节目,提高

---

[1] 格兰研究:《国网公司发布2015年有线电视行业发展公报》,《中国有线电视》2016年第S1期。
[2] 格兰研究:《2016年第四季度中国有线电视行业发展公报》,搜狐网,2017年1月,http://www.sohu.com/a/125156064_488920,访问日期:2022年6月28日。
[3] 格兰研究:《2020年第一季度中国有线电视行业季度发展报告》,中文互联网数据资讯网-199IT,2020年5月,http://www.199it.com/archives/1049793.html,访问日期:2022年6月28日。

频谱资源的使用效率。数字电视利用数字信号进行传输,用户可以方便地实现对电视节目的暂停、快进、回放等控制和存储处理。

2. 电视传播模式的变革

数字电视系统采用了开放的中间件技术,能实现各种交互式应用,可与计算机网络互通互连,互动性体验彻底改变以往单向的、被动的收看方式。首先,数字电视提供电子节目菜单,详细而简洁的列表告知当前正在播出的节目内容和节目预告,方便用户按自己的需要选择收看。此外,还可以将不能及时收看的节目通过数字存储功能下载并存储起来以供方便时观看。其次,数字电视提供增强电视的功能,用户可获得更多深入信息。增强电视(Ehanced Broadcasting)指在传送音视频节目的同时,还播送一些链接在节目上的附加信息。再次,通过视频点播服务(VOD),用户可以根据自己的需要在电视上自由点播远程节目库中的视频节目,按次、按片或包月收费。

二、IPTV

IPTV 是 Internet Protocol Television 的缩写。ITU-T 对其定义为:①在 IP 网络上传送的包含电视、视频、文本、图形和数据等,提供 QoS/QoE、安全、交互性和可靠性的可管理的多媒体业务。在国内,IPTV 一般被称为交互式网络电视,是一种利用宽带网络,集互联网、多媒体、通信等多种技术于一体,以电视机、计算机或手机为接收终端,向用户提供以视频节目内容为主的交互式服务的新技术和媒体形态。

"IP"与"TV"的关系,从电信和广电两个角度出发分别有不同的理解。在电信领域,IPTV 更多地被理解为宽带增值业务,只是这时 IP 宽带网络所承载的宽带业务是电视节目而已,强调的是 IP;而在广电领域,IPTV 被理解为网络电视,这时的电视是通过 IP 网络传送,关注的是 TV。

(一)IPTV 发展历程

IPTV 是互联网、广电网和电信网"三网融合"的产物。IPTV 既是传统电视业务的互动化延伸,也是传统电信服务的新形态。中国 IPTV 的发展分为几个阶段:

1. 第一阶段:摸索发展阶段(2003—2009)

牌照上的摸索:2003 年年底,上海广播电视台(原上海文广新闻传媒集团)在上海率先启动 IPTV 的技术试验和业务试点。2005 年 3 月,广电总局给上海广播电视台颁发全国首张 IP 电视集成运营牌照。之后,广电总局又先后给中央电视台、广东南方广播影视传媒集团颁发集成业务全国运营牌照,给杭州华为颁发集成业务区域运营牌照,给中国国际广播电台颁发 IP 电视内容服务牌照。

运营上的摸索:2004 年,由黑龙江联通(原网通)和上海文广百视通合作,在哈尔滨推出 IPTV 业务试点,将 IPTV 与宽带业务紧密捆绑发展,逐渐扩大规模发展至全国。

---

① ITU-T 是国际电信联盟远程通信标准化组的缩写。

2. 第二个阶段：突破发展阶段(2010—2014)

试点上的突破：在三网融合政策实施之前，国家新闻出版广电总局曾经批准的 IPTV 试点城市共计 1 省 12 个市，除了杭州，大部分城市是上海文广的试点城市。三网融合政策设定了 54 个试点地区，试点地区可以申请试点 IPTV 业务，基本覆盖全国。

牌照上的突破：至 2012 年年底，中国电信、中国联通获得广电总局颁发的"信息网络传播视听节目许可证"。在集成播控平台上，《三网融合试点地区 IPTV 集成播控平台建设有关问题的通知》提出了二级播控平台的概念，新型集成播控平台无论在内容丰富性还是业务的规范性方面都优于上海文广的老平台。

运营上的突破：至 2014 年年底，全国 IPTV 用户总数达到 3375.6 万户，用户主要集中在华东地区和中南地区。

3. 第三个阶段：快速发展阶段(2015 年至今)

2015 年对 IPTV 来说是个峰回路转之年，2015 年 8 月国办发"65 号文"全面推广"三网融合"与 IPTV，同时 OTT-TV 则受到政策打压。在政策红利下，IPTV 开始展露其"第二春"，实现了一年 3000 多万用户的快速增长。

在政策利好以及宽带渗透率逐步提高的背景下，近几年 IPTV 的发展表现出强劲势头。截至 2021 年年底，IPTV 用户总数达 3.49 亿户，全年净增 3336 万户。[①]

2019 年数据显示，整体电视大屏收视呈下降趋势，同期 IPTV 平台收视却逆势上涨。2020 年年初突如其来的新冠肺炎疫情导致用户长时间居家，从而使电视大屏收视有大幅增长。2020 年上半年电视大屏收视较 2019 年下半年增长 20.25%，同期 IPTV 平台收视率增幅达 25.35%，高于整体电视大屏收视增幅。[②]

2019 年 3 月初，工信部、广电总局、中央广播电视总台发布《超高清视频产业发展行动计划(2019—2022 年)》通知，到 2020 年，全国不少于 5 个省市的 IPTV 平台开展 4K 直播频道传输业务和点播业务；增强 IPTV 网络的承载能力，推动超高清电视在 IPTV 中的应用。2019 年 3 月 27 日，广电总局召开全国 IPTV 建设管理工作，把中国移动的电视业务也纳入了监管体制管理中，移动的 OTT 业务加速转向 IPTV，进一步加剧了 IPTV 的业内竞争。2020 年 3 月，广电总局和工信部相继出台《关于不得在 IPTV 中安装"奇异果 TV"等 App 的通知》和《关于开展 2020 年 IPv6 端到端贯通能力提升专项行动的通知》，在规范 IPTV 业务发展的过程中，促进 IPTV 业务能力的提升。

为进一步引导和加强 IPTV 的发展规范，各级电视台积极与三大运营商展开合作，发挥各方优势，共建立体完善的 IPTV 生态系统。例如，2019 年云南广播电视台与中国联通云南

[①] 运行监测协调局：《2021 年通信业统计公报》，中华人民共和国工业和信息化部，2022 年 1 月 25 日，https://www.miit.gov.cn/gxsj/tjfx/txy/art/2022/art_e8b64ba8f29d4ce18a1003c4f4d88234.html，访问日期：2022 年 6 月 28 日。

[②] 前瞻产业研究院：《2020 年中国 IPTV 行业市场现状及发展前景分析》，搜狐网，2021 年 1 月，https://www.sohu.com/a/447478293_120868906，访问日期：2022 年 6 月 28 日。

分公司签约,双方协同合作,探索在 IPTV、人工智能等领域的更多可能性。

(二)IPTV 的问题分析

2004 年 7 月发布的《互联网视听节目服务管理规定》明确规定电信等运营商必须获得由广电总局核发的牌照才能提供信息网络传播视听节目,这就决定了广电在 IPTV 发展过程中的主导地位。在广电总局网站上公布的获得视听节目许可证的单位大多是广电媒体,没有取得牌照的电信部门只能通过与拥有牌照的广电合作来发展业务,两部门的博弈在很大程度上延缓了 IPTV 业务的发展进程。

就当前的 IPTV 运营来看,内容集成和信息传输都存在与 IPTV 政策、要求不一致的问题。《国家广播电视总局关于开展 IPTV 专项治理的通知》(广发〔2019〕45 号)明确了需要治理的六个方面:(1)违反 IPTV 内容审查、播出管理规定的问题;(2)违反境外电视节目管理规定、境外电视节目变相落地的问题;(3)违反电视频道管理规定的问题;(4)未取得 IPTV 内容服务许可的机构违规推出独立 App 或以该机构命名品牌专区的问题;(5)IPTV 违规链接公网的问题;(6)其他不符合 IPTV 管理规定的问题。①

三、OTT-TV

与 IPTV 接近的另一个概念是 OTT-TV,即 Over The Top Television,是指通过互联网向电视机传输 IP 视频以及其他的互联网应用服务,其接收终端一般为互联网电视一体机或者互联网电视机顶盒。OTT-TV 的代表产品有 Google TV、乐视盒子、小米盒子等。这种交互式网络电视的内容及相关服务的传输一般由互联网公司主导,这些互联网公司越过传统的电信运营商,发展基于开放互联网的各种视频及数据服务业务,强调服务与物理网络的无关性。OTT-TV 和 IPTV 一样,让用户对电视的体验从单纯的物理硬件体验上升到了互动体验,更接近新媒体的本质;同时,在产业层面,将内容服务与终端产业打通,改写了传统的电视产业链。②

(一)OTT-TV 的来源与界定

OTT 这一术语源自篮球运动中的"过顶传球"之意,指代互联网公司越过电信运营商,利用其提供的宽带网络直接为网民提供各种服务。OTT 的典型特征在于,网络业务提供商无须拥有自己的传输网络即可开展业务,如微信、互联网电视、手机游戏等。OTT-TV 即被称作互联网电视,或者说基于开放互联网的视频服务。传统的客厅"大屏",即电视机终端的所有业务是由广电运营商和电信运营商来主导的,包括数字电视和 IPTV 等,已形成较为完备的产业运作模式,有着巨大的商业价值空间。OTT-TV 的出现,削弱了这一稳定的利润形成模

---

① 黎建:《IPTV 发展现状及治理研究》,《广播与电视技术》2019 第 10 期。
② 方兴东、李志敏、严峰:《智能电视时代新传播范式引发的产业变革之思考》,《电视研究》2013 年第 12 期。

式,对广电机构和电信机构构成了一定的冲击。

中国网民在多年的互联网使用及其思想的浸润下,对高品质视频内容的需求越来越强烈,而传统数字电视的线性播放和 IPTV 的有限选择内容呈现出越来越明显的局限性。用户希望把"小屏"上对视频网站的良好体验迁移到客厅的"大屏"上,OTT-TV 正是在这样的需求背景之下发展起来的。国外的 OTT-TV 业务由于不存在国内"广电系"和"电信系"的利益争夺与抗衡,有着更加开放的业务形态,终端包括电视机、智能手机、平板电脑等智能终端设备,而国内的 OTT-TV 终端特指互联网电视一体机或电视机+机顶盒。OTT-TV 的市场规模在不断增长,用户群体在不断扩大。截至 2021 年年底,中国 OTT 终端(智能电视+OTT 盒子)激活总量达到 3.38 亿台。[1]

(二) OTT-TV 的管理与规制

和其他国家 OTT-TV 通过网络提供视听服务不同,我国 OTT-TV 发展受到了国内行业政策的深刻影响,从业者需要获得国家新闻出版广电总局的批准,取得 OTT-TV 牌照才有资格播放视频内容。2010 年 4 月,国家新闻出版广电总局颁布了《互联网电视内容服务管理规范》和《互联网电视集成业务管理规范》,明确互联网电视实行"内容服务+集成业务"双牌照管理制度。2011 年 10 月,国家新闻出版广电总局又出台《持有互联网电视牌照机构运营管理要求》,对互联网电视市场准入、业务、内容、运营、终端等方面做出了明晰的规定,包括"互联网电视集成平台不能与设立在公共互联网上的网站进行相互链接,不能将公共互联网上的内容直接提供给用户","暂不得开放广播电视节目直播类服务的技术接口",电视终端产品"只能唯一连接互联网电视集成平台,不得有其他访问互联网的通道"等规定。[2]

监管政策逐步规范化之后,OTT-TV 产业链各环节都进入了良性竞争的有序状态,牌照方、广电网络运营商、电信运营商、终端厂商、互联网企业、内容生产商都积极进入 OTT-TV 领域,获得了合适的定位与角色。

有线电视从节目制作、集成与传输分发都是由广电运营商独立运营的,其产品形态主要为广播电视节目高清直播和视频点播。由于承载网络为广电专网,所以在图像清晰度、安全性、稳定性、可管可控等方面都处于优势。IPTV 采取"中央集成播控总平台+省级集成播控分平台"两级架构,由中央和省级广电机构负责电视节目内容,电信运营商负责网络传输,其产品形态非常丰富,包括视频直播、点播、时移回看等。但由于其传输网络采用的是电信 IP 虚拟专网传输,所以电视图像的总体质量不如有线电视。而 OTT-TV 采取"内容服务+集成业务"的双牌照制度,通过公共互联网进行内容的传输,具有海量的视频点播内容,但不允许提供直播、时移和回看等功能,形成了和有线电视与 IPTV 的最大的功能差异。[3]

---

[1] 观研报告网:《中国 OTT 行业现状深度研究与发展前景预测报告(2022-2029 年)》,观研报告网,2022 年 6 月 10 日,https://www.chinabaogao.com/baogao/202206/600265.html,访问日期:2022 年 6 月 28 日。
[2] 原毅玲:《中国互联网电视演进历程及发展趋势》,《广播与电视技术》2015 年第 11 期。
[3] 原毅玲:《中国互联网电视演进历程及发展趋势》,《广播与电视技术》2015 年第 11 期。

第七节　新型媒体发展及形态

一、户外彩屏

(一) 户外彩屏发展概述

户外彩屏,亦可称作城市彩屏,是户外新媒体的主要形态。2006年4月,分众传媒的城市彩屏联播网开始在上海投入运营。该网络的覆盖目标是繁华商圈、时尚区域、地标性地段的户外LED媒体,锁定的是中高受众群体上下班、购物途中的时间空隙,以全新的户外高清晰影视形式吸引受众注意力。

有人曾经用"位置差之毫厘,价值失之千里"来比喻户外彩屏对位置选择的苛刻性,但由于极低的广告千人成本,户外彩屏仍然吸引了大量运营商。凤凰都市、郁金香、香榭丽等知名户外LED广告商都是户外彩屏的领跑者,其内容主要由四大类组成,包括宣传类内容、公益类内容、便民类内容以及商业广告。

看中城市彩屏发展潜力的不仅有户外新媒体的运营商,城市的管理者对城市彩屏的支持力度也成为推动城市彩屏产业发展的重要因素。随着经济的日益发展,越来越多的传统户外广告公司向新技术领域迈进,实现多元化发展。对城市来说,城市彩屏的发展规模不仅可以作为城市经济发展的衡量指标,同时也将直接影响城市的"脸面"。2022年1月10日,由六部门联合发起的"百城千屏"活动正式开展,新建或改造国内大屏为4K/8K超高清大屏,加速推动城市彩屏的创新发展,催生新技术、新业态、新模式。①

(二) 户外彩屏的盈利模式

户外彩屏在盈利模式上秉承了传统户外媒体以广告收入为主的传统,此外也加入了灵活的资本运作要素。户外广告以其低廉的价格、较高的到达率和良好的短期回报率,越来越吸引务实的广告主将其作为媒介组合策略中一个重要部分。2020年我国户外LED媒体投放刊例花费达169.08亿元,实际增长8%,净增长2%。②

户外彩屏与传统户外媒体最大的不同在于引入了数字视频技术。在表现方式上,户外彩屏往往以更加委婉含蓄的方式呈现广告。或者说,户外彩屏所呈现的广告内容是"软性"的。而在信息爆炸时代,"内容为王"也成为户外彩屏广告市场攫取利润的准则。以声色俱全的视频作为载体,往往会更加吸引受众的注意。

---

① 中华人民共和国工业和信息化部:《六部门关于印发"百城千屏"活动实施指南的通知》,中华人民共和国工业和信息化部,2022年1月10日,https://www.miit.gov.cn/zwgk/zcwj/wjfb/tz/art/2022/art_727dd1a071f244c1a2a297b49c8b9ca4.html,访问日期:2022年6月28日。

② 户外媒体内参:《2020年刊例花费达1,486亿,数字户外成必然趋势》,澎湃新闻,2021年3月2日,https://www.thepaper.cn/newsDetail_forward_11518721,访问日期:2022年6月28日。

(三)影响户外彩屏发展的因素

影响户外彩屏发展的首要因素是渠道资源,某种意义上说就是占据一个或者多个细分市场的渠道媒体。但渠道资源是有限的,尤其是现在商业价值最大的半垄断、半开放的渠道市场,比如公交、航空、地铁、轻轨,包括这些交通工具相应的辅助场所(如航空港、地铁站、轻轨站、公交站)内所衍生的渠道媒体:LED、视频、DM 杂志、报纸、看板、框架等,这类市场竞争比较有序,利润空间也比其他渠道媒体大。由于竞争对手较少,很容易形成垄断。比如世通华纳在公交车资源方面占有半壁江山,成为其实现长足发展的前提。其次是资本的投入。户外新媒体资本非常活跃,而且终极目标都惊人地相似——整合上市。户外新媒体有数十家风投,涉及公交移动电视、户外彩屏、医院媒体、酒店渠道媒体、列车媒体等。每个创始人的资本都在超速增值,但市场容量并未成比例增加。

(四)户外彩屏的现存问题与发展方向

1. 现存问题:缺乏有效的价值评估体系

相比强行轰炸式的电视广告,户外彩屏广告等分众广告则更为精准。其覆盖率虽然不如电视广泛,但受众的集中度更高,含金量也就更高。就精准性来说,户外彩屏比一些传统媒体更有优势。但是由于缺失标准,目前的户外彩屏媒体只能借用传统媒体评估方法。广告主也不得不用电视或者报纸的行业标准来看待户外彩屏的特性,而户外彩屏的优势在这样的比较中,往往被弱化甚至淹没。用千人成本等传统广告评估方法体现不了户外彩屏的优势,在吸引广告主的力度上会打折扣。

2. 未来方向:技术带动创意发展与精准投放

技术的更迭发展给予了户外彩屏更大的发展空间,各种类型的创意广告不断萌发。可以极大提升受众沉浸感与互动性的裸眼 3D、全息投影等技术,是当前户外彩屏的重要发展趋势。重庆观音桥亚洲之光与支付宝合作的广告以《大头儿子小头爸爸》为载体,利用裸眼 3D 技术,宣传推广了投资理财的正确观念,为受众带来了极大的视觉冲击;[1]基于福建土楼打造的潮流鞋柜则利用全息投影技术,将不同土楼格子投影成收纳鞋子的鞋盒,展出了安踏、特步等在内的七大福建本土运动品牌,使得传统文化与潮流产业得到了充分融合。[2]

依托大数据、云计算等新技术形式搭建的户外媒体数据资产不断成熟,推动广告投放的内容以及受众精准化程度不断提升,户外彩屏广告的个性化程度与创意空间都得到了延展。借由 LBS(基于移动位置服务 Location Based Service)技术与户外广告的相联,未来的发展趋势主要可以分为三个阶段,依次为基于场景数据的群体静态定制服务,基于用户数据的个体

---

[1] 户外媒体内参:《2022 年,户外 LED 大屏会有哪些变化?》,澎湃新闻,2022 年 1 月 14 日,https://www.thepaper.cn/newsDetail_forward_16284935,访问日期:2022 年 6 月 28 日。

[2] 数英:《聚划算在福建,把土楼变成"鞋柜"》,数英,2021 年 8 月,https://www.digitaling.com/projects/176546.html,访问日期:2022 年 6 月 28 日。

静态定制服务,以及基于场景和用户数据打通的个体动态定制服务。①

此外,户外 LED 屏的应用场景以及内容的主体也在不断拓展。在应用场景方面,户外彩屏在疫情防控等公共事件中持续贡献力量。面对健康码的使用以及不同场景下的防疫举措等相关问题,多地在户外显眼的大屏中播放疫情防控宣传内容,积极推动了疫情防控知识与政策的普及。在内容的主体上,明星的身影开始更多的出现,这一方面是品牌提升自身以及代言人的知名度的重要路径,另一方面也是粉丝为自己偶像应援,增大偶像曝光度的重要方式。2021 年 8 月初,易烊千玺成为 Keep 品牌代言人,随后 Keep 官方点亮了上海、深圳、北京等九城的户外大屏,推广骑行计划,扩大了品牌及代言人的声势。②

二、楼宇电视

楼宇电视是指以数字电视机为接收终端,把楼、场、堂、馆、所等公共场所作为传播空间播放各种信息的新型电视媒体传播形态。按其提供服务的属性进行划分,楼宇电视可分为商业性楼宇电视和公共服务性楼宇电视两种类型。其中,商业性楼宇电视以分众传媒为代表;公共服务性楼宇电视以后起之秀城市电视为典型代表。

(一) 楼宇电视发展概述

楼宇电视的创始者是一家叫作 Captive Network 的加拿大公司,1995 年,这家公司在加拿大和北美成功地创立了高档场所电视显示媒体。至 2005 年,它的业务已覆盖北美 1100 个商务楼宇,拥有 130 万收视人群,并且与很多知名企业建立了长期合作关系。这一媒介形态传入中国后,其基本运行终端多为 17 寸的多功能、高清晰、超薄液晶电视机,安置于消费能力较高的白领聚集的办公楼宇,以及人流量密集的中高档知名商厦的电梯等候厅等地方,自动循环播放高品位的商业广告、各类娱乐信息和社会公益宣传片。当时楼宇电视一般采用 DVD 播放,可自动定时启动和停止。在技术层面上,楼宇电视采用的是无线同步追踪技术,确保各台电视互相之间同步运行,并已形成了商务楼宇联播网,③应用网络技术实现数据库管理和资源共享。商务楼宇联播网的创新之处在于其牢牢抓住了一个媒介的空隙,这个媒介空隙的含金量较高,针对商务人士和都市白领等中高收入阶层。这个媒介空隙的媒体环境单纯,能深入人心,充分吸引目标受众的注意力,这使得楼宇电视在中国得以迅猛发展。从楼宇电视行业的竞争态势看,其发展主要经历了四个阶段:

第一阶段:从楼宇电视传入中国到分众、聚众激烈竞争。

2002 年年末,作为一种新兴媒体传播模式,楼宇电视开始传入中国,并迅速扩展开来。

---

① 艾瑞咨询:《2019 年中国户外广告市场研究报告》,艾瑞网,2019 年 8 月 15 日,https://report.iresearch.cn/report_pdf.aspx?id=3424,,访问日期:2022 年 6 月 28 日。
② 户外媒体内参:《流量明星+户外大屏,成为俘获 Z 世代的最优解》,界面新闻,2021 年 8 月 26 日,https://www.jiemian.com/article/6525714.html,访问日期:2022 年 6 月 28 日。
③ 商务楼宇联播网:由分众传媒于 2003 年创建,产品线覆盖商业楼宇视频媒体、卖场终端视频媒体、公寓电梯媒体(框架媒介)、户外大型 LED 彩屏媒体、电影院线广告媒体、网络广告媒体等多个针对特征受众,并可以相互有机整合的媒体网络。

分众传媒自 2003 年 5 月创建商业楼宇联播网以来,至 2005 年 9 月已覆盖全国 54 个城市,拥有 3.5 万块显示屏。而聚众传媒自 2003 年 7 月成立,到 2005 年 9 月底已覆盖全国 43 个城市,拥有 2.5 万块液晶屏。

第二阶段:从分众、聚众平分秋色到分众传媒一统江湖。

2005 年 10 月,全球最大的市场调查公司 AC 尼尔森公布了楼宇广告调查数据,数据表明,国内楼宇电视广告几乎就是聚众传媒和分众传媒的天下,在 12 个主要城市,聚众传媒和分众传媒两大行业巨头共占有楼宇总量 96.5% 的市场份额,在各项指标对比中,聚众、分众基本上是平分秋色。①

分众传媒 2005 年在美国纳斯达克成功上市后,以迅雷不及掩耳之势在全国各大城市掀起了"圈地"攻势。2006 年 1 月,分众传媒以 3.25 亿美元获得聚众传媒 100% 的股权。由此,新分众传媒占有中国楼宇电视产业 98% 市场份额,拥有了全国 75 个城市的 6 万多块显示屏,形成一统江湖的新格局。

第三阶段:城市电视介入楼宇电视领域。

2005 年 7 月,以东方公众和北广传媒为代表的城市电视开始逐步进入楼宇电视领域,使刚刚平静不久的楼宇电视广告市场再起硝烟,打破了分众传媒一统江湖的格局。城市电视实际上就是一个正规的电视频道,各个终端直接接收来自播出中心实时播放的各类信息,包括最新最快的新闻资讯、生活资讯、时尚信息、体坛动态、金融动态和股市行情以及奥运宣传。②

第四阶段:移动互联网环境下楼宇电视的发展。

此后,楼宇电视市场一直保持着分众一家独大的格局,分众传媒占据市场份额 90% 以上,其他包括新潮传媒、华商智汇、华语传媒、城市纵横等共同占据剩余份额。移动互联网的发展给楼宇电视带来了新的发展机会,随着移动互联网红利的逐渐消失,流量价格飞快上涨,广告市场正在把一部分关注度转向拥有稳定流量和多元场景的线下媒体。楼宇电视作为线下流量的重要入口,价值凸显。2017 年,新潮的崛起让分众的行业垄断地位受到了挑战,随着阿里巴巴集团战略入股分众传媒,百度投资新潮传媒,线上线下整合营销发展更进一步。楼宇电视可以通过内置 Wi-Fi,或扫描二维码与移动端实现多屏结合,提供流量入口,促进即时交易的转化。互联网公司强大数据和技术能力的融入,将帮助楼宇电视建立基于数据和算法的精准广告分发系统,楼宇电视正朝着数据化、精准化、智能化、互动化方向发展。

(二)楼宇电视的传播特征

按照运营目的的不同,楼宇电视可以分为两种,即商业性楼宇电视和公共服务性楼宇电视。商业性楼宇电视,即以追求经济效益为核心目标的楼宇电视,以分众传媒楼宇电视为代表,商业广告是其传播的核心内容。公共服务性楼宇电视是以追求社会效益为核心目标的

---

① 王海林:《尼尔森楼宇电视数据:聚众分众平分天下》,《新京报》2005 年 10 月 14 日。
② 朱燕艳:《楼宇电视市场面临的重大变局》,《中华工商时报》2006 年 3 月 1 日。

楼宇电视,以上海公共视频信息平台楼宇电视和北广传媒城市电视为代表。

从媒体经营理念上来看,楼宇电视相对传统媒体而言更具有自发性。一般的媒体都是广告主细分产品市场,锁定目标市场,选择合适的媒体投放广告。而楼宇电视媒体是在市场需求下诞生的自发为特定广告主定制的媒体,它自己就是一个经过市场细分后的产物。

从市场营销角度来看,楼宇电视媒体最主要的特征表现为它的分众性。楼宇电视的目标受众明确,受众清晰锁定在25—50岁、高收入、高学历、高消费的企业管理层和时尚的白领阶层,他们是社会财富最积极的创造者,也是中高端商品最主要的消费者。正是这种精准的受众市场细分,使楼宇电视成为分众媒体的典型代表。

从传播效果的角度来看,楼宇电视媒体的特点体现为传播的有效性。首先表现为抗干扰性,相对户外彩屏的环境而言,楼宇电视的传播环境更为安静和封闭,更利于受众接受信息。同时,还表现为对受众接受这种传播形式的强制性。楼宇电视将接收终端设在商业楼宇、高档住宅等公共场所的电梯口和大厅,利用人群被动地在传播空间集结的特点,"强迫"人们收看广告,进而构成了对受众收视的"强制性"。事实证明,受众对这种新生媒体的广告并不是很讨厌,其传播效果是比较好的。

三、车载移动电视

移动电视又称数字电视地面广播,是指采用数字广播技术(主要指地面传输技术)播出,接收终端具有移动性,能够满足移动人群收视需求的电视系统。移动电视是数字电视的一种,其优势在于可以实现移动和便携接收。

(一)车载移动电视发展概述

2000年,上海、北京、深圳进行了移动电视试验,推动了移动电视核心技术及运营模式的研究和发展。2002年年底,上海广播科学研究所(现上海市文广科技发展有限公司广播电视事业部)成功完成上海数字电视公交移动接收系统建设,上海市区固定和移动接收覆盖率达95%以上。

2003年1月1日,经国家广电总局批准,上海正式推出以公交车辆为主体的移动电视商业系统,上海东方明珠移动电视有限公司成立。该公司成为中国第一家试行、开发、普及移动电视的运营商。2004年5月28日,北京移动电视试播。2004年年底,上海东方明珠移动电视的接收终端达到6000多个,其中包括3000多辆公交车、城市标志景观、轮渡码头、部分三级甲等医院等。2005年,移动电视系统进驻多个城市地铁。至2006年年底,北京移动电视已搭建起公交电视、地铁电视、出租电视、楼宇电视、户外电视、社会车辆电视六大平台,终端超过2万个。到2008年我国车载移动电视终端超60万台。

(二)车载移动电视的传播特点

1. 传播渠道的多样性与伴随性

车载移动电视支持移动接收,受众在移动过程中通过接收终端可以收看到电视节目。

该功能可以在公交车、出租车、火车、轮船、飞机等各类流动人群中广泛使用,不仅扩展了传统电视的有效传播范围和影响区域,更突破了传播时空的局限性,使受众可以随时随地获取各类信息,满足了人们的资讯、娱乐需求。移动电视介于广播、户外媒体和传统电视之间,既具有自身的特点又兼具三者的优势。

2. 传播环境的封闭性与强制性

车载移动电视的传播环境主要是公交车、地铁、火车、轮船等交通工具,具有一定的封闭性。车载移动电视只有单一频道,受众处于"强迫收视"的被动接受状态,失去了主动选择不同节目的可能性。受众无论是否将注意力集中在车载移动电视上,都会在一定程度上接触到节目的画面或者声音。因而,车载电视媒体也在拓展内容的可选择性以及与场景的适配性,同时联动受众的智能终端设备提供更加个性化的内容推送,并建立进一步搜索、分享、购买等完整链条。

3. 传播受众的开放性与指向性

车载移动电视的受众构成是开放、流动的。由于受众的开放性,车载移动电视拥有潜在、庞大、流动的受众群体,信息覆盖面较广、市场开发潜力巨大。但是,开放、流动的受众却导致了传播效果的不可预测性,交通工具上的乘客是异质群体的短暂聚合,具有匿名性和随机性。从另一个角度来说,车载移动电视针对的是特殊群体,包括乘坐公交、地铁、火车、飞机的人群,因而指向性较强。

本节所讨论的新型媒体,包括户外彩屏、楼宇电视、车载移动电视等。虽然它们有着不同的形态,但有一致的共同特点,即它们都是垄断性经营的、偏重广告的户外媒体。从传播的角度来看,无论是户外彩屏、楼宇电视还是车载移动电视,它们都具有强制传播与实时传播的特性。在突发事件的应急传播中,这些户外新型媒体能够进行大覆盖面的紧急信息播报,及时传播政府的权威声音并有效引导公众舆论。

本章思考题

1. 迄今为止,我国网络媒体的发展经历了哪几个阶段?请分别简要介绍。
2. 请简述移动终端和社交媒体的关系。
3. 什么是聚合类媒体?
4. 智能媒体的主要特征是怎样的?
5. 什么是沉浸媒体?
6. 你对哪一种车载移动电视节目最感兴趣?面对强大的广告经济效益,车载移动电视是否应该坚持将公益广告作为节目资源的一部分?

本章参考文献

1. 汤姆·斯丹迪奇. 从莎草纸到互联网———社交媒体2000年[M]. 林华,译. 北京:

中信出版社,2015.
2. 宫承波. 新媒体的多维审视[M]. 北京:中国广播电视出版社,2008.
3. 闵大洪. 数字传媒概要[M]. 上海:复旦大学出版社,2003.
4. 彭兰. 中国网络媒体的第一个十年[M]. 北京:清华大学出版社,2006.
5. 彭兰. 网络传播概论(第四版)[M]. 北京:中国人民大学出版社,2017.
6. 匡文波. 手机媒体概论[M]. 北京:中国人民大学出版社,2012.
7. 谢新洲. 网络传播理论与实践[M]. 北京:北京大学出版社,2004.
8. 屠忠俊. 网络传播概论[M]. 武汉:武汉大学出版社,2007.
9. 金震茅. 网络广播传播形态研究[M]. 苏州:苏州大学出版社,2007.
10. 邓炘炘. 动力与困窘———中国广播体制改革研究[M]. 北京:中国经济出版社,2006.
11. 孟伟. 声音传播———多媒体传播时代的广播听觉文本[M]. 北京:中国传媒大学出版社,2006.
12. 冯文,孙立军. 动画概论[M]. 北京:中国电影出版社,2006.
13. 欧阳友权. 网络传播与社会文化[M]. 北京:高等教育出版社,2005.
14. 欧阳友权. 网络文学论纲[M]. 北京:人民文学出版社,2003.
15. 孟建,祁林. 网络文化论纲[M]. 北京:新华出版社,2002.
16. 周荣庭. 网络出版[M]. 北京:科学出版社,2004.
17. 孙靖. 网络游戏产业的发展与管理研究[J]. 同济大学学报(社会科学版),2007(01).
18. 陈琳. 我国网络游戏产业发展的问题及对策研究[J]. 大众文艺(理论),2009(01).
19. 梅克冰. Flash动画与传统动画之比较[J]. 出版与印刷,2003(01).
20. 梁国伟,陈童. Flash动画:寻找网络虚拟空间的生命运动形式[J]. 电影艺术,2007(04).
21. 张守荣. 从国内外现状看网络出版的发展趋势[J]. 出版与印刷,2008(03).
22. 陈少华,LorenzLorenz-Meyer. 2008年欧洲数字出版发展概况和趋势[J]. 出版广角,2008(12).
23. 孙涛,马兵. 车载移动电视运营策略探讨[J]. 今传媒,2009(01).
24. 仲灵毓,仲富兰. 楼宇液晶电视形态初探[J]. 新闻记者,2005(09).
25. 王海林. 尼尔森楼宇电视数据:聚众分众平分天下[N]. 新京报,2005-10-14.
26. 孔义国. 户外新媒体发展的三个趋势[J]. 中国广告,2008(06).
27. 陈岩. 攫取百亿户外广告商机![J]. 经理人,2004(03).
28. 陈正辉. 户外分众媒体成为广告新宠[J]. 传媒观察,2004(12).
29. 本刊编辑部. 户外新媒体赛事未尽[J]. 广告大观(综合版),2008(09).
30. 国家互联网信息办公室,北京市互联网信息办公室. 中国互联网20年:网络媒体篇[M]. 北京:电子工业出版社,2014.
31. 原毅玲. 中国互联网电视演进历程及发展趋势[J]. 广播与电视技术,2015,42(11).

32. 霍凤."互联网+"战略下的OTTTV视频牌照制度[J].青年记者,2015(32).

33. 智研咨询.2017年我国户外电子屏广告行业市场规模及竞争格局分析[R/OL].(2018-01-07)[2022-6-28].http://www.chyxx.com/industry/201801/607812.html.

34. 朱方洁.从社会资本论视角看网络直播如何实现个人变现[J].东南传播,2017(06).

35. 王晓红,王芯蕊.网络视频的生态融合与跨界赋能[J].中国新闻传播研究,2019(03).

36. 黎建.IPTV发展现状及治理研究[J].广播与电视技术,2019,46(10).

37. 格兰研究.中国有线电视行业季度发展报告[J].有线电视技术,2019(11).

38. 杨烁.2017—2018年北京网络文学发展报告[M].北京:社会科学文献出版社,2019.

39. 方兴东,钟祥铭.中国门户网站之发展历程、规律和启示———反思门户思维对中国互联网和传统媒体转型的内在影响[J].新闻与写作,2019(02).

40. 赵子忠,付姝姣.2018年中国短视频行业发展报告[M]//高伟,姜飞.全球传播生态发展报告(2019),北京:社会科学文献出版社,2019.

41. 喻国明,兰美娜,李玮.智能化:未来传播模式创新的核心逻辑———兼论"人工智能+媒体"的基本运作范式[J].新闻与写作,2017(03).

42. 郭全中,胡洁.智能传播平台的构建———以今日头条为例[J].新闻爱好者,2016(06).

43. 彭兰.智媒趋势下内容生产中的人机关系[J].上海交通大学学报(哲学社会科学版),2020(01).

44. 格兰研究.2016年第四季度中国有线电视行业发展公报[R/OL].(2017-01-25)[2022-6-28].http://www.sohu.com/a/125156064_488920.

45. 格兰研究.2020年第一季度中国有线电视行业季度发展报告[R/OL].(2020-05-15)[2022-6-28].http://www.199it.com/archives/1049793.html.

46. 观研天下.2019年我国IPTV发展现状:"政策扶持+运营商捆绑"实现快速发展[R/OL].(2019-08-10)[2022-6-28].http://free.chinabaogao.com/chuanmei/201908/0Q04394P2019.html.

47. 前瞻产业研究院.2020年中国IPTV行业市场现状及发展前景分析[R/OL].(2021-01-29)[2022-6-28].https://www.sohu.com/a/447478293_120868906.

48. 牛兴侦,宋迪莹.我国动漫产业驶入快车道———动漫产业的发展现状与趋势分析[J].出版广角,2018(18).

49. 邓瑶.国漫价值导向与创新转化———2019年国产动画创作发展综述[J].中国广播电视学刊,2020(02).

50. 裴兰.全媒体时代电视媒体的转型路径[J].传媒,2021(22).

51. 邵华冬,陈凌云,李星漫.新经济下的竞争场域拓展与深度融合突围——2021年媒体广告市场现状与趋势研究[J].新闻与写作,2022(02).

第五章 聚合类媒体

扫码可见
第五章PPT

如前文所述，聚合类媒体可以根据使用终端、传播形态、获取方式和传播内容等划分方法分为不同类型。本章将主要讲述被广泛使用的三种典型的聚合类媒体：搜索引擎、知识聚合媒体和新闻聚合媒体。

第一节 搜索引擎

随着互联网信息的极大丰富，信息海量化正在导致信息垃圾化，信息本身已不再稀缺，只有完成对信息的甄别、加工、提纯，从海量信息中发现真正的知识，才能带来信息的价值提升。[①]

搜索引擎，就是一种帮助用户在互联网上查询信息的机制，它以一定的计算策略在网络上追踪、捕获各类信息，并按照一定的规则归类、整理和存贮，随时为用户提供查询帮助，从而起到信息导航的作用。高性能的搜索引擎能够充分发掘并利用网站的资源来为商务、教育、科技等各种领域服务。

世界上第一个搜索引擎是由Alan Emtage等人于1990年发明的Archie，这是一个FTP站点的搜索程序，可以完成在网络上查找标题满足特定条件的所有文件。随着互联网的发展，尤其是万维网的出现，网络世界里开始涌现大量的搜索引擎：1993年的Aliweb，1994年的Infoseek、Lycos、Yahoo！，1998年的Google等，有的在激烈的竞争中发展壮大，成为主流，有的则一闪而过，湮没无闻。目前我国用户常用的搜索引擎有百度、搜狗、360、神马等。

一、搜索引擎的分类

搜索引擎是一个以技术安身立命的行业，不同的搜索技术会产生不同的查询结果，从初期的分类目录式查找和页面关键词搜索，到页面链接等级搜索，再到互动式个性化搜索，搜索引擎试图去了解用户的需求，努力提供大范围、更新迅速的精准信息，不断朝着智能化、人性化方向发展。

---

① 彭鹏、梁春晓：《搜索革命》，企业管理出版社，2004，第7页。

（一）目录式搜索引擎

目录式搜索引擎是最早的一种搜索方式，它将互联网中资源服务器的地址收集起来，按照类型的不同划分成不同的目录，在大的目录下再一层层地细分出更加具体的类目，像一棵倒置的大树，根部是抽象的类型划分，叶子则是具体的页面信息。目录式搜索主要以人工或半自动的方式收集信息，手动完成信息摘要，再置于不同的类目下。目录式搜索引擎的典型代表有早期的 Yahoo! 和搜狐。

目录式搜索引擎的优势在于搜索的站点面广量大，由人工编制的目录信息准确度高且导航质量高。但相应的缺点亦是显而易见的，人工的介入是以低速度换取高质量，故而难以做到实时的信息更新。

（二）全文搜索引擎

全文搜索引擎与目录式搜索引擎采取完全不同的搜索方法，它通过大规模的程序运行，如网络蜘蛛程序或网络爬虫程序等，按照某种策略主动地在互联网中收集和发现信息，建立起索引数据库。用户查询的关键词可以在数据库中进行匹配，从而得出相应的结果。前文提到的 Infoseek 可算作这类搜索引擎的典范。起步较晚的 Google 和百度也属于全文搜索，前者采用的是 PageRank 搜索算法，后者采用"超链分析"搜索技术。这二者都采取了更优化的算法来为用户搜索更精确的结果，关注点既包括关键词，也包括含有关键词的页面质量。

（三）元搜索引擎

元搜索引擎也称为"搜索引擎的搜索引擎"，它并没有自己的索引数据库，而是处于其他多个搜索引擎之上。元搜索引擎将用户的查询请求同时发送到多个独立搜索引擎上，将它们返回的结果进行重复排除、重新排序后反馈给用户。世界上第一个元搜索引擎是华盛顿大学的硕士生 Eric Selberg 和 Oren Etzioni 建立的 Metacrawler。在我国也曾出现综合了百度和 Google 搜索结果的元搜索引擎 BaiGoogledu 网站。元搜索引擎是搜索的综合，可以同时获得多个搜索源的结果，但它既缺乏独立搜索引擎的特色，也缺乏独到的技术优势，故而还没有哪个元搜索引擎能在互联网获得像独立搜索引擎一样的地位。

（四）垂直搜索引擎

垂直搜索是一种专业的搜索引擎，是全文搜索引擎的细分和延伸，它将注意力集中在某一特定领域和特定的用户需求上。垂直搜索引擎工作时首先像全文搜索引擎一样利用网络蜘蛛在互联网中不间断地收集页面；之后对这些页面中所包含的信息依对象的不同进行区分，如要分辨出一个网页的内容是学术论文还是商品广告；然后分门别类地将内容信息集成到对象信息库中。在网络抓取、对象分类和内容集成之后，垂直搜索引擎就可以利用这些结构化的对象信息为用户的特定需求提供全面、专业、有深度的服务。[①] 垂直搜索引擎的应用

---

① 李洋：《所搜即所得———垂直搜索》，《互联网周刊》2007 年第 19 期。

范围很广,如房产搜索、求职搜索、音乐搜索、图片搜索、旅游搜索等。

(五) 移动搜索引擎

移动搜索引擎是基于移动网络、服务于手机终端的搜索技术。移动搜索引擎的最大优势就是可以打破空间的限制,用户可在任何地方通过移动终端搜索自己需要的信息。相比PC端搜索位置的固定,移动搜索更适合搜索即时信息、日常生活信息和区域信息。

如今,"移动搜索+"模式雏形显现,移动搜索逐步向多行业、多领域渗透,搜索框逐步变成App应用内嵌的功能模块之一,依托App开发应用内小程序也成为移动搜索引擎企业发展的重要方向。同时,基于地理位置的搜索服务检索和用户个性化需求、兴趣点信息推荐模式快速发展,应用场景不断拓宽,搜索平台载体日益丰富。百度加速连接服务战略落地,移动搜索与本地生活深度融合,逐步向提供服务模式转型;搜狗与腾讯系的基于微信、QQ、新闻、QQ浏览器等合作模式得以全面发展,移动搜索引擎的内容生态建设变得更加紧迫。

二、搜索引擎的传播特征

搜索引擎在实际运作中,已经从一项网络技术和一个信息提供的大平台发展成一种新型且有影响力的媒介公器,能够控制信息的流动,起到舆论引导作用,直接影响人们认知世界的方式,它具有如下特征:①

其一,搜索引擎本身不生产内容却是信息的集大成者。搜索引擎后台程序的不间断运行,为其数据库积累了大量的分类资料,提供给用户查询,搜索引擎上有着巨大的信息流动。从大众搜索关键词的集中度排名上可以追踪到社会情态变化的轨迹,搜索已成为大众生活趣味和关注焦点的探测器。

其二,搜索引擎不能控制信息的内容却能够控制信息的传播。传统媒体和网络媒体在内容的采集上和议题的设置上有着绝对优势,决定了传播的内容。但内容的价值正在被创造海量信息的网络本身所削减,内容的有效挖掘才是其价值得以展现的前提。搜索引擎可以帮助用户与他们最感兴趣的内容建立直接的联系,实现高度集中、有效的信息获取。

此外,搜索引擎作为人们日常生活中的一个重要信息来源,其社会效益和经济利益之间的平衡会对社会产生潜移默化而又深远的影响。例如,搜索引擎中的竞价排名业务,网站或是信息在搜索结果中排序越靠前,被消费者发现、点击和了解的概率就越大。搜索公司作为既得利益者,理应承担更大的责任,保障受众具有知晓与自身利益相关的事实真相的权利,保障受众在竞价排名的搜索结果中获取真实信息。②

三、搜索引擎的智能化发展趋势

目前的搜索主要依靠计算机的程序搜索来完成对海量信息的筛选,但是人工智能技术的不完善常常导致搜索引擎答非所问,搜索结果离用户的需求相去甚远,还需要用户自己进

---

① 王眉、陈力丹:《新型传媒搜索引擎职业操守的缺失及应对》,《学习时报》2008年12月22日。
② 孙旭培、邱敬存:《魏则西事件"竞价排名"主要法律问题探析》,《青年记者》2016第31期。

行二次筛选。正如维基百科的创始人威尼斯所言:"如果你使用 Google 搜索引擎,的确可以获得很多有用的搜索结果,但同时也会得到大量垃圾信息。"因此,单纯依靠数学公式无法产生始终相关的搜索结果,人类的智慧将成为搜索的重要组成部分。

实际上,搜索引擎正在试着让机器更懂人、更理解人们的需求,国内外的搜索引擎正做着各式各样的努力,包括整合搜索、语义搜索、社会化搜索、垂直搜索等。整合搜索是指将不同类型和不同内容的信息进行整合,当输入一个关键词时,会呈现相关的新闻、视频、图片等信息。语义搜索是指通过分析用户的关键词意图来搜索结果。① 社会化搜索是指信息的聚拢、组织与精确定位,用社会化的形式为某一类特定信息量体裁衣。此外,当下的搜索引擎也不再局限于依托关键词获取搜索结果,而是开始提供更多可供检索的数据类型,如图片、视频等,拓展了其应用场景。

人工智能和算法技术的进步,也使得搜索引擎变得更加个性化,不仅可以跟踪用户搜索痕迹和检索历史,把握每个用户的信息偏好和搜索习惯,还可以根据每个用户的特殊需求和偏好,为其提供个性化的搜索服务,不同的搜索引擎公司也在尝试建立特色搜索体系,以满足各行各业、各种场景下用户的不同搜索需求。② 例如,当前搜索引擎在逐步建立与社交媒体的关联,检索结果会将与搜索者相关人员的看法优先呈现,这种搜索功能既应用于微博、微信等社交平台,也在谷歌、百度等专业搜索引擎中得到呈现。③

但在搜索引擎不断发展,便利程度得到提升的同时,其局限也在逐渐显现。对于搜索结果的不同排序,搜索引擎虽满足了受众的个性化需求,但也有可能导致受众接受信息的封闭,进而产生"信息茧房",乃至群体极化。此外,这也为开展竞价排名等商业行为提供了便利,造成了客观的搜索结果与商业信息的相互混杂,增加了受众识别信息的难度。④ 这些问题日渐引起了社会大众的关注与重视,也在推动着相关监管与立法体系的不断完善。

搜索引擎的技术门槛很高,涉及信息检索、人工智能、计算机网络、分布式处理、数据库、数据挖掘、数字图书馆、自然语言处理等多领域的理论和技术。搜索引擎智能化的发展需要依托扎实的技术力量,它一直努力的方向就是更加智能和人性化。

第二节　知识聚合媒体

知识聚合类媒体以网络知识问答平台最具代表性,用户通常根据自身需要提出或者搜索相关问题,其他用户则基于自身经验和知识进行回答,网站通常设置提问、回答、点赞、回复、收藏等交互方式。知名度较高知识聚合平台有百度知道、新浪爱问、果壳网、知乎和美国硅谷的问答社区 Quora 等。

---

① 侯大银:《智能搜索:梦想照进现实》,《互联网周刊》2009 年第 7 期。
② 龙佳:《论搜索引擎的特点与发展态势》,《电脑知识与技术》2019 年第 1 期。
③ 李钢、苏卓:《智能搜索:网络意识形态风险防范的隐形闸门》,《中国出版》2021 年第 18 期。
④ 段宏磊:《人工智能搜索服务的演化风险与法律规制》,《上海师范大学学报(哲学社会科学版)》2022 年第 2 期。

一、知识聚合媒体的种类

基于搜索引擎的知识聚合平台一般可以分为两类:传统全功能型知识聚合平台和社会化知识聚合社区。

传统全功能型知识聚合平台凭借搜索引擎的优势,在用户搜索的第一时间反馈问题答案。其内容包罗极广,由零散的问答组成,用户以关键字进行搜索、查看他人的回答,或是自行创建新的提问。例如,百度知道是基于搜索引擎的知识问答平台,通过积分制鼓励用户创造答案。新浪爱问是依托于新浪门户网站而建立的知识问答平台,是国内最早的互动问答平台。

社会化知识聚合社区更加强调社交功能。根据平台定位和涉及的内容范围,社会化知识聚合社区又可分为全品类知识聚合社区和垂直类知识聚合社区。垂直类知识聚合社区涉及的内容范围较窄,通常集中在某一具体垂直领域中。例如果壳网,其创立之初,聚集了一群科学家和科普作者作为主要稿件来源,社区中所探讨的话题大多是与日常生活息息相关的泛科学话题,通过辟谣和科普使其宣称的"科学精神"影响更多的人。全品类知识聚合社区,例如 Quora 和知乎,涵盖了庞大完备的内容索引体系,包含海量话题和关键词,随着新事物和新话题的产生而持续完善。

二、社会化知识聚合社区的传播特性

从本质上来说,传统全功能型知识聚合平台以搜索引擎和网上论坛技术为依托,通过用户提问和回答问题的方式创建知识交流平台,从而实现知识交流与共享。但早期问答平台只是一种远程交流的技术实现,止步于问答,问答过程不受社会关系影响,因而此类问答社区被认为是第一代网络问答社区。"客观来说,问答服务为搜索引擎内容扩充发挥了一定作用,但其只是借助群体智慧来强化了搜索,没有用户之间真正的交互,用户的关系网络并未形成。"①

社会化知识聚合社区不同于传统全功能型知识聚合平台,其社交特性给传播过程带来了新的特征与变化,而以专业和理性讨论为导向的平台价值取向通过算法和互动机制设置影响了内容传播的全过程,社会化知识聚合社区相较于传统全功能型知识聚合平台具有更高的活跃度和影响力。

(一)传受双方:身份合一

在社会化知识聚合平台中,提问者和回答者间建立起双向传播关系,用户既是受众,同时也是传播者,传播者与受众的身份相互转化、合二为一。社交基因在知识社区中的注入构建了知识传播的关系网,在社交关系影响下的信息传播更为通畅,用户愿意和有相同兴趣或相同专业的人来交流问题。

---

① 刘高勇、邓胜利:《社交问答服务的演变与发展研究》,《图书馆论坛》2013 年第 33 期。

（二）传播过程：意见领袖占据关键地位

社会化知识聚合类媒体的 UGC 模式、关注与互动机制决定了以下特征：当内容的质量越高、生产的内容越多时，就越能吸引用户的持续关注。通过用户的投票行为，如点赞、收藏和评论等，优质内容能获得更多曝光机会。内容生产者也有机会将用户对内容的关注转化为自身的粉丝基础，通过其专业知识和相关技能的输出，逐渐发展为知识聚合媒体中的意见领袖，其发布、点赞或是关注的内容得以向其粉丝群体扩散传播，进而成为影响某个话题圈子的重要言论力量。

意见领袖作为主导者，能从网络知识分享行为中获得更多的人际关系、声誉、信任甚至直接获得现实利益。值得注意的是，当意见领袖拥有巨大影响力后，双向交流的平台难免有变为个人表演和单向输出的自媒体的倾向，知识聚合类媒体自身的互动性和未来成长亦将受到影响。

（三）社区构建：用户贡献和架构内容

用户的身份不仅是参与者，更是整个社区生态的组织构建者，这一特征在问答类社区中最为典型。以 Quora 和知乎为例，平台的自我组织机制体现为平台系统通过 Digg（掘客）或者 Wiki（多人协作）的方式帮助用户找到最佳答案。用户通过投票机制进行反馈，使关于某个话题的知识体系逐步得以构建。作为智能机器人的系统能够自动识别用户的输入错误或表达的不准确，并提示用户修改。当用户提交问题时，系统会显示"主题建议"的实时标签，用户只需把它归档至适合的话题，这个问题就能被推送到相关用户的信息流中。[1] 此外，知乎采用了"公共编辑"机制，即当某个问题被提出后，其他用户也能够修改该问题的表述。每个用户都可以对提问进行完善，最大限度地调动广大用户的智慧和力量，在不断反思和审视中剔除劣质问题，推动优质问题的呈现。

三、知识聚合媒体的内容特征

（一）专业与通俗并存

社会化知识聚合媒体中用户生产的内容，由于大多专注于某一专业领域或细分领域，因此其中的内容往往具有较高的专业性。但同时，随着用户规模大不断扩大和水平的参差不齐，通俗内容也大量涌现。在科普类内容中这一专业与通俗并存的特征体现得更为明显。但由于平台本身发布内容的门槛不高，也会导致社区中存在着大量"抖机灵"或是无甚意义的内容。

（二）议题面向社会，具有一定时效性

社会化知识聚合媒体的"时事"属性比较强烈，其中讨论的话题通常会关切到当下的

---

[1] 刘佩、林如鹏：《网络问答社区"知乎"的知识分享与传播行为研究》，《图书情报知识》2015 年第 6 期。

社会现象或是社会问题,甚至会成为舆情的发源地。例如,2016年的"魏则西事件",魏则西病逝后,以知乎为首的网络社区对百度竞价排名和莆田系医疗机构进行了持续讨伐。这一事件引起诸多媒体关注,激起了广泛的社会舆论,并得到了百度和有关监管部门的回应。

四、知识聚合媒体的经营特点

(一)创收方式:广告与知识付费

广告和知识付费是社会化知识聚合社区的两大创收途径。

在社会化知识聚合媒体中,广告往往表现为整合PC端网站和移动端App的原生广告,这类广告被巧妙地插入用户信息流之中,进而获得点击率和转化率。2013年知乎的侧边栏有了第一个试水广告——"高德地图",之后知乎的广告形式更加丰富多样。果壳网主要采用的是品牌营销广告。①

信息大爆炸时代,庞大的信息量与时间的有限性之间的矛盾提升了人们对高质量信息的需求,也催化了知识付费产品的诞生。延长产品线成为知识聚合媒体在发展中普遍采取的策略之一。知乎在探索盈利模式的过程中,先是于2016年推出付费问答服务"值乎"试水,随后陆续推出新产品,例如把线下的讲座搬到线上,打造知乎Live,推出电子书、讲书、杂志、私家课、盐选专栏等产品。广告和知识服务成为知乎的两大收入模式。②

(二)核心用户:精英群体

知识聚合媒体作为一种相对小众的平台,其诞生之初往往将核心用户群体定位于精英人群之中。诞生于2010年的知乎在2011年至2013年年初坚持采用严格的邀请注册制,第一批用户包括李开复、薛蛮子、徐小平、雷军等知名人士,这群人被创始人周源称为"种子用户"。首批用户的光环和精英色彩既奠定了知乎的产品基调,也带动了知乎的迅速蹿红。同年成立的果壳网在创立之初也实行着以科学家或是科普作者为中心的运营模式,为了留住这一核心用户群体,果壳通过多种方式为用户塑造自有的传播渠道,甚至为核心用户群体提供职业形象照的拍摄、演讲技巧指导的服务,果壳网着力于提升核心用户的个人影响力,打造个人品牌,以此巩固该群体与平台自身的合作关系,进行了一场"科技造星运动"。

1. 线上线下联动:用户维系、扩大影响

社会化知识聚合媒体并不局限于将业务停留在线上范畴。举办线上线下联动的活动,充分发挥平台的社交功能,为用户创造更多价值和机遇,成为一种维系用户关系和扩大社会影响的方式。

---

① 许冰清:《创始人"姬十三"说,科学和教育都能让果壳赚到钱》,好奇心日报,2015年6月,http://www.qdaily.com/articles/10145.html,访问日期:2022年6月28日。
② 巨潮商业评论:《上市在即,知乎还在学习赚钱》,36氪,2021年1月,https://36kr.com/p/1072332446921865,访问日期:2022年6月28日。

2011年果壳网开始推出一系列面向大众化网民的线下活动，影响力较大的万有青年烩、果壳公开课等，一定程度上促进了果壳网知名度及用户数的提升。①

"知乎盐 Club"于2013年创办，是一年一度的知乎用户聚会，2019年更名为"新知青年大会"。这一活动旨在为每一年的优秀回答者提供一个展示的平台和交流的空间，将线上交流拓展到线下，为对知乎做出卓越贡献的用户给予奖励。此种活动一方面有助于塑造自身品牌形象，挖掘网络意见领袖的线下价值；另一方面，用户中相关行业从业者的线下交流还有机会带动商业合作，因此具有很好的商业延展价值。②

2. 用户角色：多层级用户推动社区发展

用户作为知识聚合媒体的核心，通过浏览信息、生产内容等方式参与社区并生产价值。当前针对社区用户有着多类划分方式。例如，依据用户的问答行为以及对社区知识贡献程度可以将其划分为四类，依次为查阅者、潜水者、提问者和回答者，其中回答者对社区的贡献程度最高，查阅者虽贡献度最低，却是所有角色转变的基础。答案质量、平台满意度、学习动机等因素都在不同程度上影响着用户角色的转变，这种动态的转化推动着社区的快速发展。③

知乎中所聚集的诸多高质量内容生产者是其重要竞争力所在，包含了各个行业的意见领袖以及积极奋进的新知人群和求知大众。此外，知乎平台的用户也具有更好的教育背景以及更高的求知欲望。④ 不同用户所具有的多样化知识类型在这一社区空间得以交流互动，彼此之间相互促进，形成了良性的发展循环。

第三节　新闻聚合媒体

一、新闻聚合网站

为了满足人们快速、便捷、高效地浏览最新热点新闻的需求，新闻聚合网站通过大数据挖掘和分析用户的阅读需求和习惯，为用户精准画像，从而为网站精准定位；通过网络抓取技术聚合新闻内容，利用计算机算法精准推送；通过设置用户反馈机制，不断修正用户画像和算法体系，提升网站的品牌价值，增强用户的黏性。最典型的新闻聚合网站是美国的Buzzfeed、Reddit。

（一）新闻聚合网站的传播特性

新闻聚合网站是互联网上原生的新闻媒体，它的传播特性与传统媒体有着巨大不同。

---

① 黎娟：《果壳网传播要素研究》，《中国报业》2015年第6期。
② 李升：《社会化问答社区的发展策略研究》，硕士学位论文，南京师范大学，2015，第7页。
③ 张海涛、孙彤、张鑫蕊、周红磊：《社会化问答社区用户角色转变的动力机理研究》，《现代情报》2020年第9期。
④ 财报网：《知乎用户画像深度分析》，凤凰网财经，2021年3月24日，https://finance.ifeng.com/c/84sBWqk8wMs，访问日期：2022年6月28日。

其传播理念带有明显的互联网色彩,一些传播理念影响了后来的新媒体。

1. 病毒式传播

所谓病毒式传播,是指"受众主动接受数字化信息的同时对其进行加工,并向基于相似信息获取和分享需求的人进行发布和转发,进而形成信息迅速地以人际圈席卷大众群体的无偿复制、几何倍增的传播形式"。① 也就是说,病毒式传播是指通过将信息进行包装和改造,使之通过用户的社会人际网络像病毒一样传播和扩散,并利用快速复制的方式传向数以千计、数以百万计的受众的传播方式。

新闻聚合网站最初不生产内容,它所做的是聚合其他网站内容,然后将其传播出去。因此,"传播大于生产"的特性就深植于新闻聚合网站的基因中,典型代表为 Buzzfeed。Buzzfeed 由赫芬顿邮报的联合创始人之一乔纳·佩雷蒂于 2006 年在纽约创办,其最初是一个实验性质项目,目的是追踪病毒式信息的传播途径和用户分享行为,后来发展成为互联网新闻聚合网站。

新闻聚合网站一般通过精准的用户分析实现信息的病毒式传播。网站平台注重"内容的情感影响力",通过算法分析了解用户为什么分享内容,用户愿意分享哪些内容,什么样的用户最乐于分享网站中的内容。乔纳·佩雷蒂说:"当知道了分享的关键因素,我们就像取得了钥匙。"一方面,新闻聚合网站强调解决"为什么有些内容会传播",因此网站会根据用户的爱好和阅读习惯提供新鲜的、增强用户好感度的内容,把内容当成是送给用户的精心准备的礼物,使得用户乐于接受。另一方面,新闻聚合网站还会有一个电子内容分发系统,根据用户画像实现精准推送,主动将"礼物"送到用户面前,为用户接触信息提供最大便利。

2. 分享大于搜索

病毒式传播主要有三个环节:一是病毒制造环节,二是病毒网络的组建环节,三是病毒式传播效果的扩大环节。对病毒式传播而言,社交媒体就是最好的病毒式传播网络,能够接入的社交网络的规模决定了内容传播的规模。新闻聚合网站 Buzzfeed 的"分享大于搜索"理念,就是对传播网络的强调。该公司国际新闻部副总裁斯科特·兰姆曾在采访中说:"作为数字出版商,不能总想着把人们吸引进来,还要有往外散发的理念,所以要尽可能把内容散发到外面去。我们是多媒体平台,内容散发的理念是我们作为一家多媒体公司的核心原则。基于此,社交平台对我们来说很重要,我们通过在很多平台开频道、账户的方式让内容尽量通过各种渠道散播出去。"

3. 社交新闻的供应者

新闻聚合网站是一个"社交新闻的供应者",着重提升用户的分享体验,通过提供适于分享与社交的内容,满足用户塑造自身社交形象的需求。

Reader-first(读者第一)是一条重要准则。网站提供的内容成为社交货币,它能体现或者代表读者的身份,也帮助他们身边的人能够更具象地认识自己。新闻聚合网站的受众主要是 18—34 岁的年轻人,这个群体同时也是社交媒体的主要使用者。网站的分类与传统新

---

① 孙喆:《新媒体环境下的病毒式传播———以神曲〈江南 style〉为例》,《今传媒》2013 年第 6 期。

闻网站有所不同,摒弃了传统的"政治""经济""文化"等严肃分类方式,而是采用更有生活气息、符合年轻人话题特点的分类方式,如 Buzzfeed 的"Quizzes(测验)""Wedding(婚礼)"等栏目,让受众在有所收获的前提下愿意分享给他人。

另外,新闻聚合网站创新了新闻标题,以 Buzzfeed 的"清单体"最为著名,即将本身并无明确联系的单个事物按照某个主题汇集在一起,从而使汇集起来的事物之间产生出乎意料的联系,从而给人一种意想不到的感觉,例如《感谢伴郎的十三件礼物》《17 种过好夏天的方式》等。这种清单体一方面充分体现了新闻聚合网站的"聚合"特点,同时也通过直截了当的新闻标题及导语吸引受众,在分享过程中提高信息的识别度。

4. 用户参与生产

新闻聚合网站逐渐将互动分享作为其核心理念,用户不仅是新闻的浏览者,更在不断参与进新闻内容的生产过程中,网站的互动性也由此得到了强化。

以 Reddit 为代表的社交新闻聚合网站充分提升了用户的能动性,其上传的新闻由全体用户投票进行排序,用户还可以依据自身喜好建立不同的信息分区,以此来聚集有相同兴趣的用户。这种明显的社交化趋势增强了用户黏性,极大地推动了相关新闻聚合网站的发展。①

(二)新闻聚合网站的内容特性

1. 大体量的泛娱乐化内容

作为社交化的新闻媒体,新闻聚合网站迎合青年群体的阅读心理,以娱乐信息作为重要的内容部分加以发展。从此类网站的配色上可以看出,鲜艳的红、黄、蓝三色是最常用的色彩,整体上给人一种夸张、欢快、充满活力的气息,使得新闻聚合网站整体气质上呈现出泛娱乐倾向。聚合新闻的内容具有极强的文化包容性,凡是青年人关心的事物几乎无所不包,并且偏重于萌宠、排行榜、探秘解密、明星花边等休闲娱乐话题,挖掘年轻人的视觉兴趣点。

2. 不断加强严肃新闻报道

轻松娱乐的内容是新闻聚合网站得以发展起来的重要武器,但是,过度娱乐化会降低网站的可信度。Buzzfeed 的编辑部在接受采访时曾表示,观众过去常常把他们的网站视为一个可以找到新奇玩意儿的地方,但并不是一个值得信任的地方。因此,新闻聚合网站逐渐增加传统新闻报道,建立起突发新闻和深度报道的制作和发布体系,打造严肃新闻报道品牌。

一些新闻聚合网站花重金从《金融时报》等传统媒体大量招揽编辑记者,分布在纽约、洛杉矶、伦敦等世界各地的主要城市,网站首页上大部分的时政类、经济类、科技类、文化类大稿的执笔者仍旧是网站雇佣的专职记者或作家,以此保证网站内容的整体质量、平衡各类报道的比例,提升该网站在广大受众心中的权威性和公信力。

同时,新闻聚合网站也与《纽约时报》《今日美国》《大西洋月刊》等多家传统主流媒体保持了良好的合作关系。网站上有相当一部分权威报道和评论都转载或援引自这些位于全球

---

① 王超慧:《社交新闻聚合网站的传播模式分析》,《新闻世界》2015 年第 7 期。

各地的传统主流媒体,并加入经过严格挑选的读者点评和深度背景资料。

3. 兼顾短视频与长视频

目前,媒体行业的大部分营收都来自视频,新闻聚合网站也和其他媒体机构一样,需要通过更多的视频新闻以实现营收。虽然早期的新闻聚合网站凭借娱乐类和生活方式类内容在 YouTube 和 Facebook 上吸引了大量的受众群体,但新闻聚合媒体已经不满足于轻短快的短视频发展策略,而将目光投向长视频。

新闻聚合网站已经和知名流媒体合作,如 Hulu 和 Netflix 向 Buzzfeed News 订购了两部以大规模新闻调查报道为背景的长篇纪录片;积极向高端有线电视节目消费群体推出夜间新闻节目;与好莱坞经纪公司合作,帮助自己进行订制流媒体、电影和电视的销售。

(三)新闻聚合网站的运营特点

1. 数据驱动

对当今的互联网媒体而言,数据是它们和用户建立联系、创造收益的重要武器,它不仅可以为高流量文章提供关键线索丰富素材,还可以提升用户的活跃度和忠诚度。

数据对媒体经营的影响主要来自四个方面:第一,数据为内容的病毒式传播提供支撑。基于对"分享大于搜索"理念的追求,新闻聚合网站利用自身的技术优势,开发诸如"病毒式传播指数"等内部指标来量化内容传播的广度和速度,通过追踪内容在社交网络的不同分享者之间的传播路径,帮助网站更好地确定内容投放和传播策略。这种测量方法大大加强了网站对内容传播细节的把握,使得社会口碑传播规律有迹可循,为内容生产者提供了"制造爆款"的理论支撑。第二,新闻聚合网站的开发团队尽力让数据民主化,利用数据工具对分析对象进行可视化呈现,使得分析结果以更加细致、丰富、易懂的方式在编辑团队中共享。第三,数据探测热点话题激发创作灵感。新闻聚合网站的编辑随时关注网络上的热点话题,以此作为内容制作的切入点,然后进行扩充和加工。内容发布后,编辑们紧跟用户反馈,分析哪些内容打动用户,以及用户愿意分享哪些内容。第四,新闻聚合网站运用基于链接点击上升速度的算法,能够精准地给用户推送可能感兴趣的内容。

2. 垂直频道

除了开拓更多的新栏目,新闻聚合网站也在挖掘重点栏目的垂直内容价值,其部分垂直栏目的流量甚至已经超过网站主页的流量。这类垂直频道一般根植于其他社交媒体,拥有巨大的订阅用户或粉丝群体,浏览量也远远超过普通频道,相当于从网站主体中孵化出来的"独角兽",具有独立发展的潜能和进一步壮大的前景。因此,部分新闻聚合网站开始尝试推出更多独立身份标识的社交网站账号,以使力量强劲的垂直栏目获得更大的发展空间。如 Buzzfeed 的"Tasty"栏目,截至 2017 年,其在 Facebook 上创建的垂直页面粉丝数量达到 8500 万,其中 2017 年 4 月的点击量达到 10 亿次,成为 Facebook 上最大的页面。Buzzfeed 正将其视为垂直内容子品牌的模板加以发展和推广,之后又推出美妆栏目、健康栏目等,其中最成熟的分拆来自 DIY 网页"Nifty",现已拥有 2800 万粉丝。

3. 多元经营

在受到 Google 和 Facebook 等巨型公司的垄断威胁后,一些新闻聚合网站开始实施多元化的经营模式,避免把所有鸡蛋放在一个篮子里。一方面开启多元化的商业模式,降低直销广告占比,增加非直销广告收入;另一方面,以生活方式新闻和服务新闻为导向,拓展栏目应用,如加强垂直栏目的力量,积极拓展新闻在影视方向的发展等。

二、新闻聚合客户端

新闻聚合客户端是在传统新闻客户端的基础上发展起来的形式,增加了精准推送的功能,因此要理解新闻聚合客户端首先要了解传统的新闻客户端。

(一)新闻客户端

新闻客户端,又叫移动新闻客户端、内容阅读客户端或新闻 App,是随着智能手机、平板电脑的兴起而出现的适用于移动媒体终端的新闻资讯平台。新闻客户端由门户网站、传统媒体或其他内容提供商针对不同移动媒体的系统而开发,由用户自主选择下载、安装,并具备向用户推送新闻资讯、发布评论、定制新闻、即时微博短信分享等功能。

1. 新闻客户端的种类

新闻客户端可分为门户网站新闻客户端、搜索引擎新闻客户端、专业新闻网站客户端和传统报刊新闻客户端。

门户网站新闻客户端由门户网站开发制作,向用户提供该门户网站的新闻资讯、微博信息、评论发布等内容或服务。在我国,网易、搜狐、新浪、腾讯四大门户网站均已开发出自己的新闻客户端,并根据自身的定位和特点打造各具特色的移动信息终端。

搜索引擎新闻客户端即搜索引擎自主开发的新闻客户端。这类新闻客户端能利用搜索引擎的资源聚合优势整合来自互联网的海量信息,并能根据用户的搜索热度决定资讯编排。

专业新闻网站客户端即由专业化的新闻站点开发的新闻客户端,如新华网、凤凰网等专业化的新闻网站都已经开发出自己的新闻客户端。这类新闻客户端在技术上并不占优势,但其拥有丰富而有特色的独家内容资源及其在新闻聚合上的品牌优势,因此能在短时间内占据相当一部分市场。

传统报刊新闻客户端即由传统报纸或杂志开发的新闻客户端。这类新闻客户端依托传统报刊丰富而有深度的内容资源,能够有效弥补移动终端由于移动性和屏幕制约而造成的内容深度缺失问题。《南方周末》《三联生活周刊》《周末画报》《新世纪周刊》等报刊都已开发了自己的新闻客户端,并凭借各自的母体优势迅速发展壮大。

2. 新闻客户端的特点

短小精悍且信息量大。一方面,新闻客户端依托于手机、平板电脑等移动终端,因此其内容长度必然受屏幕大小及移动媒体碎片化使用特点的限制,表现出短小精悍的特点。另一方面,尽管新闻客户端同其他移动媒体应用一样受内容长度限制,但由于它在技术上的优势,其信息承载量相对来说要大得多。相对于手机报等"第一代"资讯类移动应用,新闻客户端不但拥有包括新闻资讯、微博信息、用户评论、天气预报等更多栏目或服务,而且能呈现从文字、图片到声音、影像、超链接的多媒体内容,能为用户提供更多、更丰富的资讯信息。

杂志式的阅读模式。新闻客户端与互联网网页的发散式阅读结构不同,它是一种"准线性"的阅读结构,用户在使用新闻客户端时,会像翻书或杂志那样按顺序一行行、一页页地阅读。这种封闭式、结构化的阅读模式,既能够在很大程度上避免用户在阅读时注意力分散,从而最大限度地抵消移动化、碎片化阅读带来的内容深度上的缺陷,也可以提升其广告效果和广告价值,为新闻客户端带来更多的广告客户及其注意力。

交互性强。相对于传统报刊乃至手机报刊,新闻客户端在交互性上具有无可比拟的优势。一方面,它在功能上专门设置"用户评论"的栏目,将用户评论及原创信息置于同新闻信息同等重要的位置;另一方面,智能手机、平板电脑等移动终端的技术优势为用户发表评论、反馈信息提供了支撑,移动互联网技术以及不断更新的输入法技术都能大大提升用户在发表评论时的速度和体验。

较强的社会性。移动媒体本身就具有社会属性,因此依托于此的新闻客户端也就天然地具备了社会化特质。新闻客户端是个人化的移动新闻终端,每一个新闻客户端背后都有一位个性化的用户,这就决定了新闻客户端并不是各自独立的,而是具有社会化的特点,用户的社会角色甚至社会关系都会影响到新闻客户端的内容构成。此外,越来越多的新闻客户端整合了微博等社会化媒介或社交媒体,这就更加强化了它的社会化属性。

"付费墙"的应用。当前,"付费墙"越来越多地被用到移动新闻客户端中。内容付费市场的雏形在国内逐渐形成,从读者需求来说,线下的信息分层需求也会于线上出现,而这种超越大众性的需求本身即隐含着付费意愿。从供给层面来说,新闻内容质量的下降已经显性化,引发了各相关方的高度关注。从市场背景来说,知乎、得到、喜马拉雅等新兴平台,以知识付费名义打造的各种实用性、功能性课程,拓宽了付费阅读的用户基础。[①] 2017年11月6日,财新网在国内率先启动了全网收费的实验。在一般性知识已经不再稀缺的信息时代,提供高质量内容逐渐成为专业媒体的着力点。同时,付费机制实现了信息生产者与接收者的相互筛选,减少了内容和信息推送不精准带来的资源浪费和数据假象,能带来两端体验的共同提升。

(二)新闻聚合客户端

所谓新闻聚合客户端,也称聚合新闻客户端,就是各类媒体机构聚合传统媒体为主的新闻信息,以及自媒体平台热点信息源,结合受众兴趣爱好及浏览历史,基于受众主动搜索、个性订阅等操作,对全平台新闻信息展开精准推送的产品形式。[②] 今日头条、一点资讯、天天快报、ZAKER新闻就是典型的新闻聚合客户端。原本是传统的新闻客户端,《人民日报》、澎湃

---

① 张继伟:《付费阅读:财新网的思考与实践》,《新闻战线》2018年第5期。
② 徐北春:《聚合新闻客户端传播的五大变革——以"一点资讯"和"今日头条"为例》,《传媒》2017年第3期。

新闻、腾讯新闻等,也开始加入推荐版块或个性化推荐功能,朝着新闻聚合方向发展。新闻聚合客户端的个性化推荐机制、机器算法与编辑互动的双重运营模式,不仅符合移动互联网的发展逻辑,而且开创了媒体信息生产与传播的新潮流,并逐步进入常态化发展阶段。

1. 新闻聚合客户端的兴起原因

首先,新闻聚合客户端兴起于技术推动下的媒介变革。算法推荐技术被应用于媒体产品当中,推荐系统能有效地帮助用户快速发现感兴趣和高质量的信息,提升用户体验,增加用户使用产品时间,并有效地减少用户浏览到重复或者厌恶的信息带来的不利影响。一般情况下,推荐系统越精准,用户体验就越好,用户停留时间也会越长,也越容易留住用户。

其次,传统媒体的转型在一定程度上推动了新闻聚合客户端的兴起。传统新闻传播渠道以大众为目标受众,关注批量生产忽视了对个体用户的真正满足,在迎合移动用户追求多样化新闻的环境中有些力不从心。传统媒体的新闻客户端由于技术薄弱导致内容阅读体验单调,并且其多媒体呈现方式和操作方式上均还有待提高。针对这一情况,主流媒体积极推进媒介融合,在自身新闻客户端内打造内容入驻分发平台,如人民号、新华号等,以此汇聚多方信息,满足受众需求。这些平台的影响力不断提升,其依托主流媒体的优势也在不断展现。人民号平台于2018年6月正式上线,截至2021年8月,已收录优质内容1855万篇,全平台累计阅读量达954.6亿,彰显了主流媒体的强大影响力。此外,其账号审核过程中低于10%的通过率则保证了平台内容的质量水平。[①]

2. 新闻聚合客户端的传播模式

从新闻生产视角看,新闻聚合客户端是新闻资讯分发平台,主要负责新闻内容的聚合和个性化的分发。在内容聚合方面,新闻聚合客户端会将新闻网站、公众号、传统新闻客户端和社交媒体的内容不断进行抓取,并通过整合、转码等方式加载到平台上;在个性化分发方面,基于用户画像推荐、协同推荐或标签推荐,系统会将用户可能感兴趣的内容推送到用户查看的信息流或通知栏内。在这一过程中,算法发挥着重要作用。今日头条、腾讯新闻、网易新闻等均采用了算法推荐机制,以此筛选和推荐信息,促进内容的精准化推送。

从用户理念层面来说,精准推荐和UGC模式是其主要特征。这一理念指的是,新闻聚合客户端在为用户提供个性化、定制化的精准推荐时,还为媒体机构、自媒体提供信息发布平台,媒体机构或个人能够在这个发布平台上推送自身生成的信息内容,该平台根据相应的技术功能,将推送的信息内容有选择性地精准分发至其他有需求的用户。在今日头条上,很多组织、媒体、明星、普通用户都入驻到其中,为平台提供源源不断的内容。

从新闻把关层面来说,智能把关模式贯穿新闻生产与分发。智能把关模式逐渐"入驻"新闻生产与分发过程,体现在新闻聚合类平台中的新闻内容创作、新闻内容审核、新闻内容分发三个环节,表现出算法式指导、精准化识别、个性化推荐三种不同的把关形态,但值得注意的是,新闻内容审核如果过于倚重"人工智能",易增加决策失误的风险。尤其在初审阶

---

① 黄佩诗:《从受众需求出发,打造内容聚合平台——对话人民号平台运营团队》,《视听界》2021年第5期。

段,智能算法依据"内容库"中的内容来对海量稿件进行审核,看似公正,实际上难以涵盖更全面客观的状况,人工审核在一定程度上能弥补这一缺陷。

3. 新闻聚合客户端面临的问题

其一,用户长期接收"过滤泡"信息。过滤泡指的是机器推荐算法技术正使用户获取的信息日益个人化、窄化和固化,接收到的信息往往会受到其固有行为记录的影响,并容易被机器算法操控。新闻聚合客户端实质就是一个过滤泡,用户只能收到经由过滤泡的信息,而其他信息都被排除在外,久而久之,信息的价值偏向也会被固化。用户由于受到机器算法的操控,真正的需求信息难以获得,而得到的信息可能是其本不需要的。

部分媒体意识到"过滤泡""信息茧房"的存在,开始通过技术手段发起"戳泡"运动,尝试在信息分发中摆脱思维定式的桎梏,开放包容地帮助用户接纳全方位的声音。例如,美国 BuzzFeed 推出"Outside Your Bubble"(你的气泡之外)功能,在一部分传播范围广的新闻底部,加上来自 Twitter、Facebook 等平台中的评论。谷歌则推出了"逃离泡沫"插件。该插件能够通过对用户的阅读喜好进行分析,针对一些容易被用户接纳的信息向用户进行反向推荐。用户每次访问 Facebook 时,插件会将不同视角的文章自动导入用户的信息流。①

其二,新闻聚合客户端面临着侵权问题。以新闻聚合客户端为代表的新媒介形式所引发的版权争议从未停止,目前,新闻聚合客户端的内容除了版权合作、入驻媒体或个人供稿外,仍有大量的内容是对互联网数据的大规模爬取。关于新闻聚合客户端内容是否侵权要分具体情况来判别,但解决好侵权问题是新闻聚合客户端实现长远发展必须要面对的问题。目前已有数千家媒体与今日头条达成合作协议或入驻今日头条媒体平台,包括凤凰网、环球网、新华网、新浪网、光明网、北京卫视等,实现互利共赢。②

对用户来说,新闻聚合客户端要达到细分化推送,必须整合用户的各项使用习惯、场景分析以及社交网络状态等,就难免会触及对用户的隐私挖掘。2018 年 2 月 9 日,北京市海淀法院受理了一起有关今日头条的网络侵权责任纠纷案,一名普通用户因其隐私权遭受侵犯而起诉今日头条,该用户表明手机中的通信录信息被今日头条违规窃取,他要求今日头条停止侵犯隐私行为,索赔一元并公开道歉。针对用户隐私问题的行业行为准则难以在短期内达成一致性的标准,目前只能最大限度地争取行业道德自律,这也是大数据时代难以回避的共同困境。

其三,过度追求流量导致模式同质化。今日头条作为新闻聚合平台的典型案例,成了诸多同类平台的学习模仿对象。各个平台争相构建基于算法的内容推送以及流量变现的盈利模式等体系,以提升自身产品优势。但这些平台都以争夺用户日益稀缺的注意力资源为核心,相互之间竞争关系明显,为追求创新进行的模式变革又使得其陷入了另一种模式的同质化。针对这一现状,新闻聚合平台也在寻求个性化的运营模式,不断精确自身定位,以增强受众黏性,提升产品竞争力。

---

① 全媒派:《你对世界的认知正被算法"气泡"过滤!围观良心外媒的"戳泡运动"》,全媒派,2017 年 3 月,https://mp.weixin.qq.com/s/chfQ-PDdFkvPs2al_q7rMA,访问日期:2022 年 6 月 28 日。
② 张爱玲:《新闻聚合类应用程序的版权问题研究———以"今日头条"为例》,《中国广播》2015 年第 8 期。

本章思考题

1. 请简述搜索引擎的构成与分类。
2. 请谈谈你对新闻聚合网站娱乐化的看法。
3. 请简述新闻聚合客户端个性化推荐的优缺点。

本章参考文献

1. 比尔·基尔迪. 谷歌方法[M]. 夏瑞婷,译. 北京:中信出版社,2019.

2. 梁诚. Google与百度:全球两大搜索巨头的技术创新与盈利策略[M]. 北京:中国经济出版社,2007.

3. 彭兰. 网络传播概论(第四版)[M]. 北京:中国人民大学出版社,2017.

4. 杨丽萍,马继涛,张虹霞. 网络搜索引擎分类与发展[C]. //中国科学技术情报学会、中国科学技术信息研究所. 庆祝中国科技信息事业创立暨中国科学技术信息研究所创建50周年学术研讨会论文集. 情报科学. 2006.

5. 顾全. 中文搜索引擎对比研究[D/OL]. 苏州:苏州大学,2006[2022-6-28]. https://kns.cnki.net/KCMS/detail/detail.aspx?dbname=CMFD0506&filename=2006156258.nh.

6. 邓莉丽. 消费文化视野下社会化问答社区的知识传播研究[D/OL]. 南京:南京师范大学,2017[2022-6-28]. https://kns.cnki.net/kcms/detail/detail.aspx?dbcode=CMFD&dbname=CMFD201801&filename=1017282001.nh&uniplatform=NZKPT&v=Zu8AUBIZEd0XIWBmIuqoVT3bi-HRdy72tu0cP4yMaBWTx5xtlPG5W7Av__7Ncm_0.

7. 黎娟. 果壳网传播要素研究[J]. 中国报业,2015(06).

8. 李升. 中文社会化问答社区的发展策略研究[D/OL]. 南京:南京师范大学,2015[2022-6-28]. https://kns.cnki.net/KCMS/detail/detail.aspx?dbname=CMFD201601&filename=1015668373.nh.

9. 刁毅刚.《纽约时报》的内容数据开放和新闻客户端战略[J]. 中国记者,2012(02).

10. 徐北春. 聚合新闻客户端传播的五大变革———以"一点资讯"和"今日头条"为例[J]. 传媒,2017(05).

11. 龙佳. 论搜索引擎的特点与发展态势[J]. 电脑知识与技术,2019,15(01).

12. 王燕灵. 平台型媒体的转型发展启示———以新闻聚合网站BuzzFeed为例[J]. 传媒,2018(09).

13. 杨逸凡. 社会化阅读时代下国内聚合类新闻客户端传播策略研究———以ZAKER为例[D/OL]. 北京:中央民族大学,2019[2022-6-28]. https://kns.cnki.net/KCMS/detail/detail.aspx?dbname=CMFD201902&filename=1019191062.nh.

14. 李蕾. 内容付费及知识变现———移动互联时代专业媒体转型的思考[J]. 青年记

者,2017(13).

15. 陈绚. 论智能把关模式在新闻聚合类平台中的应用与优化[J]. 视听,2021(01).

16. 段宏磊. 人工智能搜索服务的演化风险与法律规制[J]. 上海师范大学学报(哲学社会科学版),2022,51(02).

17. 付卫艳. 反思与重构:新闻聚合平台的纵向差异化竞争行为研究[J]. 传媒,2020(18).

第六章 社交类媒体

无处不在的社交媒体对网民的生活有着极为重要的积极意义,社交媒体重构了网民的日常交往,更是人们表达自我、展现自我的自媒体平台。截止到 2019 年 12 月,整体社交行业用户规模已达 11.03 亿,用户规模的增长速度已经开始放缓,转型和创新是社交媒体必然的发展方向。传统的社交形式正在向新的社交形态转变,视频化、音频化与陌生人社交成为新的社交媒体转型与发展的重点。微博、微信等主流媒体纷纷推出了视频号进军视频社交的红海。除了由熟人为联结的社交媒体外,陌生人社交媒体也成为社交类媒体发展的新思路,例如陌陌、探探、遇见、Soul 等。同时,陌生人社交媒体也在逐渐拓展泛娱乐化和直播社交场景,进行自身社交产品的迭代。

社交媒体行业仍然呈现显著的头部集中特征。社交媒体的头部应用主要是微信、QQ、微博,其中微信是我国当下使用人数最多的社交媒体,但当我们提及互联网社交属性的勃发时,还是得从网络社区说起。

第一节 网络社区、博客与即时通信

网络社区是以现代信息技术为依托,由具有共同兴趣或需要的网民群体在互联网上组成的虚拟生活空间。它极大地扩展了网民的活动空间,并在发展中积极融入新鲜的、有益于信息交流的各种技术元素,一直占据网络媒体的主流地位,成为互联网精神的一个核心概念,也是社交媒体发展的重要源头。SNS 则是网络社区的发展变体,以"圈子"的构建和"交往"的密切为目标,以娱乐类应用服务为拉动点,正在细分用户市场,努力拓展互联网的长尾需求。

博客则从最初单一的博客网站,发展成为 Web2.0 的一种应用元素,成为网络社区中不可或缺的功能。现在的任何一个个人空间,都会有"日志"功能,但人们不再满足于单纯的书写,而更向往趣缘圈子的分享和交流。博客的展示价值和社交网络社区的认同价值互为联结,形成了心理上更为亲近的网络社交群体。

即时通信已经成为网民日常中使用最频繁的网络服务,从 PC 时代到移动互联网时代,即时通信已经不仅是人际交流必不可少的工具,也在一些层面影响着人们的生活方式与行为方式。

网络社区、博客和即时通信的发展构筑了网民交流和在线书写的空间,推动了用户进行内容生产和在线创作的积极性,进而搭建起"自媒体"的概念和意识。2003年7月,美国新闻学会媒体中心的两位研究者谢因·波曼与克里斯·威理斯在他们的"自媒体(WeMedia)"研究报告中就指出:"自媒体是普通大众经由数字科技强化而与全球知识体系相连之后,一种开始理解普通大众如何提供与分享他们本身的事实、他们本身的新闻的途径。"

一、网络社区

网络社区是互联网最早兴起的概念之一,包括早期的BBS(论坛)、贴吧、个人主页以及融合了RSS(简易信息聚合)元素的博客、SNS(社交网络服务)网站等,是社会群体互动的最重要的网络场域之一。互联网上的网络社区种类繁多,形式多样,它们以各自不同的传播形态和服务方式聚集起一群具有共同兴趣和需求的网民。随着信息技术的发展,集音视频、图片等多元表达形式的App兴起,如豆瓣、知乎、喜马拉雅、B站、小红书等新型网络社区,已然成为人们进行社交关系建构的重要空间。[①] 目前网络上主要存在四种社区:趣缘型网络社区、社交型网络社区、幻想型网络社区和交易型网络社区。

(一)网络社区的发展与现状

以1998年3月大型个人社区网站西祠胡同的创办和1999年6月"全球华人虚拟社区"ChinaRen的开通为标志,中国成规模网络社区开始出现。1999年天涯论坛出现,标志着中国的互联网用户逐步由精英人士发展到普通大众。从2000年开始,我国的网络社区获得蓬勃发展,尤其是随着Web2.0时代的到来,国内网络社区的数量开始出现成倍的密集增长。一些大型的综合社区以及针对专门人群的专业社区更是成为众多网民的必经之地,如天涯社区、西祠胡同、西陆社区等大型综合社区,以及豆瓣、铁血军事社区等专业社区,都成为我国最具影响力的网络社区。

2003年以后,强调实现"真正的人与人对话"的新一代网络社区开始逐渐兴起,最具代表性的当属新型的社交型网络社区,如曾经凭借"偷菜"游戏被追捧的开心网。与传统的网络社区相比,社交型网络社区强化了真实的社会联系,建立了身份认证机制,即"实名注册",有助于建立起比较完善的信任机制,从而大大增强网络社区的信任度,也有助于增强网络社区带来的更广泛的社会联系。[②] 可以说,社交型网络社区是以现实社会关系为基础,模拟或重建现实社会的人际关系网。在社交型网络社区里,每个个体的社交关系都可以不断地拓展放大,最后成为一个大型网络。

当下,内容社区成为网络社区的一种发展趋势。内容社区是互联网媒体的一种典型布局模式,具体指依托内容生态的网络社区,其特征包含内容生态机制、社区独有文化、用户交

---

① 于春生、李卓为:《网络社区的运营逻辑与数字劳动——以小红书App为例》,《出版广角》2022年第8期。
② 程颖:《网络社区中信任问题的探讨》,硕士学位论文,北京大学,2005,第35页。

互功能等。① 根据网络社区的内容属性来划分,主要可以分为消费类、生活方式类、文娱类以及知识类四种类别。豆瓣、虎扑都属于文娱类话题的网络社区。因为用户群体的差异性,两个网络社区的内容布局策略也各有侧重。豆瓣的用户具有很强的自主性以及文艺化的标签,所以豆瓣平台会依据用户的内容搜寻与分享需求来布局内容模块。虎扑围绕男性用户特征和兴趣方向搭建内容社区,着重关注体育类话题的分析、讨论以及投票,以及体育商品的测评、装备分享以及商品鉴定。同时,广场内容版块由以体育兴趣专区为主体的局面逐步向契合用户各方兴趣的体育、数码、汽车、游戏等多元局面扩展。小红书则是生活方式话题类网络社区,平台以年轻女性为用户主体,社区内容版块包含美妆、衣着、美食、情感、音乐、摄影、旅行、健身等。用户通过在网络社区中的信息分享与获取,共同探索并构筑关于"美好生活"的内容景观。

(二)网络社区的传播特性

从传播学角度看,网络社区作为虚拟社区的一种,除具备"社区"的基本特征,如人群的聚集活动、共同的行为规范外,还具有互联网赋予的独特的传播特征。

1. 非线性的互动传播模式

在传统网络社区中有大量的参与者,每个参与者都可以自由地搜索自己感兴趣的信息,还可以把自己的信息放到系统中,与他人共享,这种"一对一"或"一对多"的交流形成了一种发散型的网状传播模式。

2. 主客体同一的传播方式

传统网络社区中的传播是传受主客体同一的传播。由于网络社区的开放性和互动性,任何人都可以发布自己需要的信息而成为传者,也可以接受别人发布的信息而成为受者。这种非即时、非面对面的环境特性便于人们更加真实地传达自己的观点,为人们提供了更多的灵活性与可控性,提升了表达的自由度。值得注意的是,在传统网络社区中,把关人并没有消失,意见领袖也依旧存在。

3. 社区建设的自组织性

人们之所以能够在网络社区中交往,是基于相同或相近的兴趣爱好,以及互补的利益需求,不需要任何专门的行政机构来规划,而是其"居民"自组织的结果。② 一个网络社区的存在,不仅要求网络管理员提供技术保障,更需要社区成员的参与和投入。在网络社区中,"居民"不再是信息的被动接收者,而是信息的主动提供者;不只是社区设施的使用者,更是社区设施建设的参与者。网络社区所有成员共同建构了这个空间的社会秩序,同时又被这个社区影响。

---

① 上海艾瑞市场咨询有限公司:《中国互联网媒体内容社区模式发展研究报告》,《艾瑞咨询系列研究报告》2020年第11期。
② 丁义浩:《虚拟社区及虚拟社区交往初探》,《武汉经济管理干部学院学报》2004年第3期。

(三) 网络社区的社会影响

网络社区中的信息公开透明、气氛自由民主,这些特质也深刻地影响着现实社会。一些主流社区,如强国论坛、天涯社区、百度贴吧等都积聚了大量的人气,对现实社会的重要现象和事件进行热烈的探讨。在共同探讨相同和相似主题的过程中,网络社区加大了社会阶层间的凝聚力,这种凝聚力不仅体现为地区、人群、阶层的汇聚,有时甚至反映了民族情绪的聚合。

新一代社交网络社区,符合现代人的生活节奏,具有明显的人际传播优势和爆发式迅速传播的特点,能够在很短时间内聚集大量的关注;由于社区用户参与性和分享性都比较高,社区热点事件往往能够借助各种渠道和方式来扩大传播范围。

二、博客

博客是继 E-mail、BBS、ICQ 之后出现的重要网络交流方式。[①] 这种传播方式为个体提供了信息生产、积累、共享、传播的独立空间,可以从事面向多数人的、内容兼具私密性和公开性的信息传播,因此又被称为"自媒体"(We Media)或"个人媒体"。[②]

博客作为 Web2.0 时代的产物,其主要的特点是:更新频繁、信息即时流动,"逆时序"排列文章,优先呈现最新信息;博客的内容由个性化的"帖子"组成,体现个体的思想与智慧;各个"帖子"的内容以"超链接"的形式表现,并与其他网页或者博客实现超链接;博客第一次实现了自我传播、人际传播、组织传播和大众传播等多层次传播方式的集合。

博客以其独特的方式改变着网民的信息生活,改变着媒体的传播方式。自2002年8月由方兴东等人首次引入中国以来,博客逐渐被中国网民所接受,并从边缘地带进入网络的主流世界。时至今日,博客最辉煌的时期已经过去,属于博客的时代正在离我们远去。

三、即时通信

即时通信(IM,Instant Messaging)是指通过专门的网络即时讯息软件,依靠互联网和移动通信技术,在用户之间建立起来的直接联系和实时交流的通信系统。随着互联网的迅速发展,即时通信已成为人际传播中最重要的沟通工具之一以及中国社会化网络的重要联结点。

(一) 即时通信的特征

即时通信作为互联网上最重要的人际传播工具,在数字环境中最大限度地模拟了"面谈",传播与接收几乎是同步进行的。与面对面交流相比,即时通信交流具有较强的可控性。用户可以自主选择交流对象,控制交流的节奏,一旦用户想要终止交流,很容易就能找到各

[①] 方兴东、王俊秀:《博客———E 时代的盗火者》,中国方正出版社,2003,第 36 页。
[②] 刘津:《博客传播》,清华大学出版社,2008,第 6 页。

种借口,而不像面对面交流那样碍于情面维持交谈。

即时通信将身份、地位、阶层有差异的人带到同一传播情景之中,以虚拟、非直接的交流环境能在一定程度上消除差异、降低紧张感,使人们得以更自由地表达,从而满足行动者的参与诉求。

即时通信工具实现了多媒体信息的交互传播,用户可以自由地通过文字、语音、视频等多媒体手段进行交流。即时通信工具中加入的表情符号、网络语言等新兴交流方式,使整个交流过程更加丰富、生动、有趣味。

(二)即时通信的发展趋势

1. 移动即时通信

截至 2021 年 12 月,我国即时通信用户规模达 10.07 亿,占网民整体的 97.5%;我国网民使用手机上网的比例高达 99.7%,手机网民规模达 10.29 亿。[①] 传统即时通信工具已经实现从 PC 端向移动端发展,手机 QQ、微信等即时通信软件已成为人们日常生活和工作离不开的工具。

2. 视频化拓展内容呈现形式

长期以来,文字、图片和音频作为即时通信内容的主要呈现形式,面临着内容丰富程度不足等问题。短视频作为内容传播的新形式,为上述问题提供了良好的解决方案。很多即时通信平台推出"视频号"功能,这一功能上线半年后日活跃用户就突破了两亿。

3. 即时通信从大众化服务转向垂直细分

随着移动技术的发展和场景化的到来,细分场景显示出了对即时通信的更大需求,即时通信厂商也在不断寻找特殊使用场景或特定行业的细分市场机会。如腾讯针对驾驶场景,推出生态车联网解决方案,帮助用户实现语音交互、方向盘按键唤起微信等功能;一些大型科技公司推出企业即时通信产品,将企业即时通信与云服务进行融合,使其成为连接企业需求和云端能力的中间节点;钉钉、微信等即时通信产品面向学生和儿童群体开发定制版产品,为未成年人提供简单、纯净、有效的学习工具。未来各个场景与即时通信的使用联系将更加紧密。

第二节 微博

微博,英文译名为 MicroBlog 或 Micro-blogging,是一个基于用户关系的信息分享、传播以及获取平台,是博客在 Web2.0 时代的新发展,也是最具代表性的社交媒体。社交媒体是互

[①] 中国互联网络信息中心(CNNIC):《第 49 次中国互联网络发展状况统计报告》,中国互联网络信息中心,2022 年 2 月,https://www.cnnic.net.cn/hlwfzyj/hlwxzbg/hlwtjbg/202202/P020220407403888048001.pdf,访问日期:2022 年 6 月 28 日。

联网上基于用户社会关系的内容生产与交换平台,包含三个层次:底层是社交媒体技术,中间层是社交媒体应用与社交媒体产品,最高层次是社交媒体平台。[1]

微博用户既可以自己书写、发布信息,也可以成为其他用户的关注者,与其他用户进行互动。随着微博的发展和技术的进步,微博 140 字的限制已被取消,内容也不再仅限于文本信息,用户也可以通过微博发布图片、声音、视频等多媒体信息。

世界上最早的微博是美国的 Twitter,它于 2006 年由 Obvious 公司推出;2009 年突然爆发,访问量飞速增长。同时,美国另一个与 Twitter 功能相近的社交网站 Facebook 异军突起,用户数量急剧扩张。我国的微博是借鉴 Twitter 的发展模式迅速兴起的,各大门户网站,如新浪、网易、搜狐、腾讯等都曾推出自己的微博服务,但后期大部分都没有发展起来,逐渐形成当今新浪微博一家独大的局面。

一、微博的传播特性

(一)信息传播的碎片化

微博的信息传播具有碎片化特点,主要体现在两个方面:一是用户使用时间的碎片化。书写终端的多样性和移动性使微博用户可以利用任何碎片化的时间来完成信息传播。二是微博内容的碎片化。微博的内容主要是文字、图片以及视频三种形式,虽然取消了 140 字的字数限制,但为了传播效果,我们看到的大部分博文还是比较短的,视频也基本以一些短视频为主,并且其信息内容有较强的随意性和无组织性。

微博的这种碎片化特点,不但契合了当今人们快节奏的生活规律,更在深层次上反映出后现代的时代特征。后现代的不确定性、零散化、无中心、弥散性、多元性等特点,集中表现为微博信息传播的碎片化。

(二)传播过程的草根性和平等性

相对于博客来说,微博的信息传播更具草根性,用户在信息传播过程中的地位更加平等。这种草根性和平等性最主要是由微博自身的特性所决定的,与微信、QQ 相比,微博的媒体属性更强,能承载更多的 UGC,用户在这里可以相对自由地生产内容,限制较少,门槛也比较低,只要你的内容够新、够有吸引力,你就能获得关注,这也是微博上有很多"草根博主"的原因。在微博中,任何人都可以平等地表达,任何人都有机会被关注。

(三)传播内容的原创性和现场感

相对于其他自媒体,微博的内容更具原创性。这一原创性特征在很大程度上源自它的即时性和移动性,用户可以通过手机或即时通信工具实时记录各种见闻和观点、感想等,其内容摆脱了对专业写作者或传统媒介的过度依赖,任何用户都能成为微博原创者,并充分享受信息传播和互动的快感,而其他跟随者的实时互动更能激发用户的表达欲和创作欲。

---

[1] 彭兰:《社会化媒体:理论与实践解析》,中国人民大学出版社,2015,第 2 页。

微博内容的原创性加上其即时性和互动性,为用户带来强烈的现场感。尤其是在一些突发事件或重大事件发生过程中,微博用户可以利用移动媒体实时发布信息并与跟随者进行互动,这就使得所有关注这一事件的用户都有了身临其境的现场感。下图所示即为新浪微博吸引用户使用的几个重要原因,微博的新闻功能列居第一位。

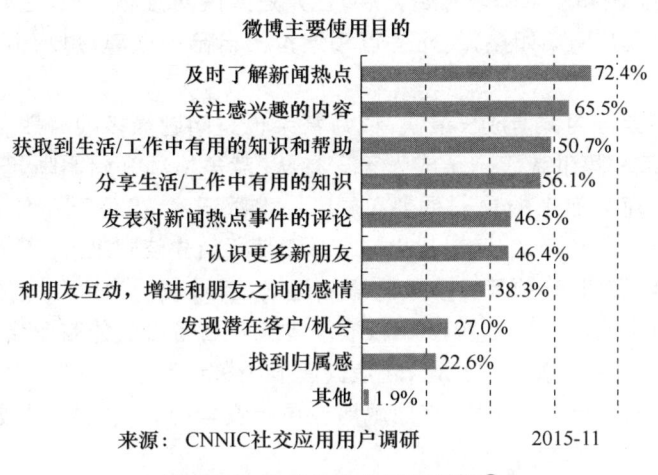

图6-1 用户为什么使用微博①

(四)存在层级划分体系

固然微博的传播过程具有草根性与平等性,但其中的用户认证体系对这种平等性产生了影响。依据自身职业或微博影响力等因素,用户可以进行个人认证或官方认证,通过认证的微博被特别标注,会拥有更高的话语权以及被关注度。用户在微博中的层级划分与其现实职业密切相关,这种认证体系的运行实际使得微博空间一定程度上成为现实阶层的翻版。"精英群体"发布的信息会获得更高的关注度,而未通过认证的普通用户虽同样可以参与微博事物的讨论,但难以引起较大重视。②

二、微博在中国的发展:移动互联下的社交创新

微博在中国起步较早。2006年,Twitter在美国推出并迅速风靡全球。2007年,中国网络运营商就已推出与Twitter类似的微博服务。2007年5月,国内首个提供专业微博服务的网站——饭否网建立,并在短时间内迅速聚拢了大量用户。几乎同时,叽歪网、做啥网等一批专业中文微博网站纷纷创立。2007年8月,腾讯公司推出"腾讯滔滔",定位于微博服务,成为首个进军微博的门户网站,带动了国内微博业务的兴起和发展。2009年8月,新浪网推

---

① 中国互联网络信息中心(CNNIC):《2015年中国社交应用用户行为研究报告》,中国互联网络信息中心,2016年4月,http://www.cnnic.cn/hlwfzyj/hlwxzbg/sqbg/201604/t20160408_53518.htm,访问日期:2022年6月28日。

② 王秋菊、刘杰:《微博评论的本体、主体及传播方式特点分析》,《编辑之友》2017年第9期。

出"新浪微博",其借助名人微博的影响力和号召力,迅速吸引了大规模用户,在国内微博市场中站稳脚跟。

2010年被称为微博元年,微博获得快速发展。随着微博渗透到社会的众多领域,逐渐改变着人们的信息获取方式、社会交往方式和生活方式,并在众多公共事件中影响了公共舆论。[①] 微博的覆盖范围和应用领域开始拓展,首先是人民网、正义网等官方媒体网站开始引入微博业务。各大门户网站如搜狐、网易也相继推出自己的微博,想从中分一杯羹,行业竞争态势迅速形成。

2010—2012年是国内微博成长最快、最为繁荣也是问题最多的时期。行业在发展中也逐渐形成分层:新浪和腾讯微博一跃成为第一梯队,竞争格局开始明晰起来。同时,微博行业百花齐放的背后随之而来的是一系列问题——水军泛滥、虚假无用信息充斥,口水战频发,如"韩寒、方舟子"的跨年之战等,战火往往从微博平台先烧起来。

2012—2015年,腾讯、搜狐等各家微博逐步退场,新浪微博一家独大的局面形成。它的崛起过程离不开资本的注入。在2012年新浪微博就开启了自己的商业化进程,随后又与阿里展开合作,后者的资金支持立竿见影,新浪微博很快扭亏为盈,2014年在美国上市。至此,新浪微博正式宣布占领行业桥头堡,其他微博也再无竞争力。"微博"已成为"新浪微博"的代名词与简称。

三、新浪微博的经营策略

2015年至今,各类社交媒体突飞猛进,微博迎难而上。微信的崛起、网络直播的出现,社交媒体的每一次变革,微博都或多或少地受到影响:用户被分流,社交黏性下降,竞争压力增大。面对困局,微博选择转换思路,迎难而上,利用自身优势,扬长避短。最典型的就是抓住短视频的发展契机,推出秒拍,并和一些短视频平台展开合作,给用户足够的空间去生产和消费视频类产品。事实证明,果断进军网络直播和短视频领域是一个正确选择,微博也迎来了新的繁荣期。2021年12月,微博的月活用户达到5.73亿,日活用户达到2.49亿。[②] 从年龄上看,微博用户正在加速年轻化。微博用户以90后、00后为主,截至2020年9月,微博90后的用户占比为48%,00后为30%,整体呈现年轻化的趋势。[③]

(一)结合内容模式与产品功能,构建社交传播媒介

微博凭借内容和功能特性成为我国公共议题中心和最佳社交传播媒介之一。内容上,每一位微博用户都拥有"发声"的机会,共同构成了UGC的内容生产模式。同时微博的表达形式也在随着用户的使用不断升级,从最初的有长度限制的文字表达到能满足深度阅读的头条文章,从最初的图像传播到短视频传播,微博及时把握用户的使用需求,跟进新媒体的

[①] 谢耘耕、徐颖:《微博的历史、现状与发展趋势》,《现代传播(中国传媒大学学报)》2011年第4期。
[②] 新浪财经:《微博发布2021年第四季度及全年财报》,新浪财经,2022年3月3日,https://finance.sina.com.cn/stock/usstock/c/2022-03-03/doc-imcwiwss3985845.shtml?finpagefr=p_108,访问日期:2022年6月28日。
[③] 微博数据中心:《微博2020用户发展报告》,微报告,2021年3月,https://data.weibo.com/report/reportDetail?id=456,访问日期:2022年6月28日。

最新发展动态,逐步完善其产品迭代。微博有两种重要的社交功能,包括以"转、赞、评"为主的基本互动功能,和以微博热搜与热门话题为主的舆情汇聚功能。微博广场式的社交属性使得微博成为公共议题的讨论中心,一度引起了学界对"微博是否能够成为中国互联网上的公共领域"的讨论。

(二)媒体机构与政务机构入驻,构建移动政务平台

微博对政府的政务公开、网络舆论和民意反馈都具有重要的意义。媒体机构与政务机构的入驻,实现了媒体信息与政务信息的公开,打通了官方和民间的两个舆论场。根据《微博2020用户发展报告》,2020年微博平台的媒体蓝V认证账号已经超过了3.8万个,全年的阅读量超过2.4万亿。主流媒体的认证账号的具有强大的舆论引导力,比如@央视新闻主持的话题#武汉日记#阅读量达到102.3亿,讨论度高达519.7万;@人民日报主持的话题#未来你好#也引起了广泛的讨论,讨论数据高达529.5万。2020年微博平台的政务蓝V账号总数超过14万个,政务微博中的权威疫情信息、社会热点回应以及正能量暖心故事都是微博用户所期待的内容。在2020年的疫情期间,媒体与政务微博在信息传播和舆论引导中发挥了举足轻重的作用。国家卫生健康委员会等政务官微实时发布疫情相关政策和动态,《人民日报》、央视新闻等官媒直播疫情第一线,提升了信息的透明度和媒体的公信力。

(三)累积KOL资源,深耕垂直领域大V

根据2019年微博营销峰会显示,截至2019年9月,微博共有78万头部作者、2.8万娱乐明星、3000多家合作MCN(Multi-Channel Network,多频道网络)。① 这些KOL(关键意见领袖)作为社交关系链中的高价值节点,对信息的裂变传播至关重要。在2020年的疫情中,KOL参与的"新型肺炎求助通道"信息转发,实现了重要信息的快速裂变,帮助患者及时获悉救援通道。

MCN作为经纪中介公司,是内容生产者、平台方、广告方等之间的中介组织,通过将众多能力相对薄弱的内容生产者聚合起来建立频道,并帮助内容生产者更好地实现分发和商业价值变现。② 目前,我国MCN机构发展迅速,截至2021年已有MCN机构超3万家,市场规模超330亿元。③ 2018年以来,广电媒体也纷纷入局MCN,探索转型升级的新形式。其中芒果MCN更是粉丝群体超过4.68亿,市场排名媒体MCN第一,运营模式获得全国广电媒体融合典型案例。④

---

① 艾瑞咨询:《2020年疫情下的中国社交媒体社会价值研究报告》,中文互联网数据资讯网,2020年6月,http://www.199it.com/archives/1073089.html,访问日期:2022年6月28日。
② 郭全中:《MCN机构发展动因、现状、趋势与变现关键研究》,《新闻与写作》2020年第3期。
③ 艾媒咨询:《2021-2022年中国MCN行业发展研究报告》,艾媒网,2021年12月28日,https://www.iimedia.cn/c400/82822.html,访问日期:2022年6月28日。
④ 芒果MCN:《芒果MCN的开辟式创新,引领广电同盟共生共赢》,芒果MCN,2021年10月24日,https://mp.weixin.qq.com/s/fHNPrDLftDh1MAu9GxOww,访问日期:2022年6月28日。

此外，微博平台延伸出丰富的垂直领域，截至 2019 年 8 月微博共有 64 个垂直领域，包括娱乐、财经、科普、数码、情感、美食、家居、萌宠等，拥有各个垂直领域的头部账号。在疫情期间，科普和健康垂直领域的大 V 积极分享专业知识，指导民众开展积极的心理防疫和科学防疫。微博疫情大数据显示，截至 2021 年 2 月 26 日，医疗专家总涨粉量 2188 万。同时，以@科普中国（中国科协官方微博）为矩阵中心，各级地方科普账号联动，共同构成了中国抗疫战役中的科普防线。

四、新浪微博的话题生产与引导

（一）名人社交影响力突出

微博平台的发展给粉丝提供了聚合的平台与渠道，极大地推动了名人的形成以及影响力的扩大。这些在微博拥有较大影响力与号召力的名人包含学者、企业家、明星、媒体人等诸多职业，在舆论格局的构建与引导层面发挥巨大作用。

2021 年东京奥运会期间，微博结合 PGC、UGC 内容创作以及奥运超话等模式，联动众多产品与平台，积极凝聚用户，促进良性舆论氛围的构建，其中运动员的影响力更是得到了明显的展现与提升。奥运期间，80%以上的运动员开通了微博，粉丝量增加超过 7128 万。有关于运动员的话题不再单纯聚焦于赛场，他们的个人生活、性格特点等话题也获得了较高的关注度，如#杨倩同款小黄鸭发卡#、#马龙同款冠军球拍热销#等，运动员的个人形象得到了完善，影响力也在不断提升。[1]

（二）影视综音纪录片深入营销

面对疫情的影响，电影、电视剧、综艺、音乐、纪录片各个领域都在不断寻求突破，探索融媒体时代内容生产以及营销方式的更多可能性。基于此，微博推出了立体多元化的营销线路，在用户层面，微博联合明星、大 V、用户、媒体、平台，多主体共同参与，提升话题关注度与知名度。在互动层面，微博诸多的互动渠道拓展了内容营销的可能性，通过实时互动、直播连麦以及超话互动等途径进行宣发，话题的讨论热度得到了显著提升。此外微博也在推动 IP 的生长，在《我和我的父辈》等影片中，微博深入参与上游生产，协助促进了优质内容的全产业链发展。[2]

（三）视频号快速发展

微博视频号自 2020 年 7 月正式上线，在微博的重点推荐与扶持机制下，其规模以及创作者的积极性快速提升。截至 2021 年 12 月底，微博视频号开通规模已超过 2500 万，其中粉丝

---

[1] 艾瑞咨询：《2021 年奥运期间中国社交媒体价值分析报告-以微博为例》，艾瑞网，2021 年 11 月 30 日，https://report.iresearch.cn/report_pdf.aspx?id=3885，访问日期：2022 年 6 月 28 日。

[2] 娱乐独角兽：《〈微博娱乐白皮书〉刷屏：深入全产业链，微博何以与行业"同呼吸"？》，娱乐独角兽，2022 年 4 月 2 日，https://mp.weixin.qq.com/s/o1R9yzXir1T242HuFi4sow，访问日期：2022 年 6 月 28 日。

数超千万的视频号有 1500 个,超百万的有 3.6 万个。这些创作者分布在不同垂直领域,推动了微博多领域视频内容的快速发展。①

视频号的发展在赢得商业利益的同时,也在不断展现其价值的多元性。视频号更加清晰直观的展现方式使得其日益成为融媒体矩阵中的重要一环,在增强知识科普以及民生问题等内容的传播速度与触达率方面效果显著。

第三节 微信

一、微信的发展及特点

自 2010 年 11 月启动至今,微信运营已创造移动社交的奇迹:用户数量增长迅猛,月活跃账户数达到 12.025 亿;引发了自媒体的创办热潮,微信公众号已超过两千万;微信成为连接 O2O 的重要载体,带动了 3339 亿元人民币的传统消费,包括旅游、餐饮、购物、出行等等。②微信成为"互联网+"的重要平台,截至 2021 年,企业微信服务的企业与组织数达到 1000 万,活跃用户数达到 1.8 亿。③ 微信还创造了一些新玩法,"朋友圈""搜一搜""看一看""视频号"等,不仅激发了社交圈的活力,也在不断地拓宽着微信金融的新疆域。如图 6-2 所示,微信已成移动端使用广泛的重要应用。

微信诞生的起点,是将用户手机中的联系人转化为微信中的朋友,这意味着微信所构筑的较为私密的社交圈明显地区别于微博所形成的泛社交圈。亲密的朋友之间通过微信进行即时或延时互动,更重要的是朋友之间可以通过"朋友圈"彼此观看各自的生活动态,增进了解,便于制造互动的话题,进而发展出"晒"的风潮,以及"点赞"的网络交流方式。这种特殊的网络社交文化催生出大量的研究议题,构建起独有的微信社交文化。

二、微信的生态圈

微信以"熟人社交"的姿态进入公众视野,将传统手机媒体的核心信息与移动社交应用联结起来,为其建构微信生态圈奠定了基础。

微信的早期竞争者是新浪微博。微博从一个广场式的社交媒体发展为"弱连带关系社交+强媒体"的模式,原因在于:一方面,微博的"全民观看式"社交让参与者难以和朋友进行深度社交,社交的意愿和隐私泄露的风险相冲突;另一方面,当下转型期中国的社会矛盾让

---

① 江西网络广播电视台:《微博发布 2021 视频号发展报告:多领域内容频上热搜 创作者频频出圈》,中国日报,2022 年 4 月 24 日,https://cn.chinadaily.com.cn/a/202204/24/WS6264b588a3101c3ee7ad2121.html,访问日期:2022 年 6 月 28 日。
② 企鹅智库:《2018 微信影响力报告》,中文互联网数据资讯网,2018 年 5 月,http://www.199it.com/archives/725398.html,访问日期:2022 年 6 月 28 日。
③ 企业微信:《企业微信 2022 新品发布会》,企业微信,2022 年 1 月,https://work.weixin.qq.com/nl/index/v4Intro,访问日期:2022 年 6 月 28 日。

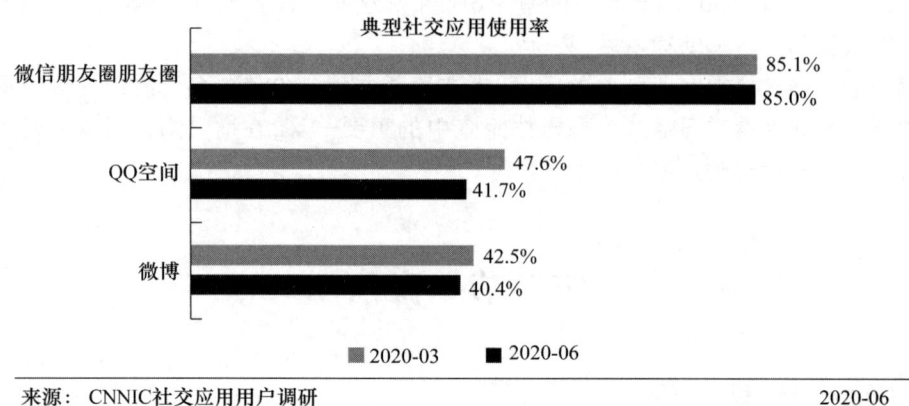

图 6-2　典型社交媒体使用率①

公众对微博滋生了"媒体期许",大家在众声喧哗中形成网络舆论,网民都积极参与到社会治理中来。这样的期许同样辐射到微信上,微信朋友圈中有大量的时政新闻及评论,使用者以小范围公开讨论的方式发表自己的意见,不论是"长篇大论"还是"闲言碎语",汇合起来都能形成网络舆论。但由于微信在产品设计上刻意避开了过度的"媒体属性"开发,以免"媒体属性"冲淡"社交属性",故而在微信上还难以形成现象级的舆论事件。

腾讯以"打车补贴"和"微信红包"的途径逐渐开辟了众多的移动支付场景,把微信支付推向了公众。和借助于淘宝电商兴起的支付宝不同,微信支付天生带有"社交"和"移动"的血统,社交群体内容易形成与支付相关的内容推荐,个体的移动过程中也容易接触到需要支付的场景。在这样的背景下,微信支付的普及率如同坐上了火箭一般,特别是在 18 岁以下的用户中,微信支付的渗透率在 2017 年达到了 97.3%,60 岁以上的用户渗透率达 46.7%。

微信在公众号之后设立了企业号,是微信为企业用户提供的移动应用入口。微信企业号与公众号最大的区别是,只有限定范围内的用户才可以关注对应的企业号,企业号发送的信息数量也不受限制。微信企业号可以方便地连接企业的员工、企业上下游价值环节以及社会共享资源,帮助企业实现互联网化。微信企业号的服务对象包括企业、政府机关、学校、医院和非政府组织等,提高这些机构对内对外的信息沟通效率,同时还能协调第三方开发者为不同的企业用户提供多样且个性化的产品。

2017 年 1 月微信正式发布小程序,通过小程序不断巩固自己的内容生态,实现了以运营平台为主导、小程序为中介的流量闭环模式。2017 年 12 月小游戏"跳一跳"上线后,小程序市场进入爆发式增长阶段。2021 年,全网小程序数量已超过 700 万,其中小程序日活跃用户超过 4.5 亿。② 小程序凭借体量轻、成本低、体验佳的优势已经基本实现用户的使用习惯养

---

① 中国互联网络信息中心(CNNIC):《第 46 次中国互联网络发展状况统计报告》,中国互联网络信息中心,2020 年 9 月,http://cnnic.cn/gywm/xwzx/rdxw/202009/t20200929_71255.htm,访问日期:2022 年 6 月 28 日。

② 阿拉丁指数:《阿拉丁指数:2021 年度小程序互联网发展白皮书》,中文互联网数据资讯网-199IT,2022 年 3 月 1 日,http://www.199it.com/archives/1390499.html,访问日期:2022 年 6 月 28 日。

成。同时,小程序渗透进多个场景,在金融理财、小游戏、旅游出行、移动购物等领域尤其发展迅速。通过小程序,多个碎片化场景被有机链接在一起,形成了"场景+服务"的完整闭环。从趋势上看,微信小程序的价值正在精准营销、唤起转化、连接线下三个维度凸显,它的快速发展不断重构着电商市场、搜索市场,成为新一轮的流量争夺地。

综上所述,微信正在构建以熟人社交模式为基础的庞大生态圈,试图成为囊括社交、媒体、生活服务、企业服务、在线支付等多项服务的在线数字平台。

三、微信中的三类传播模式

（一）朋友圈中的人际互动

微信朋友圈的诞生形塑了一种崭新的在线社交形态,即"晒与观看"的网络对话模式,这种无须特定话题的静默型在线社交方式构成了日常生活内容的"流瀑式"呈现景观,让"身体不在场"的熟人朋友可以通过网络来观看或观察彼此的生活。微信朋友圈的这种独特社交方式吸纳了众多网络用户。

社会学家戈夫曼在《日常生活中的自我呈现》中早已提出,日常生活即是一个表演的舞台,人们依据既有的社会规范来"扮演"各自在不同场合中的角色,管理好自己的形象,给他人留下好的印象。朋友圈中的"自我呈现"则更具选择性,人人都试图展示出更具个性化的生活,这种修饰之后的网络表达有时会与真实的日常生活状态形成巨大的偏差。

（二）微信群中的群体传播

参照腾讯早期最重要的社交产品QQ的人际交流模式,微信也设有"群"传播。最初对群的规模有限制,控制在数10人左右;随后不断扩大,直至500人大群。微信群内的人际交流也从小群体的熟人社群演变为大群体的"半熟"社群,群体交流的内容和群体间的亲疏程度也随之发生改变。小规模的熟人群体往往是现实社交联结的网络映射,如同学群、同事群等,依托微信群进行日常的信息交流、事务协作等,个体的群内信息交流较为均衡。

"半熟"模式的微信大群则和小群差异较大,在群规模不断扩张的过程中,群内结点的紧密度被稀释了,不少人都会有"陌生"的感觉,不认识群内的大多数人,直接导致了更多群内个体的"失语"。微信中的大群以及数百人的超大群一般是围绕特定议题构建起来的,群内成员以"滚雪球"的方式聚集起来,群主是绝对的言论领袖,群中也有一小部分的言论积极者,但他们贡献了绝大多数的群内信息。

（三）微信公众平台的广播式推送

微信公众平台上有两种面向普通用户的信息推送,一是广为熟知的订阅号,用户可以从中获得大量的自媒体内容;二是帮助企业、政府机构等组织有效地服务普通用户的服务号。这两类公众号都是以广播的方式向用户推送信息,用户自由选取。由于这类信息不具有即时互动性,不具备"非看不可"的迫切性,会导致大量的冗余信息堆砌在手机上不被阅读。如图所示,用户使用的主要功能中,"关注公众号"是排在刷"朋友圈"和"群聊"之后的。

如果说朋友圈和微信群属于人际互动空间,那么聚集了大量自媒体的微信公众号和用户之间的互动则属于人信互动。缺乏人际中介的人信互动往往动力不足、互动迟缓,造成了自媒体内容海量生产和鲜被阅读的两极化倾向。公众号中有不少文章获得了极高的阅读量和转发量,但基本是通过朋友圈的转发与传播得到的,足见人际传播的巨大黏性与紧密度。微信的多层级传播模式综合了熟人群体与半熟群体,打通了人际传播与信任传播,形成了巨大且开放的传播、服务与媒体平台,成为人手一份的重要移动应用工具。

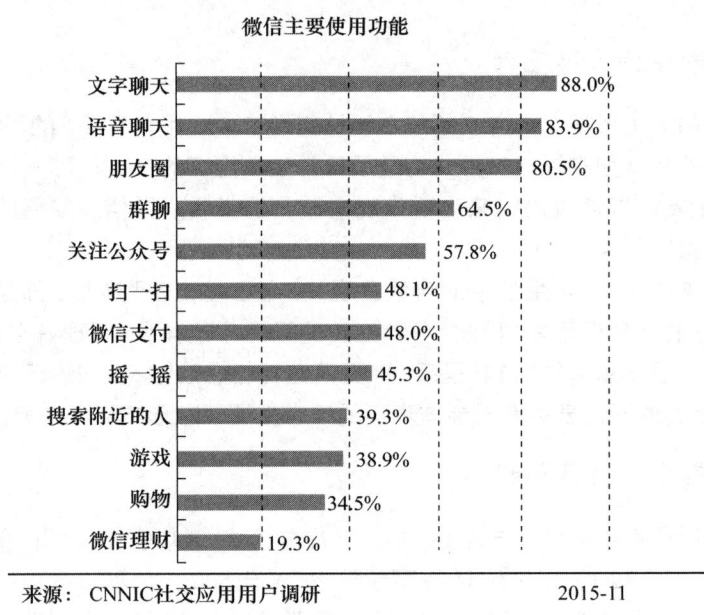

图6-3　微信的主要使用功能①

第四节　小程序

小程序,是一种不需要下载和安装就可以使用的应用程序,正在发展成为连接人、服务和场景的全新媒体形态。小程序的概念最早由微信运营团队在2016年1月提出,其将小程序赋予"应用触手可及"的理念,目前,百度、支付宝等各个移动应用也都推出了带有自身特色的小程序。本书中所指的小程序是包含微信小程序等各类小程序在内的媒体形态,但因为微信小程序最为成熟,所以,具体案例主要将以微信小程序为观照对象。

---

①　中国互联网络信息中心(CNNIC):《2015年中国社交应用用户行为研究报告》,中国互联网络信息中心,2016年4月,http://www.cnnic.cn/hlwfzyj/hlwxzbg/sqbg/201604/t20160408_53518.htm,访问日期:2022年6月28日。

一、小程序的发展概况

小程序的发展与网页程序和轻应用密切相关。网页程序，顾名思义就是在网页上运行应用程序，这种探索主要在桌面互联网时代进行，网页程序有较大的不稳定性，功能也没有完整版的电脑软件完善，最终没有形成成熟的使用媒介样态。

轻应用是一种无须下载、即搜即用的全功能 App，既包含了原生应用的用户体验，又具备移动终端网页程序的可被检索与分发的特性，力图解决应用和服务与移动用户需求对接的问题。① 百度 2013 年便推出轻应用，但由于开发难度较大，当时移动 App 还处于发展期，最终轻应用淡出了人们的视野。②

小程序集合了网页程序和轻应用的优势，满足了社交媒体时代的用户需求，而且大量依托现象级的终端应用，带来了大量的用户群。另外，小程序在开发上也较为简便，这为小程序的数量和种类提供了保证。小程序的开发者来自互联网公司、媒体、政府、各类企业，丰富了小程序的类型和使用场景。因此，小程序生态形成了一个"用户基础雄厚—小程序丰富—用户提升"的良性循环。

互联网进入下半场后，人口红利与流量红利逐步消失，用户数量和用户时间增长速度放缓。为争夺用户时间，突破用户上涨瓶颈，微信、支付宝、百度等超级 App 竞相布局小程序，加速构建了小程序的繁荣生态。而 2020 年由于疫情的助推，小程序完成了市场培育，引起了爆发性的成长，全网小程序总数超过 600 万个，互联网头部平台百度、阿里和腾讯的小程序竞争激烈。

依据市场上小程序的作用、功能和定位，可以将现行的小程序分至两类：一类是与原生 App 具有同等功效，用户体验感相似的轻 App；另外一类则化身 OMO（Online-Mobile-Offline，线上—移动—线下）连接器，发挥小程序体量轻、无须下载的优势，连通线上和线下，从共享单车到餐厅点菜，从生鲜零售到商业购物，通过扫码入口，小程序助力打造"线上—移动—线下"三位一体的全自动生态闭环。小程序的盈利模式与其在市场中的效用、占比和功能定位有着直接的联系。目前小程序的盈利渠道主要依赖流量广告和交易变现。

二、小程序的场景需求

移动互联网时代的"小需求"，指的是用户个性化、专门化的小众需求。从长远来看，这些"小需求"市场是一个有巨大开发潜力和巨大用户需求的差异化场景。小程序具有的产品特征正好可以满足用户特定的碎片化"小需求"场景。

（一）低频需求场景

从用户角度来说，为了满足低频度需求或者基于某种情景的临时性需求，用户往往不想

---

① 网易科技报道：《百度推出"轻应用"：无需下载可智能分发》，网易科技，2013 年 8 月 22 日，http://tech.163.com/13/0822/09/96SET9OM000915BF.html，访问日期：2022 年 6 月 28 日。
② 知晓程序：《百度小程序悄然上线，被遗忘的轻应用鼻祖能否重回高地？》，搜狐网，2018 年 4 月 12 日，http://www.sohu.com/a/228046640_603236，访问日期：2022 年 6 月 28 日。

再下载一个客户端。小程序无须下载,具有即搜即用的"轻"的特点,加之微信拥有的 10 亿月活用户和 1200 多万微信公众号带来的巨大用户规模,使小程序获得了海量用户关注度,庞大的用户基数使之很好地适用互联网低频需求的场景。

(二)个性需求场景

小程序与功能强大、通吃一方的 App 不同,它面对的是一个极度细分化的差异较大的市场,很难形成"规模经济",但是在互联网的用户需求中,95%的需求是个性化的、情景化的低频使用的"小需求",这些"小需求"被一个无限连接且连接成本几乎为零的巨大网络联结在一起的时候,也会产生不可限量的活力和价值,小程序恰恰做到了这一点。

(三)平台需求场景

形形色色的 App 已将互联网服务平台瓜分殆尽,这个时候微信只能出其不意,从 App 的使用痛点出发,开发出更为优质便捷的联结,方可激活更多线下服务和商业价值变现的场景。对小程序来说,首先要建立场景关联认知,让用户在一个特定需求下想到相应的小程序。在既有场景下,把原本需要下载 App 才能完成的动作,以更简单的形式降低用户成本来完成。小程序的出现是对微信"平台级应用"属性的进一步升级与完善,同时也极大地增强了微信用户活跃度。[1]

三、小程序的发展趋势

差异化。小程序不能复制 App、公众号的内容和模式,而是应基于小程序平台特色走差异化发展之路,在平台格局中找准自身所处的位置。小程序的优势在于内存小、逻辑简单、页面简洁、操作便利。在这个追求快速高效的时代里,与其做大而全的应用,不如做小而精的特色应用,填补各类平台发展的空白,形成与其他类型平台共同发展的态势。轻量化的内容和形式是小程序应该保持的状态。互联网头部平台百度、支付宝和腾讯的小程序应用也各有差异化,百度小程序以"搜索+信息流"双引擎为驱动,锁定用户的精准需求,提供对应的智能小程序以满足用户的进阶服务;阿里以支付入口为优势,积淀零售生态和布局本地服务,使得支付宝小程序的生态伙伴与服务客户更多集中在近场服务范畴;腾讯小程序则以微信和 QQ 为基础,具有熟人社群服务的优势。独特的社交性成就了不同的商业价值,如购物小程序服务社区等。

智能化。利用算法技术个性化推荐和分发内容已经是普遍采用的手段,小程序要依靠移动平台的大数据,完善自己的算法模型。小程序的个性化甚至可以更加自由,根据用户的喜好,模块式推荐内容,还可以利用多个不同的小程序实现关联性推荐。由于小程序的本质是应用程序,很多智能技术都可以加载到上面,如 VR/AR、人工智能、传感器等技术为基础内容和服务都可以用小程序来呈现。

商业化。小程序的商业价值不断显现,网络购物与生活服务类小程序备受欢迎,诸多品

---

[1] 宫承波、王玉风:《立足小需求,做足轻应用:微信小程序无缝连接走向探析》,《新闻论坛》2017 年第 6 期。

牌借助小程序渠道拓展销售场景,提升用户黏性。孩子王作为我国母婴童行业领先品牌,建立了全渠道的营销网络,以确保全方位了解用户需求。其小程序中既包含知识科普与社交互动,又提供购买福利与购买渠道,同时与线下门店相联动,极大地完善了服务的开展,给用户以良好的消费体验。

组件化。小程序与公众号、视频号、企业微信之间实现了互联互通,凸显了"组件化思维"。小程序更多汇聚流量与场景营销,视频号负责内容种草与直播带货,企业微信则偏向于社群运营和客户维系,此外还有侧重私域沉淀和活动转化的公众号,四者相互影响并共同推动促进微信朋友圈广告的触达效率。多个主体协同发力,构建了更加完整的营销生态链,激发了更多营销创意的出现。[①]

生态化。一个轻量化的小程序力量可能微小,但一个个小程序靠一定的逻辑关联起来形成的小程序集群,构建了小程序生态,便可爆发强大的影响力。目前小程序已经形成了十大体系,包括腾讯系、阿里系、百度开源联盟、字节跳动系、手机厂商联合、京东系、360系、美团系、网易系以及快手系。要发挥原有品牌力量在小程序中的影响力,打造小程序品牌,争取在小程序市场中占领先机。要布局小程序与其他应用、产品的对接,利用小程序延长产业链。2020年小程序生态链已经趋于完善,生态边界基本成型。小程序的整体生态由平台方、服务商、开发者以及外部机构四个版块组成。服务商可以分为开发服务商、小程序商店、营销服务、数据服务、代运营服务以及MCN机构等,开发者根据其内容可以分为网络购物、生活服务、游戏、政务、内容资讯、视频、工具、社区团购、线下零售、餐饮、旅游、教育、图片摄影以及社交等多个种类,外部机构则是由媒体以及投资者两部分构成。这四个版块在小程序互联网生态中也有自己的功能与作用。服务商为平台方提供支持,为开发者提供运营方法、数据支持等,为外部机构实现投资回报;平台方为服务商提供资源,为开发者创造商业赋能;开发者为平台方实现商业、社会价值以及完成用户沉淀、为外部机构生产内容以及产生投资回报;而外部机构则为开发者宣传、投资以及进行资源整合,对服务商投资、并为其实现资源的对接以及服务的保障。

第五节 移动办公平台

在移动互联网、大数据、云计算技术对行业深度渗透的"互联网+"大时代背景下,政府或企业对业务移动化的需求越来越强烈。为顺应时代潮流,紧跟用户需求,移动办公平台应运而生。

一、移动办公的概念

移动办公(Office Automation,办公自动化),即办公人员可在任何时间、任何地点处理

---

① 阿拉丁指数:《阿拉丁指数:2021年度小程序互联网发展白皮书》,中文互联网数据资讯网-199IT,2022年3月1日,http://www.199it.com/archives/1390499.html,访问日期:2022年6月28日。

与业务相关的任何事情,是一种新型的办公模式。通过移动办公,办公人员不但可以突破时间和空间的限制来进行办公,而且能提高工作效率和协同办公强度,轻松地处理紧急事务。

移动办公平台是建立在以手机等便携终端为载体实现的移动信息化系统基础上的平台,该平台将智能手机、无线网络、OA系统三者有机结合,开发出移动办公系统,实现任何办公地点和办公时间的无缝接入。它可以连接客户原有的各种IT系统,包括OA、邮件等各类个性业务系统,使手机也可以用以操作、浏览、管理公司的全部工作事务,还提供了一些无线环境下的新特性功能。

二、移动办公平台的发展及典型案例

办公平台最初广泛应用于PC端,而随着移动设备技术和网络通信技术的发展,移动办公平台发展势如破竹。概括来看,移动办公自动化系统建设主要经历了以下三个阶段:

(一)第一阶段:离线式移动办公

20世纪90年代出现的笔记本电脑为移动办公需求提供了首次技术上的支持,于是人们可以通过笔记本电脑在任何地方工作,但由于通信技术的局限性,访问公司内部网络基本上无法实现。此时,信息交换是通过回到办公室后的同步来实现的,这也就是邮件同步、日程同步技术出现的时期。

(二)第二阶段:有线移动办公

VPN技术的出现为移动办公带来重要的契机。人们借助VPN提供的安全通道可以安全地通过通信接入提供商和运营商提供的网络,在酒店或国际会议现场接入公司内部网,实现有线的移动办公。

(三)第三阶段:无线移动办公

移动通信技术的出现为移动办公带来了质的飞跃,移动办公才正式进入了无线时代。移动办公平台主要服务于企业,旨在推进办公协作。而大量规模较小的企业,没有开发自主移动办公平台的能力,或是考虑到投入与产出的价值匹配问题,于是选择了借助第三方平台。阿里钉钉、企业微信、企业QQ等移动办公平台的市场便由此打开。

钉钉是阿里巴巴旗下的移动办公平台,主要定位于中小企业市场。阿里云、淘宝、天猫等阿里系产品为钉钉引流大量客户,凭借着初期的免费电话功能和中期猛烈的营销攻势,钉钉用户数量快速增长。钉钉主要涵盖了日志、审批、公告、智能报表、视频会议、安心工资条、有成会务、阿里商旅、天猫企业购、金牌团队等模块功能。

在钉钉的移动办公生态模式下,钉钉与ISV(Independent Software Vendors,独立软件开发商)及硬件厂商联合,共同为企业用户提供应用、服务和硬件的组合。目前,钉钉的智能办公硬件涵盖智能前台、智能通信中心和智能投屏三大品类。除自主研发的产品外,钉钉也将硬件标准和底层技术开放给其他硬件厂商。企业可以使用钉钉连接软件和硬件,实现场景化的智能管理与远程交互。钉钉的服务不仅面向企业本身,更通过接入商旅、订餐、打车等企业级服务商,向员工提供多维度服务。

2020年9月阿里宣布推行"云钉一体"战略,打通阿里云与钉钉之间的连接,升级改革了面对企业和机构用户的B端业务。钉钉开放的"低代码"平台极大降低了企业自主搭建"钉原生"应用的成本,将需要更多提供IT解决方案的场景拓展到提供更多业务解决方案来。①

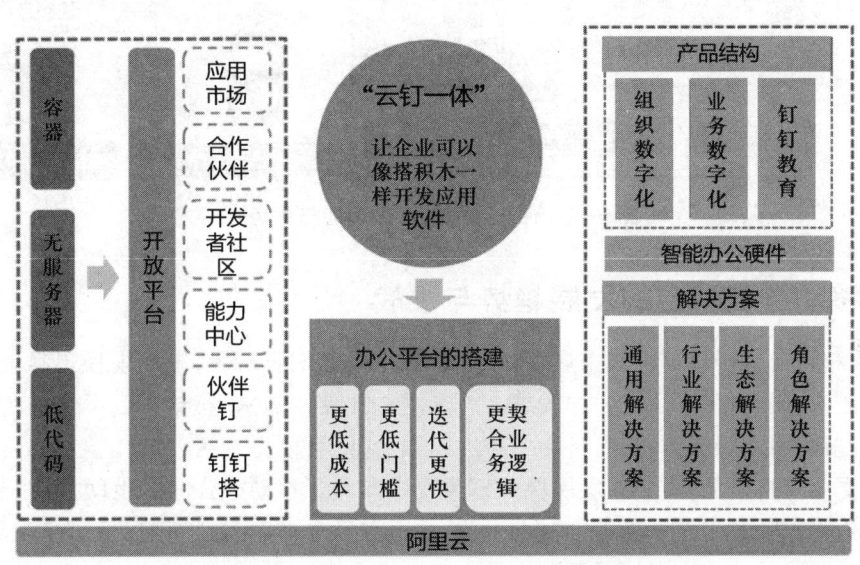

图6-4 钉钉的企业办公生态体系②

相似地,企业微信是由腾讯微信团队打造的移动办公平台,2016年4月正式发布,定位为办公沟通工具。企业微信与微信保持着高度一致的使用体验,微信消息可一键转发到企业微信。2017年6月,企业微信2.0版本与微信企业号进行合并,由微信插件继承原企业号的所有能力。

企业微信自身承担着通信工具的职能,同时为用户提供公告、打卡、审批等通用型的轻OA应用。针对企业的个性化需求,企业微信采用开放API(应用程序接口)的方式,一方面允许企业用户直接接入自有IT系统,连接企业内外的人与人、人与业务、人与设备;另一方面开放接入第三方服务商,导入用户流量,同时提供丰富多样的移动办公应用供企业使用。

截至2021年12月,我国在线办公用户规模达4.69亿,占网民整体的45.4%。2020年受疫情影响,在线办公市场规模呈现爆发式增长。2021年,在线办公技术不断推进,相关企业

---

① 舍予兄:《"云钉一体"战略解读:阿里打通了数字化的"罗马引水桥"》,前瞻网,2021年1月18日,https://t.qianzhan.com/daka/detail/210118-996aa0c2.html,访问日期:2022年6月28日。
② 艾瑞咨询:《2021年中国综合移动办公平台行业研究报告》,艾瑞网,2021年11月5日,https://report.iresearch.cn/report_pdf.aspx?id=3875,访问日期:2022年6月28日。

数量持续高速增长,实现形式与办公理念也在不断变化。①

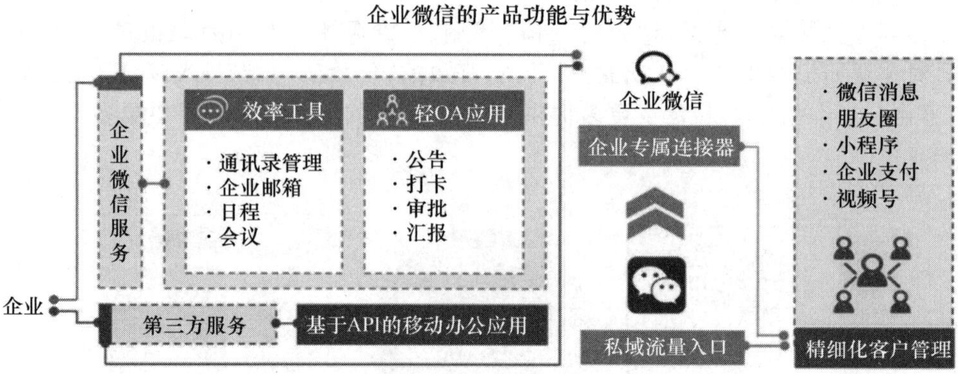

图 6-5　企业微信的产品功能与优势②

三、移动办公平台的发展趋势与挑战

当前,移动办公用户需求集中爆发,市场正处于较快增长阶段,市场规模迅猛增长,移动办公应用正在向平台生态化的方向发展。为满足企业使用需求,移动办公平台应把专业化、个性化、智能化引入服务体系,将各种业务加以融合,既可以提升用户的体验满意度,又能在巨量的数据中挖掘价值,为企业发展决策部署提供参考。移动办公同时也助力了"新就业形态"的形成和完善,通过增加全社会就业弹性、提升劳动参与率,为"新就业形态"发展提供保障,在保就业、稳就业方面发挥了重要作用。

虽然移动办公平台已经在很大程度上为办公效率的提升提供了便利,但也带来了一定的问题:移动办公导致的信息安全隐患不可小觑,手机、平板等移动手持设备造成的数据丢失和泄密事件层出不穷。如何保证企业数据的安全性、一旦设备丢失该如何处理、如何监控员工个人设备的使用、如何限制这些设备的访问权限,这些都是企业不得不面对的现实问题。

应用个人移动设备进行移动办公将使商务办公和私人活动的界限越来越模糊,这种趋势将直接导致企业在管理移动设备的安全及避免重要数据外泄方面面临更大的困难。因此在这种情况下,如何管理复杂的移动设备应用环境、如何将这些移动设备与现有企业系统平台进行整合,从而保障个人移动设备的数据安全问题,便成为企业最为迫切的需求,也是移动办公平台面临的最大挑战。

---

① 中国互联网络信息中心(CNNIC):《第 49 次中国互联网络发展状况统计报告》,中国互联网络信息中心,2022 年 2 月,http://www.cnnic.net.cn/hlwfzyj/hlwxzbg/hlwtjbg/202202/P020220407403488048001.pdf,访问日期:2022 年 6 月 28 日。

② 艾瑞咨询:《2021 年中国综合移动办公平台行业研究报告》,艾瑞网,2021 年 11 月 5 日,https://report.iresearch.cn/report_pdf.aspx?id=3875,访问日期:2022 年 6 月 28 日。

本章思考题

1. 请简述网络社区的发展历程。
2. 请分析微博的传播特性。
3. 请分析微信中的三类传播模式。
4. 举例说明小程序的轻量化特点。
5. 什么是移动办公平台？

本章参考文献

1. 特里·弗卢.新媒体4.0[M].叶明睿,译.北京:人民日版出版社,2019.
2. 尼葛洛庞帝.数字化生存[M].胡泳,范海燕,译.海口:海南出版社,1997.
3. 雪莉·特克.虚拟化身———网络时代的身份认同[M].谭天,吴佳真,译.台北:远流出版公司,1998.
4. 曼纽尔·卡斯特.网络社会的崛起[M].夏铸九,王志弘等,译.北京:社会科学文献出版社,2001.
5. 约翰·帕夫利克.新媒体技术[M].周勇,张平锋,景刚,译.北京:清华大学出版社,2005.
6. 约翰·费斯克等.关键概念———传播与文化研究辞典(第二版)[M].李彬,译.北京:新华出版社,2004.
7. 刘华芹.天涯虚拟社区:互联网上基于文本的社会互动研究[M].北京:民族出版社,2005.
8. 方兴东,王俊秀.博客———E时代的盗火者[M].北京:中国方正出版社,2003.
9. 刘津.博客传播[M].北京:清华大学出版社,2008.
10. 黄少华.网络空间的社会行为:青少年网络行为研究[M].北京:人民出版社,2008.
11. 白淑英.基于BBS的网络交往特征[J].哈尔滨工业大学学报(社会科学版),2002(03).
12. 杜骏飞.存在于虚无:虚拟社区的社会实在性辨析[J].现代传播,2004(01).
13. 胡泳.众声喧哗:网络时代的个人表达与公共讨论[M].桂林:广西师范大学出版社,2008.
14. 彭兰.社会化媒体:理论与实践解析[M].北京:中国人民大学出版社,2015.
15. 官承波,王玉凤.立足小需求,做足轻应用:微信小程序无缝连接走向探析[J].新闻论坛,2017(06).
16. 官承波,孙宇.依托小程序的媒体融合路径探索[J].当代传播,2019(02).
17. 刘琴.新闻小程序演进的技术逻辑与价值判断[J].编辑之友,2018(10).
18. 梅宁华、支庭荣.媒体融合蓝皮书:中国媒体融合发展报告(2017~2018)[R].北京:社会科学文献出版社,2017.

19. 谢进川. 微博传播与社会管理[M]. 北京:中国传媒大学出版社,2015.
20. 王卫东. 网络社区[M]. 武汉:武汉大学出版社,2018.
21. 张静. 知与行的变迁:微信影响力研究[M]. 北京:北京邮电大学出版社,2018.
22. 李畅,陈华明. 裂变与认同:微博传播研究[M]. 北京:科学出版社,2019.
23. 穿山甲丨巨量引擎营销中心. 社交行业:穿山甲流量变现白皮书[R/OL]. (2020-4-28)[2022-6-28]. http://www.199it.com/archives/1041544.html.
24. 上海艾瑞市场咨询有限公司. 艾瑞咨询系列研究报告(2020年第11期)[C]. 上海:上海艾瑞市场咨询有限公司,2020.
25. 齐立稳. 我国网络社区的发展历程浅析[J]. 数位时尚月刊,2014,000(02).
26. 丁义浩. 虚拟社区及虚拟社区交往初探[J]. 武汉市经济管理干部学院学报,2004(03).
27. 彭兰. 传播者、受众、渠道:博客传播的深层机制[J]. 上海师范大学学报(哲学社会科学版),2007(06).
28. 谢耘耕,徐颖. 微博的历史、现状与发展趋势[J]. 现代传播(中国传媒大学学报),2011(04).
29. 微博数据中心. 微博2020用户发展报告[R/OL]. (2021-03-12)[2022-6-28]. https://data.weibo.com/report/reportDetail?id=456.
30. 艾瑞咨询. 2020年疫情下的中国社交媒体社会价值研究报告[R/OL]. (2020-06-29)[2022-6-28]. http://www.199it.com/archives/1073089.html.
31. 企鹅智库. 2018微信影响力报告[R/OL]. (2018-05-18)[2022-6-28]. http://www.199it.com/archives/725398.html.

扫码可见
第七章PPT

第一节 智能可穿戴设备

数学家和人工智能先驱西摩尔·帕伯特认为:"计算机是像海神普罗透斯一样多变的机器。"普罗透斯是希腊神话中能任意改变自己外形的海神,[1]市场的膨胀和新技术的涌现将推动智能设备诞生新的形态和新的应用场景,譬如形态各异的可穿戴设备。

智能可穿戴设备可以被简单理解为佩戴在用户身体上,或整合在衣物中的终端设备。但目前学界对智能可穿戴设备的概念尚未有权威定义。可穿戴设备之父史蒂夫·曼恩认为,这类设备是"可穿戴在身上外出进行活动的微型电子设备"。麻省理工学院媒体实验室认为:智能可穿戴设备是计算机技术结合多媒体和无线传播技术,以不凸显异物感的输入或输出仪器(如首饰、眼镜或衣服),实现连接个人局域网络、侦测特定情境功能或成为私人智慧助理,进而成为使用者在行进动作中处理信息的工具。

国内也有学者将这类设备定义为:"综合运用各类识别、传感、连接和云服务等交互及储存技术,以代替手持设备或其他器械,实现用户互动交友、生活娱乐、人体监测等功能的新型日常穿戴移动智能终端。"[2]综上所述,本书认为智能可穿戴设备是能够穿戴于体表,具备强大的信息搜集与分析功能的微型智能终端,并且具备与用户和其他设备交互的能力,可作为其他智能设备功能的延伸、人体感官的延伸,或作为用户新的电子器官。

一、智能可穿戴设备的发展概况

1972年汉密尔顿手表(Hamilton watch)正式发布了世界首款数字腕表Pulsar,被众多学者认为是可穿戴设备的第一次正式亮相。[3] 20世纪70年代到80年代,诞生了有显示屏的可穿戴设备。进入21世纪,网络技术和无线传输技术的发展、微型处理器计算能力的提升和能耗的下降,使可穿戴设备智能化的设想成为现实,多家大型科技公司凭借自身强大的研发能力已经推出多款针对不同感官的智能可穿戴设备。当下越来越多的科技公司看重可穿戴设备的广阔市场前景和应用空间,将其视为当前主流智能移动设备手机的替代者,也是沉浸式传播的载体。

---

[1] 尼尔·波兹曼:《技术垄断》,何道宽译,中信出版集团,2019,第117页。
[2] 朱婧:《国内外可穿戴行业发展动态与趋势》,《广东科技》2015年第14期。
[3] 李志军、郭同德:《智能可穿戴设备在新闻领域中应用路径探讨》,《中国出版》2016年第22期。

（一）智能头戴设备

智能头戴设备目前以智能眼镜和智能头盔目镜为主，目前分为 AR/MR（增强现实/混合现实）、VR（虚拟现实）等种类，此类设备在当前的应用场景以沉浸式体验为主，将在"沉浸媒体"一章中详细讨论。

（二）智能腕表和智能手环

1972 年 Pulsar 问世后，其后几十年间 IBM、三星、微软等厂商均做过智能腕表的尝试，都未突破实验性质。直到 2013 年和 2014 年，三星、苹果等厂商发布真正具有智能移动设备性质的腕表，这类设备才开始走向消费市场。厂商给智能腕表增加了运动、健康、安全、通讯、娱乐等附加属性，伴随着智能手机的普及和进化以及自身性能的进步，实用性和功能性不断提高。智能手环市场也在 2010 年开始增长，但功能更基础，显示面积更小，价格定位也更低。目前苹果、三星、华为、小米、TicWatch 等厂商已经推出了通过内置 eSIM（嵌入式 SIM 卡）连接蜂窝数据的智能腕表，这意味着该设备具备了独立于智能手机的全天候在线能力，且安装有完整的操作系统，内置多种生命体征传感器和卫星定位、环境光、湿度、高度、加速度等传感器，支持扩展应用和第三方应用程序，例如苹果公司于 2022 年发布的 watchOS 9 支持房颤检测、睡眠跟踪、跑步振幅、步长等指标的测量，此类设备已进化成可以与其他设备直接交互的智能终端，同时还具有较为明确的应用场景，这种小而强的设备是未来重要的媒介形态。

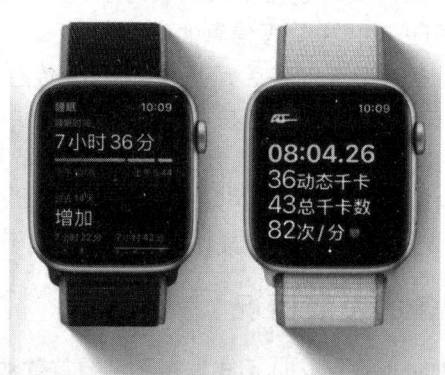

图 7-1　Apple Watch

（三）智能耳机和身穿式设备

在新的无线耳机市场爆发后，各厂商在耳机中增加了自适应主动降噪、触控、生物识别、翻译等功能，整合了语音助手，推动智能耳机支持更多的场景化服务，同智能音频一样，成为一种伴随性媒介，是内容平台的新领域。智能蓝牙耳机主要分为头戴式、颈挂式和分体式无线蓝牙耳机（TWS）等形态，其中 TWS 在良好的人体工程学设计下可以做到近似无感佩戴的体验，将私人音频场景拓宽至各种场合之中。苹果公司在 2020 年推出应用于智能耳机的空

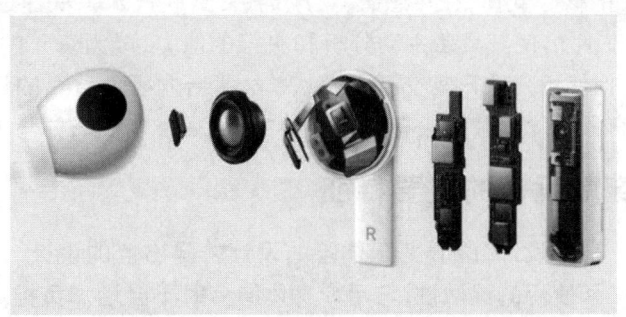

图 7-2　华为 FreeBuds Pro 结构图

间音频技术,旗下两款 AirPods 可配合传感器追踪、比对头部和设备的运动数据,通过重新映射声场模拟沉浸式环绕声。这两款耳机搭载的麦克风可收集用户耳道内或耳廓的声学特征,通过计算音频算法在 HRTF(头相关传递函数,即声波因人体生理结构干扰、增减后频响曲线的特性函数)库中挑选、优化得出专属 HRTF 函数,为用户量身定制空间音频体验。[①] 2022 年发布的 iOS16 还支持利用手机的原深感摄像头扫描耳部几何特征,创建个性化"空间音频档案",提供更准确、更具沉浸感的听觉体验。

身穿式智能设备则在运动装备市场先行发展,通过在服装中植入心率、呼吸、血氧饱和度等多种传感器与手机互联,检测用户各项生物数据状态,并通过专属的应用程序作出分析,如耐克于 2019 年推出的智能篮球鞋"Nike Adapt BB",具有无线充电和自动系带功能。

图 7-3　Nike Adapt BB

在娱乐和医疗健康行业中,身穿式智能装备也产生了新形态,这部分也将于"沉浸媒体"一章展开讨论。

如今,自主研发处理器的厂商在 SoC(系统级芯片)中整合了 NPU(神经网络处理器),

---

① 智东西:《TWS 抢位赛再燃!反超苹果 AirPods 的五大"王牌技能"》,https://baijiahao.baidu.com/s? id=1692574995485564182&wfr=spider&for=pc,访问日期:2021 年 3 月 5 日。

NPU是智能终端AI的核心载体,在传感器、集成电路、互联技术等快速进步下,AI植入可穿戴设备(如苹果H1芯片),使其具备主动分析和决策的能力,成为真正的智能媒介。同时智能硬件的去中心化,促使用户的日常交互中心从单一平台向硬件背后的云端AI平台转移,①人类借助连接各感官和肢体的智能设备能够保持"具身在线"状态,并与AI深度整合。

二、智能可穿戴设备的主要特征

低功耗和人体工程学设计,能服务于体验的设计才是出色的设计。成功的可穿戴设备需具备穿戴的舒适性和使用的灵活性,与用户身体结合时不会增加负担。同时,在当下电池技术发展到瓶颈之时,为了保证无线化设备的续航能力,智能可穿戴设备需要具有先进的电池管理技术和出色的节能设计。

具有数据采集能力和一定的独立计算和自主学习能力。智能可穿戴设备是一种感知媒介,其使用价值的重要方面就是收集数据和分析数据得出的结果,以及与人和物产生的多场景交互。目前市面上的可穿戴设备可以具备以下几种输入方式:身体数据感应、肢体动作探测、眼动追踪、语音、肌肉生物电、环境数据探测等。② 人的状态、行为和需求及所处环境被全方位感知并数据化,人体也因此成为完全意义上的终端,人体数据被独立使用时是个性化服务的依据,被集合使用时则是了解群体或社会动向的大数据基础。③

实时和自然交互。在智能可穿戴设备的协助下,用户随时随地在线,持续发送反馈,在物联网时代,随着移动通讯速率和带宽的不断提升,智能设备不仅可以与用户实时交互,还可以与在线的一切物品互动,还可以让用户与虚拟物品在线互动,打破现实与虚拟的界限。同时,智能可穿戴设备的去界面化交互方式能够使人的主体性回归,人机交互逻辑以感知的、直接的和经验生成的方式呈现,如语音、手势、眼动甚至是脑机接口等。④

三、智能可穿戴设备的积极变化和现存问题

(一)积极变化

智能可穿戴设备提升了新闻内容的品质和专业性,营造"升维空间"和"自定义现场",使大众传播拥有更丰富的感官体验,⑤生产临场化新闻、传感器新闻和分布式新闻。在新型主流媒体的数据抓取和分析、内容生产和编辑上,智能设备的传感器可与新媒体聚合平台实时交互,结合AI生成更客观、全面的报道,及时精准匹配并推送至用户,这对第一时间主导网络舆论阵地十分重要。对UGC或PGC而言,智能可穿戴音视频设备能以更真实、自然的视角

---

① 李倩:《智能耳机发展趋势》,http://m.elecfans.com/article/652792.html,访问日期:2021年3月6日。
② 孙效华、冯泽西:《可穿戴设备交互设计研究》,《装饰》2014年第2期。
③ 彭兰:《5G时代"物"对传播的再塑造》,《探索与争鸣》2019年第9期。
④ 崔中良、布蕾特·布罗嘉德:《人工智能研究中"他心问题"研究对人机交互的启示——从维特根斯坦对"他心问题"的论述谈起》,《东北大学学报(社会科学版)》2020年第6期。
⑤ 崔中良、布蕾特·布罗嘉德:《人工智能研究中"他心问题"研究对人机交互的启示——从维特根斯坦对"他心问题"的论述谈起》,《东北大学学报(社会科学版)》2020年第6期。

完成素材收集,即时传播,创作者得以提升效率和质量,改变自媒体与社交媒体的生产、传播和消费方式。

对信息接受者而言,信息获取成本骤减。高度定制化推送的资讯直接融入生活场景,简化了用户获取实时信息的程序,提升了用户感知信息的速度和数量。① 这是新兴媒介从"相加"到"相融"的重要一步,不仅与技术平台相融合,构成新的媒体生态系统;以人为中心的智能可穿戴设备极强的个体伴随性,还可以使智能设备与我们的身体相融合,成为我们的电子器官,即"赛博格化"。

无论是对新闻传播还是娱乐、教育、医疗等行业,智能可穿戴设备的重要意义之一在于开启了一个以沉浸式传播为特征的"第三媒介时代",修正了时间的即时性、不可存储性,并使空间媒介化。以智能可穿戴等设备为代表的数字技术能还原身体的整体性,达到多维度感官的再造与重组,从而让身体以真实与虚拟交织的方式"在场参与",实现具身传播。借助上文提到的各类智能可穿戴设备,人类已经获得了在虚拟空间中复制感官和数字身体的能力,亦可使现实的空间成为与虚拟叠加的复合空间,屏幕嵌入场景,人机互嵌的身体是知觉与环境互动的中介,人与物可以互相感知,共同作为泛媒社会的节点。②

(二)现存问题

除了技术和设计尚有提升空间,智能可穿戴设备也可能带来伦理和社会问题。最为明显的是真实与虚拟的紊乱。智能可穿戴设备营造的沉浸式环境较以往媒介更为真实(视觉、听觉、动作捕捉和重力感知相结合),用户进入一种经验模式中,其意识被限定,不相关的意识和感官体验被屏蔽。用户除了身体不适(如3D眩晕症),也可能会分不清虚拟和现实的边界,带来安全和身心健康隐患;同时,未来设备高度智能带来的自动化是否会带来更加严重的麻醉效应和其他社会问题,是智能产品厂商研发和行业规则制定需要注意的地方。

另外,众多智能可穿戴设备每天检测和记录着我们的工作、生活、身体状态等信息,分析、存储和传输大量数据,一旦被泄露,会涉及更深层、更多样的隐私种类,产生更大危害,侵犯个人权益。不仅媒体需要做好新形态传播的把关人,厂商也要做好用户数据资料的把关人。此外,随着可穿戴设备功能的完善和产品线的扩张,在经济、观念、基础设施建设等因素的分化下,也有出现新形态数字鸿沟的可能。

麦克卢汉认为:"媒介是人体的延伸,媒介不是冷冰冰的外在化存在,媒介就是人的身体、精神的延伸,人类创造了媒介,而同时媒介也改变了人的存在方式,重建了人的感觉方式和对待世界的态度。"智能可穿戴设备使终端形态再定义,作为人体的电子器官,将数据和服务相结合,满足我们的生理、心理、社交、体验和个性化等需求。当下仍有很多智能可穿戴设备依赖智能手机或其他设备作为与用户信息交互的中介,但从发展速度和应用范围来看,智

---

① 李志军、郭同德:《智能可穿戴设备在新闻领域中应用路径探讨》,《中国出版》2016年第22期。
② 李沁、熊澄宇:《沉浸传播与"第三媒介时代"》,《新闻与传播研究》2013年第2期;刘宏、周婷:《场景化时空:一种理解当今社会的结构性视角》,《现代传播(中国传媒大学学报)》2020年第8期。

能可穿戴设备已经在走向独立的过程之中,或将成为下一代智能终端产品的主流。

第二节　智能音频

广播作为一种重要的伴随性音频媒体,历经一个世纪发展,至今仍在流量平台和车载终端等渠道活跃。而智能音频是音频服务向智能化迈进的产物,随着语音识别、自然语言理解、生成和合成等语音交互技术的进步,依靠智能音频连接的全场景生态,将成为新的互联网接入界面之一,并逐步从中心化的智能音频单品走向场景中的分布式交互形态。

一、智能音频的发展概况

智能音频终端经历了由附属终端设备向独立终端设备的变化过程。在附属终端设备阶段,智能音频的载体是计算机、智能手机、平板电脑和车载计算机等终端,借助弱人工智能和云计算等技术,以应用程序的形式呈现,即语音助手。

语音识别是一项融合多学科的前沿技术,覆盖了数学与统计学、声学与语言学、计算机与人工智能等基础和前沿学科,是人机自然交互技术中的重要环节。智能音频的自动语音识别(ASR)和交互研究始于1952年,贝尔实验室制造了自动数字识别机"Audrey",可识别数字0—9的发音;但直到70年代,语音识别主要集中在小词汇量、孤立词识别方面,主要使用模板匹配方法;80年代,大词汇量、连续语音和非特定人的识别障碍得到突破,统计模型逐步取代模板匹配的方法,隐马尔科夫模型(HMM)成为语音识别系统的基础模型;90年代后,语音识别与自然语言处理相结合,发展到基于自然口语识别和理解的人机对话系统。①

20世纪80年代和90年代,还诞生了数个开源语音交互平台,如CMU(卡内基梅隆大学)的开源的语音识别系统Sphinx(狮身人面像),Sphinx-I由李开复于1987年左右开发,使用固定的HMM模型,被称为首个高性能连续语音识别系统,是语音识别发展的关键节点之一;还有由CUED(剑桥大学工程学院)于1989年开发的HTK(隐马尔科夫模型工具包)等,2009年诞生的Kaldi项目,支持深度神经网络(DNN),而深度学习应用于语音识别是该领域的又一关键节点。此外,还有数个商业化语音交互平台,如微软1995年发布的Speech API(SAPI)是包含语音识别(SR)和语音合成(SS)引擎的应用编程接口(API),在Windows下应用广泛,使开发者能在Windows上创建语音程序;1997年IBM viaVoice平台的首个语音听写产品问世,无须训练便可以实现孤立单词听写和连续命令识别,IBM还发布了世界上首个连续听写系统"MedSpeak Radiology";世界最大的语音识别软件、图像处理软件及输入法软件研发和销售公司Nuance成立于2005年,旗下还拥有语音合成、声纹识别等技术,在世界语音技术市场份额第一,全球用户达数十亿,Nuance Voice Platform(NVP)是其发布的

---

① 张亚:《智能语音科技简史(2018版),这场技术革命从哪开始?》,https://www.eefocus.com/component/408312,访问日期:2021年3月6日;马志欣、王宏、李鑫:《语音识别技术综述》,《昌吉学院学报》2006年第3期。

语音互联网平台。①

我国的语音技术研究始于70年代末,在较长一段时间内进展缓慢,直到90年代后在国家863计划等的支持下,逐渐紧追国际先进水平,我国对中文语音技术的基础研究取得了一系列成果。目前我国在智能语音技术领域有多家实力雄厚的企业,以1999年成立的科大讯飞为代表,是中国最大的智能语音技术提供商,也是国内使用最广泛的开放语音识别平台,拥有中科大、中科院等机构的学术和技术资源,在中文语音合成、语音识别、口语评测、翻译、声纹识别、人脸识别、自然语言处理等智能语音与人工智能核心技术上拥有国际领先成果,例如DFCNN(深度全序列卷积神经网络)语音识别系统等;②成立于2007年的思必驰,其产品包括车载的AIOS对话操作系统和软硬一体化的芯片模组;云知声于2018年推出了面向AIoT(AI+IoT,人工智能+物联网设备)的芯片UniOne,还有基于该芯片的智慧家居和智能音箱方案。目前国内该领域的代表性竞争者还包括科大讯飞、声扬科技、华为、百度等,在研发投入和技术储备上均有较强实力,产品应用场景包括商务、政务、交通、金融、教学、医疗、安防等领域。

在消费级智能语音助手和终端方面,比较著名主流产品有最先问世的iOS的Siri、微软的Cortana、谷歌的Google Assistant,以及亚马逊的Alexa、三星的Bixby、小米的小爱同学和科大讯飞的灵犀语音助手等;在独立终端设备阶段,除了附属终端设备上的智能音频在不断发展之外,出现了专门承载智能音频的终端设备,如智能音箱、智能电视、智能眼镜、智能手环和腕表、智能家电等。独立承载智能音频服务终端设备的出现,使人们的关注点从语音助手转向更广泛和前沿的智能音频视角,逐步独立考察智能音频。目前最普及的智能音频终端设备是智能音箱。

业界所定义的智能音箱,是具备智能语音交互系统、内容以及互联网服务内容,同时可扩展更多设备、内容接入的智能终端产品。亚马逊公司在2014年推出的Echo是智能音箱的鼻祖,高度整合了语音助手Alexa,除播放音乐和有声读物外,也是智能家庭设备控制枢纽,可连接第三方服务,还可以开发多种技能插件。随后亚马逊不断丰富Echo家族产品,更新迭代,其产品线已经扩展至四个价位的智能音箱产品,至今各型号销量已破千万台。Echo家族产品线也引领着智能音箱行业的发展,例如2014年推出带有触摸屏的Echo Show,同样内置语音助手Alexa,增加了音视频聊天、显示信息、播放流媒体视频等功能;2019年亚马逊发布了眼镜形态的智能音频载体Echo Frames,依靠手机端的Alexa App实现智能交互和连接云端服务,镜框上除按键外还有触控板用于操控,用户可用语音唤醒Alexa,以实现通话、查询天气和日程、听音乐、控制智能家居等功能。2021年,亚马逊推出了针对Echo设备的实时翻译功能,利用了包括Alexa的自动语音识别(ASR)系统和文本转语音系统(TTS),并为对话语音设计和优化了整体架构和机器学习模型翻译。作为智能音频终端的先行者,Echo系列占据着市场霸主的地位。

2017年迎来了智能音箱爆发的一年。国内外的科技巨头先后入局智能音箱市场,亚马

---

① Bill Xia:《几个常见的语音交互平台的简介和比较》,http://ibillxia.github.io/blog/2012/11/24/several-plantforms-on-audio-and-speech-signal-processing/,访问日期:2021年3月6日。

② Singularity_o:《语音开源代码与平台》,https://www.jianshu.com/p/532745af477d,访问日期:2021年3月6日。

图 7-4　亚马逊 Echo Show 10

图 7-5　苹果 HomePod 剖面图

逊、谷歌、苹果、阿里、小米等厂商都在这一年推出了智能音箱产品,百度、华为等公司也在 2018 年和 2019 年进入市场,为抢占智能音箱流量入口——抢占内容载体的份额,①同时,IoT 和 AIoT 设备也迎来爆发式增长。2020 年,我国智能音箱销量达到 3676 万台,其中带屏智能音箱占比 35.5%;2021 年,百度、天猫精灵、小米和华为四家龙头厂商占据了市场份额的 95% 以上,智能音频终端已经走入寻常百姓家。

二、智能音频的基本特点

(一)多样的场景化服务

音频是依托场景的内容。共性化场景由时间、空间与情境以及行为共性等要素构成,个

---

① 苏军根等:《智能音箱技术与产品现状及未来发展趋势分析》,《广东通信技术》2018 年第 6 期。

性化场景由空间情境、行为惯性、社交氛围和即时需求等要素组成,[1]智能音频以语音控制为中介,以用户为中心,跨设备、全场景覆盖,提供对应的共性或个性场景化服务,主要分为四种:私人移动场景、私人固定场景、封闭公共场景和开放公共场景。智能音频在家庭场景还可作为智能家居的入口,其语音交互属性和各品牌的"云"连接技术使其成为智能家居的控制中心,较小的体积可以以相对固定的位置摆放于不同场景,提供通知、社交、娱乐等服务,以及购物、外卖、出行、缴费等生活服务,同时作为 AIoT 的控制中心,使未来生活更为智能、便利。

表7-1 四大场景声音传播需求[2]

主要声音传播场景	具体场景	各场景下的音频需求
私人移动场景	驾车、旅行、跑步等	地理位置追踪、天气及景点等本地资讯服务等
私人固定场景	起床、刷牙、做饭、洗澡、读书、睡前、美容护肤等	充盈碎片时间、艺术享受、助眠安梦等
封闭公共场景	办公室、图书馆、教室、地铁、公交车等	缓解压力、消磨无聊时光等
开放公共场景	展览馆、科技体验馆、体育赛事现场、演唱会等	多维感官体验、深度沉浸体验等

其中具有代表性的产品之一,是苹果公司在 2017 年发布的智能音箱 HomePod,搭载自主研发的 A8 处理器,极大提高了智能音箱的算力。它深度整合了语音助手 Siri,拥有实时处理音频、高速缓冲和立体声配对的能力,结合麦克风可侦测所处环境。依托强大的设备互联功能,利用账户关联联通设备和智能家居,Homekit 应用已经可以支持涵盖大小家电、网络设备、出行、安防等领域的各类配件,在传感器的配合下,可以在家庭 App 中创建自动化场景,HomePod 根据时间、位置、动作等自动执行任务,将设备智能化推上新的高度;2020 年,苹果公司推出体积更小、定位和售价更低的 HomePod mini,降低搭建智能家居生态的成本,这款音箱的 U1 超宽带芯片可实现设备间的流媒体传递,更为重要的是,HomePod mini 是苹果首款搭载家庭 IoT 通讯协定技术 Thread 的产品,该技术是一种基于 IP 的无线网络协议,以低延迟、低功耗同时连接 250 个设备,是未来智能家居建构的前瞻性技术。海外传统音频设备厂商诸如索尼、B&O、哈曼卡顿、Bose 等也相继进军新兴的智能音箱市场。

国产厂商如华为、小米、阿里、百度、科大讯飞等在多款智能音箱产品中也针对我国市场进行本土化研发,支持更多的智能家电、配件,功能也愈发丰富,国产品牌智能音箱的技术、口碑和市场份额均有提升。目前还有厂商推出内置语音交互系统的智能家居硬件,如 GE Appliances 与海尔合作推出的 Kitchen Hub 厨房中心,配备屏幕和摄像头,内置安卓系统与谷歌语音助手,与厨房电器联动;此外还有大量款式的语音控制空调、智能电视等电器可无须借助手机等终端实现自主交互。

---

[1] 彭兰:《新媒体进阶研究》,https://blog.csdn.net/weixin_46126460/article/details/108122105,访问日期:2021年3月6日。

[2] 宫承波、陈曦:《智能音频传播策略:基于多维场景用户体验的探讨》,《当代传播》2018年第4期。

（二）智能语音交互

智能化体现在技术和功能两方面：技术上具备了无线连接、可语音交互甚至是声纹登录的能力；功能上可提供音乐、有声读物、新闻资讯等内容服务，以及信息查询、O2O 等互联网服务、AIoT 等物联网服务以及场景化服务等。智能音频通过声音传播内容，以即时语音指令为主要交互方式，使智能音频成为一种非接触式的伴随性媒体，得以应用于更多场合。

智能时代的交互从图形用户界面（GUI）向自然用户界面（NUI）转向，减少人机接触的语音交互模式，可以增强用户在媒介接触中的参与感和同步性，不仅降低了操作难度，在主动争取用户注意力和适应其使用习惯的同时，还构筑了用户与智能音频共融的沉浸空间。[1]

这种语音交互依赖厂商或自身系统的大数据支持和硬件上的强大运算能力，以及机器学习用户使用习惯和场景等。目前 AI 语音交互主要需要四个技术模块：自动语音识别（ASR）、自然语言理解（NLU）、自然语言生成（NLG）和文本转语音技术（TTS），智能音频与用户的交互越多，越能更多地积累用户意图数据，通过词法、句法、语义、语境解析，在云端服务器分析处理并组织、合成语言，提供更有针对性的内容和服务。随着在声学特征的选择提取、语音识别和语言模型、模型训练与模式匹配等流程上不断突破，智能音频将更加全面、快速地理解用户需求。例如百度公司的小度是业内准确率、听懂率较为领先的产品之一，做到这点是基于百度在深度学习、自然语言处理（NLP）技术、多轮对话技术、搜索技术等方面的实践经验，以及基于用户使用大数据的训练。[2]

三、智能音频的积极变化、缺陷和展望

（一）积极变化

目前智能音箱处于市场首轮普及基本完成的阶段，拥有了稳定的用户规模，对媒体而言，智能音箱在总体上仍有大量机遇可寻：挖掘新的细分人群、继续开拓新的商用场景以及更大的下沉市场。

从商业角度来看，新的媒介载体意味着新的内容价值延伸与变现平台，音频的时间连续性使广告到达率更高，内容的独占性也为新闻媒体开拓了新的盈利点，智能音频成为广告的下一个战场。语音营销团队有两种做法：一是利用分析结构系统算法，确保广告在用户进行特定搜索时弹出。二是向用户提供特定服务，提高品牌曝光率，建立和维持用户黏性。譬如在拥有屏幕的 Echo Show 上，可以查看来自彭博社、CNN、Netflix 等服务商的视频。国内媒体与流量平台、智能硬件厂商合作，推出个性化音频新闻内容，如 2019 年《都市快报》在天猫精灵智能音箱上线了音频新闻。[3]

---

[1] 申启武、李颖彦：《融合思维下音频媒体的智能化转向》，《传媒》2019 年第 10 期。
[2] 《哪家智能音箱最能听懂指令？中国科学院：小度第一》，http://www.fx116.com.cn/a/shangxun/20191210/11807.html，访问日期：2020 年 2 月 19 日。
[3] 何慧媛：《智媒时代音频传播的机遇与入局策略》，《青年记者》2019 年第 21 期。

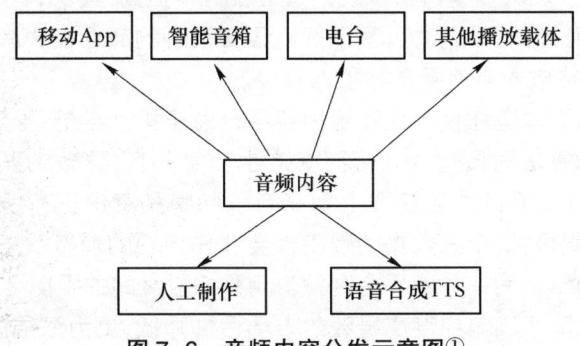

图 7-6　音频内容分发示意图①

从内容角度看,智能音频也为媒体开拓了新场景的产品载体。譬如在车载平台,媒体和流量平台部署车联网产业链,如苹果、谷歌推出手机映射的智能车载系统"CarPlay"和"Android Auto",还有喜马拉雅、QQ 音乐等流量平台与车载平台深度合作。在车机功能的不断完善下,原生车载应用程序乃至车联系统将成为用车场景的主流,如今更是有斑马智行、科大讯飞、腾讯车联、百度、华为等智能网联 Tier1(直接供应整车厂的汽车零部件供应商)建立的智能座舱市场,从智能音频走向整车智能化,与汽车硬件深度整合,同时也带来高性能低延时低功耗的声学体验。5G 与车联网协同建设也是未来实现万物互联的关键一步。

互联网改变了传统媒体的生态环境,广播这种音频媒体应重新审视自身的转型,用户群体也已向互联网音频迭代升级。互联网音频既涵盖了广播媒体的属性及特征,又延展了广播媒体的内涵及外延。互联网音频依托互联网平台,以音频为核心优势,兼具图片、文字、视频、VR/AR 等多种媒介呈现形态,线性传播与非线性传播并存,时效性即时直播与留存性常态订制并存,构建消费与生产一体的终端用户收听、平台互动沉淀、线下用户导流、用户精准画像的新型广播。

智能化平台可实现对海量、全天候的信息流智能分发,跟踪用户反馈。聚合平台的内容供应和自主学习进化,形成新的传播模式和综合性服务生态,②做到分布式和定制化的内容生产、传播和信息消费,并挖掘个性、社交环境和时空情境的个体匹配要素数据,以及族群画像、文化和分布模式的族群匹配要素数据,还有社会环境特征、社会热点和平台特点的公共匹配要素数据,③打造适合不同场景需求的、覆盖生态链的智能化管理和陪伴式社交。

(二)存在的缺陷

从技术角度来说,在硬件性能和算法水平的限制下,智能音频终端的唤醒、多语言混合识别和交流、多轮对话等方面还有较大提升空间,尤其是常用场景中的远场语音识别,会出现收音不理想和噪声等问题,人机交互也未能达到完全无缝的场景转换,对话水平难以达成

---

① 白净:《万物皆媒的开端:和智能音箱对话》,《南方传媒研究》2019 年第 4 期。
② 申启武、李颖彦:《融合思维下音频媒体的智能化转向》,《传媒》2019 年第 10 期。
③ 彭兰:《智能时代的新内容革命》,《国际新闻界》2018 年第 6 期。

自然流畅状态,拟人的"亲切感"较弱,系统的适应性有待提高;其次,智能音频行业较快的发展速度受制于平台服务商的供给能力,基于智能语音设备的商业模式尚未建立,也未出现爆发性的使用场景,①试错成本高使平台方投入较少。

从内容角度来说,资本运作使各大流量内容平台急于扩充容量,为了争夺用户资源和注意力,产品功能和推荐算法同质化,内容泛化,产生信息茧房,导致活跃用户流失。同时,国内部分平台目前在智能音频的内容获取上版权意识和隐私意识还有所欠缺,这会削弱内容生产者和分发平台的积极性;个人数据的侵犯也会挫伤用户的消费欲望,亟须权衡用户大数据收集、追踪和个人隐私之间——即平台利益与用户权益之间的平衡。

对智能音箱而言,除了因集中度高导致的市场活性降低,更为深层的危机来自其定位受到的挑战——智能家居正从单品智能阶段向以场景为中心的全屋智能时代进化,因此智能音箱已不再是唯一必需的语音交互设备,去中心化的物联网技术赋予更多设备语音交互能力,智能音箱的产品结构升级目前朝着两个方向发展:无屏音箱的音质升级,屏幕音箱的加大尺寸拓展场景,这是此类产品在音和屏上高端化的路径;此外,2020年新冠肺炎疫情后兴起的线上教育可能会成为屏幕音箱的新应用场景。②

(三)展望

智能音频未来发展趋势之一是以语音为入口,建立以物联网为基础的商业模式。语音交互的未来价值在于用户数据挖掘,以及背后内容、服务的打通,以语音作为入口的物联网时代将会产生新的商业模式。语音交互产品是端到端打通的产品,需打造统一于系统本身的服务模式,使用户得以根据场景在不同设备中迁移服务,③提高用户黏性。智能音频市场的竞争已升级为"云+端"生态链的对抗,涉及智能音频终端品质、平台智能化能力、音频内容资源丰富程度,以及日常生活服务和智能家居等。各IoT/AIoT厂商也积极布局,在以智能音频为中心的场景化服务体系中,智能音频正成为"万物互联"时代重要的内容形式,具备传输、计算能力的IoT/AIoT硬件承担信息采集、控制、交互功能,智能物联硬件成为付费内容、第三方服务、电商等资源的数据与流量入口,是云端服务供应商重要的数据抓取渠道,海量用户数据被记录分析,厂商将服务嫁接到生活中不同的场景中,服务更为人性化。

而面对当下物联网设备的庞大市场,联网设备的高可靠性、低成本、架构灵活性和扩展性、通讯方式和传输协议、兼容性、云端对接等都成为必须考虑和解决的问题。基于此,针对低算力、低功耗的MCU(微控制单元)的物联网操作系统(IoT OS)应运而生,这是一种"端—云"一体化的轻量级系统架构,通常面向物联网边缘设备。具有代表性的系统有FreeRTOS、ARM Mbed、阿里的AliOS Things等。以Huawei LiteOS为例,被称为统一的物联网操作系统和中间件软件平台,应用于智能家居、智能可穿戴、车联网、工业互联网等IoT硬件上,与Lit-

---

① 何慧媛:《智媒时代音频传播的机遇与入局策略》,《青年记者》2019年第21期。
② 洛图科技RUNTO:《年报 | 2021年中国智能音箱市场总结与展望》,http://news.sohu.com/a/518064761_120601939,访问日期:2022年6月7日。
③ 陈孝良、冯大航、李智勇:《从不温不火到炙手可热:语音识别走过了哪些坑?》,https://www.iyiou.com/analysis/20190823110056,访问日期:2021年3月7日。

eOS 生态内的硬件互通,进一步扩展实现"物与物""人与物"之间的信息交换和共享。在物联网时代,我国有望发展出完全自主的 IoT OS,推动国产物联网芯片产业的繁荣,这对物联网产业的健康与安全可控至关重要。相比于智能音箱市场在 2021 年的停滞不进,我国的智能家居设备市场出货量已逾 2.2 亿台,同比增长 9.2%,以语音交互为界面的全场景设备互联是智能音频的发展方向。

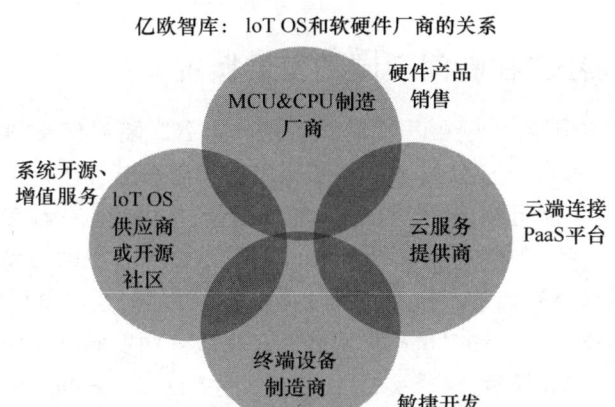

图 7-7 IoT OS 和软硬件厂商的关系①

5G 等高速互联技术的逐步普及也将拓展智能音频的使用场景,在高速率、低延迟和大带宽的连接条件下,智能音频将迎来功能、形态和用户体验的演变,例如音质提升、实时音频互动、更好的音画同步等。当前,在技术局限下,深度学习模型无法在用户终端上运行,但在新型互联网技术和多模态 AI 芯片等技术的赋能下,与云计算、人工智能的结合将产生更多商业和娱乐价值,例如对机器语音的美化和情绪修饰、声音克隆、多模态语义理解等,甚至可以感知用户情绪,②未来的语音助手,也许会以定制的虚拟或实体形态呈现,作为能够自我进化的全能信息处理者,可主动判断并预知需求,成为兼具情感性和工具性的成员。

第三节　写作机器人

自动化新闻生产的写作主体和代表性技术——写作机器人,可以理解为利用算法相关程序撰写各类文章的智能工具,其内容生产流程一般包括数据采集、整理分析、建立模型、生成产品等步骤。将采集到的不同的题材和数据,建立数据库,并从中寻找模型、趋势以及相互间的关系,最后由机器人"自动写作",即自然语言生成,亦称作 NLG(natural language generation),本质上是算法程序开始介入资讯的处理和生产工作。

---

① 新浪 VR:《万物互联时代的操作系统报告:2020 年全球将有 500 亿台联网设备》,https://baijiahao.baidu.com/s?id=1692633617219057783&wfr=spider&for=pc,访问日期:2021 年 3 月 7 日。
② 脑极体:《5G 跟音频,有关系吗?》,https://www.tmtpost.com/4136864.html,访问日期:2021 年 3 月 7 日。

目前写作机器人主要被应用于新闻媒体领域,生产常规性、重复性主题、源自结构化的精确数据的新闻,譬如体育、财经、灾难新闻等以数据为基础的程式化报道,①是智能化新闻传播全流程的重要环节,不仅被用于文字生产,还用于以文字为基础的图像、音视频等内容的生产。随着人工智能以及大数据技术的不断进步,"写作机器人"已经逐渐渗透到多个领域中,如文学(小说)、广告(文案创作)、公关(快速生成企业舆情报告)等,本节重点介绍在媒体领域的应用。

一、"写作机器人"在新闻领域的发展概况

20世纪50年代,美国新闻行业开始借助机器人办公。随后信息科技领域不断取得突破,引发了新闻从业者对"自动化"技术威胁新闻职业和影响新闻生产的担忧。尽管前途存疑,但新闻写作机器人发展迅速,②逐步丰富功能和角色,推进智能化程度。

21世纪初,机器人写作技术开始被投入新闻行业,2001年,谷歌公司首先实现机器人个性化选编新闻。该领域还有如下产品:彭博社的"Cyborg"财经、通讯类写作机器人,可快速抽取商业金融新闻的数据;福布斯的"Bertie"用建立在出版商内容管理系统中的半自动主题推荐功能,为编辑提供草稿和模板;路透社的AI新闻助手"Lynx Insights"能快速分析大宗商品定价的历史趋势;2014年,美联社全面使用"Wordsmith"进行新闻生产,可为用户定制内容;同年,《卫报》的"Open001"机器人开始编辑纸质报纸;2016年《华盛顿邮报》的写稿软件"Heliograf"被应用于里约奥运会和美国总统选举。还有一些新闻生产其他环节的机器人出现:例如可以主动发出邀请的BuzzFeed采访机器人"Buzzbot";《华盛顿邮报》的"Truth Teller"可以核实消息准确性等。西方媒体中"人机合作"的理念十分突出,强调新闻生产流程的分工,发挥各自优势。

近年来我国在人工智能方面的发展迅猛,"写作机器人"也在我国各类媒体中大有作为。

2015年我国首个写作机器人"Dreamwriter"上线,这款腾讯财经旗下的写作机器人主攻财经资讯,可一分钟成稿,并独立审核分发;同年,新华社发布首个央媒写作机器人快笔小新,开发了包含生活服务的人机交互界面,成为一种融合场景消费、公共服务等多功能的智能媒体。

2016年,阿里巴巴与第一财经联合推出了辅助财经记者的智能写稿系统"DT稿王",建立了一个可以不断延展的稿件生成系统:采用机器学习算法,融合编辑记者团队的经验,以模板和规则知识库的方式,根据实时抽取的信息进行判断,输出相应的模板及规则知识库内容,从而生产新闻。③同年上线的百度写作机器人Writing-bots,可写作涵盖社会、财经、娱乐等15个大类的内容;里约奥运会期间,今日头条上线"张小明",通过对接奥组委数据库生产稿件,还可完成长篇报道并配图、调整语气,推送至其客户端。

---

① 叶韦明:《机器人新闻:变革历程与社会影响》,《中国出版》2016年第10期。
② 白龙:《新闻写作机器人在美国新闻业的应用》,《青年记者》2016年第5期。
③ 刘佳:《第一财经发布"DT稿王":写稿机器人的"尖子生"》,https://www.yicai.com/news/5020955.html,访问日期:2021年3月8日。

在官方媒体的引领下,我国的人工智能写手发展速度很快。如人民日报的"小融"、光明日报的"小明"、浙江卫视的"小聪"等。① 新华社在 2017 年的两会报道中,推出可以互动和采访的机器人"i 思"。人民网在 2018 年两会启动了支持语音识别和处理,以及数据挖掘的记者"汪仔"②。2019 年,由新华社和阿里巴巴共同成立的媒体人工智能科技公司新华智云,发布了 25 款用于采集和处理的媒体机器人。还有一些民间机器人写手,部分是网友自制的各类"文字生成器",还有类似于"Giiso""易撰""Get 写作"的写作机器人产品,可为自媒体服务,也可进行排版校对、仿写/改写,甚至生成标题、报告、影评、剧本等内容。

此外,还有依托写作机器人云技术的其他自动化新闻生产形态:例如智能图文、音视频审核,适用于直播、社交平台或论坛以及电商等场景,依托数据库、算法和云平台完成检测、删除、备份等流程,目前以网易、百度、腾讯等企业为代表,也有天津市委宣传部推出的"津云智能视频内容审核平台"等。

再如 2018 年新华社上线的全球首个"AI 合成主播",即主持人邱浩的数字化身"新小浩",开启了"合成主播"或"机器主播"的新形态,此类模式的前身是 21 世纪初出现的虚拟主持人,依靠的是 CG 技术和后期配音;而如今的人格化的"AI 合成主播"已是依靠智能仿真人模型和智能语音合成的数字化"克隆",除了信息播报,还具备了数据储备、处理、学习甚至是互动能力。③ 我国是现阶段"AI 合成主播"的技术研发与应用中心,主要有科大讯飞系、搜狗系和百度系三大系别的数十款主播,应用于中央或地方的多个媒体,以及诸如塔斯社、阿布扎比媒体集团等外媒;还有腾讯的实时手语翻译的数智人产品"聆语",可将健听人语言低延迟、高准确率地翻译为听障者手语,实现自然专业、易懂度高的手语效果;还能够学习新词和各行业、场景及相关知识,以提升翻译准确性,可将其看作是听障人士的"手语写作机器人";央视频 2022 年推出的超仿真主播"AI 王冠"在云计算的算力支持下能够实现全天候在线和分钟级响应,将文本转换为视频并同时处理多项任务,未来还会具备"自主发现热点—组稿—审核—虚拟演播室录制—发布"的全流程 AI 新闻生产;每日经济新闻的全流程 AI 驱动视频直播产品,更可以实现全天候无人化采编播,其包括 AI 主播在内的内容生产基础均为智能写稿技术。因此,这些 AI 合成主播进行信息传播的本质,即为写作机器人的生成内容以拟人化形象进行多模态传播的体现形式。

二、目前新闻机器人写作三种主要模式

第一种是基于定制模板的数据填充模式。在这种模式下,记者或编辑预设好报道框架和故事模板,不具备普遍性的内容和数据签由机器人填充。机器人抓取、处理数据,并填充到预设模板中。这种模式适合由数据驱动新闻,但并不擅长需要叙述情节和描写场景细节深度报道。这种模式可用于分析业绩趋势或体育报道。

---

① 陈建飞:《机器人新闻写作的风险评估及责任机制探讨》,《传媒评论》2019 年第 12 期。
② 程振楠、邰一童:《机器人新闻:人工智能与新闻生产》,《新闻研究导刊》2019 年第 10 期。
③ 吴锋、刘昭希:《人工智能主播历史沿革、应用现状及行业影响》,《西南民族大学学报(人文社会科学版)》2021 年第 5 期。

第二种是基于自动摘要的二次创作模式。机器人根据记者编辑选定的关键词等,自动查找、获取特定主题的大量报道,经分析处理,按照算法提炼其中最能表现主题的摘要,整合后聚合成新的文章,而自动新闻摘要就是用正文中的关键语句进行概括,可将这种模式视为二次创作。这一模式依赖自然语言处理(Natural Language Processing,即NLP)技术,是人工智能和语言学融合的交叉领域,包括智能分词、分析词性和句法、文本分类和摘要、语音识别与合成等,甚至还可以分析情感。该技术有助于计算机更好理解、处理和生成人类的自然语言。这种模式适合体育新闻和娱乐新闻等种类,机器人依据关键词词频或其他算法标准,对内容进行语句打分并抽出高分句,按一定顺序重新组合,最后生成报道。

第三种是基于机器学习的智能化写作模式。这一模式是在对采集到的素材进行语义解析,在此基础上进行自主创作行为。该技术的核心是机器学习,即以类似人类获得并学习经验的方式完善自身,在初期的指导和大量文本解析后,最终自主归纳规律并建立模型,甚至可以有写作风格和情感倾向性。反之,这种技术也能对用户的反馈或评论进行分类、总结和情感分析,以揭示舆论走向。

以目前的技术水平,前两种模式已经投入应用,第三种模式仍然处在探索期,它是未来机器人写作的发展方向。[①]

三、"机器人+新闻"的优势与问题

随着技术的不断完善,媒体借助算法的模式在效率、精确度和客观度等方面更有优势,但也存在个性化表达、新闻深度缺失等局限。

(一)优势

时效性。这是工业化生产方式下的效率优势,时效是新闻价值最重要的要素之一。如2014年3月18日美国加州发生4.4级地震,《洛杉矶时报》的"Quakebot"机器人在地震发生后仅三分钟就自动生成并发布了报道;2020年新冠肺炎疫情期间,科大讯飞的AI主播"小晴",代替主持人及时前往一线协助百余家媒体进行疫情相关报道。以秒计算的新闻生产流程是人类记者望尘莫及的;从海量的数据搜集到自动分析、筛选和整合,以及出稿推送和分发,算法程序掌控着每个环节。以流水线方式量产,全天候待命使得机器人记者拥有感知所有事件态势的能力,可以即时对新闻资讯受众的需求作出响应,并快速满足需求。

高准确度。这是大数据情景下计算机优势的发挥,尤其是在终端数量激增的移动互联网时代,媒体逐步具有大数据的属性,信息的获取、加工和分发都以大数据的方式呈现。处理大量数据并非人脑强项,加大投入时间成本和人工成本,也未必能保证对数据和其他资源处理的准确性。而"写作机器人"的长项就是高效无误地处理数据,人工智能程序运行的载体是以处理器为大脑的计算机,统计、信息存储、搜索和筛选等功能更符合写作机器人的架构,这些能力也可以用于大范围的快速分析用户反馈,以便灵活优化传播效果。同时,结合

[①] 邢旭东:《弱人工智能背景下新闻机器人的写作模式》,《新媒体研究》2019第13期。

大数据和整合在系统中的专业算法,使写作机器人具备了推送预测性新闻的能力,人工智能基于过往和当下的资料和情况可以更精确地"预测"趋势,还可以借助算法识别虚假图像、视频或声音。

客观性。程序化机器自身还不具备感知能力,人类记者的认知偏差也是机器人不具备的,机器人生产的新闻可以做到不带有任何情感倾向性,语言文字或是图表的生成完全依赖于数据和程序代码,基于模板的数据填充,或是基于摘要的二次创作,写作机器人遵循的是客观的叙事方式。在某种程度上,机器人新闻更接近新闻专业主义对客观性的要求。

(二)问题

表达浅层化。"写作机器人"基于计算机的程序架构,遵循输入的指令来输出结果。弱人工智能不具备思考能力,语义理解浮于表面,没有深度和温度。目前算法不能完全模拟人类的思考和行为方式,采访写作和编辑活动总体而言还比较呆板、简单,生产的报道也很难挖掘人文关怀和价值观判断等。

导向性弱。机器人拥有极致的计算速度,但目前不具备人类的价值观,与客观性相伴而生的,便是立场不清晰。如何做好"新闻把关",如何把握正确的舆论导向,都是目前弱人工智能背景下写作机器人难以作出判断的方面,由于程序无法做出价值判断,输出内容的导向性和筛选、过滤内容的标准无法靠机器人自主把控,而算法是否客观中立,是否有内容不透明的"黑箱"风险,都是行业法规和政策亟须界定的标准,以明确写作机器人作为内容生产主体的伦理责任。

模板同质化。程序化的设定决定了模块化的输出,排列组合顺序相似,甚至是完全复制,容易造成"信息委琐"(information-trivia),即写作机器人把所有的信息放在平等的水平上,不能抓取最有价值的信息。这种报道只能勉强做到信息传递的作用,很难给读者留下印象。

著作权、隐私权模糊。机器人产出的文章是否有著作权,是否受法律保护,要根据流程中是否有"人机协同"的情况判断,即人与机器共同完成选题策划、资源发现与采集、新闻写作、数据分析与解读、内容智能分发、传播效果预判、用户反馈的自动收集与分析等新闻生产与传播的全部环节。① 若机器人仅作为辅助角色,人的影响因素更大,那么作品就受保护。同样,写作机器人在采集数据时是否会侵犯他人隐私权、是否真实全面,何种数据需要授权、可纳入采集范围也有待考证。

四、影响与展望

解放新闻生产力,业务更侧重于"人",从机器对人的简单替代到人机协同。新闻机构使用写作机器人已成为业界趋势,机器写作正深刻影响着新闻行业的未来走向,为媒体内部变革和创新提供技术。机器人写作是传媒业转化传统思维、优化采编流程、深化内容结构的最

---

① 彭兰:《智媒化:未来媒体浪潮——新媒体发展趋势报告(2016)》,《国际新闻界》2016年第11期。

佳触媒，促进了传统媒体整个产业链的效率提升。① 写作机器人使新闻工作者"松绑"，但在弱人工智能阶段，传统记者尚不可被替代，很多工作仍需人类躬身实践。如重要人物、组织相关事件的深度采访、报道等，尤其是在体现"人"的相关新闻中，还需记者亲自操刀以确保质量，新闻工作者在弥补机器人此项短板的同时，也要不断适应人工智能时代新闻记者工作的新特点。未来的写作机器人可能成为新闻工作者和读者的"外脑"。②

随着各机构数据库、不同平台之间的联系愈发紧密，"写作机器人"已能实现多平台的互动互联，将稿件快速分享至社交媒体或其他媒体平台，也能联通数据库分析对比并整合，对媒体融合的推动作用不可忽视。在今后的发展中，机器人完全能够实现将音视频甚至虚拟现实整合起来，实现更高维度的媒介融合。例如新浪新闻通过其"鹰眼"辅助聚合热点信息的全貌，实时抓取关键节点的数据特征，并预测线索，后由编辑审核，还可利用文本处理、理解和视觉模型协助编辑自动生成子话题聚合，实现智能化内容运营。从提升导向性上看，近年来也有媒体进行了较为初级的实践。新蓝网推出的"主流媒体算法"能结合个性化服务和主流价值观，以"温暖度"指标提供正向内容推荐，将"代码化"的舆论导向嵌入智能算法，构建智能化的价值引导生态。

在写作机器人算法的优化和硬件设备算力提升的条件下，AI 技术能够容纳更复杂和庞大的深度学习和智能语义模型，强人工智能的到来意味着机器与人类在新闻生产流程中的差距会愈发缩小，不再是模仿，而是具备自我思维、创作的能力，即基于机器学习的智能化写作模式，可以感知和理解外部环境，对新闻价值作出判断，提升人文性和道德性。在 AI 写手的载体具有一定便携性和灵活性的情况下，传媒业的内容生产将不再受时空条件限制。对 AI 写手产出内容的形象载体 AI 合成主播而言，语音识别和合成、人脸高精度建模等技术的进步会使听感更自然，画面更贴合语义，提高其象形感和情感互动水平，开拓更多社会生活场景。技术的更新将先进的人工智能和大数据的技术应用于新闻传播领域，成为推动媒体转型的动力，在人工智能不断解决问题、学习经验的同时，也将促进技术的进步。

本章思考题

1. 试说明智能可穿戴设备的信息采集边界。
2. 举例分析智能音频应用的不同场景。
3. 请思考人工智能最终会取代新闻记者吗？

本章参考文献

1. 宫承波，陈曦．智能音频传播策略：基于多维场景用户体验的探讨[J]．当代传播，

---

① 王悦，支庭荣：《机器人写作对未来新闻生产的深远影响——兼评新华社的"快笔小新"》，《新闻与写作》2016 年第 2 期。
② 喻国明、兰美娜、李玮：《智能化：未来传播模式创新的核心逻辑——兼论"人工智能+媒体"的基本运作范式》，《新闻与写作》2017 年第 3 期。

2018(04).

2. 彭兰.智媒化:未来媒体浪潮——新媒体发展趋势报告(2016)[J].国际新闻界,2016,38(11).

3. 彭兰.5G时代"物"对传播的再塑造[J].探索与争鸣,2019(09).

4. 李沁,熊澄宇.沉浸传播与"第三媒介时代"[J].新闻与传播研究,2013,20(02).

5. 李志军,郭同德.智能可穿戴设备在新闻领域中应用路径探讨[J].中国出版,2016(22).

6. 张建中.声音作为下一个平台:智能语音新闻报道的创新与实践[J].现代传播(中国传媒大学学报),2018,40(01).

7. 邢旭东.弱人工智能背景下新闻机器人的写作模式[J].新媒体研究,2019,5(13).

第八章 沉浸媒体

扫码可见
第八章PPT

第一节 感官沉浸媒体

感官沉浸媒体是使人的部分感官得以高度沉浸的媒体形态,可以视为可穿戴设备的一种特殊形态。目前,感官沉浸媒体正覆盖越来越多的身体部位,从而实现多维度的感官沉浸。在一些场景下,感官沉浸媒体也是环境沉浸媒体的重要组成部分。

一、感官沉浸媒体的类型

沉浸式头戴设备主要分为VR(虚拟现实)、AR(增强现实)和MR(混合现实),其显示方式被称为近眼显示(Near-eye display),将显示器上的像素,通过一组光学成像元件形成远处虚像并投射至人眼中,令用户沉浸于拟真且可互动的三维叙事环境中,唤起用户的临场感。

其中AR眼镜需要用户透视到现实世界信息,故成像系统需通过额外的一个或一组光学组合器以避开视线,将虚拟信息层叠于真实场景,融合并互相"增强",产生新的可视化环境;①同AR有所区别的是,MR眼镜是在虚拟中保留现实,借助ToF(飞行时间)传感器和SLAM(同布定位与建图)等技术建立同现实空间结构一致的虚拟空间,并与虚拟信息进行交互,由于MR设备直接向视网膜投射整个4维光场,所以用户看到的虚拟物体和真实物体几乎是无法区分的。当下AR/MR设备的光学显示系统主要分为光波导和激光全息显示等技术,AR/MR二者并无明显界限。② VR眼镜则是通过数字建模与拟真、隔绝现实环境的设备,利用头部和眼动追踪、动作捕捉等传感器和手柄、手套等外设,营造可交互的三维虚拟环境,向用户提供视觉、听觉、触觉等感官模拟,用户的意识沉浸于无限的数字视野之中。

第一代谷歌眼镜(Google Project Glass)发布于2012年,这一年被称为"智能可穿戴设备元年"。该设备与主体相连的棱镜承担了微型显示屏投射内容的屏幕功能,可以声控拍照、视频通话、导航,具有接入互联网和查看邮件等功能,几百克的重量还集成了触控盘和陀螺仪

---

① 雷锋网:《揭秘光波导核心原理,了解AR眼镜背后的挑战(上)》,https://baijiahao.baidu.com/s?id=1634889030520568102&wfr=spider&for=pc,访问日期:2021年3月5日。
② 波波:《终极扫盲:VR/AR/MR/CR究竟有啥区别?》,https://www.chinaar.com/ARzx/130.html,访问日期:2021年3月5日。

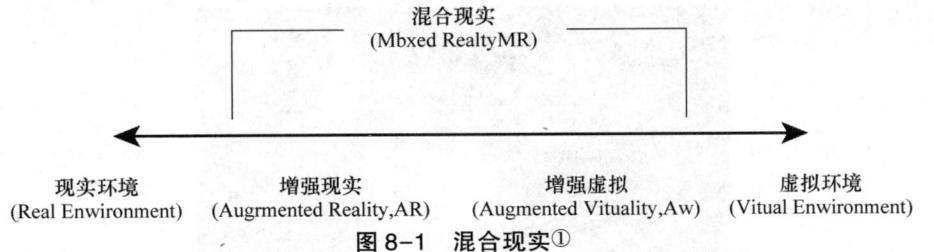

图 8-1 混合现实①

等设备,但功耗较高、功能性弱、人体工程学设计较差,以及当时智能生态链尚未形成等因素,仅仅是试水之作;随着上述问题被新技术逐步改善,如 Realwear、爱普生、Vuzix、亮亮视野、联想、Rokid、Oppo 等多家国内外厂商在近年发布了多款不同类别的 AR 眼镜,可以实现包括隔空操作、新闻推送、远程交互通讯、影音娱乐、教学等企业端(B 端)和消费者端(C 端)功能。谷歌在 2022 年的 I/O 大会上发布了全新的谷歌 AR 眼镜,取消了摄像头等硬件,其功能转向实时翻译,镜片能以 AR 字幕的形式显示对话内容或译文,使用户能够跨语言无障碍沟通,还可辅助听障人士交流。

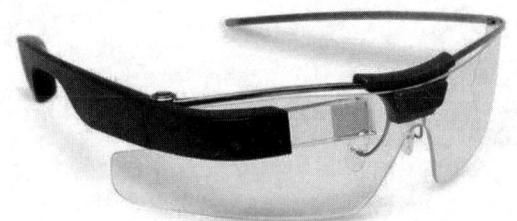

图 8-2 谷歌眼镜

MR 眼镜中,以微软公司在 2015 年发布的混合现实(MR)眼镜 HoloLens 为代表。当前的第二代产品 HoloLens 2 有着更高精度的 ToF 深度感应器、手势和眼球追踪器等传感器,结合深度神经网络算法和语义理解,以及更强的全息处理器,可以无延迟地让用户以现实交互手势直接操控虚拟全息影像,即"本能交互"。HoloLens 2 还有更强的开放性,与微软云计算服务 Azure 相结合,协同实现"智能云+智能端"战略,借助基于 Azure 的 MR 服务,开发人员或企业可以构建跨平台、适配工业制造、物流、医疗等行业场景的企业级 MR 应用。智能云赋能的全息计算可以与其他 HoloLens 或其他 MR 设备共享云端信息,在这一生态系统中,能获得 MR 所需的空间、语音以及视觉智能,以及用于存储、安全和应用程序洞察的云服务。②

三星于 2021 年泄露出一段 AR 眼镜项目的概念视频,介绍了三星"Glasses Lite"联动手柄、智能腕表、键盘等无线设备进行 AR 游戏、观影、办公等操作,展示了"AR Office"、3D 全息视频通话、沉浸式全息显示等愿景,与 MR 眼镜接轨,较 B 端的 HoloLens 2 等设备更接近 C 端,这也是 AR/MR 眼镜的发展趋势。

---

① 波波:《终极扫盲:VR/AR/MR/CR 究竟有啥区别?》,https://www.chinaar.com/ARzx/130.html,访问日期:2021 年 3 月 5 日。
② 李帅飞:《国行售价 27388 元,HoloLens 2 为何敢卖这么贵?》,https://www.leiphone.com/news/201911/zAUxBjEFo39Mbpco.html,访问日期:2021 年 3 月 5 日。

图 8-3　微软 HoloLens 2

图 8-4　三星 Glasses Lite

虚拟现实(VR)设备则在 2016 年迎来爆发,大量厂商如 HTC、Oculus 等都在 VR 元年发布了虚拟现实眼镜,近年来还有三星、索尼、Valve、Pico、Nolo 等厂商发布 VR 产品,目前主要分为外接式(连接 PC)、一体式和移动端(手机盒子)头显设备,硬件性能和算法、图形引擎等方面的提升,使 VR 设备和应用在分辨率、帧数、可视角、追踪和定位精度以及自由度(Dof)和舒适度都早已达到消费级水准,4K+6DoF(6 方向自由度)将成为标配,跨端、串流等体验逐渐普及。针对 VR 设备的游戏、影视资源也已成为主流类别,内容质量和数量进展迅速,设备定位呈现细分化、场景化的趋势,但在新闻传播、社交、医学、教育等方面仍有较大潜力。

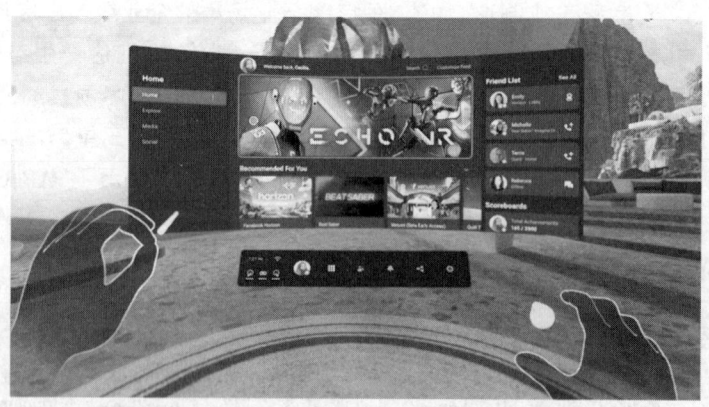

图 8-5　Oculus Quest 2 的虚拟人机交互界面

在交互层面，创新之处主要是身穿式设备覆盖到越来越多的身体部位，以及提供越来越拟真的反馈。丹麦初创公司 Rokoko 的无线套装"Smart Suit Pro"，通过 19 个 9DoF 传感器实现动作捕捉，将使用者的身体数字化。用于 VR 交互的数据手套不仅发展出提供即时力反馈的种类，还有可以提供"真实触感"的触觉反馈手套，如"Dexmo VR 手套"，以及 HaptX 推出的"DK2"，后者在每只手套中配备 133 个触觉反馈点模拟虚拟物体质感，并通过"外腱"力反馈限制手指活动，模拟触碰物体的阻力，制造虚拟的反馈载体，主要适配 B 端 VR 应用。交互式力/触觉反馈技术使得控制器不再局限于单向输入，成为双向输出装置，从人机交互层面来看，VR 输入设备由手柄向力/触觉反馈手套的进化，与按键手机向触屏手机进化一样具有划时代的意义。VR 跑步机制造商 Virtuix 于 2020 年推出"Omni One"消费级全向"跑步机"，用户通过安全腰环固定身体，圆盘底座即为用户在虚拟空间移动的控制器，实现类似于电影《头号玩家》中的沉浸式 VR 体验。

此外，身穿式设备在医疗健康方面也有所发展。三星于 2019 年展示了步态增强和激励系统（GEMS），是一种帮助老年人改善姿势和行动能力的外骨骼，在与 AR 眼镜的联动下，可成为沉浸式健身外设，追踪、分析体态数据并提供反馈，成为生态链的一部分。当下更有无线射频识别技术开发的人体植入式芯片，未来将在交通、安全、医疗等领域得到应用。

图 8-6　Virtuix Omni One

图 8-7　Mojo Lens 结构图

二、感官沉浸媒体的未来发展方向

感官沉浸媒体目前的缺点,除了在"智能可穿戴设备"部分提及的真实与虚拟的混淆,以及用户隐私边界模糊之外,还有很多技术层面上的具体局限:首先是硬件终端在分辨率、刷新率、定位准确率等指标上还有提升空间,各类头显设备也不算轻便,高度依赖手柄的交互体验不自然,而手势交互仅限简单动作;其次是软硬件和平台均无统一标准,适配难度高,同时高创作成本也限制了虚拟现实内容的增长;最基础的局限在于算力和网络条件的限制,包括未来的元宇宙在内的虚拟现实应用都需要高带宽、低时延和高可靠性,若要实现沉浸式的XR、全息影像、感官互联等更高阶段的场景,算力、网络等基础设施资源还须进一步扩张和迭代。[1]

这一案例为我们提供了有关上述问题的部分解决方案:2020年,美国初创公司 Mojo Vision 推出了 AR 智能隐形眼镜原型,镜片上的微型屏幕拥有世界上最小(直径 0.48 毫米)、像素密度最高的 MicroLED 动态显示,未来量产后或应用于帮助视力受损人群;[2]2022年该公司推出新一代原型机,有着更高像素密度并升级为全彩显示,集成了薄膜固态电池、眼动追踪、眼球控制等硬件和加速度计、陀螺仪等传感器,通过低延迟的无线通信系统传输流媒体数据,可以实现隐式计算,同时还与阿迪达斯合作探索运动场景应用。这种半植入或植入式的设备可能是感官沉浸媒体的终极形态,但需待其投入量产并普及至大众。

根据 2020 年虚拟现实产业发展研究报告,全球 AR/VR 市场规模在 2025 年将达到 343 亿美元,2025 年全球企业 AR/VR 市场规模达 184 亿美元,消费市场达 159 亿美元。人工智能、云计算、超高清显示和光学硬件等技术的发展与融合,能够解决虚拟现实产业痛点,赋能典型应用,实现此类设备的轻量化、移动化和实时反馈、快速反应,为用户在个人的娱乐和办公场景中提供更理想的体验。AR/VR 也将为相关技术的发展提供新场景和新空间,为传媒等行业带来新的内容传播、交互形态。

第二节 环境沉浸媒体

与感官沉浸媒体强调人体部分感官的沉浸有所不同,环境沉浸媒体侧重环境给人带来的整体沉浸感。对环境沉浸媒体来说,可穿戴设备在一些情况下可能成为其构成要素,依然会带给用户部分感官的沉浸,但这种感官沉浸是在特定场景下才存在意义。此外,部分场景中的环境沉浸媒体并不依赖可穿戴设备,人体置于其中即可实现。

---

[1] HA 虚拟现实开发:《浅谈元宇宙》,https://mp.weixin.qq.com/s/0eSB7RQFYmdZzGOzgaS0mQ,访问日期:2022 年 6 月 13 日。

[2] Rachel:《当隐形眼镜遇见 AR:能看清现实,也能增强现实》,https://www.leiphone.com/news/202001/MO3LmMhzmz0JtKKj.html,访问日期:2021 年 3 月 6 日。

一、沉浸式交通场景

近年来,智能化逐渐渗透至出行或交通场景之中,从智能移动终端到智能化的交通工具,正在深刻地变革人、道路和城市间的关系。本部分主要探讨智能化出行体验在信息传播与人机交互方面出现的新形态——交通场景中的环境沉浸媒体。

(一)沉浸式个人移动场景

沉浸式个人移动场景主要包括各类智能显示技术在挡风玻璃、头盔目镜、车机和 App 等媒介中的应用,营造感官融合的传播和交互场域。

1. 增强现实显示

增强现实在交通场景中以 AR-HUD 形态为代表。HUD(Head Up Display,平视显示器)最初用于军用飞机,将飞行参数、姿态等信息投射到飞行员视野前方的透镜或头盔目镜上,后被引入民用飞机和量产车,HUD 将虚拟信息叠加而非完全遮挡外部实景,结合毫米波或激光雷达、摄像头等传感器感知并显示车辆状态、导航、路况等信息,驾驶员的认知负荷得以降低。在 AR-HUD 问世前,传统的 C-HUD(组合式)和 W-HUD(风挡式)显示面积小且内容单一。量产的 AR-HUD 最初搭载于奔驰 2020 年发布的代号为 w223 的 S 级轿车上,该系统可实现等效 77 英寸的屏幕显示,可投射贴合路面的动效导航信息,与辅助驾驶配合的交通标识识别、车道或前车提示等,都可与实景高度融合,向驾驶员传递直观的信息或提示。大众集团、长城、理想、比亚迪等国内外车厂也将 AR-HUD 搭载于旗下多款车型上,参与研发的企业也逐渐增加,如大陆集团、日本精机、伟世通、松下、华为、水晶光电等,市场竞争日趋激烈。据预测,2025 年我国的 AR-HUD 装车率有望达到 10%—15%。除挡风玻璃外,摩托车、自行车等载具的头盔目镜也是增强现实技术的载体,如 Jarvish 推出的 X-AR 头盔,集成了 AR 显示模组,支持语音助手、通信、音乐等功能,也具备显示车辆数据、导航等交通应用,头盔搭载的摄像头还能实现流媒体后视镜和视频直播功能,此类智能头盔可被视作是 AR 眼镜使用场景延伸的产物。目前,支持人脸、车牌识别和实时传输视频的交通执法智能 AR 眼镜也已经出现。

图 8-8 奔驰 S 级的 AR-HUD

图 8-9 奥迪 Q4 e-tron 的 AR-HUD

在成熟的 AR-HUD 问世前,谷歌、百度、高德、搜狗等传统地图平台早已布局手机端的 AR 实景导航,借助 AI 实现图像视觉和语义理解等方面的突破,谷歌在 2022 年的 I/O 大会上发布了谷歌地图的沉浸式街景(Immersive View)功能,用计算机视觉技术融合卫星、无人机拍摄的数十亿张街景影像打造出实时渲染的 3D 数字地图模型,实时计算部分在云端完成,用户可以查看不同时间、天气、交通繁忙度下的街景,其细节深入建筑物内部,通过 AR 为用户导航,这一功能适用于包括手机在内的多种设备。当前阶段的 AR-HUD 主要功能也是以 AR 导航为主,有望取代传统液晶仪表,下一阶段将与 ADAS(高级驾驶辅助系统)、V2X(Vehicle to everything,车与车、基础设施、人、云端等事物的通信技术)和自动驾驶等技术的深度结合,交通工具成为数据交互平台,进入物联网生态,接入多样化的智能服务,AR+AI 是智能交通的趋势。

增强现实技术的介入能让驾驶员进入沉浸式的驾驶场景,消解其媒介意识,注意力无需分散。而传统的驾驶任务信息显示(仪表、中控屏等)是视、听、触觉等感官分离的,无法提供完全专注驾驶的、信息完整的体验,而 AR-HUD 可将现实空间媒介化,重构了空间格局,体现驾驶者的主体性。

2. 沉浸式座舱

沉浸式座舱是人工智能技术与各种车载计算机结合的产物,使车与人、与万物间的互联智能化。传统车机功能局限于广播、音视频播放和导航等,而如今的智能车机则整合了 ADAS、V2X、智能语音、显示以及多种传感器甚至是自动驾驶模块等,逐渐构建出座舱内的沉浸式空间界面,其交互方式从物理按键向触控、语音、手势或肢体等自然方式演进,智能交互界面被全景化,提供基于情境的服务。例如宝马、理想等车企的手势操控和蔚来的实体语音助手 NOMI,座舱触控化也向着完全体进化,如奔驰公司推出的"MBUX Hyperscreen",将所有交互功能整合在一块超过 1.4 米宽的曲面触屏内,各显示域分别负责仪表、功能交互和副驾驶娱乐信息系统,高频功能持续显示,而其他功能由 AI 决定适时显示以保证"零层级交互",高性能硬件的算力保证了系统的流畅和自主学习能力,采用类似方案的还有特斯拉、奥迪等以及大量国内厂商;宝马公司 2022 年发布的新一代 7 系在后排搭载了宽度近一米的 8K 屏幕,配合可自定义情境模式的天幕、互动灯带和多块触屏,营造全座舱联动的沉浸式交互体验。在系统层面,目前国内车企多采用 IT 厂商、互联网公司推出的智能车机和车联网方案,作为车辆的智能应用中枢,如百度的 DuerOS、阿里的 AliOS、华为的鸿蒙 OS 等,车辆成为融入物联网生态的、可接入互联网服务的智能驾乘平台,开拓了驾乘场景更丰富的媒介属性。同时,具有感知能力的驾乘场景为服务平台增加了新的数据收集入口,用户数据是 AI 进一步发展的基础。

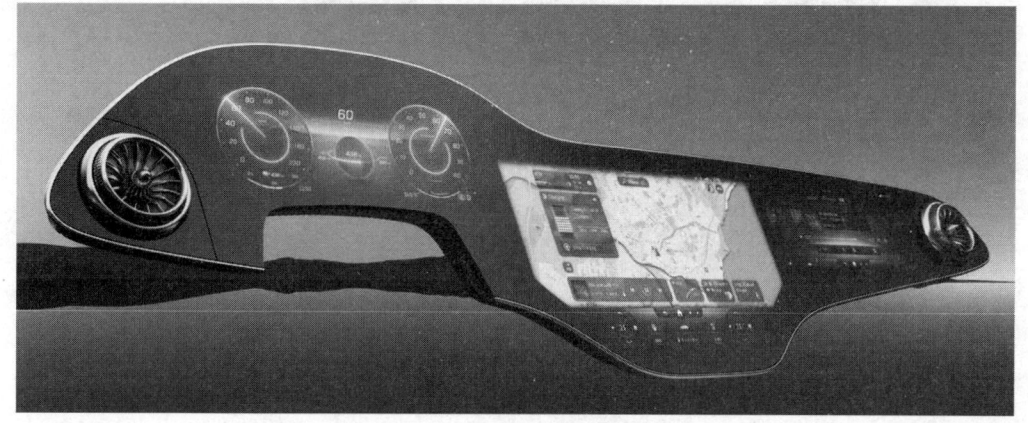

图 8-10　MBUX Hyperscreen

(二)沉浸式公共移动场景

沉浸式公共移动场景以地铁"魔窗系统"为代表。不同于需要额外光学反射结构的 HUD,透明 OLED 是一种自发光显示技术,已在透明电视、智能橱窗等产品中应用,其原理是在透明基板的像素阵列中设置非显示的透光区以提高透光率,达到"透明"效果。北京地铁 6 号线于 2020 年在列车中安装了 55 寸的透明 OLED 屏幕,取代了玻璃车窗,可显示列车位置、地图和车站三维示意图,车厢内还部署了检测乘客行为的摄像头,以及采集满载率、温度、湿度等信息的传感器,这些数据上传至云平台,可通过列车通道、车门和中间窗上方的高清 LED 屏幕适时告知乘客以上信息。列车还支持"网联化",通过无线自组网,实现列车级信息传输。深圳地铁 10 号线的"智慧车窗"还可触摸交互,访问互联网,智能车厢以即时的虚拟信息叠加于乘客的视野中,增加了与外界的隔绝感,也保留了虚拟与现实重叠的通透感,营造了可交互的、多屏联动的公共媒介信息空间,使乘客进入共同的经验模式中,智能化的乘坐场景成为环境沉浸的新载体。

二、沉浸式展览场景

(一)沉浸式互动装置概述

沉浸式展览主要应用于文化艺术领域,可以被概括为广义上数字媒体艺术的新种类之一,或被称为沉浸式声音视觉装置(Immersive Audio-visual Installation)——自马赛尔·杜尚的《泉》引发人们有关艺术为何物的思考后,"第三媒介时代"的互动装置艺术拓展了审美接

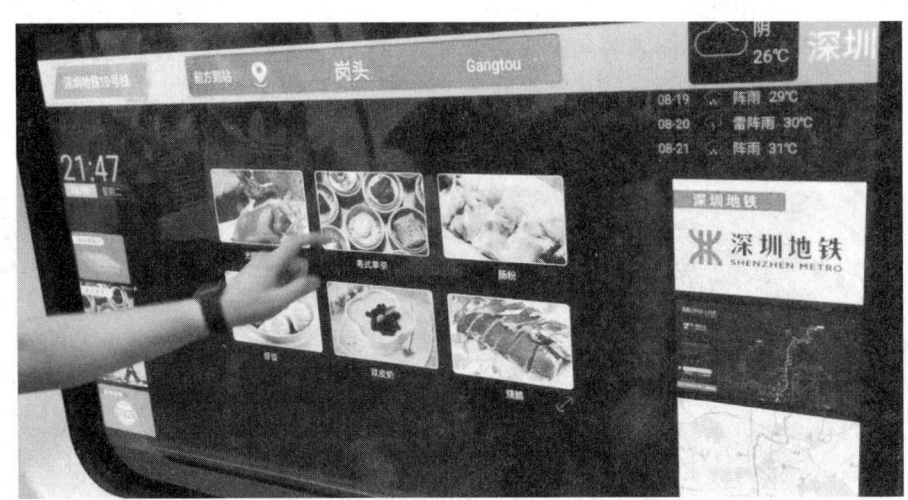

图 8-11　深圳地铁 10 号线的"智慧车窗"

受样态的边界。数字技术将各感知通道复制并重组,使观者的感官整体浸入作品,使其身体被完整地置入虚拟信息环境中并与之连接,审美活动从离身走向具身。观者身体的行为能与环境整体和其他观者交互,产生情感互动,共同参与到作品的创作与解读中。

在当下的沉浸式展览实践中,这种虚拟环境主要由互动式的影像空间构建,再造了一个虚拟数字信息空间叠加于现实的混合空间,形成了物质与非物质的多维混合构成体。虚实相生的沉浸媒介与环境和人融为一体,因此身体即是界面,媒介不仅是人的延伸,人也是媒介本身——这意味着沉浸式展览不再是有中介的主客二分式艺术传播,而是超越了观者与作品对立的主客一元的直接感知,令观者在参与互动中更易体会、理解创作者注入的意图或观念。

沉浸式展览的主要形态,沉浸式互动装置源于 19 世纪初由杜尚开创、20 世纪 60 年代兴盛的装置艺术或"环境艺术",以三维立体作品或室内三维空间为主,综合运用绘画、戏剧、音乐、建筑等媒介,以及声、光、点等方式刺激感官,装置在观者的介入下成为其生活经验的延伸,在创作者对物质进行艺术性选择、挪用、改造、组合之下生发其文化艺术形态。① 20 世纪七八十年代,电影、电视、录像等"分布式数码图像"和互动装置出现,但不具备智能属性的互动装置艺术还未能达到真正的沉浸式体验;在人工智能介入后,能够自我创造和更新的"进化主义"数字艺术使沉浸式作品的主体性浮现,人机共同完成作品,互动装置也不只是用于产生感官效果,更是为了创造身心共鸣。

后现代的沉浸式互动装置如今已不再是反艺术、反审美、反权威的代表,而是回到美术馆和博物馆,再次接受文化艺术的收编。2013 年,《雨屋》于纽约展出,这是沉浸式互动艺术装置最有代表性的作品之一,通过传感器检测观者位置和活动,使观者身处人造雨中却不会被淋湿。目前较为成熟的沉浸式艺术展览,是日本 teamLab 团队自 2018 年起在东京、上海等城市建立的多座数字艺术博物馆,其理念是在无始终的艺术空间中,探索人与自然和世界的

---

① 徐淦:《什么是装置艺术》,《美术观察》2000 年第 11 期。

图 8-12　teamLab 无界美术馆作品

无边界关系,寻求人与人的共同创造——观者在沉浸式展览中接近于审美直观的状态,令沉浸媒介十分适用于文化艺术传播的场景之中。沉浸式的文化旅游装置近年来也发展迅速,《幻想的建筑师高迪》《遇见敦煌》《千里江山图》等国内外的沉浸式展览可被视为象征意义系统,展览场域承载着社会文化记忆和符号价值,作为一种综合性艺术品促进着观者的文化认同,拓展了文化艺术传播的受众,增进了不同民族、国家间文化交流的深度。

(二)数字复制时代的困境与转向

沉浸式展览作为当代最前沿、最具代表性的艺术或文化表现形式之一,目前存在着审美价值缺失等问题,以及有关作品"本真性"的争议。

沉浸式展览的快速普及使沉浸体验走进大众视野,但对感官满足的依赖让这类作品往往有滑向消费主义的风险:尤其是向商业性或娱乐性内容妥协、或过分强调数字技术展示的作品,都会使观者丧失对内容本身亦即艺术性的重视,更无法与创作者同构审美价值和意义,也失去了思考与判断的能力,观者只有感官沉浸,却没有认知沉浸。这类装置并不能称之为艺术作品,而应视其为一次性消费产品。面对消遣大于审美的流观倾向,首先要把握技术介入的限度,创作者在智能化的人机协同创作中需占主导,将计算机及其程序限于表达工具的范畴之内;对观者而言,厘清不同场景中的沉浸式展览的性质最为重要,只有参与到表达艺术家本人意志,且远离现实的商业、娱乐、宣传等目的的沉浸式互动装置中,才可获得数字形式下的审美体验,凸显沉浸媒介带来的主体性的回归。

与沉浸式展览的异化相伴而生的,是数字复制时代"本真性""在场性"等属性的讨论:可被无限复制的沉浸艺术已无独一无二的"原本"和"即时即地"的概念,能同时存在于不同时空的作品的权威性也因此被消解,"第三媒介时代"的沉浸式艺术品是否也能够具有本雅明所说的"灵韵"成为重要议题。这一争议实际上涉及艺术价值的转向:艺术在不同的文化语境中会有不同的价值结构,"灵韵"系于技术变化,沉浸媒介环境提供了更直观的审美感知和

"超真实"的临场感,因此观者可以自由跨越物质与精神、感性与理性等不同逻辑的时空维度;艺术在仪式、权威、技艺等方面的膜拜价值也让渡于后现代艺术品"观念展示"的价值,观者在艺术参与中获得了与互动装置情感联结的体验,以及在价值感召、信仰诉求和认同构建中的精神共振的体验,从而上升到新技术语境下的膜拜价值,完成数字时代的"灵韵"再生和文化艺术观念转向。①

三、环境沉浸媒体的未来发展方向

目前环境沉浸媒体的缺陷首先是技术尚不成熟。AR-HUD 目前较大的体积、图像显示延迟和亮度、清晰度不足、散热不佳等问题都亟须改进,这些因素会影响驾乘人员的体验,或造成感官间信息接收失衡,甚至危害驾驶安全。依赖卷积神经网络的算力、传感器的信息传输速度以及成像系统的反应速度等指标的提升,AR-HUD 的交互界面设计也应将用户对现实的感知为优先级,同时以驾乘界面为主,减少冗余的商业、新闻、娱乐等信息。而透明 OLED 则依靠完善透明基板和阴极等技术,以提高透明度、分辨率和对比度等参数。其次是标准尚未统一。对 3D 实景地图而言,其挑战首先在于需要高算力的深度学习和渲染任务目前只能交由云计算,而当前的网络基础设施难以承载沉浸式内容串流;其次便是街景建模的审批、室内数据的授权与采集等挑战,在成本和商业模式上尚未有均衡方案。沉浸式出行的人机交互界面和交互逻辑、行业技术标准和隐私数据采集、车联网网络安全等方面均无明确、一致的法规可循,但标准的制定需要足够大的市场规模,形成准则仍需时日和更多业界实践。

在未来,当交通工具成为智能服务的数据交互平台,座舱或车厢电子架构的革新或带来真正的去界面化沉浸式体验,如奔驰的"VISION AVTR"概念车所展示的投影式菜单,将选项投射至手掌,移动、捏合即为切换和选中操作,由传感器还原的数字身体成为"界面",这种具身交互使数字与现实身体共在,虚拟与现实世界的感知框架间存在着平行关系,沉浸式座舱使感官被数字化地延伸到系统中,用户的感知边界也被延伸到传感器、摄像头等设备的感知范围,车辆与身体分别作为可感知的媒介并融为一体,成为持续在线的智能化物联网节点,驾乘场景中的身体被解放。②

对移动场景而言,5G 的意义重大。一方面,在本地算力尚未发展到支持更高阶的 AI 时,高速通信能够充分发挥人工智能与云计算的功力——驾驶权向人工智能转移,使用户更沉浸于座舱的场景之中;另一方面则是公共基础设施的下一个风口——5G-V2X,这是智能出行互联层面的重要技术之一。5G 边缘计算、多接入边缘计算(MEC)和智能基础设施解决方案,使车载/路侧终端协同的"云—管—边—端"统一架构成为可能,形成人、车、路、云的感知共享、分析、决策,提高安全性,优化城市交通运行,在高级别自动驾驶等系统的配合之下,为出行人员提供轻松高效的交通体验。在多源融合信息服务框架下,各服务功能域能够高效

---

① 于悠悠:《数字复制时代艺术作品的光晕再造》,《南京艺术学院学报(美术与设计)》2022 年第 1 期。
② 徐瀚祺、宫承波:《交通场景的沉浸式传播探究——以 AR-HUD 和透明 OLED 屏幕等透明显示设备技术的应用为例》,《新闻爱好者》2021 年第 8 期。

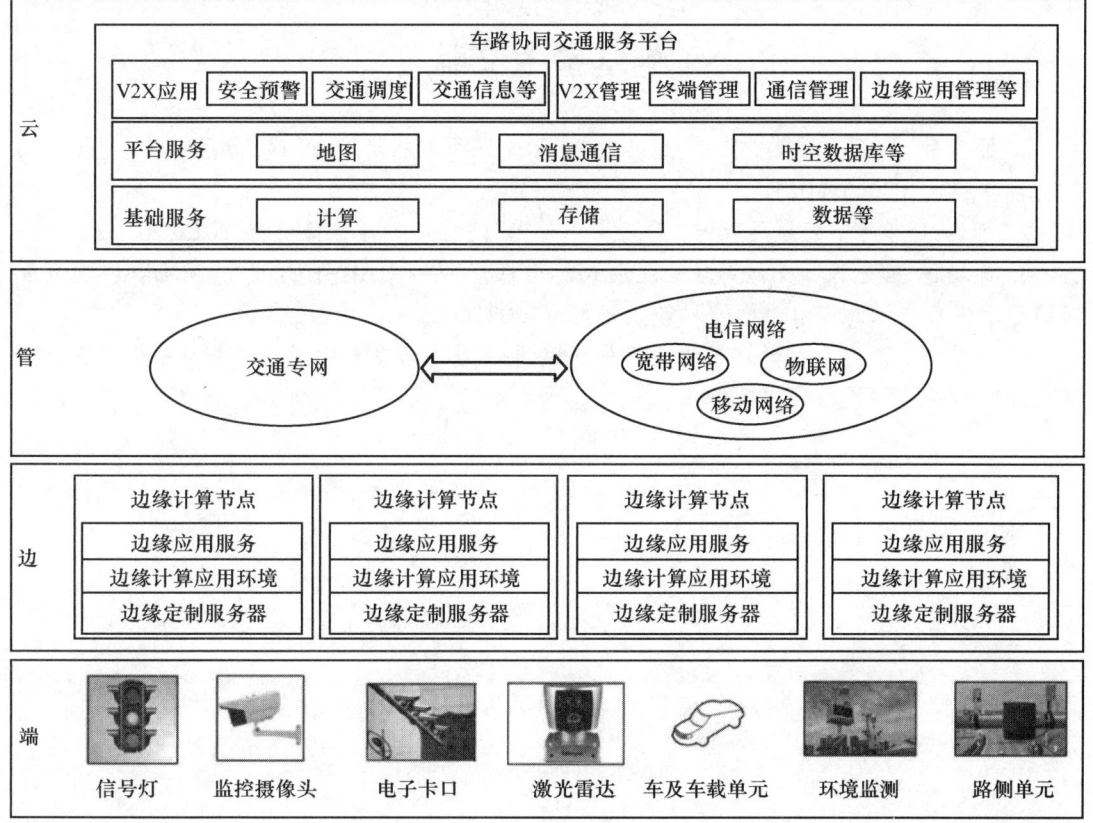

图 8-13 车路协同的云管边端架构①

协同运作,更好地利用 V2X 收集的数据,资源可被更好地调配,促进交通工具、交通服务的新模式和新业态发展,②使智能出行场景与智慧城市的建设对接,拓展更丰富的沉浸媒体空间,加速交通行业数字化转型,打造智能的泛媒社会。

本章思考题

1. 若 AR 设备取代手机成为主流智能终端,会拓展哪些应用场景?
2. NFT(非同质化代币)作为数字资产会让沉浸艺术有唯一"原作"吗?
3. 试分析感官沉浸媒体和环境沉浸媒体的异同。

---

① 熊小敏、杨鑫、刘兆璘、朱雪田:《车路协同的云管边端架构及服务研究》,《电子技术应用》2019 年第 8 期。
② 熊小敏、杨鑫、刘兆璘、朱雪田:《车路协同的云管边端架构及服务研究》,《电子技术应用》2019 年第 8 期。

本章参考文献

1. 喻发胜,张玥. 沉浸式传播:感官共振、形象还原与在场参与[J].南昌大学学报(人文社会科学版),2020,51(02).

2. 李沁,熊澄宇. 沉浸传播与"第三媒介时代"[J].新闻与传播研究,2013,20(02).

3. 徐瀚祺,官承波. 交通场景的沉浸式传播探究——以 AR-HUD 和透明 OLED 屏幕等透明显示设备技术的应用为例[J].新闻爱好者,2021(08).

4. 于悠悠. 数字复制时代艺术作品的光晕再造[J].南京艺术学院学报(美术与设计),2022(01).

第三单元

新媒体传播论

新媒体传播无远弗届，又与时俱进。大数据、物联网、人工智能、虚拟现实、云计算等新兴技术的出现与发展，不断地革新着新媒体传播的形态与方式。由此导致人们在新闻生产与发布、舆论形成与引导、广告与营销、网络直播及数字出版等方面均出现新特点、新规律、新挑战和新机遇，从而亟待我们用一种全新的视角来观察与解读。

在新闻的生产与发布领域，新媒体语境下，新闻发展成为一个模糊、集成和过程的概念，呈现出容量大、形式丰富、生产效率高、趋于个性化以及社交化传播程度加深等特性。随着技术的迭代与媒介融合的深入推进，新媒体新闻形态也在不断发生升级与重构，进入一个崭新的阶段。

在舆论的形成与引导领域，新媒体所具有的开放、互动、即时传播等特性使新媒体舆论呈现出迥异于传统舆论的一些特征，如舆论本体多元化、传播者多样化以及动机复杂化等。伴随着"后真相"时代的来临，舆论的社会动员效果明显、引导难度增大，新媒体舆论呈现出新的特点，同时也产生了新的问题。

在广告与营销领域，依托新媒体传播渠道和传播方式，广告形态得以自我进化，呈现出精准传播、双向互动、传播速度快、范围广以及创意空间大等特性。与此同时，如今的新媒体营销更灵活轻巧也在互动性、精准度、趣味性和营销成本等方面远远超越传统营销，逐步实现了从传统市场向数字市场转变。

在网络直播领域，网络直播场景不断垂直化发展，其实时交互性、在场感、社交性、草根化以及娱乐消费性等特点都得到了加强。直播带货逐渐成为网络直播经济新业态，但在复杂的信息环境之下，作为新生行业的网络直播生命周期较短，其暴露的问题也逐渐显现。

在数字出版领域，为顺应媒体融合时代语境、解决传统出版和数字出版融合发展问题的新兴出版范式，经由政策推动和概念创新，传统出版由数字出版粗放式发展的初级阶段迈向了融合发展的新阶段，出版行业不同细分领域的数字化进程呈现出不同的特征面貌。

第九章 新媒体传播概说

扫码可见
第九章PPT

第一节 何为新媒体传播

传播在广义上指信息的传递和流动,自古已有之。从早期的口口相传到烽火狼烟、露布木铎、飞鸽传书,再到如今的收音机、电视机、计算机等,载具的不断泛化带来了传播手段和形式的嬗变与更新,推动着人类社会信息系统朝着系统化与结构化的方向发展。从时间视角出发,新媒体实际是一个变动不居的概念,任何当下被称作"新"的媒体都是纵向上与此前出现过的"旧"的媒体的相对物。因此,我们讨论新媒体传播实际也要结合时代语境去探讨新的技术形态作用之下的媒介传播。承接本书第一单元提到,广义上的新媒体是利用数字技术、网络技术、移动通信技术和智能技术,通过互联网、宽带局域网、无线通信网和卫星等渠道,以电视、计算机和移动终端等为主要输出终端,向用户提供视频、音频、语音数据服务、社交服务、休闲游戏、远程办公、在线教育等集成信息和娱乐服务的所有新的传播手段或传播形式的总称。以下所述新媒体传播范畴主要围绕广义上的新媒体内涵展开,即,既包括"新兴媒体",也包括"新型媒体"。

一、新媒体传播之特征

较之传统媒体,新媒体传播的主体性得到极大丰富与泛化,催生了万众皆媒、万物皆媒景观的出现。在传统媒体时代,传受主体的数量差异明显,地位也泾渭分明。传者占比小,掌握更大的话语权;受者基数大,但处于被动接收信息的地位,主体能动性较低。新媒体的出现一定程度上带来了话语权的下放,传统"受众"升级成"用户",这意味着任何一个人都可以成为信息生产主体,实现了从受者到传者的身份过渡与转换。UGC(User Generated Content,用户生产内容)的出现开始冲击专业化媒体生产,借助微博、知乎、豆瓣、小红书、微信公众号等一众兼具社交属性的内容创作平台,一大批专业知识背景迥异的网络红人、自媒体开始涌现,一定程度上抢占了信息生产与发布的媒体端。为了赶上新媒体浪潮,传统媒体同时也积极转型搭建自己的网站应用、客户端,并邀请优质的原创内容生产者入驻,如人民日报旗下人民号、百度旗下百家号、腾讯旗下企鹅号、搜狐旗下搜狐号以及澎湃新闻旗下湃客号等。随着云计算、物联网、5G、人工智能等新技术的迭代与发展,传播主体并不一定是人。内容生产、分发、互动与反馈等各个领域均可以通过机器算法实现,传播终端不断拓展延伸,无人超市、智能家居逐渐嵌入大众的日常生活,万物皆媒的时代悄然已至。

多元主体共同参与到内容生产场域带来了社会信息生态的重构。正所谓新媒体时代内容为王,新媒体传播在内容上除了海量化与高速化的基本特征外,还朝着平民化与分众化趋势发展。传统媒体时代由于传播权集中在专业机构组织和少数公共知识分子上,虽也不乏平民视角的内容,但社会文化总体呈现出浓厚的精英氛围。新媒体的出现打破了这种自上而下的格局,社会议题开始呈现出更多元、包容、平等的特点。在此之下,人们的信息需求也有了更高的要求,从而推动着新媒体传播趋近分众化,即根据不同层次、不同群体产制特色内容。由于机器算法推荐机制的诞生与发展,新媒体时代大众信息服务也更加垂直、聚焦与个性化。遍在化的泛媒体成为信息景观的同时也导致了互联网生态鱼龙混杂、泥沙俱下,大量未经主流意志把关与过滤的信息借助用户媒体传播,一方面赋予草根议题和民间叙事以更多权重,推动舆论场下沉,打破传统官民舆论场的界限,某种程度上形成对公权的钳制力,让人民的声音可以更好地被表达与传播;另一方面,在海量内容和过载信息的冲击下,人们的阅读习惯也朝着碎片化、情绪化方向发展,容易滋生谣言、情绪化、极化言论等,而过度连接也导致了信息倦怠等问题的出现。

自1994年我国接入互联网始,近30年的时间,伴随技术的迭代更新,新媒体传播渠道迎来了全方位升级与重塑,呈现出大规模立体网络化、平台化态势。作为新媒体发展的基石,举凡流媒体技术、大数据技术和云计算技术在内的数字技术为媒体转型与融合提供了可能,也深刻改变了大众传播和接收信息的方式。计算机网络技术的革新推动Web1.0更新迭代至如今的Web3.0,移动通信技术也已发展到第五代(5G),实现了从单一、线性到加智能化、整合化、个性化与交互化的传播模式改进。近些年,以人工智能技术为核心的媒体智能技术更是直接串联起数字技术、网络技术及移动通信技术,不仅让媒体实现了自我进化,还深刻嵌入整个社会信息交流系统,重塑了人与媒介的互动关系。在技术驱动下,从商业门户网站到传统新闻媒体网络化,再到社交媒体、移动网络媒体、聚合类媒体的出现,新媒体传播平台迎来了爆发式的增长。信息生产与分发的路径实现了裂变式传播的转化,同一条信息可以突破平台限制,在跨平台多平台传播中实现最大程度的信息增量,当然这也极易导致信息变形,影响用户的吸收与理解,从而助推平台协作与治理的出现与发展。

区别于大众传播时代,新媒体传播的显著特征还在于其对时空场景的重构与延伸。就时间场景而言,传统的大众媒体如广播电视主要依靠有限的信息传递系统,大众接收信息的能动性十分有限,如观众不能随意暂停和回看电视节目、阅读连载小说需要通过邮寄订阅等,可以说成是"减速型"信息社会;而进入新媒体时代以来,计算机、智能电视、手机等设备的出现让大众可以第一时间获取信息并根据自己的时间安排接收信息,极大地降低了时间成本,整个社会迈入了"加速型"信息社会。就空间场景来说,新媒体传播则具有典型的临场化和伴随化特征。一方面,传统的大众媒体依托新技术衍生出户外彩屏、楼宇电视和车载移动电视等新型媒体,传播形态虽未发生根本性变化,但信息质量提高、传播范围更加宽广,应用场景更加多元;另一方面,以桌面互联网媒体、移动互联网媒体、智能媒体、沉浸媒体、互动电视媒体为代表的新兴媒体依托全新的传播技术,打破物理区隔形成一种跨时空信息场域,让身处不同国家、不同地区、不同场景下的人们都可以同步接收到海量信息,而随着近些年VR、4K+8K、智能语音识别字幕技术等新科技的引入,加之AI、AR、云计算、仿生机等技术的完备,以及2021年以来大热但尚处于概念阶段的"元宇宙",无一不揭示出当前信息社会所呈现出的前所未有的临场感与沉浸感特征。

按传播效果的观测,新媒体传播无论是从辐射范围还是参与群体来看,都可以称得上是一次新的变革浪潮。移动电话基站、互联网宽带、光缆线路等网络基础设施的扩建极大地解决了信息不发达地区通信联网的问题,城乡、国内国际上网差距不断缩小,信息传播辐射区域持续扩大,新媒体传播已是无远弗届。当前,尽管互联网应用适老化改造虽也已初具规模,但从连网、上网、用网的需求和活力来看,青少年触网比例不断攀升,新媒体用户规模总体仍呈现年轻化发展态势,也即新媒体传播在年龄层面上尚不能做到无差别普及。但毋庸置疑的是,作为一种全新的传播模式,新媒体传播已成为社会信息流动的底层逻辑。短视频、网络直播、网络游戏、虚拟社交等越来越多的新媒体服务不断下沉,吸引更多更广的群体参与,越来越多网红、KOL、自媒体涌现,在加速网络话语权下放与分化的同时,也带来了信息生态混乱失序、舆论场对冲撕裂等新问题。新媒体传播的表征虽然是去中心化,但大有召回再中心化或者局部中心化的趋势,只是区别在于,这种中心化结构已不再稳固,而是不断流动与更新的。

二、新媒体传播之类型

正如传播学集大成者施拉姆所言:"研究传播学其实就是研究人:研究人与人,人与其他的团体、组织和社会之间的关系;研究人怎样受影响,怎样互相受影响;研究人怎样报告消息,怎样接受新闻与数据,怎样受教于人,怎样消遣与娱人。"简言之,研究传播首先应了解人与人怎样建立关系,传统的传播理论研究据此将传播类型分为了内向传播、人际传播、群体传播以及大众传播。然而,随着传播方式的革新与变迁,传统的传播类型虽然已经无法很好地解释新媒体时代的社会传播现象,但传播结构实际又未发生根本性变化,所以审视新媒体传播也可结合传统传播理论研究框架更新研究方向、问题与重点。

自我传播,又称"人内传播""内向传播",指个人接受外部信息并在自身内部进行信息处理的活动,是一切外在传播活动的基础。自我传播是自我认知的过程,但它的作用不仅是对自己的思想、感觉、偏好的理解,更重要的是,这些理解都需要建立在与外界相关联的基础上。[①] 从根本上说,新媒体时代自我传播发生的变化与媒介触达有着密不可分的关系。传播渠道(互联网、宽带局域网、无线通信网和卫星等)、输出终端(电视、计算机和移动终端等)与传播内容或形式(信息和娱乐服务)等的更新为大众媒介使用设置了新的技术门槛。大众首先需要学习并使用新媒体,这一过程既是自我传播也是建立自我传播的基础。通过对新媒体传播的内容进行观察、分析和判断并进一步作用于其媒介实践,"主我"与"客我"实现对话,大众从而得以完成正式的自我传播,但就这点而言,新媒体与传统意义上的自我传播并无本质区别,即同样都是对媒介传达的信息进行编码与解码的过程,只是传播的环境与土壤发生了新的变化。

与自我传播类似,新媒体时代的人际传播最大变化依然是技术赋予的。人际传播,顾名

---

① 陈力丹:《自我传播与自我传播的前提》,《东南传播》2015年第8期。

思义,主要指个人与个人之间的信息传播活动。囿于时空限制,传统的人际传播基本发生在现实生活场景中。电报、电话等媒介的出现虽然一定程度上突破了时空场域的限制,但仅靠声音交流,神情、动作与接触等姿态所传递出来的信息却不能够被传播,人际传播效果大打折扣。新媒体的出现在解决这一问题上迈出了重要一步。从固定的台式计算机到笔记本电脑、智能手机、手表等移动终端,人们可以随时随地通过视频电话交流沟通,而随着镜头像素以及 4K、8K 等电子屏幕分辨率的不断提高,人们的虚拟联结也变得更加精细生动,极大地提升了跨时空人际传播的效果。此外,时下出现的一些电子产品甚至有望实现异地"接触"。国外有科研人员研究了一款名为 Kissinger 的装置,俗称"异地接吻神器",使用方式就是将它套在手机上,装置底部有一个塑料垫,当一方亲吻这个垫子时,它就会将这种感觉传到另一方的塑料垫上。该装置主要通过压力传感器和执行器来工作,能够将亲吻记录下来并传导到对方的接收设备上,接收设备可以通过一个具有视频呼叫功能的应用程序来重现这个吻。[1] 虽然在准确模拟方面,Kissinger 还需要进一步完善,但它无疑是在进一步增强虚拟人际传播方面作出的有益尝试。

群体传播是具有某种共同社会属性的个体和社会集合体所进行的共同交往活动。人们早期利用新媒体主要为了浏览信息与通信,所以大多以自我传播与人际传播为主。而随着互联网技术尤其是 Web2.0 的发展,越来越多基于共同兴趣爱好的网络圈层出现,它们规模不一但分布广泛、种类繁多,有着同一且聚焦的群体意识与群体规范。社交媒体是人们彼此之间用来分享意见、见解、经验和观点的工具和平台,[2]如微博、豆瓣、知乎等。社交媒体在内容生产与交换方面的属性决定了其容易发展成群体传播最活跃的场所。以新浪微博为例,平台专门设有超话、粉丝群、群微博、好友圈、同城热搜等版块,以帮助具有相同兴趣爱好、地域、职业等标签的用户交流沟通,形成分众化、垂直化的针对性群体传播。此外,一些群体意识与规范强烈且稳定的线上群体也会演变成线下联结,如明星的粉丝会、后援团等。此类群体还会通过在户外彩屏、楼宇电视和车载移动电视等新型媒体上投放明星纪念资料与活动通知等,集聚在一起进行"打卡"的线下仪式。总体说来,新媒体的出现使群体传播更加凸显,也更加聚焦与分众化。

组织传播指的是某个组织凭借组织和系统的力量所进行的有领导、有秩序、有目的的信息传播活动。[3] 与普通意义上的群体有所区别,组织更强调内部的秩序性与明确的权力结构关系。常见的人类社会组织包括政治组织(政党、政府等)、经济组织(各种企业)、教育组织(学校)、军事组织以及宗教组织等。组织传播的典型特征类似于内循环,所有的信息传播活动需要经由组织内部的结构系统完成,一般分为纵向传播与横向传播。纵向传播包括自上而下和自下而上的传播;横向传播则是个体与个体间、部门与部门间的传播。传统的组织传播运作受限于技术条件往往比较笨重,一些大型组织甚至时常出现信息交流不畅、结构系统

---

[1] Kissinger,百度百科,2022 年 6 月 20 日,https://baike.baidu.com/item/Kissinger/7988928?fr=aladdin,访问日期:2022 年 6 月 20 日。

[2] 社交媒体,百度百科,2022 年 6 月 20 日,https://baike.baidu.com/item/社交媒体/1085698?fr=aladdin,访问日期:2022 年 6 月 20 日。

[3] 魏永征:《关于组织传播》,《新闻大学》1997 年第 3 期。

崩溃的状态。计算机、移动终端、高清投影仪、电子白板之类的新兴媒体极大地改善了组织内部协作、管理以及决策应变等功能,而钉钉、飞书、腾讯会议、ZOOM等应用客户端以及企业局域网则帮助组织搭建起专门的信息传播交流系统,将组织成员的私域与公域分开,方便管理的同时也减少了矛盾与摩擦。新媒体时代的组织传播总体来说变得更加高效便捷,也更加私密与科学。

关于大众传播,20世纪80年代,美国传播学家苏利文给出了一个代表性的解释:"(大众传播)是现代印刷和广播、电视等影像和音声媒介组织运用法人资金,借助高科技和产业化手段,在国家调控的范围内向未知受众提供信息和娱乐产品的实践活动。"[1]就传播过程的性质而言,大众传播是由专业化媒介组织所把关的一种单向性很强的传播活动。与前文提到的其他传播类型不同,新媒体时代的大众传播从内涵到外延都得到了极大的泛化。新媒体的出现重构了传统的传受关系,每个人都是新媒体用户,都可以成为大众传播的主体,从而突破了传统大众传播媒介所形塑的话语壁垒。人人把关也造成了传播节点的分散,传播过程从线性的单向传播转为网格化的多向传播。这种去中心化的特征削弱了以往大众传播媒介的权威性与影响力,但同时也带来了碎片化传播的问题,个人主义与团体主义处于不断拉扯、纠缠的状态,网络意见场难以融凝广泛共识的价值中枢。大众的小众的、人际的群体的、有向的无向的……各种各样的传播类型交错并行,从而形成多元交织的后现代新媒体传播景观。

第二节 新图景:新媒体传播的发展与变革

新媒体的出现可以说是掀起了一场新的革命,但这场革命远不止于技术层面,其更深层次的意义在于推动塑造起了一个全新的时空。既往媒体的传播特性与模式被极大地丰富与延展,各行业各领域都在这一新时空下得到发展、升级,呈现出焕然一新的面貌。

一、新媒体新闻:重新定义新闻

新媒体时代下的新闻于海量、碎片化的信息汪洋里析出,从生产、把关再到接收、反馈等传播链条都被全部重塑,新闻本身不再只是专业媒体的垄断工具,而是一场全民都有机会参与的生产"游戏"。由于新媒体语境中新闻的主体泛化、概念趋于模糊,所以新闻的内涵外延都需要重新界定,不再能够简单用"新近发生的事实的报道"或"新近变动的事实的报道"加以概括,而传统新闻学中以重要性、显著性、时新性、趣味性和接近性五要素来衡量新闻价值的认定方式也需要重新审视。就生产的主体性而言,新媒体新闻既可以指专业的新闻媒体发布的新闻,如新华社、人民日报、中央广播电视总台等媒体发布的新闻,也可以指个人、自媒体以及其他非专业化媒介组织发布的新闻;就传播的载具性而言,新媒体新闻的传播平台借由新媒体传播,载具形态的要求被放低,载具的选择丰富多元,并不仅仅局限于成熟的新闻网站、手机平台或专业化的聚合类媒体等,任何新兴的媒介形态都可以用来传播新闻,如

---

[1] O'SULLIVAN, Tim. *Key concepts in communication* (Methuen Publishing, 1983).

车载电视、户外大屏、楼宇电视等。

较之传统媒体新闻,新媒体新闻主要呈现出以下几点特征:一是新闻容量大、形式更丰富。新媒体是一种加速化与扩容化的信息媒介实践,数字压缩和存储技术能使新闻容量达到传统媒体的数倍。传统新闻报道的形式以报纸和广播电视为主,而新媒体新闻的形式在此基础上,还增加了机器新闻、H5 新闻、VR/AR 新闻、传感器新闻、新闻游戏、数据新闻、短视频新闻、移动直播新闻等多种呈现形式,可以更大限度地满足受众信息获取需求。二是新闻生产效率高。随着新闻生产主体泛化,非专业人士也可以作为事件的见证者参与到新闻生产,同时,人工智能技术促进机器新闻写作与 AI 主播的出现与落地,大数据技术也在不断推动聚合媒体报道的成熟,技术深刻嵌入新闻生产的全流程,新闻的生产效率极大提高。三是新闻生产趋于个性化。信息海量化也导致新闻数量呈指数级增长,分众化成为新媒体新闻不可避免的发展方向。算法智能推荐与分发可以根据受众量身定制推送贴合他们个人兴趣爱好的信息内容,从而满足大众碎片化阅读与获取新闻信息的需求。四是社交化传播程度加深。新媒体新闻的社交化传播实现了新闻信息的实时共享与交换,用户参与度得到提升的同时也实现了社交呈现与互动的增强。

近些年,伴随着以手机为代表的移动智能终端的普及,新闻用户大量、快速地从传统媒体终端向移动智能终端迁徙。在今日头条、腾讯新闻、百度、网易等新闻资讯应用等移动智能终端上接收最新的新闻消息,已经成为人们日常生活的重要组成部分。移动终端的普及进一步推动新媒体新闻样式的更新,H5 新闻、新闻游戏、短视频新闻、移动直播新闻等新样式开始出现。这些新媒体新闻极大地丰富了新闻报道内容,综合调动用户的视听与互动体验,不仅适应了移动终端的传播方式,更符合新媒体用户的阅读习惯,在不断成熟的互联网技术与通信技术等的加持下,正逐渐贴近广大人民群众的生活场景。新闻资讯平台用户日均使用时长增长显著,日活跃用户量与用户月均留存率不断提高,用户黏性得到持续提升。然而在激烈的市场竞争中,流量、点击率成为可见性(visibility)争端的首要量化标准,"量化新闻评断惯习(habitus of quantification of the news)"逐渐取代了传统的新闻专业主义习惯,[①]如何吸引流量、增加点击率成为新闻实践的强大推力。专业媒体为了生产效率与经济利益,标题党、抢新闻、忽视事实核查与同行恶意竞争等违背新闻规范的行为屡见不鲜;而非专业媒体与个人在缺乏规制的情况下加入社会化生产新闻,也对新媒体新闻真实性和准确性监管造成了巨大影响。受猎奇心理的驱使,公众对娱乐化信息资讯的关注度较高,浅阅读和碎片化成为新媒体时代新闻报道的重要特征,严肃新闻和调查性报道变得更加小众化,给媒体行业乃至广大受众带来价值判断的混乱,也拉低了整个媒体行业的素质。虽然新媒体新闻已经发展到一个全新阶段,但目前大部分新媒体新闻的主要来源仍是对传统媒介新闻的再采编,充斥着大量同质的新闻内容。新媒体新闻在新闻内容审核和准入制度上至今仍缺乏完备且刚性的准则,虚假化、娱乐化、低俗化以及同质化成为当前新媒体新闻的突出症结。

---

① 郭文平:《当新闻遇见社群媒介:弥漫媒介场域中的新闻实践研究》,《中华传播学刊》2018 年第 34 期。

二、新媒体舆论：潜伏网络的"蝴蝶"

大众在对社会公共事务所发表的意见融凝而成的一般性共识即为舆论。大众传媒是人们公开表达意见的主要渠道和载体，社会公共事务信息的大众传播和人们意见的公开表达状态一定程度上决定了社会的舆论生态，即舆论生成与存在状态。新媒体语境下层出不穷的社会化网络平台为舆论形成提供了前所未有的多元土壤，有关社会公共事务信息的大众传播和人们意见的公开表达具有传播主体大众化、传播渠道便捷化和传播内容海量化等新特征，因此，舆论的生成和存在状态也具有不同特点。

首先，就舆论本体而言，新媒体环境下的舆论更加多元。网络舆论场中，网民的"用户"角色得到了极大凸显。操作容易、即时方便、交互性强等网络技术特点让更多网民可摆脱时空物质性限制参与网络舆论，因而舆论主体的动机呈现复杂化趋势。除了当事人及其亲属、朋友、同学或有过共同经历的人等与事件直接相关的主体外，与事件本身无直接利益关系的"围观者"也是参与讨论的常客。这些人或出于同情，或出于道德正义感、社会责任感，或纯粹跟风、起哄、围观，不同程度地参与舆论，更可能成为舆论主体的组成部分，推动舆论的生产、传播与扩散。正是由于网络的开放性与匿名性，社交媒体上的舆论越来越难以形成共识，尤其在争议性社会议题的讨论上，网络舆论中既有理性建议，也存在激化言论、情绪化宣泄，甚至还可能出现谩骂、语言暴力和人身攻击等。与此同时，网络空间中的普通人可掌握较之在现实环境中更大的话语权。在现实环境中，传统主流媒体和大众传播媒介占据舆论引导位置，公众通常不具备通过大众传媒设置议程的自主权和可能性；但在网络空间中，网民言论和互动行为可影响主流媒体和政府议程设置、推动网络舆论形成甚至影响舆论走向的"舆论倒逼"现象渐成常态。其次，就舆论传播而言，人人都有麦克风，人人也都是传声筒，每个新媒体用户都能成为信息和舆论传播的载具，以一种网络节点般的存在嵌入各个传播信道。形形色色的新媒体平台给了网民以充分的意见表达空间，网络中信息、意见、观点的传播主要通过评论、转发等形式实现，新媒体舆论也在这种交互作用中酝酿、发酵、传播、扩散。特别是微博、微信等社交媒体，能在最短时间内、在数以万计甚至数以亿计的群体中实现信息、意见、观点的共享与扩散，这一过程中，群体情绪有时被迅速调动，意见、观点在短时间内大量聚集，甚至呈几何效应叠加，一开始看似微不足道的话题和事件都可能引发高热度、大范围的舆论震荡，即产生"舆论蝴蝶效应"。

新媒体传播环境下，由于舆论传播的各个要素呈现新的传播特征，传播过程也呈现出不同于传统舆论的规律。新媒体舆论的产生与演变同时受到利益相关者、"吃瓜群众"以及意见领袖的影响，多主体介入导致舆论走向的不确定性增强。尤其是重大突发事件发生后可能导致关联性次生事件出现，事件本身产生的舆论在发展过程中也可能产生次生舆情。此外，新媒体环境下舆情传播的"圈子化"趋势愈发明显。互联网空间广泛存在因亲缘、现实社交关系、爱好、粉丝群体等不同主题形成的"圈子"，虽然可以增加了用户参与的黏性，助推公共意见的形成，但处于群体中的人参与讨论时往往呈现出比个人决策时更偏极端的态度或情绪，从而产生极化现象。群体极化能强化群体的凝聚力，并在该群体内部产生强大的舆论压力，从而实现群体的共同目标；然而，群体极化也会掩盖不同声音，反而为客观公正地看问题设立障碍,导致群体成员容易失去理性的束缚,从而对社会稳定造成负面影响。

三、新媒体广告与营销:从泛化到定向

新媒体广告可以简单理解为在新媒体上发布的广告,它依托数字技术、网络技术、移动通信技术和智能技术,利用新媒体的交互性、参众性、精准性等特征,基于桌面互联网媒体、移动互联网媒体、新型媒体和智能媒体等平台而传播。对应新媒体的几种形态,新媒体广告按投放形式也可以相应地分为网络新媒体广告、移动新媒体广告、新媒体互动广告以及新型媒体广告四大类。每一大类下又可以按照形态、技术等的差异细分,如 SNS 广告、H5 广告、信息流广告、LBS 广告、短视频广告以及 VR/AR 广告等。与传统广告相比,新媒体广告呈现出极大的特点与优势:其一,新媒体广告依托互联网建立起用户数据库,从而帮助广告主筛选出目标用户群,并做到基于有效接触点整合和问题场景植入的精准投放,在较少引起用户对广告反感的同时,大大提高传播的精准性。其二,随着互联网对时空限制与传受界限的打破,受众不再是被动的一方,而具有了同等的话语权和行动力。在这方面表现最为突出的是在线互动游戏广告,通过在游戏道具中植入商品的真实内容,让作为潜在消费者的玩家在虚拟空间中体验产品、与产品进行互动,进而产生购买欲望。其三,互联网所具有的跨时空性给新媒体广告的传播带来了前所未有的传播速度与广度。其四,互联网的多媒体特点为广告的制作与传播提供了多样化的发展空间。依托于富媒体技术,如流媒体、Flash 动画、Java 等程序语言,新媒体广告可以采用动画、音频、视频等综合的表现方式和传播方式,给用户更为精彩的视听体验,进而提升传播效果。当然,新媒体广告的缺陷也十分明显,如点击率至上的标准让新媒体广告互动性普遍较差,消费者完全处于被动地位,而不良内容多和监管难度大也逐渐暴露出新媒体广告更多的灰色地带。

如果说广告是把产品或服务转换成信息传递给受众的行为,那么营销则是一个系统性工程,在概念指涉范围上涵盖更加广泛。较之传统营销,新媒体营销首要差异依然主要在于渠道的不同,后者是以新媒体平台为传播和购买渠道,把产品的功能、价值等信息传播给目标消费者,以提升受众认知度和美誉度,从而实现产品销售和品牌宣传目的的营销活动。从较早的搜索引擎、门户网站、博客,到如今的微博、微信、直播平台等各类 App,新媒体营销平台不断更新与扩充,已逐渐实现从传统市场向数字市场的转变。典型的新媒体营销可被概括为病毒式营销、事件营销、饥饿营销、IP 营销以及移动直播营销五种。传统营销以 4P 理论为核心,即产品(Product)、价格(Price)、渠道(Place)以及促销(Promotion),主要借助报纸、广播、电视等大众传播媒体进行传播推广,突出特点是广撒网、单向度地将信息推送给尽可能多的人。而如今的新媒体营销更灵活轻巧,它在互动性、精准度、趣味性和营销成本等方面远远超越传统营销,因而应该将其重新定义为 4C 元素——共同创造(co-creation)、通货(currency)、公共活动(communal activation)、对话(conversation)。

四、网络直播:跨时空的展演与交互

网络直播可以说就是新媒体时代的产物,因为它的底层技术就是基于互联网的,主要通

过视频、音频和图文等形式向受众持续传播实时信息的活动。网络直播突破了专业媒体生产、向受众单向传播信息资讯和延时的模式,赋予了用户可以进行实时网络直播以及在网络直播的过程进行交互的空间,并且让受众可以从内容接收者随时转变为信息内容的发布者。网络直播的特点可概括为如下五个方面:其一,网络直播最大的特点就是营造实时的在场感,它通过移动网络和移动终端设备实现传播的"实时性",打破了时空限制,使用户可以实时接收和观看网络直播内容,实现了传受双方在同一时间的不同空间进行信息共享。网络直播常常以"第一人称"视角带领观众"进入现场",营造出真实自然的情境和身临其境的观感,增强了受众的体验感。其二,网络直播的场景类型非常丰富,目前主要包括娱乐场景、电商场景、新闻场景和教育场景等,但新的直播场景也在不断出现。场景的垂直化带来的是狂欢的"情境化",也即受众以上帝的视角将情境视觉无缝衔接,通过切换不同的直播房间来体验不风格迥异的情境。其三,网络直播自带天然的社交属性,其实时交互性、多元互动机制等都指向了社交功能。其四,网络直播与刻板、严肃、正统、严谨的叙事风格截然相反,不以公共议题为聚焦点,而是通过说唱、展演、调侃、戏谑等日常化、生活化的方式满足受众的多样化诉求,是一种个性化的表达方式,具有非正式性、平民性等特征。其五,网络直播的主要功能是娱乐性,深受网友喜爱的说唱直播、电竞直播等都有强烈的娱乐倾向,但其背后隐藏着变现的资本逻辑。

当前,直播带货成为网络直播无法忽视的发展趋势,直播经济的发展在国内已颇具规模,正迈向市场化、产业化运营道路,背后逐渐形成了一条完整的产业链。诚然,作为新生行业,网络直播生命周期较短,其暴露的问题也逐渐显现。首先,由于主播的门槛降低,直播平台鱼龙混杂。一些主播在利益驱动之下,为了获得更多粉丝和人气从而商业变现,做出影响风气甚至违法违规行为。其次,各平台网络直播的内容呈现同质化、泛娱乐化倾向,有的甚至低俗化、色情化,主打擦边球。最后,全民直播时代,公共领域和私人领域的界限不再分明,由此也带来了侵犯名誉权、隐私权等一系列法律问题。

五、数字出版:转型、蝶变与重生

新媒体时代传统出版行业的物理空间和行为空间被极大拓展,单维度的权威出版向多维度的草根出版改变,数字出版成为行业发展的新趋势。数字出版是出版行业应用信息技术后出现的新形态。中国版协指出,数字出版分为三个方面的数字化:其一,出版过程的数字化,包括编辑加工、印刷等流程;其二,产品形态的数字化,也即在出版介质上呈现出可交互的数字化产品;其三,产品运营的数字化,即形成一个收付系统,使终端的内容发布能够变成前端的收入,从而形成一个闭合的产业链。这一定义从三个方面对数字出版的概念进行了延伸,即向知识资源的深度加工开发延伸、向多种媒体结合运用延伸与向服务延伸,数字出版业正是沿着这三个方向不断深入、升级、融合、发展。

数字出版于20世纪末起步,由于受到热捧,我国的数字出版业一开始呈现粗放式的高速发展,有关数字出版的产业政策密集出台,数字出版发展势头强劲,整体规模与产值在21世纪头十年得到了飞速提升。但高速发展的同时也显现弊端,数字出版行业投入和产出矛盾突出可见,企业盲目走了很多弯路,尚未挖掘出真正的商业模式。而同期的国外出版业经过十多年的发展，涌现出数字出版相关技术，并形成了数字出版盈利模式。我国的数字出版在2010年之后迎来了真正的发展契机，"十二五"时期，"出版转型"或"转型升级"成为出版业界热词，大体契合了国家产业政策由粗放型到求质量、调结构的既定目标。从中央到各地方政府都对出版行业给予了战略性支持，除设置文化产业发展专项资金外，另投入庞大的国有资本金预算。在此之下，除了转型升级的传统出版公司，更多专门的数字出版公司蜂起，并开始大规模探索网络期刊、电子书籍、数字报纸等数字出版新领域。我国数字出版行业由此迅速崛起，并探索出真正符合国情的发展模式，逐渐迈向了下一个深度转型的发展阶段。

第三节 新面向：新媒体传播的重构与整合

1978年，尼葛洛庞蒂在探究计算机、印刷和广播界限问题中，创新性地描绘了"媒介融合"的发展蓝图。① 1999年，国内学者将美国马萨诸塞州理工大学教授I. 浦尔提出的媒介融合（media convergence）概念引入中国，指出媒介融合就是各种媒介呈现出一体化多功能的发展趋势。② 从理论旅行到在地生产，媒介融合在中国已走过二十多年的发展历程。这一理念在启发我国学术创新的同时，也推动了相关行业的实务创新，并经历了"从全媒体到融媒体到四全媒体"的发展演变。③ 这一概念的出现无疑为新媒体的未来进路指出了一个重要方向。

一、新媒体新闻：新闻形态的重塑

与传统新闻相比，新媒体新闻本身就可以看作是媒介融合环境中发生叙事样态革新的新闻形态。随着技术的迭代与媒介融合的深入推进，新媒体新闻形态也在不断发生升级与重构。首先，受新媒体技术的直接影响，新的新闻形态出现，如移动直播技术的发展促进移动直播新闻的成熟。同时，新媒体技术还促进新媒体形态或者传播应用的发展，间接影响新媒体新闻形态，如短视频传播应用的发展带来短视频新闻的出现。而新媒体技术对传播环境和媒体形态的综合作用还促进了新媒体新闻形态的重构，如社交媒体中的新闻游戏是在社交媒体和H5传播形态等媒介要素发展到一定程度才出现的，这背后正是技术对社交媒体和H5传播形态的完善。

新媒体新闻形态重塑的背后是内容与分发两个向度的突破革新。就内容而言，一个明显的趋势是语言风格的变化。在传统新闻实践中，语言风格是相对单一的，整体趋向严肃，缺乏活泼的气氛。而在数字新闻业发展过程中，情感因素在新媒体新闻中的"可见性"和"介入性"，使新媒体新闻的语言风格将持续发生变化：一方面，新媒体新闻语言风格多样化，不

---

① 杨海军：《媒介融合：缘起与终极目标》，《传媒》2009年第4期。
② 崔保国：《技术创新与媒介变革》，《当代传播》1999年第6期。
③ 栾轶玫：《从市场竞合到纳入国家治理体系——中国媒介融合研究20年之语境变迁》，《编辑之友》2021年第5期。

同情感组合会形成不同的新闻语言风格,如新闻标题中情感倾向的体现使新闻呈现不同的语言风格;另一方面,新媒体新闻语言风格朝着场景化方向发展,与新闻形态和传播环境等要素相适配。就内容分发而言,个性化算法推荐和信息流展现已成为大数据时代主流,是目前最为火热的方向,今日头条、一点资讯等新闻阅读产品都以自己的个性化算法作为吸引用户的卖点。同时,算法推介技术本身也在不断改型升级,目前,以深度学习为代表的人工神经网络方法在图像识别、声音识别领域取得了巨大成就,人工神经网络方法如CNN、RNN、DNN正在被许多研究者尝试运用到计算机科学和工程的其他领域。

二、新媒体舆论:舆论场的消融与打通

新媒体文化的本质是一种竞争性的"江湖式"文化,表现出开放、分权、兼容、共享、戏谑、多元等特点。作为公民合意,舆论似乎天然迎合了新媒体文化的特征,但随着"后真相"时代的来临,新媒体舆论也不断暴露出一系列新问题。首先,网络空间逐渐成为信息的集散地、舆情的发酵池、各种思想交锋的主阵地,网络舆论场的反相共生性愈发显著。一方面,舆论场域开放、自由的特质让网络参与主体间缺乏真正的沟通与认同,反而强化了网民对精神共同体的归属需求,网络群圈应运而生;另一方面,舆论场域具有的自围性与排外性促使"信息茧房"现象加剧,更易导致极端思想蔓延。其次,融合语境下的网络空间充斥着各种谣言、八卦甚至无稽之谈,成为多元群体的利益角力场与争夺地,从而导致了新媒体舆论呈现出介于真实与虚假之间的极大留白,动态真实成为舆情信息传播的主要特质,而情绪与情感优先、理智与事实滞后以及判断上的情理倒序性又使舆论生态更加难以捉摸。

较之新媒体文化,传统媒体的总体文化特质则是一种高高在上的"庙堂式"文化,它是以自我为中心的,对受众更多的是俯视的、教化的姿态,强调的是对多元价值观的"统合"。① 媒介融合实质为冲破新旧两种截然不同文化间壁垒的过程,表现在舆论上即是处理好官方和民间舆论场之间的关系。官方舆论场是依托传统主流媒体、旨在宣传和解释党和政府的政策方针、反映官方意志的舆论场,通常掌握全面、权威的高质量信息,但在信息发布环节往往以"堵"的思维来应对危机事件,在实际操作中将"稳定"放在第一位,当官方回应社会质询时的姿态和策略与公众期待有差别时,反而容易引发信任危机和舆论声讨。而民间舆论场则是借助互联网平台、反映群众心声的舆论场,映射着民众话语意识和话语权的增强,不仅可能推动官方舆论场改革,也为推动两个舆论场的沟通提供了可能。当前,舆论爆发的门槛越来越低,群体极端化的现象越来越频发,真假信息的混杂搅动着民众敏感的神经,缺乏正确引导带来舆论的偏移和迅速发酵,更容易引起舆论的震荡。也正因此,两个舆论场何以实现融合共存,对舆论环境的和谐至关重要。

三、新媒体广告与营销:精细及精准的转向

2019年6月,工信部向中国电信、中国移动、中国联通、中国广电发放5G商用牌照,同年11月,三大运营商正式上线5G商用套餐。以5G为导向的移动互联网环境为广告提供了更

---

① 彭兰:《新媒体传播:新图景与新机理》,《新闻与写作》2018年第7期。

为强大的技术和平台支撑,它使得广告投放愈加精准化和个性化,移动媒体与报纸、电视、杂志、广播等传统媒体从内容、渠道到终端的多元融合,不仅促进了传统媒体的数字化变革,也使移动媒体、智能媒体成为当下广告内容与营销创新的必然选择。据艾瑞咨询2021年度中国网络广告核心数据,中国网络广告市场规模达7666亿,网络广告产业生产力依然旺盛,预计2022年市场规模突破万亿大关。受新冠肺炎疫情影响和数字化浪潮推动,广告主更加看重营销的精细化及费效管控,对数字技术的投入也更高;媒体份额持续变化,电商平台和短视频平台占据主要版图,流量与数据管理成为营销价值的突破口,私域营销顺势崛起;整体消费加速向线上平台倾斜,Z世代与下沉市场作为新兴消费势能人群,消费潜力和成长空间仍待深度挖掘;流量进一步向移动端倾斜,广告主伴随用户关注度转移,2021年移动广告逐渐进入平稳发展期,其在网络广告中未来占比超87.7%。并且艾瑞分析认为,短视频行业的流量快速增长及商业化进程的加速吸引了大量广告主的关注,预算向短视频平台倾斜明显,信息流广告发展速度保持高位,未来五年内,网络广告诸多广告形式或将逐渐呈现信息流化。① 新媒体广告业发展壮大的同时也对广告效果评估提出了新的要求。当前国内在衡量新媒体广告的效果上多采用激活率和连通率作为统计指标,分别测试CPM(千人成本)和CPC(每点击成本):前者指广告投放过程中,载体每到达一千人次的受众量所需要花费的成本;CPC指广告主仅为用户点击广告的行为付费,而不再为广告的显示次数付费。然而,面对日新月异的新媒体广告,上述两种简单的评估标准显然已不够用,因此建立新的评估体系已成为新媒体广告面临的迫切问题。

与新媒体广告飞速发展同步的是,在数字化升级大浪潮影响下,新媒体营销也逐步实现了从传统市场向数字市场转变,传统的市场营销组合"4P"(产品、价格、渠道和促销)也逐渐重新被定义为"4C"(共同创造、通货、公共活动、对话),而随着社交媒体的发达,社群、社交媒体社区等都对营销资源整合注入了新的活力。然而,新媒体技术的迅猛发展也树立起了一定程度上的"数字化崇拜",再加上流量至上的行业取向,导致现在的新媒体营销形容大多流于仪式,内容短板明显。此外,以捕捉用户购物行为、消费习惯乃至个人信息为主要手段的精准营销,虽然在一定程度上方便了消费者的个性化需求,提高了企业的服务质量,但同时游走在隐私与伦理的边界,形成了极大的灰色地带。如何在良性竞争的过程中实现流量变现渠道多元化、价值最大化,是当前所有广告主必须面对的课题。

四、网络直播:"直播+"的纵深发展

从早期的电视直播转型到如今普遍的移动直播,媒介融合可以说是贯穿整个网络直播的出现与发展过程。网络直播在诞生之初主要以秀场与游戏作为行业两大支柱,但由于当时网络直播的推广成本、主播签约成本均较高,仅依靠用户购买虚拟礼物和流量广告两种变现方式很难维持扩张,使得其商业模式仍处于探索阶段。尽管在2017年至2019年间,以秀场直播和游戏直播为核心的网络直播业务保持了蓬勃发展趋势,网络直播行业整体进入转型调整期,但发展势头依然不算猛烈。

---

① 艾瑞咨询:《2021年中国网络广告市场年度报告》,2021年8月22日。

2019年后,融合发展成为网络直播行业的发展机遇,各大直播平台积极探索"直播+"模式,布局内容生态;电商、短视频等平台也纷纷利用"直播"优势,带动自身业务发展。各大直播平台积极推动"直播+"布局,与电竞、综艺、文化、旅游、教育等产业相结合,努力构建多元化、差异化、高品质的直播生态体系,成为行业发展的主要动力。同时,电商、短视频等平台看重直播的盈利潜力,纷纷布局直播领域,为行业整体用户规模增长注入了新的活力,丰富了网络直播行业的内容与变现方式。

　　在2020年新冠肺炎疫情和决战决胜脱贫攻坚的双重背景下,"跨越信息鸿沟、实现安全交易、形成健康循环"成为政府与企业的重要目标。以电商直播为代表的网络直播作为"线上引流+实体消费"的数字经济新模式,完美契合了上述需求,成为拉动经济内循环的有效途径和发展新热点。2021年以来,电商直播进一步蓬勃发展,也极大地加速了媒体融合的步伐。越来越多的中小商户将自建直播渠道作为重点,带火商品从老字号品牌到地方特色农产品都有良好体现,而随着《关于加强网络直播规范管理工作的指导意见》《网络直播营销管理办法(试行)》等相关政策的陆续推出,电商直播监管体系也逐渐趋于完善。同时,其他各领域直播也在迅速发展,如新闻直播与体育直播领域,在北京冬奥会的加持和云服务、5G为代表的新兴技术推动下,这些领域的直播业务模式也实现了进一步升级。

五、数字出版：探索融合出版新模式

　　融合出版是为顺应媒体融合时代语境、解决传统出版和数字出版融合发展问题的新兴出版范式。经由政策推动和概念创新,传统出版也由数字出版粗放式发展的初级阶段迈向了融合发展的新阶段,出版行业不同细分领域的数字化进程呈现出不同的特征面貌。如教育出版在数字技术驱动下表现为教育与出版的深度融合趋势,大众出版表现为基于优质IP的全媒体整合传播。专业出版数字化则是在出版业数字化战略的总体布局下,深度嵌入国家信息化、数字经济发展方向和特定细分产业发展趋势,表现为出版资源数据化、出版产品服务化、消费体验智能化、产业价值链生态化、出版治理现代化等特征。到2020年左右,我国的数字出版已经全面进入了融合发展阶段,传统出版已经纷纷实现了向融合出版的结构调整与深入转型,涌现了丰富多样的数字出版产品,并形成了技术赋能的数字出版产业链。传统出版产业链主要涉及"编辑—印制—发行"三个基本环节,呈线性分布,而融合语境下整个产业链生态都得到了重构。产业链上游专门聚合作者、版权资源,核心是提高内容资源的竞争力,最大限度地将内容优势转化为发展优势;产业链中游包含了数字出版编、审、校在内的具体环节,承担着承上启下的重要枢纽功能;产业链下游多元孵化协同渠道,主要建设连接不同受众的、与受众多元化阅读方式相适应的营销发行平台。

　　融合发展让数字出版进入了新的历史发展阶段,而要成功抓住机遇顺势而为,未来仍需沿着继续探索融合新模式。一方面,仍需强化数据驱动专业出版内容资源建设与运营模式,完善数据要素资源体系,利用数据资源推动研发、生产实现数字出版产品的流通、服务、消费全价值链协同。另一方面,专业出版在推动自身数字化转型的同时,也将深度融入相关产业和细分领域的数字化转型,从传统出版产品转为嵌入式的知识密集型服务,助力产业高质量

发展。尤其要将优质专业内容资源与相关领域治理需求紧密结合,服务国家治理体系和治理能力现代化建设数字化战略背景下专业出版的发展路径。

本章思考题

1. 试解释新媒体传播的特征与类型。
2. 试阐述新媒体传播的发展现状。
3. 如何看待新媒体传播的未来发展趋势?

本章参考文献

1. 陈力丹.自我传播与自我传播的前提[J].东南传播,2015(08).
2. 魏永征.关于组织传播[J].新闻大学,1997(03).
3. O'SULLIVAN,Tim. Key concepts in communication[M]. Methuen Publishing,1983.
4. 郭文平.当新闻遇见社群媒介:弥漫媒介场域中的新闻实践研究[J].中华传播学刊,2018(34).
5. 杨海军.媒介融合:缘起与终极目标[J].传媒,2009(04).
6. 崔保国.技术创新与媒介变革[J].当代传播,1999(06).
7. 栾轶玫.从市场竞合到纳入国家治理体系——中国媒介融合研究20年之语境变迁[J].编辑之友,2021(05).
8. 彭兰.新媒体传播:新图景与新机理[J].新闻与写作,2018(07).

第十章 新媒体新闻

扫码可见
第十章PPT

纵观新闻发展史,每一次新闻革命都与新媒介的诞生与发展都有着密不可分的关系。报刊、广播、电视等媒介的兴起为新闻传播打破了时间和空间的界限,不同程度上丰富了新闻内容。21世纪以来,随着计算机技术、网络技术及数字技术的迅猛发展,以手机等移动无线终端为代表的新媒体平台倚靠其庞大的用户群体支撑,已经成为新闻业的主要阵地之一;以数字化技术为支撑的新媒体新闻,借助智能化技术,在个性化发展的同时,也已经出现了融合发展趋势。特别是5G时代的到来,新闻的生产、编辑、分发都出现了新的变化,效率得到了大幅度提升。

第一节 新媒体新闻概观

一、新媒体新闻的基本概念

"新媒体"既是一个时间性、历史性的概念,又是一个技术性的概念。新媒体的"新"是相对于传统媒体的"旧"而言的,它是媒介演进的最新发展。就新闻业而言,近代新闻业的诞生,本来就是技术发展的产物。① 近代印刷术的成熟促进印刷新闻的发展;广播电视技术的出现促进了广播新闻和电视新闻的诞生;数字技术、网络技术和智能技术的出现,也正在掀起一场新的新闻革命。

首先,新媒体新闻的出现使得新闻的重新界定成为必需。在1943年9月1日《解放日报》中,陆定一先生提出了关于"新闻"的经典定义,即"新闻是新近发生事实的报道"。随着社会发展,1981年,王中将这个定义修订为"新近变动的事实的报道"。② 此后,王中进一步论述了实际生活中存在的两个"新闻"概念:一个是作为社会现象的新闻活动以及传播的方式;另一个专指通过大众传播工具所传播的新闻。③ 互联网诞生之前,新闻研究主要以第二种"新闻"概念为主,但互联网的崛起使得两种"新闻"概念得以共存。在新媒体语境中,新闻

---

① 杨保军:《论作为宏观新闻规律的"技术主导律"》,《国际新闻界》2019年第8期。
② 王中:《论新闻》,《新闻大学》1981年第1期。
③ 王中:《新闻学的第二课题》,《新闻大学》1982年第4期。

概念趋于模糊:第一,新闻的外延尚未确定;第二,新闻与评论的边界变得模糊;第三,传统传受关系也发生了变化。新闻从碎片化的信息聚合、筛选、甄别中得来,是一个逐步接受、辨析的过程,在受众接受过程中,新闻的交互性和议论性增强,从而使新闻成为一个发现的过程。①

其次,新媒体新闻的出现使得新闻的价值构成要素发生了变化。传统新闻学中,对新闻价值要素有着明确的说法,即重要性、显著性、时新性、趣味性和接近性,这五个要素的含量决定了新闻价值的大小。而在新媒体语境下,新闻价值要素的认定也发生了变化。"传统媒体不少属于党报党刊性质的媒体,即便是都市类报纸等媒体,也都被置于党委的领导之下,因此他们都会自觉地以主流价值观为价值,传递相关指导思想和主题内容,而新兴媒体则有很多不同。传统媒体的官网同传统媒体的价值导向基本一致,官方之外则五花八门。对这类个人化碎片化媒体的价值传递和价值教化功能如何认定、如何规范,是传统新闻学中没有涉及的,是传统新闻学今后适应当代社会生活新变化必须完备的新内容"②。

综上所述,我们可以从广义和狭义两个方面来界定新媒体新闻的基本概念。从狭义上讲,新媒体新闻指的是专业的新闻媒体通过新媒体平台发布的新闻,如央视通过央视网、央视新闻、央视频等平台发布的新闻;从广义上讲,新媒体新闻泛指所有通过新媒介平台发布的新闻,传播者不仅包括专业新闻机构,也包括非媒介组织或个人,传播载体也不只局限于成熟的新闻网站或手机平台等,任何新兴的媒介形态都可以用来传播新闻。

二、新媒体新闻的基本形式

(一)机器新闻

机器新闻也可称作智能新闻,是人工智能技术在新闻报道领域的具体应用,通过人工智能技术生产传播的新闻。③ 目前,研究者将机器新闻的定义分为广义和狭义两个方面。广义的机器新闻指人工智能技术在新闻写作、采访、编辑等新闻活动中的具体运用;狭义的机器新闻是指基于数据统计和机器学习,运用算法从可识别的数据中提取具有新闻价值的信息,形成新闻报道角度,自动选择语词样本、新闻报道模板生成的新闻故事。④

机器新闻最早起源于美国,2006年美国商业信息集团汤姆森金融运用电脑程序自动生成部分财经新闻,可在上市公司公布业绩后的0.3秒内发布一篇盈利报道。美联社、华盛顿邮报等新闻机构纷纷使用机器新闻写作技术生成稿件。相对而言,我国机器新闻写作起步较晚。2015年,腾讯旗下的财经频道推出了国内第一篇由写作机器人Dreamwriter撰写的稿件。同年,新华社推出写作机器人"快笔小新",主要用于财经和体育信息报道。2016年,今日头条在里约奥运会期间推出"Xiaomingbot",撰写奥运会比赛期间的新闻稿件。目前,国内

---

① 谭天:《新媒体语境下的"新闻"界定》,《新闻界》2012年第12期。
② 童兵:《新媒体传播对传统新闻学的挑战》,《新闻界》2012年第10期。
③ 杨保军:《简论智能新闻的主体性》,《现代传播(中国传媒大学学报)》2018年第11期。
④ 李苏:《机器新闻发展的市场进路及反思——以Autamated Insights公司为例》,《新闻界》2015年第18期。

的机器新闻发展尚处于初期阶段,稿件主要涉及体育、财经、气象地质和健康等领域。

(二)传感器新闻

传感器新闻是基于传感器进行信息采集、以数据处理技术为支撑的新闻生产模式。① 作为一个前沿的研究方向,传感器新闻运用互联网技术、传感器技术以及物联网系统,对新闻信息进行采集、分析、处理及制作。目前,环境新闻、社会调查新闻与社群化用户参与新闻是传感器新闻的主要应用领域。②

2013年,哥伦比亚大学托尔数字新闻中心(Tow Center for Digital Journalism)成立"传感器新闻"工作组并撰写《传感器与新闻》(Sensors and Journalism)一书,标志着传感器新闻进入新闻传播学的研究范畴。在社会调查新闻领域,最著名的传感器新闻实践当属美国弗洛里达州《太阳哨兵报》(The Sun Sentinel)的记者萨利·克斯汀(Sally Kestin)关于当地警察违法超速行车的报道。该报道引发了公众的广泛关注,并获得了2013年普利策新闻奖"公共服务奖"。

近几年国内的新闻采编中,越来越多的新闻机构开始使用传感器进行新闻生产。2020年初,当新冠肺炎疫情在我国开始蔓延时,传感器在特殊情境中搜集数据的效力得以发挥,成为专业媒体和自媒体采写新闻的重要辅助手段。根据中国通信研究院发布的《疫情防控中的数据与智能应用研究报告》显示,传感器获取的"数据"具有疫情防控知识传播、锁定人员流动轨迹、预测发展态势及溯源、助力政府科学精准施策、推动病例诊断与疫情研究等五大作用。③ 传感器搜集、分析数据,媒体借此完成新闻报道,化解了疫情中的舆情危机。在武汉宣布关闭离汉通道不久,网上流传的"500多万人逃离武汉"成为舆情焦点。《第一财经》第一时间发布题为《离开武汉的500多万人都去了哪里?大数据告诉你》的新闻,它根据"百度地图慧眼百度迁徙"的大数据统计,精准定位春运期间武汉外出人群的目标城市。《澎湃新闻》则依据百度地图、腾讯数据,对比2017年与2020年春运期间出入武汉人流量及人流走向,得出"500多万人的流出人口数字大致相符""绝大部分就是像往年一样正常地回家过年,而非网络上所言的'逃离武汉'"等结论,精准的传感器新闻让舆情迅速化解。④

(三)VR/AR新闻

VR以其沉浸式的媒介体验和强大的参与性逐渐改变着新闻报道的呈现方式。"VR新闻"依托虚拟现实技术,通过360度场景将新闻信息呈现到受众面前,使受众在虚拟场景中产生一种置身新闻现场的感觉。⑤ 虚拟现实技术在新闻传播领域的运用,不仅革新了新闻报道的内容表现方式、报道样式和叙事思路,更以其逼真的传播体验、强大的再现能力引发持

---

① 彭兰:《"传感器"与"新闻"的相遇会带来什么?》,《新闻论坛》2017年第5期。
② 李蓉:《传感器新闻:新闻的生产变革与价值重构》,《中国出版》2019年第20期。
③ 中国信息通信研究院:《疫情防控中的数据与智能应用研究报告》,2020年3月。
④ 马庆、刘亚:《智媒时代的传播变革:传感器新闻的兴起及应用》,《湖北社会科学》2021年第8期。
⑤ 尤红:《VR新闻的重构特征与伦理风险》,《现代传播(中国传媒大学学报)》2020年第4期。

续的关注。

2015年11月,《纽约时报》率先发布了全景新闻App,随后越来越多的媒体开始尝试沉浸式新闻报道模式。《纽约时报》2015年11月推出了第一篇以难民题材为主题的VR报道《无家可归的孩子》(The Displaced),这篇报道赋予佩戴VR头戴式设备体验者战争后流离失所的儿童的第一视角,深入逼真地体验战争的残酷与血腥。人们在视频中可以利用头戴式设备观看被战争破坏的建筑物,更可以通过滑动手机屏幕、放大细节观看到战争中的大量死伤。在2019年的全国"两会"上,央视网推出了"VR带你观两会"的系列报道,获得了很高的点击量,这个系列报道包括"VR全景""VR融媒体""VR漫游"三个版块,版块设计新颖,应用性强,把VR的功能发挥到了极致。

AR技术借助计算机生成现实环境中不存在的虚拟对象,并将之放置于真实环境之中,为受众呈现出一个虚拟与真实相融合的新场景。一些新闻机构尝试在新闻报道中加入AR元素,如中央电视台新闻中心在香港回归20周年活动中采用AR技术进行系列报道;新华社2018年推出的"AR新闻l习近平的最大爱好"系列报道等,这些新闻都为受众提供了更丰富的阅读体验。

(四)H5新闻

H5技术是近年来新闻制作与传播的重要手段之一,它不仅丰富了新闻报道的内容,对提高新闻观赏性也有着极大的促进作用。H5技术主要包含HTML5标记规范,运用CDD、JS(Java)等多种计算机语言,可以实现多种动效和视听效果。在香港回归20周年之际,新浪新闻就策划了一个成功的H5新闻报道案例"香港20年记事簿",用分屏漫画的形式呈现20年来与香港密切相关的重要事件,并加上相应的音效,多维度的体验让用户能清晰地感受到当时的情景。

(五)新闻游戏

新闻与游戏的结合最早可以上溯到计算机时代到来之前的新闻填字游戏等活动之中,2000年之后,西方媒体走上将新闻与电玩游戏结合的探索之路。到2003年,由乌拉圭游戏设计师弗拉斯卡等人创立Newsgaming.com网站后,"新闻游戏"的概念正式提出,用以描述基于新闻事件的电子游戏。① 从此,新闻游戏越来越频繁地出现在受众眼前。近年来,新华社、人民日报等主流媒体通过新闻游戏进行了一系列新闻报道探索,如两会期间推出的《测一测,你能当两会记者吗?》等新闻作品,对新闻业的改革突破有较大帮助,赢得业内及受众的广泛好评。

(六)数据新闻

数据新闻,也被称为数据驱动新闻,是大数据与新闻业相结合催生出的一种全新新闻报道形态。它主要利用计算机网络技术工具,通过对数据的挖掘、分析,从中提出有价值的信

---

① 刘丹凌、黄秋彤:《新媒体语境下新闻游戏的生成逻辑》,《现代传播(中国传媒大学学报)》2017年第9期。

息通过可视化技术将新闻事实呈现出来。其中,大数据新闻是基于大数据分析思维的新闻报道,是数据新闻更高一级的形态,代表了未来新闻发展的一种趋势。主要表现在数据驱动的调查性新闻、数据可视化叙事、数据驱动的应用三个层面,从关注社会表层的现实到挖掘社会深层的现实,有助于提供可靠的洞见和预测,可视化新闻叙事可适应受众理性认知和感性认知整合的需求。

（七）短视频新闻

短视频新闻是新媒体语境下视频新闻的一种新形式。伴随着移动终端的普及,短视频已成为一种高效的传播媒介。短视频新闻2012年最早出现在美国,其发展的主要驱动来自大众碎片化的阅读习惯、移动互联网的普及以及智能推荐算法的应用。2013年,我国第一款短视频产品"秒拍"上线。2014年央视的两会报道首次和短视频应用合作,短视频开始逐渐发展成为受众喜欢的新闻报道形式之一。当下,以抖音、快手等App为代表的短视频平台成为新的流量池,各大主流媒体也纷纷入驻此类平台争取一席之地。如"央视新闻"抖音号凭借强大的内容生产优势,吸引上亿粉丝关注,成为主流媒体成功转型的典范之一。如今,短视频新闻产品层出不穷,依靠短视频新闻获取新闻资讯已成为互联网用户获取新闻资讯的重要途径。

（八）移动直播新闻

2016年网络直播开始兴起并迅速发展,当年全国的网络直播平台数量已经达到200多家,其中移动直播平台占比一半以上,全国的移动直播用户也达到了2亿以上。移动互联网技术的发展为移动直播的快速发展提供了机会。"移动直播+"与新闻业的结合,推动了新闻行业的一系列变革。移动直播新闻一般指新闻生产者通过直播应用,实时制作并借助移动互联网技术在用户终端同步播出的新闻。与传统的电视新闻现场直播相比,移动直播新闻具有时效性更强、现场感更强、用户参与度高等优势。

三、新媒体新闻的特征

新媒体的出现打破了传统媒体在新闻传播方面的垄断,而新媒体传播本身的超媒体性、超时空、交互性等特性,也使新媒体新闻出现很多不同于以往传统新闻的特征。

（一）新闻容量大、形式更丰富

在传统媒体时代,新闻机构必须有选择地报道新闻,这主要受两方面因素的影响：一方面,传统媒体的渠道容量有限,在一定传播周期内,其版面、频道、时段、采编人员等传播资源的拓展受限；另一方面,媒体宗旨、报道方针、新闻价值取向、社会文化规范、社会价值标准等多种因素对传统媒体的新闻生产有一定影响。

对新媒体新闻而言,相比于传统新闻报道,其在容量和形式上则有很大不同。新媒体的数字压缩和存储技术使一个网站的新闻容量能达到传统媒体的数倍,新闻容量得到空前提升。另外,传统新闻报道的形式也相对比较单一,主要以报纸和广播电视为主。而新媒体新闻的形式多样,为大家所熟知的新媒体新闻内容形式主要包括机器新闻、H5 新闻、VR/AR 新闻、传感器新闻、新闻游戏、数据新闻、短视频新闻、移动直播新闻等。针对同一个新闻事件,通过选用不同的呈现形式,也可以更大限度地满足受众的信息获取需求。

(二)新闻生产效率高

新媒体技术的发展对新闻生产效率的提高是前所未有的。传统的新闻生产大致包括以下过程:记者发现新闻线索、前往现场采访或者远程联系当事人、撰稿成文或编辑播出。整个过程是一个封闭的线性模式,记者扮演着重要的角色。进入新媒体时代,新闻生产的主体呈现多元化发展趋势,打破了记者在新闻生产中的一元主体地位。① 一方面,新媒体技术促进了社会化新闻生产,任何一个公民都可以作为事件的见证者参与到新闻生产的过程之中;另一方面,机器新闻写作出现并逐渐成熟。2018 年新华社联合搜狗公司在第五届世界互联网大会上发布全球首个 AI 合成主播。该主播运用了最新的人工智能技术,模拟该社主持人邱浩的声音与外形进行新闻播报,并且可以自行生产发布新闻,全天 24 小时不休息。新闻生产主体的多元化和新媒体技术的不断进步,使得新闻的生产效率极大提高。

(三)新闻生产个性化

在新媒体时代,传统主流媒体曾经拥有的受众逐渐变得碎片化,这就要求新媒体新闻需要为不同的受众量身定做贴合他们个人的信息内容。在网络愈加发达的情况下,无论受众可利用的时间长短,智能化推荐都可以量身制作、推荐受众感兴趣的新闻产品,满足碎片化阅读的需求。新闻算法推荐是依托算法技术和用户数据分析的一种新闻分发方式,将大数据、算法、用户画像进行有机结合,通过追踪用户的网络行为,运用算法推测出用户可能喜欢的新闻内容,进行精准推送。② 2013 年,今日头条作为国内较早利用新闻智能算法推荐的应用上线,利用算法进行信息内容的分发,随后我国的新闻算法推荐在新媒体新闻领域得到广泛应用,如今已成为新媒体新闻普遍采用的一项分发技术。特别是各大资讯平台和新闻客户端的崛起,算法逐渐取代编辑,大量符合受众口味的内容被推送至读者手中,形成所谓"千人千面"的状态。

(四)社交化传播程度加深

新媒体新闻的社交化传播实现了新闻信息的实时共享与交换,用户的参与度得到提高。首先,新媒体的崛起使新闻生产"去中心化",公众可以借助新媒体平台转载分享新闻内容,成为新闻生产积极的参与者,这种生产多元化使新闻互动性大大增强;其次,传播的即时性使信息能够随时随地通过移动终端实现互动性与个性化的传播。最为典型的是微信公众号,其基本模式是"信息—受众—受众(N 个)",个人用户可借助社交工具多次传播认为有价

---

① 邵全红、王灿发:《媒体融合五年来新闻生产与传播的变革及创新研究》,《新闻爱好者》2020 年第 1 期。
② 陈昌凤、石泽:《技术与价值的理性交往——人工智能时代算法推荐中工具理性与价值理性的思考》,《新闻战线》2017 年第 9 期。

值的新闻信息。

第二节　新媒体新闻的发展现状及问题

当前新媒体新闻已经占据新闻市场的半壁江山,许多传统新闻机构转型发展且已初见成效。传播媒介之间的关系也发生了改变,媒介融合成为未来发展方向。但同时,新媒体新闻存在的一些问题也日渐明显,如真实性缺失、标题党等对其发展造成的负面影响值得注意。

一、新媒体新闻的发展现状

（一）移动智能终端成为信息获取的主阵地

近些年,伴随着以手机为代表的移动智能终端的普及,新闻用户大量、快速地从传统媒体终端向移动智能终端迁徙。根据CNNIC的统计数据显示,截至2021年12月,我国网民规模达10.32亿,较2020年12月增长4296万,互联网普及率达到73.0%,较2020年12月提升2.6个百分点。其中,手机网民规模达10.29亿,网民使用手机上网的比例达99.7%,较2020年12月增长4373万。我国网络新闻用户规模达到7.71亿,较2020年12月增长2835万,占网民整体的74.7%。除此之外,网络视频（含短视频）用户规模达9.75亿,占网民整体的94.5%。[①] 由此可见,在移动智能终端上接收最新的新闻消息,已经成为人们日常生活的重要组成部分。移动互联网的飞速发展和移动智能终端的普及,使人们获取新闻资讯的门槛和成本都大大降低。今日头条、腾讯新闻、百度、网易等新闻资讯应用满足了人们随时随地碎片化获取信息的需求。

（二）短视频新闻和移动直播新闻迅速崛起

在过去,大部分受众对新媒体新闻的认识局限于传统新闻的电子版,以文本新闻为主。随着移动互联网技术的发展,新媒体新闻中出现了短视频新闻和移动直播新闻。短视频新闻形式简洁生动,内容丰富多彩。移动直播新闻视觉冲击力强,用户参与度高。这些特点都符合互联网时代用户的新闻阅读习惯,用户对短视频新闻和移动直播新闻的接受程度得到了提升。短视频新闻和移动直播新闻凭借这些优势迅速崛起。不仅如此,移动直播新闻具有更高的时效性,在重大事件、危机事件等现场感传递方面表现优异。在我国5G技术的推动下,移动直播技术条件会日趋成熟,用户的参与感将得到更大提升。

---

① 中国互联网络信息中心（CNNIC）：《第49次中国互联网络发展状况统计报告》,中国互联网络信息中心,2022年3月,https://finance.sina.com.cn/tech/2022-03-19/doc-imcwiwss6875143.shtml,访问日期:2022年6月26日。

(三) 用户使用黏性持续增加

从新闻传播宏观发展来看,伴随着移动互联网发展的持续推进和 5G 技术的推广提速,多元终端迎来快速发展,用户内容场景将丰富立体化发展,新闻资讯行业将实现全方位升级重塑。根据 Trustdata 移动大数据检测平台的数据显示,2020 年新冠肺炎疫情期间,新闻资讯平台成为用户获取疫情新闻资讯的第一渠道,用户获取的相关信息近五成来源于此类平台。主流新闻资讯品牌顺势而为,加速开拓市场,呈现出今日头条、腾讯新闻及新浪新闻三强争霸的竞争格局。报告显示,新浪新闻、腾讯新闻及网易新闻整体更获用户信赖,这些新闻资讯平台用户日均使用时长增长显著,其中新浪新闻单日最高达 74 分钟。新冠肺炎疫情暴发后,新闻资讯行业日均活跃用户出现周高峰,日活跃用户量单日最高达 1.5 亿,且主流新闻资讯应用新增用户月均留存率均高于 50%。移动新闻资讯应用通过扩大内容分发量、提升内容触达效率,提升了其用户黏性。不仅如此,头部平台积极探索多元化发展路径,以满足用户新闻资讯之外的碎片化阅读及娱乐诉求,以获取用户更多注意力。①

(四) 新闻智能化生产日渐成熟

人工智能技术重新塑造了当代媒介生态系统,新媒体新闻出现了新闻线索采集智能化、新闻生产模式自动化、分发渠道融合化发展的趋势。② 借助人工智能技术,新媒体新闻生产出现了机器人写作新闻和 AI 合成主播,国内现在已经有多个智能机器人专门用于新闻生产,比如腾讯公司 2015 年研发的自动化新闻写作机器人 Dreamwriter,就是根据计算机算法搜集信息根据固定模板生产新闻的 MGC(机器生成内容)典型代表,新华社不仅研发了快笔小新写作智能写作机器人,还联合搜狗开发了国内首个 AI 合成主播。

二、新媒体新闻存在的问题

不可否认,新媒体在快速发展过程中势必存在良莠不齐、泥沙俱下的状况。比如少数新闻记者在未经核实的情况下直接采用网络平台上发布的信息,并且将其作为信息源,致使其生产的新闻报道毫无真实性和可信度;传统新闻伦理在新媒体语境下面临严峻的挑战,甚至一些新媒体平台突破传统新闻伦理,拒绝对其传播的内容负责。传统新闻伦理的执行主体缺失,致使新媒体新闻出现诸如"标题党"、内容同质化、娱乐化等问题。对存在的这些问题进行理性分析,对新媒体新闻的健康发展有着积极意义。

(一) 新闻真实性及准确性缺失

真实性和准确性是新闻的生命,同时也是新闻传播活动和新闻事业存在的前提。失去真实性的新闻不但没有价值,还会损失媒体诚信、消耗社会资源。美国密苏里大学新闻学院

---

① Trustdata:《中国移动互联网新闻资讯行业发展分析报告》,Trustdata 官网,2020 年 6 月 10 日,http://www.itrustdata.com/,访问日期:2021 年 3 月 26 日。
② 王思:《智能化时代新闻媒体特点与生产模式创新》,《学习与实践》2019 年第 1 期。

唐纳德·雷诺兹新闻研究所发布了《2017新闻信任度调查报告》，对8728名用户进行的问卷调查显示，尽管大众对互联网的使用时间增加了，通过社交媒体获取信息的频率提高了，但对其可信度一直存疑。2017年6月底，由牛津大学路透新闻研究所发布的《数字新闻报告2017》中，通过对欧洲、美洲和亚太地区36个国家地区的7万名受众的分析显示，仅有24%和40%的受访者认为，社交媒体(24%)和新闻媒体(40%)可以很好地将事实和虚构进行有效区分、剥离。①

新媒体新闻真实性、准确性缺失的原因是多方面的。一方面在激烈的市场竞争中，有的媒体为了获取更多的经济利益和轰动效应，不惜发布虚假新闻信息，与同行业展开不正常的恶劣竞争，在采写新闻时怎么轰动怎么写，怎么吸引眼球怎么写，全然不顾事实的真相。② 另一方面，新媒体的技术进步使社会化生产新闻成为大趋势，一些非专业新闻从业者社会责任感缺失，在利益的驱使下发布虚假新闻。当前我国自媒体平台的业余内容生产者数量有上百万之多，每天生产海量内容的同时，也对新媒体新闻真实性和准确性监管造成了巨大影响。

（二）点击率成"万恶之源"

在新媒体时代，点击和分享产生的流量已成为判断媒体成功与否的一个重要标志，甚至成为判断信息价值大小的标志。以哗众取宠的手段追逐所谓的独家与劲爆案例，追求高点击率成为"万恶之源"。

2004年8月，美国一家名为BuzzFeed的网站流量超过纽约时报网站，成为美国第三大新闻网站。文章内容上，萌宠、排行榜、明星八卦、奇闻怪事无所不包，但这些内容的共同特点是：满足了人们的猎奇心理，极易产生病毒式传播链条。尽管很多传统媒体人对这样一个以宠物卖萌和明星八卦为主要内容的网站的成功不以为然，但这也从另一方面说明，点击和分享是体现信息价值最直观的方式，但对点击率的过分追逐也会带来一系列负面影响。

（三）标题党混淆视听

"标题党"是在新媒体新闻泛滥的情况下出现的一种为了吸引眼球，以标题为"诱饵"刺激读者进而提升新闻点击率的内容撰写模式，此种标题往往追求夸张和扭曲事实，破坏了新闻业寻求真相的价值观，已然成为媒体圈的"公害"。"标题党"现象不仅助推了网络谣言的产生和传播，损伤了新媒体的公信力，也损害了整个媒体行业的声誉。近年来，网络上诞生了一系列热词和新词，有些流行一时，有些广泛传播，有些也为传统媒体所用，成为固定的表达方式。虽然新媒体在创新媒体表达和提升新闻敏感方面成效显著，但"标题党"的出现让标题内涵变了味。

2020年新冠肺炎疫情期间，一些短视频平台发布标题为"印度警察严惩疫情期间违禁人员"的视频，引发大量受众关注。但深究后才发现，视频内容实则为疫情之前印度警察执勤

---

① 方师师：《社交媒体信任缺失之痛》，《中国报业》2017年第19期。
② 甘玲婧：《论新媒体环境下虚假新闻产生的原因及其影响》，《新闻研究导刊》2017年第5期。

的画面,平台为了获得更高的点击率将不相干的画面配以文字内容进行传播,不但无法保证新闻信息内容的真实性,反而极易使受众对信息产生误解。此种例子在新媒体报道上已经屡见不鲜。新媒体时代,"语不惊人死不休"的情绪时有弥漫,标题的作用被过分强调,"震惊""转疯了""不转不是中国人"之类的情绪化标题占据着头条。一些名人的表达被曲解,一些新闻报道被误读,甚至一些社会矛盾也是因为部分标题的挑拨而激化。[①]

（四）新闻内容娱乐化、低俗化

新媒体新闻在新闻内容审核和准入制度上缺乏相关的准则,给不良信息的传播和发布提供了"便利条件"。新媒体可以给用户提供海量新闻信息,但无法有效甄别鱼龙混杂信息中的低俗化新闻信息。同时受猎奇心理的驱使,公众对娱乐化信息资讯的关注度比较高。部分媒体抓住受众的这一心理特征,热衷于报道名人明星的花边新闻,导致新媒体新闻带有浓厚的娱乐化和低俗化色彩。[②] 近年来,演艺界和知名人士涉毒涉黄被抓、明星出轨离婚纠纷等事件始终在国内新媒体的热门新闻排行榜上居高不下。

虽然近几年我国对新闻内容娱乐化、低俗化问题进行了整治,但在短期内新闻内容的娱乐化、低俗化仍会广泛存在。这样的新闻报道关注度高、话题度热、参与性强,往往能引发网民的狂欢,却也往往忽略了新闻应该传播的价值和媒体应该承担的责任。与此相对应的,浅阅读和碎片化成为新媒体时代新闻报道的重要特征,严肃新闻和调查性报道变得更加小众化,给媒体行业乃至广大受众带来了价值判断的混乱,也拉低了整个媒体行业的素质。

第三节　新媒体新闻的发展趋势

一、技术迭代加速新媒体新闻形态的升级

随着技术的迭代,一种新媒体新闻形态可能随着一种技术的应用而出现,而这种形态也不是一成不变的,依然会随着相关技术的发展而不断变化。因此,新媒体新闻的形态是极其不稳定的。例如,H5 新闻是随着 HTML5 技术发展起来的,而后各种互动技术加载于其中,持续升级着 H5 新闻的呈现形态,目前在社交媒体上常出现的新闻游戏便是以 H5 新闻为基础。

技术迭代对新媒体新闻形态的升级和重构主要有以下几条路径:第一,新媒体技术直接作用于新闻形态,形成新的新闻形态,如移动直播技术的发展促进移动直播新闻的成熟。第二,新媒体技术促进新媒体形态或者传播应用的发展,间接影响新媒体新闻形态,如短视频传播应用的发展带来短视频新闻的出现。第三,新媒体技术对传播环境和媒体形态的综合作用,促进新媒体新闻形态的重构,如社交媒体中的新闻游戏是在社交媒体和 H5 传播形态等媒介要素发展到一定程度才出现的,而这背后是技术对社交媒体和 H5 传播形态的完善。

---

① 于洋、张音:《新媒体需治"七种病"》,《人民日报》2015 年 4 月 2 日第 23 版。
② 张中峰:《融媒体时代新闻的守正创新》,《中国广播电视学刊》2019 年第 9 期。

除了以上三条路径,技术的发展还会在思维层面影响新媒体新闻形态。当前,新闻版权管理存在侵权方式隐蔽、维权手续繁琐、维权成本高、不重视版权资产等问题,而区块链技术在新闻版权保护方面有着得天独厚的优势。区块链可以通过分布式社会系统 CPSS(Cyber-physical-social systems)提供数据基础和信用基础。对新闻版权保护领域而言,区块链技术建构了一个政府组织、媒体、用户参与的多中心的信用系统,在"确权—用权—维权"中保障新闻版权市场的良性运作。① 在这种情况下,区块链技术给新闻版权保护提供了新的思路,进而有机会影响新闻生产思路,最终也有可能带来新闻形态的变化。

二、融合环境促进新媒体新闻叙事样态的多维创新

新媒体新闻可以看作是媒介融合环境中发生叙事样态革新的新闻形态。这也就是说,融合环境使文字、声音、图形、图像、动画等媒介元素发生整合,使新闻叙事样态得以丰富和创新。每一种多媒体整合方式都拥有一套相对独立的"语法"系统,如基于视频整合的视听语言体系,基于网页整合的图文叙事体系,基于动画整合的真实再现体系,基于客户端整合的智能编排体系,基于新兴媒体整合的 H5 互动叙事体系、游戏叙事体系等。② 表 10-1 列举了部分新媒体新闻叙事样态。

表 10-1　部分新媒体新闻叙事样态③

叙事样态	描述
即兴新闻	社交媒体激发了人们随时随地即兴讲述与发布新闻的冲动,在微博、微信等平台便捷地发布自己所经历或所见证的新闻事件
背书式新闻	因公民新闻的真实性与可信度存疑,需要具有采访权的新闻媒体与负责处置事件的相关部门对公民新闻进行认证,于是催生了大量的背书式新闻
公务新闻	公务新闻则一般是各机构组织发布的,涉及工作的较为冗长的、具有较强专业特色的新闻
清单式新闻	所谓清单式新闻指根据时间、要点等诸多标准把新闻中的重要信息进行提纲挈领或摘要式的分门别类
图说式新闻	所谓图说式新闻指用示意性图画和简单文字、数据把新闻事件中的重要信息以一定的逻辑关系,进行具象化的直观简洁的呈现
辫子新闻	辫子新闻由传统媒体、公民新闻、用户回应等三种或多种文本整合而成
注解式新闻	注解式新闻,即对公民新闻的各个方面进行注释与说明,以方便公众详细了解新闻事件与新闻人物

可以预见,随着媒介融合的深入推进,新媒体新闻的叙事样态还将继续丰富。然而,不论融合环境如何改变新媒体新闻的叙事样态,我们都可以从时空结构和互动叙事两个方面去把握新媒体新闻的叙事样态。

---

① 林爱珺、林婉婷:《基于区块链技术的新闻版权管理及保护机制研究》,《新闻记者》2021 年第 4 期。
② 刘涛:《融合新闻策划:从形态创新到渠道对话》,《教育传媒研究》2019 年第 5 期。
③ 陆佳怡、吴晓虹:《两极与互补:新媒体语境下的新闻样态与图景》,《新闻记者》2017 年第 8 期。

新媒体新闻叙事的时空结构包括时间叙事、空间叙事和关系叙事。从时间叙事来看,部分新媒体新闻的时间叙事能够同时在历时和共时两个维度上呈现新闻事件,也为用户提供了深入了解相关事件的入口,从而创设了更为多元化的叙事可能:一方面,时间脉络中的并置叙述具有了可能性;另一方面,多个独立事件因为共时关系而建立了认知关联。从空间叙事来看,相较于传统新闻而言,一些新媒体新闻有能力将无数个体故事组合成庞大的时空体,从而打开隐藏于新闻表象背后的巨大叙事空间。从关系叙事来看,新媒体新闻的关系叙事则实现了新闻叙事逻辑的再造:一方面体现为对新闻活动中某种隐秘关系的识别与发现;另一方面体现为对新闻故事中元素关系的重构与再造。①

新媒体新闻叙事的互动叙事包括界面响应、路径选择和角色扮演。互动叙事无疑打开了一种全新的叙事观念。相对于传统新闻的单向传播模式,新媒体新闻的最大优势就是在技术维度上实现了用户互动。根据用户参与互动的程度和深度,融合新闻的创意互动叙事可以分为三种类型:一是界面响应,二是路径选择,三是角色扮演。其中,界面响应主要指用户按照页面提示完成特定操作,在既定的叙事路径中获取新闻信息;路径选择指新闻生产者预先设定多种叙事路径,用户触发并选择不同的路径时,往往会导向不同的故事结局,从而体验不同叙事路径中的叙事情节;角色扮演多用于新闻游戏这一特殊的新闻叙事模式中,用户在新闻游戏中享有较大的发挥空间,能够自主定义内容框架,自主选择叙事路径,并通过具体的游戏体验获得相关的新闻认知。②

三、新媒体新闻语言风格的多样化和场景化

在传统新闻实践中,语言风格是相对单一的。虽然在部分情况下有所突破,但整体是严肃的,缺乏活泼的气氛,因此传统新闻语言风格的共性大于个性。而在数字新闻业发展过程中,情感因素深刻影响了新媒体新闻的语言风格。我们可以通过对新闻文本的观察,分析新媒体新闻与传统新闻在情感维度上的差异,这种差异大抵指向两种新闻生产的策略。第一,基于数字媒体平台的新闻报道较传统报道更重视对"矛盾"和"区隔"类议题的选择,这在很大程度表明新媒体新闻内容寻求以情感化文本为载体、放大争议的"可见性"的策略。第二,数字时代的新闻生产实践于总体上日益强调对"积极情绪"的激发和追求,并在此框架下呈现出比传统新闻更加强烈的"介入性",主张以新闻生产为路径和桥梁,协调多方力量解决(而不仅仅是呈现)社会问题。上述两种生产策略的成功表明,新闻业已形成以情感为中心的生产、流通与接受的完整生态,而这种生态几乎完全是基于数字媒体的技术可供性的——无远弗届的社交平台与智能推荐算法构成了新闻流通最主要的生产与分发场景,这为表现为不同样态的数字新闻的"情感唤醒"提供了天然的便利。③

这意味着,情感因素在新媒体新闻中的"可见性"和"介入性",使新媒体新闻的语言风格将持续发生变化:一方面,新媒体新闻语言风格多样化,不同情感组合会形成不同的新闻语

---

① 刘涛、杨烁烔:《融合新闻叙事:语言、结构与互动》,《新闻与写作》2019年第9期。
② 刘涛、杨烁烔:《融合新闻叙事:语言、结构与互动》,《新闻与写作》2019年第9期。
③ 常江、田浩:《介入与建设:"情感转向"与数字新闻学话语革新》,《中国出版》2021年第10期。

言风格,如新闻标题中情感倾向的体现使新闻呈现不同的语言风格,见表 10-2。

表 10-2 《人民日报》公众号 2018 年 10 月 28 日新闻标题①

时间	标题	口语特点	情感倾向
07:07	1. 来了,新闻早班车	倒装句	欣喜
07:59	2. 台湾妹子第一次到江西,竟在机场痛哭! 【关注】甘肃一民政局招聘考试成绩表错行,多人被处分! 【实用】计步器怎么知道我们走了多少步?谜底揭晓 【荐读】大学生假做"小手术",面对追问他只好默默脱下了帽子……	省略句	喜极而泣 难过
11:26	3.【快讯】批捕了!	省略句	大快人心
12:28	4. 老人在 ICU 昏迷 30 个小时,醒后写下 7 个字……网友被甜哭了 【关注】"清华总裁班"同学开饭馆破产还欠了 300 万!清华这样回应…… 【健康】秋裤应该什么时候穿?低于这个温度,医生都悄悄翻出了秋裤 【荐读】这个当红主播离职,他的辞职信看哭了	省略句	感动 惊奇 感动
14:19	5. 揪心!重庆一公交车坠入长江	独词句和评价句	揪心
15:01	6. 这是他牺牲前的最后一扑 【提醒】崩溃!朋友圈刷到未成年女儿不雅视频!竟是为了小小的…… 【健康】女儿看着爸爸瘫倒在椅子上,心跳停止!万幸的是…… 【荐读】网购了一款手机壳,撕开快递的那一刻,我哭了!	省略句 独词句 和评价句	敬佩 崩溃 惊喜 愤怒
18:55	7. 最新通报!公交突然越线,女司机没逆行,车上实载十多人!	独词句和评价句	
19:37	8. 大学课堂里的"泥石流"!老教授魔性解读古诗爆红…… 【关注】网曝广西一医院窗口低矮,孕妇半蹲填表!院方回应 【健康】首次确认!人体已被塑料污染!你常听惯的它竟是重灾区 【荐读】当你负面情绪爆棚时,这些方法可以拯救你!(建议收藏)	省略句 独词句 和评价句	喜爱 责怪 恐惧 高兴
21:27	9. 46 岁警察因公牺牲,他留下的最后一句话让人心碎…… 苹果、华为新机同天发售,这组店门口的对比照刷屏了!	省略句	心碎 喜悦

另一方面,新媒体新闻语言风格朝着场景化方向发展,与新闻形态和传播环境等要素相适配。2015 年 3 月 3 日,全国政协十二届三次会议开幕前,网易推出可视化新闻《人民大会堂,小明带你玩》,让广大网友只需轻轻触屏,亲切的"小明"就会带着网友把人民大会堂仔仔细细地"游览",万人大礼堂、金色大厅、宴会厅、迎宾厅、全国人大机关办公楼……新鲜的触屏翻阅方式,既在一定程度上满足了网友对庄严的人民大会堂的想象,又增强了人们对两会这一中国政治生活大事的参与感。② 这一可视化新闻便是与社交媒体环境、H5 传播形态相

---

① 曾庆香、玄桂芬:《社交媒体召唤结构:新闻交往化与亲密性》,《现代传播(中国传媒大学学报)》2019 年第 1 期。
② 龙志、许秋里:《网易新媒体实验室专栏:硬时政新闻中的萌拟人化可视化操作——以网易新闻客户端 2015 年两会报道为例》,《中国传媒科技》2015 年第 3 期。

适配,拟人化的引导方式使新闻语言风格呈现出可爱、有趣和轻松的特点。

当然,虽然新媒体新闻语言风格出现多样化和场景化的趋势,但并不说明传统新闻语言风格在新媒体环境的消失。在新媒体政治新闻等报道类型中,严肃、权威、高冷的语言风格依旧占据着较大的比重。

四、新闻推荐算法成为对新媒体新闻发展影响最大的技术

新闻推荐算法是目前新媒体研究中的一个热点。在前互联网时代,报纸、广播、电视等传统媒体主要通过人工为受众推荐信息;在互联网发展的初期,信息的热门推荐方法发展起来并在雅虎等网站大量使用;目前所处的大数据时代,个性化算法推荐和信息流展现则成为主流。一般热门推荐算法主要依赖对一些数据指标的聚合计算来实现,计算方法简单,容易部署实施。

个性化推荐系统技术上运用了文本特征提取、相似度计算,有基于内容推荐法、协同过滤推荐法和矩阵分解法等,方法较多,而且具体实现和优化比较复杂。数据集合的大小和质量也对推荐效果有巨大的影响。通过编码实现一个实验性新闻推荐系统,可以发现,在数据集较小的情况下,一般热门推荐算法能取得最好的效果,而基于内容和协同过滤两种推荐方法的效果较差,但是也能给出符合逻辑的推荐结果。

个性化新闻推荐系统是目前最为火热的方向,今日头条、一点资讯等新闻阅读产品都以自己的个性化算法作为吸引用户的卖点。然而,新闻的个性化推荐系统是一个极为复杂的系统,需要自然语言处理、特征工程、机器学习、大数据计算等多个领域的知识。

(一)个性化推荐系统的相关概念及变量

热门推荐:聚合计算出实时热门新闻,这样的新闻有很大可能会引起用户关注。

相关推荐:与用户当前正在阅读的文章主题相关的推荐。

用户的短期兴趣:根据用户最近的行为来进行推荐,比如用户刚刚阅读了与"朝鲜"相关的新闻,刚刚在 App 中搜索了"赵丽颖"关键词,则识别出用户短期的兴趣是"朝鲜"和"赵丽颖"。短期兴趣和相关推荐技术上可能是相同的。

用户的长期兴趣:也叫用户画像,是用户的长期口味,技术上的本质是一组用户 ID 所对应的一组关键词。比如某个用户常年阅读与军事相关的新闻,就会形成一组相应的关键词。长期兴趣还会考虑进用户的地理位置、年龄、性别、毕业院校等多个人口统计学因素。长期兴趣的推荐可能会不仅使用用户自身的用户画像,还会计算与用户的用户画像相似的其他用户,并找出其他用户看过而这个用户没看过的新闻进行推荐,这就构成了协同过滤。

融合:把以上所述的推荐结果都打乱了放在一起展示给用户,就叫作融合。

(二)新闻文本的特征提取

对一篇新闻文本,我们需要对其进行特征提取,这样才能进行相似度计算。所谓特征,就是用来表征一个新闻或者一部电影的一组值。比如对一部电影来说,可能有男主演、女主

演、导演、国家、语言等这些特征。但是对新闻文本来说,没有这么简单。提取新闻文本的特征需要使用 TF-IDF 方法。

tf-idf(term frequency-inverse document frequency,缩写为 tf-idf 或 TFIDF)算法,计算的是一个关键词的权重值(weight)。tf-idf 权重经常被用作信息检索和文本挖掘领域的应用。

在提供了一个语料库的前提下,该方法通过统计手段,得出某文本中的某一个词语的重要性/独特性。在 tf-idf 方法中,一个词语在给定文本中的出现频次越高,且在语料库中包含该词语的文档数目越小,则该词语的权重值(也可以说是得分)越高。tf-idf 算法及其衍生变种算法,常常被搜索引擎用来给网页打分和排序。

例如:一个文本中总共有 100 个词语,其中 cat 这个词出现了 3 次,那么 cat 的 TF(term frequency)值就是 3/100=0.03;而假设我们语料库中有 1000 万个文本,其中 cat 这个词出现在 1000 个文本当中,那么 cat 的 IDF(inverse document frequency)就是 log(10 000 000/1000)=4,因此,cat 单词的 tf-idf 得分就是 0.03×4=0.12。

(三)基于内容的推荐(CB)

基于内容的推荐,本质上是对用户画像与文章特征之间进行相似度计算。用户画像与文章特征形式上是完全一致的,都是一组获得较高 tf-idf 权重的关键词的集合。

只要对用户画像和文章的特征之间进行相似度计算,然后在所有计算了相似度的文章中选取相似度最高的 K 篇文章作为推荐文章发给用户即可。

(四)推荐算法的发展方向

传统的推荐算法范式本质上就是热门推荐补充以关键词匹配。这种推荐方法容易解释清楚为什么一篇文本会被推荐到某个用户的屏幕上,但是它的局限性也比较大。目前,以深度学习为代表的人工神经网络方法在图像识别、声音识别领域取得了巨大成就,人工神经网络方法如 CNN、RNN、DNN 正在被许多研究者尝试运用到计算机科学和工程的其他领域,推荐系统自然也是一个重要的应用方向。

运用以人工神经网络为代表的新的算法范式,对于解决推荐系统许多难以解决的老问题很可能会有非常好的效果。与此同时,神经网络犹如一个黑盒子,为什么一篇文章会被推荐给这个用户的真正原因,往往被成千上万个神经元计算节点以及彼此之间复杂的连接所掩盖。这可能是日后它被运用到推荐系统上并进行持续优化时面临的一个主要障碍。

针对很多新用户没有任何数据沉淀,从而算法难以对其进行有效推荐的问题,可以用获取用户其他平台信息、获取用户当前手机已经安装的软件信息,以及引导用户进行口味选择这三种方法来解决。可以考虑给予优质内容生产者所发布的文章和视频更高的推荐权重,使其更容易被用户接触到,并且进行合理的广告收入分成,让优质内容能够实现不断循环再生产。另外,应当加强内容的审核。可以有针对性地开发一套机器学习系统,根据文本关键词特征识别出低俗内容,并以人工审核作为辅助,把住内容的底线。值得说明的是,现在今日头条等企业已经注意引入人工审核,对内容进行把关,试图遏制低俗内容的蔓延。可以利用机器学习技术建立一套反作弊、反低俗以及检测谩骂和政治敏感内容的系统。反作弊系统建立的目的就是解决文不对题、蹭热度(单纯充满关键词而并无实际有用内容的文章)以及其他作弊问题。反作弊系统目前主要有两种:一种是预先设置策略和规则的;另一种则是不预先设置规则,而是通过机器学习来学到判断规则。前者的设计依赖经验和对现实作弊案例的总结,对遇到的案例进行归纳,人为地设计一些规则;而后者则强调输入数据的特征和标签,由机器进行监督学习(supervised learning),从而让算法获得一套参数值,进而判别作弊和非作弊。反作弊系统往往要借助大数据计算框架,比如流行的 Hadoop MapReduce 和 Spark,从而实现大规模数据的判别。

政府要通过立法规范监管,鼓励优质主旋律内容的生产和传播。政府机构应当发挥作用对市场调节失灵的情况进行合理的干预,让信息流消费市场不至于沦为低质量内容循环生产的垃圾堆。

本章思考题

1. 试辨析新媒体新闻的概念。
2. 如何看待新媒体新闻发展中新闻理想和商业规则的关系?
3. 如何看待新媒体新闻的发展趋势?

本章参考文献

1. 宫承波. 媒介融合概论(第三版)[M]. 北京:中国广播影视出版社,2021.
2. 中国互联网络信息中心(CNNIC). 第49次中国互联网络发展状况统计报告[R/OL]. (2022-03)[2022-06-26]. https://finance.sina.com.cn/tech/2022-03-19/doc-imcwiwss6875143.shtml.
3. Trustdata. 中国移动互联网新闻资讯行业发展分析报告[R/OL]. (2020-06-10)[2021-03-26]. http://www.itrustdata.com/.
4. 艾瑞咨询. 中国移动端新闻资讯行业报告[R/OL]. (2017-08-10)[2021-03-26]. http://report.iresearch.cn/wx/report.aspx?id=3034.
5. 中国信息通信研究院.《疫情防控中的数据与智能应用研究报告》[R/OL]. (2020-03-02)[2022-06-26]. http://www.caict.ac.cn/kxyj/qwfb/ztbg/202003/t20200303_275553.htm.
6. 尤红. VR新闻的重构特征与伦理风险[J]. 现代传播(中国传媒大学学报),2020,42(04).
7. 邵全红,王灿发. 媒体融合五年来新闻生产与传播的变革及创新研究[J]. 新闻爱好者,2020(01).
8. 常福刚. 智媒环境下新闻编辑应具备的四种思维[J]. 记者摇篮,2019(12).
9. 李蓉. 传感器新闻:新闻的生产变革与价值重构[J]. 中国出版,2019(20).
10. 刘涛. 融合新闻策划:从形态创新到渠道对话[J]. 教育传媒研究,2019(05).
11. 杨保军. 论作为宏观新闻规律的"技术主导律"[J]. 国际新闻界,2019,41(08).

12. 尹楠楠. 智媒时代传感器新闻的发展与反思[J]. 青年记者,2019(20).

13. 王思. 智能化时代新闻媒体特点与生产模式创新[J]. 学习与实践,2019(01).

14. 夏鸿,张志丹. VR新闻适用范围探析——以新华网VR视频栏目为例[J]. 新媒体研究,2018,4(16).

15. 彭兰."传感器"与"新闻"的相遇会带来什么？[J]. 新闻论坛,2017(05).

16. 方师师. 社交媒体信任缺失之痛[J]. 中国报业,2017(19).

17. 刘丹凌,黄秋彤. 新媒体语境下新闻游戏的生成逻辑[J]. 现代传播(中国传媒大学学报),2017,39(09).

18. 陈昌凤,石泽. 技术与价值的理性交往：人工智能时代信息传播——算法推荐中工具理性与价值理性的思考[J]. 新闻战线,2017(17).

19. 胡钰,陆洪磊. 构建新媒体传播中的"新新闻伦理"[J]. 青年记者,2017(12).

20. 马庆,刘亚.《智媒时代的传播变革：传感器新闻的兴起及应用》[J]. 湖北社会科学,2021(08).

21. 李苏. 机器新闻发展的市场进路及反思——以Autamated Insights公司为例[J]. 新闻界,2015(18).

22. 杨保军. 简论智能新闻的主体性[J]. 现代传播(中国传媒大学学报),2018,40(11).

23. 谭天,刘云飞,丁卯. 新媒体语境下的"新闻"界定[J]. 新闻界,2012(12).

24. 童兵. 新媒体传播对传统新闻学的挑战[J]. 新闻界,2012(10).

25. 王中. 新闻学的第二课题[J]. 新闻大学,1982(04).

26. 王中. 论新闻[J]. 新闻大学,1981(01).

27. 于洋,张音. 新媒体需治"七种病"[N]. 人民日报,2015-04-02(23).

第十一章

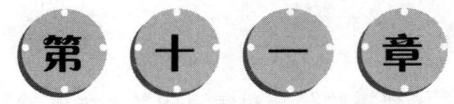

扫码可见
第十一章PPT

第一节 新媒体舆论的内涵与特征

一、新媒体舆论概念辨析

(一)舆论的概念

舆论,又作"公众意见",首次出现于法国思想家卢梭在1762年出版的《社会契约论》中。舆论学创始人李普曼认为,舆论是"其他人头脑里的想象,他们自己的情况、他们的需要、意图和关系等等都是他们的舆论"[①]。在我国,甘惜分先生在《新闻理论基础》中指出:舆论是社会生活中经济、政治地位基本相近的人们或者社会集团对某一事态的大体相近的看法。刘建明教授认为,舆论是"一定范围内多数人的集合意识及共同意见"。"舆论通常是指参与公共事务的公众态度,凡人民每天诉说的思想和社会观念都是它要研究的内容。""舆论通常被认为是不参与决策过程、在权利中心之外的人的意见,往往表现为多种公众对事务的评价。"[②]

舆论经由下述过程产生:首先,人们获知有关特定社会公共事务的信息;接着,人们就特定的社会公共事务公开发表意见;然后,各种意见相互碰撞、协商、融合,最后大体达成一致,形成共识,成为舆论。这一过程取决于两点:一是有关社会公共事务的信息的传播。社会公共事务的信息是引发舆论的基本材料,人们只有在获知有关社会公共事务的信息后,才有可能对其产生看法和意见。在媒介化社会中,大众传媒是人们了解社会公共事务的窗口和获知社会公共事务信息的主要来源。二是人们意见的公开表达。人们对社会公共事务的意见只有公开表达出来,才能发生碰撞、协商和交融,才能汇聚成基本一致的意见,形成社会舆论。大众传媒是人们公开表达意见的主要渠道和载体,一定程度上,社会公共事务信息的大众传播和人们意见的公开表达状态决定了社会的舆论生态,即舆论生成与存在状态。

[①] 甘惜分:《新闻理论基础》,中国人民大学出版社,1982,第52页。
[②] 刘建明:《社会舆论原理》,华夏出版社,2002,第5页。

(二)新媒体舆论概念演化

新媒体舆论,广义上是指在互联网、手机等新媒体上传播的公众对焦点问题所发表的有影响力的意见或言论,亦是现实民意借助于新媒体的表达。① 由于新媒体大多以网络信息传播技术为基本构成要素,媒体形态的差异主要表现在信息接收终端的不同呈现方式上,因此,狭义的新媒体舆论即指网络舆论,即社会公众以网络为传播平台,对其所关注的某一现实问题所发表的一致性意见,是公众意见经由网络传播的结果。

在新媒体环境里,有关社会公共事务信息的大众传播和人们意见的公开表达具有传播主体大众化、传播渠道便捷化和传播内容海量化等新特征,因此,舆论的生成和存在状态也具有不同的特点。

(三)"后真相"概念的产生与演化

"后真相"(Post-Truth)是2016年《牛津英语词典》选中的年度词语,其释义是:诉诸情感和个人的信念要比客观事实对形塑公众舆论的作用更大。② 早在1992年,美籍塞尔维亚剧作家史蒂夫·特西奇使用"后真相"一词指统治者竭力压制的令其蒙羞的真相——如水门事件、海外战争的幕后事实——需要民众竭力从中辨别。"2016年特朗普当选"等不能按照传统逻辑框架解读的一系列政治现象③使该词逐渐被人熟知。

在西方语境下,"后真相"主要围绕政治议题展开,但在我国,随着社会关系茧房化及其延伸出的"重归部落化"现象,网络信息的传播情感和观点先行的趋势增强,网民更愿意、也更容易接受能调动自己情绪、符合自己观点与经验的信息,甚至谣言。这使得真相滞后,形成了新媒体环境中舆论生成过程的新现象。所以我国新媒体舆论的情绪化虽与"后真相"的某些表征相似,但有不同的产生逻辑:由于信息公开渠道和政治参与渠道尚不畅通,部分公众在无法获取真相前提下,转而使用情感化叙事手段来造势动员,产生"舆论倒逼"效应,此时,公众的关注焦点不在于事件的真假,而在于身份的归属和道德对错,情感成为一种道德能量和社会资源,它既反映了特定历史条件下的道德和价值冲突,又是特定政治机会结构权衡下理性选择的结果。④

二、新媒体舆论的特征

新媒体所具有的开放、互动、即时传播等特性使新媒体舆论呈现出迥异于传统舆论的一些特征。

---

① 匡文波:《论新媒体舆论的生命周期理论模型》,《杭州师范大学学报》2014年第2期。
② 支庭荣、罗敏:《"后真相"时代:话语的生成、传播与反思——基于西方政治传播的视角》,《新闻界》2018年第1期。
③ 李彪、喻国明:《"后真相"时代网络谣言的话语空间与传播场域研究——基于微信朋友圈4160条谣言的分析》,《新闻大学》2018年第2期。
④ 郭小安:《公共舆论中的情绪、偏见及"聚合的奇迹"——从"后真相"概念说起》,《国际新闻界》2019年第1期。

(一)舆论本体多元化

舆论可分为两种不同的形态:一种形态是众多的人就"某一争议的社会问题"参与议论,并形成了共同意见;另一种形态则是公众议论纷纷,莫衷一是。新媒体环境中"众声喧哗"的舆论现实则呈现出这样的形态:在新媒体环境中,传播主体大众化、传播渠道便捷化、传播内容海量化,任何人连上互联网,都可以通过网络迅速获知有关社会公共事务的信息并发表意见,想对大众上传、发表的所有内容进行全面过滤和及时把关非常困难。

由此在社交媒体上,一旦涉及争议性社会议题的讨论,其舆论越来越难以形成共识意见,这是舆论本体多元化的首要表现。公众对社会公共事务的意见多种多样,这使得网络舆论中的理性建议与极化言论、情绪化宣泄并存,甚至还可能出现谩骂、语言暴力和人身攻击等现象。因此,就新媒体舆论构成来看,它前所未有地复杂化了:由过去的"舆论一律"进入了现今的"多音争鸣""众声喧哗""多元博弈"。因此,对"众声喧哗"宜作两面观:一方面,它是政治民主、社会昌明的重要表征;另一方面,它也意味着当下的传播环境中,信息和意见的芜杂将是不可避免的。①

(二)舆论传播者多样化

新媒体传播环境中,人人都可以利用新媒体传播平台传递自己的声音,传播者不再仅仅是政府宣传机构和传统主流媒体,信息传播进入了"人人都有麦克风"的时代,每个普通人都可能成为信息的传播者(如图11-1所示)。在很多突发事件或热点议题的舆论传播中,新媒体用户作为传播者,往往因其所使用平台的快捷性,成为主要的信息传播来源。

比如,2022年年初轰动网络的"丰县生育八孩铁链女事件"最初由抖音平台推送而引来其他抖音博主关注,后来"徐州一修哥"账号发布了该女子被囚禁于屋内的视频,再经由不同社交媒体平台的转发分享,引发了自丰县至江苏省三级调查组的层层调查。由此可见,官方媒体在新媒体事件传播中的地位有所动摇,其设置议程的权力部分让渡给多元传播主体,甚至会采纳网络热点事件作为报道信源或政策制定的出发点。

(三)舆论主体动机复杂化

操作容易、即时方便、交互性强等网络技术特点让越来越多的网民可摆脱时空的物质性限制来参与建构网络舆论,这也使舆论主体的参与动机呈现出复杂化趋势。除了当事人及其亲属、朋友、同学或有过共同经历的人等与事件直接相关的主体外,与事件本身无直接利益关系的"围观者"也是参与讨论的常客。这些人或出于同情,或出于道德正义感、社会责任感,或纯粹跟风、起哄、围观等不同目的与心态,不同程度地参与舆论,甚至可能成为舆论主体的组成部分,推动舆论的生产、传播与扩散。

与此同时,网络空间中的普通人可掌握较之在现实环境中更大的话语权。在现实生活中,传统主流媒体和大众传播媒介占据舆论引导位置,公众通常不具备通过大众传媒设置议

---

① 丁柏铨:《新媒体语境中舆论特点及政府与之关系论析》,《中国出版》2013年第5期。

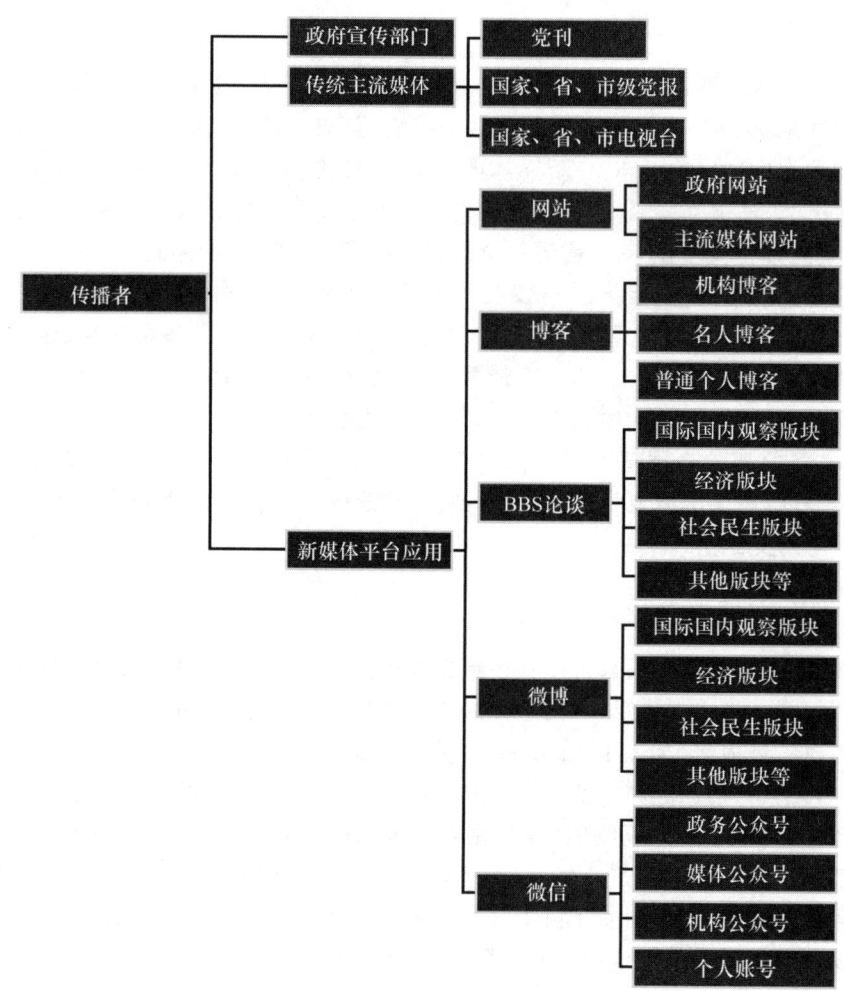

图 11-1 传播者的构成

程的自主权和可能性;但在网络空间中,网民言论和互动行为可影响主流媒体和政府议程设置,推动网络舆论形成甚至影响舆论走向的"舆论倒逼"现象渐成常态。因而在新媒体语境中,政府要处理好与公众舆论的关系,要尤为关注如何处理好与新媒体舆论的关系。①

(四)舆论传播机制引发蝴蝶效应

网络中信息、意见、观点的传播主要通过评论、转发等形式实现,新媒体舆论也在这种交互作用中酝酿、发酵、传播、扩散。特别是微博、微信等社交媒体,能在最短时间内、在数以万计甚至数以亿计的群体中实现信息、意见、观点的共享与扩散,这一过程中,群体情绪可被迅速调动,意见、观点在短时间内大量聚集,甚至呈几何效应叠加,一开始看似微不足道的话题和事件都可能引发高热度、大范围的舆论震荡,即舆论蝴蝶效应。"B 站 UP 主谎称患癌骗

---

① 丁柏铨:《新媒体语境中舆论特点及政府与之关系论析》,《中国出版》2013 年第 5 期。

捐""河北寻亲男孩刘学州事件""东航 MU5735 客机坠毁"以及持续三年的新冠肺炎疫情期间出现的诸多反转事件,都印证了这一效应。

任何一个热点话题引发的新媒体舆论都经历了从有到无的过程,其演变发展符合舆论酝酿期、爆发期、消解期这样的周期规律。如图 11-2 所示。①

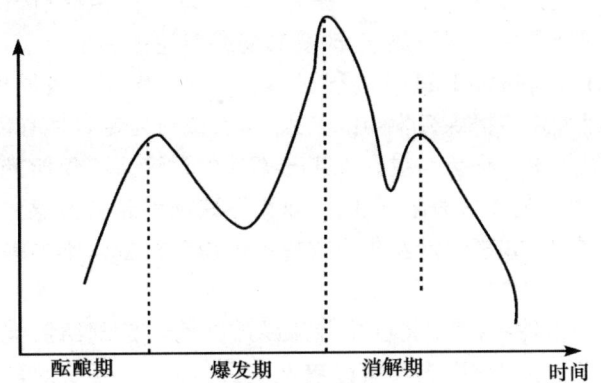

图 11-2　新媒体舆论蝴蝶效应的生命周期

由图可知,新媒体舆论具有酝酿期短、爆发期较长、消解期迅速的特点。事件在传播过程中如能及时补充新动态,舆论传播的连锁反应才得以持续。每当新信息进入舆论场,信息刺激强度就会增大,事件传播热度迅速、暂时达到峰值,随后又会缓缓滑落。若没有新的信息弥补进来,事件传播热度则会渐渐走向衰变。②

第二节　新媒体舆论的形成机制与传播规律

一、新媒体舆论的形成机制

虽然网民每天在不同的新媒体平台上分享、讨论成千上万个话题,但并非每一个在新媒体平台上出现的事件、话题都能产生影响力并形成强大的民间舆论场。从传播学角度来看,一个事件或话题最终形成舆论影响力需要经历几个关键"节点"。

（一）信源发布与议题呈现

当新媒体平台上出现一个能引发人们共鸣或能引起争议的焦点事件或话题时,人们会持续予以关注并讨论。同时,网络言论环境的虚拟性也使人们的自我责任意识薄弱,对信息的发布和传播缺乏相应的规范意识,人们可以自由发表匿名言论,为舆论的形成做铺垫。③

---

① 匡文波:《论新媒体舆论的生命周期理论模型》,《杭州师范大学学报》2014 年第 2 期。
② 喻国明:《中国社会舆情年度报告》,人民日报出版社,2012,第 87 页。
③ 李伟权、刘新业:《新媒体与政府舆论传播》,清华大学出版社,2015,第 110 页。

除了信源本身所具备的传播力之外，能引发讨论并发酵成为热门话题的舆情事件一般还有四个关键要素：一是事件本身的传播价值。在当下的中国互联网环境中，涉及公权私用等易引起民众不满情绪的事件，一般具有较强的可传播性和扩散性，也更容易在短时间内引爆舆论。二是事件经由权威媒体和渠道予以传播。如果某一社会事件被如央视、《人民日报》等权威的专业媒体纳入报道议程，不仅提高了事件本身的传播价值，使其更可能被全面而准确地报道，也为提升事件的舆论热度、改变其网络舆论关注度提供可能。三是事件得到某些意见领袖（KOL, key opinion leader）的积极关注。社交媒体的发展也让渡了部分网络话语权，使过去只能通过大众传播媒介发声的名人、学者或行业专家能在网络环境中耕耘自己的言论自留地，而意见领袖积极参与或介入某一事件的讨论。不仅能带动网民的讨论热情，还能延长事件在社交媒体的传播时限，同时可以更迅速地引起官方媒体和政府机构的关注。四是其他外在力量的介入，如事件涉及政府或相关组织危机应对不当等情况，从而导致舆情爆发。

在B站UP主骗捐事件中，信息源头本就来源于具有一定网络影响力的网络红人，同时事件具备公益救助元素，极容易引起其关注者及网民的同情；再如刘学州事件中，当事人与亲生母亲的认亲过程层层反转，经由自媒体传播和专业媒体的跟进式报道后，事件的话题热度不断升级，引发网民的持续关注与讨论。可见，任何一个事件如果具备两个及以上的要素，就有可能演变成热门的舆情事件，分析近年来网络上热议的一些社会热点事件，都概莫能外。

（二）舆情扩散与意见整合

融合了人际传播和大众传播特点的社交媒体平台，也可以起到舆论扩散与意见整合的作用——随着事件关注人数的增加，事件传播范围拓展，舆情也随之持续扩散。在"扩散"一词中，"扩"是指数量上的指数性增加——信息通过新媒体渠道像病毒一样快速复制、大量传播；"散"是从空间维度而言——向四面八方散开来，即信息开始渗透到各个角落，覆盖面越来越大。而舆情不断扩散的同时，各种意见也相互交锋，赞成、反对、质疑、谩骂皆有。此时的话题也可能会出现转移的迹象，也有可能沿着新的话题形成另一波舆论高潮。而经过前一阶段各种意见的交流与碰撞，舆论中主导性的意见可能逐渐占据上风并进入意见整合阶段，原有的话题可能出现四种前进路径：

第一，沿着原话题继续深入挖掘，一些网民和用户继续保持着巨大的热情关注事件进展。比如，新冠肺炎疫情初期武汉市紧急建设"方舱医院"，这一词语的含义、建成后如何投入使用、能收治多少病患、医护人员和病人的生活需求如何满足等诸多关联性问题等，引来网民持续关注。

第二，相关话语消费增加。很多网络流行语都是由热门舆情事件衍生而来，从前几年的"我爸是李刚"到近年的"996"等，有些由舆情事件所产生的流行语甚至被模仿复制，造出各种"××体""××哥"，走红网络，成为一种独特的网络语言。

第三，话题大转弯。舆情事件在舆论形成过程中出现话题转移也是常有的现象，并可能制造出新的话题。例如2020年两会期间，总理公开点赞"地摊经济"——通过摆地摊获得收入来源的经济形势,引发多地发布政策鼓励这一边缘经济形势以推动经济复苏。结果网友脑洞大开,合成了众多明星做地摊生意的表情包,还创作了不少段子调侃生活不易等,使这一经济行为在网络空间呈现出截然不同的表现。

第四,促成现实行动。舆情的扩散和舆论的逐步形成,也会促使虚拟世界中的讨论转为现实中的实际行动。例如新冠肺炎疫情期间一线女性医护人员缺乏卫生用品的困境引发网民关注,从网民个体到企业机构向一线捐赠了大量卫生用品以解决女性医护人员的现实生活困难;而2022年不同地区的封控区、管控区出现孕产妇、基础病患者亟待就医的需求得不到满足等事件在网络发酵后,也不同程度地得到了当地基层部门的回应与救治。

(三)舆论效应消散

当事件得到有效控制时,新媒体舆论所产生的影响力开始逐渐消失。新媒体舆论的衰减程度与信息公开情况和事件的处理速度成正比。在一些焦点事件或议题出现初期,如果政府或相关部门对事件的处理或主流媒体的信息发布能够满足公众对信息的需求,新媒体舆论的效应就会发生改变,事件关注度便会逐渐衰减。但一旦出现信息披露不及时、关键性信息缺失等问题,公众对事件的讨论和对当事人或责任人的质疑与责问则可能导致较高的舆论关注;但如果事件进展能及时得到披露、迅速设置事件报道议程、引导舆论,解决争议,则公众会逐渐从围观状态中撤离,汇集起来的舆论也会逐渐消散。当然,如果事件当事者或负责人不能灵活运用新媒体的传播机制、错过平息负面情绪的最佳时机,反而激化网民的负面情绪并导致新媒体舆论风暴潮,则会削弱公众对事件责任方的信任。即使事件结束,舆论也不会马上消解,可能还会持续一段时间,甚至形成次生舆论。如果出现这种情形,事件当事者需要进行信息补偿,额外提供有效信息以化解矛盾,才能重新赢得公众的信任,逆转新媒体舆论传播的负面效应。①

二、新媒体舆论的传播规律

无论在学术研究领域还是在实践方面,传统的舆论传播规律都已自成体系,有着系统的理论研究和实践经验。在新媒体传播环境下,由于舆论传播的各个要素呈现新的传播特征,传播过程也呈现出不同于传统舆论的规律。

(一)次生舆情出现频度增加

新媒体时代的舆论呈现出"非利益相关者参与的特征"②——舆论的产生与演变同时受到利益相关者和"吃瓜群众"的影响,多主体介入也导致舆论走向的不确定性增强。尤其是重大突发事件发生后可能导致关联性次生事件出现,事件本身产生的舆论在发展过程中也可能产生次生舆情。

新冠肺炎疫情期间,当疫情本身仍处于发展初期时,不同关联性事件相继发生:从"新冠

---

① 李伟权、刘新业:《新媒体与政府舆论传播》,清华大学出版社,2015,第112页。
② 王文峰:《新媒体时代舆论敏感性与舆论规律再认识》,《传媒》2019年第18期。

肺炎"病毒溯源到李文亮去世,从武汉"封城"到湖北省红十字会捐赠风波,从湖北省长新闻发布会口误到武汉官媒发表多篇不当言论和报道……这些事件本质上仍是官方舆论场与民间舆论场的博弈与沟通,当政府信息发布延迟、对问题处理不当时,次生舆情发生概率会大概率增加。但也不排除社交媒体言论本身参差不齐的特点对网民态度和情绪的影响乃至煽动。当信息发布者不是以建设性讨论为目的,而是为了片面赚取曝光率、为了批评而批评,导致社会舆论偏激并进一步激化社会矛盾,且相关监管部门由于管理缺位、处置标准不一时,舆论走向反复波动,也会导致次生舆情产生。

另一个典型案例是2020年年初发生的肖战"227事件"。肖战粉丝认为知名同人网站AO3平台的作品《下坠》影响了肖战的形象,遂向政府部门和中国网监部门举报,导致该网站作品库被封,从而引发该网站粉丝的反向围攻和对肖战所涉及影视作品、代言广告的强烈抵制。从肖战粉丝举报、到网站被封导致圈外网友情绪激化、再到肖战粉丝道歉,肖战和"粉丝"一起出圈,引发了针对粉丝文化、资本造星、性别观念等诸多相关社会议题的讨论。

(二)意见领袖影响力增强

1944年,拉扎斯菲尔德等人出版的《人民的选择》一书中首次提出了"意见领袖"的概念;2017年,伊莱休·卡茨等在《国际传播协会年鉴》发表的《六个该退休的概念》一文中,"意见领袖"却位列第一。① 然而在移动互联网条件下,意见领袖发挥作用的方式有所改变,作用空间大大扩展,传播力、影响力大增。②

不少知名学者、明星和其他公众人物以社交媒体为渠道,就各种社会现象或热门话题发表意见,其中有的意见既表达了公众的心声,也履行了舆论监督的职责,因此拥有众多拥趸。经过日积月累的意见发表与深耕,这些社会公知、行业名人则能成长为具有较大影响力的意见领袖:在微博上以"大V"标识区别于普通网民——即在微博上得到身份认证的、且具有较多收听粉丝的账号,因其账号后会挂上V字标志得名;在微信上以账号高订阅数、推送高阅读量获得用户关注。社交媒体的影响力标志和可量化的用户互动数据(阅读量、评论、转发、点赞、在看等)使这些人在网络舆论场中,成为举足轻重的传播节点。但这一群体又鱼龙混杂,某些掌握"核按钮"的KOL反而可能传播不实信息甚至制造谣言,也正因为他们拥有众多粉丝,其潜在和实质的负面影响也就越大。

有调查研究表明,在全国3000万名大学生微博用户中,超过六成用户的微博信息为转发,而在转发的信息中有80%由大V发布。③ 由此可见,微博等社交媒体看似传播者众多,实际上只有一小部分人拥有强大的传播力。这些网络意见领袖的引导优势在于,他们具有专业权威性,却以民间立场发声,因而更易在网民中产生比官方机构更高的说服力和信任度。与此同时,不可忽视的是,当意见领袖被默认为网民的代言人时,其立场和行为也存在被民

---

① 张冰清、芮必峰:《旧理论遭遇新传播:网络科学视角下"意见领袖"研究的困境及出路》,《新闻大学》2019年第6期。
② 丁柏铨:《论自媒体时代公众舆论表达的特点》,《新闻爱好者》2014年第7期。
③ 邹雅婷:《网络大V——底线即是生命》,人民网,2013年8月30日,http://media.people.com.cn/n/2013/0830/c40606-22745302.html,访问日期:2022年6月27日。

众意见裹挟的风险,尤其在面对争议性议题时,站在网民态度对立面的意见领袖反而可能遭遇网络暴力。

(三)"圈子化"传播与"群体极化"效应明显

近年来,新媒体环境下的舆情传播"圈子化"的趋势也愈发明显。"物以类聚,人以群分",相似的人往往聚在一起形成利益共同体。互联网空间存在因亲缘、现实社交关系、爱好、粉丝群体等不同主题形成的"圈子"。有研究表明,几乎任何话题都可促成网络群圈形成,在这些"圈子"内,信息传播迅速;同时,每个成员可同时存在于不同"圈子",使得同一信息有机会进入"异质圈",形成"圈子"的勾连,而传播网络和人际网络也因此不断扩大,促进信息大范围传播。

"群体极化"效应由美国芝加哥大学法学院教授凯斯·桑斯坦提出,他将其定义为:团体成员一开始即有某些偏向,在商议后,人们朝偏向的方向继续移动,最后形成极端观点。① 网络中,热点话题形成阶段会吸引众多讨论者,处于群体中的人参与讨论时往往呈现出比个人决策时更偏极端的态度或情绪,产生极化现象。这是因为:一方面,在成员相对固定、彼此认同感强的同一圈子中,在针对网络上热点事件的讨论中,成员可放心地表达自己的态度;另一方面,群体分散了责任,消解了个人需要为结果承担责任的顾虑,也容易导致讨论意见极端化。人肉搜索、网络暴力等失范现象即是"群体极化"效应的体现。

辩证地看,"群体极化"能强化群体的凝聚力,并在该群体内部产生强大的舆论压力,从而实现群体的共同目标;与此同时,"群体极化"也会掩盖不同声音,反而为客观公正地看问题设立了障碍,导致群体成员容易失去理性的束缚,从而对社会稳定造成负面影响。

第三节 "后真相时代"新媒体舆论的问题及引导

一、"后真相"时代新媒体舆论存在的问题

伴随着"后真相"时代的来临,新媒体舆论呈现出新的特点,同时也产生了新的问题。

(一)舆论场域的反相共生性

随着网络空间逐渐成为信息的集散地、舆情的发酵池、各种思想交锋的主阵地,网络舆论场的反相共生性愈发显著。

一方面,舆论场域具有开放、自由的特质。一个人可以随时随地拿起麦克风在话语广场上说出自己的想法,看似喧嚣的信息闹市却是一个原子式的机械团。处于虚拟空间的网民能以虚拟身份表达心声,而无需顾及他者的感受,个体与个体之间缺乏真正的沟通、认同。与此同时,网络空间的庞杂性、网络身份的流动性也可能加剧网民内心的不安全感和不确定

---

① 凯斯·桑斯坦:《网络共和国》,上海人民出版社,2003,第47—51页。

性,反而强化了网民对精神共同体的归属需求,网络群圈应运而生。

另一方面,舆论场域具有自囿性与排外性。在社交媒体上,人们基于血缘、文化、职业、爱好等因素构建了形色各异的"圈"与"群",每个"圈"与"群"都可被视为一个共同体,其本身的"过滤泡"与"回音壁"效应逐渐显性化,即相同的观点、态度、情绪和价值观在圈群内不断地传播、强化,进而形成动员效果,促使圈内成员对其产生依附感与认同感,反而可能封闭和固化自己的思想,拒绝与其他圈群成员进行沟通与交流,"信息茧房"现象加剧,更易导致极端思想蔓延。

（二）内容上的真假同构性

网络空间是个万花筒,充斥着各种谣言、八卦甚至无稽之谈,这些信息通过夸张的标题、耸人的话语、煽动的词语、戏谑的态度呈现于众。一些网民为了炒作、吸睛与谋取利益,不惜成为"标题党""戏精",还有些别有用心的所谓公知、"大V"打着还原"真相"的幌子,以研究的名义有意歪曲与篡改党史、国史,在网上肆意散布政治谣言。不管是普通网民,还是所谓的"公知",他们故意散播不实信息都是利益心在作祟,其中可能是经济利益纠缠,又不排除政治企图裹挟。总而言之,网络空间成为多元群体的利益角力场与争夺地。

正是在各种利益的驱动下,"后真相"时代新媒体舆论呈现出第三种事实:亦真亦假,抑或半真半假,"即信息内容介于真实与虚假之间,不完全客观也不完全虚构,是一种情绪化的现实"。① 这第三种事实是主观建构与制造出来的舆论假象,具有鲜明的真假同构性。在"后真相"时代,信息发布者根据自身利益和情绪擅自对客观事实进行消解、隐匿、重建,让信息似真似假、似有似无,以达到以假乱真的效果。真假互渗并融为一体,让信息接收者感到"乱花渐欲迷人眼"。

（三）评判上的情理倒序性

"后真相"时代最鲜明的特点是情绪与情感优先,理智与事实滞后,在判断上呈现情理倒序性的特点。在网络空间中,在反智主义、民粹主义、犬儒主义、新自由主义等思潮的推波助澜下,不乏"键盘侠"将"道德绑架""人肉搜索"等网络暴力行为掩盖于被"添油加醋"的客观事实之下,引起一次次的网民情绪激化现象。

造成这些现象原因主要有两个:其一,证实偏差的自囿。社会心理学研究指出,证实偏差是指当人确立了某一个信念或观念时,在收集和分析信息的过程中产生的一种寻找支持该信念的证据的倾向。人们主动选择支持自身立场的论据、主动忽略对立信息这一行为,正是以对事件判断的情理倒序性心理为基础。其二,网络上修辞术的泛起。修辞术是一种话语策略,以期说服处在意见对立面一方和旁观者。当前,一些深谙修辞术的网民利用人们的心理弱点,主动迎合并肆意在网上卖弄其修辞术,不讲逻辑与事实,反而诉诸情感宣泄、煽情性话语与大胆的谎言,特别是使用一些能调动人情绪的比喻、暗喻或者象征等手法,刻意制造能够激发人们的好奇心、同情感的舆论,误导民众。有学者认为,"修辞术之路意味着公共

---

① 江作苏、黄欣欣:《第三种现实:"后真相时代"的媒介伦理悖论》,《当代传播》2017年第4期。

领域将被煽动、蛊惑、宣传和炒作所左右,更煽、更装、更廉价的意见将胜出,将成功地引导并且代表大众走向错误。"①网上诸多舆论信息就是修辞术衍生的产品,部分人利用它在网络空间中混淆视听、攫取不当利益,这是造成"后真相"现象出现的另一个重要原因。

二、"后真相"时代下的新媒体舆论引导策略

(一)专业媒体坚持新闻专业主义,主动引领舆论

新媒体传播渠道推动公民新闻崛起,挑战了传统媒体新闻专业主义的地位。原先过程封闭化、信息生产层级化和传播单向性的新闻生产流程被打破,新闻生产出现以平权、多向、分享为特征的新面向。然而,公民新闻的弊端也逐渐显露:在公共领域内情感宣泄多、理性讨论少,弱势群体权利抗争渠道依然有限,低质量信息充斥网络空间且真假难辨。因此,专业媒体客观真实地解读、系统全面地报道在众声喧哗的时代里仍是不可或缺的。

尽管新闻专业主义的客观性和真实性难以完全实现,被比喻为"风中的芦苇",但正因为客观难以接近才值得被追寻。正如迈克尔·舒德森所说:"我们仍然需要不可爱的新闻界。现如今,新闻业经济上的脆弱性使得媒体常常选择明哲保身,这让它显得尤其不可爱。但是记者们仍然选择坚守新闻业的最高理想,正是由于拥有这种力量,新闻界依然充当批评家的角色。"②在后真相时代,社会舆论的引导,真相的探寻离不开专业媒体对新闻专业主义的坚守。

(二)意见领袖承担社会责任,避免煽动情绪

在传统意义上,意见领袖被认为是具有高专业素质和能力、能对大众产生影响、引领思潮和社会潮流的人,媒介信息和观念并不能直接流向大众,而是经由他们在人群中扩散。网络空间中,海量信息与稀缺注意力共存,网民对于有价值信息的筛选和观点引领的需求,使得意见领袖的作用更为突出。与皮埃尔·布迪厄在《关于电视》中谈到的电视上的"快思手"不同,在大众媒体时代,观众可以通过电视屏幕看到专家、发言人的形象,但很难在实际生活中接触到。相反,社交媒体上的意见领袖显得"平易近人"——粉丝互动、评论回复、视频直播等对话功能使"零距离接触"成为可能。

同样不可忽视的是,在舆论场域中,意见领袖也具有了掌握着舆论脉搏的可能性,他们轻率的人格攻击、极端化的言论以及感性至上的简单评判也更易煽动网民的非理性情绪。且拥有粉丝越多的意见领袖,可产生的负面影响越大。例如 2021 年国庆节期间,在微博拥有百万关注量级的媒体人罗昌平就当时热播的电影《长津湖》发表了带有侮辱性言论的微博,随后三亚市公安局吉阳分局以涉嫌"侵害英雄烈士名誉、荣誉罪"将其刑事拘留,2022 年 5 月罗昌平被判处有期徒刑七个月并公开赔礼道歉。也正因此,避免断章取义、控制负面情

---

① 赵汀阳:《坏世界研究——作为第一哲学的政治哲学》,中国人民大学出版社,2009,第 47 页。
② 迈克尔·舒德森:《新闻的真实面孔——如何在"后真相"时代寻找"真新闻"》,周岩编译,《新闻记者》2017 年第 5 期。

绪,以理性的、辩证的态度对社会热点事件进行评论和转发是"后真相"时代下网络意见领袖应当担负的社会责任。

(三) 提升网民媒介素养,促进两个舆论场融合

"舆论场"是促成舆论形成和变动的重要空间。我国已经形成了依托传统主流媒体、旨在宣传和解释党和政府的政策方针、反映官方意志的官方舆论场,以及借助互联网平台、反映群众心声的民间舆论场。互联网的发展进一步降低了意见表达的门槛,社交平台汇聚了大量粉丝和新兴的意见领袖,民间舆论场已经发展成为一股重要的舆论力量,与官方舆论场日渐交汇融合。两个舆论场各有其特点。官方舆论场通常掌握全面、权威的高质量信息,但在信息发布环节往往以"堵"的思维来应对危机事件,在实际操作中将"稳定"放在第一位,当官方回应社会质询时的姿态和策略与公众期待有差别时,反而容易引发信任危机和舆论声讨。而在民间舆论场中,民众话语意识和话语权的增强,不仅可能推动官方舆论场改革,也为推动两个舆论场的沟通提供了可能。但随着舆论爆发的门槛越来越低,群体极端化的现象越来越频发,真假信息的混杂搅动着民众敏感的神经,缺乏正确引导带来舆论的偏移和迅速发酵,更容易引起舆论的震荡。所以,两个舆论场有多大的共通意见以实现和睦共处,对舆论环境的和谐、形成意见与态度共识至关重要。

也正因此,在"后真相"不可逆的网络信息环境中,处理好官方和民间舆论场之间的关系是舆论引导的关键。具体而言,首先,应坚持以公共利益为导向——这既是两个舆论场整合和共振的前提,也是社会共同的目标;在此基础上形成的舆论力量,才能够消解和纠正舆论场中偏激和消极的部分。其次,应坚持在互动之上进行理性对话,意见和建议的良好沟通有利于舆论内部的话语畅通、团结和稳定,降低网络中噪音的分贝。此外,为实现性对话,官方应当在表达策略上让老百姓看得懂、能接受、更亲切,网民也应努力提升其数字媒介素养,多视角辩证地看待官方话语。

第四节 新媒体事件

一、新媒体事件的概念

新媒体事件的理论起源是丹尼尔·戴扬和伊莱休·卡茨提出的"媒介事件"概念,指20世纪末"对电视的节日性收看,即关于那些令国人乃至世人屏息驻足的电视直播的历史事件",这些事件具有媒介仪式性和文化表演性。[①] 之所以提出"新媒体事件"这一概念,其出发点正是要与传统的媒介事件相对比,重构新媒体环境下的媒介事件理论。因此,要界定新媒体事件的本质,必须从对比新媒体事件与传统媒介事件的差异开始,见表11-1。

---

① 董天策、郭毅、梁辰曦、何旭:《"媒介事件"的概念建构及其流变》,《新闻与传播研究》2017年第10期。

表 11-1 新媒体事件与传统媒介事件比较

比较项	传统媒介事件	新媒体事件
事件组织者	主要为政府	非政府组织和个人
传播媒介	传统媒体为主	网络媒体为主
议题范围	提前策划和宣传的重大仪式事件	主要为偶发的争议性事件
谁设置议程	传统媒体	主要为网民
传受关系	单向传播,缺少互动	传受互动
话语权	精英掌权	底层赋权
传播效果	维护现状,凝聚共识	挑战权力,鼓吹异见
信息清晰度	高	低,常伴有谣言

通过上述对比可以看出,新媒体事件主要指以新媒体为传播媒介,由网民传播以推动事件进程并挑战主流意识形态和现存社会权力结构权威的、带有争议性的社会事件。新媒体事件的"新"根本上体现于两点:一是事件的意义并非完全被权力阶层定义,草根阶层拥有更大的话语权;二是事件的社会效果并非是维护现存统治秩序,而是从一定程度上挑战了社会主流意识形态和权力结构。

二、新媒体事件的类型

不同类型的新媒体事件,其传播机制、社会影响差别较大,不同议题参与主体不同、争论热度不一、权力和资本的介入方式也有差异,因而要对其开展深入系统的研究,首先需对其进行准确分类。戴扬和卡茨将传统媒介事件分为竞赛、征服、加冕三种类型,[①]随着新媒体时代的到来,他们敏锐地意识到传统的媒介事件类型已经难以囊括当今的新媒介事件,因此对其理论进行了修正,在"竞赛、征服、加冕"三种脚本的基础上,结合近年来媒介事件的新特点,增加了"幻灭、冲突、倾轧"三种类型。[②] 但是,戴扬、卡茨的分类主要是基于西方的社会背景,不完全适用于我国新媒体事件的类型划分。

根据近年来我国大陆地区产生较大社会影响的新媒体事件,本部分以事件内容的相似性、事件当事人身份、事件中权力部门与网民的关系等为标准,将其分为六类。

(一)民族主义事件

民族主义事件涉及国家利益和民族感情,如钓鱼岛撞船、"帝吧出征"、声援新疆棉以及新冠肺炎疫情期间的病毒溯源争议等。这类事件的发生与历史记忆、外交争端和维护领土完整息息相关,主要以中日关系、中美关系、台独问题、藏独问题为社会背景。外交争端常常是引发网络民族主义事件的导火索,如 2008 年北京奥运会火炬传递遭遇破坏引发的网络舆

---

① 郭建斌:《如何理解"媒介事件"和"传播的仪式观"——兼评〈媒介事件〉和〈作为文化的传播〉》,《国际新闻界》2014 年第 4 期。
② 左登基:《媒介事件中幻灭、脱轨与冲突》,《文史月刊》2012 年第 8 期。

论热潮。这类事件发生初期可能会得到政府部门默许,政府借助网络舆论间接向对象国施压,表明维护国家利益的决心和力量。而随着事件的发展,一旦网民情绪高涨并开始采取线下抗议行动时,政府则倾向于为事件降温,将网民行动纳入官方掌控之内,以免网民的过火行为对政府自身构成挑战。因此,在民族主义事件中,政府与网民的关系是以合作为主,网民大都支持政府立场,共同维护国家利益。

(二)官民对立事件

官民对立事件包括公民维权和官员贪污腐败等问题,多起源于社会现实矛盾,司法争议是此类事件中最常见的一种,如曾经的孙志刚事件、邓玉娇案、周老虎事件以及 2022 年春天上海新冠肺炎疫情期间的诸多衍生社会事件等。这里的"官"主要指公权部门及其官员,也包括社会其他权势集团,如垄断企业等。官民对立事件是国内新媒体事件的主流,此类事件之所以牵动社会公众的神经,在于事件本质往往反映了体制弊端,直接关系到个体命运和社会公平正义,也间接牵涉全体公民基本权利和公共利益,具有极强的公共性,同时还反映出社会公众对公权部门缺乏信任,但常因事件敏感,民意也极容易被相关部门压制。然而此类事件最能体现网络舆论的力量和网络公共空间的功能。网络媒体在此类事件中发挥舆论监督作用:网民通过舆论造势,吸引传统媒体介入,并最终迫使政府部门采取措施解决问题。因而此类事件往往能成为体制和政策调整的突破口,使事件的效果超越事件本身,如"厦门 PX 事件""绿坝事件"等,最终都推动了公共政策改变。虽然这类个案有一定偶然性,但它有助于激发网民的公民意识和权利意识,为公民社会建设奠定了基础。

(三)社会道德事件

社会道德事件由于违背了传统伦理道德,容易促使网民达成共识,如近年来国内的"me too"运动、抵制家庭暴力等。但这类事件也常伴有人肉搜索、网络暴力等行为,暴露了网民非理性的一面,反映出网络公共领域的局限性。社会道德事件由于矛头指向社会个体或群体的道德失范,在没有触及法律红线之前,这类事件较少受到权力部门的干预,讨论的自由度也较高,尤其是随着"me too"运动而讨论热度逐渐升温的女性议题、家庭伦理议题等,近两年引发了社会公知、名人和网民的大量讨论。

(四)公共安全事件

公共安全事件包括食品安全、灾难事故、环境污染等议题,如 2021 年福建泉州疫情隔离观察酒店坍塌、浙江温岭油罐车爆炸、四川西昌突发森林大火,2022 年东航 MU5375 客机坠毁、贵州动车 D2809 于榕江站撞泥石流脱线致车头损毁、北京核酸检测机构被吊销许可证、郑州 120 延误救治女大学生等。这类事件多起源于现实社会,涉及公共利益,因此较易引发社会公众的关注。但事件发生的原因,既有公权部门的政策失当,也有企业的违法犯罪行为,还包括自然灾害。因而在针对此类事件的舆论引导中,政府应及时披露核心信息、更新事故处理方案,满足公众知情权。

（五）文化娱乐事件

文化娱乐事件最能体现网络文化的特点，这类事件多数发端于网络，常与网络恶搞、人肉搜索联系在一起，最典型的就是网络红人现象，如丁真、刘畊宏、北大韦神等。由于很少涉及官民冲突，因此此类事件的话语空间相对开放，网民享有较多话语权，也反映出网民的自主性和挑战主流意识形态的能力。此类事件虽多属个人行为，但随着短视频、直播等视听媒介形式的演化，也不乏博主通过暴露隐私等手段吸引眼球，同样引发了有关网络道德的争论。从社会效果来看，新媒体平台上为人所关注的文化娱乐事件既有助于网络社会多元文化的发展，也容易助长网络娱乐化和庸俗化的倾向，如若这类事件长期占据头条，反而会削弱公众对重要社会议题的关注，可见个人的自媒体传播一旦涉入公共领域也具有了一定的公共性，因此对事件当事人的网络监管也尤为必要。

（六）名人争议事件

名人争议事件常涉及公众人物的不当言行或者道德隐私，尤其在微博热搜中，常有一些名人不为人知之事被爆出，从而引发粉丝与网友之间激烈的论战，成为一个又一个新媒体事件，如2022年5月台湾娱乐记者葛斯齐爆料汪小菲的新闻一度数日连续占据微博头条。但这类事件的舆情生命力颇为短暂，通常会迅速被下一个名人争议事件取而代之，可见社交媒体上对这类事件的排浪式消费已成为常态。

三、新媒体事件的传播特点

（一）传播渠道的多元化与统一化

新媒体事件的传播渠道已经由传统的印刷媒介、电子媒介过渡为由新媒体、全媒体主导，改变了以往仅通过大众传播工具单向传播的局面，手机、平板电脑等移动设备为新旧媒体的共同传播提供了技术基础，即传播渠道的全媒体多元化与移动设备统一化。其中手机以其便捷性优势成为最主要的传播媒介，公众使用一部智能手机，借助移动互联网，就可以发挥出全媒体功效，实现新媒体事件传播的最优效果。

（二）传播范围的大众化与分众化

新媒体带来了更广的传播范围，让更多的人能够享受到大众传播所带来的成果。报纸、收音机和电视机不能时时带在身边，但是手机成为现代人不可或缺的通信与社交工具。受众接收信息的方式更为简便，发布信息的门槛亦已降低，事件的发布与传播范围也就更加大众化了。但这同时为受众带来了困扰。在新媒体事件发生后，让更多的人知晓这一事件是媒体的责任，而如何让对新媒体事件某一方面感兴趣的受众更快了解到相应内容，则成为新媒体事件传播的重点。因而如何帮助受众在广泛的信息中找到自身需要的信息、剔除无用内容，就成为新媒体事件传播的关键。

（三）传播过程的互动性

传统媒体受众反馈渠道较为单一、传受双方互动性差，受众对媒体信息的反馈往往难以被媒体接收、更难以推动媒体议程改进。但是新媒体的开放性、交流性与草根性，能有效调动新媒体用户参与事件讨论的积极性，且为传受双方的互动提供了便捷的渠道，用户可通过实时交流来促进事件传播，因而互动性是新媒体事件最突出的特征，同时，根据事件议题的走向，新媒体事件对受众情感的调动方式也会呈现出感性互动和理性互动形式，也印证了普通人在新媒体事件中的参与性。

（四）传播内容的碎片化

大众传播过程中，专业媒体机构对传播内容的"把关"能确保信息的真实性、逻辑性和权威性。同时，媒体通过设置议程，帮助受众了解和分辨社会议题的重要程度或新闻事实的价值所在。但新媒体平台弱化了传统媒体新闻生产和信息编发流程的"把关"功能，缺少"把关人"指路，海量信息的频繁、碎片化冲击反而加剧了用户的信息接收成本。大量无用且重复的社交媒体信息容易导致受众迷失在新媒体事件的舆论海洋中，加之新闻反转频发，后真相的迷雾遮挡住寻求真实的眼，让人无法辨别真假，这也是新媒体事件在后真相时代需要解决的问题。

本章思考题

1. 新媒体舆论有哪些特征？除本章所述的特征之外，你认为还有其他的特征吗？
2. 新媒体舆论的形成机制如何？新媒体舆论对你的生活、学习起到了哪些作用和影响？
3. 哪些措施可以引导我国新媒体舆论的良性发展？
4. 请结合近期发生的新媒体事件，分析其传播特点。

本章参考文献

1. 甘惜分．新闻理论基础[M]．北京：中国人民大学出版社，1982．
2. 刘建明．社会舆论原理[M]．北京：华夏出版社，2002．
3. 匡文波．论新媒体舆论的生命周期理论模型[J]．杭州师范大学学报，2014（02）．
4. 支庭荣，罗敏．"后真相"时代：话语的生成、传播与反思——基于西方政治传播的视角[J]．新闻界，2018（01）．
5. 李彪，喻国明．"后真相"时代网络谣言的话语空间与传播场域研究——基于微信朋友圈4160条谣言的分析[J]．新闻大学，2018（02）．
6. 郭小安．公共舆论中的情绪、偏见及"聚合的奇迹"——从"后真相"概念说起[J]．国际新闻界，2019（01）．
7. 丁柏铨．新媒体语境中舆论特点及政府与之关系论析[J]．中国出版，2013（05）．

8. 喻国明. 中国社会舆情年度报告[M]. 北京:人民日报出版社,2012.

9. 李伟权,刘新业. 新媒体与政府舆论传[M]. 北京:清华大学出版社,2015.

10. 王文峰. 新媒体时代舆论敏感性与舆论规律再认识[J]. 传媒,2019(18).

11. 张冰清,芮必峰. 旧理论遭遇新传播:网络科学视角下"意见领袖"研究的困境及出路[J]. 新闻大学,2019(06).

12. 丁柏铨. 论自媒体时代公众舆论表达的特点[J]. 新闻爱好者,2014(07).

13. 邹雅婷. 网络大V——底线即是生命[N/OL]. 人民日报(海外版). 2013-8-30[2022-06-27]. http://media.people.com.cn/n/2013/0830/c40606-22745302.html.

14. 凯斯·桑斯坦著. 网络共和国[M]. 黄维明,译,上海:上海人民出版社,2003.

15. 江作苏,黄欣欣. 第三种现实:"后真相时代"的媒介伦理悖论[J]. 当代传播,2017(04).

16. 赵汀阳. 坏世界研究——作为第一哲学的政治哲学[M]. 北京:中国人民大学出版社,2009.

17. 迈克尔·舒德森. 新闻的真实面孔——如何在"后真相"时代寻找"真新闻[J]. 周岩,编译,新闻记者,2017(05).

18. 董天策,郭毅,梁辰曦,何旭. "媒介事件"的概念建构及其流变[J]. 新闻与传播研究,2017(10).

19. 郭建斌. 如何理解"媒介事件"和"传播的仪式观"——兼评《媒介事件》和《作为文化的传播》[J]. 国际新闻界,2014(04).

20. 左登基. 媒介事件中幻灭、脱轨与冲突[J].《文史月刊》,2012(08).

第十二章 新媒体广告与营销

扫码可见
第十二章PPT

第一节 新媒体广告

一、新媒体广告的定义

（一）新媒体广告的内涵与外延

新媒体广告，简单来说就是在新媒体上发布的广告，它依托于数字技术、网络技术、移动通信技术和智能技术，利用新媒体的交互性、参众性、精准性等特征，基于桌面互联网媒体、移动互联网媒体、新型媒体和智能媒体等平台而传播。社交媒体时代，广告已不仅仅是广告主与广告公司的封闭式流程运作，广告创意与制作开始向受众开放，并依托网络形成话题，广告投放后又引发网民的线上转发与"解构"，进而形成二次传播。

艾瑞咨询2021年度中国网络广告核心数据显示，中国网络广告市场规模达7666亿元，网络广告产业生产力依然旺盛，预计2022年市场规模突破万亿元大关。受到疫情的影响和数字化浪潮的推动，广告主更加看重营销的精细化以及费效管控，对数字技术的投入也更高；媒体份额持续变化，电商平台和短视频平台占据主要版图，流量与数据管理成为营销价值的突破口，私域营销顺势崛起；整体消费加速向线上平台倾斜，Z世代与下沉市场作为新兴消费势能人群，消费潜力和成长空间仍待深度挖掘；流量进一步向移动端倾斜，广告主伴随用户关注度转移，2021年移动广告逐渐进入平稳发展期，其在网络广告中未来占比超87.7%。并且艾瑞分析认为，短视频行业的流量快速增长及商业化进程的加速吸引了大量广告主的关注，预算向短视频平台倾斜明显，信息流广告发展速度保持高位，未来五年内，网络广告诸多广告形式或将逐渐呈现信息流化。①

2019年6月，工信部向中国电信、中国移动、中国联通、中国广电发放5G商用牌照，同年11月，三大运营商正式上线5G商用套餐。5G技术具有高速率、高可靠、低时延和低功耗等特点，其应用与移动互联网可进一步使用户与外界世界的联系做到完全的沉浸式交互，正如学者彭兰所言：5G技术将进一步推进移动化与智能化这两大媒体发展的趋向，并使得两者交

---

① 艾瑞咨询：《2021年中国网络广告市场年度报告》，2021年8月22日。

织、融合,在 5G 推动的传播变革中,"物"所扮演的角色将尤为突出。① 以 5G 为导向的移动互联网环境为广告提供了更为强大的技术和平台支撑,它使广告投放愈加精准化和个性化,移动媒体与报纸、电视、杂志、广播等传统媒体从内容、渠道到终端的多元融合,不仅促进了传统媒体的数字化变革,还使移动媒体、智能媒体成为当下广告内容与营销创新的必然选择。

(二) 相关概念辨析

1. 新媒体广告与互动广告

互动广告指广告不再仅仅单向传递产品卖点,更包含了受众对广告与产品的讨论、互动等反馈;受众可根据个人需求直接操控广告、选择想要观看的内容,而广告恰好能提供此弹性选择机会。互动广告并非新媒体时代的产物,但借由数字互联网技术,互动广告由以往的"穷"互动变身为"富"互动,受众可通过视觉、听觉、触觉、嗅觉及形体、手势或口令等多通道接受和反馈信息,获得身临其境的体验,广告传播效果因而大大提升。

2. 新媒体广告与原生广告

2013 年,美国互动广告局(IAB)发布的《原生广告手册》中提出原生广告"与页面内容一致、与网页设计一致、与受众在平台上的行为一致",并将其划分为 6 种类型——In-Feed 广告、付费搜索、推荐工具、促销列表、广告内的原生单元、定制单元。国内则有学者将原生广告界定为"内容风格与页面一致、设计形式镶嵌在页面中,同时符合用户使用原页面的行为习惯的广告",认为原生广告能"切实提供有价值、用户感兴趣的内容",并"在设计和制作上与所在媒体的内容相匹配,更加自然地融入用户的使用情景"②。

在广告形式划分上,国内有学者将其划分为第一代和第二代原生广告:第一代包括图文信息流和视频音频信息流广告,如微信信息流(Feeds)广告、H5 广告等,此类广告最为常见,即在内容上依据用户点击和浏览行为数据、对受众进行点对点营销,在传播方式上则顺应受众媒体使用习惯、潜移默化地将广告融入受众浏览的信息中。第二代原生广告则以受众需求为基础,更突出广告内容的定制化和场景化特征,如定制专题内容、动画特效广告等。

因此,原生广告是属性、内容与形式原生的集合,它摆脱了广告内容对媒体形式的寄生性和依附性,不做闯入式或隐蔽式劝服,而是通过"融入用户体验",使广告信息与媒介内容融为一体,因此在移动端具有天然优势。因而原生广告不止是一种新的广告类型,更是一种新的广告理念和传播思维,是对广告内涵的全新拓展。

二、新媒体广告的基本形态

对应新媒体的几种形态,新媒体广告按投放形式也相应地分为:网络新媒体广告、移动新媒体广告、新媒体互动广告以及新型媒体广告。

---

① 彭兰:《万物皆媒的 5G 时代,"物"对传播的再塑造》,《探索与争鸣》2019 年第 9 期。
② 金定海、徐进:《原生营销:再造生活场景》,中国传媒大学出版社,2016,第 30 页。

（一）网络新媒体广告

网络是新媒体的主要代表形态，因此，网络广告自然也是新媒体广告的主要组成部分。按照具体的表现形式，网络广告可分为不同的类型。常见的有展示类广告、搜索类广告、SNS广告、E-mail 广告等。这类新媒体广告在早期属于较为新颖的形式，但近几年已逐渐失去新媒体广告的代表性。

1. 展示类广告：网络广告中最常见的是展示类广告，这类广告包括旗帜广告、按钮广告、插播广告、网络视频广告等。

2. 搜索类广告：搜索类广告指的是利用搜索引擎平台投放的广告，最常见的形式是关键词广告，通常通过竞价排名销售。

3. SNS 广告：SNS，即"Social Network Site"，社交网站。指的是一个构建人们的社会网络或社会关系的平台，人们借此来分享自己的兴趣与活动、背景，或者建立实时的联系。

4. E-mail 广告：E-mail 广告指通过互联网将广告发到用户电子邮箱的网络广告形式，针对性较强，传播面广，是直邮广告在网络时代的新形式。

（二）移动新媒体广告

移动新媒体广告，简称移动广告，指以智能手机、平板电脑等此类移动端为代表的信息接收终端上的广告。2013 年，工信部正式向中国移动、中国电信、中国联通颁发了三张 TD-LTE 制式的 4G 牌照，我国正式进入 4G 时代，智能手机开始普及。在智能手机普及之前，移动终端以普通手机和功能手机为主，可接受短信类手机广告。自 2G 时代以来，以 Symbian、Palm、Windows Mobile 等系统为主导的智能手机进入大众视野，手机可接入互联网，手机网络广告出现。3G 时代以来，新型智能手机发展，客户端取代了"打开浏览器，输入网址"的应用模式，智能手机也由传统意义上的通讯工具向着移动端的网络接收终端发展，WAP 类广告、业务嵌入类广告、手机内置广告不同移动端手机广告出现。近些年一些新兴的广告类型为移动广告领域带来一股清新之风，主要包括以下几种：

1. H5 广告

H5 是 Html5 的简称，Html 全称为 Hyper Text Mark-up Language，即"超级文本标记语言"，它是一种基于互联网的网页编程语言，从 1994 年万维网发明至今，它逐渐成为网页编程的行业规范。Html 目前已历经了 5 次重大修改，直到 2014 年 10 月 Html5 才最终定稿并在全球推行，是唯一通用于 PC、Mac、iPhone、Android、Windows Phone 等主流平台的跨平台语言，主要传播途径为手机或平板电脑等移动平台。H5 广告泛指在移动端传播的带有特效、生效、互动体验的 Web 网页，其在微信上均以轻应用的形式出现，即无需下载和安装 App，即点即开，具有跨平台、开发时间短、互动性强、病毒式传播等特点，可通过用户自发分享与转发形成多级传播，更是能引发病毒式的扩散，形成井喷式的转发和传播。目前微信等社交平台是 H5 广告最主要的承载媒介。

2. 信息流广告

信息流即 News Feed，信息流广告又被称为 Feeds 广告、In-Feed 广告，是一种较为典型的原生广告。2011年,国外社交媒体巨头Twitter和Facebook最先推出此类广告,随后,国内新浪微博、微信朋友圈相继投放信息流广告。它在受众注意力较高的信息流区域(如微信朋友圈)插入广告,经过"伪装",与媒体本身的内容、功能融为一体,使自身看起来既不突兀也不对受众过分干扰,具有"非强插"和"类天然"的传播方式,能较好地平衡商业传播与用户体验间的矛盾,对受众、广告主、广告媒体三方均有利,因此常被戏称为"最不像广告的广告"。与其他原生广告相比,信息流广告的最大价值在于其投放是基于用户大数据和程序化购买之上,是"基于大数据的精准社交媒体广告",如2015年1月25日试水的微信朋友圈广告引擎就从"高活跃度""常参与广告互动"两个评分维度精选了一批高品质种子用户作为第一批曝光对象,且在此基础上依据地域、性别、年龄、设备、兴趣图谱等数据实行差异化广告推送,这致使不同受众的朋友圈接收到不同的广告内容,并引发受众热议。

3. LBS广告

LBS(Location-based Service)位置服务又称基于用户当前位置的服务。LBS广告是商家利用位置服务(LBS)和全球导航卫星系统(GNSS)等基础设施,将广告发送到用户的手机、PAD、平板电脑等移动设备上,以实现在特定的地理位置附近向消费者推送有针对性的广告内容的目的。广告主可通过电信运营商提供的通信网络,使用GPS等技术获知用户地理位置信息,从而在合适的时间、合适的地点为合适的人群推送有价值的信息,大众点评App即是利用LBS应用进行广告营销的成功案例。LBS还可与其他新媒体技术相结合使用,比如通过与增强现实技术(AR)的结合,将受众所处周围环境中的商业信息叠加于所拍摄到的实景图像中,这样能使广告不露痕迹却又不被忽略地融入受众日常生活,由此大大拓展了广告的时空场景。台湾信义房屋曾推出"iPhone看屋"App,用户用手机拍摄街景,屏幕上可立即浮现周围待售楼盘的价格、面积、布局、户型、促销、地理位置、交通路线等信息。①

4. 短视频广告

短视频广告即以目前流行的短视频实现营销目的的广告形式。艾瑞咨询数据显示,2018年短视频营销市场规模达到187.9亿元,同比增长率搞到732.8%,这源于2017年和2018年头部短视频媒体平台在短视频营销上的信息流商业平台搭建,提供了大量的短视频营销信息流变现机会。例如,我国当前短视频巨头之一快手以双列模式和标题封面形成高互动频率的不同用户圈层,营造较好的网络社区氛围,根据用户喜好推送短视频广告。而由于短视频播放时长限制广告叙事模式,如何利用短视频传播特性突出商品或企业形象特质尤为关键,例如,腾讯与人民网与2019年国庆节期间联合推出《我的年代照》活动,用户可以先通过H5生成静态年代照,在H5结果页面点击下方的"上微视,让年代照动起来"可跳转到腾讯微视"我的年代秀"话题,选择"我也要拍"进入拍摄页面,或直接在腾讯微视点击"+"进入拍摄页面,在"模板"中选择"我爱你中国"模板进行照片上传,即可生成"动态年代照"短视频,从而使这一波具有年代感的"回忆杀"动态化传播。

---

① 莫梅锋、刘漾榴:《论增强现实广告的作用机理》,《包装工程》2015年第4期。

图 12-1 《我的年代照》短视频广告

(三) 新媒体互动广告

新媒体互动广告可分为两大类：一类是互动电视广告，另一类是跨屏互动广告。互动电视又称交互式电视，是基于数字电视和宽带网络技术的新一代电视，能提供可点播的具有高度个性化和互动性的精彩节目，带来全新的收看体验。作为依托于传统媒体的新兴形态，在互动电视上投放的广告亦属于新媒体广告。与传统电视广告相比，互动电视的内容量、自由度优势使得互动电视广告具有了更灵活、更主动的传播特点。

跨屏互动广告则将电视屏、电脑屏、智能手机屏、平板电脑屏、户外显示屏等多个智能终端相互连接，受众可通过有意识地参与跨越两屏或以上的广告内容，实现对完整广告信息的接收、衔接、反馈与分享等双向互动。① 这样不仅能为受众提供新鲜有趣、立体多面的互动体验，还能实现传统广告与新媒体广告的有效联动，如在电视广告中未能完全展开的剧情可扫描到移动终端屏幕中进一步观看。

游戏内置互动广告是一种以线上游戏的用户群为基础，在游戏中适当的时间、适当的位置上出现的全新广告形式。游戏内置广告可以分为四种形式：客户端广告、游戏内赛场广告、读取画面广告和游戏内道具推广。

总体来说，新媒体广告与互动广告涵盖范围互有交叉，新媒体广告主要是从广告媒体层面定义广告形态，其中基于受众参与视角而设计的广告即为新媒体互动广告；互动广告则着眼于交互式的广告传播方式，它在传统媒体与新媒体中均可存在，其中利用网络技术、AR 技术等新媒体技术而设计的广告为互动新媒体广告。

---

① 谷虹：《品牌智能：数字营销传播的核心理念与实战指南》，电子工业出版社，2015，第 83 页。

（四）新型媒体广告

1. 新型户外广告

作为最古老的广告形态，户外广告由传统的招牌/路牌广告、灯箱广告、电子显示屏广告等形式向依托更多元、现代化、交互式的户外广告发展，较为常见的技术包括全息技术、体感技术、VR/AR 技术、视讯技术等，这些技术的应用开创了户外广告的新时代。这使得户外广告一方面可运用新材料、新技术，突破二维、三维空间限制；另一方面由"静态告知"变为"互动呈现"，引导受众去感觉和体验。依据呈现方式的不同，新型户外广告可分为以下四种：

(1) 游戏式户外广告

即通过户外互动游戏的形式使受众感知和体验到广告信息，这种游戏既可以是借助全新技术设计的户外互动游戏，也可以是为广告主量身打造的定制式互动游戏。以瑞典麦当劳候车亭拼图广告为例（图 12-2），广告牌通过多点触控技术呈现给受众一个杂乱无章的拼图游戏，未完成的拼图吸引受众驻足将其完成，在为受众带来乐趣的同时，还能引发其直接购买行为——如果能顺利完成拼图，则有可能赢得 1 欧元换购一大杯咖啡的机会。

图 12-2　麦当劳候车亭拼图广告

(2) 影像式户外广告

通过户外的数字广告设备，利用影音、视频等形式为受众提供或惊艳或互动性强的视觉信息。图 12-3 为英国航空公司名为"魔幻旅行"的户外广告，在位于伦敦皮卡迪利广场的户外显示屏上，每当有航班飞过，画面中的小男孩就会从地上爬起来，用手指着空中的航班，一路追过去，画面中同时显示出每一架航班的飞行编号、始发地或目的地。这条广告实际通过雷达定位技术以及被设计过的视觉错位完成的：制作团队在广告区域内安装侦测装置进行实时监测，当侦测到航班信息后通过数据传输到触发装置最终呈现出小朋友追逐飞机的效果。

(3) 模型式户外广告

此类广告将模型、道具等作为广告传播载体，使消费者通过使用或体验模型，深入了解产品信息与品牌理念。传统模型户外广告以热气球、飞艇等为载体，新型户外广告的载体则更强调用户的亲身体验。比如，索契冬奥会上的 3D 脸部展馆几乎引起了每一位游客的互动

图 12-3　英国航空公司"魔幻旅行"户外广告

(图 12-4),这个名为 MegaFaces 的装置通过数字化面部扫描生成游客面部的 3D 图像,也就是说,当游客经过时,其面部会在 MegaFaces 上立体成像并动态呈现,每一个过路者都可获得超大尺寸的个人面部雕塑,带给平凡人不可想象的仪式感。在冬奥会期间,超过 14 万游客的自拍头像曾经出现在 3D 脸部展馆。

图 12-4　索契冬奥会 3D 脸部展馆

(4)定制式户外广告

定制式户外广告主要指通过精准的受众识别,为路过的不同受众有针对性地提供广告服务。例如,生产感冒药的企业 Beechams 曾在伦敦设置了 17 块大型户外屏幕,并配有温度感应计,在广告推出的 12 月份,只有当温度下降到 10 摄氏度以下时,其感冒药信息才会在屏幕上显示。纽约 Immersive Labs 创业公司更是通过人脸识别技术,识别出广告观看者的体貌特征、观看时长等信息,并据此分析其消费需求,播放与观看者匹配度最高的广告,这与微信朋友圈基于大数据的信息流广告具有相同的技术本质。

2. 车载移动广告

随着我国城市化进程的加快,上班族通勤时间日益延长,"在路上"的人群越来越多,交通工具成为一个普遍化的广告媒介。车载移动广告即是指在交通工具如汽车、公交车、地铁、高铁等中出现的广告,它主要分布于车身、车顶、车后窗、车内等位置。形式有图片式,如贴满车身的广告图片;电子显示屏,如位于车顶的 LED 屏;电视,如装置于前排驾驶座后背的车载移动电视,以及其他多样化的广告形式与规格。

3. VR 或 AR 广告

虚拟现实（Virtual Reality，简称 VR）技术或增强现实（Augmented Reality，简称 AR），将虚拟的信息应用到真实世界，把真实的环境和虚拟的物体实时叠加在同一个画面或空间上，为受众带来前所未有的感官体验，例如麦当劳曾推出 VR 眼镜盒子"Happy Goggles"，消费者购买儿童套餐后可将套餐盒自己组装成 VR 眼镜盒子，消费者可搭配智能手机完成观看体验；再如招商银行曾联合手机游戏"王者荣耀"推出"王者荣耀铠 AR 信用卡"，卡面元素来自游戏《王者荣耀》，在铠的胸口镶嵌着一颗珍贵的欧洲进口蓝水晶，使用掌上生活 AR 扫一扫卡面即可召唤"铠"。

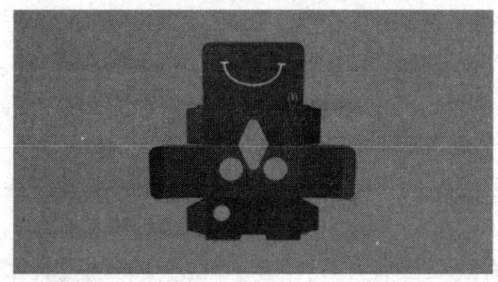

图 12-5　麦当劳 VR 眼镜盒子"Happy Goggles"

图 12-6　招商银行"王者荣耀铠 AR 信用卡"

4. 程序化创意广告

近年来，随着人工智能技术的不断发展，行为定向广告开始兴起，随之程序化购买推动的程序化创意广告成为热潮。行为定向广告指的是找出潜在目标客群的共同行为特征，通过相关网站将广告投放给具有共同行为特征的受众。程序化购买指的是通过广告技术平台自动执行广告资源购买的流程，其实现途径依赖于需求方平台（DSP）、供应方平台（SSP）和广告交易平台（Ad Exchange），并通过实时竞价模式（RTB）和非实时竞价模式（Non-RTB）两种交易方式完成购买。而程序化创意是指一种由数据和算法驱动，通过对广告创意内容进行智能制作和创意优化，从而整合互联网创意产业上下游的技术。

三、新媒体广告的优势及不足

（一）新媒体广告的优势

第一，定向投放，精准传播。新媒体广告依托互联网建立起用户数据库，从而帮助广告主筛选出目标用户群，并做到基于有效接触点整合和问题场景植入的精准投放，在较少引起用户对广告反感的同时，大大提高传播的精准性，即所谓"只选对的，不选贵的"。

第二，双向互动性。互联网打破了时间和空间的限制，打破了传播者与受众之间的界限，受众不再是被动的一方，而具有了同等的话语权和行动力。在这方面表现最为突出的即为在线互动游戏广告，通过在游戏道具中植入商品的真实内容，让作为潜在消费者的玩家在虚拟空间中体验产品、与产品进行互动，进而产生购买欲望。

第三，传播速度快、范围广。互联网所具有的跨时空性让麦克卢汉的"地球村"预言成为现实，这给新媒体广告的传播带来了前所未有的传播速度与广度。

第四，创意空间大。互联网的多媒体特点为广告的制作与传播提供了多样化的发展空间。依托于富媒体技术，如流媒体、**Flash** 动画、**Java** 等程序语言，新媒体广告可以采用动画、音频、视频等综合的表现方式和传播方式，给用户更为精彩的视听体验，进而提升传播效果。

（二）新媒体广告的不足

第一，单方发布。在网络广告中，广告发布者为了提高广告点击率，大多以互动性差的"弹出式"广告吸引消费者，消费者完全处于被动地位。

第二，不良内容多。新媒体广告有着常规媒体难以比拟的交互性强、覆盖面广、针对性强、便于统计、价格低廉等优点，存在着巨大的利润空间。也正因为此，新媒体也往往成为不法商家发布虚假、违法广告的渠道。

第三，监管难度大。新媒体广告的快速发展与相关法律法规的滞后，使执法机关对其监管难度较大。由于没有明确新媒体广告发布、审查、监管的程序，因此任何单位和个人都可利用新媒体发布广告，第三方监测数据和有效的广告效果评估体系缺失，新媒体广告的法律监管亟待完善。

四、新媒体广告策略

（一）广告内容化策略

相较于传统广告闯入式、侵扰性、强迫式的硬性传播，受众更能接受无痕镶嵌、不对阅读造成过多干扰、在整体形式和呈现风格上与浏览环境较为一致的广告，前面所提到的原生广告即为此类。一条高质量的原生广告，需要将广告和内容有机融合起来，在设计和制作过程中，可以运用数字技术手段准确寻找目标用户并进一步进行内容匹配，也可以采用情景化设计，比如当受众在社交或搜索平台发布关于"婴儿半夜啼哭怎么办"的问题求助时，数据后台自动辨认其为婴幼儿父母，进而针对性地向其推送与奶粉、婴幼儿用品相关的广告、育儿知识。

（二）娱乐趣味化策略

快节奏的生活使得越来越多的人寻求放松、有趣的生活方式,作为现代人生活方式的重要塑造者之一,广告理该顺应这种潮流,放弃单调呆板的强迫式诉求,寻求富有趣味性、娱乐性的诉求。当下,越来越多的品牌开始引入游戏思维,用游戏机制全面再造品牌体验和广告活动,让消费者通过深度参与,在玩乐中对品牌产生深刻印象。如凭借一款手机App——NIKE+Running,耐克把其产品及服务融入游戏化元素,使单调孤独的跑步变成激动人心的游戏。

（三）传播交互化策略

根据艾瑞咨询报告,我国预期互动广告市场于2022年增至114亿元,复合年增长率60.5%,占中国移动广告市场1.2%,广告交互性以其高参与度形式和强趣味性与未知性的内容设计吸引越来越多受众参与广告媒介互动。例如,爱奇艺2019年8月在《中国新说唱》第八集节目中上线了行业首支互动视频广告,用户根据个人喜好选择不同广告剧情进入内容分支。

五、新媒体广告的效果

广告效果有狭义和广义之分。狭义的广告效果是指广告所获得的经济效益,也就是广告带来的销售效果。广义的广告效果则指广告活动目的的实现程度,包括广告的经济效益、社会效益和心理效益等。根据测定的时间,广告效果测定又可分为三类:事前测定,即在广告发布前测试广告能否正常稳定运行;事中测定,即在广告投放过程中,广告主需实时监测、动态调控;事后测定,即广告投放接手后,广告主应对及时总结广告传播效果,为下一步广告投放和营销做准备。

在衡量新媒体广告的效果上,还可采用一些新的统计指标,如激活率、连通率、交互性、销售收入等,较常见且准确的为激活率和连通率。激活率指网民点击鼠标激活某一主页或信息的次数,即表明有多少人看到了此广告;连通率指网民点击鼠标激活广告主的旗帜广告而调出广告主的广告网页予以浏览的次数,即有多少人对此广告感兴趣并点击了该广告。这两个指标的衡量标准分别为CPM(千人成本)和CPC(每点击成本):前者指广告投放过程中,载体每到达一千人次的受众量所需要花费的成本;CPC指广告主仅为用户点击广告的行为付费,而不再为广告的显示次数付费。

现在国内网络广告多采用两者结合,以CPC为主的方式。对位置黄金、流量较高的频道采用CPC的方式来计费并提供效果报告,对位置不好的"垃圾广告位"则采用CPM的报价方式,并可大量赠送位置,在效果报告中只提供大致的流量说明。然而,面对日新月异的新媒体广告,上述两种简单的评估标准显然已不够用,因此建立新的评估体系已成为新媒体广告面临的迫切问题。

第二节 新媒体营销

一、新媒体营销及其相关概念辨析

新媒体营销是以新媒体平台为传播和购买渠道,把产品的功能、价值等信息传播给目标消费者,以提升受众认知度和美誉度,从而实现产品销售和品牌宣传目的的营销活动。从本质上讲,它是企业软性渗透的商业策略在新媒体形式上的实现。现如今,新媒体营销平台丰富,从较早的搜索引擎、门户网站、博客,到如今的微博、微信、直播平台等各类 App 都成为其营销渠道。

(一)新媒体营销与传统营销

传统营销以 4P 理论为核心,借助报纸、广播、电视等大众传播媒体进行传播推广。在 4P 理论的四个营销工具中,产品(Product)是指企业提供给目标市场并被他们使用和消费以满足其需求的任何东西,包括有形产品、包装、服务、人员及观念等,或者它们的组合;价格(Price)是指消费者购买产品时的价格,包括基本价格、折扣价格、支付期限等;渠道(Place)即销售通路,指商品从生产企业到达消费者手中所经历的各种途径、环节、场所之和,主要包括分销渠道、储存设施、运输设施等;促销(Promotion)是指企业利用各种信息载体向消费者传递企业与产品信息,说服其购买,以达到扩大销售的目的,手段包括广告、人员推销、销售促进、公关宣传等。对这四种营销工具的组合和具体运用,则形成了企业的市场营销战略。

可以看出,传统营销的基本理念以产品和市场本身为出发点;突出特点是广撒网、单向度地将信息推送给尽可能多的人。与之相对比,新媒体营销更灵活轻巧,它在互动性、精准度、趣味性和营销成本等方面远远超越传统营销,因而面对不同消费群体和消费目的,应将二者相互搭配、有机整合,构建一个立体化、全方位的营销体系。

(二)新媒体营销与社会化营销

社会化媒体来源于英文 Social Media,安东尼·梅菲德(Antony Mayfield)最早提出这一概念并将其定义为"一种给予用户极大参与空间的新型在线媒体"。国内有学者称其为"社交媒体""社会性媒体""社交网络媒体"等,个别学者甚至将社会化媒体与 Web2.0、社交网络等概念混淆。社会化媒体与以往媒体的不同之处在于其强调用户的内容生产属性:每个人都可以创建、评论和添加社会媒体内容,具体呈现文本、音频、视频、图片等多媒介形式。

随着社会化媒体的兴盛和电子商务的流行,社会化营销应运而生,美国学者斯科特·斯特莱(Scott Stratten)在其《强关系——社会化营销制胜的关键》一书中提出"与消费者建立良好的关系"是社会化营销的前提。社交媒体平台上,消费者表达自己的欲望愈加强烈,他们分享开箱照和购物经验、为产品打分、吐槽使用感受等行为潜移默化地影响着其他消费者对品牌的感知。这种自下而上的传播方式所获得关注度和信任度要远远高于企业自上而下的自说自话。因而企业在社会化媒体中发布有吸引力、有价值的信息,消费者主动关注并加其为好友,两者之间频繁互动,消费者甚至成为品牌的免费宣传者和热心推广人。

以两性产品制造商杜蕾斯为例,在国内,受传统文化儒家思想影响和法律法规限制,杜蕾斯营销障碍较大。但杜蕾斯反将自己的品牌形象设计为一个夜店里的翩翩公子,将自己的产品通过事件营销等方式以富有"内涵"的文案展示在社交媒体平台,并通过与粉丝频繁的互动获得大量忠诚消费者。

当然,社会化营销也存在诸多弊端。虚假夸大、恶意炒作、造谣诋毁等现象时有发生;国内的社会化营销多数停留于零碎的个案层面,尚未上升到企业战略层次,与企业整体的营销理念、企业文化不统一。

(三)新媒体营销与跨界营销

跨界营销(Crossover)是多个品牌合作推广产品或服务,最终形成"1+1>2"的营销效果。但这种营销策略与品牌联合推广不同,跨界营销是由某品牌通过联合该品牌所在行业或非该行业品牌,推出非该品牌主营业务产品的方式。

跨界营销的方式可分为三类。

第一类是产品跨界,包括两种形式:第一种是某品牌单独推出非该品牌的产品,比如旺旺是以零食销售为大众熟知的食品企业,但推出洗面奶、二锅头潮装等非零食商品"哗众取宠";第二种是该品牌与非该品牌所在行业的其他品牌联合,推出该品牌或非该品牌主营业务的产品,例如故宫博物院联合农夫山泉推出故宫限量水瓶。

第二类是内容跨界,指在内容上将两个品牌融合。如肯德基作为快餐行业与《银魂》这部日本动漫作品联合,推出"万事 OK 明星餐",消费者可以吃到具有该动漫特色的限量"冲绳海盐冰淇淋花筒",此外肯德基还打造了线下"银魂"主题肯德基餐厅。

第三类是渠道跨界,则指某品牌在销售过程中加入对其他品牌产品的传播。例如购买麦当劳儿童套餐可获赠 pokemon 等。

新媒体环境下的跨界营销,一方面能提高现有粉丝忠诚度、吸引潜在目标用户;另一方面也可借助另一行业或品牌原有关注度,提高自身品牌或产品的曝光量与知名度,开拓新的品牌想象、测试新产品的市场反应。

二、新媒体营销核心特征

典型的新媒体营销有五种类型:第一,病毒式营销,利用口碑传播的原理,借助社交媒体,依靠用户自发的分享转发,让产品或广告信息像病毒一样迅速蔓延,从而迅速达到推广的目的;第二,事件营销,是指企业通过策划、组织和利用具有新闻价值、社会影响以及名人效应的人物或事件,吸引媒体、社会团体和消费者的兴趣与关注,以求提高企业或产品的知名度、美誉度,树立良好品牌形象,并最终促成产品或服务的销售的手段和方式;第三,饥饿营销,指的是运用于商品或服务的商业推广,是指卖方有意调低产量,以期达到调控供求关系、制造供不应求"假象"、维护产品形象并维持商品较高售价和利润率的营销策略;第四,IP

营销,指将品牌与 IP 相结合,实现具有人格化特征和价值的品牌形象,形成或巩固消费者的品牌认知度,以期扩大黏性消费群体规模;第五,移动直播营销,是以直播平台为载体,在直播过程中由主播带货的营销方式,这与当前网红经济发展势头密不可分。网红依据其传播内容的主要平台可分为电商网红、短视频网红、电竞网红等,这些平台也都不同程度地开展网络直播活动。

根据不同类型的新媒体营销形式,其核心特征可概括如下:

(一)从传统市场向数字市场转变

互联网时代,由于行业间的界限正逐渐模糊,企业想要跟上同行的步伐就必须面对挑战。几年前,出租车公司和连锁旅店可能很难想象,它们不得不与提供私人专车的优步和提供寄宿服务的 Airbnb 这样的技术创业公司竞争乘客和租客。想要定位潜在的对手,企业应从用户的目标出发,并考虑到用户达成目标可以选择的替代商品。

用户信赖度的概念也从垂直变为了水平。过去的用户容易受到市场营销活动的影响,也愿意听取专家和内行的意见。但近些年对各行各业的调查表明,相比于市场问询,大部分用户更愿意相信"F 因素",即朋友、家人、微博粉丝及关注者等。很多人在社交媒体上向陌生人求助,并采纳获得的建议,而较少依赖广告宣传和专家意见。品牌与客户间的关系也应该变得更为水平化而非垂直化。客户应该货比三家,而品牌应该展示真实的品牌内核和品牌价值,只有这样才能赢得用户的信赖。

(二)从售卖"4P"到商业化"4C"

市场营销组合是计划提供给客户的内容和途径的经典工具。它有四个 P 因素:产品、价格、渠道和促销。而在互联互通的时代,营销组合的概念变得更加需要用户的参与。4P 元素的营销组合如今应该被重新定义为 4C 元素——共同创造、通货、公共活动、对话。第一,数字化时代,共同创造是一种新产品开发的战略。通过在创意阶段使客户参与其中共同创造,企业能提高产品开发的成功率,还使得客户可以定制个性化的产品和服务。第二,定价也在从标准化逐渐迈向一种动态的状态,根据市场需求和能力设定可以变化的价格,但技术的革新也将它代入了多种类型的行业当中,比如线上零售商就通过收集大量数据,实现大数据分析,为不同用户提供合适的价格。第三,渠道的概念也发生了变化。在分享经济中,最重要的分销概念就是人对人分销。Airbnb、优步这样的企业分别改变了旅店、出租车、汽车租赁、借贷等产业,为用户带来了来自其他用户的获得产品和服务的便捷渠道。3D 打印技术的兴起将在不久的将来极大地促进这种分销机制。在互联的世界中,客户对产品和服务的需求都是即时的,这只有通过用户个体间的高度连通才能实现,而这一点也正是公共活动的本质。第四,促销的概念在最近几年也在不断变化。社交媒体的蓬勃发展使客户可以回应这些单方面的信息,让他们与他人交流这些信息。类似大众点评等用户评分系统的出现,为用户提供了平台,让他们彼此交流和评价自己接触过的品牌。企业如果有了互联的 4C 营销组合,就更可能在移动互联网时代存活下去。

(三)从偏好和选择到社群与分享

以社交媒体为主要平台的新媒体营销,其特点之一就在于利用关系。社交媒体是基于用户社会关系的内容生产与交换平台,融合了媒体的"内容"与人的"关系"这两个维度,是一种基于关系的信息传播。以往用户进行消费行为时,主要会根据个人喜好和社会从众心理,如今高连通性时代,使得社会从众心理的权重逐渐增加:用户越来越重视他人的意见,分享意见并整合彼此的意见,互联网,尤其是社交媒体,为用户提供了分享与交流的平台和工具。

用户彼此交流品牌和企业心得,从营销传播的角度看,用户不再是被动的目标而是传播产品信息的活跃媒体。因此,用户的选购过程比过去更加社群化,他们更为关注社交圈子提供的意见,从线上和线下两种渠道综合他人的建议和评价。比如丝芙兰,作为美妆产品的知名品牌,它积极探索将社区整合入其媒体的方式,建立社交媒体社区,把用户社区内容整合进 Beauty Talk 平台。

此外,社群的分享与交流有时也会促成营销活动的成功,用户反而能成为营销病毒的宿主,通过口碑传播,助力企业的商业推广。此外,通过此种用户的参与,企业实现与用户的良性互动的同时,还能收集更多用户的信息,从而进一步改善产品,满足用户更为个性化的需求,实现下一次更为精准的投放与传播效果。

三、新媒体营销的实现路径

如今,我们正处在第三波数字化升级大浪潮中,数字升级影响下,全产业各生产要素均可透过数字手段参与构建和连接,因此全链路的触点互动和关键触点的转化成为广告主的重要诉求。基于数字记录下多维度的消费者品牌感知、行为感知、商品状态感知等洞察,可以使企业在全链路上保持连接和数据获取能力,并能在关键触点上实现交易转化。基于此,近些年互联网的透明性催生了内容营销的想法,也一直在被人们当作数字经济中未来的广告,互联网的连通性则让用户可以看到品牌的真实面貌。

内容营销就是包含创造、组织、分配、详述过程,涉及有趣、贴切、有用的内容,目标是与特定的用户群展开有关内容的对话的营销方法。在此过程中,内容已经成为新的广告,它被视作除了品牌新闻和出版物之外,又一种能在品牌和客户间营造深层关系的工具。

(一)步骤一:设定目标

明确的目标可以让营销人员更好地设计营销策略。如果目标与销售契合度更高,营销者就要保证内容营销渠道与销售渠道一致。举例来说,高露洁的"口腔护理中心"让人们一想到高露洁就会自动联想到口腔专家的形象;而在印度,高露洁的口腔护理中心应用连接了牙医和潜在的客户,进而在这两个群体中都大大地提升了品牌形象。

(二)步骤二:受众定位

一旦目标清晰了,营销人员就需要决定品牌关注的受众。通过细分受众群体,营销人员可以创造更细致深入的内容,讲好品牌的故事。在定位了客户群体后,营销人员需要对他们进行描述和分析,从而更好地联想现实生活中受众的特征;并通过研究调查,对受众的需求、渴望、痛点进行发掘,了解他们对内容的特定需求。营销人员带来的内容应该能够解决客户的这些需求和渴望。

(三)步骤三:内容创意和计划

成功的内容营销活动需要结合相关的主题、合适的形式和切实的叙述。一方面,好的内容应该贴近用户的生活。营销的内容想要不被略过,就必须对受众有着特定的意义,帮助他们解决内心的渴望和需求。另一方面,有效的内容应该能够反映品牌的特征和准则,这意味着内容应该是连接品牌故事和用户需求的桥梁。内容可以是书面形式的,如新闻稿、文章、通讯稿、白皮书、案例分析和书籍,也可以是虚拟形式的,如信息图形、漫画、交互式图形、PPT、游戏、视频、微电影甚至院线电影。

(四)步骤四:内容创作

内容的创作需要时间和预算上的持续投入,营销人员需要确保自己有着长期的从内部生产内容的能力,也可以外包给职业的内容生产者——记者、编剧、动画设计师、摄像师。除此之外,也可以考虑赞助第三方资源所生产的内容。比如企业可以选择扶持用户创作的内容,比如喜力(Heineken)的创意啤酒厂,邀请客户制作并分享视频和图片,重新定义未来的生啤畅想模式。

(五)步骤五:内容分配

内容的质量再高,倘若不能进入受众的视野也是没有用的。营销人员需要通过合适的内容分配途径让客户发现自己的品牌。内容营销者可以使用三种媒体:自有媒体、付费媒体和获得媒体(earned media)。第一,自有媒体。品牌可以随时通过自有媒体频道发布内容,这些频道包括公司经营的品牌出版社、公司活动、网站、博客、网络社区、电子通讯稿、社交媒体账号、手机通知和手机应用等。第二,品牌的付费媒体。是品牌为分配内容而支付使用的频道,包括电子媒体、印刷媒体、户外媒体等传统媒体和数字媒体。第三,品牌的获得媒体。包括品牌通过口碑或者用户所获得的曝光和提及。当内容质量很高时,用户会觉得有义务在社交媒体和社区内宣传,也就形成了品牌的口碑。

(六)步骤六:内容推广

想要最好地实现获得媒体的内容分配,关键在于内容的推广。受众的条件各不相同,而如果内容到了目标群体的意见领袖手中,就会迅速传播开来。营销者需找出社区中受到尊敬的、拥有数量可观的粉丝群的人物,并同这些意见领袖形成共赢关系,保证意见领袖把营销内容视为提升影响力的手段。一旦内容被推广开来,营销人员就要通过参与对话来跟进,听取有关内容的对话。

(七)步骤七:内容营销评估

内容营销成功与否的评估是内容分配后的重要环节,它包括对战略和策略执行的计量。战略上来看,营销人员应该考虑内容营销战略是否实现了第一步中的销售和品牌目标。内容的评估有五种指标:能见度(了解)、相关度(吸引)、搜索度(问询)、行动力(行动)和分享性(拥护)。能见度指标研究的是内容接收和知晓的情况;而相关度衡量的是品牌吸引客户兴趣的能力;搜索度指标通常指的是使用搜索引擎的人是否容易发现内容;行动力指标是最重要的一项指标,它衡量的是内容引发客户购买行动的能力;营销人员最终要研究内容分配的分享情况;分享性指标包括分享率和互动率,比如微博上的分享率及互动率是按转发、收藏、回复和提及等分享性行动的数量衡量的。

(八)步骤八:内容营销优化

内容营销相比于传统营销的关键优势在于它可对营销内容主题、内容形式和分配渠道的表现进行跟踪。这也意味着内容营销人员能够简单轻松地用新的内容主题、形式、分配渠道进行营销实验。营销人员应该衡量评估的结果以及未来的前景,并决定什么时候应该改变营销策略。

四、新媒体营销的困境

尽管当下新媒体营销模式已被广泛运用,且被某些品牌发扬光大,成为备受追捧的新营销手段,但其仍存在诸多弊端。目前新媒体营销主要面临以下三个困境:

(一)内容困境

新媒体技术的迅猛发展对传统营销方式造成的冲击以及在某些领域造就的经济神话,导致了"数字化崇拜",似乎只要用了新媒体营销手段,一切问题便迎刃而解。再加上媒体从业者的鼓吹,一些商家想到新媒体,以为就是开一个网站,做一个 App,开设微博、微信的官方账号,这样就算拥抱了互联网。[1] 有学者将目前新媒体营销形容为"有仪式,无内容"可谓十分贴切。其实,真正的新媒体营销不应仅体现为"画其形",而应深刻理解新媒体影响下消费者的行为与观念变迁,并以此做出有价值的传播与沟通策略。

如故宫的社会化内容创新之路颇值得借鉴。2015 年,"故宫淘宝"一改以往传统正经的风格,在其新浪微博和淘宝网分别推出了"软贱萌"风格的文案和文化创意产品,不仅收获了众多粉丝尤其是 90 后粉丝的青睐,还为故宫带来了数亿元的收益。概括而言,它依托故宫文化,通过新浪微博和微信公众号"微故宫"、故宫淘宝店、故宫微店等社会化营销模式和手段,有效联动社会化媒体和电子商务,实现了从圈粉、引流再到线上购买的全过程,构建了一条完整的新媒体营销产业链。

---

[1] 刘小三:《互联网思维下的新媒体营销探析》,《互联网天地》2014 年第 5 期。

（二）伦理困境

在网络技术和大数据理念的支撑下，消费者在企业眼中可以说是已无隐私可言，其购物行为、消费习惯乃至个人信息尽被商家和媒体捕捉。尽管精准营销在一定程度上方便了消费者的个性化需求，提高了企业的服务质量，但同时使越来越多的消费者感觉隐私被侵犯。进入移动互联时代，这一问题变得愈加错综复杂，比如，模糊了营销/广告面孔的原生营销/广告是否真的对消费者免打扰？消费者在将个人的社交网络（如微信等）和社交信用（如点赞率）主动变为广告传播渠道时，是否为广告主有意利用？与此同时，以信息流广告为代表的广告信息曝光方式隐匿化趋势，使得广告受众"心甘情愿"成为广告的积极传播者，使得广告信息推广方式存在消费者为广告主利用之嫌。这些问题既关乎某些新媒体营销方式能否长久地生存，也关乎受众隐私权、知情权等诸多权利是否被侵犯，须通过技术的更新换代、法律法规的健全和消费者广告素养的提升来规制和避免。

（三）流量困境

在入口平台和上网应用日渐多样化的当下，上亿网民被层层分流，流入某一普通网站或应用之上的用户实际并不多。因此，"流量"之争也成为新媒体营销的关键目的。但本质上，流量所追逐的是用户注意力。但我国互联网发展二十多年来，互联网行业竞争局面较稳定，技术与内容的巨头垄断态势明显，资金和效益向头部内容创作者集中，用户规模触顶、连下沉市场的用户也待掏空。同时，为追求流量而触碰道德红线的伦理问题频发，也在流量时代为广告主和广告媒介敲响警钟。如何在良性竞争的过程中实现流量变现渠道多元化、价值最大化，是广告主必须面对的课题。

本章思考题

1. 新媒体广告有哪些形式？其优势和劣势分别是什么？
2. 媒介数字化为广告传播带来了哪些改变？
3. 什么是新媒体营销？新媒体营销有哪些典型的形式？
4. 结合实际，谈谈你认为较为成功的新媒体营销案例。
5. 如何通过共同创造、参与公共活动、引导对话等方式，从传统的4P营销组合转向新型的数字化4C组合？
6. 为了满足相连通的用户的需求，新媒体营销沟通策略与传统营销相比，应做哪些根本性的调整？

本章参考文献

1. 宫承波,齐立稳,刘佳佳.广告策划[M].北京:中国广播影视出版社,2015.
2. 黄河,江凡,王芳菲.新媒体广告[M].北京:中国人民大学出版社,2019.

3. 勾俊伟,刘勇. 新媒体营销概论(第2版)[M]. 北京:人民邮电出版社,2019.

4. 刘鹏,王超. 计算广告[M]. 北京:人民邮电出版社,2015.

5. 唐·舒尔茨. 整合营销传播[M]. 北京:中国物价出版社,2002.

6. 谷虹. 品牌智能:数字营销传播的核心理念与实战指南[M]. 北京:电子工业出版社,2015.

7. 陈刚,等. 创意传播管理——数字时代的营销革命[M]. 北京:机械工业出版社,2012.

8. 金定海,徐进. 原生营销:再造生活场景[M]. 北京:中国传媒大学出版社,2016.

9. 舒咏平,陈少华,鲍立泉. 新媒体与广告互动传播[M]. 武汉:华中科技大学出版社,2006.

10. 喻国明. 镶嵌、创意、内容:移动互联广告的三个关键词——以原生广告的操作路线为例[J]. 新闻与写作,2014(03).

11. 黄升民,等. 中国数字新媒体发展战略研究[J]. 中国广播电视学刊,2008(01).

第十三章 网络直播

扫码可见
第十三章 PPT

中国有两个和"直播"相关的重要节点:一是在 1997 年,以香港回归的 72 小时电视直播为起点,直播之于中国成为一种仪式性的新传统;二是在 2016 年,以移动社交为基本诉求,直播进一步"放权"给个人,去除门槛设限的网络直播异军突起,由此催生的"秀场文化"重新定义直播。当前,任何日常都可以转换成网络直播的内容范畴,不彩排、不剪辑的"现实"情境逐渐模糊了日常的界限。网络直播不仅改变了传播机制,也颠覆了人们的生活方式、消费方式、生产方式。

中国互联网络信息中心(CNNIC)发布的第 49 次《中国互联网络发展状况统计报告》显示,截至 2021 年 12 月,我国网络直播用户规模达 7.03 亿,较 2020 年 12 月增长 8652 万,占网民整体的 68.2%。其中,电商直播用户规模为 4.64 亿,占网民整体的 44.9%;游戏直播、体育直播、真人秀直播、演唱会直播的用户规模分别为 3.02 亿、2.84 亿、1.94 亿、1.42 亿。①

第一节 网络直播概观

一、网络直播的概念

网络直播指的是基于互联网,通过视频、音频和图文等形式向受众持续传播实时信息的活动。它突破了专业媒体生产、向受众单向传播信息资讯和延时的模式,赋予了用户可以进行实时网络直播以及在网络直播的过程进行交互的空间,并且让受众可以从内容接收者随时转变为信息内容的发布者。

二、网络直播的发展历程

(一)以真人秀和游戏直播为主的探索阶段

秀场、游戏是网络直播最初的两大支柱。2016 年上半年,直播以"一种媒介方式的颠覆,全民化的娱乐方式及知识传播的新标配"的状态出现,真人秀直播和游戏直播在资本的助力

---

① 中国互联网络信息中心(CNNIC):《第 49 次中国互联网络发展状况统计报告》,中国互联网络信息中心,2022 年 2 月,http://cnnic.cn/hlwfzyj/hlwxzbg/hlwtjbg/202202/t20220225_71727.htm,访问日期:2022 年 5 月 10 日。

下得到快速发展。但由于当时网络直播的推广成本、主播签约成本均较高,仅依靠用户购买虚拟礼物和流量广告两种变现方式很难维持扩张,使得其商业模式仍处于探索阶段。

2017年,以秀场直播和游戏直播为核心的网络直播业务保持了蓬勃发展趋势,多家大型直播平台完成高额融资。2018年网络直播行业内部进一步分化,进入转型调整期。斗鱼直播、虎牙直播等第一梯队直播平台在资本的支持下领先优势进一步扩大。第二梯队直播平台抱团取暖谋求发展,例如YY与小米直播、花椒直播与六间房进行合并重组或开启战略合作,以达到资源整合和流量互补。[①] 小型直播平台基本销声匿迹。

(二)以"直播+"模式创新发展的布局阶段

2019年,各大直播平台积极探索"直播+"模式,布局内容生态;电商、短视频等平台也纷纷利用"直播"优势,带动自身业务发展。YY、陌陌、斗鱼、虎牙等已经上市的大型直播平台的营收在2019年均保持增长态势,各大直播平台积极推动"直播+"布局,与电竞、综艺、文化、旅游、教育等产业相结合,努力构建多元化、差异化、高品质的直播生态体系,成为行业发展的主要动力。例如,YY直播开拓二次元、情感、户外、美食、旅游等,丰富自身内容体系;虎牙直播则通过签约职业战队、抢占赛事版权、自制赛事IP等手段,进一步深入布局电竞产业链。

电商直播的兴起为行业整体用户规模增长注入了新的活力,丰富了网络直播行业的内容与变现方式。电商、短视频等平台看重直播的盈利潜力,纷纷布局直播领域。阿里巴巴、京东、拼多多等电商平台将实体商品交易与互动直播形式进行融合,提升了用户消费体验与黏性。2019年"618"期间,淘宝直播带动商品销售130亿元,开播商家数同比增长近120%,开播场次同比增长150%。[②] 此外,电商直播拉动农产品销售,为贫困地区脱贫致富提供了有力支撑。

(三)以电商直播为龙头的全领域蓬勃发展阶段

在2020年新冠肺炎疫情和决战决胜脱贫攻坚的双重背景下,"跨越信息鸿沟、实现安全交易、形成健康循环"成为政府与企业的重要目标。以电商直播为代表的网络直播作为"线上引流+实体消费"的数字经济新模式,完美契合了上述需求,成为拉动经济内循环的有效途径和发展新热点。随着疫情期间用户线上消费习惯的加速养成,数据显示,在电商直播中购买过商品的用户已经占到整体电商直播用户的66.2%。[③]

2021年,电商直播在直播主体、商品来源和运营规范三个方面均有变化。一是主体多元

[①] 中国互联网络信息中心(CNNIC):《第43次中国互联网络发展状况统计报告》,中国互联网络信息中心,2019年2月,http://www.cnnic.net.cn/hlwfzyj/hlwxzbg/hlwtjbg/201902/P020190318523029756345.pdf,访问日期:2022年5月16日。

[②] 中国互联网络信息中心(CNNIC):《第44次中国互联网络发展状况统计报告》,中国互联网络信息中心,2019年8月,http://www.cnnic.net.cn/hlwfzyj/hlwxzbg/hlwtjbg/201908/P020190830356787490958.pdf,访问日期:2022年5月18日。

[③] 中国互联网络信息中心(CNNIC):《第47次中国互联网络发展状况统计报告》,中国互联网络信息中心,2021年2月,http://www.cnnic.net.cn/hlwfzyj/hlwxzbg/hlwtjbg/202102/P020210203334633480104.pdf,访问日期:2022年5月19日。

化,越来越多的中小商户将自建直播渠道作为重点。数据显示,淘宝直播近1000个过亿直播间中,商家直播间数量占比超过55%,高于明星主播的直播间数量;快手2021年第二季度绝大部分电商交易额均来自私域流量。二是商品本土化,从老字号品牌到地方特色农产品商户得到良好体现。三是运营规范化,《关于加强网络直播规范管理工作的指导意见》《网络直播营销管理办法(试行)》等相关政策在2021年陆续推出,电商直播监管体系得到逐渐完善。① 其他各领域直播进一步蓬勃发展,如体育直播领域,在北京冬奥会的加持和云服务、5G为代表的新兴技术推动下业务模式取得进一步升级。

三、网络直播的场景分类

目前,网络直播场景不断垂直化发展,主要包括娱乐场景、电商场景、新闻场景和教育场景等。

(一)娱乐场景

娱乐场景下的直播主要包括秀场直播、游戏直播等。追求轻松、娱乐是人的天性,网络直播初期多以娱乐性内容为直播的切入点。秀场直播让每个人都有机会在平台上以直播的形式将各种生活化的内容展示给其他人,内容丰富,早期有聊天、唱歌、表演、旅游、美妆等,如今吃饭、睡觉等慢直播也加入了其中。游戏直播将直播与游戏场景相结合,提供给游戏爱好者观看,吸引观看者的不仅是主播娴熟的游戏操作技巧,还有幽默风趣的解说内容和风格。

(二)电商场景

电商直播是渗透率较高的直播场景,电商店铺的主播借助直播平台,将店铺所售商品展示给用户,并针对用户的提问,提供实时的客服服务,从而促进与用户的互动。电商直播可以给购物者带来图文介绍及录播视频很难提供的临场感,刺激消费者缩短决策路径,通过视觉体验和情感效果,刺激消费者消费意愿的产生,有利于激发用户的购买力,从更大程度上满足消费者对商品本身和购买产品过程的全方位需求,体现了数字营销方式的最新升级。

(三)新闻场景

移动互联时代的新闻生产者通过直播应用,实时制作并同步播出多媒体格式的音频和影像,为用户提供全方位、身临其境的新闻视听体验,使用户可以在移动终端设备上随时随地观看新闻现场直播。这种新的新闻形态可称为移动新闻直播。这种新闻场景不仅成为媒体融合的创新手段,更是强化新闻与用户互动、用户之间互动的重要方式。直播的新闻场景还包括个人用户直播的新闻现场内容,众多用户的直播内容呈现更加全面立体的新

---

① 中国互联网络信息中心(CNNIC):《第49次中国互联网络发展状况统计报告》,中国互联网络信息中心,2022年2月,http://www.cnnic.net.cn/hlwfzyj/hlwxzbg/hlwtjbg/202102/P020210203334633480104.pdf,访问日期:2022年5月20日。

闻事实。

（四）教育场景

教育场景下的网络直播相当于一个网络课堂，直播者将自己的专业知识或从业经验传授给观看者。这类直播既有高校教育内容，也有考试培训、投资理财等各行业技能提升内容。教育直播场景下实现了教学和展示的时空一体化。

第二节 网络直播的传播特性

一、网络直播的特点

（一）实时的"在场感"

网络直播基于移动网络和移动终端设备实现其传播的"实时性"，打破了时空限制，使用户可以实时接收和观看网络直播内容，实现了传受双方在同一时间的不同空间进行信息的共享。网络直播具有较强的"在场感"，常常以"第一人称"视角带领观众"进入现场"，营造出真实自然的情境和身临其境的观感，增强了受众的体验感。尤其是现象级慢直播的"出圈"与亿万"云监工"的走红都在验证一点。抖音上24小时慢直播，直播景区、工地、城市夜景、睡觉，都能感受到真实的在场感。

（二）狂欢的"情境化"

受众以上帝的视角将情境视觉无缝衔接，在一个直播房间切换到另外一个直播房间的手指滑动操作之间，屏幕就像一个时空隧道，构建着直播塑造的体验盛宴。网络直播中塑造的情境，构建了网络直播无缝与现实的链接。"现实"情境模糊了日常的界限，直播平台展示的是千万种欲望的集合体，公众以虚拟分身的形式参与网络直播创造的混合"现实"中。[1]

（三）多元的"社交性"

网络直播自带天然的社交属性，实时交互性、多元互动机制等都指向了社交功能。它降低自我表达的门槛，"美颜"等一系列技术支撑提升自我表达的效果。同时，网络直播使"一对多"的实时互动成为可能，直播中用户可通过弹幕、评论、打赏等一系列互动方式对直播者进行即时反馈，受众间也可同步进行互动，受众实时、积极地参与着网络直播的内容生产。社交属性的强弱直接关系到网络直播的营销和变现能力。

---

[1] 张晨：《论网络直播时代形象展示的生产性》，博士学位论文，中央美术学院，2019。

(四)表达的"个性化"

网络直播与刻板、严肃、正统、严谨的叙事风格截然相反,不以公共议题为聚焦点,而是通过说唱、展演、调侃、戏谑等日常化、生活化的方式满足受众的多样化诉求,是一种个性化的表达方式。网络直播的内容贴近生活,贴近公众,表达自己的观点,彰显个性。由此,网络直播的受众具有圈层化的特点,拥有差不多的生活阅历,会对相同的内容产生共鸣,通过网络直播平台构建起群体的身份认同,具有非正式性、平民性等特征。①

(五)隐秘的"消费性"

网络直播的主要功能是娱乐性,深受网友喜爱的说唱直播、电竞直播等都有强烈的娱乐倾向,但其本质是消费。网络主播通过直播来集聚流量和获取人气,其背后隐藏着变现的资本逻辑。最常见的盈利模式是粉丝消费,例如,粉丝通过点赞、评论、打赏等与主播互动,主播的卖力"演出"换来粉丝所刷的"礼物",而这些虚拟礼物可直接变现。更直接的是,受众基于情感体验、情境体验等带来在电商直播中的直接购买行为。

二、网络直播受众的心理特征分析

网络直播的用户数量不断增加,除了它作为一种新兴媒体形式的吸引力之外,更与这种吻合受众心理需求的因素密不可分。心理学家认为,个体通过需要和满足需要的活动,使自身和外部环境保持平衡,以维持其生存和发展。

(一)消遣娱乐

随着生活节奏的加快,网络直播的主要受众,尤其是年轻群体,常常面临较大的工作生活压力,需要寻找排解压力、放松自我的出口。网络直播为用户提供了消遣娱乐的平台,尤其是当下网络直播普遍具有泛娱乐化的趋势。例如,在秀场直播中,用户通过观赏主播颜值、欣赏主播唱歌、跳舞等才艺,获得美的体验。当用户参与直播互动,如点赞、送礼物时,在直播界面上会出现相应的视觉效果,如冒出爱心或有"游艇"飞过,这在某种程度上也达到了娱乐消遣的效果。

(二)寻求认同感

在网络直播中,寻求认同感可以帮助受众构建主体性,增强归属感,包括相仿的年龄、同种方言或职业、相似的成长经历、生活环境等。有研究显示,追求身份认同在受众观看网络直播节目时具有很大的影响。受众在观看网络直播时,会在主播身上形成对自身的投射,这种投射包括自身理想达成的预期,也包括很多隐蔽而不便公开的欲望和想法,受众的自我期待在特色各异的网络直播"主角"身上统统可以实现,进而也在某种程度上给予受众一种实

---

① 白林森、刘畅:《网络直播——媒体深度融合的新突破口》,《中国传媒科技》2022年第5期。

现自我认同的慰藉。[①] 此外,网络直播内容倾向日常化,如日常陪伴式的直播或分享对日常生活经历的观点和看法,贴近生活的内容也可以使受众获得认同感和归属感。

(三)满足窥私欲和好奇心

网络直播满足了受众对他人的窥私欲,以及对新鲜事物的猎奇心理。网络直播消融了公共空间和私人空间的边界,将私人空间和公共空间逐渐融为一体。主播所播出的内容是日常生活、工作、娱乐等私人活动,如睡觉、吃饭、卸妆等,而直播平台是面向广大网民的公共领域,受众的窥私和猎奇心理驱动其从对公共领域的关注转向对私人领域的窥探。受众通过观看主播的"表演"以获得猎奇心理的满足,如大胃王吃播、探险直播等。

(四)满足社交需求

网络直播通过主播与受众、受众与受众之间的互动交流,满足了传受双方的社交需求。人作为一种群居性动物,社交是人们在自身成长和发展中完成社会化的重要一步,网络直播提供了线上社交的平台。一方面,在观看直播时,受众可以实时地通过留言、打赏、连麦等互动方式实现交流,比如和主播分享相似的经历、生活的烦恼、点赞、送礼物等表示自己对主播的认同和支持;另一方面,在网络直播的共时情境中,受众与受众之间的交流也满足了整个受众群体的社交需求。在同一类"观众"的身份之下,受众之间的交流使其获得群体的归属感。

(五)满足消费心理

受众在网络直播平台的消费行为,是由心理需求和满足产生的。鲍德里亚在《消费社会》中提道:"消费的主体,是符号的秩序。"受众通过消费可以在直播间获得身份符号,从而构建自己的虚拟地位。受众打赏主播或者送跑车、游艇等昂贵的礼物,其网名会展示在弹幕中,界面中会呈现引人注目的视觉特效,当消费到达一定价值时,粉丝的名字还会显示在打赏排行榜之上。这种符号意义可以帮助受众在直播间中建立特殊的虚拟地位,受众由此获得安慰、夸赞或者恭维,从而使内心的尊重需求得到满足。直播平台借助受众心理来刺激消费欲的产生,商业价值在这个场景中得以延伸。

第三节 网络直播发展现状与趋势

一、早期网络直播的乱象与监管

从网络直播发展之初,网络直播行业存在的问题就层出不穷,一直是相关部门监管的重点,总结起来主要有以下三方面。

---

① 续蔚一:《网络直播平台受众的心理特征分析》,《新闻研究导刊》2016年第18期。

(一)主播素质有待提高,直播平台鱼龙混杂

由于主播的门槛降低,网络直播成为普通网民成为"网红"的一条捷径。一些主播在利益驱动之下,为了获得更多粉丝和人气从而商业变现,做出影响风气甚至违法违规行为。诸如"知名歌手直播剁手指""萝莉变大妈"等事件,均引发了社会舆论的强烈批评。

在此背景下,2016年11月,国家互联网信息办公室发布了《互联网直播服务管理规定》,明确禁止互联网直播服务提供者和使用者利用互联网直播服务从事危害国家安全、破坏社会稳定、扰乱社会秩序等活动,并要求实行"主播实名制登记""黑名单制度"等,明确提出直播平台"双资质"要求,在一定程度上发挥了驱逐劣币的作用,收到较好的惩戒效果。

(二)直播内容同质化、低俗化,甚至冲破法律道德底线

各平台网络直播的内容呈现同质化、泛娱乐化倾向,有的甚至低俗化、色情化。"网红脸"一时间成了直播标配,为了吸眼球、博流量,有的主播将直播话题引到"色情"上,过度消费女性身体。还有诸多不和谐内容越过道德的禁区,甚至冲破了法律的界限。网络直播的受众群体包含大量年轻人,直播中的淫秽色情、不正确的价值观会影响青少年的健康成长。

2018年8月,全国"扫黄打非"办公等部门联合下发《关于加强网络直播服务管理工作的通知》。2020年6月,国家网信办等8个部门启动网络直播行业专项整治和规范管理行动,探索实施网络直播分类规范,网络直播打赏、网络直播带货管理规则。

(三)隐私泄露,知识产权问题严峻

全民直播时代,公共领域和私人领域的界限不再分明,由此带来侵犯名誉权、隐私权等一系列法律问题。人人都可以直播,人人也就面临着"被直播"的风险。还有一些在直播平台积累了大量粉丝的主播,更容易在线下受到骚扰。除此之外,根据国家相关机构监测数据显示,在对足球、篮球、乒乓球、格斗等不同场次进行监测,共监测各项赛事直播546场,发现未授权直播链接4633个;监测点播2025场,发现侵权链接62.3159万条。[①] 可以看出,我国体育直播行业盗播现象严重。综艺直播节目、游戏直播节目、影视作品直播间等均出现不同程度的盗播现象。

二、助推直播业态发生转型的直播带货

作为媒介的网络直播,以追求注意力为最终导向,内容难免走向离奇与离轨,又因主播、平台的逐利心切,导致很多负面导向和不良影响产生,在规范发展和追逐盈利的双向掣肘中寻找平衡。网络直播要重新找到定位、发力点和进阶路径——直播带货就是其中的重要探索之一。很多业内人士甚至将2020年称为直播经济元年。近年,从日用消费品到运载火箭

---

① 中国版权协会网络检测中心:《2019年中国网络视频版权保护研究报告》,艾瑞网,2019年3月,http://report.iresearch.cn/report/201903/3342.shtml,访问日期:2021年3月17日。

发射服务都在直播间带货,大有万物皆可直播带货之势,直播经济的发展在国内已颇具规模。

(一)直播带货的特点

1. 从展演平台到实用工具的转变

早期直播目的在于通过表演等形式让用户沉浸式观看,用户通过打赏等方式实现创收。而直播带货目的在于让用户接触并购买产品和服务,提高购买行为的转化效率,其直播内容创作更多的围绕销售目的,其实质上更像是提供了一种新的社会经济服务平台,其工具性属性更为明显。

表 13-1 直播带货与秀场直播的差异①

直播形态	功能定位	属性	商业模式	应用逻辑	理论视角	社会影响
秀场直播	作为展演的媒介	中介化	个体打赏	制造流量（自我）	场景理论、互动仪式链、情感劳动、平台主义	泛色情伦理问题、数字剥削等
直播带货	作为使用的工具	物质化	售货佣金	消耗流量（他者）	消费主义、嵌入理论、景观社会	造富神话、售后维权、主播担责等

2. 主播多元化助力直播内容生产

在平台支持下,出现了一批专职从事带货服务的主播,其中的头部主播作为直播界翘楚,其影响力和号召力堪称金字塔顶端;头部主播下面依次有腰部主播和底部主播,其直播带货影响力和成交量依次减弱。此外,非职业带货主播的范围非常广泛,包括各类明星、名人、网红、助农干部、企业负责人、传统媒体主持人等不一而足。一时间直播带货出现了"全民皆可播+万物皆可带"的壮观场面。多样化的网红主体相互联动、跨界合作,更满足了多样化诉求。

3. 专业团队的孵化运营,助力粉丝价值变现

直播带货正迈向市场化、产业化运营道路,直播平台背后形成一条完整的产业链。专业团队会对电商直播的内容预先策划和筛选,包括品牌、商品、文字以及用户需求等,也可以对素人进行全方位的主播化包装。企业方可以交给专业团队对其品牌及店铺进行运营。电商直播"带货"逐步由单一的商业行为向"网红+服务"模式转变。电商直播在专业团队的运营和孵化下,深度挖掘粉丝群体的商业潜力,从而充分释放直播"带货"的价值,实现粉丝流量的变现。②

4. 沉浸式购物模式,促成良好的消费体验

直播是一种沉浸式购物直播方式,通过观看直播,既达到放松自我的效果,又能够进行

---

① 王建磊、冯楷:《从展演经济到流量电商:网络直播功能的工具化转向》,《传媒》2022 年第 3 期。
② 岳小玲:《电商直播"带货"的内容生产和优化路径》,《出版广角》2020 年第 19 期。

娱乐消费。它的出现让商品展现更加立体生动,强互动性也实现了主播与消费者之间的即时交流和情感互动。同时,电商直播通过节奏加快、紧迫性强等营销模式,激发消费者的竞争性购买欲。此外,电商直播与抗疫救灾、助农脱贫等目标相结合,更增强了用户购物过程中的获得感。

(二)直播带货面临的困境

1. 数据、造假问题频发,产品质量与售后难以保证

直播带货本质上是一种营销行为,其根本目标是追求商业利润最大化,新媒体具有短时聚流能力强、客户转化率高的特点,通过刷单进行数据造假从而营造出产品热卖的假象,吸引到真实消费者后实现盈利。直播中还存在主播联合商家的饥饿营销,通过虚假的超低价格诱导消费者即刻抢购。还有部分商家通过雇佣水军在直播间或商品评论区刷虚假好评,误导消费者选择。数据造假破坏了行业平衡,带来了不良风气。2022年央视3·15晚会第一弹直指直播运营公司造假,玉石原产地售卖场景被曝光,造成严重的直播诚信危机。此外,直播带货的物流和售后也存在管理痛点。如农特产品和生鲜商品的运输难以保证商品的保鲜程度,消费者售后维权难。

2. 盈利模式单一,难以冲破"头部主播"注意力垄断

目前,网络直播平台的主要盈利模式包括打赏、广告、"带货"分成等盈利模式。早期为了抓住直播电商的时代红利均需要"造神",当在头部主播示范效应下,直播电商成为大风口,个人和品牌都蜂拥而至,成为重要变现模式。然而,"以个人为中心"的网红模式与互联网的"分散化"模式背道而驰,而且容易被其他热点"分焦",加之头部主播频频发生的反噬平台、税务问题、虚假宣传、不当言论等问题不仅影响着其个人、威胁着品牌方和平台方,更会造成极负面的社会影响。

3. 消费者参与狂欢化直播,盲目跟风消费

头部主播的直播带货网红,其强烈的个性特征、语言风格以及与之相应的弹幕、"双十一"时间节点等,都使得其直播过程呈现出强烈的狂欢化特征。① 由于直播购物发生在特定的虚拟社交场景之下,群体动力的存在同样容易激起用户的非理消费欲望、促进盲目跟风消费。一些主播在介绍商品时超快的语速、超短的时间,加之憋单话术等技巧,耗时耗力,让许多消费者"迷失"在直播间。② 网友们狂欢化的直播间跟风购买,在狂欢冷却后,又会后悔于冲动消费。真正的消费应该是自由、快乐的,这种跟风的消费虽会产生短暂的快感,但最终会使人迷失自我,沦为消费的"奴隶"。

4. 被资本裹挟的卖货,总体上品位不高

直播带货似乎是从多元到单一的变化,歌手来直播,是卖货,演员来直播也是卖货,企业

---

① 闫玉刚、宫承波:《狂欢化与去狂欢化——基于新冠疫情间直播带货传播现象的冷思考》,《当代电视》2020年第6期。

② 《在直播间抢到的商品真的便宜吗》,中央网信办违法和不良信息举报中心网站,2021年11月12日,https://www.12377.cn/aqyj/2021/af79723e_web.html,访问日期:2022年6月1日。

家来直播还是卖货,就连专家学者来直播也是卖货。日常生活替换成了数据流,平台提供了一条龙方案套餐,在直播流水线的指引下殊途同归于商业营销。如果全社会各行各业的精英学者、明星老师全部都来吆喝着卖货,似乎也不是直播该有的最终出路。这于网络直播本身和社会引导本身或许都不是好事。

(三) 直播带货的高质量发展之路

首先,直播带货为零售产业带来新的机遇和挑战,在新媒体电商"野蛮生长"的同时,要针对电商直播存在的问题进行针对性立法,加强行业自律,引导和规范新媒体电商直播的发展。2021年5月,国家互联网信息办公室等七部门联合发布《网络直播营销管理办法(试行)》,以此为契机,细化电商直播的相关政策法规,规范行业健康有序发展。

其次,需着力提升直播带货的品位,在内容上精耕细作,为人民群众精神文化需求的多元化发展提供更多可能。直播流量的变现本质上依靠优质的内容,直播带货要在保证产品、质量、服务的前提下,提高主播个性、价值观和品牌之间的契合度,结合通俗文化、高雅文化、传统文化、流行文化绽放光彩,使带货的支撑度更饱满。同时,逐步引领大众的审美趣味,在一段狂热之后,寻找更多民众精神文化的需求,释放网络直播的活力。

再次,网络直播要在技术革新方面不断提高直播体验,解决清晰度、舒适度、交互方式等问题,再加上手势识别、语音识别、VR等新技术,受众的使用体验会上升到一个新的高度,这也将延伸直播平台的产业链条,带来新的增长点和盈利点。

最后,网络直播作为一种工具,未来应该在5G技术的商用化普及中充当更多的社会角色,作为一种社会基础设施发挥出更大的服务价值。在国家信息化建设进程中,成为新经济的重要构成部分和新服务场景的承载平台。

本章思考题

1. 简述网络直播的特点。
2. 简述网络直播受众的心理特征。
3. 直播带货具有哪些特点?
4. 直播带货的未来何在?

本章参考文献

1. 钟绪君,王燕荣. 浅析网络直播火爆的原因[J]. 东南传播,2016(09).
2. 张晨. 论网络直播时代形象展示的生产性[D/OL]. 北京:中央美术学院. 2019[2022-5-30]. https://kns.cnki.net/kcms/detail/detail.aspx? dbcode = CDFD&dbname = CDFDLAST2020&filename = 1019192316. nh&uniplatform = NZKPT&v = z − 2iiPUUso_H5NQWlrEjfhc0hdLE_xJpeyO5XP1GzXcXRo_B3PehrkrTLQweeQ5J.
3. 白林淼,刘畅. 网络直播——媒体深度融合的新突破口[J]. 中国传媒科技,2022

(05).

　　4. 王建磊,冯楷. 从展演经济到流量电商:网络直播功能的工具化转向[J]. 传媒,2022(02).

　　5. 岳小玲. 电商直播"带货"的内容生产和优化路径[J]. 出版广角,2020(19).

　　6. 张守昂. "短视频+电商直播"营销模式创新研究[J]. 中国市场,2022(06).

　　7. 许向东. 我国网络直播的发展现状、治理困境及应对策略[J]. 暨南学报(哲学社会科学版),2018(03).

　　8. 续蔚一. 网络直播平台受众的心理特征分析[J]. 新闻研究导刊,2016(18).

　　9. 闫玉刚,宫承波. 狂欢化与去狂欢化———基于新冠疫情期间直播带货传播现象的冷思考[J]. 当代电视,2020(06).

第十四章 数字出版

扫码可见
第十四章 PPT

第一节 何为数字出版

20世纪末,计算机的普及与信息技术的不断发展带来了各行各业的巨变,出版业也不例外。当信息技术运用到出版行业,就逐步产生了新的出版形态——数字出版。早在2007年,就有澳大利亚学者提出了数字出版的概念,认为"数字出版是依靠互联网并将其作为传播渠道的出版形式。产生的数字信息内容是建立全球平台之上,通过建立数字化数据库达到在未来重复使用的目的。"[1]这个定义具有一定的代表性。在我国,2011年,由上海辞书出版社发行的《数字出版与数字出版产品》一书指出,"数字出版"是指以互联网为流通渠道,以数字内容为流通介质,以网上支付为主要交易手段的出版和发行方式。当时的数字出版产品包括数字图书、数字报纸、数字期刊、数据库出版物、手机书、手机报、手机刊、手机音乐、电子书、动漫和网络游戏产品等。[1]

在信息技术融入出版行业的早期,有不少学者认为:"只要使用二进制数字化的技术手段对出版的整个环节进行操作,都属于数字出版的范畴。"不过,不久这种说法就遭到了质疑,认为纯粹以数字化来定义数字出版,未免狭隘,中国版协后来对数字出版的概念做了进一步解释,指出数字出版是出版过程的数字化,包括编辑加工、印刷;产品形态的数字化,也就是说在出版介质上呈现出可交互的数字化产品;产品运营的数字化,即形成一个收付系统,使终端的内容发布能够变成前端的收入,从而形成一个闭合的产业链。这个定义从三个方面对数字出版的概念进行了延伸:即向知识资源的深度加工开发延伸,向多种媒体结合运用延伸和向服务延伸。[2] 而后的事实也表明,数字出版正是沿着这三个方向不断深入、升级、融合、发展。

第二节 数字出版的诞生与发展

我国数字出版于20世纪90年代中期起步,30多年来经历了从粗放式的高速发展阶段到当前全面深入的融合发展阶段。

---

[1] 全国出版专业职业资格考试办公室:《数字出版与数字出版产品》,上海辞书出版社,2011,第66—82页。
[2] 张维、邓强庭、冷怀明:《数字出版的发展现状及我国科技期刊的应对措施》,《编辑学报》2013年第2期。

一、粗放式高速发展,投入产出比失衡

20世纪90年代中期,数字出版的概念一出现就被业界追捧,以数字出版为主题的各类论坛高调频现,言必称"数字出版"。这样粗放式的高速发展从20世纪末开始,持续了十年之久。这一阶段,有关数字出版的产业政策密集出台,尤以2005年后较为集中[①]。在政策扶持下,21世纪的头五年,从2000年到2005年,我国数字出版发展势头强劲,数字出版整体规模从2002年的15.9亿元增长到2006年的200亿元,5年间产值增长超过10倍。[②]

不过,在这一阶段,数字出版发展虽然速度快,问题也比较明显,数字出版行业投入和产出矛盾突出:大型出版集团或出版企业纷纷投资试水,如2008年5月中国出版集团投资1000万元组建中国出版集团数字传媒有限公司,2009年1月广东省出版集团成立广东省出版集团数字出版有限公司。此外,行业技术型公司也如雨后春笋般涌现,借助数字出版的概念,快速到资本市场做大,如汉王科技公司以电子书为主营业务,2010年3月上市,两个月后市值即达到175亿元。以中国出版集团数字公司文房电子书阅读器、大佳阅读器为代表的一批手持阅读器,先是横空出世,后又迅速销声匿迹。一大批出版上市公司以数字出版项目迅速融资,筹集到资金后又不知如何处理,只能挪作他用,反映出对正在实施的数字出版项目因产品开发和盈利模式不清晰而表现出的高投入低产出。以汉王科技为例,该企业的王牌业务电纸书曾一度为其贡献3/4的收入,如今却沦为鸡肋,公司发展重心已转向文字、人脸识别领域。可见,数字出版的初级阶段,尽管政策发力迅猛,然而企业躁动盲目,真正的商业模式还没有被挖掘出来。[①]

世界范围内数字出版的兴起是在20世纪90年代,互联网快速崛起之后。国外出版集团在20世纪末纷纷转向数字出版,经过十多年的发展,涌现出数字出版相关技术,并形成了数字出版盈利模式。国际上领先的出版商,包括Thomson、JohnWiley、Springer、Elsevier等大都在20世纪末期开始转向以数字化出版。到2010年左右,已完成了传统出版向数字出版的成功跨越。数字出版的兴起和发展,导致整个传统出版行业面临结构性转变,使得出版形式、传播手段、阅读方式、市场主体乃至盈利模式等都发生了巨变。[②]

纵观中、西方数字出版的早期发展,我们发现了一个很大的差异:在国外,传统出版商的引领者也是数字出版商的引领者,内容和平台是一致的;而在国内,传统出版商不是数字出版的引领者,技术服务商引领了数字出版,内容和平台分离。在数字出版的头十年,"国外一提到数字出版,首先想到Pearson、Thomson,国内想到的却是盛大、汉王、同方知网。"[②]到2010年左右,在政策东风助力之下,大型出版集团、中小型出版企业,甚至一些技术提供商、互联网公司也加入数字出版的发展浪潮之中,并试图在粗放式发展中积极摸索转型升级之策。

二、转型升级,各类平台峰起

从2010年开始,时间跨度大约与"十二五"同步,"出版转型"或"转型升级"成为出版业

---

① 蔡翔:《传统出版融合发展:进程、规律、模式与路径》,《出版科学》2019年第2期。
② 张维、邓强庭、冷怀明:《数字出版的发展现状及我国科技期刊的应对措施》,《编辑学报》2013年第2期。

界热词,大体契合了国家产业政策由粗放型到求质量、调结构的既定目标。"十二五"时期我国把数字出版关键技术的研发列入重大文化科技项目,发展数字出版等战略性新兴出版产业,对出版内容资源进行全方位、立体式、深层次开发利用。其间,政府在支持出版单位数字转型方面可谓十分"给力"。不仅有文化产业发展专项资金,还有庞大的国有资本金预算,加之各部委及地方政府的层层扶持,其力度之大前所未有。仅2013年,全国38家出版集团就有20家成立了数字出版公司,大规模探索网络期刊、电子书籍、数字报纸等数字出版新领域。各类平台峰起,形成了几类典型模式:①

一是专利文献出版社模式。专利文献出版社(现知识产权出版社)是原国家专利局下属企业,其生产特点是品种多而单个品种印数少,属于高度垄断市场的专业出版类型。数字出版突出技术含量而又成本低廉,对这类企业就特别有意义。

二是浙江大学出版社模式。该社2013年被原国家新闻出版广电总局遴选为传统出版企业首批数字化转型示范单位,产业链合作伙伴有20余家,与浙江大学的数字化教育教学改革相结合,形成互动效应,数字出版累计收入规模达到5000余万元。

三是人民法院出版社模式。该社推出的"法信——中国法律应用数字网络服务平台"为中国首家法律知识和案例大数据融合服务平台,截至2017年12月30日上线18个月,用户突破60万。

以上这三个范例,均在政府、学校、财政资金等外部资源的支持下做出了特色。但严格来讲,它们还不是真正意义上的商业模式,不具备可复制性、模仿性,也没有形成比较成熟的产品。因为盈利模式不清晰,许多出版企业在这一阶段面对转型升级,一时之间踟蹰不前。②

三、传统出版融合发展战略的确立

如果说数字出版是信息技术运用到出版行业而产生的新生事物,融合出版则是在媒介融合理论和国家政策引领下出现的出版新概念,同时也代表了我国的数字出版走向了一个深度转型的发展阶段。

1978年,尼葛洛庞蒂在探究计算机、印刷和广播界限问题中,创新性地描绘了"媒介融合"的发展蓝图。③ 1999年,国内学者将美国马萨诸塞州理工大学教授I.浦尔提出的媒介融合(media convergence)概念引入中国,指出媒介融合就是各种媒介呈现出一体化多功能的发展趋势。④ 从理论旅行到在地生产,媒介融合在中国已走过20多年的发展历程。这一理念在启发我国学术创新的同时,也推动了相关行业的实务创新,并经历了"从全媒体到融媒体到四全媒体"的发展演变。⑤ 经由政策推动和概念创新,传统出版也由数字出版粗放式发展的初级阶段迈向了融合发展的新阶段。

---

① 李林容、张靖雯:《面向"十四五"时期出版业深度融合发展的策略思考》,《中国出版》2022年第1期。
② 蔡翔:《传统出版融合发展:进程、规律、模式与路径》,《出版科学》2019年第2期。
③ 杨海军:《媒介融合:缘起与终极目标》,《传媒》2009年第4期。
④ 崔保国:《技术创新与媒介变革》,《当代传播》1999年第6期。
⑤ 栾轶玫:《从市场竞合到纳入国家治理体系——中国媒介融合研究20年之语境变迁》,《编辑之友》2021年第5期。

2013年8月,全国宣传思想工作会议上,习近平总书记提出要"加快传统媒体和新兴媒体融合发展,充分运用新技术新应用创新媒体传播方式,占领信息传播制高点"。① 媒体融合发展的概念在宣传工作中的明确,拉开了我国媒体融合工作的历史巨幕。作为顺应媒体融合时代语境、解决传统出版和数字出版融合发展问题的新兴出版范式——"融合出版"正式登上了历史舞台②③。

党的十八大以来,我国全面推动深化改革,传统媒体与新兴媒体的"融合发展"上升为国家战略。媒介融合倒逼出版改革,传统出版业的融合发展由此进入换挡提速的新阶段。最大特点就是改革举措接连出台,重大利好集中释放。2014年8月18日,中央全面深化改革领导小组第四次会议审议通过的《关于推动传统媒体和新兴媒体融合发展的指导意见》为媒体发展提出了阶段性要求与方向。强调着力打造形态多样、手段先进、具有竞争力的新型主流媒体,建成拥有强大实力和传播力、公信力、影响力的新型媒体集团,形成立体多样、融合发展的现代传播体系是媒体融合发展的重要目标,这为出版融合的全面铺开指明了方向。2015年,《关于推动传统出版和新兴出版融合发展的指导意见》等政策文件的相继出台,进一步推进我国数字生产能力体系的建设进程,我国媒体融合开始初步呈现"跨行业、全产业"的发展新趋势。⑤大批出版企业尤其是大型出版集团纷纷上市,借助资本的力量,把出版数字化转型一步步落到实处。2014年,江西出版集团属下的中文传媒以26.6亿元收购智明星通游戏公司;江苏凤凰传媒集团以8500万美元收购美国童书生产商PIL(其最大产品类别为电子有声书);2015年,凤凰出版全资子公司江苏凤凰数字传媒有限公司以3896.59万元收购学科网。上市出版企业的数字出版项目和跨界融合项目纷纷涌现,大型出版集团通过加大战略并购、资产重组的力度创新产业布局,争做出版融合发展的领头羊。一些互联网企业也通过吸引作者等资源,并购影视公司、游戏公司等方式,打通从出版上游内容提供方到下游影视改编、游戏及动漫创作等多种传播渠道的文化传播产业链,开拓多元的融合发展路径。④

四、融合出版的深入与拓展

2016年被众多媒体称为知识付费元年,知识付费的兴起,一方面是内容创业者对知识变现模式的探索,另一方面也是用户阅读模式转型的深层次要求。"知识服务"标志着融合出版发展进入了深入与拓展阶段。

传统出版企业,尤其是专业出版社,因其拥有海量内容储蓄,强大的作者资源以及丰富的知识生产经验,具备了迈向在线知识服务这一蓝海市场的先天优势,在传统出版业务日渐疲软时,看到了破局的可能。2015年,原国家新闻出版广电总局就曾下发通知,遴选28家出版社作为知识服务试点单位,20家企业作为知识服务试点工作技术支持单位;2016年中国新闻出版研究院筹建知识资源服务中心,陆续推进国家知识服务平台建设、知识服务标准研制

---

① 中共中央文献研究室:《习近平关于全面深化改革论述摘编》,中央文献出版社,2014,第84—85页。
② 曹继东:《基于数字化技术和互联网思维的"融合出版"》,《科技与出版》2014年第9期。
③ 李林容、张靖雯:《面向"十四五"时期出版业深度融合发展的策略思考》,《中国出版》2022年第1期。
④ 蔡翔:《传统出版融合发展:进程、规律、模式与路径》,《出版科学》2019年第2期。

等相关工作。与此同时,为顺应市场发展趋势,政府对出版业转型融合加大了支持力度,涉及"知识服务"的指导意见和发展规划相继出台。

在知识服务的风口下,顺应政策导向和行业发展趋势,行业内以知识服务为标签的数字化产品或服务平台不断涌现。不仅专业出版企业利用自身科研、人才、品牌、资源优势,精选内容资源并进行结构化、知识化深加工,形成了特色资源数据库、专业数字化工具书、知识服务平台等产品形态,大众出版企业也以有声读物、名家小课等形式,拥抱知识服务蓝海。知识服务的内容创业风起云涌,尤其是付费社区、音频问答、在线课程等在线知识付费产品表现突出,部分以技术见长的互联网企业,甚至摸索出了与出版企业合作共赢的知识服务体系。[1]

到 2020 年左右,我国的数字出版已经全面进入了融合发展阶段,传统出版已经纷纷实现了向融合出版的结构调整与深入转型,涌现了丰富多样的数字出版产品,并形成了技术赋能的数字出版产业链。

第三节　数字出版的未来

我国数字出版在走过了二十年的发展历程后,顶层设计逐步完善,完成了融合出版的初步转型。2021 年 3 月,《中华人民共和国国民经济和社会发展第十四个五年规划和 2035 年远景目标纲要》明确提出,要"推进媒体深度融合,做强新型主流媒体",并提出"实施文化产业数字化战略,壮大网络视听、数字出版、线上演播等产业",为出版业融合发展提出了新要求、新目标、新方向。[2]

一、完善顶层设计,深耕细分领域

对标"十四五"规划相关要求,国家接连出台了一系列政策,引导出版单位深化认识、系统谋划,有效整合各种资源要素,创新出版业态、传播方式和运营模式,大力提升行业数字化、数据化、智能化水平,系统推进出版深度融合发展,壮大出版发展新引擎。

面对总体的时代背景与社会环境,出版行业不同细分领域的数字化进程会呈现不同的特征面貌。如教育出版在数字技术驱动下表现为教育与出版的深度融合趋势,大众出版表现为基于优质 IP 的全媒体整合传播。专业出版数字化则是在出版业数字化战略的总体布局下,深度嵌入国家信息化、数字经济发展方向和特定细分产业发展趋势,表现为出版资源数据化、出版产品服务化、消费体验智能化、产业价值链生态化、出版治理现代化等特征。具体而言,结合国家相关部门"十四五"规划内容,专业出版将迎来重要的发展机遇。

2022 年 4 月,首届"全民阅读大会·2022 年出版融合发展经验交流会"在京召开,会上发布了中宣部《关于推动出版深度融合发展的实施意见》,围绕加快推动出版深度融合发展,

---

[1] 蔡翔:《传统出版融合发展:进程、规律、模式与路径》,《出版科学》2019 年第 2 期。
[2] 王飙、毛文思:《2021 年中国数字出版发展态势盘点以及 2022 年发展展望》,《科技与出版》2022 年第 3 期。

构建数字时代新型出版传播体系,坚持系统推进与示范引领相结合的总体思路,从战略谋划、内容建设、技术支撑、重点项目、人才队伍、保障体系6个方面提出20项政策举措,对新时代推动出版深度融合发展做出全面安排,为出版单位探索融合发展新模式、新业态、新领域提供了行动指南。①《实施意见》顺应时代潮流,回应行业心声,是中宣部首次就出版融合发展工作专门发布的政策文件,标志着出版融合发展进入了新阶段,为全行业推动出版深度融合发展注入强大信心和强劲动力。

融合出版的未来需沿着如下两个方向开展:第一,需强化数据驱动专业出版内容资源建设与运营模式,完善数据要素资源体系,激发数据要素价值,提升数据要素赋能作用,建成数据资源体系,利用数据资源推动研发、生产实现数字出版产品的流通、服务、消费全价值链协同。

第二,是要推动相关产业和社会治理数字化转型:专业出版区别于其他出版领域最显著的特征是与特定行业和细分领域的密切联系,体现了出版专业化的分工特色,构建产业数字化转型发展体系,分别对传统产业优化升级、文化产业数字化战略、新业态新模式发展、区域协同发展、数字化绿色化协同发展进行战略部署。为此,专业出版在推动自身数字化转型的同时,也将深度融入相关产业和细分领域的数字化转型,从传统出版产品转为嵌入式的知识密集型服务,助力产业高质量发展。尤其要将优质专业内容资源与相关领域治理需求紧密结合,服务国家治理体系和治理能力现代化建设数字化战略背景下专业出版的发展路径。②

二、数字化战略背景下专业出版的未来发展路径

关于出版业高质量发展,原国家新闻出版署署长柳斌杰将其界定为更高质量、更高效率、更多业态、更新技术、更强队伍,更有魅力、更可持续、更具影响力的新型发展态势。③

(一)思维上:确立融合发展思维,明确融合发展路径

融合发展思维的根本是将出版视为融合发展的基础。所谓基础,就是要深刻认识到,数字出版的核心是纸质出版的"自然溢出",是优秀出版物在技术赋能下的创新,是传统出版实力的延伸。因此,回归出版的本质是融合发展必须面对的现实。在发展路径上,出版单位要认清自身内容优势,在发展趋势上,出版单位要认识到一段时期内,数字化工作的目标是与传统出版融合发展,而不是终结和替代传统出版,是借传统出版之力,而不是远离传统出版;与技术相融,利用技术赋能提升生产效率和产品质量;与新业态相融,将出版和技术发展所创造的新业态通过技术搭桥与其他业态融合,从而实现业态创新。

(二)内容上:深化内容创新,筑牢融合发展基石

融合发展的基础是纸质出版,未来应夯实内容建设,健全数字版权、改编权、配套音视频

---

① 李淼:《首届全面阅读大会·2022年出版融合发展经验交流会在京举行》,《中国出版》2022年第4期。
② 丛挺、高远卓:《数字化战略背景下专业出版发展研究——基于〈出版业"十四五"时期发展规划〉的思考》,《出版广角》2022年第5期。
③ 柳斌杰:《开拓中国出版业高质量发展新时代》,《中国出版》2020年第26期。

制作权等。将杂乱的图书品类进行分类规划，形成体系，努力为读者打造专业化、深入化服务。应加大内容创新力度，解决版权问题，加快内容资源的转化。确定优势版块，集中力量做好深度开发。对专业优势不明显的地方出版社来说，必须聚焦自身特色领域，持续进行深入开发，形成体系化内容。

要重视头部内容打造。从总体结构来看，互联网强化了头部优势，因此，出版单位应聚焦名家名作，形成具有影响力的内容。要加快音视频资源开发，大力提升富媒体内容比例。从路径上看，出版单位可以从传统图书内容出发，制作有声书、知识课程等产品，但不能简单地将文字转化成声音，而必须按照音视频内容的创作规律和不同应用场景来进行艺术再创造，注重音视频内容的精品化、体系化，把发力点放在网络课程、知识讲座等体系化、精品化内容研发上。

（三）运营上：做大做强专业出版数字化市场主体

要根据不同的出版门类特点推出一批技术领先、融合度高、精品聚集、示范性强的出版单位，带动行业全面提高融合发展能力和水平。必须以龙头企业构筑专业化服务平台，驱动专业出版数字产品和服务的精品化，推动行业持续壮大繁荣，对标国际先进水平，落实数字化战略方向，推进创新驱动，实现可持续发展。

（四）模式上：推进出版业态创新，加快新模式探索

1. 经营模式创新

要聚焦新产品与经营模式创新，探索数字出版新产品新服务新模式。要借助数字技术实现产品多元化，出版单位必须根据内容优势、渠道特点推进电子书、有声书、知识课程等产品。如三联"中读"之所以能够做出影响，本质上是《三联生活周刊》和三联书店传统出版优势的自然延伸。因此，与传统出版相结合，走专而精的道路是必然选择。

要建立产品与服务相结合的多元化商业模式，实现线下线上相结合，产品销售与服务相结合。我们要看到，出版业本质上是文化创意产业，不仅要推出图书等具象化产品，还要利用内容与创意开展各种文化知识服务，多方拓展服务领域，如结合专业出版领域的数据库、大众教育类出版内容开展专业知识培训、智库咨询、在线教育培训等服务。

出版单位必须不能单纯依赖当当、淘宝等大网络平台，而应与新媒体运营相结合，利用有赞、抖店等新型电商平台逐步建立自主营销平台。数字化手段的应用，不只是为了宣传、营销图书产品，而是建立数字化运营阵地，为融合发展打好基础。

2. 业态创新

融合发展的根本目标是业态创新，即借助新技术实现产品形态与经营模式的革新，数字出版有三种业态创新：一是传统出版与数字业务相融合的新型出版业态；二是互动式、服务式、场景式数字出版新产品新服务新模式；三是跨界的新型"出版+"业态，这是融合出版未来业态创新的方向与路径。一方面，可以通过数字化手段丰富传统出版物的呈现方式，提升其价值，促进销售；另一方面，借助传统出版物的成熟运营模式解决数字化产品收费困难、商业

模式发展难的问题。例如，如电子书、有声书、知识课程等产品开发出来后在平台营收不利，则可以通过二维码等链接方式将其嫁接在纸质书上，通过提升图书服务、附加收费等方式来实现更大的价值。

传统出版与数字业务相融合的新型出版业态，还意味着围绕传统出版开展各种数字化运营，《2021年出版行业新媒体影响力榜单》，中全国584家出版社在微信公众号、微信视频号、微博、抖音、快手、B站6个平台共有超1900个活跃官方认证账号，推送作品超24.5万条，点赞数超2614万次。① 这说明出版业新媒体运营发展迅速，成绩可圈可点。但我们也要看到，出版业的新媒体运营整体水平不高，新媒体价值远未实现，打造新业态须从长计议、系统推进。出版单位应继续探索跨界的新型"出版+"业态。要具有以出版为中心的开阔视野，关注并推动传统出版与数字出版各种业态乃至其他文化服务业态的融合，如结合出版内容的专业知识服务、智库咨询、各种在线教育培训、探索出版与影视、旅游、游戏、文博展会等各方面的合作。②

总之，"十四五"时期出版行业进入了新的历史发展阶段，应对融合发展做好全面布局，抓住数字经济大发展的历史机遇，在国家相关政策引导下树立融合发展思维，聚焦产品研发与业态创新，了解读者的潜在需求，迭代出新的产品和服务，从而努力打造全方位的知识服务体系。③

本章思考题

1. 数字出版的概念是什么？如何理解数字出版内涵的三个延伸？
2. 融合出版的主要产品形式有哪些？
3. 融合出版的产业链是如何布局的？
4. 数字出版战略下专业出版未来发展的路径有哪些？

本章参考文献

1. 全国出版专业职业资格考试办公室.数字出版与数字出版产品[M].上海：上海辞书出版社，2011.
2. 张维，邓强庭，冷怀明.数字出版的发展现状及我国科技期刊的应对措施[J].编辑学报，2013(02).
3. 蔡翔.传统出版融合发展：进程、规律、模式与路径[J].出版科学，2019(02).
4. 李林容，张靖雯.面向"十四五"时期出版业深度融合发展的策略思考[J].中国出版，

---

① 行业报告之家：《2021年出版行业新媒体影响力榜单》，2022年5月，https://www.163.com/dy/article/H769EG5I05526SET.html，访问日期：2022年6月。
② 宋吉述：《践行出版业"十四五"规划推进出版融合发展》，《出版广角》2022年第6期。
③ 宋吉述：《践行出版业"十四五"规划推进出版融合发展》，《出版广角》2022年第6期。

2022(01).

 5. 杨海军. 媒介融合:缘起与终极目标[J]. 传媒,2009(04).

 6. 崔保国. 技术创新与媒介变革[J]. 当代传播,1999(06).

 7. 栾轶玫. 从市场竞合到纳入国家治理体系——中国媒介融合研究20年之语境变迁[J]. 编辑之友,2021(05).

 8. 中共中央文献研究室. 习近平关于全面深化改革论述摘编[M]. 北京:中央文献出版社,2014.

 9. 曹继东. 基于数字化技术和互联网思维的"融合出版"[J]. 科技与出版,2014(09).

 10. 张立国. 媒介融合视域下出版产业链的转型升级[J]. 中国编辑,2022(04).

 11. 刘长明. 从数字化到数智化,智能技术赋能出版融合创新[J]. 出版广角,2022(06).

 12. 申广伟. 基于融合出版中的编校策略探究[J]. 采写编,2022(04).

 13. 柳斌杰. 开拓中国出版业高质量发展新时代[J]. 中国出版,2020(26).

 14. 丛挺,高远卓. 数字化战略背景下专业出版发展研究——基于《出版业"十四五"时期发展规划》的思考.[J]. 出版广角,2022(05).

 15. 宋吉述. 践行出版业"十四五"规划推进出版融合发展[J]. 出版广角,2022(06).

 16. 王飙,毛文思. 2021年中国数字出版发展态势盘点以及2022年发展展望. 科技与出版,2022(03).

第四单元

新媒体艺术论

新媒体艺术是当代艺术的主流形态之一，尽管其发展时间不长，却在技术与媒介的合力作用下，被赋予了鲜明的时代属性与媒介属性。由于新媒体概念本身具有变动性与复杂性，依托新媒体发展的新媒体艺术难以在理论界形成统一定义，加之其艺术本体的开放性和不确定性，"新媒体艺术"便出现了视角与切入点彼此不同的多重阐释，构成了内涵丰富、意义多元的美学空间。

与传统艺术相比，新媒体艺术具有互动性、虚拟性与非线性特征，如果将网络小说、网络影视剧、网络大电影等视为传统文学与影视艺术向新媒体时代的过渡与延伸，那么新媒体艺术先锋性与大众性并重的艺术取向则在风行的网络综艺、爆火的网络视频、流行的网络动画、盛行的网络游戏与新锐的网络交互艺术中一览无余。

回望绵延至今的艺术发展脉络不难发现，艺术的繁盛与创新离不开技术与媒介的更新迭代，当技术的力量促发人与世界关系的深刻变革，新的艺术形式便在对既有艺术的动摇、冲击、解构与颠覆中悄然崛起。在科技理性作用下，大量新兴技术被植入艺术创作环节，艺术、技术与媒介之间的边界日渐模糊，而在媒介发展进程里，艺术的自发性渗透又渐次抹平了艺术与生活的界限，艺术生活化与生活艺术化成为当今时代颇具代表性的文化现象。正因如此，艺术、技术与媒介三元合一的新媒体艺术才会不断为人们带来惊喜。

第十五章 网络审美文化与新媒体艺术概说

扫码可见
第十五章PPT

艺术是人类认识世界、掌握世界的方式之一,其产生与发展贯穿于人类社会诞生与演进的全过程。艺术的价值在于以深具创造性的精神产品满足人类多样化的审美需求,进而深化与延展人类对自身和客观世界的理解。随着人类社会步入互联网时代,网络作为技术要素与传播环境,其对艺术的渗透程度不断加深,与道德文化、政治文化并置的审美文化也由此发生了互联网转向,网络审美文化成为具有时代性与典型性的文化形态之一,其中最为核心与先锋的审美客体即为新媒体艺术。

第一节 网络审美文化与新媒体艺术初探

网络审美文化是互联网时代新型审美实践活动建构的艺术文化样态,伴随互联网传播的深化与泛化,作为当代艺术重要组成部分的新媒体艺术也在技术与媒介的合力作用下,在与其他艺术形态的碰撞与交融中确立了其艺术特性。

一、网络审美文化特征

网络传播"刷新和激活了自由与共享、自主与平权、互助、奉献、开放与兼容等现代审美意识,极大地拓展了社会审美文化的空间"[①],互联网社会孕育了新的审美精神,网络审美文化也呈现出审美泛化与审美异化特征。

(一)审美泛化

审美是一种文化现象与文化活动,不同的民族国家、不同的文化语境会催生各具特色的

---

① 何志钧、秦凤珍:《网络传播与审美文化新变初探》,《湖南文理学院学报(社会科学版)》2006年第5期。

审美认知与审美判断。在后现代文化着意凸显批判性与解构性的文化转向中,审美文化放弃了精英传统与智性追求,逐渐弥合了生活与美学的分化对立。

审美泛化意指"审美不再局限于少数知识精英的活动范围而进入广泛的社会领域,包括商品生产领域、消费领域和日常生活领域等"①,我们可以从日常生活审美化与审美日常生活化两个维度理解。日常生活审美化是将审美态度引进日常生活,实现生存状态、生活状态与审美状态三者合一,追求某种现世的诗意栖居。审美日常生活化则是"技术对审美的操纵,功利对情欲的利用,是感官享乐对精神愉悦的替补"②,以精神生活对物质生活的依附构划审美化生存图景。两者虽然价值指向不同,但无疑具有隐含而密切的内在关联。

审美泛化在大众传媒环境中已现端倪,而在互联网时代,艺术与生活、真实与虚拟、线上与线下等若干彼此构成间性关系的要素被置于更宏阔、更复杂的时空场景中,统辖在直观的、即时的、带有消费意味的审美经验与审美情绪里,泛艺术审美实践被赋予在线与在场的网络社交属性,贴近日常的美学感性不断涌动着审美创造力与生命的激情。

(二) 审美异化

大众传播时代造就了大众文化占据主流的文化景观,互联网时代网络文化的大行其道则进一步消解了艺术本体的权威性,隐匿在互联网中的个体因经济水平、教育程度、个性特质及成长环境的相似或相异产生了区隔性的审美差异,由此建构的文化圈层与趣味偏好在网络媒体的呈现与放大中雅俗杂陈、美丑并举。

网络媒体环境强化了社交互动属性,为了得到外部的认可与内心的抚慰,原子化的个体孤岛开始向传播媒介建构的主流审美靠近,审美不再意味着自由,而成为被"绑架"的审美趋同。在互联网经济逻辑中,注意力的获取是资本变现的根本途径,当消费大于欣赏,审美的无功利性受到损伤,"化丑为美""以丑为美"借助互联网的扩散作用成为流量密码,异化的审美观也将影响大众的审美思维,从而造成"审"的标准缺失与"美"的利益至上。

审美异化并非互联网时代的特有产物,它由来已久,在各个时期以不同的样貌出现在世人面前。审美异化也并非只有负面影响,它在一定程度上体现了新时期的审美多元化,蕴含着一定的积极意义。在时代发展大潮中,人类一直受到自身创造的审美客体、审美观念、审美导向的反作用,因此应以审美健康发展与人的全面发展为旨归,树立高远的审美观与审美理想。

二、新媒体艺术概览

新媒体艺术对现代媒介技术依附程度颇深,如全球著名线上新媒体艺术中心根茎网(Rhizome website)创办人马克·崔波(Mark Tribe)将新媒体艺术定义为光盘(CD-ROM)、网

---

① 李文明、吕福玉:《网络时代的审美文化与审美产业——以审美经济学为视角》,《西南交通大学学报(社会科学版)》2012 第 4 期。

② 鲁枢元:《评所谓"新的美学原则"的崛起——"审美日常生活化"的价值取向析疑》,《文艺争鸣》2004 年第 3 期。

络艺术（Net Art）、数字录像艺术（Digital Video）、网络广播（Net Radio）等艺术作品的统称。①迈克尔·拉什（Michael Rush）在《二十世纪晚期艺术中的新媒体》（*New Media in Late 20th-Century Art*）中提出，新媒体艺术是以科技为基础的艺术，主要包括基于新媒体的表演、视频艺术、视频装置艺术、数码艺术等艺术类型。澳大利亚的亚洲艺术观察家、《亚太艺术》（*Asia Art Archive*）编辑苏珊·阿里特（Susan Acret）确信"新媒介艺术是一个非常宽泛的词，这些技术包括电脑、互联网及视频技术创造出的网上虚拟艺术、视像艺术以及多媒体互动装置和行为"②。

国内学者也从不同视角出发，对新媒体艺术进行多样化定义。陆蓉之认为，"一般将使用数字化媒材的创作，应用在电影、录像、数字摄影、声光装置、网络艺术、计算机游戏等，统称作'新媒体艺术'"③。周啸虎将新媒体艺术视为"一切利用新的科技成果产品来传达观念的艺术方式"④。童芳提出，新媒体艺术是以信息技术、知识为依托，以文字、声音和图像等多种媒体为载体，具有实时性、交互性、体验性的一种艺术形式，其作品本质呈现出一种非物质形态的数据与信息文化的艺术形态，是科学与艺术、理性与感性、现实与虚拟、大批量与个性化之间的融合。⑤

目前，新媒体技术处于高速发展时期，新媒体艺术的样式、风格、边界与内涵也随之拓展。宽泛而言，新媒体艺术处于当代艺术前沿，其作品多以装置、视频影像、数字技术、交互方式制作完成，需要较强的跨学科与跨领域的知识储备和技术支持。在艺术领域，媒体概念的内涵与媒材重叠，所以现成品艺术、偶发艺术、观念艺术、大地艺术、行为艺术等艺术形式亦可整合为新媒体艺术。但以新媒体艺术发展历程论，它与计算机技术、互联网技术之间的联系更为紧密，常借助以电子媒介为代表的新的技术与媒介形式进行创作，是一种具有虚拟性与互动性特征的媒体艺术形式。

新媒体艺术与数字艺术涵盖范围互有交叉，新媒体艺术主要从媒体层面考察新兴或新型艺术形态，数字艺术则从技术手段角度出发，考察基于数字技术的艺术形态。作为新媒体艺术与数字艺术的复合产物，二者都以交互性为主要特征，这种交互性改变了传统艺术审美过程中欣赏者与作品之间的关系——作品不再只是欣赏者的审美对象，其开放形态与意义空间鼓励欣赏者参与其中，作品的最终形态由创作者与欣赏者合作完成。

当然，新媒体艺术与数字艺术的差异也十分明显。数字艺术致力于运用数字技术将艺术创作推向虚拟世界，新媒体艺术则侧重突破既有艺术形态，对艺术的视听体验方式锐意革新。数字艺术以数字技术为载体，依赖数字化媒介进行传播，其媒介形态相对单一。新媒体艺术则既包含以新技术为载体的艺术形式，也包括在传统艺术形式中以不曾使用过的媒介材料或方式进行的创作，因此外延更广。在审美特征方面，数字艺术通常偏重虚拟效果，"强

---

① 孟卫东：《新媒体艺术生存和发展的当代背景》，《安徽师范大学学报》2009年第1期。
② 张朝晖、徐翎：《新媒介艺术》，人民美术出版社，2004，第1页。
③ 陆蓉之：《"破"后现代艺术》，文汇出版社，2002，第176页。
④ 周啸虎，皮力：《新媒体艺术的含义——周啸虎视频作品的12个问答》，《苏州工艺美术职业技术学院学报》2004年第1期。
⑤ 童芳：《新媒体艺术》，东南大学出版社，2006，序言。

调审美过程中虚拟性对观众的代入感及由此引发的沉浸感"[①],新媒体艺术则更重视互动,艺术家在创作初期会根据常规的习惯与行为对欣赏者的反应,而非作品的最终形态做出预判并进行实验,从而为欣赏者带来某种难以复制的"一过性"审美经验。

三、新媒体艺术发展历程

新媒体艺术兴起于西方世界,19 世纪摄影术的出现动摇了传统美学根基,昭示着机械复制时代艺术评判标准的更新再造,艺术与媒介的关系成为理论研究与创作实践中需要厘清的首要问题。而在艺术观念层面,先锋艺术家开始反思艺术在现代社会中所处的位置,并针对艺术的未来走向提出各自的解决之道,一时间,未来主义、达达主义、超现实主义、波普艺术等风格流派相继出现,艺术创作领域盛况空前,艺术家们尝试使用新的媒材与行为方式表达自身的艺术观念,并希望以打破常规的思维路径和别具一格的艺术经验开启艺术与技术相结合的新路。

在此背景下,录像艺术成为新媒体艺术的开端。随着电视媒体风靡世界,便携式摄像机的普及为录像艺术提供了发展契机,新媒体艺术家开始将录像艺术视为改造大众艺术机制的先锋力量,这种焕发出勃然生机的艺术形态成为实现民主、对抗体制的有力武器。在电子媒介强势传播力的影响下,光感艺术、动态艺术成为新的艺术交汇节点,以数字运算为核心的技术语言与技术样式成为艺术家探讨人与世界关系的基本手段。

20 世纪 70 年代初,一些欧美国家电视台开始设立实验电视节目并尝试接受实验性艺术作品,电视媒体转变为新技术与艺术思潮相互融合的实验场地。这些实验中心为艺术家提供了全新的设备和配套的技术人员,新型电子视听语言渐成体系。

作为计算机图像技术研发的关键时期,一些基本的图像与透视技术在 70 年代得以开发并沿用至今,电脑绘图软件的成熟令越来越多的艺术家将计算机视为创作工具,计算机动画和电脑特效参与制作的商业电影开始在大银幕上登台亮相。1973 年,第一部运用数字图像处理技术参与制作的故事片《西部世界》(*Westworld*) 上映。此后,依托计算机图形学的电脑后期合成成为电影制作的常规手段。1975 年,英国数学家曼德尔布洛特(Benoit Mandelbrot)出版的专著《分形对象:形、机遇和维数》(*Fractals*:*Form*,*Chance and Dimension*) 标志着分形理论的诞生,计算机分形艺术随即成为新媒体艺术的组成部分。

80 年代,进入数字化阶段的录像艺术在各大国际性艺术节展上显露锋芒。此后,数字摄像机、数字编辑系统、DVD 光盘刻录和投影仪播放技术的应用激发了艺术家的创作灵感,艺术家利用已经融入日常生活的现代媒介进行创作,其主旨不再囿于艺术形式的翻新,也不再追求新奇的感官体验,而是"试图通过图像、文化信息的呈现与互动以及多维度的感官刺激来表达艺术家的观念或者诱发大众独特的心理体验"[②]。至此,新媒体艺术成为一种凝练的文化形态与一方开放的文化空间。

90 年代,以互联网的出现、多媒体技术的成熟和计算机大批量进入消费市场为背景,

---

① 宫承波主编《数字媒体艺术导论(第二版)》,中国广播影视出版社,2019,第 12 页。
② 阿瑟·丹托:《艺术的终结之后——当代艺术与历史的界限》,王春辰译,江苏人民出版社,2007,第 69 页。

人机界面的交互性与友好性吸引越来越多的艺术工作者投入新媒体艺术创作之中，其作品的影响力与艺术性均达到了媲美传统艺术的水准，计算机动画、数字影像创作、广告和商业设计等艺术领域也得以拓展。在技术应用方面，詹姆斯·卡梅隆（James Cameron）导演的《终结者2》（*Terminator 2*）中，依靠数字特效制作的液体机器人为观众带来了强烈的视觉震撼。

21世纪以来，电子设备价格持续降低，新媒体艺术的内涵更为丰富，个人计算机的普及使普罗大众也有机会、有能力加入艺术创作当中。精英艺术被大众文化渗透，全新且多元的新媒体艺术格局确立。随着网络技术与数字技术的更新升级，虚拟现实与人工智能技术的介入使新媒体艺术范畴逐渐扩大，机器人艺术、交互艺术、沉浸式艺术、远程艺术等基于某种特定技术的艺术创新样式层出不穷，数字动画、网络视频、多媒体游戏等同样在其中占有一席之地。

四、新媒体艺术在中国

中国的新媒体艺术在20世纪90年代前后起步，一般认为张培力1988年创作的录像艺术作品《30×30》为其发端。此后至90年代中期，一批优秀的艺术家和成熟的新媒体艺术作品进入公众欣赏视野。1996年9月，杭州中国美术学院画廊举办了《现象与影像》录像艺术展，这是中国首个新媒体艺术展，被评论家定位为中国当代艺术的重要里程碑。该展览由吴美纯策划，共有十余件录像装置和数件单屏录像带作品参展。展出过程中，策划人出于对理论的重视，事先编印了《录像艺术文献》和《艺术与历史意识》两本收录了国内外录像艺术重要资料的刊物并在展览期间赠送给观众，更围绕展览策划了一系列研讨与主题交流活动。主办方在展示作品的同时兼顾学理建构，体系化、理论化、整体性地将以录像艺术为代表的新媒体艺术"推"向公众。

90年代末，中国IT产业渐成规模，硬件编辑设备与软件功能的优化促使录像艺术进一步繁荣。众多艺术家着手打造多媒体、网络与互动作品，注重现场效果和感觉化体验的创作潮流复归，中外艺术家的频繁交流为中国新媒体艺术赋予国际眼光，助其跻身世界前沿。2001年9月，许江、吴美纯策划的《非线性叙事》在中国美术学院启动，作为国内第一次综合性新媒体艺术节，活动汇集了近百件艺术作品，涵盖了录像装置、声音装置、观念摄影等多种形式。2004年，以"影像生存"为主题的上海双年展成功举行，展览力求"从内向外地打通艺术媒体和当代视觉现实之间的关系"，新媒体艺术借此更加贴近公众与现实生活。

进入21世纪，中国的新媒体艺术家依然秉持创新精神，积极探索多种媒介形式之间的混搭与融合。在新媒体艺术自身发展成熟的过程中，泛娱乐产业的快速崛起助推新媒体艺术以社交产品或线上展示平台的方式嵌入人们的日常生活，而艺术作品与艺术观念的表达和普及也悄无声息地融入人们的生活场景，涵盖装置、投影、AR、VR等元素的新媒体艺术展成为都市生活空间常见的美学风景。中国的新媒体艺术经过多年的探索与创作实践，已具备同世界艺术平等交流的主体性，其艺术风格的形成与确立也将为自身的稳步前行提供强有力的核心支持。

第二节　新媒体艺术特性及主要类型

新媒体艺术是以数字多媒体及互联网技术为支撑,在创作、承载、传播、接受与批评等艺术行为方式上全面出新,进而在艺术审美的感觉、体验和思维等方面产生深刻变革的新型艺术形态,[①]它侧重从媒体层面考察新兴或新型艺术样态。当科学技术引导媒介变革,新媒体艺术便会随之产生突破与革新,新技术、新材料、新场景或新效果将成为艺术追求的新起点,如此叠加、不断推进,新媒体艺术的内涵与范畴因此得以丰富与拓展。

一、新媒体艺术特性

新媒体艺术创作多依托计算机,这种数字化的再现形式有两大特征:一是所有的新媒体手段都可以计算与解析;二是所有的新媒体对象都可以利用逻辑系统的演算进行处理与修改。这就赋予艺术家广泛的创作自由,其可能衍生的艺术形态我们难以预估。

(一)互动性

在新媒体艺术中,"媒体"具有双重身份——它既是艺术的载体又是大众媒介形式,这种双重身份决定了新媒体艺术互动性的产生。依据其来源不同,互动的方式也多种多样,包括作品内部的互动、欣赏者个体间的互动以及作品与欣赏者之间的互动等。其中最主要的表现形式是欣赏者与作品之间的直接互动,如参与改变作品的影像、造型,甚至以多种方式——触摸、空间移动、发声等引发作品转化。数字交互为网络艺术项目的普及提供了可能性,而创作权力的转移与分散也为新媒体艺术带来了创作领域的某种民主意味。

互动性是当前新媒体艺术的重要表征,互动方式的多样化为新媒体艺术互动性的增强提供了帮助,人机交流的中介也由传统的键盘和鼠标过渡到更为多样的交互手段,这些新的输入输出设备令人与媒介的交流变得简单、自然。目前,数字技术在新媒体艺术互动领域中的应用主要有以下几种:

第一,动作识别与控制技术。这类应用主要包括两种技术:一是利用鼠标进行连续时间的输入控制;二是使用摄像机捕捉人的手势或其他肢体动作,再通过模式识别系统进行操作。

第二,语音识别与控制技术。它通过操作者的语音进行输入、计算机合成的语音作为输出,从而实现人机互动。如现在运用在手机上的语音拨号和全新智能自动语音识别等装置。

第三,VR系统中的数据触感手套。它既是输出设备又是输入设备,可提供六个自由度和更为自然的三维交互。人戴上三维眼镜、戴上数据手套,完全置身于虚拟世界中,用新的行为模式实现人机交互。[②] 互动性是考察新媒体艺术最重要的指标之一,目前这些互动技

[①] 许鹏:《新媒体艺术研究的理论设定与网络文学的研究视野》,《中国人民大学学报》2013年第1期。
[②] 参见潜龙:《游戏设计概论》,科学出版社,2006。

已被广泛应用于动画、电影、电子游戏当中,为用户提供了更加丰富的视听体验。

(二)虚拟性

新媒体艺术十分青睐虚拟世界的呈现。虚拟即非实体,虚拟世界可以被看作现实世界的特殊版本,艺术家通常改变或再造现实世界以完成对人类生存境况的虚拟,这种虚拟需要欣赏者直接参与,通过激活作品赋予其实在的内容,从而使作品获得真正意义上的完成形态。这类虚拟现实作品大多将互联网视为创作手段与平台,而在人们的现实生活中,网络本身已外化为人类生存环境的重要组成部分,它所提供的全新的人际关系与表现空间以及匿名性、虚拟性为艺术家争取到艺术表现的多种途径,它的超空间性、超现实性也为创作实践提供了广阔的想象空间。

欣赏者对虚拟性的确信来自多种感官信息的统合。研究发现,视觉是人类获取信息的首要通道,早期的活字印刷、摄影摄像技术无不立足于此。有声电影的出现标志着媒介开始向人类的真实感知系统延伸,在视听系统的综合作用强化了传播效果的基础上,科技的发展又使人类其他感官信息系统同样具备信息输入功能,全方位感官信息的获取令新媒体艺术的虚拟性渐与现实真实归于一处。

新媒体艺术的虚拟性根源于这种新兴艺术形式与媒介的天然联系。纵观艺术史的发展,从未有任何一种艺术形式对媒介如此依赖。媒体不但是新媒体艺术的创作手段,也是新媒体艺术作品的组成部分。在作品构思过程中,艺术家要充分考虑到媒体能够带来的偶然性与可变性,而在创作实践过程中,信息的采集、处理、合成、存储、复制等环节同样离不开对媒体的使用与开发,它承载着艺术家的创作理念、彰显着艺术家的美学追求并将创作者的艺术语言转换为欣赏者可感可知的艺术作品。

(三)非线性

媒介领域的拓展与技术的不断进步为新媒体艺术架设了空前复杂的时空结构,其所建构的心理体验空间早已超出了传统的三维时空世界。借助非线性编辑和拼贴、戏仿手法的运用,新媒体艺术不同于传统艺术的非线性特征得以显现。

从技术层面看,线性编辑意味着叙事的单向性,非线性编辑则不仅易于操作,还能同时实现多种效果的叠加。从思维方式上讲,如果线性特征是一维的、集中的,那么非线性特征就是多维的、发散的,可以向任意方向延伸。非线性的语义空间使新媒体艺术拥有创作自由,当丰富的内容按照预设或偶发的排列方式在不同时空线索中凝结、叠加,观者便会产生似真似幻的直觉与体验。

新媒体艺术的非线性特征还体现在艺术作品的表现手法上。当基于时间的艺术跳出线性的发展轨迹,"片刻"便极富主观色彩,创作者出于对灵感的捕捉而延长或缩短时间,人在此刻被赋予超越性力量。观者通过作品窥视世界,艺术家通过作品作用于观者而完成艺术观念的传达,互动与超链接的方式将新媒体艺术带入更为宏大的意象世界。非线性手法强调时空的张力、意识的跃进和间断的结构,这样的艺术理念、表达手法和传播方式更加匹配当代人对新媒体艺术的欣赏和理解。

当然,作为新兴的艺术领域与艺术样式,人们对新媒体艺术的接受程度不尽相同。在大众传播分众化趋势影响下,人们能够正视不同受众间认知能力与认知水平的差异,因此,以传播效果而言,新媒体艺术可以从年龄、性别、文化、心理等方面对区分受众,在创作过程中适当考虑欣赏者审美接受的复杂性,从而实现具体艺术作品与个别欣赏者的深度沟通。

二、新媒体艺术的主要类型

新媒体艺术的开放性使其类型划分存在一定难度,在具体的艺术作品中,多种媒介形式的综合运用更加模糊了新媒体艺术类型的划分标准。尽管新媒体艺术存在本体边界划分问题,但其主要的艺术形式仍具有相对独立的类型化特征。

(一)观念摄影

1839年8月19日摄影术诞生,艺术与技术的关系由此发生改变。早期的摄影术因其纪实本性而不被当作艺术形式,为了在艺术领域中争得合法地位,绘画摄影流派出现,他们遵循学院派绘画的造型与构图法则,以宗教色彩浓重的主题与鲜明的古典主义风格扭转了人们对摄影的刻板印象。当作为艺术的摄影为大众熟知,观念摄影便突破了摄影术客观记录的表象,开始以一种表达观念的方式进行创作。

日本艺术家森村泰昌(Yasumasa Morimura)的观念摄影颇为独特,在其代表作《自画像》(*Self-Portraits through Art History*)中,森村泰昌以自己的身体置换西方经典绘画作品中的人物,如在《自画像》系列中的《凡·高》(*Van Gogh*)里,他将自己的耳朵裹上纱布,以橡皮泥仿制棉帽,并将油画颜料直接涂在脸上、衣服上进行拍摄,以此方式表达东方人对西方经典作品神圣性的质疑。

观念摄影在中国也被称为实验摄影、前卫摄影、先锋摄影、概念摄影等,与常规摄影相比,观念摄影重在表达创作者的情绪、态度和思想,旨在通过静态的图像展示引发人们的深度思考,它并非某种概念或某种主义,其背后或多或少隐含着创作者的问题意识。中国摄影艺术的观念性起始于艺术家对特殊历史阶段的反思,其后逐渐向更为纵深的意义空间延展,自然环境、社会思潮、人类生存状态等宏大主题纷纷闯入创作视野。

中国的观念摄影代表作品包括《遗忘》《跟我学》《乡愁》《网络焦点》《行春古渡图》《7010》等,其中,《清明上河图·2013》引起了社会各界的关注。作者戴翔通过三年拍摄,将四十多个社会热点问题以图像的方式记录下来,并将其组合成25米的摄影长卷,以戏仿中国传世名画《清明上河图》的构图方式呈现当代中国的市井生活。这件作品得到了截然不同的评价,有人认为作品构思巧妙、艺术性较高,生动再现了普通人的日常生活,也有人认为作品以偏概全,放大了社会阴暗面,可能招致恶意势力对国家和政府的攻击,造成不良的社会影响和国际影响。

(二)录像艺术

录像艺术常采用以便携式摄影机记录街头活动的方式进行创作,其作品带有纪录性与即兴特质,颇具政治性与社会性。开启纯粹录像艺术形式的是美籍韩裔艺术家白南准(Nam

June Paik)。1963年，白南准在资助人的别墅里首次开办个人展览，他将电视机、仪表、导线等一系列电子设备与仪器组合在一起，创作了《禅之电视》(Zen for TV)。在这部作品中，白南准将录像艺术与装置艺术有机结合，并首次将电视机当作艺术创作的媒材进行展示。此次展出是视觉艺术史上的里程碑，奠定了白南准"录像艺术之父"的地位。

此后白南准得到了一部在当时尚属新发明的手提式便携摄像机，同年创作了《月亮是最古老的电视》(Moon is the Oldest TV)。该作以12个电视屏幕展现月亮从圆到缺的12种样貌，每个电视屏幕呈现的图像都是以电视机内部的电路变化完成的。白南准认为电子媒介正像月亮一样，能够突破时间的界限，将漫长的历史呈现在观者面前，进而打破时间的线性模式，通过影像实现多时空并置。这里，瞬间与永恒、生与死、长与短等本体问题借由电子媒介得到了视觉化呈现。

白南准最为人称道的作品是《电视佛》(TV Buddha)，作品由一尊佛像、一台电视机和一台摄像机组成，佛陀对坐在电视机前，直面处于电视机背后的摄像机，这样就使佛陀与自己的影像形成了对视关系，从而完成了与自我的精神对话。该作品既具有西方先锋艺术的实验精神，又充满了玄妙深邃的东方禅学思想，是一部极为深刻的影像作品。

中国较有代表性的录像艺术作品是张培力的《30×30》。该作时长三个小时，影像呈现的是艺术家将一面镜子摔碎、黏合再摔碎、黏合的重复过程，镜子刺耳的破碎声和固定机位的手部特写考验了观者的好奇心与忍耐力。1991年，张培力在上海衡山路展出了作品《卫字三号》，这是录像艺术第一次在国内公开展示。

随着小型摄录设备的出现和普及，90年代后期DV时代来临，拍摄器材和后期编辑设备的易得性使艺术家获得了影像话语自主权，录像艺术也从中国美术学院（原浙江美术学院）这一中国录像艺术群体最主要的发源地向外拓展。王功新的《红门》融合了录像与装置艺术形式，以经过数字处理的影像方式生成虚拟空间感，李永赋的系列作品《脸》，将老人的肖像以幻灯片形式投射在艺术家脸上，再进行翻拍录像，通过脸部轮廓的叠加形成某种身份的错位与时间的重叠。在广州，徐坦、林一林、陈劭雄和梁钜辉等艺术家组成的大尾象工作组成为中国南方最重要的艺术群体，他们的视觉语言风格较为成熟，能够充分实现影像与空间环境的互动。

计算机技术与设备的普及对录像艺术也产生了一定的影响，它将录像技术语言分为两大分支：一是刻意追求低技术风格，即在影像中较少使用数字处理；二是积极拥抱新兴技术，以计算机影像生成和处理技术丰富创作手段。作为新媒体艺术的一大类别，录像艺术与其他艺术形式的融合已愈发普遍。

（三）影视与动画艺术

现代数字动画技术开辟了两大创作领域：一为影视特效，一为动画创作，它们是大众最为熟悉的媒介领域。

1977年乔治·卢卡斯（George Lucas）导演的科幻大片《星球大战》(Star Wars)中，计算机技术的应用使观众如同亲身游历宇宙，该片撼动了人们原有的技术观念，被视为数字特效的开端。1988年，罗伯特·泽米吉斯（Robert Zemeckis）执导的《谁陷害了兔子罗杰》(Who

Framed Roger Rabbit)实现了卡通人物和真实人物的同台竞技,虚拟角色与现实世界的无缝衔接使影片成为数字电影发展史上的又一里程碑。

动画制作中的先锋军——皮克斯公司(Pixar Animation Studios)也在此时酝酿成型。1985 年,皮克斯公司成立,翌年便推出了公司第一部独立创作的动画短片《顽皮跳跳灯》(*Luxo Jr.*)。1989 年,皮克斯自主开发的程序 RenderMan 正式启用,这一计算机图像渲染体系曾获得奥斯卡技术奖,为计算机三维动画的制作提供了沿用至今的技术工具与平台。1995 年,皮克斯第一部完全由电脑制作的动画长片《玩具总动员》(*Toy Story*)在全美影院上映,该片以 1.9 亿美元的高票房成绩成为当年的票房冠军。

2009 年末,詹姆斯·卡梅隆推出 CG 史诗大片《阿凡达》(*Avatar*),这部电影号称"开启了好莱坞电影的崭新时代",影片的概念设计、CG 人物的虚拟表演以及动作表情捕捉技术的运用令观众耳目一新,其中,虚拟角色纳美人公主的真实感更是令观众叹为观止。

在影视特效与动画制作中,技术的进步带给我们愈加丰富的视听感受,《复仇者联盟》(*Avengers*)、《双子杀手》(*Gemini Man*)、《冰雪奇缘》(*Frozen*)、《超人总动员》(*The Incredibles*)等作品不断刷新着观众的感官体验。值得一提的是,国产电影在 2019 年表现出色,低成本科幻片《流浪地球》一举拿下 46 亿元人民币票房成绩,成为国产电影内地票房总榜亚军。5 个月后,该纪录被动画电影《哪吒之魔童降世》以 50 亿元人民币票房成绩刷新。

随着机器学习和人工智能技术的快速发展,动画与影视制作领域也逐渐提升了技术介入水平。以数字王国(Digital Domain)公司推出的反抗疟疾公益短片《疟疾必须消失,人们才能活下去》(*Malaria Must Die-So Millions Can Live*)为例,制作方请来一位老年演员录制了演讲视频,再利用 Charlatan 换脸系统生成了退役足球运动员大卫·贝克汉姆(David Beckham)老年时的演讲视频。Charlatan 系统的特点在于能够利用已有视频数据进行训练并生成新的图像画面,免除了利用动作捕捉方式获取数据的繁琐过程。公司在制片前期收集了大量贝克汉姆的演讲视频,再将年龄特征、皮肤特征等数据参数融入贝克汉姆个人化的面部模型当中,自然融合成逼真的老年贝克汉姆形象,使观众产生了一种"时间旅行"的奇妙体验。

(四)网络与多媒体艺术

传统艺术是从创作者到欣赏者单向静止的信息传递过程,其美学意义也产生于此,而在网络与多媒体艺术中,作品的美学意义生成于使用者与浏览器之间,并以互动的形式影响甚至控制作品的生成。

世界上第一个网络艺术作品是约翰·西蒙(John F. Simon Jr.)创作的《每个图像》(*Every Icon*),网站页面共有 1024 个方格,以 32×32 矩阵进行排列,其中,黑色的方块会在白色网格中跳动,第 1 行的排列组合有 4.3 亿种变化,全部完成需要 16 个月的时间,第 2 行的排列组合全部完成则需要 6 亿年时间,当 32 行排列组合全部完成时已接近无限时间。作品以计算机语言进行观念展示,其深刻性在于作品既包含关于"无限"意象的视觉概念也包含关于"时间"意象的极限概念。

肯·戈德堡(Ken Goldberg)的《远程花园》(*Telegarden*)是互动艺术的代表作之一,作品分为实验室内的小型花园和网站两个部分,网络用户可以通过远程控制工业机器人手臂给花园浇水、施肥并检测植物的生长过程，用户注册后可以在花园种下一颗种子，通过多次访问站点培育自己的植物，还可以同远程园丁分享信息，以邮件授权的方式为合作者照顾植物。这里，虚拟场景与现实场景之间的界限已被消除。

1965年伊凡·萨瑟兰（Ivan Sutherland）博士发表《终极的显示》（*The Ultimate Display*）一文，提出"虚拟现实系统"的基本思想，此后，虚拟现实技术的开发与应用成为学界与业界关注的问题。

1989年，澳大利亚交互艺术家杰弗里·肖（Jeffrey Shaw）发表了作品《可读的城市》（*The Legible City*），作品中，曼哈顿的城市信息被转化为数据，观众可以通过控制自行车装置的踏板和车把随意调整自己在虚拟曼哈顿城中的前进方向和速度，以此完成虚拟漫游。

沉浸式互动投影是当前较为常见的作品形式，它既可以在特定的展示空间以光影交融的奇幻方式为观众带来特别的感官体验，也可以在适合的公共场所，以更为亲切、自然的样态融入人们的生活场景。沉浸式互动投影利用多通道的投影融合技术将图像投射到屏幕或大面积的物体表面，再配合灯光、音响或烟雾等元素打造沉浸式体验，参观者利用智能化互动感应系统可以与作品产生互动，这种趣味性和梦幻感为观众带来了别样的审美体验。

（五）数字游戏

数字游戏是指以数字媒体技术为手段设计研发、以数字化方式呈现和传播、以数字设备为操作平台的各类游戏的总称。

目前较为前沿的数字游戏模式是VR游戏。VR游戏建立在虚拟现实技术基础之上，通过外接设备，如数据头盔、数据眼镜、数据手套等的中介作用为玩家营造非凡的感官体验。此外，互动叙事游戏作为一种新兴的游戏类型也得到了市场与玩家的肯定。以《隐形守护者》为例，游戏通过影视剧的叙事方法将剧情选择融入游戏进程，具有真实感与精致感的镜头影像为玩家带来了不同于常规游戏的代入感与沉浸感。主打与现实场景相结合的AR游戏同样具有光明的发展前景，游戏、竞技与运动元素的创新融合有利于游戏产业与健康产业嫁接，使玩家在娱乐之余得到身心双重锻炼。

第三节 新媒体艺术的娱乐化传播

科学技术的发展将艺术生产引领至机械复制时代，当艺术品复制过程的便捷性导致其灵韵消失，艺术品的膜拜价值逐渐被展示价值所取代，艺术开始走下神坛，从崇拜的对象变为消费的对象，其神圣性与权威性被瓦解，其审美功能与教化功能让位于娱乐功能。在大众传播媒介的扩散作用下，艺术脱离了精英主义疆界进入普罗大众的世俗生活之中。

一、新媒体艺术的影响

新媒体艺术突破了传统艺术范畴，为艺术赋予新的文化与社会功能，并以对人与人、人与自然、人与社会、文明与文明等主题的关注传达艺术自身具有的责任感与使命感。除了为艺术本体带来技术性变化,新媒体艺术还能够折射出蕴含于技术当中的权力关系,这也成为形塑审美文化的一大要素。

(一)冲击传统艺术

传统艺术是精英文化的艺术表征,它通过艺术创造和艺术感知区隔人群,对于无法获得审美感受的个体或群体,传统艺术通常将其摒弃在外。某种程度上讲,以经典、高雅著称的传统艺术代表着知识精英阶层的审美旨趣、文化固守与价值追求,因此,现代艺术甫一出现,即以激进性与颠覆性动摇了传统艺术的文化地位。

当马塞尔·杜尚(Marcel Duchamp)在男用小便器现成品上署名,并将其命名为《泉》(Fountain)而作为艺术品进行展示时,艺术的概念便受到了前所未有的冲击,"艺术的终结"问题引发了广泛的讨论。分析哲学家阿瑟·丹托(Arthur Danto)以现代主义和后现代主义艺术为考察对象,对"艺术终结"命题进行论证,他认为现代艺术模糊了艺术品与日常物品的界限,从而抹平了艺术与非艺术的界限,当对"艺术是什么"进行追问时,艺术就终结在了哲学之中,这种终结正是哲学对艺术的剥夺,这里,传统艺术的神圣性与崇高性被消解。

在艺术创作层面,传统的艺术观念也受到了冲击,一般认为,艺术实践产生的作品,或曰艺术品应该是一个完整的、可触摸的、客观存在着的实体。但在新媒体艺术中,作品不再是一种完成形式,它的创作过程在欣赏者的参与中不断延续,同时,欣赏者的个体差异也会导致作品形成互不相同的、拥有独立外部形态的单件作品的集合,其交互性、瞬时性与非线性特征异常鲜明。

尽管新媒体艺术在表现形式、创作主旨以及审美过程等方面与传统艺术存在差异,但就艺术的本质而言,其目标都是对美的表达与体验,新媒体艺术不过是以更加前卫的姿态放大了传统艺术的闪光点,以一种看似背离的方式进行艺术传承。

(二)赋予艺术新功能

新媒体艺术的发展走势暗含着一条隐形的线索,那就是大众文化、传媒文化、网络文化三者相互影响、相互作用,道德力量却在一定程度上丧失了其原有的意义与价值。

数字技术的飞速发展令传统的美学标准变得更加开放,并逐渐与现代人的审美品味相适应。新媒体艺术强调艺术的亲和力,将艺术作为服务大众的文化手段之一。互动性即为新媒体艺术走向大众艺术的标志,它不仅体现为艺术表现形式的改变,同时也代表着一次审美经验的跃升,诱发人们的审美观念与审美心理诉求相应地发生变化。

新媒体艺术的亲和力及综合性使它与时尚文化联系密切,这些特性会吸引大众参与其中,一时间,普罗大众聚集已久的表达与表现的欲望得到了彻底释放,一大批爱好者投入并不十分成熟的新媒体艺术领域,艺术之美不再由少数人创造和独享,人们开始寻求以个人化的方式呈现自身对艺术与生活的理解。当艺术可以由多数人创造并得到多数人的理解,艺术于社会和文化发展而言便具有一种正向推力。新媒体艺术具有高度的技术支撑性,这使作品的完成不必完全依赖专业化的个人技能培养过程,为普通人参与艺术创作提供了方便。

(三)技术引发的文化入侵

在新媒体时代,对技术的迷恋与崇拜使技术价值压倒了文化与艺术价值,传统知识体系的数字化、符号化令观念的符号价值超过了其主体本身,技术话语权的把控将它们所承载和推崇的价值观体系同时推向了消费市场与观念世界,传统的文化精英意识让位于技术精英意识。

在现代社会,技术发展水平已成为衡量综合国力的重要指标,少数掌握尖端技术的国家不遗余力地在世界范围内推广他们的数字技术,但将技术的核心内容牢牢掌握在自己手中。在全球经济一体化背景下,国家的文化权力更多地借由商业文化与大众文化推行,人们在消费某种产品时,也毫无觉察地接受着其所蕴含的文化观念。

实质上,新媒体艺术赋予人们话语权力的同时并没有实现权力的平等。当权力隐藏在数字产品和技术优势背后,人们毫不抗拒地消费着制造者所推行的文化理念并将其内化为自己的价值取向,新媒体艺术及其相关产品就完成了意识形态的垄断,在虚拟的世界中把控着至高无上的文化权力。因此,我们应对技术与文化进行联动考察,警惕由技术带来的文化入侵与文化控制。

二、新媒体艺术的娱乐转向

娱乐是一项特殊的精神活动,其目的在于满足人类追求快乐的生存本能。提供娱乐既是艺术的功能之一,也是大众传播媒介的功能之一,新媒体艺术因此天然被赋予娱乐属性。然而随着数字技术和互联网技术的突飞猛进,新媒体艺术的娱乐功能偏向逐渐成为其主要特征,不可否认,娱乐需求的满足已成为新媒体时代大众文化消费的主要动力。

(一)互联网的泛娱乐倾向

技术的革新带来人类认知世界方式的改变,新媒体,尤其是网络媒体的诞生与应用改写了人类的生存方式、思维方式和交往方式,在这样一个充满诱惑与迷思的网络环境中,"泛娱乐化成为新媒体时代的鲜明表征"①。

互联网的连接方式形成了去中心化的结构与现象,在网络世界,个体相当于节点,节点之间可以实现自由连接、自由选择,所以说,网络的去中心化并非舍弃中心,而是指中心位置的可变。在一个连接单元中,中心不是永久固定的,每一个节点都可以成为中心,这种平等、开放的系统关系消解了中心的强制性与权威性,为网络社会带来了亘古未有的自由与民主。

网络突进令大众文化超越传统文化、精英文化和主导文化,成为当下最具活力的文化形态。大众文化立足当下,体现出相对独立的大众意识,它具有反抗性、批判性,同时极富狂欢意味,从而为自身娱乐功能的发挥提供了精神主线。

---

① 靳琰、孔璐璐:《新媒体语境下的网络泛娱乐化机理探究》,《现代传播(中国传媒大学学报)》2016年第12期。

当人类传播进入互动时代,网络为人类创造出光怪陆离的虚拟世界,以多媒介融合的方式满足人类多重感官快感的需求,这种迎合的姿态助长了娱乐功能的大行其道。当浏览、转发、复制、拼贴成为低成本的艺术创新,当赞、顶、刷、踩成为最直观的艺术批评,新媒体艺术的娱乐偏向便成为再自然不过的事情。

(二)娱乐产业的价值追求

文化形态的地位变迁和交往方式的一改故辙为新媒体艺术的娱乐倾向提供了文化基础,更重要的是,娱乐产业本身所蕴含的利润空间吸引新媒体艺术走向了娱乐化道路。

在后工业时代,文化产业成为刺激经济增长的新领域,它不像传统产业那样依赖物质世界,而是更具属人特征,以人类的智力、想象力、创造力形成产品并取得经济收益,这对世界经济与文化均产生了深刻影响。

生产力的发展和物质生活水平的提高增加了人们的经济收入、延长了闲暇时间,文化消费于是成为人们的普遍需求。在市场经济运行机制下,大众文化自身的商业潜能焕发生机,在追求利益最大化的根本法则面前,文化产品的竞争优势得以充分发挥,规模化生产使文化产品的内容与形式固定、雷同、单调、肤浅,但因满足了人类感官的快乐需求而拥有大部分市场份额。在此背景下,艺术作品的价值评判标准不再是其思想性、批判性、独立性与超越性,而是经济效益统领下的上座率、收视率、热度、好评度等量化指标。

当艺术与技术和商业资本合流,建立在新媒体艺术基础上的数字娱乐产业成为生产者与消费者的宠儿。数字娱乐产业是新兴文化产业价值链中的重要组成部分,以网络游戏、网络音乐、网络文学、数字影视、动画、漫画等为主要内容。在我国,数字娱乐产业的发展同样成为拉动经济增长的新的产业风口,2017年中国国际数字娱乐产业大会就以"娱乐升级全民消费时代到来"为主题,提出全民娱乐的井喷时代已然来临。

(三)娱乐需求的全方位满足

根据马斯洛(Abraham Harold Maslow)的需求层次理论,人类的需求由低级到高级分为生理需求、安全需求、社交需求、尊重需求和自我实现需求,当人类的低层次需求得到满足后,更高层级的需求才会被激活,因此,人类需求的满足具有层级性特点。结合马斯洛的理论考察娱乐产品,我们会发现,它覆盖了人类需求的多个层级,几可视作全方位的需求满足。

新媒体技术的发展使娱乐内容以超越时空、超越物质、超越身体的方式普遍化、类同化,相比生理需求的满足,娱乐产品更注重对现代人心理的慰藉。在新媒体时代,数字化创作使作品能够作用于人类的全部感官,通过感觉和知觉满足浅表层次的感官需求,进而达到愉悦身心的最终目的。

对新媒体艺术的娱乐功能,我们应持理性态度,既不过分沉迷也不全盘否定,它是艺术发展过程中主体功能的自由发挥,我们要做的不是推崇它或禁止它,而是在享受的同时努力保持清醒,不在"热爱的东西"[①]中放弃思考。

---

① 尼尔·波兹曼:《娱乐至死》,章艳译,广西师范大学出版社,2004,第2页。

本章思考题

1. 举例分析网络审美文化特征。
2. 浅析新媒体艺术与数字艺术的异同。
3. 简述新媒体艺术的传播特征。
4. 如何理解新媒体艺术的娱乐功能?

本章参考文献

1. 何志钧,秦凤珍. 网络传播与审美文化新变初探[J]. 湖南文理学院学报(社会科学版),2006(05).
2. 李文明,吕福玉. 网络时代的审美文化与审美产业——以审美经济学为视角[J]. 西南交通大学学报(社会科学版),2012(04).
3. 鲁枢元. 评所谓"新的美学原则"的崛起——"审美日常生活化"的价值取向析疑[J]. 文艺争鸣,2004(03).
4. 孟卫东. 新媒体艺术生存和发展的当代背景[J]. 安徽师范大学学报,2009(01).
5. 张朝晖,徐翎. 新媒介艺术[M]. 上海:人民美术出版社,2004.
6. 陆蓉之. "破"后现代艺术[M]. 上海:文汇出版社,2002.
7. 周啸虎,皮力. 新媒体艺术的含义——周啸虎视频作品的12个问答[J]. 苏州工艺美术职业技术学院学报,2004(01).
8. 童芳. 新媒体艺术[M]. 南京:东南大学出版社,2006.
9. 宫承波. 数字媒体艺术导论(第二版)[M]. 北京:中国广播影视出版社,2019.
10. 阿瑟·丹托. 艺术的终结之后——当代艺术与历史的界限[M]. 王春辰,译,南京:江苏人民出版社,2007.
11. 许鹏. 新媒体艺术研究的理论设定与网络文学的研究视野[J]. 中国人民大学学报,2013(01).
12. 潜龙. 游戏设计概论[M]. 上海:科学出版社,2006.
13. 靳琰,孔璐璐. 新媒体语境下的网络泛娱乐化机理探究[J]. 现代传播(中国传媒大学学报),2016(12).
14. 尼尔·波兹曼. 娱乐至死[M]. 章艳,译,桂林:广西师范大学出版社,2004.

第十六章 网络综艺

扫码可见
第十六章PPT

综艺节目(Variety Show)作为一种电视艺术形态,起源于20世纪中前期的美国。20世纪70年代,我国台湾、香港地区相继开办了此类节目。相较之下,大陆的综艺节目起步较晚,但近年来也发展迅速。1983年由中央电视台推出的春节联欢晚会,以综艺性节日晚会的定位,在一定程度上引领着国内电视综艺节目的发展。1990年3月,央视推出的《综艺大观》成为我国电视综艺节目史上的里程碑。

发展初期,我国综艺节目呈"拼盘"文艺演出样式,一档栏目中可以包含唱歌跳舞、相声小品、杂技魔术等多种形式,虽然内容丰富多彩,在播出初期深受观众喜爱,但风格较为正统,时间一长,观众难免产生审美疲劳。这时,以《快乐大本营》《幸运52》《开心辞典》《超级女声》等为代表的新形式电视综艺节目诞生,为综艺节目增添了游戏、益智、选秀等新元素,我国电视综艺也朝着娱乐化、多样化方向"一路狂奔"。

进入21世纪,内地综艺节目大幅缩小与港台地区的差距,不仅类型更加多样、节目更加丰富且广受欢迎,而且发展出独特形态,将文艺的、非文艺的表演样式或因素都囊括进来,以满足受众的多样化需求。

随着网络技术、移动通信技术的迅速发展和普及,网民数量不断攀升,2010年前后,门户网站、视频网站相继上线的自制娱乐综艺节目异军突起,开始冲击传统的电视综艺。经过十余年的高速发展,我国的网络综艺节目可谓"百花齐放",其受众范围和影响力也不可小觑。

第一节 网络综艺概述

认识"网络综艺",首先要对"综艺"或"综艺节目"的内涵有所了解。

"综艺",望"名"生义,就是综合文艺、综合艺术。但如果追问什么是综合文艺、综合艺术,那么无论电视综艺、网络综艺的从业者还是普通观众,恐怕都很难给出明确的概念定义。

一、何为网络综艺

"综艺"是一个复杂的现象和问题,它涉及"艺术""电视艺术"的定义与内涵。并非所有节目内容或形式都可以被纳入"艺术"范畴,而我国的综艺节目在发展过程中大量模仿、引进了港、澳、台以及海外的娱乐节目,吸收它们的形式或经验,这就导致"综艺节目"在当前语境下涵盖甚广,那些难以被明确定义的五花八门的节目都可以被笼统纳入其中,正如学者所说,现在"综艺节目"已经"从指涉同时提供多种艺术形式以满足观众多元审美需求为主要目的综合文艺类节目"向着"以杂糅为主要特征的,包含游戏、竞技、脱口秀等形式的各类娱乐节目的统称"[1]转变了。

不过,为了展开研究、辨析与讨论,我们仍需对"网络综艺"进行概念界定。我们认为"网络综艺"是"由节目制作机构或网民个人制作,主要在视频网站等网络视听节目服务机构播出,由播出平台对节目内容履行审核责任,按照网络原创节目完成管理部门所规定备案手续,综合运用各类视听表现手法,广泛融合多种艺术形式并对其进行二度创作,满足大众艺术审美和休闲娱乐需求的专业类(非剧情类)视听节目(含综艺晚会类节目、有主持人的娱乐报道类节目、节目制作完整的单项艺术类节目)。"[2]这一定义几乎包含了一档综艺节目从制作到播出各个环节涉及的主体,体现出网络综艺与电视综艺最大的区别。

我们说,网络综艺有广义与狭义之分。广义上,网络综艺包括制作、播放等环节完全植根于网络的综艺节目,也包括电视综艺的网络衍生节目和网络播出版本,不包括在网络再次播放的电视综艺。狭义上,网络综艺是指以网民为主要受众,以视频网站、App等网络视听节目服务机构为主要甚至唯一播出渠道的综艺节目形式。本章基本以狭义的网络综艺为研究对象,偶尔涉及广义网络综艺。

二、网络综艺简史

我国网络综艺发展时间不长但势头迅猛。自21世纪初至今,内地网综发展史大体可以分为四个阶段:

酝酿起步期:21世纪初至2011年。这一阶段,网络综艺刚刚起步,门户网站搜狐播出的《大鹏嘚吧嘚》以及视频网站优酷推出的《优酷娱乐播报》获得不少关注,这让越来越多的受众将注意力转向网络综艺这一新兴领域。但是,此时的网络综艺制作费用低、节目类型单调、节目数量较少,质量参差不齐,还有节目以大尺度和低俗桥段博取关注,总体来说质量、播放量和关注度都难以企及电视综艺节目。

探索前行期:2012年至2015年。这一阶段,网络视听平台开始注重整合资源,以电视综艺为底本,发挥网络的强互动性、年轻化特点,尝试构筑自己的综艺节目策划、制作、播出模式。多家视频网站推出了种类繁多的自制综艺,《晓说》《侣行》《你正常吗》《奇葩说》等节目相继上线并获得不俗反响。这一阶段的网络综艺类型多样,互联网属性鲜明,内容新奇,带动了播放量、广告收益、受众讨论度的大幅上升。网络综艺逐渐摆脱小成本粗制滥造等问题,部分节目产生规模化影响。

野蛮生长期:2016年至2017年。与此前相比,网络综艺进入"野蛮"发展阶段,几大视频网站,如爱奇艺、优酷、芒果、腾讯势头强劲。制作方获得大量投资,制作规模扩大,节目数量增多,质量显著提升,部分综艺一度成为"爆款"并获得品牌效应。在类型上,这一阶段的网络综艺在

---

[1] 仲呈祥主编《中国电视文艺发展史》,中国电影出版社,2014,第1页。
[2] 张红星:《网络综艺节目发展报告》,载国家广播电视总局网络视听节目管理司、国家广播电视总局发展研究中心编著《中国视听新媒体发展报告》,中国广播影视出版社,2021,第116页。

垂直领域有着更明显的精细化区分,谈话类、歌唱类、真人秀类各有特色。但是,部分网络综艺在选题、环节、内容等方面的质量并未跟上其热度,价值导向和审美导向出现偏差,仍以低俗、媚俗、庸俗或大尺度博取关注,引发舆论讨论的同时也促使相关部门出台了一系列管理通则。

平稳前进期:2018年至今,在政府引导、行业主动纠偏、观众呼吁等因素的促使下,网络综艺的整体价值取向和质量有了较大改善,并日益成为视频网站进行自主内容生产的主要类型之一。尽管新冠肺炎疫情导致2020年上半年有多档节目无法正常录制,但在全国有序复工复产后,相关工作者积极展开行动,因而从整体上看,2020年至今,网络综艺节目的数量和质量并未受到太大影响。这一阶段,网络综艺节目数量骤增,呈现井喷式发展,在制作规模化、质量精品化、题材细分化的发展趋势上也稳步推进,社会影响和受众覆盖面持续扩大。头部视频网站对自身的头部网综项目增大投入,致力于形成特色、打造品牌,"会员+单片付费"模式的网络综艺数量也在增加;短视频平台在手机等移动端持续发力,致力于制作和推广时长在5分钟至20分钟的小体量微综艺。① 历史文化题材、女性题材、公益题材等聚焦现实、传达人文关怀、体现深层文化内涵的节目越来越多,在受众中获得关注和"好评",这说明受众已经不满足于从网络综艺获得浅层的、简单的娱乐,而转向追求更深层、更有价值的内容与体验。此外,电视综艺的网络衍生综艺、网络综艺的衍生版本等节目更为常见,或是正片未播出内容,或是正片的二次创作,视频网站借此进一步吸引受众,拉动会员注册量的升高。② 总体而言,网络综艺在制作水平、内容质量、社会影响、受众覆盖等方面已经可与电视综艺比肩。

三、网络综艺节目兴起与发展原因

(一)政策

政策调控是影响综艺节目发展的重要原因。在电视综艺发展的爆发期,因为部分节目出现过度商业化、故意制造矛盾噱头、侵权抄袭、造假作秀等不良导向,相关部门出台了一系列规范和调控政策,从而在数量、内容、播放时段、价值导向等方面影响了电视综艺的发展。与此同时,网络综艺相对而言仍是监管相对宽松的区域,于是一些受政策影响无法在电视台播出的节目转战网络,成为网综。一批电视"爆款"综艺转战互联网,其受众的视线也被一并带向网络,这为此后网综的全面爆发提供了一定的受众基础。

网综形成规模化发展后,因其在发展初期本身即存在的尺度过大、内容低俗等问题,其整体发展的不良倾向甚至比当初的电视综艺更加严重,相关部门必须对此做出应对。2017年前后,相关政策、规范、行业倡议发布,行业监管部门和行业内部开始对网络综艺的发展方向进行纠偏。

趋严的监管措施取得了良好效果。2018年以后,网络综艺领域涌现出一批内容优质且价值导向健康、积极、正面的作品,其中部分节目还发展成为热门IP,为其他节目树立榜样,

---

① 胡亮:《网络综艺节目发展报告》,载国家广播电视总局网络视听节目管理司、国家广播电视总局发展研究中心编《中国视听新媒体发展报告》,中国广播影视出版社,2020,第139页。
② 胡亮:《网络综艺节目发展报告》,载国家广播电视总局网络视听节目管理司、国家广播电视总局发展研究中心编《中国视听新媒体发展报告》,中国广播影视出版社,2020,第138页。

从而助推整个网络综艺领域的良性发展。

（二）经济

在宏观层面，如图 16-1、图 16-2[①] 所示，21 世纪以来，我国经济始终保持增长态势，居民人均可支配收入增加，民众在教育文化娱乐方面的需求和消费能力都有所提升，客观上推动着文娱产业、行业的向上发展。

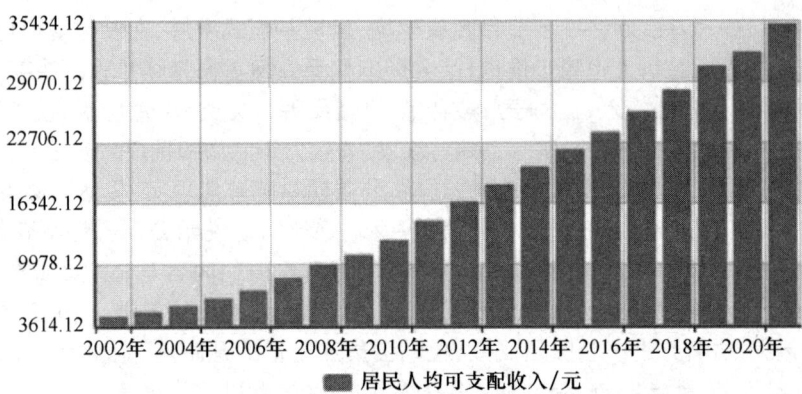

图 16-1　2002—2021 年我国居民人均可支配收入（元）
来源：中华人民共和国国家统计局

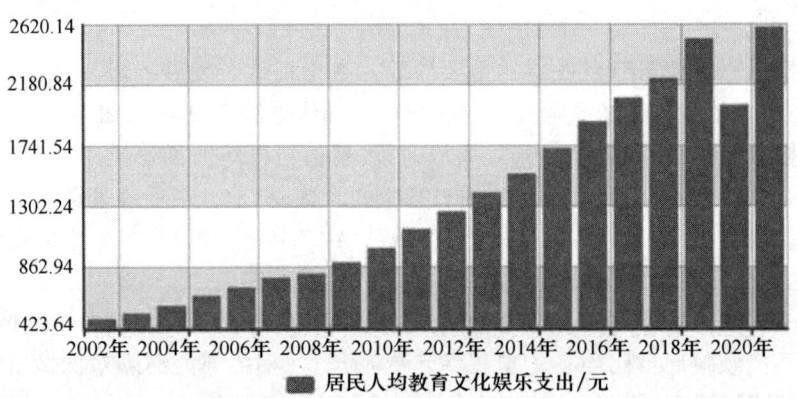

图 16-2　2002—2021 年居民人均教育文化娱乐支出（元）
来源：中华人民共和国国家统计局

此外，广告费对网络综艺的制作起到了重要的推动作用，广告招商一直是网络综艺营收的主要来源。随着网络综艺热度和影响力的提升，广告商对其青睐程度日益增加，例如在

---

① 数据及图表来源：国家统计局网站，https://data.stats.gov.cn/easyquery.htm? cn=C01，访问日期：2022 年 6 月 27 日。

2020年,"55%的网络综艺有广告商赞助,个别头部节目有10个以上的赞助商"①。节目所获广告费用也在逐年增加,尤其是热门网综。据媒体报道,第一季《奇葩说》所获某品牌冠名费用是5000万元;第二季时节目的赞助商增加到5家,赞助费破亿元;到了第三季,7家(其中两家广告商是先导节目《奇葩来了》的)赞助商的总体赞助费已经升至3亿元。② 广告赞助不仅有助于增加网络综艺的数量,更为提升其质量提供了资金保障。

(三)技术

互联网和移动网络技术的迅速普及与发展,成为网络综艺行业发展的重要外部驱动力。

中国互联网络信息中心的研究统计结果显示,截至2021年12月,我国网民规模达到10.32亿,互联网普及率为73.0%,网民使用手机、电视、台式电脑、笔记本电脑、平板电脑上网的比例分别为99.7%、28.1%、35.0%、33.0%和27.4%。③

庞大的用户数量带来的是可观的需求体量,网络综艺搭上网络人口红利的"顺风车",趁势崛起。

图16-3 网民规模与互联网普及率④

---

① 张红星:《网络综艺节目发展报告》,载国家广播电视总局网络视听节目管理司、国家广播电视总局发展研究中心编著《中国视听新媒体发展报告》,中国广播影视出版社,2021,第123页。
② 裘晟佳:《〈奇葩说〉爆棚的娱乐感是这么折腾出来的》,浙江新闻官网 https://zj.zjol.com.cn/news.html?id=297343,访问日期:2022年6月27日。
③ 中国互联网络信息中心(CNNIC):《第49次中国互联网络发展状况统计报告》,中国互联网络信息中心,http://www.cnnic.net.cn/hlwfzyj/hlwxzbg/hlwtjbg/202202/t20220225_71727.htm,访问日期:2022年6月27日。
④ 中国互联网络信息中心(CNNIC):《第49次中国互联网络发展状况统计报告》,中国互联网络信息中心,http://www.cnnic.net.cn/hlwfzyj/hlwxzbg/hlwtjbg/202202/t20220225_71727.htm,访问日期:2022年6月27日。

（四）平台

受政策收紧的影响，电视媒体可容纳的综艺体量缩减，大量资本流入互联网平台，为网络综艺节目的制作提供了全方位支持。如腾讯公司为腾讯视频购入海外节目版权、制作模式，聘请海外制作团队；又设立"嗨"基金，计划每年投入 10 亿元，专注"孵化"网络综艺的研发和制作。再如阿里巴巴收购优酷，打造自制综艺的同时，与阿里的其他业务部门合作，开发热门综艺 IP 衍生品，如盒马鲜生推出《这！就是街舞》下午茶，饿了么联合部分商家推出《这！就是街舞》战队套餐等。

随着网络综艺市场的扩大，各大平台在获得资本支持后，开始专注深耕垂直方向，不仅"跟风"推出风格、类型相似的节目，尽可能地获取市场份额，更要打造各自优势与特色项目，与其他平台形成差异化竞争。因而，各大平台在各自的优势领域持续发力，投入规模逐年增大，助推自制网综质量和热度的不断提高。

（五）人才

因电视台承载数量有限，在电视综艺管理趋严的大环境影响下，部分电视台制作团队、专业节目制作团队与网络视听平台合作制作了一批网络综艺。与网络综艺发展初期绝大多数的制作团队不同，这些从电视台转向网络的团队更加专业、经验丰富且资金充裕，这使得网综节目的整体质量有所提升。

随着网络综艺的兴起与高速发展，不少传统媒体人进入该领域，在制作、宣发、主持等多个环节为提高节目质量作出努力。仅 2017 年，就"至少有 51 档网络综艺有传统媒体人以主创身份参与其中，占全年网络综艺总量的 26%，这些节目播放量均过亿"[1]。

第二节　网络综艺的主要类型与特点

在独播日渐成为网络综艺的主要播出模式之后，国内视频平台渐次划分为阶梯状阵营，爱奇艺、腾讯视频、优酷、芒果 TV 占据前排位置，其中又以前两者的实力更胜一筹。2018 年、2019 年、2020 年三年间，这四家上线的独播节目数量总和，均达各年度全年上线网络综艺节目数量的 80% 以上，这一比例在 2020 年更是高达 95%。[2] 随着短视频的快速普及与发展，短视频巨头字节跳动和快手旗下平台也加入自制网综的队伍。主打用户上传作品的哔哩哔哩

---

[1] 鲍楠：《网络综艺发展报告》，载国家广播电视总局网络视听节目管理司、国家广播电视总局发展研究中心编著《中国视听新媒体发展报告》，中国广播影视出版社，2018，第 62 页。

[2] 孙文涛：《网络综艺发展报告》，载国家广播电视总局网络视听节目管理司、国家广播电视总局发展研究中心编《中国视听新媒体发展报告》，中国广播影视出版社，2019，第 107 页；胡亮：《网络综艺节目发展报告》，载国家广播电视总局网络视听节目管理司、国家广播电视总局发展研究中心编《中国视听新媒体发展报告》，中国广播影视出版社，2020，第 139 页；张红星：《网络综艺节目发展报告》，载国家广播电视总局网络视听节目管理司、国家广播电视总局发展研究中心编《中国视听新媒体发展报告》，中国广播影视出版社，2021，第 120 页。

(B 站)在斥巨资大量购买海内外综艺版权之后,也致力于结合自身用户特点,打造自制或与电视台合作摄制的综艺节目,从结果看,已初步开辟出与头部平台风格相异的网综之路。

表 16-1　大陆主要网络综艺平台简介

图标	名称	简介	代表综艺
iQIYI 爱奇艺	爱奇艺	2010 年创立的视频网站,以"悦享品质"为品牌口号。最初名为"奇艺",2011 年底更名"爱奇艺"。2018 年在纳斯达克挂牌上市。官网称其"已成功构建了包含短视频、游戏、移动直播、动漫画、小说、电影票、IP 潮品、线下娱乐等业务在内、连接人与服务的娱乐内容生态"③。	《晓松奇谈》《奇葩说》《博物馆奇妙夜》《偶像练习生》《中国新说唱》《青春有你》《乐队的夏天》
YOUKU 这世界很酷	优酷	2006 年创立并上线的视频平台,品牌主张为"你的热爱 正在热播"。2012 年与土豆合并,2016 年正式成为阿里的全资子公司,现为阿里巴巴文化娱乐集团的核心业务之一。官网称其目前"兼具版权、自制、合制、自频道、直播等多种内容形态。"①	《晓说》《火星情报局》《圆桌派》《这!就是街舞》《了不起的匠人》
腾讯视频 不负好时光	腾讯视频	2011 年正式上线,腾讯公司旗下在线视频平台,官网称其已经发展成为我国"按日均活跃用户量"计算,"最大的在线视频媒体平台"②。	《创造 101》《明日之子》《吐槽大会》《见字如面》《脱口秀大会》《拜托了冰箱》
芒果tv	芒果 TV	湖南广电旗下唯一视频平台。2018 年与芒果互娱、天娱传媒、芒果影视、芒果娱乐一起并入"快乐购"(后更名为芒果超媒),成为国内 A 股首家国有控股的视频平台。③	《变形记》系列《明星大侦探》《婆婆和妈妈》《女儿们的恋爱》《妈妈是超人》

③　爱奇艺官网,https://www.iqiyi.com/common/aboutus.html,访问日期:2022 年 6 月 26 日。
①　优酷官网,https://acz.youku.com/wow/ykpage/act/about,访问日期:2022 年 6 月 26 日。
②　腾讯官网,https://www.tencent.com/zh-cn/business.html,访问日期:2022 年 6 月 26 日。
③　芒果 TV 官网,http://corp.mgtv.com/#1st,访问日期:2022 年 6 月 26 日。

续表

图标	名称	简介	代表综艺
bilibili	哔哩哔哩	2009年创建的视频平台，简称"B站"，国内最先引进"弹幕"互动方式的视频网站之一。2018年在美国纳斯达克上市，2021年在港交所二次上市。④成立之初主打ACG（动画、漫画、游戏）内容的创作与分享，用户群体偏向年轻化。B站视频内容主要由用户（UP主）自主制作、上传。	《说唱新世代》《非正式会谈》《我是特优声》《舞千年》"拜年纪"系列晚会"最美的夜"系列跨年晚会
西瓜视频	西瓜视频	字节跳动旗下视频平台，主打短视频。2016年以"头条视频"之名正式上线，次年更名"西瓜视频"。2020年，西瓜视频总裁提出"中视频"概念（即时长在1分钟至30分钟内的视频作品），主张大力扶持中视频内容及创作者。	《一郭汇》《大叔小馆》《很高兴认识你》《因为是朋友》

一、网络综艺分类

各类网络综艺节目之间的界线并不泾渭分明，按照不同的标准，网络综艺节目可以有多种分类方式。

按照节目形式，可以将网络综艺大体分为真人秀（如《爸爸去哪儿》《忘不了餐厅》）、竞技选拔（如《青春有你》《乐队的夏天》《中国新说唱》）、晚会演出（如《二零一九 最美的夜》）、谈话讨论（包含脱口秀节目，如《奇葩说》《圆桌派》《吐槽大会》《非正式会谈》）以及衍生节目（如《极限挑战 揭秘版》《密室大逃脱 大神版》）等。其中真人秀包含的范围最为广泛，还可进一步细分为生活体验（如《婚前21天》《幸福三重奏》）、游戏生存（如《德云斗笑社》《明星大侦探》）、美食（如《美食告白记》）、旅行（如《怦然心动20岁》）、互动交流（如《我和我的经纪人》《女儿们的恋爱》）等多个子类型。

按照节目题材，则可划分为文化（如《见字如面》）、音乐（如《声生不息·港乐季》）、舞蹈（如《舞千年》）、体育（如《这！就是灌篮》）、游戏益智（如《明星大侦探》）、美食（如《好好吃饭吧》）、旅行（如《侣行》）、婚恋交友（如《90婚介所》）、求职（如《令人心动的offer》）等。

按照主要参与人员身份，还可以划分出明星综艺、素人综艺、明星+素人混搭型综艺节目等。

二、网络综艺特点及营收模式

相较于电视综艺，网络综艺的最大特点是自由度高，这是由互联网赋予的特性。网络综艺更新后，一般情况下重播时间和次数可由观众自主决定，随时随地观看、重复多次播放、只

---

④ 哔哩哔哩官网，https://www.bilibili.com/blackboard/aboutUs.html? spm_id_from=333.1007.0.0，访问日期：2022年6月26日。

看某一片段等皆可,相较于播出时间有严格规定和安排的电视综艺来说,其自由度更高。同时,平台可以相对自由地决定网络综艺的节目时长和上线节目数量及类型。

互动性强亦是互联网赋予网络综艺的特点之一。节目观众可以通过评论、发送弹幕等方式与其他观众一同交流,评论和弹幕显示的即时性,为交流互动提供了基础。

网络综艺的营收主要由四个方面构成:广告招商、会员付费、版权分销、IP 衍生。其中广告招商依然占比最重,不过,各平台也在积极寻求其他变现模式,减少对广告收入的依赖程度。会员付费是网络综艺最明显的特征之一。目前网络综艺的会员付费观看方式主要分三种:一是综艺的精华、衍生内容作为付费内容仅限会员观看;二是正在更新的综艺,会员可以提前看;三是更新完结的综艺,只有会员才可以观看。版权分销和 IP 衍生也可以实现营收。随着网络综艺质量的提升,国内电视台有时会购买网综版权。但受控制成本等因素的影响,对网络综艺来说,版权分销的收入有限。IP 衍生的具体类型基本不受限制,可以推出与其他品牌的联名物品,可以开展参演人员的线下见面会,还可以制作、出售包括影音、图像、书籍、生活用品等包含相关 IP 元素的周边产品等。

除了上述四大模式,对竞技选拔类的综艺节目来说,受众为其支持选手投票等活动也曾是有效营收方式之一。例如,《创造 101》《青春有你》等综艺的播出平台推出过平台会员投票权重增加、购买赞助商品投票等方式。但是 2021 年 5 月 10 日,《关于进一步加强网络综艺节目管理工作的通知》中规定,选秀类网络综艺节目中"不得设置'花钱买投票'环节,严禁刻意引导、鼓励网民采取购物、充会员等物质化手段为选手投票。严禁任何机构和个人以'花钱买票''集资打投'等形式进行数据造假,干扰节目选拔。"①目前来看,选秀类综艺节目的"打投"收入已受到严格监管,平台需寻找其他合适、合规的营收方法。

第三节　网络综艺的现状与未来

近几年,在相关政策的引导下,网络综艺在题材选择上着重关注现实问题、社会公益、优秀传统文化,真正从内容出发,考虑节目质量和导向问题,主动雕琢、不断创新,制作出一批有意思更有意义、有影响力更有社会价值的原创节目,在此趋势下,网络综艺也将在娱乐生态的自然选择中找到正确的发展方向。

一、现状概览

2017 年以前,我国对网络综艺的监管薄弱,在利益驱使下,部分网络综艺频繁出现低俗、媚俗、庸俗、大尺度等问题。2017 年年中开始,行业主管部门相继出台网络综艺管理规定,要求从"事前、事中、事后各环节大力加强对网络综艺节目的引导管理"②,强化播出平台主体责

---

① 《北京市广播电视局进一步加强网络综艺节目创作播出管理》,http://gdj.beijing.gov.cn/zwxx/gzbgl/202105/t20210510_2385916.html,访问日期:2022 年 6 月 27 日。
② 鲍楠:《网络综艺发展报告》,载国家广播电视总局网络视听节目管理司、国家广播电视总局发展研究中心编著《中国视听新媒体发展报告》,中国广播影视出版社,2018,第 60 页。

任,号召抵制低俗化、过度娱乐化、过度商业化和炒作等不良倾向,要求不得邀请有劣迹丑闻及违法犯罪行为者参与节目,同时鼓励各平台和制作机构在理念、内容、体裁、题材、形式、方法、手段等各方面创新,以优质内容取胜,并坚持网上与网下的同一标准、同一尺度,①做出导向、价值正确的本土化优秀节目,网络综艺的文化功能与价值开始得到更多关注与重视。

（一）制播模式

当前我国网络综艺节目制作与播出模式主要有四种:委托承制、联合制作、独立制作、购买版权。

委托承制是指综艺播放平台委托制作方进行节目制作,综艺节目的版权归属平台。制作方仅赚取制作费用,因此承担风险较小。平台方则通过招商等方式提供制作费用,负责节目的立项、推广、宣发等工作,承担风险较大。

联合出品一般由制作方和播出平台共有节目版权,根据比例分割利益、共担风险。

独立制作也就是播放平台组建自己的制作团队,制作方即是播出方。

购买版权则主要针对境外引进综艺和电视综艺。平台方向相关节目版权方购买版权,为其节目提供网络播出平台。

（二）内容特征

第一,多元化。从题材来看,近两年的网络综艺节目覆盖了两性关系(恋爱、婚姻)、家庭关系、女性、生活、音乐、舞蹈、戏剧表演、相声小品、文化科技、电竞、体育健身、职场、公益、抗疫、脱贫等多个维度,针对不同受众群体,满足多元化需求。

第二,细分化。各大平台都在深耕内容的垂直方向,着力形成差异化竞争,因而上述各大题材均可进一步细分。例如文化类综艺节目,有主打阅读、感受书信力量与背后故事的《见字如面》,有以中国诗歌串联古代文化知识、讲述中国历史的《邻家诗话》,有结合纪实与真人秀拍摄手法传扬敦煌和洛阳历史文化的《登场了！敦煌》《登场了！洛阳》。而职场类综艺则涉及律师、法医、医生等职业以及市场营销、传媒、互联网、旅游、餐饮等行业,节目不仅关注未入职场的实习生们的表现,也展现了职场妈妈们的工作和生活,《令人心动的 offer》《初入职场的我们》《上班啦！妈妈》等节目都有不俗的收视表现和讨论度。

第三,同质化。同质化与细分化并不矛盾,二者是网络综艺节目市场现状的两个不同维度。尽管各大平台在节目题材和内容上都愈发注重细节的多元化开发与探索,但不可否认的是,它们仍旧不会放弃主流题材的广大市场。例如在竞赛选拔类节目上的重合,腾讯视频有《创造营》、爱奇艺有《青春有你》、芒果 TV 有《乘风破浪的姐姐》《披荆斩棘的哥哥》；在恋爱交友方面,腾讯视频有《心动的信号》、爱奇艺有《机智的恋爱》、芒果 TV 有《怦然再心动》、优酷有《我们恋爱吧》、B 站有《90 婚介所》；推理游戏类综艺上,爱奇艺有《奇异剧本鲨》《萌

---

① 《国家广播电视总局关于进一步加强广播电视和网络视听文艺节目管理的通知》,http://www.gov.cn/zhengce/zhengceku/2018-12/31/content_5426573.html,访问日期:2022 年 6 月 27 日。

探探探案》《最后的赢家》、芒果 TV 有《明星大侦探》《密室大逃脱》,等等。各大平台一方面尽可能细化节目题材,例如音乐类节目又可细分为音乐剧、新生代偶像舞台、出道多年歌手表演、素人竞技、说唱、乐队等子类型;另一方面,他们也不愿放弃热门题材的可观市场,这就形成了网络综艺节目市场既细分化又同质化的局面。

(三)广告模式

目前,网络综艺的收入"大头"仍旧是广告招商,其中以饮品、食品、互联网、交通出行、医疗保健、3C 电子产品、美妆护肤等领域的品牌为主要赞助方。

网络综艺的广告露出形式可以分为两大类——现场植入与后期露出。现场植入时,广告的出现场地为拍摄场地,主要方式包括产品摆放、广告牌露出、道具植入、灯箱植入、电子屏露出、产品现场使用、参演人员提及、主持人口播等。后期露出方式包括花字贴片、直接贴片、压屏条、参演人员口播压屏条、后期口播、片头片尾广告、中途插入、角标、预告中露出、转场露出等。此外,节目中直播带货、广告商与节目方合作推出衍生产品等也是广告营销方式之一。

早期网络综艺的广告植入方式简单、直接而生硬,现在则逐渐多样且"软化",参演人员拍摄情景小剧场、花式口播、花式贴字、产品现场使用等都是常见形式。但是,网络综艺的植入广告因数量过多、露出频率过高以及赞助形式层出不穷,如独家冠名、特约品牌、联合赞助、指定品牌、战略合作、特别支持等不一而足,观众已对此出现反感情绪,这也是客观存在的问题。

(四)参与人员与受众

传统电视人转向网络综艺者越来越多。制作方方面,《十二道锋味》宣传总监、《向往的生活》总导演王征宇与腾讯视频合作,监制了《幸福三重奏》《我们是真正的朋友》《恰好是少年》;《声动亚洲》副总导演、《极限挑战》总导演严敏担任了 B 站《说唱新世代》总导演、腾讯视频《德云斗笑社》执行总导演、爱奇艺《戏剧新生活》制作人;担任过《中国达人秀》《中国好声音》宣传总监、《出彩中国人 第三季》总导演的陆伟,与优酷合作,成为《这!就是街舞》的总导演……灿星文化、哇唧唧哇、实力文化等曾在电视综艺领域有过亮眼表现的制作公司也与优酷、腾讯视频等平台在网络综艺领域展开了密切合作。

主持人中,马东离开央视后,先与爱奇艺合作,后成立米未传媒,打造出《奇葩说》《乐队的夏天》《一年一度喜剧大赛》等成绩不俗的网络综艺;汪涵、何炅、撒贝宁等著名主持人亦先后参与到网络综艺的拍摄中,热度依旧。

网络综艺的受众是网民,目前网民中仍是年轻人占主体,不过 50 岁以上网民群体的占比正逐步上升,由 2020 年 12 月的 26.3%提升至 2021 年 12 月的 26.8%,"互联网进一步向中老年群体渗透"①。

---

① 中国互联网络信息中心(CNNIC):《第 49 次中国互联网络发展状况统计报告》,中国互联网络信息中心,http://www.cnnic.net.cn/hlwfzyj/hlwxzbg/hlwtjbg/202202/t20220225_71727.htm,访问日期:2022 年 6 月 27 日。

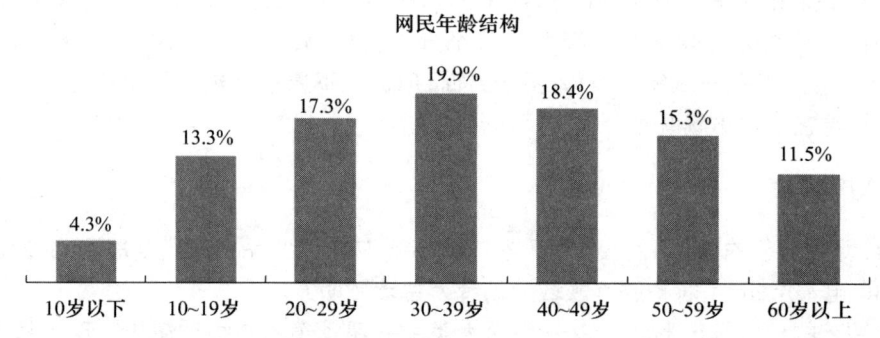

图 16-4　截至 2021 年 12 月网民年龄结构

二、未来趋势

从酝酿兴起到蓬勃发展，我国网络综艺发展时间虽短，成果却十分显著——不到 20 年的时间，产业链从无到有再到完善，数量由少至多、质量由粗到精、类型上不断推陈出新……伴随着 VR、AR 等技术的进步与成熟以及互联网普及度、手机等移动端的使用者范围的进一步扩大，网络综艺依旧有着不小的发展空间。

首先，从目前形势来看，网络综艺与电视综艺的界线正逐渐模糊，双端综艺或许是未来的趋势之一，例如河南卫视联合 B 站打造的文化剧情类舞蹈综艺节目《舞千年》、河南卫视与优酷联合推出的七夕综艺晚会《七夕奇妙游》，节目同时在网络视频平台和卫视频道播放，若以播出平台为判断标准，已经很难区分该节目究竟是电视综艺还是网络综艺了。越来越多的电视综艺向网络综艺延展，电视综艺的花絮或精彩片段经剪辑后作为衍生节目仅在网站平台播放已经不是新鲜事，不少质量经受住考验的网络综艺也反向输出到电视端，网络综艺和电视综艺不仅是竞争关系，更是互补关系。

其次，在短视频平台下场参与网络综艺制作与播出的现实情况下，未来网络综艺的时长或许会有一定程度的缩减，但这并不意味着长网综会就此消失。时长多样化是迎合不同受众群体观看习惯的有益尝试，至于网综的主流时长会如何变化还有待于平台多做探索并接受市场的检验。

最后，目前来看，在受众的广度及深度上，依旧是电视综艺更胜一筹，央视有《同一首歌》《欢乐中国行》《乡村大世界》《幸福账单》《星光大道》等，卫视有《男生女生向前冲》《非诚勿扰》等，都是受众覆盖面广且收视率亮眼的综艺节目。但是随着我国居民收入、消费能力和互联网普及度的提高，未来网民年龄、所在地区等结构将发生变化，个人电脑、平板电脑、手机等的使用者范围将会扩大。因此，对平台，尤其是对抖音、快手等受众覆盖面广的平台来说，三线以下城市及广大农村地区的人民群众，既有文化娱乐消费需求，也有一定的消费意愿和能力，下沉市场是值得关注与开发的潜力区域。不过，针对下沉市场的节目在受众定位、节目形式、节目内容、参演人员等方面的选择可能会与一、二线城市有所区别，这还需要平台与制作方调研考察、仔细规划。

本章思考题

1. 简述网络综艺在内地的发展历程。
2. 简述网络综艺的特点与发展现状。
3. 结合你的日常观察与本章所学,你认为我国网络综艺的发展趋势如何?

本章参考文献

1. 中国互联网络信息中心(CNNIC).第49次中国互联网络发展状况统计报告[R/OL].(2022-02)[2022-06-27].

    http://www.cnnic.net.cn/hlwfzyj/hlwxzbg/hlwtjbg/202202/t20220225_71727.htm.
2. 仲呈祥.中国电视文艺发展史[M].北京:中国电影出版社,2014.
3. 鲍楠.网络综艺发展报告[M].国家广播电视总局网络视听节目管理司,国家广播电视总局发展研究中心编.中国视听新媒体发展报告.北京:中国广播影视出版社,2018.
4. 孙文涛.网络综艺发展报告[M].国家广播电视总局网络视听节目管理司,国家广播电视总局发展研究中心编.中国视听新媒体发展报告.北京:中国广播影视出版社,2019.
5. 胡亮.网络综艺节目发展报告[M].国家广播电视总局网络视听节目管理司,国家广播电视总局发展研究中心编.中国视听新媒体发展报告.北京:中国广播影视出版社,2020.
6. 张红星.网络综艺节目发展报告[M].国家广播电视总局网络视听节目管理司,国家广播电视总局发展研究中心编.中国视听新媒体发展报告.北京:中国广播影视出版社,2021.
7. 彭文祥.重估与前瞻[M].北京:知识产权出版社,2020.
8. 张海涛,胡占凡主编.视界的革命 中国视频媒体产业市场考察报告[M].北京:中国广播影视出版社,2020.
9. 耿思嘉,高徽,程沛.新闻传播与广告创意[M].长春:吉林人民出版社,2019.
10. 刘霞著.娱乐专业主义实践研究[M].北京:中国传媒大学出版社,2019.
11. 裘晟佳.《奇葩说》爆棚的娱乐感是这么折腾出来的…[EB/OL].(2016-03-18)[2022-06-27].https://zj.zjol.com.cn/news.html?id=297343.
12. 北京市广播电视局.北京市广播电视局进一步加强网络综艺节目创作播出管理[EB/OL].(2021-05-10)[2022-06-27].http://gdj.beijing.gov.cn/zwxx/gzbg1/202105/t20210510_2385916.html.
13. 国家广播电视总局.国家广播电视总局关于进一步加强广播电视和网络视听文艺节目管理的通知.[EB/OL].(2018-10-31)[2022-06-27].http://www.gov.cn/zhengce/zhengceku/2018-12/31/content_5426573.html.

第十七章 网络短视频

扫码可见
第十七章PPT

截至2021年12月,我国网络视频(含短视频)用户规模达9.75亿,较2020年12月增长4794万,占网民整体的94.5%。其中短视频用户规模为9.34亿,较2020年12月增长6080万,占网民整体的90.5%。短视频呈现爆发式增长态势,成为仅次于即时通信的第二大产品类型。

Social Beta(社会化商业网)网站认为,短视频是一种视频长度以秒计数,主要依托于移动智能终端实现快速拍摄与美化编辑,可在社交媒体平台上实时分享和无缝对接的一种新型视频形式。随着互联网技术的飞速发展和移动智能终端的普及,短视频已成为新的社交形式,它实现了文字、语音和视频的融合传播,更直观、立体地满足了用户的表达和互动需求。

第一节 网络短视频概述

短视频是网络视频发展到一定阶段而开始流行的特殊形态,因此探究短视频的发展自然要从网络短视频溯源。网络视频是一种互联网内容传播形式,一般指在互联网新媒体上传播的、时长在6秒至60分钟以内的视频。随着移动终端普及和网络的提速,网络视频逐渐获得各大平台、粉丝和资本的青睐,成为继文字、图片、传统视频之后新兴的内容传播载体。相较于传统视频,网络视频具有生产成本低、传播和生产碎片化等特点,其传播速度更快、社交属性更强,生产者与消费者之间的界限也更为模糊。

一、网络视频的发展历程

网络视频最初出现在美国,中国的网络视频发展紧随其后,成为互联网时代文化生产的一大阵地。相较国外网络视频的飞速发展,国内网络视频的起步时间并无太大差异,且发展态势毫不逊色。

中国网络视频的起源与发展众说纷纭,其争议的核心在于缺少具有里程碑意义的公认事件或节点来界定这一媒介形式的起点。一种较早的观点是将1996年中央电视台国际互联网站(cctv.com)的建立和试运行作为开端;另有说法认为要从2004年乐视网的创办开始计算,或选取土豆网正式上线的2005年作为起点,与国外视频网站"YouTube"的创办时间保持一致;也有学者认为应将2000年在线视频网站的集中出现并形成规模化产业视为开端。

这些观点虽各自成理,但如果将网络视频视作民众能够参与、观看和消费的独立的媒介产品,那么这一起点应追溯到 2001 年 8 月——中国网络交互式电视点播系统 VOD(Video On Demand)服务的正式出现,此后,大众真正获得了主动选择和接受网络视频服务的权利。

网络视频的重要价值在于对大众参与权的赋予。Web1.0 到 Web2.0 的迭代不仅是网络基础架构的变革,也是参与者由少到多、由单向到双向,进而到多人实时互动的本质飞跃。新技术为用户赢得了投身创作的可能,用户身份从信息商店的被动消费者"翻身"为主动生产者,或两者兼备的产消者"Prosumer",这一转变极大地解放了网络用户的生产力,让《一个馒头引发的血案》这类草根原创作品得以与大众见面。互联网的信息容量由此开始几何级增长,并引发了一系列连锁反应,带动土豆网、酷6网、优酷网等一大批耳熟能详的网络视频网站爆发式集中出现,连带催生了用户生成内容(UGC)、专业生成内容(PGC)等概念。网络视频产业链条趋于完整,并过渡到当下网络视频的服务形式,进而出现点赞、评论、留言和分享等一系列参与方式和互动功能。

可以说,网络视频诞生即被赋予互动性、参与性和共享性的原始属性和基本底色,它超越传统媒介,不仅在形式上具备声音、画面及文字等多种内容元素,能够直接进行交流分享,且脱离了光盘与录像带等中间介质,使之对空间的占用需求愈加减少,信息量却大幅提高。网络视频现已成为大众文化消费的主要对象,它满足了人类视觉、听觉乃至触觉等多重感官体验,在后续发展中不断深化与用户的情感连接,撬动了现代人的互动与交往需求。

二、我国短视频的发展历程

本书认为,短视频通常是以秒为单位,制作门槛低、内容碎片化、社交性突出的视频新形态。我国的短视频发展经历了以下三个阶段:

(一)萌芽时期

2006 年至 2011 年是我国短视频发展的萌芽时期。

2006 年,时长 20 分钟的视频短片《一个馒头引发的血案》由制作者胡戈上传至网络,该短片以诙谐、恶搞的方式截取电影片段并拼接剪辑成一部新的短片,一时间,这种新的视频形式迅速传播开来。同年,优酷成立,其与土豆网共同致力于时长 20 分钟左右视频的开发与传播。2009 年,中国 3G 通信网络建设卓有成效,移动网络也由 3G 向 4G 进行升级,这给短视频传播提供了技术支持。这一时期的短视频主要与影视剧形成区别,时长大都在 30 分钟以内,虽然当时的短视频在制作难度和传播形式上与现在的短视频有着较大差异,但当下短视频的发展无疑和这一时期的视频形态有着传承与开创关系的,可以说,短视频正是从这一时期开始萌芽的。

(二)探索时期

2012 年至 2013 年是我国短视频发展的探索时期。

2012 年,GIF 快手转型为短视频社区,成为用户记录和分享生活的平台。截至 2012 年 12 月底,我国网民规模达 5.64 亿,中国网络视频用户达到 3.73 亿。2013 年下半年,腾讯、新浪和美图旗下三大短视频分享工具——微视、秒拍、美拍相继出现,短视频活跃用户显著增加。这一时期的短视频已初具行业形态,但发展不温不火,作为一种新的视频形态,短视频此时仍处于探索阶段。

(三)爆发时期

2014年至2017年是我国短视频发展的爆发时期。

2014年,随着4G网络的发展、网络基础设施建设的逐步完善,秒拍、美拍相继出现并强势进入公众视野,同年,一条、二更以高质量的短视频内容占据了短视频领域的头把交椅,这一年也被称为"中国移动短视频元年"。2016年,papi酱作为原创短视频创作者爆红互联网,并获得1200万人民币融资,短视频行业被迅速推向投资"风口",异军突起。腾讯集团入股快手、澎湃新闻创始人邱兵离职创办梨视频、字节跳动也相继创办抖音、火山小视频,各中央媒体和地方大型媒体集团也推出短视频栏目及应用,如央视的"V观"、《新京报》的"我们视频"、《南方周末》的"南瓜视业"、浙报集团的"浙视频"等。2016年以来,短视频在井喷式爆发的同时,其内容的垂直化和分众化趋向也越来越明显。

(四)平稳时期

2018年至今是我国短视频发展的平稳时期。

受到技术迭代的助力,短视频行业生产方式不断进阶,现已平稳发展,用户增长趋缓、用户规模趋于饱和、用户红利期基本消失。抖音、快手仍处于短视频领域的领先地位,BAT三巨头继续发力,百度推出"好看视频"、阿里将土豆视频转型为短视频平台、腾讯大力推广"微视"。当前短视频依据不同的应用功能倾向已基本形成了六大格局:以抖音、快手为代表的社交媒体类;以西瓜、秒拍为代表的资讯媒体类;以B站、A站为代表的BBS类;以陌陌、朋友圈视频为代表的SNS类;以淘宝、京东主图视频为代表的电商类;以小影、VUE为代表的工具类。[1] 目前,短视频市场基本划分基本稳定,但其野蛮生长过程中暴露出的行业乱象,如同质化、泛娱乐化、低俗化、侵权等已引起监管部门的注意,有关部门已加大力度,通过约谈、责令整改、下架删除、严厉打击和清理违规账号等方式对短视频市场进行规范和整顿。

三、网络短视频平台概况

随着网络信息技术的发展以及网络平台的迭代更新,网络视频产业的发展愈显重要。依附网络视频而形成的网络资源、网络人群共同构成了庞大的网络生态,其中,中长视频产业的发展逐渐固化,进入整合发展的稳定期,短视频则生机盎然,其影响也愈加明显、持久。

短视频以抖音、快手、视频号、火山、小红书、秒拍、美拍等平台播放的内容为代表,这类平台兼具直播功能,内容多为原创,资源也更加繁杂,参与人群体量庞大。

表17-1 热门短视频平台简介[2]

---

[1] 潘彩云、徐萌晟:《2018年中国移动短视频行业发展概述》,《新闻爱好者》2018年第6期。
[2] 根据"百度百科"整理。

短视频平台	图标	平台简介
抖音		2016年9月上线的音乐短视频社交平台，口号为"记录美好生活"，属字节跳动旗下产品，日活超3.2亿，占据国内短视频平台的头把交椅
快手		前身是"GIF快手"，2012年11月转型为短视频社区，是用户记录和分享生产、生活的平台，口号为"记录世界记录你"，属于短视频社交类平台
梨视频		2016年11月3日上线的新闻资讯类视频平台，大部分视频时长在30秒到3分钟之间，力求展现新闻事件的精华。其资讯内容分为"微辣Video""冷面""风声视频""老板联播""时差视频""文娱小队长""眼镜儿视频"等版块
西瓜视频		字节跳动旗下的个性化推荐短视频平台，前身"头条视频"于2016年5月正式上线，2017年6月升级为"西瓜视频"。利用人工智能实现用户推送，帮助视频创作者向全世界分享作品
秒拍		小视频应用软件，2013年8月首次作为新浪微博手机客户端内置应用推出，口号是"秒拍，10秒拍大片！"，拥有炫酷的MV主题、清新文艺范的滤镜、个性化水印和独创的智能变声功能，支持视频同步分享到微博、微信朋友圈、QQ空间等
美拍		可以直播、制作小视频的应用软件，2014年5月上线后24天蝉联App Store免费总榜冠军，口号是"在美拍，每天都有新收获"

续表

短视频平台	图标	平台简介
小咖秀		自带搞笑功能的视频拍摄应用,于2015年5月正式上线。用户可以配合官方提供的音频字幕创作搞怪视频,并通过应用实现同步分享
微信视频号		微信视频号是2020年1月腾讯公司官微正式宣布开启内测的平台。微信视频号是全新的内容记录与创作平台,可以通过手机直接发布长度不超过1分钟的视频或不超过9张的图片,还可附带文字和公众号文章链接

第二节　网络短视频的分类及特征

一、网络短视频的分类

按照分类标准不同,短视频可以进行如下分类。

（一）按主题分类

第一,趣味搞笑类。这类短视频或以感染力十足的音乐舞蹈挑战观看者的神经,如鸟叔的《江南 style》、PICO 太郎的《PPAP》等,或以趣味性十足的原创内容带动观看者的情绪,如 papi 酱、陈翔六点半等视频原创者的作品。

第二,游戏电竞类。这类短视频有着明确的受众群体和商业模式,随着我国电竞市场的逐渐成熟和不断扩大,游戏类短视频势必呈现持续走高的态势。

第三,生活服务类。这类短视频涵盖的范围十分广泛,涉及生活的方方面面,包括穿搭、美妆、美食、阅读、健身、旅游、生活窍门等,深受网友喜爱。

第四,新闻资讯类。短视频发展如火如荼,各类传统媒体也纷纷进军短视频行业,提供实时新闻资讯。人民日报、央视等传统媒体纷纷在短视频平台上以接地气的方式传播新闻资讯并广受好评。

第五,政务服务类。网民在哪里,政务新媒体就在哪里,一些国家政府机关部门入驻短视频平台,积极发挥动员、组织、宣传和服务的作用,如"外交部发言人办公室"开通抖音账号第一天就涨粉217万。

（二）按生产者分类

第一，专业生产内容（PGC）类。PGC（Professional Generated Content）是指应用于专业视频网站的一种视频生产模式，此类视频通常专注于某一领域的视频生产，由于生产者为专业机构，其内容组织和制作表达上都十分考究，极大程度保证了视频的质量，如官方发布和制作的国家形象短视频等。

第二，用户生产内容（UGC）类。UGC（User Generated Content）是Web2.0时代特有的一种视频生产模式。此类短视频的生产者是普通用户，他们本身不具备专业性的知识和技能，因此该类视频的内容较为日常化和简单化，制作也比较粗糙，有明显的"草根性"。但不可否认，正是由于用户生产内容这一形式使得人人都能成为视频发布者，因此它在提高视频接受度、激发大众参与性上更具优势。

第三，专业用户生产内容（PUGC）类。PUGC（Professional User Generated Content）是PGC与UGC相结合的内容生产模式，也即以UGC的形式产出接近于PGC的内容。因此，这类短视频具有更优质的内容，尤其容易赢得文化素养较高人士的青睐。

（三）按视频画屏分类

第一，横屏。横屏短视频多按照传统广电节目的标准和方式进行生产，其制作和发布多由PGC完成，它继承了PC终端的传播习惯，多在视频网站上发布与流转。

第二，竖屏。竖屏短视频是在移动终端（手机）用户成为网民主体后应运而生的。伴随着移动互联网的风行，使用手机观看视频已经成为大众的习惯。在移动终端时代，竖屏短视频适应移动终端屏幕尺寸和用户卧式浏览的特点，更易于在手机上直接制作和传播。

二、网络短视频的传播特征

从内容生产来看，短视频具有创作门槛低的特点。相对于传统视频精细的制作过程和较高的制作成本，短视频打破了设备和剪辑的专业性限制，只要拥有一部手机，人人都可以成为视频生产者。因此，短视频一改传统视频高高在上的准入标准，将视频制作和生产的门槛大幅拉低。同时，由于时长较短，严谨的叙事结构和故事逻辑不再是短视频必须具备的特征，这也降低了其制作成本和生产周期。

从传播方式来看，碎片化是短视频最核心的特征。人们的碎片化时间是伴随着信息化和移动互联网技术的成熟同步出现的，人们的时间被肆意切割，而短视频恰好可以填补人们的碎片化时间间隙，因此，从诞生之日，短视频的碎片化传播特征就为移动互联时代的视听传播开辟了新路。

从传播渠道来看，短视频具有显著的社交属性。短视频以社交媒体为主要传播渠道，其发展也依托于社交媒体平台，因此短视频有着与生俱来的社交属性。在传播过程中，短视频用户通过点赞、评论、分享等功能满足自己的社交需求。用户会将自己喜欢的短视频分享到社交平台上，通过二次传播的循环往复，每个短视频的接受者都有机会成为传播者，这就更加强化了短视频的社交属性。

第三节　Vlog：短视频热点领域

继网络直播、短视频火爆之后，Vlog 于 2018 年进入国内大众视野，这一年被称为中国"Vlog 元年"。Vlog 是 video blog 的缩写，2012 年起源于 YouTube，即一种记录日常生活的视频日志。2015 年，YouTube 上出现了首批职业 Vlogger（视频博客制作者）。其中，Casey Neistat 曾坚持 600 多天发布 Vlog 记录其创意生活，获得上亿的播放量和上千万的粉丝，成为当之无愧的 Vlog 之父。

2018 年以来，国内各大头部平台进军 Vlog 领域，小影启动"V 光计划"，宣布打造全球 Vlog 社区；新浪微博发起"Vlog 博主召集"；今日头条与欧阳娜娜联合"明星 Vlog 计划"；腾讯发布 yoo 视频，推广"Vlog+Vstory"；B 站发起"30Vlog"，完成从视频工具到 Vlog 社区的转型……从某种意义上说，Vlog 是短视频的形式拓展，它并未超越短视频范畴。

一、Vlog 的形态特征

Vlog 时长更长。无论是微信的"10 秒"、抖音的"15 秒"还是快手的"57 秒"，以"秒"来定义的短视频不可避免地遭遇由于时长过短而对内容的制约，甚至限制了某些主题的垂直化、深刻化。而 Vlog 的一大优势即打破了以"秒"为单位的计时尺度，将时长延伸至几分钟到十几分钟不等，用户可根据不同的主题表现需求匹配时长，时长的延展有利于弥补短视频的短板，增加信息的密度，提升内容的表现力和完整度。此外，Vlog 技术门槛更高、包装更加精良，专业化的相机、三脚架、收音麦克风是其标配设备，这就决定了当前 Vlogger 尚属小众群体。

相比短视频内容的五花八门、出奇制胜、追求"爆款"，Vlog 内容相对窄化，它专注对个体日常生活的真实展现，以 Vlogger 极具魅力的风格化记录来获取流量。作为一种网络新事物，Vlog 受到了年轻人的关注。以百度指数为例，从分别以"短视频"和"Vlog"进行关键词搜索形成的用户画像来看，20 岁至 29 岁的群体对短视频和 Vlog 的关注度最高。其中，19 岁及以下的群体相比传统短视频更关注 Vlog。

二、Vlog 与传统短视频的差异

尽管 Vlog 属于短视频范畴，是短视频的一种新样态，但与传统短视频相比，两者之间存在着明显差异。

（一）Vlog 偏向日常生活的记录

以"秒"为单位的短视频集中展现了日常生活的"非常态"，它要求必须在极短的时间内吸引眼球。抖音红人代古拉 k 凭借搞怪的舞蹈就能坐拥 2300 多万粉丝，快手更是将这种"新奇"展现得淋漓尽致——未成年妈妈群体、自虐吃异物的河北大妈、演绎高难度动作的搬砖小伟……无论是抖音呈现的一、二线城市青年的"精致""酷炫""高大上"，还是快手展示的

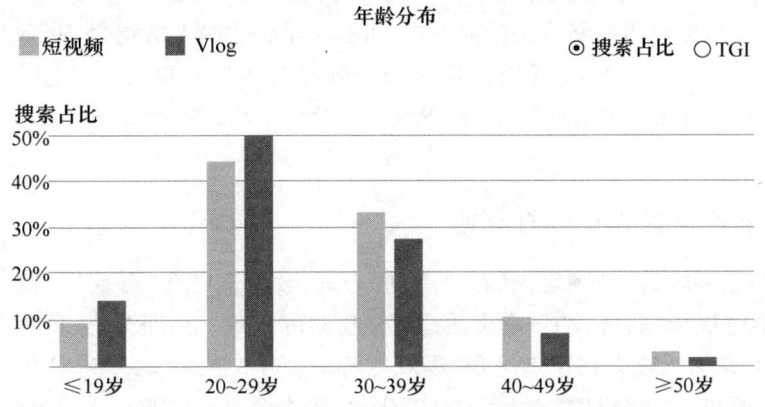

图 17-1　2021 年 4 月短视频和 Vlog 的百度指数

三、四、五线城市青年的"奇葩""残酷""穷丑矬",这些内容力求在几十秒的时间维度上被引爆,其背后难免存在蓄谋已久的"编剧+剪辑"。

与短视频的主题化不同,Vlog 更讲求叙事,强调去表演化和日常性的真实记录。靠 Vlog 圈粉无数的欧阳娜娜呈现的不过是留学和工作的日常,但单集 Vlog 播放量超千万,前 12 期 Vlog 已将她 11 次送上微博热搜。普通人子时当归记录的仅仅是日常两餐的烹饪,日复一日的平淡生活也能吸引观众不知不觉看上几十分钟。

(二) Vlog 偏向呈现"后台"内容

戈夫曼认为人们表演的舞台有前台和后台之分,前台是观众能够看见的用于表演的场合,后台则是为前台做准备的场所,通常不被观众所见。梅罗维茨认为,网络造就了新的情境,为名人的日常表演提供了一个"中区系统",除展现自身"美好"外,还要表演介于前台和后台之间的"中区行为",而将私人情境适当并入公共情境可以有效取得他者的好感和信任。短视频中大量关于名人非工作状态的私人领域的呈现使得这些"遥不可及"的人物显得更加亲切,即便是普通民众,有意无意地插播私人情境也会引来他者的认同和共鸣。相比短视频对"中区行为"的展演,Vlog 的后台"前台化"更加明显。创作者将摄像头长时间对准自己,私人场所、私人物品、私人关系等经常作为拍摄内容公开展现,以深度袒露生活来传递自己的认知和态度。从欧阳娜娜的 Vlog 中,粉丝看到的不是光鲜亮丽、高高在上的女艺人形象,而是演出前的辛苦排练、录制节目的幕后花絮、减肥压力下的饮食自律、熬夜赶考后的憔悴面容……这些原本不为观众所见的后台行为通过 Vlog 实现了"前台化"。

(三) Vlog 追求差异化的人格美

短视频凭借"短平快"的传播优势和低门槛的技术要求引爆全民热潮,随之而来的是同质化、低俗化、泛娱乐化倾向。而差异化的人格魅力是 Vlog 区别于一般短视频的关键所在,观众观看 Vlog 时,很容易获得一种沉浸感,创作者通过屏幕以第一人称视角和观众进行走心交流,极易拉近双方的心理距离,引发观众的情感共鸣。有国内"Vlog 第一人"之称的冬瓜认为,摄影是记录一个瞬间、电影是记录一个故事,那么Vlog就是记录一个灵魂。观众通过Vlog能够深度涉入创作者的私人生活并发掘Vlogger差异化的人格魅力,进而建立起强于其他内容品类的用户黏性。Vlog凭借生活化的选题和自然的叙事成为凸显个人色彩、传达生活态度、展现人格魅力的最佳平台,从这个意义上说,Vlog更倾向于打造"我们向往的生活"。

（四）Vlog产生真实社交的幻觉

如果说传统短视频擅长满足人们的"审丑"心理,致力于打造"爆款",引发"围观"效应,那么Vlog则通过展示"后台"的日常生活拉近与粉丝的距离。久而久之,屏幕中的陌生人变成了生活中的"熟人",观众已不满足于"围观",而萌发了"带入"与"参与"的主观冲动。根据心理学家霍顿和沃尔提出的"准社会交往"理论,受众会对某些媒介人物产生角色依恋,并形成一种想象中的人际交往关系。欧阳娜娜Vlog展现的是不同于台前明星形象的少女生活状态,这些"幕后"行为"真诚"地呈现在粉丝面前,粉丝很容易把她当作朋友进行想象中的互动,从而建构起不同于现实交往的"准社会交往"。Vlogger竹子毫不避讳地记录下自己一天当中的情绪变化,事无巨细的生活碎片使观众随之产生情感起伏,主动将自己代入知晓对方秘密的"熟人"关系,这种关系不过是观众一厢情愿的想象,而Vlogger的在线互动更强化了观众的错觉。

图17-2　欧阳娜娜的Vlog

（五）Vlog促进受众的自我成长

不同于短视频,Vlog的用户通过观察他人生活,发现彼此的共鸣与差距,这将触发个体的"自我互动",以对自身境遇的思考认识、改造和完善自我,从而实现"自我成长"。Vlog最常见的形式即展示某类人群的一天,如"女博士的一天""清华学生的一天"等,大众通过窥探他人生活完成社会比较下的自我审视,用户需求发生了从"观赏"到"自我成长"的深层次转向。Vlog对个人经历的个性化浓缩和提纯促使年轻人有意识地总结、归纳和反思自我。按照美国心理学家马斯洛的需要层次理论,Vlog引发用户的"自我成长"体验超越了"社交"与"尊重"的次级需要,抵达了"自我实现"的高级需求层次。

本章思考题

1. 简述我国网络短视频的发展历程。
2. 简述网络短视频的分类及传播特征。
3. 什么是 Vlog？它有哪些特点？

本章参考文献

1. 邓建国,张琦. 移动短视频的创新、扩散与挑战[J]. 新闻与写作,2018(05).
2. 潘彩云,徐萌晟. 2018年中国移动短视频行业发展概述[J]. 新闻爱好者,2019(06).
3. 陈宁. 短视频景观中存在的问题及对策[J]. 中国广播电视学刊,2019(03).
4. 官承波,田园. 短视频火爆背后的大众视觉消费转向[J]. 新闻论坛,2018(01).
5. 安纳. Vlog流行,年轻人的网络社交悄悄改变[N]. 中国青年报,2019-05-23(2).
6. 王晓红,任垚媞. 我国短视频生产的新特征与新问题[J]. 新闻战线,2016(17).
7. 张文娟,官承波. 本质、流变与反思：基于Vlog的多维审视[J]. 电视研究,2019(10).
8. 张文娟,朱颖颖. Vlog：短视频传播的变与不变[J]. 传媒,2020(10).

第十八章 网络动画

扫码可见
第十八章PPT

伴随互联网的兴起,二次元文化渐成主流。在 B 站、A 站等视频网站带动下,网络动画异军突起,在创作实践中已呈现繁荣发展态势。

学术界对网络动画的界定不尽一致。姜军、张慧玲等人指出网络动画是通过互联网发行和播放的动画作品。①② 张西蒙、戴劲认为网络动画是"通过互联网传播,由各种网络终端设备(如电脑、手机、PDA 等)远程读取数据,并在经过浏览器(或特定播放器)编译后按照观众的交互指示而呈现出的动态影像"③。盘剑从动画媒介转向角度出发,指明"动画这一艺术样式从传统电影、电视媒介向新兴互联网媒介的迁移"④,特别指出媒介转向从保有原形态特征的单纯载体转换到按照新载体进行改造的动画样态。结合多方阐述,网络动画的定义可划分为两种:一种是简单移植,在本体不发生变化的前提下,将动画作品平移到新媒体平台播映,例如可以在网络视频平台看到线下各大影院、电视台播放的动画作品;另一种强调新媒介对传统动画的影响,强调网络动画是动画与互联网融合嫁接而成的新的动画类型。

我们认为,网络动画在遵循动画本体的基础上被赋予了新媒体的特质,只不过在传统动画到网络动画的媒介转向中存在初级阶段的单纯移植及高级阶段的艺术创新,通常意义上,网络动画包含 Flash 动画、MG 动画、交互动画、动画短片、动画番剧及网络动画电影等。

第一节 网络动画形态变迁

动画艺术的发展同信息技术的发展紧密相连,1994 年我国正式加入国际互联网,此后互联网发展迅猛,计算机和移动智能设备成为人们生活不可或缺的重要组成部分,这为网络动画提供了发展的沃土。在经历了因趣缘集结的网民创作的零星作品,到如今工业化、专业化、产业化的网络动画,整个发展历程中,网络动画逐渐成为一种主流动画艺术形态,为动画

---

① 姜军、张光帅:《网络动画设计》,清华大学出版社,2007,第 13 页。
② 张慧玲:《"动画+":中国影视动画产业转型升级研究》,社会科学文献出版社,2016,第 267 页。
③ 张西蒙、戴劲:《网络动画的定义及特征》,《艺术教育》2009 年第 7 期。
④ 盘剑:《中国动画的媒介转向》,《当代动画》2021 年第 2 期。

产业链条的完善添砖加瓦。我们以技术演变为线索,沿个体制作——产业制作——半自动化制作的发展脉络,选择代表性动画形态简单阐述。

一、GIF 与表情包

GIF 是 CompuServe 公司 1987 年开发的一种图像格式,由于 GIF 文件只有几十 kb 大小,因此能够在当时的网络环境下迅速传播,成为互联网最早出现的可以在线观看的动画。它极大丰富了网络的视觉效果,从此被广泛使用。动态 GIF 图像真正用于观赏,并作为带有一定故事性或情节的作品被广泛传播,是从它被用作表情动画开始的。GIF 动画主要应用于网络即时通讯、blog 等,通过表现人们需要表述的情境,让发送者用最短的时间展现更多的信息,传达心情的同时避免文字产生的歧义。随着新媒体技术的不断发展,表情动画制作门槛逐渐降低,表情动画的来源也更加多样,除了社交媒体自带的表情动画,网友自制表情包也已成为一种个性化表达方式。

表情动画的小"体积"带来了传播便利的优势,但也在无形中限制了表情动画的发展,例如,作为一种图片存储格式,表情动画无法加入声音,必要时只能通过字幕或文字表示角色间的对话;表情动画无法进行即时播放,文件只有被加载到系统中汇总后才能观看,这也使得动画画面的分辨率不高,表情动画难以进行较长篇幅的叙事创作。

二、Flash 与闪客

1996 年,美国 Future Wave 公司研发了名为 Future Splash Animator 的网页动画软件,用于制作面向 Web 的矢量动画及相关开发。后来 Macromedia 将其收入囊中,并将该软件命名为 Flash。Flash 软件操作简单、输出格式占容小、硬件配置要求低等技术优势迅速吸引了大量动画爱好者自发参与到这一形式的创作中,在网络上发布简单的 Flash 动画作品成为风靡一时的网络现象。

Flash 最早进入中国是在 1998 年之后,源自一个介绍、学习、讨论 Flash 的回声资讯网站。1999 年 9 月,回声资讯网站进行改版,由探讨网络技术的网站改为专业的 Flash 社区,更名为"闪客帝国"。Flash 有闪光、闪烁的意思,国内使用 Flash 等网络动画软件从事动画创作的网络艺术家便被称为"闪客"。闪客帝国网站 1999 年 12 月设立了展示 Flash 作品的"中国闪客原创爬行榜",设立初期,上榜的 Flash 作品并不多,直到 2000 年 2 月蒋建秋创作的 Flash 动画《强盗的天堂》上榜,这一作品的出现不仅激活了爬行榜,还标志着网络动画正式在我国兴起。与此同时,国内其他 Flash 网站相继出现,其中比较有名的有闪吧、闪光地带、龙城闪客、闪客堡垒等。此后,Flash 动画在国内迅速发展,出现了一些代表性作品,例如《新长征路上的摇滚》完成了 Flash 在娱乐圈立足的第一步;[①]火柴人《小小系列》以动作戏为主,用简约至极的人物造型风格模拟出武打电影中的经典动作,获得了诸多观众的喜爱;《小破孩》具有典型的中国风格,将 Flash 与中国文化相结合,为之后 Flash 动画作品创作提供了一定借鉴。

---

① 爱老虎油:《闪光的历程——Flash 这五年》,《电脑报》2005 年第 2 期。

总体而言,该阶段的网络动画以兴趣爱好为驱动、以个人创作为主导、以 Flash 动画为表现,显现出网络文化的草根性特质,虽然动画作品的专业性、艺术性较低,版权意识、监督机制缺乏,但 Flash 软件的出现为后续在线网站视频的发展开辟了道路。

三、Video 与视频平台

随着在线视频播放网站的出现,Flash 动画逐渐被取代。最早被人们熟悉的在线视频网站是美国的 YouTube(2005 年 2 月 15 日),它开启了视频分享模式的先河,使网络视频流行起来。[1] 中国第一家网络视频分享网站为土豆网,随后酷六、优酷、B 站、爱奇艺、腾讯等各大视频网站相继成立,各种类型的动画作品有了网上展示和传播的平台,多种动画形式的共同存在成为可能,网络动画开启了新的发展阶段。除了技术上的支持,政府部门也陆续颁布了若干项政策,例如《关于促进我国动画创作发展得具体措施》《关于推动我国动漫产业发展的若干意见》《关于扶持我国动漫产业发展的若干意见》《"十二五"时期国家动漫产业发展规划》等,鼓励动画创作、扶持动漫产业发展。动画创作者也不再局限于个人和业余爱好者,专业人才、专业团队参与到网络动画制作之中,强化着国内网络动画的品质。在此基础上,衍生品的变现模式也有所突破,资本的注入使动画产业链逐渐完善。面对国外动画《倒霉熊》《中国娃娃》《流氓兔》等作品引入带来的"鲶鱼效应",中国网络动画开始由萌芽探索转向多元发展。

该阶段的发展突破主要表现在:第一,主流网络视频平台搭建完善,各网站开始推出自己的原创作品。B 站、腾讯、优酷、爱奇艺等视频网站相继建立动漫视频版块,并推出自制动画,布局自身的 IP 品牌和规模,如 B 站自 2018 年启动原创 IP 后,至 2021 年共上线了 430 部国创动画作品。第二,国产动画番剧逐步成形,大型系列动画作品频出。以季为单位、以连续性集数播放的国产动画番剧开始出现,内容题材从古风武侠为主扩展至多维题材,动画番剧的格局基本成型,例如古风武侠为代表的《秦时明月》系列、《择天记》系列,竞技战斗题材的《全职高手》系列,幻想类题材的《妖神记》系列,言情类的《狐妖小红娘》,革命历史题材的《那年那兔那些事儿》等。第三,专业公司、专业团队涌现,投资与融资力度增强,产业链条逐渐明晰。从制作方看,国外动画公司、工作室有迪士尼、吉卜力工作室等,国内奥飞娱乐、东方梦工厂、追光动画等也逐步成熟。从传播渠道来看,除了在线视频平台对动漫频道的细分,版权中介方、授权代理中介也开始出现,有效弥补了 Flash 动画时期的市场混乱。从衍生变现看,关联漫画、游戏等形成泛娱乐内容的开发运营,实现了衍生品的创意销售。第四,移动终端的便利存在激活了"微"动画的创作热潮。不同于 Flash 动画时期技术局限带来的"微"动画,这一阶段的"微"动画是用户的自主选择——在社会、技术、受众等多重因素的影响下,每集时长几分钟的泡面番出现,例如自 2011 年 3 月开始播出的《罗小黑战记》,以平均每集 5 分钟的时长持续连载,并于 2019 年 9 月推出同名电影,其精良的制作获得了多方认可。

---

[1] 王鑫:《中国网络视频文化产业研究》,西北大学,硕士学位论文,2011,第 2 页。

四、VR 与虚拟现实动画

网络动画经历了从二维向三维到虚拟现实的拓展,从观影角度看,目前三维动画样态包括 3D 动画、虚拟偶像、VR 动画等。3D 动画通过 3D 眼镜产生三维立体效果,使观者有沉浸体验,最为常见的是当前盛行的 3D 电影。虚拟偶像通过虚拟成像技术产生裸眼 3D 效果,最具代表性的有初音未来、洛天依等,2021 年,随着元宇宙基建的推进,虚拟偶像也迎来了新一波发展高潮。VR 动画借助 VR 技术营造出全新的视觉感受,开拓了动画产业的新格局。目前虽然涌现出《Allumette》《Henry》《Pearl》《Rain or Shine》《INVASION》《We Wait》《拾梦老人》等代表性 VR 动画作品,但 VR 动画产业整体还处在探索阶段,诸如视听引导、叙事节奏、场面调度、故事创新等方面还有待完善。

第二节　网络动画的特点及类型

网络动画作为一种新兴艺术形态,在体制导向、传播媒介、表现方式、受众范畴、盈利方式等方面同传统动画形成差异,也在差异化发展进程中呈现出自身特质。按照标准不同,网络动画可以进行多维度划分,以便我们更深刻地研究、考察。

一、网络动画特征

市场经济的发展、新兴技术的迭代推动了网络动画的勃兴,动画创作打破了长期以来主流体制内的规训创作,形成了不同于传统动画民族化、教育性的创作导向,创作逻辑的大众化使得网络动画更加注重用户消费体验,娱乐性、大众化成为其底层创作逻辑。一方面,低成本、短周期的制作流程使创作人员从专业人士延伸至平民百姓,人人皆是创作者的可能存在于网络动画之中,深化了网络动画的大众化基础。另一方面,多元化的市场竞争机制让如何吸引观众、挽留观众成为网络动画创作的重要动机,网络动画作品呈现出对主流经典动画的解构与重组、对边缘话题的探索与对现实生活的复现等。

(一)传播载体丰富化

传统动画的传播载体以电影院或电视机为主,动画播放往往受限于时间和空间,播放模式具有单向度特征。网络动画突破了传统动画的局限,新媒体的出现将动画传播从物质渠道转入信息渠道,媒介融合的发展强化着网络动画的新面貌。从传播范围看,动画创作完成后可即时上传至互联网,以视听网络平台进行展示、以宣传网络平台扩大传播、以社交网络平台强化与用户间的互动。网络动画在跨媒介的互文叙事中不断丰满,例如,微信、QQ 等社交媒体平台的表情包与热门动画作品形成双向互哺,丰富着网络动画的产品形态。从传播方式看,网络动画作品使受众可根据自己的观看需求随时接收发布的内容,自行控制观看的内容及进度,相较传统动画接收反馈的延迟性,网络动画通过弹幕、评论区乃至交互设计等方式可即时获取用户反馈,双向互动参与因此成为网络动画的显著特点。

(二)叙事形式个性化

叙事在动画作品中占据着核心地位,同样的故事、不同的讲述将呈现不同的作品、带来不同的体验,而这往往决定着作品的成功与否。总结传统动画的叙事特征,剧本设计注重各部分间的关联性,强调事件本身的逻辑性,具有强文学叙事风格。[1] 相比之下,网络动画则叙事风格多元,从现有成功案例来看,网络动画的剧情或是用碎片化的段子拼凑而成,或是建构一个比传统审美叙事更富有传奇性和幻想性的故事。[2] 网民群体的草根性决定了网络动画故事讲述更倾向于主观情感的表现,网民审美的碎片化决定了网络动画的呈现模式多以短片为主,这也使得动画的叙事节奏更为紧凑、中心情节更为突出。为快速捕捉观众注意力,网络动画的叙事风格显现出个性化特征,作品往往与新兴事物、社会热点、受众需求相呼应,具有较强的时代特性。例如,网络动画《十万个冷笑话》以短篇历史故事为叙事主线,集结各种冷笑话,形成了搞笑的叙事模式,这种轻松幽默的动画短片成为当前快节奏生活中很好的减压方式,满足了当下受众好玩、有趣的个性化需求。

(三)受众范畴全龄化

随着动画播放渠道变迁,网络动画内容的广泛性逐渐显现。不同于传统动画的"儿童定位",网络动画不再只有少儿类、亲子类题材,而是围绕青年群体展开文本创作、话语实践,造型设计由夸张转向写实,关系设定由单一变为多元,通过构建新的异质空间满足青年人观看网络动画时的心理投射。以网络动画《全职高手》为例,该片以电竞为背景,角色设定涉及6大职业系、24个职业选手类型,以群像化的方式铺陈复杂的人物关系,讲述了男主人公在事业受挫后,选择以职场小白的身份从零开始的逆袭之路,正如片中叶修的口头禅,"荣耀从来都不是一个人的游戏",作品在热血、青春的动画氛围中完成了对深层主旨的渲染。

表18-1 电视动画与网络动画受众比较 [3]

对比维度	传统电视台	互联网视频平台
用户属性	少儿频道以低幼用户为主	覆盖全年龄段
观看情况	被动接受,时间有限	主动选择,随时随地观看
观看规模	观看电视的人群以儿童和部分中老年为主,数量有限	我国网民规模达10.32亿,视频平台用户规模达9.75亿

二、网络动画分类

网络动画发展至今,已经产生了多种类型与形式,按照不同的分类标准,网络动画可大致分为如下几类:

---

[1] 马莹莹:《探析当代网络动画的叙事特点》,《电影文学》2012年第10期。
[2] 王黑特、李巾:《网络动画与电视动画的叙事差异探析》,《现代传播(中国传媒大学学报)》2016年第2期。
[3] 宫承波、秦新春主编《中国动漫"走出去"探索》,中国广播影视出版社,2020,第22页。

（一）以制作模式划分

网络动画可分为人机动画、机制动画、编程动画，其中，人机动画指人工绘制动画原画或人工制作动画模型，扫描或拍摄进入计算机后，经过计算机进一步加工或动作控制，再由计算机合成并播放；机制动画指从动画原画创作、模型构建到最后的加工、合成、输出等过程全部由计算机完成；编程动画指动画完全由编程实现，特别适用于抽象的装饰动画和交互性动画，对创作人员的要求较高。[1]

（二）以视觉观感划分

网络动画可分为二维动画、三维动画、虚拟现实动画，二维网络动画在传统二维动画的基础上，采用计算机技术与手绘相结合的手段，应用现代技术平台制作并以互联网为主要平台传播动画作品；三维网络动画运用计算机技术软件模拟三维空间效果，制作出具有立体感和空间感的动画作品，三维动画可以通过技术手段灵活设置镜头，因此，相比二维动画更具逼真的视觉体验和画面效果；虚拟现实动画依托 VR 技术，以动画的形式展现虚拟空间和其中的各类事物，它的主要特点是利用电脑模拟产生一个虚拟的三维空间，同时为观看者提供除视觉、听觉之外的触觉、运动感、方向感等感官体验，观者可以自主运动并与动画内容产生互动，进而令观者如同亲历其境一般，随心所欲地观察虚拟空间内的事物。[2]

（三）以内容题材划分

基于海量的作品，网络动画出现较细的分类，各网络平台动漫专栏也分设了不同类别，腾讯动漫划分为恋爱、玄幻、异能、恐怖、剧情、科幻、悬疑、奇幻、冒险、动作等 16 个门类，内容题材的丰富程度远超电视和影院动画。需要指出的是，虽然各网络平台对动画作品的内容题材进行了分类，方便用户搜寻自己喜爱的动画类型，但事实上，很多动画作品兼具两种或两种以上的动画类型特点，如国产网络动画《狐妖小红娘》除了是一部带有神话、奇幻色彩的作品，人和妖的爱情线也贯穿全片始终。

（四）以表现形态划分

网络动画分为情节动画和非情节动画。情节动画指有故事情节的单独播出的动画短片或连续播出的动画剧集，其中，网络动画短片表现形式丰富，涵盖 Flash 动画、CG 动画、定格动画、数字化手绘动画等，网络动画剧集既包括如《瑞克和莫蒂》《画江湖之不良人》《泡芙小姐》等"连续剧"，也包括《中国妖怪录》这类拥有多个独立故事但归属同一个主题的系列动画；非剧情类动画指最终呈现的内容并非故事，而是通过动画手段形象展示所传播的信息，较为常见的有基于可视化数据、卡通形象进行知识讲解的科普动画，这类动画多应用于军事模拟、医学仿真、建筑效果等领域。

---

[1] 容旺桥：《计算机动画综论》，南京师范大学，硕士学位论文，2002，第 58 页。
[2] 宫承波、王大智、朱逸伦主编《动画概论（第三版）》，中国广播影视出版社，2018，第 47 页。

（五）以应用范畴划分

除了日常在各大视频平台观赏到的诸如《十万个冷笑话》《秦时明月》《亡念之扎姆德》《瑞克和莫蒂》等动画片，根据应用领域，网络动画还可划分为游戏动画、表情动画、演示动画等。游戏动画是运用于数字媒介中，通过对场景的模拟和互动参与，使人获得快感或某种技能的动画作品，例如《阴阳师》CG动画、《恋与制作人》交互动画等；表情动画常运用于网络人际交往，通过非语言符号辅助情感表达；演示动画是以动画的形式进行某种信息传播，如企业宣传、产品展示、商品广告等。

第三节　网络动画的现状与前景

纵观中国网络动画近年来的发展，从动画的初步崛起到资本的广泛投入再到厂牌效应的逐步成形，大量优秀的网络动画作品不断涌现，不仅为人们提供了崭新的娱乐内容，也为中国动画走向世界提供了新的契机。

一、网络动画发展现状

随着制作技术手段的突飞猛进，网络动画的创作水准显著提高，民族化艺术风格突显。网络动画在实现产业价值的同时也成为文化传播的载体，助力国家文化软实力的提升。

（一）取材传统文化、遵循东方美学，中国风作品频出

经历了效仿国外的摸索阶段，国产网络动画开始探寻新的出路，具有中国元素、中国风格的动画作品搭载网络媒体以创新的姿态重回大众视野，《大理寺日记》《百妖谱》《如果历史是一群喵》《中国唱诗班》《一人之下》等作品立足本土文化，遵循中国美学表达，通过现代化叙述方式传达着国产网络动画的魅力。从内容取材看，具有万年文化史、千年文明史的中国为动画创作提供了丰富的"原料"，吸纳东方文化构建故事框架、展现中华精神和道德伦理成为创作思路之一。例如《大理寺日记》以唐朝武明空统治时期为背景，在武侠侦探叙事中折射出强烈的民族情感；《如果历史是一群喵》以猫星人为主角勾勒华夏历史，反映中华文化的主体精神。从美学表达看，国产网络动画有意延续20世纪中国动画学派的美学风格，在"奇、趣、美"的基础上凸显民族之美，如《中国唱诗班》系列作品实现了历史名人与中国古诗词的完美嫁接，人物装束、场景构建等细节参照历史资料完成，其民族意蕴获得了全龄段观众的认可。

（二）改编作品多元，原创能力增强，新题材不断探索

国产网络动画整体呈现改编为主、原创为辅的市场趋向。从改编作品来看，围绕热门IP进行动画改编已成为各大平台、公司重要的内容产出来源，IP取材较为丰富，有《斗破苍穹》《魔道祖师》等小说IP改编、《西行纪》《狐妖小红娘》等漫画改编、《梦幻书院》《穿越火线：幽

灵计划》等游戏改编以及取材《爱在西元前》的歌曲改编。从原创作品来看,《罗小黑战记》《画江湖之不良人》《伍六七》等优秀作品不断涌现,资金扶持、宣传营销、商业合作等举措激活了原创动画市场。网络动画的题材持续细分,动画类型的覆盖面较为全面,围绕建党百年推出的《血与火:新中国是这样炼成的》《写给家乡的三行诗》等网络微动画,教育性与观赏性兼具;《灵笼》《星骸骑士》《吞噬星空》等科幻类作品初露头角;玄幻古风类作品依旧是当下最热门类别,统计显示,2021年含玄幻元素的作品占比达27%,含奇幻元素的作品占23%。

(三)3D动画增量,竖屏动画初显,质与量显著提升

5G时代的到来,XR、AI等技术的运用,动画体验从单一视觉朝向多元、立体、超真实方向迈进,3D动画成为发展最迅猛的动画类型。国家广电智库数据公布显示,2021年网络动画片中,3D动画片占全年上线总数的41%,同比去年上升14个百分点,且动画体量多为单集时长10分钟以上的"大"作品。

相对于3D网络"大"动画的发展,以"小"著称的网络动画短片、泡面番等凭借短视频的风口,贴合智能手机时代人们观看习惯的改变,开启了竖屏动画时代。《一禅小和尚》《萌芽熊》《我的爸爸是条龙》《垂直世界之地中海美少年》《王兄李兄没完没了的故事》等竖屏动画以不同的调性吸引着大量短视频爱好者,既成为短视频内容市场的流量来源,也开启了动画制作的新方向。

(四)播出平台扩大,市场需求旺盛,产业链逐渐完备

视频平台是动画作品展示的窗口,是快速扩容受众的重要一环,在经历了土豆网、PPTV、56网等在线网络视频网站之后,网络视频重新洗牌,形成了如今以腾讯、爱奇艺、优酷、B站为主导的视频网站格局。移动互联网的普及,抖音、快手等短视频平台强势崛起,为网络动画的传播展示提供了又一平台。各网络视频平台利用自身优势,通过广纳优秀作品、扶持优秀原创、IP联动合作等方式影响着网络动画的发展走向,仅2021年上线的网络动画,头部平台自制、参与出品的作品就占全年网络动画上线总量的62%。

纵观市场需求,二次元用户高速增长,2020年即超过了4亿用户,成为动漫产业发展的重要利好因素。国产动画企业成长迅速,目前全国具有动画制作资质的机构近5万家,动画产业基地25个、教学研究基地8个,形成了中国国际动漫节、南京(国际)动漫创投大会等动画展示交易平台。"内容生产—渠道传播—衍生变现"的工业化制作体系逐渐成熟,使动漫产业在用户付费、商业广告的基础上,形成了以IP为核心驱动力的跨媒介联动发展,通过泛娱乐产业生态链重要一环的身份助力互联网娱乐产业生态系统的建设。

(五)国家政策扶持,国际市场广阔,走出去进程加快

网络动画的发展环境持续向好,国家政策的扶持力度不断加大,近年来更加强了对中华优秀传统文化、社会主义核心价值观等题材动画的扶持,启动实施了"中国经典民间故事动漫创作工程""社会主义核心价值观动画短片创作扶持活动"等。伴随国产动画整体水平提升,动画"出海"正以独创性的风格和题材向国外观众展示中国文化魅力,在讲好中国故事方

面日益发挥重要作用。近年来,一些优秀国产网络动画进入国际视野:2019年,短片《冲破天际》获得第91届奥斯卡最佳动画短片提名,成为首部正式提名奥斯卡奖的中国动画作品;系列动画《灵契》在美国、英国、俄罗斯等多个国家的电视台播放;《百妖谱》《我开动物园那些年》《元龙》《汉化日记》等十余部网络动画片与Netflix、Funimation、Sony Music Solutions、Aniplex等公司达成海外版权合作,涉及全球近200个国家及地区;《伍六七》第三季更是以4种语言配音和29种文字字幕版本在全球超过190个国家和地区播放。这表明,具有中国风格、讲述中国故事的动画作品正被更多海外观众所认可,文化软实力的输出取得了一定成效。

二、网络动画发展趋势

网络动画片从边缘到主流、从小众到大众、从定位低幼人群到覆盖成年人,呈现出强劲的发展势头。面对诸多优秀网络动画作品,我们也要清醒认识到,国产网络动画在整体发展水平上与时代要求、人民期待和国际水平仍存在差距。中国网络动画在紧跟媒介转向、技术演变的过程中,需进一步提高国产动画的精品度、品牌化,以优质IP为核心,融入国家文化战略,创造出有价值、可传世的动画作品。

(一)引导与塑型:强化价值引领,构建新中国动画学派

自改革开放以来,市场机制激发了文艺创作的积极性、创造性,对动画创作方来说,需看到市场的积极作用,在市场的洗礼中锻造文艺精品,同时也要看到市场逐利对文艺生产带来的误导。面对全龄段打造的网络动画应提高警惕,把握动画创作的社会责任、社会效益,坚持正确的价值导向、审美取向,丰富动画作品的精神内涵,促进国产网络动画的健康发展。

第一,将社会主义核心价值观融入网络动画的创作之中,在共通价值中引发共情。中华民族有一脉相承的精神追求、精神特质、精神脉络,如何将中国精神有效融入动画故事之中是网络动画需要思考的问题。网络动画创作要善于用讲故事的方式,找准社会主义核心价值观与人们思想道德情感的契合点,在兼顾"中国风"为创意源头的基础上,讲述能够打通文化壁垒、引发海外观众价值认同的好故事。

第二,构建独具中国特色的网络动画形态,在民族性回归中塑型中国动画。民族化风格是中国动画长久以来的艺术追求,尽管在最初面对美、日动画时没有招架之力,一度模仿潮流而丢掉了民族化追求,但在网络时代,具有新式民族风格的动画作品得到了广大网友的普遍好评。[1] 可见,网络动画创作的民族性回归是基于广泛的受众基础之上的,其民族风格不再与早期的中国学派相同,而是融合时代特征,兼具传统文化与现代文明展示,以民族风格的新样态打通国际市场,为文化软实力建设添砖加瓦。

(二)创新与发展:深耕精品原创,打造核心竞争力品牌

精品原创是当前网络动画转型升级中需要高度重视的问题。从精品意识角度来看,网络动画在创作之初就需要保有"反复磨工"的匠人精神,在制作过程中充分了解目标受众的

---

[1] 宫承波、秦新春主编《中国动漫"走出去"探索》,中国广播影视出版社,2020,第304页。

深层需求,力图创作打动人心的经典之作;从原创意识角度看,动画创作方应充分挖掘各种资源,不断推出新的创意构思、内容题材、表现手法,在提高艺术表现力、创造力的过程中培育更多具有原创价值及核心竞争力的动画形象、动画作品和动画品牌。

在大动画的时代,网络动画将作为文娱产业链条的一个分支,有效拓展动画业务范畴。动画产业应进一步加强企业间的战略合作,将动画 IP 同漫画、剧作、游戏、新媒体互动、衍生品相关联,同文娱产品、服装产品、食物产品等联合开发,实现不同企业动画创作、生产、传播的优势互补,达成网络动画发展与企业发展的共赢局面,推进网络动画产业的可持续发展。

本章思考题

1. 网络动画的主要特征是什么?
2. 网络动画有哪些类型?
3. 网络动画有怎样的发展趋势?

本章参考文献

1. 宫承波,王大智,朱逸伦.动画概论(第三版)[M].北京:中国广播影视出版社,2018.
2. 宫承波,秦新春.中国动漫"走出去"探索[M].北京:中国广播影视出版社,2020.
3. 姜军,张光帅.网络动画设计[M].北京:清华大学出版社,2007.
4. 张慧玲."动画+":中国影视动画产业转型升级研究[M].北京:社会科学文献出版社,2016.
5. 张西蒙,戴劲.网络动画的定及特征[J].艺术教育,2009(07).
6. 孙平.我国网络动画的特征及技术发展历程[J].青年记者,2017(14).
7. 盘剑.中国动画的媒介转向[J].当代动画,2021(02).
8. 马莹莹.探析当代网络动画的叙事特点[J].电影文学,2012(10).
9. 王黑特,李巾.网络动画与电视动画的叙事差异探析[J].现代传播(中国传媒大学学报),2016,38(02).

第十九章 网络游戏

扫码可见
第十九章 PPT

游戏作为人类社会中普遍存在的一种交往形式,是生长过程中基于物质满足之上,在特定的时间和空间内追求精神世界需求满足的一种社会行为,也是成长初期用以了解世界、与环境互动的方式。

柏拉图曾将游戏定义为幼年时期用以生活和提升自我能力的有意识的模拟活动,将游戏描述为成长过程中的重要阶段。麦克卢汉也在《理解媒介》一书中提出,"游戏是一种大众艺术,是特定文化行为的集体、社会反映"①。徐复观先生则认为艺术很大程度上是由游戏展开的歌谣、舞蹈等派生的,而游戏在原始生命中呈现得最早,可能先于其他一切艺术而出现。因此在多元起源论中,以游戏说与艺术的本性最为吻合。②

随着时代发展与信息科技的进步,游戏一词从传统定义更多地偏向指代电子游戏。如今,电子游戏被称为第九艺术,已经成为与电影、数字媒体等同样重要的分支。在新媒体艺术行业,电子游戏处于持续发展的上升阶段,其中,网络游戏发展尤为迅速。

第一节　网络游戏概述

网络游戏又名在线游戏(Online Game),是指以互联网为传播媒介、以游戏运营商服务器和受众个人数字设备为处理终端的各类游戏的总称,玩家可以通过游戏客户端软件为信息交互窗口,实现娱乐、休闲、交流。网络游戏与单机游戏的区别在于玩家必须通过互联网来衔接运营商的服务器,以实现多人实时互动。

一、网络游戏的诞生

网络游戏一般指由多名玩家通过网络在虚拟环境下对角色以及场景按照一定的规则进行操作与互动的文化产品。

1950年加拿大国家展览会中,由约瑟夫·凯特制作的类井字棋游戏 *Bertie the Brain* 是目前可查询到的最早的可操作电子游戏。凯特制作这款游戏的目的在于展示加法管(一种微

---

① 马歇尔·麦克卢汉:《理解媒介——论人的延伸》,何道宽译,商务印书馆,2000,第291页。
② 徐复观:《中国艺术精神》,商务印书馆,2010,第13页。

型真空管)的运行成果。但由于专利问题,加法管没有得到普及,更为先进、高效的晶体管代替加法管成为计算机的构成原件,于是加法管与 Bertie the Brain 一起成为了历史。但这一次展示仍然具有历史性的意义,可以被认为是电子游戏商业化的里程碑。

真正被定义为第一款网络游戏的是 1969 年由瑞克·布罗米为 PLATO 系统编写的名叫《太空大战》的游戏,它以 1961 年麻省理工学院的史蒂夫·拉塞尔等人编写的同名游戏为蓝本,通过 PLATO 系统(Programmed Logic for Automatic Teaching Operation,自动化教学操作程序)实现两人远程连线,这使《太空大战》成为第一款可以依托数字技术进行的线上游戏。

二、网络游戏的种类

自网络游戏诞生以来,游戏玩法的创新成为各大游戏运营商争相探索的课题。通过不同的判别标准,可以将网络游戏进行不同种类的区分。

(一)以运行终端区分

以网络游戏的运行终端进行区别,可以将网络游戏分为电脑游戏与手机游戏。通过下载运营商所提供的客户端或者通过 Web 浏览器,玩家可以连接游戏公司的服务器进行游戏。游戏信息记录在游戏运营商的服务器中,玩家可以随时通过互联网使用终端连接服务器,以达到多次进入游戏的目的。

(二)以游戏内容区分

经过半个多世纪的发展,如今网络游戏已经拥有如动作游戏(ACT: Action Game)、冒险游戏(AVG: Adventure Game)、角色扮演游戏(RPG: Role-playing Game)等二十余种,随着新游戏的不断开发,未来的游戏模式将更加多样。德国学者克劳斯·皮亚斯在《电子游戏世界》一书中将游戏划分为"动作""冒险"和"策略"三大类,精炼地归纳了游戏的三种经典模式。比如,克劳斯将第一人称射击类游戏(FPS: First Person Shooting Game)视为动作游戏的变种;而类似于《星际争霸》这样的即时战略类游戏(RTS: Real Time Strategy Game)则是策略类游戏的衍生游戏;《DOTA》与《英雄联盟》等多人在线竞技类游戏(MOBA: Multiplayer Online Battle Arena)则是结合了动作与策略的元素。[①] 通过这种归纳方式,可以更加快速地分辨不同游戏的类别。

三、网络游戏发展的影响因素

网络游戏发展迅速,尤其在步入 21 世纪,其成长速度超出大多数人的预料,这其中既有科技发展的原因,也有社会环境的原因。

第一,社会环境因素。社会发展与进步是中国游戏行业勃兴的一大原因。早期社会环境对电子游戏普遍持有贬低态度,相关媒体的报道中也存在价值取向和导向上的偏差,负面

---

① 克劳斯·皮亚斯:《电子游戏世界》,熊硕译,复旦大学出版社,2021。

报道的现象在一段时间内快速增加。自 2001 年后,游戏相关负面报道开始减少,正面报道数量逐渐提升。① 同时期国内网络普及率逐步提高,网络游戏成为年轻人群体的主流娱乐方式,社会环境的改变为网络游戏的发展创造了有利空间。

第二,技术因素。网络游戏的生产与运营严重依赖信息技术的发展。家用电脑的硬件升级与移动设备的普及使网络游戏的内容更加丰富,而宽带速度的提升与 5G 网络的架设让游戏环境变得更加顺畅,玩家交互成本的下降使网络游戏的普及范围不断扩大。

第三,行业监管因素。早期游戏步入中国市场,政府相关部门管控相对宽松,在此基础上,网络游戏飞速发展。但由于缺乏相关政策的限制,网络游戏内容参差不齐,产品存在大量暴力、色情内容及非法交易等现象,严重损坏了网络游戏运营环境,危害了网游市场的健康发展。2005 年国家出台《文化部、信息产业部关于网络游戏发展和管理的若干意见》,针对网络游戏市场秩序提出整改措施,通过宏观调控方法使网络游戏环境规范化、健康化。

第四,经济因素。中国社会的全面脱贫实现了社会层面的物质需求满足,人们拥有更多的时间、金钱去实现个性化消费。新环境下,网络游戏受众拥有更高的消费意愿,游戏产业的发展环境得到了极大改善。

第二节 网络游戏的传播模式

游戏的娱乐功能加之互联网的交互属性使网络游戏成为当下热门的文化消费内容,伴随玩家基数的不断增加、发展环境的利好,网络游戏产业也步入了有序发展阶段。

一、网络游戏特征

网络游戏具有超时空性、隐匿性、开放性、交互性等特征。

作为依托于互联网、脱离现实环境的互动形式,游戏的参与者不需要自身与互动者处于同一空间。相较传统游戏,网络游戏对玩家而言更加容易参与其中,它以超越时间与空间限制的方式,借互联网将两人或多人连接在同一虚拟环境中,其超空间性拉近了玩家之间的距离,游戏中的虚拟环境也成为新型的社交活动平台。

在虚拟的网络空间中,玩家将自己的信息符号化,通过重构自身信息,可以使用与现实世界中完全不同的身份参与活动,而不用担心真实的个人信息被对方获取。虚拟环境给予玩家良好的信息保护,在信息得以隐藏的环境中,玩家真实的内心情感将得到自由释放,甚至出现与现实中截然相反的意识和言行。

开放性是互联网的根本特性,网络游戏亦如此。网络游戏的参与门槛相对较低,大部分游戏对终端性能的要求不高,游戏官方不会对玩家的现实身份进行评判,只要遵照游戏规则,每个人都可以参与其中。

---

① 何威、曹书乐:《从"电子海洛因"到"中国创造":〈人民日报〉游戏报道(1981—2017)的话语变迁》,《国际新闻界》2018 年第 5 期。

网络游戏的交互性体现在游戏的各个环节中,既包括游戏角色与角色的交互、与环境的交互、与声音的交互,也包括玩家与玩家的交互。可以看出,游戏的规则性、互动性、竞争性愈加明显,游戏从最初的审美的、艺术的活动愈加成为有实践指向的社会性活动。[①] 游戏通过交互设计让玩家参与其中,玩家成为群体中的一员,通过群体聚合力保证自身的留存,这在某种程度上也强化了游戏的社交功能。

二、网络游戏营销

网络游戏营销有多种形式,其中,广告投放较为常见。游戏广告的投放通常在游戏发布前一年到半年之间开始,好的宣传效果能够帮助游戏在运营初期就取得巨大的营收。随着网络游戏的竞争愈演愈烈,广告投入也变得越来越多,大型游戏产品的广告价格甚至高达上千万元。广告投放的方式多种多样,可以通过各互联网平台的广告位进行投递,也可以通过实体广告位投放,如公交车站、地铁站、火车站等的广告牌。此外,游戏厂商还会与实体厂家联动推出限定商品,这在一定程度上能够起到与广告相同甚至更好的效果。

平台推广通常是大型网络公司使用自身渠道搭建游戏平台,以收取平台推广费用的方式帮助游戏进行宣传。游戏在平台的营收会与平台公司分成,较为著名的游戏平台包括 Steam、腾讯 WeGame 等。

社区式营销常通过网络社交媒体进行,是在玩家相互交流中实现目标的营销模式。社区式营销主要围绕游戏氛围浓厚的环境展开,如微博、贴吧、B 站等。社区营销模式还包括事件营销、口碑营销、危机营销和黑红营销等方式,群体在交流中容易受到暗示的影响,[②]社区营销恰好利用这一点,在玩家没有意识到的情况下植入信息,达到营销目的。

三、网络游戏运作方式

网络游戏本身具有社交互动的能力,而游戏制作商可以通过放大游戏的互动效能,增加玩家游戏时间,提升玩家黏合度。

互动导向的游戏运作模式分为游戏内互动与游戏外互动。游戏内的运作模式体现在玩家在游戏中的相互沟通与配合,并以此完成游戏任务。例如《DOTA》《英雄联盟》等,在游戏过程中需要多名玩家相互协作,共同完成游戏目标。游戏外的运作模式则体现在游戏社区、社交媒体中。此类运作模式需要依靠玩家对社区具有极高的黏合度,以保证玩家可以将游戏假定为第二社交场景。较有代表性的是腾讯背靠 QQ 与微信的海量用户群体,在此基础上运营的手游《王者荣耀》与《和平精英》。

强互动要求游戏过程中进行深度合作与交流,但玩家自身的差距并不能完全因跟随群体活动而消除,行为与认知水平的差异会加大分歧,可能导致同阵营之间玩家的冲突,严重影响个体的游戏体验。

[①] 陆正兰、李俊欣:《从"理性的人"到"游戏的人":游戏的意义理论研究》,《江西师范大学学报(哲学社会科学版)》2020 年第 5 期。

[②] 古斯塔夫·勒庞:《娱乐至死》,山药译,民主与建设出版社,2017,第 66 页。

与互动导向游戏的运作模式不同,内容导向性游戏相对弱化了游戏中的社交属性,将玩家的注意力更多吸引到游戏进程当中。内容导向游戏依然同属网络游戏范畴,但其内部附带的社交互动功能实为游戏内容的附属,不在游戏中占据主导地位。这一模式主要使用在二次元类别游戏中,如《原神》《阴阳师》《明日方舟》等,游戏本身的质量可以使玩家对游戏产生认同感与沉浸感,以此拓展游戏群体。

强内容的游戏模式依靠游戏运营商高质量、高效率、高稳定性的内容产出,游戏设定在这里显得尤为重要,一旦游戏出现设定偏移或崩坏、人物形象崩塌、产出内容质量起伏过大等,都可能导致游戏口碑下滑以及玩家的大量流失。

四、玩家心理分析

身份问题是社会学与哲学中的基础命题,身份研究主要关注如何定义自我、社会与文化如何塑造自我等,这些问题在网络游戏领域仍然十分重要。玩家参与游戏的动机不仅是为了娱乐,还包括在游戏中寻找新的社会关系,形成情感依赖和新的身份认同等。玩家在游戏中使用自己设定的身份,该身份可以与现实完全不同,包括种族、性别、性格、体态等。玩家通过带入虚拟人物的视角,体验与现实完全不同的行为模式。[1] 虚拟社区中的人们会对玩家的虚拟形象做出回应,这种回应则依托于对方对这一形象的刻板印象,这种回应很大概率符合玩家心理中对自身的定位。[2] 长时间参与虚拟社区的活动,对虚拟形象的认同感会逐步增加,从而模糊自我与化身的界限。[3] 可以说,网络游戏为个体重新确认身份提供了新思路。

与游戏相比,现实难以持续,然而从游戏中得到的满足感,是一种可再生的资源。[4] 通过投入游戏之中,玩家更容易快速获得自我满足。游戏中实现的自我满足往往经由游戏开发者设计,需要玩家付出一定时间完成要求,或者进行消费后获取。玩家在努力之后收获等级、装备、道具、地位等,实现了内心的满足感。而当玩家的游戏等级达到一定高度后,通常可以将自己的进度与成果分享至游戏内的交流频道或者游戏外的社交媒体平台,这种方式又使个人自我展示需求得以满足。

网络游戏的功能之一是与不同玩家进行互动,这也是网络游戏和单机游戏最大的区别。单机游戏中,玩家的交互对象只有早已设定好的程序,对玩家的诉求不会进行反馈。网络游戏则能实现玩家与玩家之间的互动需求,通过游戏内的聊天频道或游戏社区、论坛等实现跨越地域的人际交往。

---

[1] 周逵:《沉浸式传播中的身体经验:以虚拟现实游戏的玩家研究为例》,《国际新闻界》2018 年第 5 期。
[2] 陈静、周小普:《规则、随机性、符号:作为意义生产模型的"游戏性"及游戏的媒介性质——以〈阴阳师〉与〈王者荣耀〉为例》,《国际新闻界》2018 年第 10 期。
[3] 周逵:《作为传播的游戏:游戏研究的历史源流、理论路径与核心议题》,《现代传播(中国传媒大学学报)》2016 年第 7 期。
[4] 简·麦戈尼格尔:《游戏改变世界:游戏化如何让现实变得更美好》,闾佳译,浙江人民出版社,2012,第 253 页。

第三节　网络游戏的未来展望

根据中国音数协游戏工委与中国游戏产业研究院发布的《2021年中国游戏产业报告》显示:2021年,中国游戏市场实际销售收入2965.13亿元,比2020年增加了178.26亿元,同比增长6.40%。尽管产业份额不断增加,但其所带来的负面影响也不容忽视,因此应在相关政策法规监管前提下保持良性发展、有序发展。①

一、网络游戏现状

与2020年相比,2021年游戏人口红利趋于饱和,中国游戏用户规模保持稳定增长,用户规模达6.66亿人,同比增长0.22%。与此同时,在防沉迷新规落地后,未成年人保护收获实效,用户结构趋向健康合理。

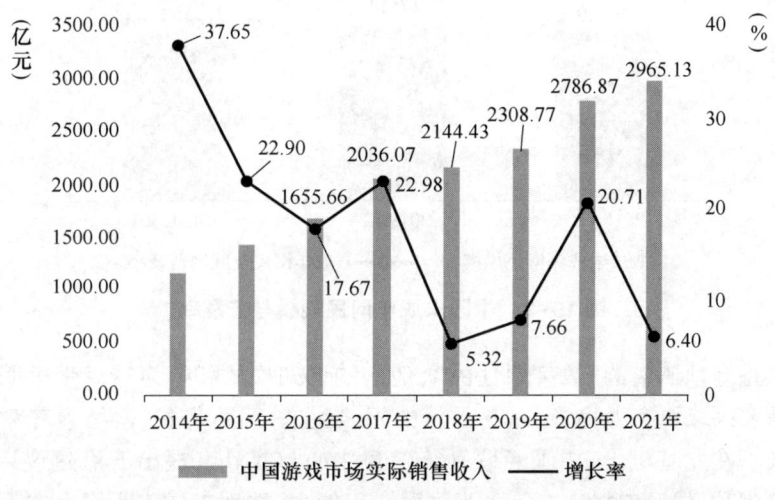

图19-1　中国游戏市场实际销售收入及增长率

5G时代的来临与移动互联的深度使用使手机游戏成为当前接受度最高的网络游戏形式之一,移动游戏也成为中国文化出口的特色产品,在中国自主研发的移动游戏海外地区收入分布中,美国、日本、韩国的收入占比超过六成,其中,美国在近两年都是中国游戏企业出海的重要目标。2021年,中国自主研发游戏海外市场实际销售收入达180.13亿美元,比2020年增加了25.63亿美元,同比增长16.59%,增速同比下降约17%。但从近五年的平均增长幅度看,我国游戏出海份额呈现稳定上升态势,出海游戏在用户下载量、使用时长和用户付费

---

① GAMELOOK:《2021年中国游戏产业报告:今年市场规模2965.13亿元、同比增长6.4%》,2021年12月,http://www.gamelook.com.cn/2021/12/465961,访问日期:2022年6月24日。

三方面均保持增长。

在游戏领域,未成年人沉迷游戏是无法忽视的问题。中国未成年人网络使用率已经接近饱和状态,共青团中央维护未成年人权益部与 CNNIC 于 2021 年 7 月发布的《2020 年全国未成年人互联网使用情况研究报告》显示,2020 年中国未成年网民高达 1.83 亿人,互联网普及率 94.9%,相较 2019 年提升了 1.8 个百分点。其中,超过三分之一的小学生在学龄前就开始接触互联网,随着数字时代的发展,我国触网低龄化趋势愈发明显。①

经济发展与城乡基础建设差距的缩小使得城乡未成年人互联网普及率逐年接近,在未成年群体中,未成年网民拥有属于自己上网设备的比例达 82.9%,使用手机上网的比例为 92.2%,拥有个人手机的比例为 65.0%。利用互联网学习的未成年网民比例为 89.9%,较 2019 年提升 0.3 个百分点。上网玩游戏的未成年网民比例为 62.5%,较 2019 年提升 1.5 个百分点。看短视频的未成年网民比例为 49.3%,较 2019 年提升 3.1 个百分点。

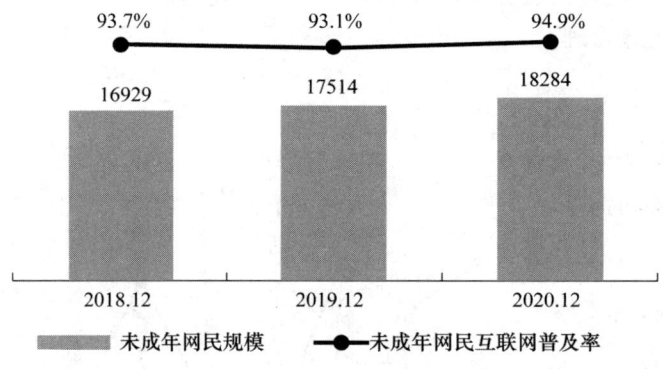

图 19-2　中国未成年网民规模与普及率

未成年人是地地道道的"数字原住民",他们的认知模式和行为特点带有明显的网络化特征。因此需要采取更有力措施,以高质量的网络生态、网络保护、网络素养教育助力未成年人健康成长。在此基础上,中国互联网络信息中心(CNNIC)提出五点建议——完善未成年人隐私信息保护、提升农村未成年人互联网应用能力、重视未成年人网上非理性行为的监管、完善在线教育模式、引导家长为子女树立榜样并提升管理能力,通过规范网络环境、建立良好网络秩序保护未成年人的身心健康。

二、网络游戏衍生行业

网络游戏的如日中天带动了相关衍生产业的发展,游戏直播首屈一指。游戏直播分属直播行业,通常是在直播平台实时直播游戏进程,现已成为网络游戏产业的重要组成部分。根据报告显示,游戏直播观众规模在 2021 年达到 8.1 亿人次,并且有望在 2025 年达到 14.1

---

① 中国互联网络信息中心(CNNIC):《2020 年全国未成年人互联网使用情况研究报告》,中国互联网络信息中心,2021 年 7 月,http://www.cnnic.cn/hlwfzyj/hlwxzbg/qsnbg/202107/t20210720_71505.htm,访问日期:2022 年 6 月 24 日。

亿人次,其中电子竞技直播占比较高,2022 年末,全球电子竞技观众人数预计将达到 5.32 亿。同时,核心电竞爱好者的数量将达到 2.612 亿,偶尔观看的非核心观众人数也将增长至 2.709 亿。

竞技化与专业化同样是网络游戏发展的重要方向。电子竞技产业预计将在 2022 年末创造近 13.8 亿美元的营收,中国市场贡献了全球电竞市场收益的近三分之一。东南亚、中南亚以及拉美是电子竞技增速最快的地区,2020 年至 2025 年间其复合年增长率分别达到 27.6%、23.4%和 19%。2025 年时,全球电子竞技收益将按照 13.4%的稳健复合年增长率,增长至 18.6 亿美元。①

此外,基于游戏的二度创作也蕴藏商机。通过对网络游戏内容的仿作、改编、引用并加以衍生开发,创作者可以分享观点、创造价值并寻求同好认同。围绕游戏的二度创作包括视频制作、文字创作、模型周边、Cosplay 等,如今已逐渐形成了新型产业形态。

三、网络游戏的发展前景

网络游戏生产依托资金的大量投入,其中包括游戏制作、服务器构架、市场分析、运营管理等,其所呈现的最终品质通常与制作公司投入的资金及开发精力成正比。在游戏开发中,游戏引擎意义非凡。利用游戏制作引擎,开发团队可以改良制作系统、加快开发进度、缩短项目周期,游戏引擎开发公司对自身制作工具的升级迭代也将进一步改进生产流程。当游戏引擎工具的整合性与功能性得到提升,游戏开发的技术难度将会大幅下降。以虚幻引擎 5 为例,Epic Games 公司开放使用权限,不但提供了游戏、动画及虚拟制片的工具和资源,而且提供了一套完整的创作生态,无论独立开发者还是开发团队,只要对游戏创建或 3D 动画感兴趣,都可以借助虚幻引擎的开发优势,以其自带的工具集和各种内嵌系统参与到产品创作与研发中来。随着技术门槛的不断降低,网络游戏产业也将迈上发展的新台阶。

(一)游戏载体,文化赋能

游戏需要构建一个独立且完整的世界观,这种世界观的构建可以依托现实社会,对真实场景进行再创作,也可以是完全独立的架空世界。游戏独特的意义生产,使它作为媒介具备了一些其他媒介无法拥有的特质,这已超越了行为层面的"交互性"。比较而言,有所依凭的游戏往往能够取得较高的关注。例如,《三国无双》系列以中国古典名著《三国演义》中的故事为背景进行创作,《战神》系列则是对希腊神话故事的改编制作而成。

与现实世界密切相关的游戏符号建构可以使玩家在接触相关信息时快速唤醒记忆,例如 2019 年 4 月 15 日,法国巴黎圣母院突发大火,建筑烧毁严重。火灾发生不久,大量游戏玩家提出可以通过《刺客信条:大革命》中建造的巴黎圣母院模型进行修复。出现这样的声音是因为,《刺客信条:大革命》在宣发初期曾以游戏内建有 1∶1 的巴黎圣母院模型作为卖点

---

① Newzoo Export:《2022 年全球电竞与游戏直播市场报告》,https://newzoo.com/cn/articles/2022-global-esports-live-streaming-market-report-chinese-china-accounts-for-nearly-a-third-of-global-esports-revenue,访问日期:2022 年 6 月 23 日。

进行宣传。虽然事后证实游戏内的模型并非真正1∶1建造,但巴黎圣母院与《刺客信条》已经建立连接,成为玩家意识中的文化符号。

图19-3 《刺客信条:大革命》中的巴黎圣母院

近年来,国产游戏同样重视游戏内容与传统文化的结合。正在制作中的《黑神话·悟空》就采用了大量真实场景作为游戏地图,包括重庆大足石刻、泽州玉皇庙二十八星宿塑像等。2019年的《原神》也使用大量现实场景作为地图,如桂林龙胜景区与象山景区、张家界、长白山等地。腾讯游戏发布的《火影忍者手游》则与四川省川剧院联合推出名为"蜀面豪杰"的角色。将现实融入游戏,向青少年为主体的游戏群体进行传播,这种方式有利于激活文化资源,为民族文化赢得广泛关注。

图19-4 《黑神话·悟空》大足佛像

(二)竞技化、专业化与人性化

电子竞技是网络游戏比赛达到"竞技"层面的体育项目,主要利用网络与电子设备为器械进行人与人之间智力和体力的比拼。游戏从早年的"精神鸦片"发展至如今的竞技项目,

图 19-5 《原神》场景采用张家界实地风景

这本身就是重大变革。2021年11月6日,英雄联盟全球总决赛在冰岛再次召开,全球总决赛通过19家转播机构在34个平台上以18种语言播出。决赛中,平均每分钟观众数(AMA)达到3000万人,比2020年增加了32.82%并创造了电竞历史最高的直播收视率。① 这表明,电子竞技已经和传统体育一样,拥有了数量庞大的赛事观众。

2003年11月18日,国家体育总局正式批准,将电子竞技列为第99个正式体育竞赛项目。2008年,国家体育总局将电子竞技改批为第78号正式体育竞赛项目。2018年雅加达亚运会将电子竞技纳为表演项目。2020年12月16日,亚洲奥林匹克理事会宣布电子竞技项目成为亚洲运动会正式比赛项目,并参与杭州2022年第19届亚运会,英雄联盟、王者荣耀(亚运版)、和平精英(亚运版)、炉石传说、刀塔2、梦三国2、街头霸王5和FIFA Online 4(足球在线4)等8个项目入选。②

与竞技比赛同时发展的还有赛事无障碍直播间。2021年英雄联盟世界总决赛比赛期间,B站直播推出了首个电子竞技无障碍直播间,通过引入AI语音智能识别,为听障游戏爱好者即时显示解说内容。B站还携手专业手语翻译团,在赛况播报及赛后采访环节提供手语翻译,将游戏直播内容传递给特殊观众,以此传递人文游戏、无差别竞技精神。

(三)载体多元,体验丰富

游戏具有技术同一性,可以从一个承载平台移植到另一技术终端,且原作的风格面貌基本保持不变。为了争取更好的用户体验,目前游戏公司的普遍做法是配合不同终端推出同一游戏的不同版本,从而实现跨屏互动。如《原神》便推出了电脑客户端、手机客户端、索尼

---

① 王磊:《同时观看人数超7000万,英雄联盟决赛收视纪录再创新高》,北青网百家号,https://t.ynet.cn/baijia/31761767.html,访问日期:2022年6月27日。
② 根据"百度百科"整理。

PS5 版本及任天堂 Switch 版本,不同版本的游戏内容完全一致,玩家可以通过在游戏中搜索对方 UID 的方式实现跨平台联机,获得打破平台壁垒的互动体验。

作为网络游戏运行载体的终端设备,计算机与手机都在不断进行技术革新,尤其在手机性能测试方面,游戏能力成为手机厂商需要考虑的技术因素。随着 5G 时代的到来,游戏设备的升级迎来下一个关键节点。目前有线宽带与无线移动网络的流量速度已经远超游戏终端的网速需求,过剩的网络带宽是促使下一代电子终端研发的重要推力。

作为目前较为前沿的游戏模式,VR 游戏正逐渐走向大众视野。VR 游戏建立在虚拟现实技术基础之上,以外接设备为中介,为玩家打造非凡的虚拟感官体验。2022 年 5 月 26 日,STEPVR 发布了首款国内自主研发的万向跑步机"国承一号"(VR Gates01),这也是全球首款元宇宙入门产品,实现了虚拟世界视觉、嗅觉、听觉、触觉以及前庭平衡感觉"五感"的真实还原,让用户可以在 3 平方米的小空间内体验虚拟世界。①

结合当下大火的开放世界游戏与元宇宙概念,也许在不远的将来,人类便可以如同电影《头号玩家》构想的那样,拥有可以随身携带、随时连接虚拟空间的数字产品。

本章思考题

1. 网络游戏有哪些类型?
2. 分析网络游戏的主要特征。
3. 如何看待青少年游戏沉迷现象?

本章参考文献

1. 陈静,周小普. 规则、随机性、符号:作为意义生产模型的"游戏性"及游戏的媒介特质——以《王者荣耀》与《阴阳师》为例[J]. 国际新闻界,2018,40(10).
2. 古斯塔夫·勒庞. 乌合之众[M]. 山药,译,北京:民主与建设出版社,2017.
3. 何威,曹书乐. 从"电子海洛因"到"中国创造":《人民日报》游戏报道(1981—2017)的话语变迁[J]. 国际新闻界,2018,40(05).
4. 简·麦戈尼格尔. 游戏改变世界:游戏化如何让现实变得更美好[M]. 闾佳,译,杭州:浙江人民出版社,2012.
5. 克劳斯·皮亚斯. 电子游戏世界[M]. 熊硕,译,上海:复旦大学出版社,2021.
6. 陆正兰,李俊欣. 从"理性的人"到"游戏的人":游戏的意义理论研究[J]. 江西师范大学学报(哲学社会科学版),2020,53(05).
7. 马歇尔·麦克卢汉. 理解媒介——论人的延伸[M]. 何道宽,译,北京:商务印书馆,2000.

---

① 蓝鲸财经:《STEPVR 发布首款元宇宙产品"国承 1 号",7 月开始供货》,百家号 https://baijiahao.baidu.com/s?id=1733865245353686738&wfr=baike,访问日期:2022 年 6 月 28 日。

8. 尼尔·波兹曼. 娱乐至死[M]. 章艳,译. 桂林:广西师范大学出版社,2004.

9. 徐复观. 中国艺术精神[M]. 北京:商务印书馆,2010.

10. 周逵. 沉浸式传播中的身体经验:以虚拟现实游戏的玩家研究为例[J]. 国际新闻界,2018,40(05).

11. 周逵. 作为传播的游戏:游戏研究的历史源流,理论路径与核心议题[J]. 现代传播:(中国传媒大学学报),2016(07).

12. 宫承波. 数字媒体艺术导论(第二版)[M]. 北京:中国广播影视出版社,2019.

第二十章 网络交互艺术

加拿大传播学者马歇尔·麦克卢汉(Marshall McLuhan)提出,"媒介即人的延伸"①。随着技术的进步,媒介已经将人类的五感延伸到前人难以想象的境界。新的媒介技术在改变人们生活的同时,也改变了艺术的创作与欣赏过程。在新的媒介环境中,信息流通的方式逐渐由传受间单向传播变为用户间的相互沟通,网络的去中心化特征日益鲜明。萌生于新媒体语境下的网络交互艺术也在此背景下得以长足发展,并逐渐成为一种不容忽视的艺术形式。

第一节 网络交互艺术概述

网络交互艺术是新媒体艺术的前沿领域,其发展与互联网技术及交互技术的进步密不可分。交互性是新媒体传播活动的一大特性,网络艺术不可避免地与交互产生联系。在网络艺术创作与传播过程中,创作者、艺术作品及媒介用户受到互联网去中心化语境的影响,虚拟现实、传感器、动作捕捉设备等软硬件技术则使用户参与交互艺术成为可能。

有学者认为,艺术本质上是观念、思维和情感交流的活动。② 过去,艺术一般代表着阳春白雪,与创作者的精神交流往往需要一定的门槛。如今,依托数字技术带来的交互性体验,受众逐渐由被动的观赏者成为创作的参与者,他们以体验的方式感受创作者的美学观和价值观,可以说,网络交互艺术的出现构建了全新的艺术传播模式,开辟了艺术创作中的"公共领域"。

作为新兴的艺术样式,网络交互艺术在叙事方式、传播效果、创作主体、用户体验方面呈现出与传统艺术不同的艺术特色。

一、叙事方式的交互性

与传统的艺术相比,网络交互艺术最大的特点便是叙事方式上的交互性,其交互性源于网络交互艺术生发的新媒体环境。在新媒体环境中,技术不仅加速了信息传播,而且在以手机、电脑、平板电脑等为代表的移动终端加持下,逐渐成为用户间交流的赋能器。在此背景

---

① 马歇尔·麦克卢汉:《理解媒介:论人的延伸》,何道宽译,译林出版社,2019,第 17 页。
② 柴秋霞:《数字媒体交互艺术的沉浸式体验》,《装饰》2012 年第 2 期。

下,信息接收者与信息传播者得以进行平等交流,网络交互语境也逐渐形成。

正因网络交互艺术诞生于由技术构建起的网络交互语境当中,所以为了满足网络用户的需求,一些原生于网络的艺术创作者便开始尝试将交互语境与交互技术应用于艺术创作中,进而实现更具新媒体特色的艺术创作。例如,在由 Maxis 开发、美国艺电公司发行的知名系列游戏《模拟人生》(The Sims)中,作为艺术作品受众的游戏玩家可以以模拟市民的身份,根据自己的选择,在游戏中完成由系统随机派发的相关任务。在此款游戏中,借助技术与游戏制作者共同搭建的虚拟空间,游戏玩家可以充分地发挥主观能动性,与艺术作品进行双向互动,这种人机之间的双向互动正是基于交互性的叙事方式产生的。伴随着交互技术的不断发展,这种交互性的叙事方式逐渐被艺术创作者应用在更为多元的模式中,不仅存在受众与艺术品之间的交互,而且存在着用户与艺术创作者之间的交互、艺术创作者与艺术品之间的交互等其他模式。① 伴随着交互模式的扩展,网络交互艺术的发展也得以深化。

二、传播效果的可反馈性

喻国明认为,借助于技术的进步,信息传播与反馈的门槛进一步降低,曾经被动的受众逐渐跨越了"权利半径仅限于作为信息消费者的权利边界"②,成为可以在媒介中自由发表观点的用户。正因如此,网络互动艺术的受众可以利用多种形式向艺术创作者进行意见反馈。例如,微博发言、弹幕等均有成为意见反馈渠道的潜力,一些专业用户还会利用 B 站、抖音、快手、微信公众平台等渠道进行更为详细的意见反馈。这些渠道不仅为用户赋予评价作品的话语权,还可以帮助创作者更好地了解艺术作品的传播效果。借助算法技术的不断完善,创作者不仅能够通过前台点击量、评论量了解作品的受欢迎程度,还可以通过用户画像了解作品在各个群体之间的传播程度及传播效果,从而助其进一步开展艺术创作。

三、创作主体的多元性

在传统的艺术创作过程中,艺术作品往往由掌握着专业艺术创作能力的创作者独自完成,艺术创作不仅门槛较高,其创作主体也较为单一,这是由传统艺术的呈现媒介决定的。然而,在媒介技术的不断发展中,虚拟现实技术、体感交互技术等前沿技术被应用在艺术创作中,这为需要实时互动的网络交互艺术提供了坚实的技术基础。由于技术应用具有复杂性,网络交互艺术创作中往往引入专业的技术人员参与,因此,网络交互艺术一般由多领域的专业创作者协作完成。

此外,随着技术媒介环境变迁,交互艺术可以吸纳更多用户参与创作。在视频创作方面,学者彭兰指出,网络视频的发展,特别是移动视频的应用,使得影像创作权、记录权向民间下放。③ 近年来,主打用户原创内容创作的 B 站网站逐渐引入互动视频机制,这为网络交互艺术提供了更多的可能性。正因如此,在网络环境影响下,用户创作互动内容的渠道被打

---

① 韦艳丽:《新媒体交互艺术》,化学工业出版社,2017,第 35 页。
② 喻国明:《大变局下中国新闻传播的"变"与"不变"》,《教育传媒研究》2021 年第 3 期。
③ 彭兰:《新媒体用户研究:节点化、媒介化、赛博格化的人》,中国人民大学出版社,2020,第 283 页。

开,网络交互艺术不断朝着多创作主体方向持续发展。

四、用户体验的沉浸性

依托技术对多感觉的调动作用,沉浸式的用户体验成为网络交互艺术的又一重要特点。有学者认为:"'沉浸式'成为创作艺术、拓宽感官、制造体验的关键词,代表了大众审美的新趋向,在传统的看与被看的二元关系中,观众期待与作品建立一种超越时空的精神联系,获得更为丰富的审美体验。"①借助技术为观众与作品构建的超时空精神连接,用户可以全身心地投入网络交互艺术作品中,与艺术作品进行情感互动。

作为网络交互艺术创作工具的互联网、虚拟现实、动作捕捉以及体感交互等技术在不同程度上延伸了人的感官。当用户欣赏不同类别的网络交互艺术时,媒介技术必然会调动起用户的感官并形成互动,从而使用户产生沉浸感。当用户全身心地投入网络交互艺术作品建构的艺术世界中时,其与创作者及作品之间的情感交流便在交互中形成通途。

第二节 网络交互艺术的主要形态

网络交互艺术的主要形态包括互动音视频、H5作品、VR艺术等,它们以各自的艺术特征回应着互联网时代的艺术主题与生存主题。

一、互动音视频

作为网络交互艺术的重要组成部分之一,互动音视频打破了原有视听艺术创作的单向性叙事方式,借助数字技术的发展,音视频创作者逐渐重视受众的主体性。有学者认为,互动音视频是"交互叙事在影像艺术、媒介领域的延伸和表现"②。在互动叙事中,受众获得了掌握视听作品情节走向的权力。一般来说,根据性质的不同,互动音视频可以划分为互动视频和互动音频两大类。

(一)互动视频

互动视频起源于数字技术尚未发展的20世纪60年代末。一般来说,学界认为世界历史上第一部互动影视作品是在1967年加拿大蒙特利尔世博会播出的捷克电影《一个男人和他的房子》。这部电影放映前,每位观众都会被发放一个有红、绿两色按钮的遥控器。放映过程中,电影会在关键时刻暂停,此时主持人从后台走出来,引导电影观众按下遥控器,通过投票的方式决定故事情节走向。尽管当时观众与作品的交互还不像如今这般方便,但是"影视"与"交互"相结合的创作形式依然使观众与作品产生了对话。由于制作成本和市场反响等因素的影响,《一个男人和他的房子》开创的互动电影形式在当时并未通过世博会的平台

---

① 许文君:《沉浸式美学及其对电影叙事话语的影响》,《电影文学》2022年第10期。
② 孙可佳、关玲:《从叙事理论到交互实践:互动影视的出现与发展》,《编辑之友》2022年第2期。

进一步推广,但交互叙事模式在视听艺术发展史中埋下了种子。伴随数字技术的发展,互动视频终于等到了互联网这一适合生长的土壤。

根据创作主体不同,互动视频可以分成互动影视和用户原创互动视频两大类。

1. 互动影视

互动影视的发展与数字技术的迭代密不可分。有学者认为,"网络带宽升级和视频源传输效率的大幅度提升势必会引起媒介内容形态和产业模式的巨大变革"①。单就互动影视而言,网络带宽升级和视频源传输效率的大幅度提升进一步打通了互动影视作品与观众之间的交流通道。

事实上,作为一部"古早"的互动电影,《一个男人和他的房子》存在着较大的局限。首先,观众必须在场才能完成观影互动,这就使得观影过程受到空间限制。其次,剧情走向需要少数服从多数,这必然不能满足所有观众的观影需求。但是,伴随数字技术的出现与迭代,早期互动影视存在的局限均可以在新技术中找到解决方案,互动影视的生命力也因此有所增强。

互动影视游戏是数字时代将交互叙事引入电影的初步尝试。在法国,Quantic Dream 工作室成为网络互动影视游戏制作的急先锋。Quantic Dream 工作室很早就开始了互动影视制作的探索。1999 年,该工作室的首部游戏作品《恶灵都市》(Omikron: The Nomad Soul)便在制作中引入了电影镜头语言。尽管《恶灵都市》并非真正意义上的互动电影,但开创性地将游戏的交互语言与电影的叙事方式有机结合,获得了业内的好评。以此为契机,这家游戏公司走上互动电影游戏的创作道路,并在 2005 年、2010 年及 2013 年分别制作发行了互动电影游戏《幻象杀手》(Indigo Prophecy)、《暴雨》(Heavy Rain)、《超凡双生》(BEYOND: Two Souls),进一步确立了其在互动电影游戏领域的地位。2018 年 5 月,该工作室的《底特律:化身为人》(Detroit: Become Human)被视为互动电影游戏的里程碑。

此后,交互叙事被频繁引入影视创作。2017 年至 2018 年,奈飞在互动影视领域进行首次尝试,推出了《穿靴子的猫》(Puss in Boot)、《雷霆卡车巴蒂》(Buddy Thunderstruck)等系列互动儿童剧,开创性地为受众提供选择剧情走向的机会。2018 年年底,奈飞正式推出互动剧《黑镜:潘达斯奈基》(Black Mirror: Bandersnatch),该剧颠覆了传统的观看方式,观众成为可以操控剧情的玩家。在观剧过程中,观众可以通过选择剧情走向,将原本 312 分钟的内容个性化地"剪辑成 90 分钟的电影"②。这种颇具新意的交互式叙事方式引起全球广泛关注,互动影视借此为各大影视制作平台所重视。

有学者认为,2019 年是中国的互动影视元年。③ 这一年,腾讯、爱奇艺、优酷、芒果 TV 等视频平台正式开始了其在互动影视行业的角力。2019 年 1 月,腾讯视频上线了《古董局中局》的互动番外篇《古董局中局之佛头起源》,打开了专业影视制作机构在国内视频平台进行互动剧创作的先河。紧接着,在 2020 年爱奇艺播出的情景喜剧《爱情公寓 5》第 13 集中,这

---

① 徐立虹:《国内外互动影视内容的生产实践与未来展望》,《电影新作》2020 年第 2 期。
② 孙可佳、关玲:《从叙事理论到交互实践:互动影视的出现与发展》,《编辑之友》2022 年第 2 期。
③ 孙可佳、关玲:《从叙事理论到交互实践:互动影视的出现与发展》,《编辑之友》2022 年第 2 期。

种互动剧模式也被加以应用,获得了观众及业界的好评。

除了衍生作品,一些平台也推出了原创互动影视作品。例如2019年,爱奇艺推出的恋爱题材互动剧《他的微笑》便是国内第一部真正意义上的原创互动影视剧。作为交互式影视创作的一次尝试,该作品无疑引领了影视行业的新发展。

2. 用户原创互动视频

互动影视的创作主体原本多为专业的影视制作机构,然而伴随数字技术的发展,互动视频的创作主体愈发多样,用户逐渐实现了向创作者身份的转换。中文地区用户原创的互动视频起源于21世纪初。2008年,香港林氏兄弟在视频平台YouTube上传了一支名为《电车男追女记》的互动视频,这支视频被视为中文地区第一部用户原创互动视频。由于该片颇受欢迎,林氏兄弟继续创作了《宅男最后的120小时!》等两部作品,尽管这些作品制作较为粗糙,但仍因其新颖的形式引发了受众的热烈反响。

2019年7月,B站正式上线互动视频功能,广大用户被赋予视频创作自由。该网站现存最早的互动视频是UP主神奇的老皮VFX发布的《"互动视频"操控广场大妈拯救B站!》,该作品以次元壁被邪恶势力打破为背景,受众可以通过互动形式推动剧情发展,进而解锁多种结局。自发布以来,该视频已经获得了超过百万的观看量。互动视频作为一种全新的创作视角,无疑丰富了用户原创视频的创作思路。

受到UGC自身的局限,用户原创互动视频发展仍然存在一些问题。首先,用户原创互动视频往往形式大于内容,大多数创作者并未将内容为王作为其创作导向。其次,互动视频叙事策划难度较大,若互动点安排不当,必将影响整体内容叙事。此外,用户原创视频并未形成固定用户群,创作思路单一使得此类视频并未产生较强的用户黏性。① 目前,国内用户原创互动视频的发展仍处于萌芽阶段,伴随用户反馈的增多及技术的进一步发展,用户原创互动视频将会拓展出更大的发展空间。

(二) 互动式广播剧

互动式广播剧是互动音频最主要的呈现形式。作为广播电视行业的巨头,英国广播公司(BBC)成为首个进军互动广播剧这一全新广播形式的媒介机构。2017年,BBC与Rosina Sound合作推出互动广播剧《检查室》(*The Inspection Chamber*)。该剧借助智能音箱为听众提供沉浸感,在收听该剧时,听众会扮演剧中的某个角色,并通过与智能音箱的对话决定剧情走向,从而影响故事的结局。这种颇具可玩性的广播剧制作形式增加了广播剧的可参与性,进一步加深了互动音频的沉浸感。

在国内,由于"耳朵经济"的火热,网络广播剧成为一个无法被忽视的产业。为了提升用户黏性,一些网络广播剧制作者也开始尝试使用互动机制。2020年,主打广播剧、有声漫的二次元音频社区猫耳FM开始引入互动广播剧机制。虽然均为互动广播剧,但猫耳FM与BBC的呈现形式有所不同。BBC的互动广播剧模式是借助人工智能技术,通过引导听众直

---

① 舒畅、曹乾源:《国内网络互动视频的发展现状、问题与路径研究》,《新闻爱好者》2022年第5期。

接与故事人物交谈从而推动剧情,猫耳 FM 的模式则与互动视频类似,以点击的方式选择剧情走向,进而根据选项解锁相应结局。国内第一部互动广播剧是网络动画片《灵笼》的衍生作品《灵笼互动广播剧·囚徒》,该作品自 2020 年 8 月上线以来已经获得逾十万的播放量,赢得了听众的一致好评。此后,猫耳 FM 拓展了互动广播剧的题材,引入了古风、悬疑、都市等内容题材,出品了《驸马 101》《别被他捉到》等颇受欢迎的作品,并逐渐形成了较为稳定的听众群体。

二、H5 作品

H5 作品也是网络交互艺术的重要呈现方式。H5 全称 HTML5.0,即第五代超文本标记语言标准。作为最新的超文本标记语言标准,H5"可以实现丰富的多媒体效果,能生成灵活的动画特效,可以形成强大的交互应用和数据分析功能,可以对页面传播效果进行跟踪、分析"[1],与移动平台契合度较高。借助 H5 技术,内容创作者可以制作出将视频、音频、图片、动画等呈现形态进行聚合的交互性媒介产品。

H5 作品本质上是展示作品的网页,用户在浏览 H5 作品时免去了下载的烦恼,仅需点击链接便可欣赏。正因如此,H5 具有颇为广泛的应用情境,其主要应用于新闻专题、微杂志、营销广告、活动邀请、研究报告、游戏等[2]互动性较强、有一定专题整合需求的场景。

(一)H5 新闻作品

H5 新闻作品是 H5 技术在新闻生产领域的重要实践尝试。专业级 HTML5 交互动画内容制作云平台木疙瘩(Mugeda) CEO 王志在谈及 H5 的新闻实践时指出:"相比 HTML 的早期版本,H5 很大程度上是为了适应移动端的变化推出的,它很好地支持了手机上的各种新的媒体内容形式和交互方式。"[3]出于 H5 技术丰富的互动模式以及多元的媒介形态聚合的原因,不少新闻媒介将 H5 作品技术视为助推硬新闻传播的重要手段。例如,在新中国成立七十周年系列报道当中,新华社、人民日报以及中央广播电视总台推出了《我的最美"打卡照"》《复兴大道 70 号》《武器解锁大挑战》等 H5 新闻作品,激发了新闻受众强烈的爱国意识和民族认同感。此外,在 2022 年 1 月北京冬奥会开幕之际,"央视频"客户端推出了 H5 新闻作品"互动雪花",该作品不仅契合了奥林匹克新格言中的 Together(更团结),更点燃了因疫情降温的冬奥热情。基于多样的呈现形态和沉浸式的互动模式,H5 新闻作品无疑以艺术手段拉近了硬新闻与受众之间的距离,成为硬新闻软着陆的利器。

(二)H5 营销作品

早在 2017 年,腾讯旗下的 TGideas 便开始与《新剑侠情缘》手游团队合作,创作了 H5 互动武侠剧《忘忧镇》,引起较大反响。与一般互动影视剧不同,该作品借助更为轻便的 H5 平

---

[1] 彭兰:《网络传播概论(第四版)》,中国人民大学出版社,2018,第 225 页。
[2] 彭兰:《网络传播概论(第四版)》,中国人民大学出版社,2018,第 226 页。
[3] 王志:《基于 H5 技术的移动融媒新闻创新》,《新闻记者》2019 年第 3 期。

台，传播力更强，用户可以沉浸式体验 H5 制作团队带来的视觉盛宴。此外，网易云也成为利用 H5 作品进行营销的主力军。网易旗下的音乐平台网易云首页会不定期推送利用 H5 平台创作的主题测试，引导用户参与并分享结果，以此达到推广平台的目的。

三、VR 艺术

VR（Virtue Reality）是"利用计算机技术生成一个逼真的三维虚拟世界，观者通过传感设备能够使其在视觉、听觉、触觉等多感官获得互动临场体验"①。伴随数字技术的发展，这一在 20 世纪便开始萌芽的技术逐渐扩展了使用场景，将更多受众引入技术打造的"灵境"中来。在此背景下，VR 艺术创作也呈现出多元形态。

（一）VR 影视

有学者认为，VR 影视（电影）是当前 VR 艺术的典型形态。② 事实上，在真正意义上的 VR 影视出现以前，用 VR 终端欣赏影视作品的现象便已经存在。由于其观看的影视作品并非针对 VR 创作，因此难免会影响用户的体验感。在 2015 年，Oculus Story Studio 发布了 VR 微电影《Lost》，这是第一部真正意义上的 VR 影视作品。在被称为"VR 元年"的 2016 年，第一部真正意义上的 VR 连续剧《隐形》（Invisible）正式上线三星平台。这部共六集的惊悚悬疑题材剧每集仅有 10 分钟，尽管故事不长，但还是因其新意获得了业内的关注。同期，国内的影视制作机构也开始了 VR 影视创作的尝试。2016 年 11 月，爱奇艺平台出品的十八集 VR 连续剧《都市怪谈》正式上线，该片为国内观众带来了颇为不同的惊悚片观赏新体验。

近年来，伴随 VR 技术的日趋成熟，VR 观赏所需的终端也由头戴式设备逐步扩展至 VR 眼镜与传感器设备并存，依托技术进步，未来的 VR 影视必然会带来更佳的用户体验。

（二）VR 游戏

VR 游戏作为 VR 艺术的另一重要形态，经历了三十余年的发展历程。早在 1991 年，Virtuality Group 便推出了历史上第一台 VR 游戏机，其后，日本的游戏巨头任天堂（Nintendo）于 1995 年革命性地推出了第一部家用 VR 游戏机器 Virtual Boy。由于技术、价格等原因，这两款游戏机均未引起游戏行业的 VR 变革，Virtual Boy 甚至因为技术故障等原因而遭到市场唾弃。

近年来，伴随着 VR 技术的进一步完善，VR 游戏也重返游戏市场。事实上，并非所有游戏都有引入 VR 技术的必要。由于 VR 技术可以帮助玩家沉浸于游戏产品之中，因此，需要提升玩家体验感与临在感的游戏无疑更适合 VR 化。有学者认为，适合 VR 化的游戏主要分为两大类，一类是"动作仿真型游戏，如动作类、运动类、以及 RPG（Role Play Game，角色扮

---

① 陈跃：《新媒介语境下 VR 技术对电影艺术的变革及商业化前景探究》，《当代电影》2019 年第 5 期。
② 单小曦、李雪莉：《虚拟艺术体验中的身体及其理论问题——基于 VR 电影身体实践的考察》，《文艺理论研究》2020 年第 5 期。

演)类游戏等"①,玩家可以借助 VR 终端产生更强烈的沉浸感,这类游戏中比较典型的有 Boneworks、Beat Saber、《生化危机 7》等。另一类则是"场景体验型游戏,如探索类游戏、社交类游戏等"②,玩家可以产生对游戏空间的临在感,此类游戏较为典型的有太空探索类游戏《AGOS: A Game of Space》以及社交类游戏 VRChat 等。值得一提的是,VR 社交类游戏实质上构建了一个虚拟与现实相交互的空间,在某种意义上,VR 社交类游戏可以被视为元宇宙的初级体验。

第三节 网络交互艺术的困境与进路

网络交互艺术是伴随互联网产生的新型艺术形式,其艺术价值、文化属性都需要在发展进程中不断总结与沉淀,创作者、大众与相关部门应持续关注、考查与纠偏,以期实现网络交互艺术的良性发展。

一、网络交互艺术的发展困境

内容困境是网络交互艺术发展中面临的内在困境。当下,尽管网络交互艺术发展势头迅猛,但由于创作主体的复杂性,网络交互艺术重形式、轻内容的现象屡见不鲜,甚至不少并不适合进行交互的内容也会因创作者的盲从而被强行加入交互形式。其中最典型的是互动视频。尽管国内互动影视起步不晚,但由于制作水平参差不齐、制作内容短板明显,互动影视无法吸引到稳定的受众来源。尤其在流量经济影响下,如果平台看不到网络交互艺术带来的经济效益,便会缩减对相关产业的投资,这无疑会影响互动影视行业的进一步发展。

传播困境是网络交互艺术面临的另一困境。尽管网络交互艺术有着颇具吸引力的呈现形式,但在当下,由于年龄、地区、经济等方面的差异所导致的数字鸿沟仍然存在,媒介素养及媒介使用能力的不同使得网络原住民与网络移民之间的差距拉大,而网络交互艺术作品在媒介使用能力上具有一定要求,在此背景下,受众群体的局限无疑阻碍了网络交互艺术的广泛传播。

监管体系的不完善是网络交互艺术面临的外部困境。作为一种崭新的艺术形式,网络交互艺术为互联网产业的发展提供了一条全新的道路,但在网络交互艺术的发展过程中,也需要建立起全新的监管体系来应对新问题。有学者认为,以 VR 为代表的网络交互艺术产业有着"监管法规亟待专门化;传播途径多元,监管难度大;新兴业态多,内容规范要求高;内容监管为主,技术监管标准缺失"③等监管难点。破除监管难题、构建良好的网络交互艺术创作环境将是网络交互艺术长久发展的必然选择。

---

① 陈奇佳、钟金鸣:《VR 技术与中国游戏产业的发展问题》,《东岳论丛》2021 年第 9 期。
② 陈奇佳、钟金鸣:《VR 技术与中国游戏产业的发展问题》,《东岳论丛》2021 年第 9 期。
③ 张波:《我国 VR 出版监管难点与对策》,《编辑之友》2018 年第 7 期。

二、网络交互艺术的发展进路

面对以上发展困境,网络交互艺术可以做出一些针对性的调整和转变。

第一,内容创作者应坚持内容为王、形式与内容并重。事实上,新颖的呈现方式并非用户做出选择的必要条件。对用户而言,高质量的内容才是其驻足品评艺术作品的根本动力。因此,在网络交互艺术的创作过程中,创作者应将"内容为王"视为基本原则,进而创作出艺术价值和用户体验感俱佳的网络交互艺术作品。

第二,交互应用、终端的开发者应努力降低传播门槛,实现受众多元化。面对日益扩大的数字鸿沟,各主体应当进一步重视网络移民和老年人的交互媒介使用能力的培养与提升,开发者也应开发更具适老性的交互应用,以便老年人可以更便捷地欣赏网络交互艺术作品。

第三,立法机构、政府及相关部门应加强管理,针对网络交互艺术建立完整的监管体系,形成专门规制,以推动网络交互艺术朝着健康方向发展。

本章思考题

1. 分析网络交互艺术的特点。
2. 试述网络交互艺术的主要形态。
3. 分析当下网络交互艺术的主要困境。

本章参考文献

1. 马歇尔·麦克卢汉. 理解媒介:论人的延伸[M]. 何道宽,译,上海:译林出版社,2019.
2. 柴秋霞. 数字媒体交互艺术的沉浸式体验[J]. 装饰,2012(02).
3. 韦艳丽. 新媒体交互艺术[M]. 北京:化学工业出版社,2017.
4. 喻国明. 大变局下中国新闻传播的"变"与"不变"[J]. 教育传媒研究,2021(03).
5. 彭兰. 新媒体用户研究:节点化、媒介化、赛博格化的人. 北京:中国人民大学出版社,2020.
6. 许文君. 沉浸式美学及其对电影叙事话语的影响[J]. 电影文学,2022(10).
7. 孙可佳,关玲. 从叙事理论到交互实践:互动影视的出现与发展[J]. 编辑之友,2022(02).
8. 徐立虹. 国内外互动影视内容的生产实践与未来展望[J]. 电影新作,2020(02).
9. 舒畅,曹乾源. 国内网络互动视频的发展现状、问题与路径研究[J]. 新闻爱好者,2022(05).
10. 彭兰. 网络传播概论(第四版)[M]. 北京:中国人民大学出版社,2018.
11. 王志. 基于H5技术的移动融媒新闻创新[J]. 新闻记者,2019(03).

12. 陈跃. 新媒介语境下 VR 技术对电影艺术的变革及商业化前景探究[J]. 当代电影, 2019(05).

13. 单小曦, 李雪莉. 虚拟艺术体验中的身体及其理论问题——基于 VR 电影身体实践的考察[J]. 文艺理论研究, 2020, 41(05).

14. 陈奇佳, 钟金鸣. VR 技术与中国游戏产业的发展问题[J]. 东岳论丛, 2021, 42(09).

15. 张波. 我国 VR 出版监管难点与对策[J]. 编辑之友, 2018(07).

第五单元

新媒体应用论

XINMEITIGAILUN

  基于"连接"属性的"互联网思维"迅速火热,成为商界、学界、政界共同关注的热议词语。它揭示了工业社会向信息社会转型过程中,互联网作为一种基础与载体在经济发展和商业转型中的巨大作用,并在人们思维层面上带来的革新。互联网以及其他各类新媒体技术所裹挟的巨大动能绝不仅仅限于经济活动和商业领域中,它甚至影响到了社会治理领域。世界各主要经济体对日益彰显的互联网作为基础设施的潜力都表现得尤为敏感,在战略架构和顶层设计方面纷纷布局。我国也相应提出"互联网+"行动计划。

  在这样的时代潮流中,新媒体在社会经济发展的宏观层面上正试图形成一种具有普惠、共享、集约和绿色特征的全新经济生态;在微观层面上实现传统行业的跨界融合,助推传统行业的优化创新,催生新产品、新业务与新模式。新媒体在社会经济领域,如农业、工业、服务业,以及智慧生活领域,如智能家居、医疗健康、教育等,都不断催生出有着较好经济效益和社会效益的新型应用。

第二十一章 互联网思维及其应用概说

扫码可见
第二十一章PPT

第一节 互联网思维的内在含义

2011年,百度CEO李彦宏在一次演讲中,最早提出"互联网思维"的说法;2012年,小米老板开始大力吹捧"互联网思维";2013年,"互联网思维"成为凝聚高度社会关注度的热词;2014年,恰值中国接入国际互联网20周年,"互联网思维"的曝光度到达顶峰。"以'互联网思维'为主题的论文层出不穷,与'互联网思维'相关的书籍相继出版。与此同时,政府也多次提到'互联网思维','互联网思维'出现在国家领导人的讲话和政府宏观文件中。"①

那么,究竟该如何理解"互联网思维"?

一、技术基因

从构词法来说,理解"互联网思维"首先需要理解它的两个构成要素,即"互联网"和"思维"。所谓"互联网",是指当前世界范围内最大的国际互联性的网络,它是由千千万万大小不同的网络按照一定的协议连接而成。它最初是作为一个技术概念出现的。所谓"思维","相对于存在而言,是整个认识活动的总称,指意识、精神;相对于感性认识而言,指理性认识及其过程。通常在后一种意义上使用,是对客观事物间接的、概括的反映。以社会实践为基础,人们只有在社会实践中反复接触客观事物,才能积累起丰富的感情材料,进行由此及彼、由表及里、去粗取精、去伪存真的分析综合工作;才能获得凭感觉无法得到的对事物的本质和发展规律的认识,并用它去能动地改造客观世界。思维有逻辑思维和形象思维等不同形式。思维的工具是语言"②。

从这个意义上说,"互联网思维"指的是基于互联网这种技术的思维方式。回顾人类发展的漫长历史,自工业革命以来各种技术层出不穷,却鲜有"蒸汽机思维""电力思维""生物技术思维"等说法③。可见,互联网作为一种创新性技术,它的技术基因以及由此引发的深远影响必然与以往其他技术有着根本性的区别。众所周知,时至今日互联网及其各类应用或衍生技术已经在社会政治、经济、文化各个领域产生了深远的、广泛的、立体的、系统的影响。

---

① 张养志:《从经济学视角看互联网思维》,《北京印刷学院学报》2018年第10期。
② 《简明社会科学词典》编辑委员会:《简明社会科学词典》,上海辞书出版社,1982,第736页。
③ 郭斌:《"互联网思维"究竟是否存在?》,《经理人》2018年第8期。

将这种影响与前面提及的第一次、第二次工业革命中的技术影响相对比,不难发现,当前互联网技术对从经济基础层面上的经济体系、商业运营、生产方式到上层建筑层面的管理理念、社会治理、国家战略、群体联系以及文化观念等各个领域都产生了点线面交织往复的影响。这不同于其他技术在政治、经济、文化的某个点、线或面上,提升时间上的效率、空间上的广度的影响。

这种影响在根源上来自互联网技术基因中的"连接"属性。"连接"是互联网发展的内在逻辑。20世纪60年代,出于军事安全考虑而筹建的互联网就已经注入了去中心化、建立广泛连接的基因。在随后的半个多世纪中,互联网实现了机器与机器的连接、内容与内容的连接、人与人的连接,随着移动互联网的到来,终端及其连接迎来新的升级,而以物物相连为典型特点的物联网也揭开序幕。①"连接"意味着边界消融、相互联系、建立关系,由此会带来开放、交互、合作、协调、共赢等连带变化。

正是基于互联网技术基因中的"连接"属性,"互联网思维"才具有了如今显赫的动能。

二、商界理解

今天回过头看,"互联网思维"是随着互联网企业的发展壮大而被提出的。20世纪90年代以来,互联网进入商业化应用阶段。随着电子商务的迅猛发展,以及基于互联网升级衍生出的各种新媒体技术不断探索应用空间和商业模式,在经济活动和商业领域中活跃的一种互联网思维应运而生。"互联网思维,就是在(移动)互联网+、大数据、云计算等科技不断发展的背景下,对市场、用户、产品、企业价值链乃至对整个商业生态进行重新审视的思考方式。"②从这个意义上说,"互联网思维是一种系统性的商业思维"③。

依靠"互联网思维"售卖小米手机的雷军给出了"互联网思维七字诀——专注、极致、口碑、快"④。无独有偶,Twitter的创始人埃文·威廉姆斯(Evan Williams)给出了三个层面的解释:第一是商业方面的,发现并解决用户的一个微小"痛点",这种发现不是想象,而是改善生活质量的推动力;第二是聚焦和减法,选择人类长时间段的需求并且研究去除需求的中间环节,尽量使其一步到位,简便易懂;第三是解放人性,解放人性不是技术解放人性,而是人的思维和文化解放了人性。⑤

目前,商业领域在分析阿里巴巴、三只松鼠、雕爷牛腩等成功企业的经验后,总结出互联网思维尤为看重的九种思维,分别是用户思维、简约思维、极致思维、迭代思维、流量思维、社会化思维、大数据思维、平台思维、跨界思维等。其中,用户思维要求明确用户对象,并对用户做必要的分层;简约思维强调在用户体验上做减法,力求操作简便;极致思维是指专注一点做深做精,超出用户预期,解决共性、刚性的痛点、难点、痒点等;迭代思维则反映了一种生态观,强调小处着手持续不断地创新;流量思维要求通过免费、网红、内容、社交等手段争取

---

① 彭兰:《网络传播概论(第四版)》,中国人民大学出版社,2017,第3—13页。
② 袁东山、张晓君:《浅谈互联网思维与汽车行业的碰撞》,《内燃机与配件》2019年第22期。
③ 彭碧萍、唐璇:《新媒体时代电影音乐传播的互联网思维构建》,《中国电影市场》2021年第1期。
④ 郭斌:《"互联网思维"究竟是否存在?》,《经理人》2018年第8期。
⑤ 吴志攀:《到底什么是"互联网思维"呢》,《北京日报》2018年11月19日第17版。

更多"眼球";社会化思维则要求利用社会化网络和社会化媒体,主张协同合作;大数据思维则指强化数据的决策参谋能力;平台思维同样具有生态观念,体现在把产品做大做强,丰富产品种类,延长产品服务层次,培育多方合作,形成多种产品形态和合作方共生共荣的闭环生态链;跨界思维最能体现互联网连接万物的属性,它是指既有行业或领域的边界在不断模糊,各种资源或信息可以冲破原来附属的条框得到重新组织。

三、学者阐述

与商界对"互联网思维"理解偏向产品设计与获利导向不同,学界针对"互联网思维"的阐述则更加多元。

谢文站在社会发展的角度指出,"互联网思维的本质是把互联网作为工业化社会走向信息化社会的基础,把信息流作为继商品流、货币流之后最重要的社会发展动力,把信息生产、交换和传播作为新型生产方式和生活方式的出发点,而商品和货币不过是信息的载体而已。基于这样的认知,网络业大大小小的创新无不带有摧毁、取代、改造、融合各种传统产业和传统社会运行机制的性质和作用。网络为体、创新为用就是对互联网思维最简单的概括"①。

张养志首先分析了互联网经济特征——连接、共享、互动,继而从经济内涵上阐明了互联网思维的内涵:"从宏观层面看,是当社会经济发展到以互联网、信息技术要素为支撑的阶段时,最大限度发挥市场在配置资源中决定性作用的一种思维方式。从根本上来说是一种针对资源配置的思维,一种适应市场经济、信息技术发展新特征的市场化思维和信息化思维;从中观层面看,是以互联网平台为基础,利用信息通信技术实现各行业的跨界融合,推动产业转型升级的新型经济结构和布局;从微观层面看,是企业对用户、产品、营销和创新,乃至对整个价值链和生态系统重新审视的思维方式;是个人如何顺应互联网发展,发挥开放、平等、协作、共享的互联网精神,更新工作和生活方式,获得最大效用的思维方式。"②

学者赵顺对近年来的"互联网思维"研究进行了全面梳理,指出:"互联网思维系统性强,涵盖了市场经济和商业运营的概念,包含了市场、用户、产品、平台乃至商业生态这些领域,是整个生态系统中的一种创新性思维模式。"③

第二节　互联网思维的跨界影响

一、国际互联网治理

国家主席习近平在 2015 年第二届世界互联网大会开幕式上发表主旨演讲,"纵观世界文明史,人类先后经历了农业革命、工业革命、信息革命。每一次产业技术革命,都给人类生产生活

---

① 谢文:《互联网思维还是思维互联网》,《商周刊》2014 年第 10 期。
② 张养志:《从经济学视角看互联网思维》,《北京印刷学院学报》2018 年第 10 期。
③ 赵顺:《互联网思维研究述评与展望》,《南方论刊》2018 年第 6 期。

带来巨大而深刻的影响。现在,以互联网为代表的信息技术日新月异,引领了社会生产新变革,创造了人类生活新空间,拓展了国家治理新领域,极大提高了人类认识世界、改造世界的能力。互联网让世界变成了'鸡犬之声相闻'的地球村,相隔万里的人们不再'老死不相往来'。可以说,世界因互联网而更多彩,生活因互联网而更丰富。"①互联网思维正是以互联网为代表的一系列网络技术、信息技术不断迭代发展过程中,在人们的思维层面上引发的革命性改变。

互联网以及其他各类新媒体技术所裹挟的巨大动能绝不仅仅限于上述的经济活动和商业领域中,它甚至已经影响到了社会治理领域。习近平总书记在全国网络安全和信息化工作会议上强调"各级领导干部要主动适应信息化要求、强化互联网思维,不断提高对互联网规律的把握能力、对网络舆论的引导能力、对信息化发展的驾驭能力、对网络安全的保障能力"②。不仅如此,早在2014年习近平主席在发给首届世界互联网大会的贺词——"中国愿意同世界各国携手努力,本着相互尊重、相互信任的原则,深化国际合作,尊重网络主权,维护网络安全,共同构建和平、安全、开放、合作的网络空间,建立多边、民主、透明的国际互联网治理体系。"——就透露了中国在国际互联网治理方面所倡导的"互联网思维",即民主、开放、参与、共同制定、相互尊重等。

2015年,在第二届世界互联网大会的开幕式上,习近平主席又提出了互联网发展"四项原则"和"五点主张",再次体现出带有强烈互联网思维特色的参与国际互联网治理与建设的智慧。具体而言,推进全球互联网治理体系变革的四项原则是指尊重网络主权、维护和平安全、促进开放合作和构建良好秩序。"五点主张"则是"加快全球网络基础设施建设,促进互联互通;打造网上文化交流共享平台,促进交流互鉴;推动网络经济创新发展,促进共同繁荣;保障网络安全,促进有序发展;构建互联网治理体系,促进公平正义"③。2022年11月9日,国家主席习近平向2022年世界互联网大会乌镇峰会致贺信。习近平强调,中国愿同世界各国一道,携手走出一条数字资源共建共享、数字经济活力迸发、数字治理精准高效、数字文化繁荣发展、数字安全保障有力、数字合作互利共赢的全球数字发展道路,加快构建网络空间命运共同体,为世界和平发展和人类文明进步贡献智慧和力量。

二、"互联网+"行动计划

随着互联网以及其他各类新媒体技术在政治、经济、文化各个领域的深入应用,互联网思维大有成为必备技能之势。对此,世界各主要经济体对日益彰显的互联网作为基础设施的潜力都表现得尤为敏感,在战略预想和顶层设计方面纷纷布局。与此同时,以化石燃料以

---

① 《"平语"近人——习近平的"互联网思维"》,新华网,2015年12月27日,http://www.xinhuanet.com/politics/2015-12/17/c_128540139.htm,访问日期:2021年3月17日。
② 《解放军报评论员:适应信息化要求 强化互联网思维——五论贯彻习主席全国网络安全和信息化工作会议重要讲话》,人民网,2018年4月26日,http://theory.people.com.cn/n1/2018/0426/c40531-29951311.html,访问日期:2021年3月26日。
③ 《解读习近平提出的互联网发展四项原则和五点主张》,腾讯网,2015年12月27日,https://news.qq.com/a/20151217/020999.htm,访问日期:2021年3月26日。

及相关技术为基础的第二次工业革命已经日薄西山，①欧美多国纷纷提出工业互联网、工业4.0等指向新一轮工业革命的新概念。由于经济新常态下产业结构急需优化升级，我国也相应提出"中国制造2025""大众创业、万众创新"等战略，并在2015年3月第十二届全国人大三次会议的政府工作报告中正式提出"互联网+"行动计划。这标志着互联网以及各种新媒体技术向社会文化经济其他领域的扩散应用得到了国家的肯定与鼓励。它是互联网思维在国家经济发展战略规划层面上的延伸。

所谓"互联网+"是把互联网的创新成果与经济社会各领域深度融合，推动技术进步、效率提升和组织变革，提升实体经济创新力和生产力，形成更广泛的以互联网为基础设施和创新要素的经济社会发展新形态。② 在该行动计划的首倡者之一马化腾看来，"现在的互联网就像带来第二次工业革命的电能。它不仅是一种工具，更是一种能力，一种新的DNA，与各行各业结合之后，能够赋予后者以新的力量和再生的能力。'互联网+'是一种'寓大于小'的生态战略，会成为未来经济社会的起跑线，也会带来大量'弯道超车'的机会以及被超越的风险"③。

几年下来，随着移动互联网、5G、云计算、大数据、物联网、人工智能等新媒体技术突飞猛进地发展，互联网"连接一切"的效能日益彰显。新媒体在社会经济发展的宏观层面上正试图形成一种具有普惠、共享、集约和绿色特征的全新经济生态；在微观层面上实现传统行业的跨界融合，助推传统行业的优化创新，催生新产品、新业务与新模式。

本章思考题

1. 如何理解"互联网思维"？
2. 什么是"互联网+"？

本章参考文献

1. 张养志. 从经济学视角看互联网思维[J]. 北京印刷学院学报,2018,26(10).
2. 《简明社会科学词典》编辑委员会编. 简明社会科学词典[M]. 上海：上海辞书出版社,1982.
3. 郭斌."互联网思维"究竟是否存在？[J]. 经理人,2018(08).
4. 彭兰. 网络传播概论[M]. 北京：中国人民大学出版社,2017.
5. 袁东山,张晓君. 浅谈互联网思维与汽车行业的碰撞[J]. 内燃机与配件,2019(22).
6. 彭碧萍,唐璇. 新媒体时代电影音乐传播的互联网思维构建[J]. 中国电影市场,2021(01).
7. 谢文. 互联网思维还是思维互联网[J]. 商周刊,2014(10).

---

① 马化腾：《互联网+国家战略行动路线图》，中信出版社,2015，第274页。
② 《国务院关于积极推进"互联网+"行动的指导意见》，中央政府网,2015年7月1日,http://www.gov.cn/gongbao/content/2015/content_2897187.htm,访问日期：2021年3月26日。
③ 马化腾：《互联网+国家战略行动路线图》，中信出版社,2015，第2—5页。

第二十二章 新媒体在社会经济领域的应用

扫码可见
第二十二章PPT

第一节 新媒体为传统农业转型升级培育新动能

一、生产环节中的智慧农业

信息时代的农业不再是技术荒漠。在农业生产领域,物联网、大数据、云计算、遥感等新兴技术已经小试牛刀,形成"智慧农业"系统。"智慧农业"系统包括信息化感知—网络传输—决策支持—远程控制等环节。它以感知设备为前哨,运用物联网和云计算,远程获取温室大棚内部的空气温湿度、土壤水分与温度、CO_2浓度、光照强度及视频图像等信息,通过GPRS等网络传输到云计算中心,经过作物生长模型分析,可远程或自动控制喷淋滴灌、内外遮阳、顶窗侧窗、加温补光、CO_2气肥机等设备,保证温室大棚内环境最适宜作物生长,同时可以根据作物长势或病虫害情况,由农业专家给予远程农技指导。农户可以通过智能手机、iPad等信息终端实时查询温室大棚内的环境信息和作物长势,也可以借助这些终端远程控制温室大棚环境调节设备,从而实现温室大棚集约化、网络化和智能化管理,有效降低劳动强度和生产成本,减少病害发生,提升农产品品质和经济效益。① 智慧农业的运作模式如图22-1所示。

传统的劳力耕作在这里被信息手段取代,并初步实现了人与人、人与物、物与物的全面互联。值得一提的是,在"智慧农业"的技术支持下,能够确保农产品安全的从餐桌到田间的可回溯机制将有望实现。人们可以将个性化需求通过智能家居或可穿戴设备传输到田间生产管理系统,并调取云端数据查看田间作业情况,甚至能追溯餐桌上农产品的产地。

案例:海优禾智慧温室②

海优禾是海尔卡奥斯COSMOPlat旗下农业物联网生态品牌平台。秉承"以工业思维赋

---

① 冯海英:《利用"互联网+"改造提升农业经济研究》,《现代商贸工业》2015年第10期。
② 中国信息研究院和中国人民大学:《中国智慧农业发展报告——新一代信息技术助力乡村振兴》,2021年12月,http://www.caict.ac.cn/kxyj/qwfb/ztbg/202201/P020220104495485440718.pdf,访问日期:2022年6月28日。

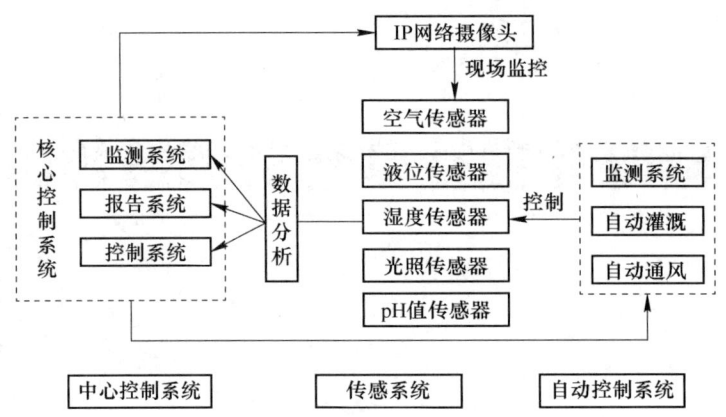

图 22-1　智慧农业的运作模式①

能农业"的理念,通过物联网赋能农业产业链,实现了交互模式创新和生产模式创新。海优禾智慧温室引入人工智能、物联网等技术,有效克服传统温室大棚种植过程中不断凸显的环境信息数据采集滞后、温室大棚管控困难、人工成本居高不下等问题。海优禾智慧温室以高标准玻璃温室为硬件基础,以农业物联网管理平台为软件基础,配套传感器、水肥一体化、采摘机、风机等农业设施,实现温室环境信息自动采集调控、控制灌溉和施肥作业,全流程智能化生产。通过物联网、云计算、大数据等现代信息技术,利用各类传感器监测环境信息、智能高清摄像头采集作物生长信息,通过模型分析,实现自动调控温室环境、控制灌溉和施肥作业,获得作物生长的最佳条件;并利用智能分析可实现产量预估,配套智能采摘机器人,实现农业智能化生产。

二、流通环节中的农业电商

在农业流通领域,一大批涉农电商早已大展身手。全新的商业模式不断整合农用物资和农产品销售市场。从内容上看,农业电子商务界定一般包含农产品电子商务、农资电子商务和休闲农业电子商务三部分。②《2022 中国农产品电商发展报告》数据显示,"2021 年,我国农村网络零售额达 2.05 亿元,同比增长 14.23%;农产品物流额首次达到 5 万亿元;农产品进出口贸易额突破 3000 亿美元大关,达到 3041.7 亿美元。"③农资电商平台逐渐替代以往的生产者—经销商—种植户的农用物资销售体系,从而降低商品价格,提高流通效率。不仅如此,农业电子商务还促生出一批具有互联网思维,运用现代农业生产和管理技能的"新农人"。比如,硕士毕业返乡干起土特产网售的"太行山山之孕土特产"店主杜千里。这些新农人借助互联网农业的沃土成为大众创新的典范。

---

① 王莹:《"互联网+"背景下我国智慧农业发展路径研究》,《物流科技》2021 年第 2 期。
② 张晶、赵俊晔、张峭:《农业电子商务发展现状及展望》,《农业展望》2018 年第 3 期。
③ 付敖蕾:《〈2022 中国农产品电商高层研讨会〉发布 探索农产品电商发展新路径》,中国食品报网,2022 年 4 月 18 日,http://www.cnfood.cn/article?id=1515978113154252801,访问日期:2022 年 6 月 28 日。

2020年春,新冠肺炎疫情暴发。这起公共卫生事件极大地影响了农业和食品领域,从春耕生产到养殖业,从餐饮业到零售业,农产品的生产、供给与流通都面临极大挑战。在这种严峻的形势下,农业电商联合行动携手并进,积极推动滞销农产品线上销售,与物流业配合顺利打通"产端最初一公里"和"收端最后一公里"的全程连接,推动了农产品产销对接体系的升级转型。

案例:新冠肺炎疫情期间电商平台抗疫助农实践①

拼多多于2020年2月10日上线"抗疫开拼、爱心助农"专区。商品覆盖脐橙、苹果、草莓等各类水果和主要生鲜食材。消费者通过拼多多App首页搜索"助农""农货"等关键词以及限时秒杀等入口,即可直达该专区,以最优惠价格购买产地直发的水果和蔬菜。

阿里巴巴于2020年2月6日启动"爱心助农"计划,淘宝、天猫、菜鸟、盒马、饿了么、聚划算、乡村事业部、数字农业事业部等20多个涉农业务全团压上,合力打通线上线下农产品销售的全域网络,帮助涉农商家免费开通淘宝直播,在助力滞销农产品触网"突围"的同时,加速农产品数字化。

京东于2020年2月10日发布"告全国农人书",宣布开通"全国生鲜产品绿色通道",全面开放并倾斜供应链、物流、运营、推广等核心资源,解决滞销生鲜农产品上行问题,让这些优质的生鲜产品迅速送达更多用户手中。

三、服务环节中的科技创新

在农业技术服务和科技创新领域,新媒体技术以及互联网思维为农业科技创新和技术推广环境带来了深远变化。首先,新媒体实现了农业技术推广途径的多元化。短信平台、微博/微信平台、云平台等有效地传播农业信息与技术,在传播范围与针对性上远胜于传统渠道,极大地推动了农业现代化信息化进程。其次,通过互联网平台,建立基于互联网、物联网的品种、技术在线展示与自助培训平台,实行定向推送技术。最后,构建线上展示与线下示范的O2O形式的农技推广新模式。② 以成都市农业科技创新平台为例,它已汇聚新技术4600多项、新成果700多项、300多位专家资源,以及337个农业科技信息服务站。平台开设推送农事建议、经验分享、视频培训、交流互动、科技扶贫等栏目,利用微信公众号推送科技信息,组建农产品种植交流讨论组,邀请相关专家入驻讨论组,在线答疑解惑。③

案例:京东AI养猪④

---

① 人民网新电商研究院、中国农业大学智慧电商研究院:《保供给、保春耕:2020电商平台抗疫助农实践报告》,2020年3月,http://download.people.com.cn/temp/three15838035041.pdf,访问日期:2021年3月26日。
② 周振兴:《基于互联网思维的农业科技创新与推广新探索——以江苏园艺产业为例》,《江苏农村经济》2015年第2期。
③ 《互联网+农业科技服务的"成都模式"》,中国财经网,2017年6月29日,http://finance.china.com.cn/roll/20170629/4267595.shtml,访问日期:2021年3月26日。
④ 《京东AI新技术,刘强东却宣布用来养猪,130亿研究给猪刷脸》,百家号,2019年7月24日,http://baijiahao.baidu.com/s?id=1639904168709043286&wfr=spider&for=pc,访问日期:2021年3月26日;《京东公布"AI养猪"新成果:把每头猪饲养成本降低了80元》,百家号,2019年4月22日,https://baijiahao.baidu.com/s?id=1631528595561444621&wfr=spider&for=pc,访问日期:2021年3月26日;《网易、京东、阿里AI养猪哪家强?》,百家号,2019年11月8日,http://baijiahao.baidu.com/s?id=1649638464906881336&wfr=spider&for=pc,访问日期:2021年3月26日。

中国是世界生猪养殖和猪肉消费第一大国。对中国的养殖户来说，养猪一直以来都是极耗心力的劳动密集型行业。如今，困扰养殖户多年的苦活累活，成为京东农牧智能养殖的用武之地。

这套智能养殖方案包括：首先，开发猪脸识别系统，运用AI给猪刷脸。京东开发出适用于给猪刷脸的摄像头，可以将猪的健康状况完整呈现出来，包括猪的进食量、喜欢吃的饲料等。其次，AI机器人巡查检测猪舍的气体、温度、湿度，人工智能自动调节风机、水帘、暖气等设备，保证猪舍的空气、温度和湿度都维持在一个最佳的状态。再次，母猪妊娠的智能化设备从饮食、疾病预防、孕检等多个方面，保障小猪的存活率。最后，环保处理猪粪将粪便充分发酵，直接喷到玉米地里，种养结合，再次利用，打造生态环境健康产业链。

四、经营环节中的农业金融

新媒体还为农业经营投资问题提供了新的解决途径，即农业金融。受农业生产的高风险因素和农村信用体系欠缺的影响，传统金融机构投资农业的积极性较低，农业经营主体融资成本高、融资难、融资贵的问题始终存在。而互联网金融则具有突出的个性化、碎片化特点，可以提供针对小客户的普惠性的金融服务。基于大数据的小额信贷融资、众筹平台投融资和供应链融资模式等都是新型农业投融资模式。[1] 大北农打造的农村互联网金融服务和资信平台、京东复制格莱珉的商业模式以赊销的方式为农民提供资金等都是互联网农业金融的新型尝试。"农村金融机构自2007年创立涉农贷款统计以来，涉农贷款余额累计增长361.7%，至2020年年末达到38.95万亿元，凸显了'量增、价降、面扩'的特点。"[2]不仅如此，新媒体还在不断赋能农村金融的高效配置。国内多家金融机构利用新媒体技术打造"数字乡村"综合服务平台，推广二维码营销，利用人脸识别、大数据分析、移动定位等技术为亿万农户精准画像、主动授信，实现数字化远程金融服务。

案例：大北农及其农业金融服务[3]

大北农集团的"农信金融"着眼于金融领域。它利用农信云、农信商城积累的大数据，面向农户提供信贷及理财服务，包括农业互联网贷款业务"农信贷"（包括农富贷、农银贷、扶持金）、面向农户和涉农企业的征信业务"农信评级"、农村理财和货款结算业务"农富宝"、农村第三方支付业务"农付通"等金融产品等。此外，"智农支付"负责互联网支付、移动支付、支付结算和清算系统等方面的技术开发和应用。

五、未来可期的数字乡村

新媒体技术在农业生产中各个环节中的应用都共同指向了更为高远的目标，即数字乡村。2019年中共中央办公厅、国务院办公厅印发的《数字乡村发展战略纲要》指出，"数字乡

---

[1] 杨继瑞、薛晓、汪锐：《"互联网+现代农业"的经营思维与创新路径》，《经济纵横》2016年第1期。
[2] 杨亦民、罗文婷、曾雄旺：《金融科技赋能农村金融机构信贷资源高效配置的机理研究》，《湖南社会科学》2022年第2期。
[3] 周月书、笪钰婕、于莹：《"互联网+农业产业链"金融创新模式运行分析——以大北农生猪产业链为例》，《农业经济问题》2020年第1期。

村是伴随网络化、信息化和数字化在农业农村经济社会发展中的应用,以及农民现代信息技能的提高而内生的农业农村现代化发展和转型进程,既是乡村振兴的战略方向,也是建设数字中国的重要内容。"[1] 2022年,十部门印发的《数字乡村发展行动计划(2022—2025年)》进一步明确了"十四五"期间数字乡村的建设目标、重点任务和保障措施。数字乡村建设预计经过2023年的阶段性进展后在2025年实现重要进展。它的重要任务包括8个方面:数字基础设施升级、智慧农业创新发展、新业态新模式发展、数字治理能力提升、乡村网络文化振兴、智慧绿色乡村打造、公共服务效能提升、网络帮扶拓展深化。[2] 有学者指出,数字乡村建设有利于农业产业智慧化、基层治理精准化、城乡服务均等化和乡村文化自信化,在经济、政治、社会和文化上具有重要的现实价值,赋能乡村振兴。[3]

案例:天津津南区月桥村:"三屏"联动打造数字乡村[4]

近两年来,天津津南区月桥村借助天津联通数字乡村服务治理云平台,根据乡村建设发展、管理服务等实际需求,打造手机钉钉、有线电视、数字乡村大屏"三屏"联动全覆盖的数字乡村网络:依托手机钉钉,以网格化基层治理为核心,结合物联网、5G等信息技术手段,采取村干部、农户双角色设计,干部侧重管理,农户侧重服务,实现绝大部分乡村治理功能服务;依托有线电视系统,构建IPTV专属乡村频道,内置乡村新闻、党建、娱乐、综治、问诊等栏目,可用于公开公示、政策宣传、信息查询等;依托村委会安装建设可视化数字乡村大屏,重点展现三农主要指标数据运行情况,构建乡村数字化感知枢纽,实现视频、IoT(物联网)、人工、业务4个维度全感知。在"三屏"联动下,月桥村在村级事务办理、积分制管理、应急安全防控、产业发展等方面都取得了明显成效。

第二节 新媒体为互联网工业融合创新提供推动力

一、国家战略:从欧美的"再工业化"到中国的"中国制造2015"

互联网向工业领域的深度渗透必将促使信息通信技术与工业的融合发展,这也正是新一轮工业革命的大势所趋。对此,欧美日等发达国家纷纷实施"再工业化"战略,加快推动信息技术与工业相融合。在欧债危机中保持坚挺的德国深谙制造业对维持工业增长和国际竞争力的重要性,2013年首先提出"工业4.0"计划。具体而言,德国将在制造业领域把各种资

---

[1] 《中共中央办公厅 国务院办公厅印发〈数字乡村发展战略纲要〉》,新华网,2019年5月6日,http://www.xinhuanet.com/politics/2019-05/16/c_1124504231.htm,访问日期:2022年6月28日。

[2] 《数字乡村发展行动计划(2022-2025年)》,中国网信网,2022年1月26日,http://www.cac.gov.cn/2022-01/25/c_1644713315749608.htm,访问日期:2022年6月28日。

[3] 董志勇、李大铭、李成明:《数字乡村建设赋能乡村振兴:关键问题与优化路径》,《行政管理改革》2022年第6期。

[4] 刘杰:《天津津南区月桥村:"三屏"联动打造数字乡村》,《农民日报》,2022年06月24日,http://tuopin.ce.cn/news/202206/24/t20220624_37792509.shtml,访问日期:2022年6月28日。

源、信息、物品和人融合在一起,使相互联网的众多信息物理系统(Cyber-Physical System,简称 CPS)组成"工业 4.0"。① 美国的"工业互联网"是利用信息通信技术升级制造业的另一个代表性模式。2012 年年底,通用电气发布《工业互联网:突破智慧与机器的界限》白皮书,首次提出"工业互联网"概念,认为"工业互联网"是数据、硬件、软件与智能的流动和交互,实际上就是通过先进的传感网络、大数据分析、软件来建立具备自我改善功能的智能工业网络。②

新一轮工业革命给发展中国家弯道超车的机会。2015 年两会期间,李克强总理在政府工作报告中首次提出"中国制造 2015"规划。5 月国务院正式印发《中国制造 2015》,明确提出要以加快新一代信息技术与制造业深度融合为主线,以推进智能制造为主攻方向。而"中国制造 2015"无疑是离不开新媒体技术的,它将深化物联网、云计算、大数据、数控技术等技术在工业领域的应用,实时感知、监控行业动态和生产过程中的海量数据,针对生产系统的运行开展智能化决策分析。成熟的互联网工业将包括三个层次,底部技术基础层是物联网及其相关技术,中间管理层是企业生产与管理的信息化、智能化系统,上层营销层则是电子商务与在线支付。互联网工业是互联网在传统工业领域中深度应用的结果,一方面它将形成融信息网络与制造体系于一体的社会化网络制造环境;另一方面将带来网络协同规范下的定制化、个性化智能工业生产模式。与传统工业相比,互联网工业是全新的"信息共享+物理共享"的模式。它解决了困扰企业的信息不对称难题,促成制造业上下游合作伙伴间无缝对接,更在理论上实现合作伙伴的无限多增长。同时,互联网工业还能带动大众创业和万众创新,让企业和个人都能参与共享经济下的价值链打造。

习近平总书记近年来多次对发展工业互联网做出重要指示。在向"2020 中国 5G+工业互联网大会"的致贺信中,习近平总书记指出:"当前,全球新一轮科技革命和产业变革深入推进,信息技术日新月异。5G 与工业互联网的融合将加速数字中国、智慧社会建设,加速中国新型工业化进程,为中国经济发展注入新动能,为疫情阴霾笼罩下的世界经济创造新的发展机遇。"③图 22-2 显示了我国工业互联网推进进程。

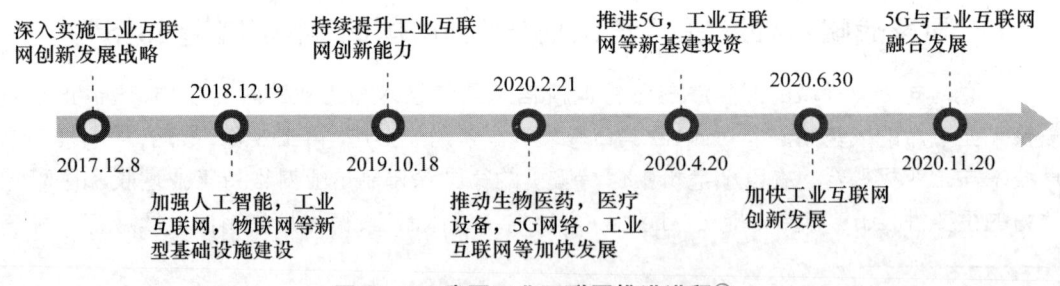

图 22-2 我国工业互联网推进进程④

---

① 王喜文:《工业 4.0、互联网+、中国制造 2025 中国制造业转型升级的未来方向》,《国家治理》2015 年第 23 期。
② 杨帅:《工业 4.0 与工业互联网:比较、启示与应对策略》,《当代财经》2015 年第 8 期。
③ 《习近平向 2020 中国 5G+工业互联网大会致贺信》,中国政府网,2020 年 11 月 http://www.gov.cn/xinwen/2020-11/20/content_5562888.htm,访问日期:2021 年 3 月 26 日。
④ 《一图读懂——工业互联网创新发展行动计划(2021—2023 年)》,中国政府网,2021 年 2 月 18 日,https://www.miit.gov.cn/zwgk/zcjd/art/2021/art_51dc2404f984445d831a36023a181f54.html,访问日期:2021 年 3 月 26 日。

案例:汉云工业互联网平台①

2020年度工信部跨行业跨领域工业互联网平台公布,汉云工业互联网平台赫然在列。汉云工业互联网平台背靠装备机械制造商徐工成立,目前早已走出了徐工的范围,连接的83万台高价值设备中第三方占到了65%,赋能了70个细分领域,在建筑施工、有色金属、装备制造业、商用车等行业处于领先地位。

徐工信息汉云平台拥有四大特色:

1. 广泛、快速的设备接入能力:广泛适配多种数据制式;移动设备的快速大批量接入;固定设备的自动化改造及快速接入。

2. 将标志解析与工业互联网融合:打造工业互联的关键底层基础设施;为每个设备提供唯一身份证;异地异主异构数据互联互通。

3. 设备管理App专家:从状态监测、故障诊断、远程运维、预测性维护、能耗优化等方面为设备赋能,提升设备的管理、运营能力。

4. 沉淀丰富的机理模型:生长于制造业的土壤,带有制造业的天然基因,沉淀了大量通用化、标准化工业机理模型,可以直接提供给用户或者合作伙伴使用。

二、企业布局:传统企业与新兴企业各显神通

随着制造商向互联网工业转型,一些有代表性的案例纷纷涌现。房企巨头碧桂园运用互联网思维,跨界进入智能机器人领域,研发建筑机器人。"截至2019年12月,在研建筑机器人产品58款,其中28款产品已进入施工现场测试应用"②。

海尔互联工厂"致力于打造按需设计、按需制造、按需配送的体系,以实现从大规模制造向个性化定制的转型"③。海尔所在的青岛市正在向工业互联网领军城市进军。该市的三迪时空率先提出建设"基于互联网和3D打印技术的智能制造云平台",即通过互联网、互联网技术把分布在全国各地的3D打印机、材料商、应用企业连接起来,形成了开放的个性化定制服务平台,有助于3D打印技术快速应用到航空航天、医疗、汽车制造、模具模型设计、文化创意等领域。酷特智能(红领集团)打造"酷特C2M平台",来自"客"的源点需求及时被"厂"端智能系统整合,从而在一个平台上实现客户订单提交、产品设计、生产制造、采购营销、物流配送、售后服务等。国内最大的毛绒玩具设计制造企业"大有电子玩具"研发工业互联网平台,集成智能研发系统、数据采集系统、智能管理系统和AGV设备等,让数据驱动整个设计、生产制造环节,用户可参与设计生产等环节,实现个性化定制,成为毛绒玩具个性化定制

---

① 《领跑工信部2020年"双跨"工业互联网平台,汉云做对了什么?》,36Kr,2020年12月30日,https://36kr.com/p/1032598078870281,访问日期:2021年3月26日;《汉云平台:最懂制造的工业互联网平台》,百家号,2019年10月29日,https://baijiahao.baidu.com/s?id=1648695144041954966&wfr=spider&for=pc,访问日期:2021年3月26日。

② 《碧桂园在机器人赛道的"突围"路径》,新浪网,2019年12月10日,http://finance.sina.com.cn/stock/relnews/hk/2019-12-10/doc-iihnzhfz4957167.shtml,访问日期:2021年2月10日。

③ 《海尔全球首发工业4.0战略样本:互联工厂》,海尔官网,2015年3月,http://www.haier.net/cn/about_haier/news/jtxx/201503/t20150313_263795.shtml,访问日期:2021年2月10日。

引领者。① 自成立伊始,华仁药业就使用先进的机器人和自动化设备,在智能制造硬件方面走在前列。它的立体化智能仓库"整合了自动化码垛机器人接口软件技术、无线 RF 调度自动仓储技术、计算机自动仓储管理控制系统技术、现场总线技术、激光传感技术等,实现了从物料传输,到识别、分拣、码盘、仓储、检索和发售等各个环节的全程自动化作业"。生产轮胎的传统企业青岛双星借助 O2O 实现销售模式创新,并在生产环节实现智能化。青岛啤酒一方面实现个性化定制,一方面采用物联网手段对产品进行智能识别、定位、跟踪和监控的全生命周期管理。②

除了制造商以外,诸如联想、华为等服务商翘楚也在积极筹备互联网工业的转型升级之路。"对中国大量初创企业而言,联想全线智能终端制造优势、深入线下体验式渠道优势,正在形成的云计算+大数据优势,以及联想创投丰富的投资经验和孵化加速案例,都是面向智能互联网创业的利好消息。"③在华为看来,互联网工业的本质是信息通信技术和运营技术的融合。对很多企业而言,实现互联网工业的前提是智能化,而网络连接、大数据采集、计算分析等信息相关领域是其面临的短板。因此,华为致力于为向互联网工业转型的企业提供网络能力,如利用华为自身的企业云为客户提供定制性的数据服务。

如果说上述诞生在传统工业时期的企业是在互联网技术突飞猛进浪潮中以积极转型作为应对的话,那么,近年来依赖互联网技术与环境而问世的企业则天然地带有互联网工业的基因。被称为"制造业的滴滴"的 3D 打印服务商 MakeTime 和开展流线型、一站式服务的 3D 打印平台 Xometry 形成了一个"按需制造市场(Market Place)"的模式。这个模式重点在于利用互联网技术消除信息不对称问题。客户在线上传需要生产的产品设计图纸,MakeTime 或 Xometry 负责查找对接合适的接单厂家,并负责生产后的零件配送物流。这一模式有效地连接了零散的小型项目和闲置产能的厂家,打破了以往劳动密集型的工业化大生产模式,显示出互联网工业的勃勃生机。

从各路企业的小试牛刀和大显身手中,不难看出,互联网工业是一种新型的工业形态。首先,互联网工业在信息化技术支持下,解决了生产者与消费者之间的信息不对称问题,高效对接生产和需求,并在电子商务和物联网技术的支持下,从传统工业的标准化、批量化生产模式中催生出定制化、个性化、小量化的新型生产模式。其次,同样是基于透明的信息环境和强大的电子商务与物联网技术,生产要素的配置由以往的生产者让位于结构性的主导力量,即信息资源。再次,互联网工业充分体现了互联网"连接"一切的本质。它的产业链将超越以往企业各部门之间、个别企业之间的小范围协同,形成全供应链上优势资源的相互补充、优势企业的相互配合,真正做到社会化协同生产。最后,附加值最大化是互联网工业不同于传统工业的另一个特征。如果说传统工业是以产品为中心,追求一定规模的产值和利

---

① 《青岛:打造工业互联网领军城市》,搜狐网,2018 年 10 月 9 日,https://www.sohu.com/a/258449062_464075,访问日期:2021 年 2 月 10 日。
② 《青岛 6 家企业初探"互联网工业"新模式》,微信资讯,http://www.08kan.com/gwk/MjM5MzI1Njc1Mw==/203220654/3/2e2b52cfaab9dd1058e1ed22f23a6d17.html,访问日期:2021 年 2 月 10 日。
③ 《投资智能互联网开放生态圈:联想目标下一个十年》,搜狐网,2016 年 12 月 31 日,http://www.sohu.com/a/123080801_115931,访问日期:2021 年 2 月 10 日。

润最大化,那么互联网工业则是以客户需求为导向。研发、设计、生产、营销、售后等各环节的数据积累和跟踪,最终都会形成服务于客户需求的衍生产品或服务,从而增大了附加价值。

第三节 新媒体为服务业业态优化植入催化剂

一、数字城市

技术与城市的关系源远流长。现代意义上城市的诞生与第一次工业革命密不可分。换言之,技术变革作为外部驱动力在不断调配资源和人口的流动,使之不断汇聚。而城市的发展又进一步带动技术的飞跃。但将技术和城市的关系以一种直接命名的方式体现出来则要到数字技术大行其道之时。在城市日渐壮大的过程中,食品安全、交通拥堵、环境污染、社会治理等各方面问题层出不穷,已经严重威胁人类生活质量。过去半个世纪,互联网飞速发展,人工智能、云计算、5G通信、射频识别技术、传感器技术等所有人类通信和算力上的巨大突破,都为城市向数字化转型提供了支撑条件,加速城市信息化演进。

20世纪90年代,荷兰阿姆斯特丹进行了一次"数字城市"实验,这一术语也首次诞生。当时的实验力图借助互联网打造自由沟通的城市公共空间。随后,这一概念便流行起来。2008年,IBM公司提出了"智慧地球"概念,并进一步提出包括智慧城市在内的多个实践方案。其中,智慧城市将致力于建设城市基础设施,提升城市治理和管理系统的效率,以及完善紧急事件响应机制。[①]

表述上的数字城市或智慧城市的差别,并不妨碍其内涵上的共同指向,即借助数字化技术提升城市的信息化水平,实现资源配置优化。在我国这项事业的"发展大体上经历了四个阶段:第一阶段为探索实践期,从2008年年底智慧城市概念提出到2014年8月,主要特征是各部门、各地方按照自己的理解来推动智慧城市建设,相对分散和无序。第二阶段为规范调整期,从2014年8月至2015年12月,主要特征是国家层面成立了'促进智慧城市健康发展部际协调工作组',各部门不再单打独斗,开始协同指导地方智慧城市建设。第三阶段为战略攻坚期,从2015年12月到2017年12月,主要特征是提出了新型智慧城市理念并上升为国家战略,智慧城市成为国家新型城镇化的重要抓手,重点以推动政务信息系统整合共享打破信息孤岛和数据分割。第四个阶段为全面发展期,从党的十九大召开到现在,主要特征是各地新型智慧城市建设加速落地,建设成果逐步向区县和农村延伸"[②]。

当前,在我国建设数字城市是发展数字经济的重要内容。《国民经济和社会发展第十四个五年规划和2035年远景目标纲要(草案)》尤为强调"加快数字发展 建设数字中国"。事

---

① 许竹青、骆艾荣:《数字城市的理念演化、主要类别及未来趋势研究》,《中国科技论坛》2021年第8期。
② 唐斯斯、张延强、单志广、王威、张雅琪:《我国新型智慧城市发展现状、形势与政策建议》,《电子政务》2020年第4期。

实上，党的十九大以来实体经济与数字技术的深度融合促使数字经济进入快车道，数字经济已经成为中国经济发展高质量转型的战略选择。数字城市建设是各地主动服务新发展格局的重要战略，它不仅是"新基建"的落地指向，也是各级政府发展数字经济的具体空间，更是促进新型城镇化、完善城市治理体系的综合载体。"随着'数字中国'战略实施，全国各个城市都在精心谋划，抢占城市数字化、智慧化发展的先机，特别是上海、北京、天津、重庆、杭州、银川等城市。目前，全国已有 27 个主要省区市，围绕'数字中国'建设的政府、经济、社会三大领域，提出本地区信息化发展的总体方向和顶层设计，例如，广东省聚焦政府数字化改革，山东省聚焦数据资源体系构建和应用，天津市聚焦新型智慧城市建设，杭州、青岛、宁波等城市也相继提出各自的数字化发展任务"①。

案例：深圳市可视化城市空间数字平台②

深圳是我国首批新型智慧城市试点城市。2018 年在市政府工作报告首次明确提出建设"可视化的城市空间数字平台"，2020 年该平台试运行启动。深圳可视化城市空间数字平台全面启用"2000 国家大地坐标系"，以深圳市北斗连续运行卫星定位服务系统为基础，构建了我国首个海陆一体化的三维时空基准体系，为精准感知海陆位置，支撑粤港澳湾区、对接国家空间信息资源奠定了基础。该平台建设包括数据接入、数据融合、数据分析、数据可视化、数据管理、协同更新、运维管理等子系统，构建了开放服务框架，具地理空间数据服务和全空间综合查询、空间应用支撑、应用开发框架、市区一体化协同更新等通用服务能力，目前已在国土空间规划、多规合一、社会综合治理、智能交通、住房建设、工业园区管理、燃气应急管理等领域进行试点应用，并在市区共建共享过程中形成了系列标准规范。

二、医疗健康

2014 年被称为互联网医疗元年。苹果公司 2014 年发布移动健康应用平台 Health Kit，国内 BAT 三家巨头也积极布局互联网医疗。百度采用"平台+大数据"策略，利用大数据技术和成熟的智能医疗外部设备，与北京市政府联合搭建"北京健康云"平台，帮助老百姓"大病化小""小病化了"以及"治未病"，同时提供诸如减肥瘦身指导、健康管理咨询、远程心电监测等个性化服务。它还推出医患双选 App "百度医生"，为方便中老年用户特别采用了百度语音的智能识别技术。阿里巴巴在互联网医疗健康领域的跃进起步于 2011 年以来的一系列商业并购举措。它已经掌握全国最大的药品流通监管码，率先进入电子处方环节，涉足医药电商，倒逼医药分家，还推出"未来医院"计划，向医疗机构开放支付宝的平台能力。③ 腾讯一方面投资丁香网、挂号网等，强化其在移动互联网医疗方面的影响力，另一方面还在微信上推出"全流程就诊平台"，用户扫描二维码或关注后就能预约、挂号和缴费。在这个领域竞争

---

① 李烨、闫翀、盛利：《"十四五"时期数字城市建设对策——以辽宁省大连市为例》，《未来与发展》2021 年第 9 期。

② 张广泉：《加"数"前行 织密"智慧城市"之网——专访中国工程院院士、深圳大学智慧城市研究院院长郭仁忠》，《中国应急管理》2021 年第 7 期。

③ 《互联网医疗行业深度报告（上）：解构互联网医疗模式，寻找重塑医疗生态王者》，生物谷网站，2015 年 4 月 24 日，http://news.bioon.com/article/6668548.html?from=timeline&isappinstalled=0，访问日期：2021 年 3 月 19 日。

的还有软件公司东软集团、膳补企业汤臣倍健、电商明星京东、手机新秀小米,以及专攻互联网医疗的春雨医生、好大夫在线等,甚至医院本身。已有研究显示,北京的三甲医院除了各自开设微信公众号以外,还合作推出"京医通""微官网"等服务。

与互联网在其他领域形成的重构之势相同,新媒体技术在医疗健康领域广泛应用带来的新模式也为传统医疗消费吹来一股新气息。首先,改善就医体验,优化就医流程,节约时间,提高效率。以核心需求挂号为例,挂号难、票贩子猖獗早已为人们诟病。对此,网上预约挂号发挥了良好效用。"北京114预约挂号"是北京市卫生局官方指定预约挂号平台"北京市预约挂号统一平台"在微信平台推出的对应服务。目前该平台已开通了北京市二级、三级医院120余家,用户只需简单几步的注册登录便可进行预约挂号。在挂号时用户可选择按医院、科室、指定日期查找。若没有医生出诊信息,系统会提示用户可预约的其他医院。[①] 其次,能够合理、高效甚至跨时空配置医疗/医药资源,实现在线问诊、远程医疗以及电商购药。病人甚至可以通过在线问答、电子邮件、文字及图片等方式来描述病症,请医生给出基本的诊断意见与建议。这种"轻问诊"的模式已经为春雨医生等互联网医疗企业采用。再次,随着可穿戴设备日益完善,加之大数据、云计算等技术,当前的医疗健康模式不仅能够做到病前健康管理、有效预防,还将提供精准医疗和个性化定制服务。百度未来商店中的智能水杯、智能体质分析仪、无线智能血压计、体脂秤、健康手环等可穿戴设备都致力于个人健康管理。

新媒体在医疗健康领域的应用对中国这样一个老龄化日趋严重的国家而言有着重要的意义。它在刚刚起步的智慧养老方面有着广阔的发展前景。从新媒体在医疗健康领域的当前应用来看,它在智慧养老方面提供了如下三种服务类型:第一,侧重在线咨询的远程医疗服务。基层卫生医疗机构和养老社区可以依托医疗资源雄厚的大医院,为行动不便的老人提供远程咨询/远程会诊、远程监护甚至远程手术等操作。简言之,就是利用互联网打破地域限制,将优质医疗服务带到老人面前。第二,养老O2O服务模式。远程医疗软件系统主要提供线上服务,配以社区医院与其他医院的联动机制,形成线上线下服务体系。老人可以在家通过多电子终端设备反馈身体状况,社区服务人员可以提供紧急救助、转诊治疗、上门理疗、慢病管理等服务。第三,智能可穿戴设备远程监测服务。目前,一些智能手表手环、血压计、血糖仪、摔倒报警、服药提醒等产品已经推广使用。智能可穿戴设备一方面可以记录老人诸如血压、睡眠、血糖、体重、行走步数等生理数据,并在个人手机App上直观呈现,另一方面,这些数据还能够上传至云端,方便家属和医生查阅。当大数据技术进一步应用后,可穿戴设备采集的老年人生理体征信息会更丰富,精准化医疗和个性化医疗就有望实现。

此外,随着5G技术在中国商用化的不断推进,依托5G网络建设,新媒体在医疗健康领域的应用更加广泛深入。远程监护、远程导诊、远程会诊、远程超声甚至远程手术都将成为现实。2020年春新冠肺炎疫情暴发,在给国内医疗机构带来巨大压力与挑战的同时,也让人们看到新媒体在医疗领域中的潜力与曙光。

---

① 郭敏、周晓英、宋丹、张黎:《"互联网+"时代的我国医院微信信息服务研》,《图书与情报》2015年第4期。

案例:隔空看病,云上诊疗,浙江5G防疫催生智慧医疗落地①

新冠肺炎疫情期间,5G、VR、大数据等新媒体技术发挥了重要作用,显示出攻克特殊困难的优越性。新媒体与医疗领域的深度融合时代已经到来。

新生儿5G+VR远程探视平台:浙江大学医学院附属妇产科医院联合浙江移动打造的5G+VR新生儿远程探视平台,借助5G网络,家属只需要带上VR设备,就能看到病人或婴儿的实时情况。据了解,5G+VR新生儿探视平台的使用,是浙大妇院与浙江移动合作,结合4K全景VR视频直播,研发出的面向5G的智慧医疗方案。通过这一应用,布局在医院内的全景摄像机会对医院指定场景进行360°VR全景影像视频采集,这些视频图像借助5G网络上传,用户可以通过VR穿戴设备获得流畅、清晰的观看体验。它可以让父母仿佛置身于患儿身边,观察孩子实时状况,清楚听到医生对孩子病情的详细介绍,缓解家属的紧张焦虑情绪。

VR远程系统用于医疗示教与远程诊疗:在实时手术示教过程中,受教者通过VR眼镜,可以清晰看到手术的细节过程,拥有与手术医生相同的视角,如同亲自"主刀",实现医术观摩交流、现场教学的效果。2019年浙江移动与浙医二院联合打造全国首个"5G远程绿色急救通道",首次将5G网络应用于多维度的智慧急救绿色通道,整合了5G远程超声、5G急救指挥平台、VR浸入式实时全景体验、远程高清音视频互动以及无人机航飞监控等多个子系统,借助5G网络建立起一条实时的数据互联互通多维度"跑道",实现无时差的隔空远程生命数据传递。

三、交通出行

新媒体正在推进智能交通的发展。智能交通是将先进的信息技术、数据通讯传输技术、电子传感技术、控制技术及计算机技术等技术,有效地集成运用于整个交通系统而建立的一种在大范围内、全方位发挥作用的,实时、准确、高效的综合交通运输管理系统。② 从道路客运联网售票系统、高速公路ETC应用、各类出行导航、自动泊车技术、停车场管理系统、城市交通综合管控平台等到人们更耳熟能详的打车专车领域的滴滴、神州,物流货运领域的货拉拉、同城货运,共享单车领域的摩拜、ofo等,新媒体应用领域之广、速度之快、影响之深令人感叹。

滴滴出行是新媒体在智能交通方面最有代表性的应用之一。2018年,滴滴出行再次推出智慧交通战略产品"滴滴交通大脑",运用AI决策能力解决交通工具与承载系统之间的协调问题。该产品在空间上打破城市内区域的数字壁垒,实现全面高效的交通管理和协同,在时间上突破人类决策能力极限,实现更准确的预测和调配。目前,滴滴大脑已经在全国20多座城市落地。③

---

① 《隔空看病,云上诊疗,浙江5G防疫催生智慧医疗落地》,新浪网,2020年3月19日,https://tech.sina.com.cn/roll/2020-03-19/doc-iimxxsth0313043.shtml,访问日期:2021年2月12日。

② 《互联网+交通发展概述》,中国安防行业网,2016年7月,http://www.21csp.com.cn/zhanti/hlwyjt/article/article_14733.html,访问日期:2021年3月10日。

③ 罗超:《AI来了 智能交通变了》,《中国公共安全》2018年第4期。

共享单车是颇受市民喜爱的另一项智能交通应用,它的快速发展得益于移动互联网、智能手机以及移动支付的广泛普及。共享单车是指前端用户利用 App 扫码一键解锁自行车,后台远程利用物联网技术、通信技术、计算机软件平台以及大数据分析等进行运营、调度、监控、管理车辆运行状况的智能单车出行新方式。目前,市场上存在可分为政府付费投资的有桩公共自行车系统业务和用户付费无桩公共自行车业务两部分。于市民而言,共享单车取环车方便灵活,解决了出行"最后一公里"的难题,有效节约了时间成本和出行费用。于城市交通而言,共享单车能够缓解交通拥堵,减少环境污染,优化资源配置。

本章思考题

1. 新媒体技术对传统农业生产、流通有什么帮助?
2. 新媒体技术在工业领域有哪些应用?前景如何?
3. 结合实例谈谈新媒体在社会服务领域有何作为?

本章参考文献

1. 许竹青,骆艾荣. 数字城市的理念演化、主要类别及未来趋势研究[J]. 中国科技论坛,2021(08).
2. 周振. 原始农业与现代互联网技术的碰撞——当前"互联网+农业"应用现状、问题与对策[J]. 中国经贸导刊,2018(03).
3. 周月书,笪钰婕,于莹. "互联网+农业产业链"金融创新模式运行分析——以大北农生猪产业链为例[J]. 农业经济问题,2020(01).
4. 夏澂. 智慧农业海外案例[J]. 新经济导刊,2015(12).
5. 张晶,赵俊晔,张峭. 农业电子商务发展现状及展望[J]. 农业展望,2018,14(3).
6. 李国英. "互联网+"背景下我国现代农业产业链及商业模式解构[J]. 农村经济,2015(09).
7. 王艳华. "互联网+农业"开启中国农业升级新模式[J]. 人民论坛,2015(23).
8. 周振兴. 基于互联网思维的农业科技创新与推广新探索——以江苏园艺产业为例[J]. 江苏农村经济,2015(02).
9. 杨继瑞,薛晓,汪锐. "互联网+现代农业"的经营思维与创新路径[J]. 经济纵横,2016(01).
10. 王喜文. 工业4.0、互联网+、中国制造2025 中国制造业转型升级的未来方向[J]. 国家治理,2015(23).
11. 杨帅. 工业4.0与工业互联网:比较、启示与应对策略[J]. 当代财经,2015(08).
12. 郑淑蓉,吕庆华. 中国电子商务20年演进[J]. 商业经济与管理,2013(11).
13. 聂林海. "互联网+"时代的电子商务[J]. 中国流通经济,2015,29(06).
14. 王莹. "互联网+"背景下我国智慧农业发展路径研究[J]. 物流科技,2021,44(02).

第二十三章 新媒体在智慧生活领域的应用

扫码可见
第二十三章PPT

新媒体在提供公共服务、惠及民生方面潜力巨大。在智能家居、教育、养老、旅游等行业也都正在或即将大展身手,一些用户深度参与并深受好评的产品相继问世。我们正在迎接新媒体广泛深度应用的智慧生活时代。

第一节 新媒体在智能家居领域的应用

一、技术进步推动智能家居产业发展

技术的更新推动着智能家居从高端别墅走进寻常百姓家。今天所说的"智能家居(connected home)"是指以住宅为平台,基于物联网技术,由硬件(智能家电、智能硬件、安防控制设备、家具等)、软件系统、云计算平台构成的一个家居生态圈,实现人远程控制设备、设备间互联互通、设备自我学习等功能,并通过收集、分析用户行为数据为用户提供个性化生活服务,使家居生活安全、舒适、节能、高效、便捷。① 从技术上来讲,智能家居是一个新物种,由计算机、通信、自动化、传感器、大数据与云计算以及 AI 等技术共同孵化而来。从用户体验上来说,智能家居是以住宅为基础实现人们智慧生活的服务系统。从功能上来说,智能家居应包括如下系统:智能家庭安防系统、智能灯光控制系统、中控管理系统、智能家电、家庭门禁系统、家电控制系统、网络通信系统、家庭影音系统、智能感知系统和能源管理系统。它能实现家庭成员之间、在外的家庭成员与家庭、家庭与社区之间的连接。更重要的是,智能家居前景广阔,得到了政府的大力扶植和培育。

---

① 易观智库:《中国智能家居市场专题研究报告 2015》,2015 年 7 月,https://www.analysys.cn/article/detail/11098,访问日期:2021 年 3 月 18 日。

二、国内外新媒体企业深耕智能家居领域

2014年被誉为智能家居元年,几乎各大家电巨头都对此不遗余力排兵布阵。2014年,苹果公司最先对外公布了它的智能家居平台Home Kit,第三方厂商获得授权认证后可以生产接入该平台的智能家居设备,用户可以用Siri进行控制。至2017年,Home Kit更新的产品已经包括电源插座、电动窗帘、空气质量检测等多个品类,如西勒奇Sense系列智能锁、杜亚的智能窗帘、艾美特的电风扇、Nanoleaf三角形智能灯板、Incipio的无线智能插座和智能灯泡转接器,等等。目前,海尔、美的已宣布接入苹果Home Kit平台,并推出基础该平台的智能空调产品,允许iPhone、iPad和iPod touch用户通过语音或App发出指令来控制空调。用户还可以创建使用场景以及发出简单指令来实现空调的开/关机、温度设定、风速和风向调节等。[①]

谷歌2016年秋季正式推出试图与Amazon Echo一较高下的智能家居中枢Google Home智能音箱。该产品可以实现语音搜索,并借助语音控制已连接的智能设备。具体而言,通过机器学习与人工智能的结合,Google Home可以与电视、音响、插座、灯光、空调等家庭设备实现互联,转变成为智能家居控制中心;与苹果的Siri和微软的Cortana相比,Google Home语音功能非常强大,不仅能进行简单的语音双向交互,更可以通过机器学习与人工智能让这种沟通转变为智能家庭中一个非常棒的管家。[②] 2014年11月,亚马逊推出的无线音箱Echo。次年4月,宣布Echo能够语言控制开关和灯光,之后亚马逊陆续和福特、Smart Things等合作,让Echo在家居上可能性越来越多。亚马逊的硬件更新速度让其对手难以望其项背。2017年,亚马逊继续推出了体积较大的Echo Plus,带屏幕的Echo Spot,等等。[③]

国内公司在智能家居领域起步较晚。从电商巨头京东、阿里,到IT企业百度、腾讯,再到硬件品牌商联想、海尔、小米,无一不在积极谋划自身的智能家居生态系统。早在2004年6月,海尔就主导成立了家庭网络标准产业联盟e家佳;2014年3月,海尔发布U+智慧生活平台,将用户的个性化需求与它的互联工厂直接对接;2015年4月,京东联合科大讯飞成立灵隆科技,并于8月推出首款叮咚音箱,次年6月推出叮咚(DingDong)开放平台,可完成主动式的服务分发,将家庭需求与合作伙伴的服务相连接;2015年5月,阿里巴巴成立智能生活事业部,2017年正式发布阿里云IoT智能生活开放平台;2015年12月,华为发布智能家居HiLink战略;2016年3月,小米生态链独立品牌米家发布;2016年9月,150余家企业在工信部指导下共建中国智慧生活产业联盟;2017年2月,百度收购渡鸦科技,成立智能家居硬件事业部;2017年7月,天猫精灵首款智能音箱硬件产品发布,同时,小米AI音箱小爱同学发布;2018年3月,百度联合小鱼在家发布小度在家智能视频音箱;2018年4月,腾讯智能音箱腾

[①] 《海尔美的接入苹果HomeKit智能家居平台》,新浪网,2015年3月18日,http://tech.sina.com.cn/mobile/n/apple/2015-03-18/153410018844.shtml,访问日期:2021年3月18日。

[②] 《从Google Home看谷歌的智能家居野心》,智能家居网,2016年10月8日,http://smarthome.ofweek.com/2016-10/ART-91006-8440-30046049.html,访问日期:2021年3月18日。

[③] 《在智能家居上,谷歌还能追上亚马逊吗?》,虎啸网,2018年3月5日,https://www.huxiu.com/article/234603.html?f=sohucom,访问日期:2021年3月18日。

讯听听上市。① 早在 2014 年,腾讯就推出了"QQ 物联智能硬件开放平台"。它的着力点在于快速覆盖海量用户,因此开放程度较高,横跨传统硬件、智能家居、可穿戴设备、智能车载、健康设备等多个领域。

新媒体在智能家居领域的应用广泛,该领域市场前景良好。根据艾瑞咨询测算,2020 年中国家用智能视觉产品市场规模 331 亿元,伴随着智能视觉与智能家居产品的进一步融合,预计在 2020 年到 2025 年间的年复合增长率为 21%,到 2025 年市场规模达到 858 亿元。②

案例:海尔的"U+智慧平台"③

作为海尔旗下全球首个智慧家庭领域全开放、全兼容、全交互的智慧生活平台,U+智慧生活平台的 2.0 战略制定了三个前瞻性的布局。首先,海尔 U+智慧生活平台克服了以往不同产品的设备无法互联共通的弊端,成为首个公开、透明的生态体系。全新升级的海尔优家 App2.0,为用户提供家电定制、生产、配送、安装的全流程可视化体验,并且汇聚全球制造资源,将用户需求和制造资源无缝聚合在一起,实现智能制造下的大规模定制。其次,海尔推出 U+智慧生活大脑以改善用户体验。它采用了语音识别、图像识别等自然交互技术,能够像人一样"能听、能看、会说、能思考、有情感",理解用户要求,帮助控制家电;它能感知用户的生活习惯和行为喜好,实现自主决策,主动提供服务。最后,海尔 U+智慧生活平台对七大生态圈进行升级,创新推出网器生态场景商务模式。以海尔馨厨生态圈为例,作为一个具有创新功能的网器,突破性地集购买、储存、烹饪、娱乐、交互五大厨房场景于一身。

第二节　新媒体在教育领域的应用

媒体技术在教育领域的应用由来已久,从早期的教育广播,到教育电视,再到近年来的在线教育。在线教育当属互联网与教育融合的最初尝试。但因主流应试教育的强势地位以及技术因素的限制,在线教育虽然在一定程度上实现了知识共享,如在线题库、课程视频等,但并未对传统教育模式发出实质性挑战,只是扮演着资源共享平台甚至线下补习班的边缘角色。但随着移动互联网、云计算、大数据等技术不断成熟并渗透进教育领域,新媒体技术在教育领域的应用新远景已见端倪。

从表象上来看,当前教育领域已经出现各式各样的网站、App,如沪江网、新东方、家长帮、猿题库、作业神器,等等;但从内核上看,这些功能定位各异并存在竞争关系的应用都在齐心协力地给传统教育做"整容"。首先,新媒体促使教育资源从封闭走向开放,推动教育机

---

① 艾瑞咨询:《2018 年中国智能家居行业研究报告》,2018 年 8 月,http://report.iresearch.cn/wx/report.aspx?id=3256,访问日期:2021 年 3 月 18 日。
② 《2021 年中国智能家居行业研究报告》,澎湃,2021 年 8 月 6 日,https://www.thepaper.cn/newsDetail_forward_14050193,访问日期:2022 年 6 月 28 日。
③ 《海尔 U+智慧生活平台发布 U+智慧生活 2.0 战略》,techweb,2016 年 3 月 8 日,http://mi.techweb.com.cn/tmt/2016-03-08/2291732.shtml,访问日期:2021 年 3 月 18 日。

构从单一走向多元。① 事实上,媒介技术的演进史也是一部助推知识冲破禁锢,超越时空限制走向大众的过程,只是如今的互联网技术将这方面的作用发挥得更为极致。得益于互联网的强大存储功能和交互特性,教育资源能够实现迅速汇聚和有效流动,不仅方便用户主动"拉取",还能为其直接"推送"。以手机应用"超级课程表"为例,它能源源不断地为用户推送全国各高校的课程信息。在对教育资源的分配整合过程中,除学校以外的社会教育机构或新型教育组织也开始出现,如备受好评的美国慕课平台。"美国慕课涵盖了每一个教学环节,是一个相对完整的教育过程,拥有课前讲义、课堂提问、随堂测验、课后作业与交流、期终考试和结业证书,学生可以通过提问,得到相应的反馈和评价等信息;同时充分利用自身平台、教师、学习者和学习资源的优势进行交互"②。

这同时印证了新媒体对传统教育的另一个改变,即使学习从被动转向主动,甚至实现了知识习得的生活化。传统的课堂教学向来以教师讲授为主导,而得益于各类新媒体技术的新型教育模式正在孕育教师与学生、学生与学生之间的互动新模式,比如 C2C 在线学习方式。在移动互联网和智能移动终端的支持下,学习可以与生活时间有机交融。以受大学生欢迎的"百词斩"为例,它实现了学生充分利用各种碎片化时间来温习英文单词,学习的主动性可以随时满足。

在各类新媒体技术的影响下,一种新的教育生态环境也有望形成。对传统的学校教育而言,新媒体正深刻地改变着教育的各个环节,如课程、教学、学习、管理、评价等,形成"智慧校园"。对传统的商业性教育而言,在新媒体的冲击下,新型的运营和管理模式也在积极探索中。

2020 年春的新冠肺炎疫情让我们见证了新媒体在教育领域的应用价值。疫情的暴发,令众多行业歇业,在社会运转和经济运行都面临重创之际,教育界却旗帜鲜明地喊出"停课不停学"的口号,力图借助各类新兴的互联网技术与新媒体手段,在疫情危难之时探索出建设一条维护正常教学进程的空中课堂道路。在这个过程中,传统的由各类学校和教育机构构建的各类在线教育平台,如中国大学慕课平台、智慧树网、学堂在线、学银在线等积极响应,推出免费课程;商业性的泛知识平台也快速行动,争取在远程教育市场中占据更有利的位置;而依托于有着技术优势的各大互联网企业的教学应用,如腾讯会议、企业微信、雨课堂、飞书、钉钉以及各类直播软件等工具等,更是根据需要快速调整功能,升级产品。凡此种种,都极大地帮助了特殊时期教学工作的正常推进。

案例:停课不停学!深圳罗湖联手腾讯教育打造多元化解决方案③

2020 年新冠肺炎疫情期间,深圳市罗湖区教育局联合罗湖智慧城市建设中心、腾讯教育,共同推出了多元化的"停课不停学"解决方案,并充分利用互联网、大数据等现代技术,满足特殊时期全区中小学师生在家上课的需求。

---

① 张岩:《"互联网+教育"理念及模式探析》,《中国高教研究》2016 年第 2 期。
② 马化腾:《互联网+国家战略行动路线图》,中信出版社,2015,第 370 页。
③ 《停课不停学!深圳罗湖联手腾讯教育打造多元化解决方案》,百家号,2020 年 2 月 18 日,https://baijiahao.baidu.com/s?id=1658872148118636890&wfr=spider&for=pc,访问日期:2021 年 3 月 12 日。

早在2019年9月,腾讯教育就与罗湖联手,助力区智慧教育云平台的整合,并建立了统一用户身份认证、统一开放接口管理、统一云资源服务和统一生态资源,为罗湖教育主管部门、学校、教师、学生、家长提供智慧教育云服务。

疫情期间,在"智慧教育云平台服务"基础之上,罗湖区还以腾讯智慧校园、企业微信、腾讯课堂等平台为抓手,全方位引进整合各类教育教学应用平台,为学校提供满足线上学习的平台资源服务,构建全域教育应用生态。

罗湖区的在线课堂覆盖全区13万中小学师生。腾讯公司为此特别推出了腾讯课堂极速版,这是专门契合师生们在线教学需求的。老师们只需三步即可快速搭建专属的空中课堂,具有门槛低、稳定流畅、互动性强等特点。实时、高清、全平台、交互式的在线视频授课服务,能够同时满足小班制、大班额等多种在线教学场景的需求。另外,直播平台内置了丰富的平台工具,包括实时音视频、PPT课件共享、屏幕分享和录制回放等,可实现线上线下的灵活互动和交流,让师生获得高质量的上课体验,保障教学效果。

本章思考题

1. 结合实例谈谈你对新媒体在智能家居中应用的认识。
2. 你是否是互联网教育的使用者?感受如何?

本章参考文献

1. 马化腾.互联网+国家战略行动路线图[M].北京:中信出版社,2015.
2. 郭敏,周晓英,宋丹,张黎."互联网+"时代的我国医院微信信息服务研究[J].图书与情报,2015(04).
3. 张岩."互联网+教育"理念及模式探析[J].中国高教研究,2016(02).

第六单元

新媒体产业论

XINMEITIGAILUN

　　市场化与产业化是新媒体发展的重要趋势之一。新媒体不仅拥有媒介属性,自诞生之日起也表现出强烈的经济属性或产业属性,并逐渐成为一个快速发展、日新月异的新兴产业。新媒体产业具有创意经济、规模经济、范围经济和长尾经济的特征,成为我国和全球经济的重要增长点。

　　当然,由于新媒体的内涵与外延随着技术发展不断变化,新媒体产业的界定与行业选择也面对诸多困难。因此,本单元对新媒体产业的探讨主要采用概论和略览的方式,在对新媒体产业的经济内涵进行阐释的基础上,对新媒体产业的作用、发展趋势进行探讨。在具体产业门类方面,本单元主要选择近几年发展比较迅速并基本形成商业模式的产业进行分析,如网络游戏产业、网络影视产业、网络直播产业、短视频与 MCN 产业等。随着5G、人工智能、数字化等新技术的广泛应用,新的产业形态也将不断出现并改变当代传媒产业整体格局。

第二十四章 新媒体产业概说

扫码可见
第二十四章PPT

近年来，媒体一直在文化产业中扮演十分重要的角色。以各种大众媒体为载体的传媒产业，是当代文化产业最为重要的组成部分。而以移动互联网媒体、智能媒体等为代表的新媒体，已经成为当代媒体最为重要的组成部分，以其为载体的各种文化内容、商业模式也不断出现，改变、重塑着当代文化产业的整体格局。正如大卫·赫斯蒙德夫所说："在有关文化产业延续与变迁的任何一本书中，新媒体绝不可能是次要部分。"①在这种情况下，新媒体产业也成为学界的重要研究对象。

第一节 新媒体产业的内涵和特征

一、何为新媒体产业？

在相关研究中，对"新媒体"的定义可谓众说纷纭，但是有关新媒体产业定义、内涵方面的探讨并不多见。究其原因，我们认为主要有两个方面：首先，在实践性很强的传媒产业领域，有关定义、本质、特征等"元问题"的探讨是一件费力不讨好的事情；其次，以时间为重要划分标准的"新"媒体，本身就处在不断的变动之中，今天的"新"媒体可能就意味着明天的"旧/传统"媒体，所以，直接切入，讨论在最近几年仍属"新"媒体范畴的各种现象可能来得更为轻松、便捷。

在本书中，我们也无意于建立一个封闭式的"新媒体产业"概念，但对即将讨论的新媒体产业而言，它包括哪些方面，包含哪些行业门类，在这些行业门类中它偏重于内容还是技术，等等，又是我们接下来进行论述的一个前提。因此，我们采取一种较为宽泛、开放的概念界定方式。我们所说的新媒体产业，是指以数字技术、计算机网络技术和移动通信技术等新兴技术为依托和主要载体的，按照工业化标准进行生产、再生产，以广大普通民众为主要受众的内容产业。

---

① 大卫·赫斯蒙德夫：《文化产业》，张菲娜译，中国人民大学出版社，2007，第234页。

二、新媒体产业的经济内涵

(一) 创意经济

无论载体平台如何变化,能够吸引大众的优质文化内容都是在竞争中取胜的不二法门,因此,很多国家也将文化产业称为"内容产业"。在新媒体时代,内容仍是传媒产业最为重要的因素之一。但与以往传统媒体时代不同的是,新媒体的载体平台更加多元化,受众市场也更加细分。因而,在新媒体行业中,创意经济的特征较之以往更为明显。新媒体尤其是移动互联时代的到来,极大降低了内容生产的进入壁垒和生产成本,除影视公司、出版社等传统内容生产机构外,更多的普通大众和小微内容生产机构可以通过 UGC 内容生产方式,在直播、短视频平台乃至微博、微信朋友圈等个人化媒体中进行内容传播,受众注意力被分流到不同领域和平台之中。在这种情况下,唯有不断创意创新,才能在激烈竞争中脱颖而出。比如,西游记、哪吒等传统文化主题,在近几年随着新媒体不断发展呈现出更为多元化的创意形态。无论是《哪吒之魔童降世》等动画电影,还是《封神之哪吒传》《战神哪吒》《哪吒之灵童归来》等网络游戏,都顺应新媒体时代的娱乐需求,呈现出更为多元化的创意形态。

(二) 规模经济

规模经济存在于任何边际成本低于平均成本的产业之中。每当多生产一个单位产品的成本随着生产规模的扩大而降低时,就出现了规模经济。规模经济是传媒产业的固有属性,但在新媒体产业中规模经济的作用更为明显。与报纸、杂志等传统媒体相比,新媒体生产一个单位产品的成本更低。在报纸、杂志等传媒行业中,纸张、印刷、运输等都构成了一定的成本,而网络、手机等传输平台则以"无纸化"的传输形式省掉了纸张、印刷等成本,同时,它们的"在线化"传播方式则不需要人力、交通等运输成本,因此其边际成本更低,规模经济效应也更为明显。中国新媒体产业的迅猛发展,在一定程度上也是得益于中国庞大的互联网受众数量,根据第 49 次中国互联网发展报告数据显示,截至 2021 年 12 月,中国网民数量已经达到 10.32 亿,正是得益于这一庞大的网民数量,中国网络购物、直播带货、短视频等新媒体产业才呈现爆发式增长态势。

(三) 范围经济

范围经济也是传媒产业的一个共同特征。当通过分摊日常开支或增加其他效能,使共同生产和销售两个或更多相关产品比分别生产和销售这些产品更为划算时,就出现了范围经济。在论及当代中国传媒产业问题时,中国人民大学喻国明教授认为,过去十年中国传媒业发展的价值模式是通过追求规模经济效益来占有比较多的市场份额,而在今天的媒介生态中,市场规模跟过去不一样,已经没有相当多的空地可以去圈。因此,传媒产业的发展方向要从过去的追求规模经济效应转向追求范围经济效应。也就是说,要在既定的市场份额、既定的用户规模基础之上,全面开发既定的市场份额和受众规模,然后用全面开发来实现多点产出,形成更大的价值提升。① 最近几年学界和业界讨论较多的"IP 为核心的泛娱乐"就是新媒体产业中范围经济的最好体现。在新媒体时代,一个具有较高影响力 IP 出现之后,有关机构往往会通过各种方式对 IP 进行"泛娱乐"式的多元化开发,在短时期内迅速在各个渠道变现。比如,《盗墓笔记》在以网络文学方式形成影响力之后,迅速以纸质书、电影、舞台剧、电视剧、网剧、手游等方式推出各种系列相关产品,从多个角度完成对《盗墓笔记》这一 IP 的价值变现。另外,大家熟知的《鬼吹灯》《三生三世十里桃花》《庆余年》《全职高手》等 IP 也都按照范围经济规律采取了多元化的开发方式。

(四)长尾经济

2004 年,"连线"杂志主编克里斯·安德森最早用长尾(The Long Tail)这一概念描述亚马逊、奈飞等新媒体企业的商业模式。长尾理论认为,只要存储和流通的渠道足够大,以前看似需求较少的"冷门"产品所共同占据的市场份额足以与主流产品的市场份额相匹敌。正如克里斯·安德森的统计表明:在线音乐店 Rhapsody 里下载排行 10 万名以后的那些歌,在任何一家最最专业的唱片店都找不到,每月下载次数只有几次、几十次,加起来却占了所有下载次数的 15%。②

长尾效应为新媒体产业提供了新的经营思路,互联网技术实现对用户需求、喜好的精准掌握,大众市场被划分为无数个细分市场,个体的需求得到重视。正如安德森所言,我们的文化经济重心正在加速转移,从需求曲线的热门产品,转向需求曲线尾端的利基市场和产品。互联网将供应链革命的诸多要素紧密结合,使得生产者既可以进行大规模的生产制造,又可以专注易被忽视的利基市场。巨大的利基市场集合起来,可以形成庞大的经济市场。在过去,视频网站的主要收入来源是广告主的广告费用。以腾讯、优酷、爱奇艺为首的视频网站将单一的 to B 的经营模式转向 to C,开拓付费会员市场。尽管单个会员业务每月仅有十元左右的收益,其背后却是数量庞大的付费用户市场。此外,快手、拼多多将重点转向三四线城市乃至乡镇、农村市场,汲取这部分用户的零散需求,将长尾效应发挥得淋漓尽致。

三、新媒体产业的基本特征

(一)新媒体产业的受众特征:全民化与细分化并存

在中国新媒体产业发展初期,其受众以青年群体、高学历群体为主。中国互联网络信息中心(CNNIC)发布的互联网报告相关数据显示,2005 年中国网民以年轻人为主,其中 18~24 岁的网民占到上网人数的 37.7%,而 35 岁以下的网民占到了上网总人数的 81.3%;在受教育程度方面,中国网民高中(中专)以上学历的占到整体的 85.8%。③ 随着经济及互联网技术的不断发展,当今新媒体产业受众的全面化市场基本形成。截至 2021 年 12 月,我国网民数量

---

① 喻国明:《从规模经济转向范围经济——新一轮传播模式的转型》,《视听界》2007 年第 6 期。
② 克里斯·安德森:《长尾理论:为什么商业的未来是小众市场》,中信出版社,2006。
③ 人民网:《第 16 次中国互联网络发展状况统计报告》,2005 年 6 月 10 日。

已经达到 10.32 亿,网络普及率达 73.0%。网民增长的主体由青年群体向未成年和老年群体转化的趋势日趋明显。未成年人、"银发"老人群体陆续"触网",构成了多元庞大的"数字社会"。同时,我国农村网民规模已经达到 2.84 亿,城乡地区互联网普及率差异较 2020 年 12 月缩小 0.2 个百分点。① 由此可见,中国新媒体受众的全民化市场基本形成。从世界范围看,截至 2021 年底,全球网民数量达到 49.5 亿,互联网用户占总人口的 63%,通过手机访问互联网的用户战略 92.1%。其中发展中国家增长率是 13.3%,尤其是非洲、亚太和其他欠发达国家的网民普及率平均猛增了约 20 个百分点。②

互联网时代,消费者的需求旺盛且多样,过大的市场规模导致企业无法同时满足市场内部的消费者需求,而消费者的需求越来越受到生产者的重视,新媒体受众的细分化成为不可阻挡的趋势,于是总体市场被划分为若干具有共同特征的子市场。新媒体产业在全民市场发展的同时,各个细分领域也发展迅速,全民化与细分化同时推进。以网络视频产业为例,截至 2021 年 6 月,我国网络视频用户规模已达 9.44 亿,在产业整体规模不断扩大的同时,各个视频平台逐渐以影视剧、综艺、动漫等核心产品种类为根基,不断向音乐、游戏、文学、电子竞技、旅游等新兴产品类型拓展,大力开拓新兴细分市场,形成多领域、跨平台的娱乐内容生态。以音像租赁业务起家的 Netflix 公司一直强调电影行业"细分市场",通过 Cinematch 排序算法为用户提供个性化内容推荐,让用户更快找到自己喜爱的内容,Netflix 对电影内容的细分可以说达到极致。

(二)新媒体产业的发展特征:呈现爆炸式增长态势

早在 19 世纪末期,马克思便在《共产党宣言》中指出:资产阶级在它不到一百年的阶级统治中所创造的生产力,比过去一切世代创造的全部生产力还要多,还要大。而资产阶级这些成就的取得是以机器的采用、轮船的行驶、铁路的通行、电报的使用等科技进步为前提。正是在科技发展的推动下,人类社会的进程呈现出明显的加速度发展特点。进入 20 世纪以来,电影、电视、电话、航天技术等的突飞猛进更是大大加快了人类社会发展进程。新媒体产业以计算机网络技术、数字技术和移动通信技术为载体,其发展的加速度也是前所未有。

从最早的阿帕网(ARPANET)诞生到今天,不过短短的 50 多年的时间,网络的民用化、普及化的时间更短。然而,就在这短短几十年的时间内,互联网的发展速度是惊人的。相关数据显示,截至 2022 年 1 月全球互联网用户约为 49.5 亿,网络普及率达 63%。而在 2010 年 6 月,全球互联网用户人数还只有 19.7 亿,在十年左右的时间内,全球互联网用户人数增长了近 30 亿。与之相比,手机网民用户的增长速度更快,截至 2010 年 12 月,中国手机网民达 3.03 亿,而到 2021 年 6 月,中国手机网民的数量则达到 10.07 亿。

在互联网用户呈现爆炸式增长的同时,新媒体产业的规模也增速惊人。从 2012 年至

---

① 中国互联网络信息中心(CNNIC):《第 49 次中国互联网络发展状况统计报告》,中国互联网络信息中心,2022 年 2 月,http://www.cnnic.net.cn/hlwfzyj/hlwxzbg/hlwtjbg/202202/t20220225_71727.htm,访问日期:2022 年 6 月 28 日。

② 人民网:《2022 移动互联网蓝皮书:2021 年底全球"网民"数量达到 49 亿》,http://finance.people.com.cn/,访问日期:2022 年 6 月 10 日。

2021年,我国数字经济规模从11万亿元增长到超45万亿元,数字经济占国内生产总值比重由21.6%提升至39.8%。我国新媒体产业的发展与数字生活、数字经济密切结合,成为我国经济高质量发展的核心动力。在5G和人工智能技术的驱动下,视频产业、物联网、产业互联网等都将得到新一轮升级。在新媒体产业爆炸式增长的同时,诸多前所未有的新媒体产业门类不断涌现,如数字阅读、网络直播、短视频、电子竞技、MCN,等等。这些产业门类的增速也远远超过传统媒体行业。总之,新媒体普及、增长的速度之快,远远超过了过去任何一种媒体。在数量庞大的受众依托下,新媒体产业的发展速度也势必会以几何级数增长。

(三)新媒体产业内容生产特征:从PGC、UGC到智能化生产

传媒产业不同于以物质生产为主要生产方式的第一产业和第二产业,其最主要的生产方式是内容生产。在广播、电视、报刊等传统媒体领域,内容生产需要经过专业的传媒机构和从业人员的选题、策划、采访、编辑、审核再通过多种媒介传递给受众。而互联网技术的发展,使内容生产主体的范围不断扩大,UGC、PUGC和PGC等新的内容生产概念也不断出现。

新媒体改变了传统的内容生产方式,体现出鲜明的互联网特性,社交媒体、短视频平台等新媒体形态的崛起,在激起互联网用户内容创作热情的同时,也提供了更多的内容输出渠道。新媒体产业的内容生产呈现出创作、消费、传播一体化的特性,即新媒体终端用户既是内容的消费者,又是内容的生产者。各行各业的用户纷纷参与到内容生产之中,从主体到内容类型都体现出多元化特征,PGC、UGC等内容生产概念也体现出这种多元化的趋势。随着人工智能媒体平台的出现,人机协同生产模式使内容生产流程和组织结构更加高效。机器代替人类工作的MGC(Machine-generated Content)模式和人机协作IGC(Intelligence-generated Content)模式成为相关产业的研究热点。

在可预见的智能IoT时代,智能计算将取代云计算的地位,AI技术也将成为文化发展的重要力量,这与新媒体产业的发展息息相关。人机协同生产模式无疑将提高内容生产的质量和数量,减少人工成本投入。人机结合的生产方式也能在提高效率的基础上弥补机器所不具有的人类情感,使内容更加具有感染力和情感逻辑。人工智能的生产技术也在不断成熟,微软推出的跨平台人工智能机器人微软小冰已经在诗歌、美术、服装面料设计、音乐等多个领域展现出惊人的内容生产能力,第七代的微软小冰已经具备了察言观色和主导对话的能力。随着人工智能的不断成熟,智能化生产也将成为内容生产的重要组成部分。

(四)新媒体产业的消费特征:从单一消费到多元消费

移动互联时代的到来,使跨屏消费成为常态,为用户提供良好的跨屏用户体验成为新媒体产业竞争的着力点之一。例如在观看电视时,使用手机摇一摇参与话题讨论或者在线互动;观看综艺时,打开手机扫二维码边看边买。多种平台平行进行消费、不同的媒介载体实现优势互补使用户消费更加便利。以手机为代表的智能终端成为内容的最主要载体,用户的内容消费行为也主要依赖手机等终端展开。移动终端的内容消费使得消费行为不再受限

于空间和媒介形态,多任务、多线程平行进行的消费方式成为可能。①

经济社会的快速发展引发消费结构的变化,在新媒体产业内部精神消费越来越受到重视,文化、知识、健康、兴趣爱好等精神层面的消费选择快速增长。艾瑞咨询发布《新中产精神消费升级报告 2018》指出,目前中国主力消费人群是 1970—1999 年出生的群体,占总人口的 47.8%,以新中产为代表的消费者群体更注重个人体验和精神消费,旅游、教育、休闲娱乐、个人爱好、学习提升成为这一群体的主要消费内容。②

内容生产和内容分发手段的变革引发消费行为的变化。消费者的消费地位由被动式消费转向主动式选择,消费的内涵也从单一的实物消费,扩大到实物商品消费、体验感受消费和服务消费。在人人皆可表达的互联网时代,消费者随时可以在互联网上发表评论,口碑的裂变可能会导致品牌迅速地崛起或衰落,消费体验升级成为产业内部生产者品牌建设的重要一环。消费者的消费方式也变得更加多种多样,在线消费、情绪消费、实体消费、会员消费等多种消费行为与内容场景深度连接,用户可依据自己的使用习惯跨平台进行内容消费,平台之间相互引流也促进了用户的多元消费。以会员消费为例,用户只需一次消费就可以参与长期的优惠回报,同时平台也可以增加用户黏性。最早的电子付费会员体系亚马逊 Prime 会员通过免除高额配送费的方式吸引用户,之后扩展到 Kindle 电子书、流媒体视频、软件服务等服务领域,目前 Prime 会员数已经超过 2 亿。

与此同时,新媒体产业多年的实践经验可以得出,高质量的内容可以影响用户的消费观念,带动用户的消费行为,进而带来新消费理念和新媒体产业盈利模式的变革。关于新媒体产业的消费模式和盈利模式后文将详细阐释,此处不再赘述。

第二节 新媒体产业的作用与意义

一、新媒体产业不断改变当代传媒产业的整体格局

在信息发布的自由度和接受的方便性方面,新媒体具有传统大众媒体无法比拟的优势,这使得新媒体初入传媒市场便迅速占据了竞争优势,不断抢夺传统媒介的受众,蚕食着传统媒体的受众预算和广告份额,从而不断改变当今传媒产业的整体格局。

在美国,影视、报纸等传统媒体正在遭受越来越大的冲击。皮尤研究中心对全美 110 家日报和 35 家数字新闻平台进行了调查,从 2017 年 1 月到 2018 年 4 月期间,40 家日报进行了裁员,占总数的 36%,其中有 12 家还进行了多轮裁员。③ 截至 2018 年 6 月,《纽约时报》380

---

① 韩晓宁、邹韵婕:《智能化、场景化、跨平台:内容产业 2.0 时代的产业特征与商业模式创新》,《出版广角》2019 第 7 期。

② 艾瑞咨询:《新中产精神消费升级报告 2018 年》,2018 年 7 月 4 日,https://www.iresearch.com.cn/Detail/report?id=3236&isfree=0,访问日期:2022 年 6 月 20 日。

③ 传媒头条:《2018 年美国传媒产业发展报告》,2019 年 6 月 23 日,http://www.cm3721.com/toutiao/6330.html,访问日期:2022 年 6 月 20 日。

万订户中有多达 290 万仅选择"在线订阅"一种方式。与传统媒体的愁云惨淡相比,亚马逊、奈飞等新媒体企业则一路高歌猛进。2021 年,亚马逊全年净销售额达到 4698 亿美元,比上年增长 22%。2021 年,Netflix 的总营收为 300 亿美元,同比增长 19%;净利润为 51.16 亿美元。与此同时,营业利润增长了 76%,达到 46 亿美元。这充分说明数字视频平台已经代替传统电视机构成为美国传媒产业新的"领头羊"。

在英国,2007 年到 2017 年的十年间,英国共有 292 家地方性报纸关门,新创办的 120 家报纸在生存压力下,也纷纷削减支出。从 2013 年至 2018 年英国主流报纸的发行量数据看,大都出现了明显下滑,仅 2017 年,整个英国报业发行量下降了 7.6%。英国全国性报纸的广告收入也下降了 12%。①

在中国,新媒体产业的发展速度也非常迅猛,不断冲击着传统媒体的市场份额,改变着传媒产业的整体格局。在广告方面,2021 年 12 月传统户外广告刊例花费同比下跌 33.7%,与之相比,2021 年互联网广告总收入为 5435 亿元,同比增长 9.32%。在报纸产业方面,2018 年中国报纸日到达率降至历史新低的 25.4%,与 2013 年相比,报纸读者减少了一半。在电视方面,2021 年中国电视机的日均开机率已经由 2016 年的 70% 下降到了 27.7%,40 岁以上的人成为收看电视的主流人群。与出版、广播电视的逐渐衰落相比,数字出版、网络游戏等的产业规模却呈现迅速增长态势,在整体传媒产业中的比例不断提升。《2020—2021 中国数字出版产业年度报告》数据显示,2020 年,我国数字出版产业规模突破万亿元大关,达到 11781.67 亿元,已经成为拉动文化产业迅猛发展的新动力。

当然,传统媒体的衰退只是相对的,是在传媒产业中所占份额的下降,而不是绝对值的下降。图书、电影等传统媒体如果能够改变增长方式、提高创新能力,在未来仍有很大发展空间。但是,由于体制、基础设施等方面的限制,其发展速度与新媒体产业相比肯定要慢得多。在一定程度上,新媒体产业在我国传媒产业中的主体地位正在确立,同时,新媒体也难以全部取代传统媒体,在未来它们更多的是以一种"融媒体"的方式共生共荣。

二、新媒体产业将成为中国文化产业参与国际竞争的主力军

在电影、电视、图书版权等传统文化产业方面,美国等西方发达国家经历了上百年的发展历程,积累了大量市场经验,并在发展过程中形成了具有国际竞争力的大型跨国集团。与之相比,中国的这些行业在进入 21 世纪后才开启产业化、市场化的发展历程。如果要与发达国家在国际市场上展开竞争,我国企业并无多少优势可言。与此不同,在新媒体产业的发展方面,中国与西方的时间差距并不明显,在这些行业中我们与西方发达国家处于同一条起跑线上。并且,新媒体产业的发展对受众基数的要求非常之高。没有一定数量的受众群体,网络游戏、网络直播、短视频等新媒体产业的发展就无从谈起。随着中国经济的发展,中国网民数量、手机用户数量在近几年的增长速度十分惊人。庞大的潜在消费者基数,为依托网络和手机等的新媒体产业发展提供了更大空间。

诸多研究表明,拥有庞大的国内市场,是一国文化产品具有强大国际竞争力的基本前

---

① 姚青群:《传统纸媒危机下英国报业的创新探索》,《中华读书报》2018 年 2 月 28 日。

提。霍斯金斯等人的研究发现,美国影视产品之所以占据国际市场,其原因就在于它拥有巨大的国内市场,"美国拥有的大的国内市场会为它的电影和电视节目带来一个较大的、理想的(利润最大化)的生产预算,这使得其他国家的生产商很难与之展开有效竞争。"[①]在动漫领域,日本动漫产业的强大国际竞争力也得益于其庞大的国内市场、全民性消费和完善的动漫产业链条。

在新兴文化创意产业的国内市场方面,目前中国国内市场已经位居世界前列。Newzoo数据显示,2018年全球游戏市场收入1758亿美元,主要来自亚太地区,占全球游戏总收入的50.2%;其次是北美洲和欧洲地区,分别占比24.2%、17.9%。[②] 2021年中国游戏市场实际销售收入2965.13亿元,同比增长6.40%;其中,中国移动游戏市场实际销售收入2255.38亿元,同比增长7.57%。中国网络文学也凭借其庞大的市场规模在全球产生了巨大影响力,与美国大片、日本动漫和韩国偶像剧并称世界"四大文化奇观"。在不久的将来,依托巨大的国内市场,中国新媒体产业的国际竞争力必然大大加强,从而成为中国文化产业参与国际竞争的主力军。

三、新媒体产业使传媒产业的盈利模式更为多样化

在报纸、电视等传统媒体中,盈利模式以"二次售卖"为主,即传媒机构用内容来吸引受众,然后将受众批量"打包"卖给广告商,发行量、收视率的高低决定了广告投放量的大小。在这种情况下,受众消费的媒体内容与广告内容之间并无直接的联系。在大多数情况下,受众是在获得自己主动想要获得的"内容"的同时,附带在广告上耗费注意力和时间。换言之,他们不过是电视台"捆绑式"售卖的被动消费者而已。

在新媒体时代,吸引受众眼球的注意力经济依然起到至关重要的作用。然而,较之于传统媒体的大众传播特性,新媒体的盈利模式呈现出更加多元化、个性化的特点。简单而言,当前新媒体的主要盈利模式有以下几种:

大数据广告模式。互联网带动了数据信息的流动,而媒体的多样化组合打通了信息壁垒,为广告创作和投放提供新的发展方向,新媒体产业的广告盈利模式由传统广告向大数据广告升级。在大数据广告模式中,一方面,用户的喜好与个人需求不断被数据化,通过分析数据便可以把握先机,投其所好地进行广告的精准投放。另一方面,信息数据积累成数据库,为广告主了解市场需求和消费者喜好提供依据,对广告创作也有新的意义。

社交+电商模式。社交媒体平台积累了大量的C端用户,通过社交平台为电子商务网站提供导流入口,实现盈利。以微信平台为例,目前微信用户已经超过十亿,拥有庞大的"注意力资源",在微信"发现"中点击"购物"便可以跳转到京东购物平台。在抖音和快手,用户也可以将自己出售的商品链接放在小视频中,受众点击便可跳转购买。在线上布局电子商务

---

① 考林霍·斯金斯等:《全球电视和电影——产业经济学导论》,刘丰海、张慧宇译,新华出版社,2004,第59页。
② 华商情报网:《2021年全球游戏行业现状与竞争格局分析,移动端游戏是最为显著的增长点》,2022年5月1日,http://huaon.com/channel/trend/801817.html,访问日期:2022年6月12日。

的同时,京东、天猫等电商巨头也开始在线下建立精细化运营的小型门店,使新零售模式与社交电商达成线上下单、门店送货的配合。

内容付费模式。在传统媒体领域,受众与内容生产者之间极少存在直接关系,受众在观看一部电视剧或收听一首歌曲的时候,很难直接给内容生产者付费。而在新媒体时代,受众则可以直接对内容进行付费,而内容生产者则根据付费多少与平台进行分账。

付费会员模式。在视频行业和网络出版平台,以优质内容撬动用户的付费意愿、培养用户付费习惯已经成为行业共识。线上电商也开始采纳这一模式,如京东的 PLUS 会员、阿里的"88 超级会员"、小红书的小红卡会员、苏宁的 SUPER 会员等。对消费者而言,通过购买会员可以获得更多专属权益,降低选择成本;对平台而言,可以增加用户黏性,激励用户进行消费转化。目前,我国付费会员的渗透率远不及国外市场,这也意味着在付费会员模式上还有很大的提升空间。

付费打赏模式。这一模式是一种非强制性的付费模式,用户根据个人喜好对媒体或个人产出的内容进行赞赏并主动付费。这一模式在直播行业中运用非常广泛,用户通过购买虚拟礼物向喜爱的主播进行打赏,主播收到后与平台分账,获得收益。

第三节 新媒体产业的发展趋势

一、新媒体产业的集群化发展

产业集群是一种空间经济组织形式,它指的是在特定区域内,具有竞争或者合作关系等相关性的企业、供应商、服务机构以及其他相关机构共同组成的群体。新媒体的出现和快速发展为产业内部组织进行集群化发展提供了有利条件。

在传统媒体时代,产业集群的效应已经十分明显,例如美国电影产业最集中的好莱坞和英国戏剧产业最集中的百老汇和伦敦西区。新媒体的出现不仅带来了媒介和产业之间的融合,同时成为促进产业实体之间加强联系的纽带。新媒体产业集群化发展不仅包括原来的传媒产业内部组织,还延伸到外部相关产业如 IT 产业、电子商务等非传统传媒产业。从组织生态学的观点来看,分工和专业化是产业集群组织发展的基础和表现,而产业链是链接产业集群内部组织机构的纽带。新媒体产业的产业集群包括内容生产、加工制作、分销和服务等相关联的业务组织,通过密切的分工协作形成产业集聚。媒介融合形成的产业集聚不是孤立的,而是相互促进、相互配合,同一产品生产后可以通过多种媒介载体进行输出,甚至同一个品牌可生产出影视、综艺、漫画、游戏、图书等多种不同的产品形态。例如《权力的游戏》打造影视结合游戏的产业链,《超级玛丽》打造动画和游戏结合的产业链。

二、技术驱动新媒体产业变革

随着人工智能在新媒体产业各个领域的逐渐渗透,技术为内容生产赋能正在改变新媒体产业的信息传播生态。美国"未来今天研究所"针对新闻行业发布的技术发展趋势报告中列举了75个行业相关技术发展趋势,其中有一半以上的技术与人工智能息息相关。① 新技术的发展,将对新媒体产业内容生产、分发、消费方式和渠道等环节产生巨大影响,新的传媒形态也会出现,新媒体产业的边界将进一步扩大,与其他产业的关联度将大大提高,新的产业生态将会到来。

5G带来的不仅是更快的传输速度,更昭示了传媒业态的进一步重组和改变。目前,用户的注意力已经从传统媒体流向流媒体,媒介组织的内容呈现方式也将从文本中心和视觉中心转向为用户营造良好的体验为中心。《纽约时报》、ABC News等知名老牌传统媒体纷纷尝试"VR+新闻"的呈现形式。Netflix、YouTube等流媒体平台也转向对360°视频的支持和开发。未来的内容呈现方式或将朝着体验的角度发展,人工智能设备的应用将给用户带来身临其境之感,能否满足用户的这一需求,将成为媒介竞争的因素之一。

全球范围内,各个国家以及相关产业实力较强的大型企业都在5G、人工智能、虚拟现实、区块链等领域展开激烈竞争,谁能率先掌握技术和市场,谁就能在这场竞争中取得先机。根据全球移动供给商协会数据统计,在2018年已经有来自78个国家的182家供应商开展了5G技术演示、试验等活动。新媒体已不仅是传播信息和娱乐大众的载体,而是具有重新定义媒体、定义产业的作用,进而获得影响经济甚至政治的能力。5G网络提供更快的下载速度,能够适应用户对超高清视频等的需求,同时更低的延迟可以在更大程度上满足无人驾驶汽车、智能家电等设备的需求,相关产业也将实现更大发展。麦克卢汉曾指出"媒介是人的延伸",而5G的到来,将这种延伸极大扩展。2019年,华为在2019MWC上海移动大会上展示了一位挖掘机司机远程操纵千里之外的挖掘机作业,通过5G技术可以将人的动作转化成数据的形式传递到接收终端,使终端依据指令进行操作,这就实现了人的主体延伸,使"遥远的在场"成为一种新的体验方式。加之VR、AR技术的配合,使用户能够浸入其中获得如真实一般的体验,用户可以直达"现场",这对直播行业乃至现场演出、旅游等行业影响巨大,也将把新媒体产业发展推进到前所未有的高度。

三、新媒体产业公司竞争格局重塑

新媒体产业的发展得益于互联网技术的进步,而中国互联网行业的发展本身就是一部"商业创新史",互联网技术激发了各个领域的创新与活力,成为经济发展的新引擎,创造来了新的经济模式,并对传统产业进行革新。2019年,中国正式进入5G商用时代,同时互联网的发展将从上半场的信息科技时代进入下半场的数字科技时代,也就是从传统互联网过渡到智能互联网。② 新一轮以5G、AI、IoT、区块链、数字孪生等为代表的智能技术蕴含着巨大的能量,以人工智能为核心驱动力,以大数据、互联网、云计算等新一代信息技术为基础的智能经济将成为互联网经济发展的新引擎。

在用户层面上,以5G为代表的新一代网络技术能够保障互联网计算能力的充足,智能

---

① 张建中:《人工智能如何重塑新闻业:2018年新闻媒体技术发展趋势报告解读》,《新媒体与社会》2018年第2期。
② 彭波:《互联网下半场新媒体演进趋势分析》,《现代出版》2019年第6期。

经济时代，用户的需求将由碎片化转向微粒化，这意味着独立的互联网参与者的个体消费需求将得到重视和充分的满足。在产业层面，技术的发展将推动下一代超级互联网的发展，用户的需求和网络终端设备的改变，将引发新媒体产业的又一次革命。

随着"互联网+"进程的不断深入，引领更深层次的智能化浪潮，必将为企业和创业者带来新的发展机遇，新媒体产业内部也将进一步分化，目前已有的互联网企业的垄断地位或将被新崛起的独角兽企业打破，形成新的产业竞争格局。

四、产业互联网成为新的发展方向

从互联网发展角度来看，消费互联网的市场已经趋于稳定和饱和，以价值经济为主要盈利模式的产业互联网逐渐兴起。消费互联网发展关注的是消费者的数量和消费者的注意力，但是随着我国互联网用户不断增长，总体用户规模逐渐趋于饱和，无论是消费者的数量还是注意力都难以取得突破性增长。产业互联网是建立在人工智能、大数据、云计算等新技术的基础上，利用互联网思维打通产品生产流程，使供给侧与需求侧进行更高效的连接，即跨产业的通用型技术服务平台。产业互联网的到来，则意味着诸如制造业、农业、教育行业、医疗卫生行业等的互联网化，并且产业内部各个企业和各个环节将实现数字化。产业互联网意在打破产业中的参与者也就是产业主体之间的信息壁垒，弥合生产与消费之间的错位，让企业能够更及时、更全面地满足市场需求。

融合是产业互联网发展的核心。产业互联网是实体经济行业的重要推动力，能够帮助各行各业进行数字化、智能化的改造，实现商业模式、管理手段、成本控制、供应链管理的多效提升。教育、医疗、卫生、零售、文娱、公共管理、金融、制造、政府管理等多个行业投资潜力巨大，为产业互联网发展提供了巨大机遇。

消费互联网时代，以百度、阿里、腾讯、京东为代表的互联网企业聚集了大量的C端用户，以消费端为基础，沿着行业供应链向产业上游渗透，达到对供给端与需求端的整合，实现产业互联网布局。阿里巴巴在云计算和产业互联网领域早早完成了布局，推出一套"商业操作系统"，希望借此解决企业在智能化时代的生存和发展问题；腾讯进行组织架构调整，成立了云与智慧产业事业群；京东也在产业互联网领域发力，旗下"京东云"提供基础设施层的公有云服务。

2020年，COVID-19疫情在全球范围暴发，为产业互联网的发展带来机遇，线下消费受到严重限制，很多传统行业运用数字化手段为用户提供线上服务。以医疗行业为例，为减少和避免线下问诊可能带来的交叉感染，全国各地医院投入线上问诊，通过微信小程序、丁香医生、好大夫在线等服务平台等为患者提供在线问诊，还通过视频和直播功能向群众提供安全卫生知识，发挥出线上问诊低成本、多样化、高效率的优势，调集了分散的医疗力量，弥补了医疗资源空间分配不均的不足。全球范围内，在线办公和在线教育需求暴涨，Zoom、谷歌、微软、阿里巴巴、腾讯等企业纷纷提供免费的OA在线办公软件服务。巨大的市场需求也让更多投资者加快了布局相关领域的决心，不少教育培训机构相继转向线上求生，零售行业也大范围地开启在线业务。疫情过后，在线教育、移动办公、物流配送、政务服务、线上娱乐以及医疗卫生等行业也有望迎来更好的发展机遇，线上和线下的融合发展也会更加紧密。目前，产业互联网在各个行业中的应用程度不同,但是不同细分行业与不同业务组成相互交叉,能创造出数量庞大的服务节点。产业互联网使产业链条上的各个企业之间、各个终端之间通过信息网络、数据流连接实现资源整合,达到资源利用率的最大化。产业互联网内部也将不断推进行业分化和业务细化,带来众多的就业机会和无限的创造空间。

本章思考题
1. 新媒体产业的经济内涵是什么?
2. 如何看待新媒体产业在当代中国传媒产业中的作用与价值?
3. 结合具体案例,谈一谈新媒体产业的发展趋势。

本章参考文献

1. 崔保国,徐立军,丁迈. 中国传媒产业发展报告(2019)[M]. 北京:社会科学文献出版社,2019.
2. 官承波,翁立伟. 我国新媒体产业模式创新思路探析[J]. 当代传播,2012(03).
3. 官承波,翁立伟. 新媒体产业论[M]. 北京:中国广播电视出版社,2010.
4. 彭兰. 万物皆媒——新一轮技术驱动的泛媒化趋势[J]. 编辑之友,2016(03).
5. 方兴东,陈帅. 中国互联网25年[J]. 现代传播(中国传媒大学学报),2019,41(04).
6. 彭波. 互联网下半场新媒体演进趋势分析[J]. 现代出版,2019(06).
7. 陶喜红. 媒介融合背景下传媒产业结构转型分析[J]. 当代传播,2010(04).

第二十五章 新媒体产业现状分析

扫码可见
第二十五章PPT

作为一门新兴产业,新媒体产业内部分类非常繁杂,而且随着软硬件设备的发展,新的行业也在不断涌现。面对众多新媒体类型,我们很难对之进行一一讨论。很多原有的"新媒体"类型如彩信、短信、播客等在互联网发展过程中被逐渐淘汰,而另外一些新出现的类型到目前仍然没有形成比较成熟的商业模式,其产业化发展也处于起步阶段。因此,在本章中我们选择几种目前发展相对成熟的新媒体产业——网络游戏产业、网络影视产业、网络直播产业、短视频及MCN产业等进行分析,对它们的发展历程、现状特点及未来趋势进行讨论。

第一节 网络游戏产业

1961年,麻省理工学院的学生史蒂夫·拉塞尔推出《太空大战》,这被看作是电脑游戏诞生的标志性事件。在网络游戏诞生60年后的今天,玩网络游戏已经成为很多人上网的重要目的之一。网络游戏依托于现代信息技术,又蕴含传统的文化元素,通过游戏开发者的创意聚合与技术实现,最终呈现在游戏玩家面前。网络游戏主要分为:动作类、休闲类、冒险类、角色扮演类、模拟类及其他游戏六大类,这六种类型在PC端、主机端、移动端等不同游戏平台上有不同的呈现方式,但都受到玩家们的追捧和喜爱。正是基于巨大的市场需求,网络游戏逐渐产业化,形成了完备的网络游戏产业体系,游戏开发商、发行商、代理商、运营商、游戏软硬件支持企业等分工明确的产业主体纷纷出现,共同促进网络游戏产业高速发展。

一、中国网络游戏产业的发展与现状

(一)中国网络游戏产业的发展概况

相对于国外,我国的网络游戏产业起步较晚,但是发展迅速。1993年,台湾成功大学的两位博士生麦树翔和金昌里,使用"Merc Diku Mud 1.0"架设了一个MUD平台,这是由中国人自主建立的第一个MUD游戏。同年,采用"Merc Diku Mud 1.5"架设的《风之领域Ⅰ》(Realm of the Wind Ⅰ)也在台湾出现,这是第一个能够输入中文的MUD游戏,但是此时还没有形成真正的网络游戏产业。

1992至1996年是中国网络游戏的"史前文明"时期,以《侠客行》为代表的文字网络

MUD游戏开始盛行。1998年6月,国内首家专营网络游戏的门户网站——"联众游戏世界"正式开通运营。1999年4月,"乐斗士工作小组"推出了国内最早的简易图形MUD游戏——《笑傲江湖之精忠报国》。同年7月,"网络创世纪"民间服务器开始在深圳、北京、上海等地大量出现,中国的网络游戏市场很快就完成了由文字MUD向大型多人图形网络游戏的转变,其发展速度位居世界首位。专业游戏网站和大量民间服务器的出现标志着我国网络游戏产业真正起步。

2000年后,中国的网络游戏产业进入快速发展时期。年初,由台湾华义国际集团投资创办的北京华义联合软件开发有限公司推出了网络游戏《石器时代》获得空前成功。7月,台湾雷爵资讯公司设计开发的《万王之王》进入内地游戏市场,在四个月之内就拥有10万注册用户。2001年3月,北京中文之星数码科技有限公司推出了大陆第一款原创网络游戏《第四世界》,填补了自主研发网络游戏的空白。2001年5月,"联众世界"已成长为世界上最大的网络游戏网站,具有注册用户1800万且可同时在线17万人的规模。

2001年11月,上海盛大代理的《传奇》正式上市。这款被韩国媒体评为"年度最佳网络游戏"的产品,不但让国内玩家真切地体会到了韩国网络游戏的独特魅力,也创造出网络游戏界的神话,它所开创的风格和成功运营的经验模式极大地影响着国内网络游戏产业的发展。2002年底,《传奇》的注册用户数量突破了1900万,最大同时在线人数达到了30万。

2003年9月,网络游戏正式列入国家863计划,政府投入500万支持原创网络游戏的开发。2003年11月18日,电子竞技被国家体育总局列为正式开展的第99个体育项目。这些科研项目和政策规定使得网络游戏和游戏竞技活动有了合法身份。网络游戏和电子竞技的合法化促进了网络游戏产业大发展、大繁荣,有效的政策支持、法律保护及版权管理为网络游戏企业打造了一片肥沃的发展土壤。

从国内市场游戏销售收入规模变化情况来看,2014年以来,我国国内游戏市场实际销售收入持续提升,从2014年刚过千亿规模增长至2020年2787亿元左右。2021年上半年,国内游戏市场实际销售收入1504.93亿元,同比增长7.9%,继续保持较为平稳的增速。

(二) 中国网络游戏产业的现状与问题

1. 中国网络游戏市场增速放缓,经过野蛮生长期进入平稳发展

2010年以前,我国网络游戏行业处于野蛮生长期,市场规模扩展迅速,2002年增长率高达187.6%,大量国外游戏通过代理机构进入中国市场,同时国产游戏也快速发展获得了大批玩家支撑。2010年以后,随着人口红利慢慢用尽,监管政策不断收紧,我国网络游戏市场规模增速逐步放缓并趋于平稳。

表25-1 近年来我国网络游戏市场规模情况

年份	2015年	2016年	2017年	2018年	2019年	2020年	2021年
销售额(亿元)	1407	1655.7	2036.1	2144.4	2330.2	2786.87	2965.13
增长率(%)	22.9	17.7	23.0	5.3	8.7	20.71	6.4

2018年增长率骤降是由于我国机构改革,3月起暂时停止游戏版号的审批,直到12月才

恢复,因此很多游戏未能获得批号进入市场,整体游戏市场规模呈现了低增长,但这一情况是暂时的,2019年后,随着审批的恢复,市场规模的增速也逐渐恢复平稳。新冠肺炎疫情暴发后,2020年中国网络游戏市场逆势上扬,增速较快。

2. 网络游戏市场份额集中,寡头垄断特征明显

钛媒体数据显示,2021年中国上市网络游戏企业的营收规模中的前五位分别是腾讯游戏、网易游戏、哔哩哔哩、三七互娱、世纪华通,其中腾讯和网易仍旧是中国游戏产业的核心领导者,2021年营收规模分别为5601.18亿元和876.06亿元,二者均是以游戏为重点业务之一的综合性互联网公司。

腾讯的优势来自自身社交网络的用户量储备,大量腾讯系游戏都是通过QQ或者微信账号直接登录,用户量的导流非常便捷。腾讯布局多个游戏类型,PC端的《英雄联盟》平均日活跃玩家数量超过2700万,注册账号有1.17亿个。① 自2011年至2021年10月,已经有超过6亿玩家玩过《英雄联盟》《云顶之弈》《符文之地传说》《英雄联盟激斗峡谷》4款LOL系游戏,此外,2021年10月这4款游戏的月活用户还达到了1.8亿。② 庞大的用户量和不断加大的研发投入,让腾讯游戏成为目前中国网络游戏市场最大的赢家之一。网易的优势有两点,一方面它代理了暴雪的国内游戏业务,《魔兽世界》《守望先锋》《炉石传说》都是拥有大量玩家的多人在线游戏,另一方面网易也一直不断开发自己的手游业务,《阴阳师》《神都夜行录》《梦幻西游》等有着庞大的移动端用户群。

3. 从游戏平台来看,移动端游戏超越PC端成为网络游戏第一大入口

网络游戏在早期基本上都是由PC客户端游戏占据市场主要部分,截至2014年,PC端游戏仍然占据中国游戏市场的1/2以上,而移动端游戏在2014年仅占市场份额的1/4。但是随着智能手机的普及和移动端游戏的大力开发,从2015年开始,移动端游戏快速增长,艾瑞咨询的数据显示,2020年我国移动端游戏已经占整体游戏市场的76%。

移动端游戏的主要使用设备是智能手机,在4G网络普及和流量减费提速之后,手机游戏以其便携性、灵活性以及易操作性吸引了大量玩家。但是手机游戏也有其小屏的局限性,代入感、画面感和游戏体验远不如大屏游戏。随着5G技术和VR技术的发展与普及,未来网络游戏会向着多屏互动、全方位沉浸等方向继续发展,我国游戏市场仍具有可观发展空间。

二、中国网络游戏产业的发展趋势

(一)网络游戏产业纵向一体化

目前我国网络游戏产业中开发商和运营商有着明显区分,其原因主要有两方面:一方面源自我国对游戏行业的政策限制,国外网络游戏难以独立运营,因此《英雄联盟》《和平精英》

---

① 中国报告大厅:《中国英雄联盟玩家数量数据分析》,2017年9月,http://www.chinabgao.com/k/jingjiyouxi/29336.html,访问日期:2022年5月21日。
② 中华网游戏频道:《英雄联盟全球玩家数量超过6亿 成PC平台最热游戏》,2021年11月,https://game.china.com/pcnews/444/20211104/40235482.html,访问日期:2022年6月12日。

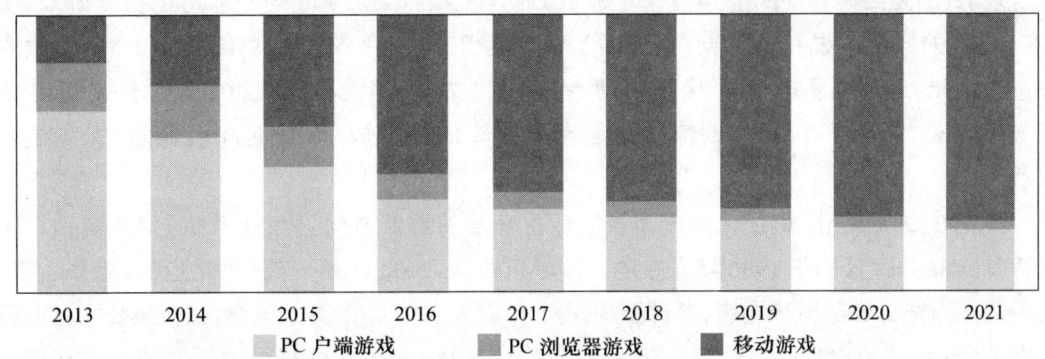

注释：1. 中国游戏市场收入规模统计包括PC客户端游戏、PC浏览器端游戏、移动端游戏；2. 中国游戏市场收入规模包含中国大陆地区网络游戏用户消费总金额，以及中国网络游戏企业在海外网络游戏市场获得的总营收；3. 部分数据将在艾瑞2018年游戏行业相关报告中作出调整。
来源：中国游戏市场规模由艾瑞综合企业财报及专家访谈，根据艾瑞统计模型核算。

图25-1 2013—2021年中国网络游戏产业细分

等由国外开发商研发的游戏，必须通过腾讯、网易这样的运营商才能进入中国市场；另一方面，我国很多中小型游戏开发公司并不具备游戏运营的人力和物力，特别是服务器、技术支持等方面远远无法满足大量玩家同时在线的需求，因此借助运营商强大的运营能力能够节约成本提高收益，成为大量中小型游戏开发商的选择。

随着网络游戏产业的发展和资金人才积累，很多运营商开始自行开发游戏，比如网易游戏旗下的《阴阳师》《神都夜行录》，以及腾讯游戏从PC端延伸开发的《QQ飞车》《QQ炫舞》等都是运营商自行开发成功的典型游戏。运营商一方面自行培养研发团队，另一方面也积极收购中小型游戏公司，将团队和游戏版权一同纳入麾下。目前网络游戏行业中运营商和开发商的博弈，在未来也将逐渐化解，形成共赢局面。

这一点我们在国外网络游戏企业的发展中可以得到印证。任天堂是日本著名的游戏软硬件开发公司，是世界电子游戏三巨头之一，有众多游戏代表作，包括《马里奥》《塞尔达传说》《宝可梦》，还有大量自己的游戏硬件设施，包括FC、SFC、N64、NGC、Wii、WiiU、Nintendo Switch等家用游戏机以及Game&Watch、GB、GBA、NDS、3DS等掌上游戏机。由此可见，无论是游戏的开发还是运营，甚至游戏硬件设备的研发与生产，实际上并不是相互矛盾的部分，反而在游戏产业的发展中，企业在利润驱动下会向产业的上下游伸展，从而实现产业一体化，获得更大的经济效益。我国网络游戏产业未来也将打破开发与运营相互隔阂的竞争局面，走向产业一体化的良性发展。

（二）网络游戏产业链横向辐射

网络游戏作为线上娱乐的一个重要组成部分，未来将成为泛娱乐生态圈中的重要一环，其产业链条必定向泛娱乐各个领域辐射，实现多元化经营。网络文学、动漫、影视将成为游戏 IP 的重要来源，手游《花千骨》是 2015 年由天象互动开发的一款角色扮演游戏，由《花千骨》的原著小说和电视剧《花千骨》共同授权开发，手游和电视剧同步上线，月收入超过 2 亿元，远远高于电视剧。① 这说明借助网络文学、动漫和影视 IP，有利于吸引 IP 粉丝成为玩家，借助原有 IP 的剧情和设定也能够降低开发成本，从而降低风险、提高游戏收益。

游戏 IP 的动漫化、影视化也成为游戏衍生开发的重要方向，《生化危机》游戏是由日本嘉富康(Capcom)公司于 1996 年发布的一款单机游戏，2002 年第一部《生化危机》电影上映，之后又先后推出 5 部系列电影，总计票房超过 12 亿美元。除了真人电影，嘉富康公司还自己开发了全 CG 动画电影《生化危机：诅咒》和《生化危机：恶化》，同样受到了游戏玩家和电影观众的喜爱。

游戏的周边产品开发是产业链延伸的重要手段，很多游戏都有自己完整的世界观和性格迥异的角色设定，也因此拥有大批从游戏玩家转化而来的粉丝，他们是游戏周边的主要消费群体。以网易游戏为例，由于网易代理了暴雪的国内业务，因此有一个专门的网易暴雪周边商城，里面涵盖《守望先锋》《魔兽世界》《炉石传说》等多款游戏的周边产品，从人偶手办、艺术设定集到日常生活用品，应有尽有。网络游戏作为娱乐生态中的重要一环，未来也将继续深入上下产业链，与大文娱的各个环节产生有机互动，形成更加完善的游戏产业链。

第二节 网络影视产业

2004 年 11 月我国第一家网络视频网站——乐视网上线，标志着我国网络视频产业的开端，自此网络影视产业成为新媒体产业中的重要一环。任何在互联网上传播的视频内容都可以称为网络视频，随着网络视频制作不断专业化，网络视频产业应运而生。在本节，我们将重点讨论网络视频产业中的网络电视剧、网络大电影和网络综艺节目等专业网生内容产业。专业生产内容(PGC：Professional Generated Content)是相对于用户生产内容(UGC：User Generated Content)的概念，UGC 是在 Web2.0 时代，用户从被动接受到主动上传内容转变的产物，但是早期的 UGC 内容无论在版权管理、广告收益或者内容质量上，都无法与专业的电影、电视内容媲美，随着 4G、5G 网络与智能手机的普及，互联网观众对优质专业内容的需求与日俱增。以优酷、爱奇艺、腾讯视频为代表的视频网站纷纷开始自制电视剧、自制电影、自制综艺的开发，逐渐形成当下较具代表性的专业网生内容产业。

---

① 新华网：《〈花千骨〉手游月收入接近 2 亿元》，2015 年 9 月 20 日，https://www.sohu.com/a/32554854_115402，访问日期：2022 年 5 月 21 日。

一、中国网络影视产业的发展与现状

(一)中国网络影视产业的发展概况

1. 网络影视产业起步期(2004—2009)

我国网络视频的产业化离不开视频网站的发展,早期虽然也有影视片段的网络传播,但未能形成网络影视产业,直到专门的影视网站出现,网络影视产业才开始真正形成。我国第一家专业的视频网站是2004年11月上线的乐视网,乐视网在当时以播放影视内容为主,是一个播放类视频网站。随后,2005年4月土豆网正式上线,土豆网和乐视网的区别在于主打UGC,鼓励用户上传视频。比起乐视网,土豆网更像国外的YouTube平台,也是我国最早的视频分享类网站。几乎同时成立的56网也以"分享视频,分享快乐"的口号成为一家视频分享互动类网站。同年6月,PPS上线,这是我国第一家专注于P2P直播点播的视频网站,它的定位是网络电视平台。2006年优酷网正式上线,2004年到2006年是我国早期视频网站的井喷时期,主要受到当时国外YouTube网站的启发,以及国内互联网行业快速发展的影响。

但是视频网站前期的发展存在很多问题,如恶搞、侵权、低俗内容层出不穷,平台审查管理机制不完善等,针对此类现象,2007年国家出台了《互联网视听节目服务管理规定》,指出视频网站经营要采取牌照申领制度。2009年国家又开始整顿视频版权问题,通过"整顿互联网低俗之风专项整顿行动"和"剑网行动",关闭了多家视听节目网站,这些措施都促进了网络视频行业朝着专业化、正版化方向发展。

2. 网络影视产业发展期(2009—2014)

在经历了2008年金融危机和2009年的整治行动后,网络影视产业进入发展期。这一时期,很多中小型的视频网站都被市场洗刷,留下来的视频网站也开始积极寻求合作,以巩固自己的发展成果。2009年末,酷6网率先与盛大集团合作,在美国纳斯达克上市,成为我国第一家上市网络视频公司。[①] 2010年乐视网在中国上市,同年优酷、土豆相继上市。2011年,56网被人人网全资收购,2012年优酷土豆强强联合,合并成一家网站。2013年PPS被百度收购,并与百度旗下视频网站爱奇艺合并。经过一轮市场洗牌后,通过上市融资、并购收购等方式,各大视频网站都获得了大量资本支持,资本入局激发了网络视频产业的生产积极性,一方面网络视频企业大量购入电视台节目和剧集版权,极大地丰富了网络视频内容;另一方面,一些平台开始寻求视频内容的自主开发,出现了早期的自制节目,无论是购入节目还是低成本自制节目,都吸引了大量"网生代"观众进入视频网站,并逐渐养成网络视频收看习惯,网络视频产业迎来高速发展期。

3. 网络影视产业兴盛期(2014年至今)

随着网络影视市场的进一步优胜劣汰和大量资本入局,网络影视产业进入兴盛期,目前网络影视市场逐渐分化,优酷土豆、爱奇艺和腾讯视频逐渐成为头部视频网站,占领了大部

---

① 侯顺:《中国网络影视产业研究》,博士学位论文,华中师范大学,2019。

分的市场份额。爱奇艺由百度提供资金和技术支持,腾讯视频建立在自身社交属性之上,优酷土豆在2016年成为阿里巴巴的全资子公司。借助母公司或合作方的力量,网络影视企业从内容生产到运营盈利都实现了跨越式发展,内容生产逐渐专业化、大成本大制作化、盈利模式也多元化,通过"花式"广告植入、会员制度逐渐成熟、版权全方位开发等,实现了优质内容变现,促进了网络视频产业可持续发展。

在2014年及之前,视频网站大多是购进电视台节目或者电视剧的版权进行播放,但是随着版权费的水涨船高,视频网站开始自寻出路,打造自制内容。根据艺恩数据的统计显示,2014年网络自制剧突破55部,网络自制节目突破143档。[①] 网络大电影也在这一年正式被提出,成为互联网影视产业的一个分支。

2016年开始,网络影视节目开始反向输出电视台,《他来了请闭眼》《老九门》等优质网剧开始反向输出,网络自制内容的专业性进一步得到认可。网络综艺也从早期的《奇葩说》《你正常吗》等小成本语言类节目,进入真正的大制作时代,《中国有嘻哈》《明日之子》《乐队的夏天》等节目持续引爆网综市场。截至2021年12月,中国网络视频用户规模已经达到9.75亿,在市场规模迅速增长的同时,优质长视频影视内容的领域的竞争也更加激烈。

(二)中国网络影视产业现状

1. 内容精品化,制作规范化

早期网络自制内容质量不高,主要由于制作团队不专业,投入成本有限,但是随着视频网站的进一步发展壮大,吸引了大量专业团队和投资,网络电视剧、网络大电影和网络综艺的制作都趋向专业化、规范化,很多从业人员本身就是电视或电影行业出身,能够有效提高网生专业内容的精品化程度。

优酷自制原创网络剧《白夜追凶》于2017年8月上线,该剧由优酷和五元文化共同出品,由王伟导演,潘粤明主演。该剧单集平均成本200万,总播放量超过54亿,豆瓣评分高达9分,而且成为首部被Netflix订购,进行全球发行的大陆网剧。《白夜追凶》既没有大IP的加持,也没有流量明星的参与,获得高口碑和高播放量的原因主要依靠原创剧本和用心制作。观众不再一味追求大IP和流量明星,而更喜欢小而美的精品剧集。

爱奇艺自制综艺节目《中国有嘻哈》于2017年6月播出,该节目的投资成本高达2亿,是真正的大制作网络综艺。而且制作团队也非常专业,制作人是陈伟,导演是《蒙面歌王》系列的总导演车澈,编剧是《跑男》三季总编剧岑俊义。高额的投资和强大的制作团队换来了不俗的成绩,《中国有嘻哈》单集播放量基本都在两亿以上,12期累计播放量超过26亿,成为当年独一无二的"现象级"综艺。

爱奇艺网络大电影《灵魂摆渡·黄泉》是网络剧《灵魂摆渡》的番外篇,于2018年2月上线,也是一部投资过千万的网剧大制作,无论从场景设计还是后期制作来看,都是足以媲美院线电影的品质,该片在上线当日两小时播放量突破500万。

---

① 艺恩数据:《2014年中国网络自制内容白皮书》,艺恩,http://www.endata.com.cn/Market/reportDetail.html?bid=6397e4b7-f6d3-4e17-b944-ac50185fe560,访问日期:2022年5月21日。

2. 付费习惯养成，会员制逐渐完善

近几年，中国网络视频付费会员的高速增长，究其原因，一方面是由于有关部门和视频平台对盗版内容的打击力度加大；另一方面是由于网络视频内容本身的质量提高，再加上在线支付方式的便捷化，使用户既有付费意愿也有付费渠道。2021年上半年，中国网络视频用户规模达到9.75亿，占网民整体的94.5%，其中短视频用户9.34亿，占网民整体的90.5%，互联网视频年度付费用户达到7.1亿。

付费会员制的核心是内容，2018年主要拉动爱奇艺付费会员增长的剧集就是《延禧攻略》，该剧虽然不是爱奇艺的自制剧，但爱奇艺买断了网络独播权，并将该剧设置为会员剧集。同年，腾讯视频有会员剧集《如懿传》，优酷有《镇魂》，都为视频网站带来了大量付费会员。除了新剧集，各大网站还从国内外购进大量优质电影，如爱奇艺的《寻梦环游记》《三块广告牌》《二十二》等，也为会员量增长起到了很大作用。在网络综艺方面，2018年爱奇艺的《偶像练习生》通过会员衍生节目《偶像有新番》和会员投票特权吸引了大量粉丝成为会员为偶像"打榜"，这也是综艺付费模式的新尝试。

3. IP全产业链开发布局逐渐形成

以视频网站为主导的IP全产业链开发，包含了网络剧、动漫、手游、电影等一系列的内容。以《画江湖之不良人》为例，最早它是一部动漫，2014年上线爱奇艺，动漫本身就是会员付费制，获得了版权收入和手办衍生品收入，后来因为这个IP吸引了大量跨次元的粉丝，在2016年开始开发网络剧，目前已经成功上线了两季，同样获得会员付费收入和广告收入。同年同名手游也开发上线，游戏端的收益十分可观，除此之外，还有舞台剧、电影和电视剧的延时开发也在进行中。除《画江湖之不良人》之外还有很多其他IP进行全产业链开发成功的例子，目前网络影视节目产业IP全产业链开发布局正逐渐形成。

二、中国网络影视产业的未来趋势

（一）付费分账模式进一步成熟，网络剧大一统时代即将到来

随着网剧制作水平的进一步提高，高品质网剧势必会吸引越来越多的付费用户，通过广告、用户付费、电商导流、单篇付费等多种盈利方式，提高网络剧盈利能力，再通过更加科学、成熟的分账系统，使制作方、平台方、广告方多方受益，从而形成制播良性循环。另外，电视剧收视也将从原来的先台后网到网台同步，再到以后的先网后台，视频网站将会成为未来剧集发布的首选平台，网络剧大一统时代即将到来。

（二）网络大电影数量饱和质量提升，盈利模式有待进一步开发

网络大电影经过这几年的发展，在数量上已经趋近饱和，但是质量上还有待提高，目前网络大电影无论在演员阵容还是制作上，和院线电影还是有很大差距，未来随着市场扩大、资本入局，网络大电影在质量上将会进一步提高。另外，目前大部分网络大电影还是以有效点击分成为主，广告植入、衍生品开发以及IP深耕都做得不够，未来随着网络大电影质量的

提高,广告收入、衍生品收入、IP 深耕开发收入等将会成为新的盈利点。

(三) AI 分发、VR 终端,技术助力产业链延伸

AI 技术的进一步成熟,能够让网络影视节目产业从开发制作到宣传推广整个过程都更加科学和精准,通过 AI 的智能算法和大数据分析,能够实现内容与用户的精准匹配,实时挖掘用户需求,并将这些需求及时传达给制作方和平台方。在影视项目开发的前期阶段,可以通过 AI 收集用户偏好,从而降低项目风险;在项目制作阶段,可以实时监测舆情和观众喜好,对内容进行调整;在播放阶段,可以通过 AI 精准投放至用户首页,真正实现私人订制式推广。

VR 影视是未来影视发展的又一个新方向,它将颠覆目前所有平面介质的传播方式,以全景式的视角、全方位的体验将观众带入沉浸式的观影观剧环境中,随着 VR 一体机的开发和优秀 VR 影视制作人的加盟,未来 VR 影视也将成为网络影视节目行业发展的一个重要方向。

第三节 网络直播产业

2016 年被称为"网络直播元年",大大小小的网络直播平台纷纷上线,有人直播吃饭有人直播写作业,有人唱歌跳舞有人单口相声,直播为每一个普通人提供了自我展示和寻求陪伴的线上空间,"直播+电商"在 2019 年为淘宝直播带来了千亿收入,"直播+网课"在 2020 年为全国广大师生带来便捷云课堂,直播正以它的方式悄然改变着我们的生活。

一、中国网络直播产业的发展与现状

(一)中国网络直播产业的发展概况

1. 直播 1.0 时代:秀场直播

我国的网络直播最早可以追溯到 2005 年,当时受到韩国视频聊天网"十一人房"的影响,由傅政军创立的 9158 视频交友社区是我国视频直播的最早雏形。但是受到当时互联网传播效率和视频设备的限制,网络视频直播并没有真正发展起来。

直到 2010 年六间房从视频网站转型为网络直播平台,通过签约主播进行室内直播,开启了真正的秀场直播时代。秀场直播的主播大多数为帅哥美女,直播内容包括唱歌跳舞在内的一些才艺表演,也有和观众聊天交流的,但是大部分都为了博眼球,内容大都暧昧低俗。秀场直播的主要盈利模式是依靠观众打赏,这些用户主要是 80 后男性,其中月收入在 8000 元以上的占 29.4%,据统计 43.7% 的直播用户都有过打赏经历,说明秀场直播的用户消费意愿和消费能力都很高。① 但是由于很多秀场直播内容打擦边球,国家相关部门开始整治,

---

① 艺恩数据:《网络直播面临整体转型,如何摆脱"囚徒困境"?》,http://www.endata.com.cn/Market/reportDetail.html?bid=2825f7ec-0a82-4f34-9b45-5b6b36f754d6,访问日期:2022 年 5 月 21 日。

2016年4月,斗鱼、虎牙直播、YY等19家网络直播平台被文化部列入查处名单。

2. 直播2.0时代:游戏直播

游戏直播的兴起首先源于《魔兽世界》这款风靡全球的网络游戏,《魔兽世界》是一款多人在线的角色扮演游戏,玩家们需要通过互相配合一起打副本,由于当时QQ语音功能不完善不足以应付游戏沟通需求,此时欢聚时代推出"YY语音"受到了游戏玩家的欢迎。[①] 2009年,YY正式转型为"YY直播"。2011年又借着《英雄联盟》的兴起,YY直播开启电竞直播功能,签约游戏主播,国内游戏直播行业正式开始发展。

2014年大量游戏直播平台涌现,首先上线的是斗鱼TV,其前身是ACFUN的生放送直播频道,在2014年1月1日独立上线提供专门的直播服务。随后YY也将直播业务分离出来单独上线,成立了虎牙直播,另外战旗TV、熊猫TV等直播平台也纷纷上线,游戏直播市场快速壮大起来。

3. 直播3.0时代:泛娱乐直播

2016年被称为中国"网络直播元年",映客、花椒、章鱼等泛娱乐直播App纷纷上线,这些直播平台一开始还是以升级版的秀场直播为主,但是除了帅哥美女主播之外,还加入了很多素人自发直播,在内容上,仍然充斥着一些"三俗"内容,针对这一现象,国家出台了一系列相关政策进行监管,2016年9月国家新闻出版广电总局出台《关于加强网络视听节目直播服务管理有关问题的通知》,同年11月国家互联网信息办公室又出台了《互联网直播服务管理规定》进一步进行监管。由于监管的进一步加深,直播平台开始向泛娱乐方向发展,泛娱乐直播涵盖了美食、美妆、穿搭、旅行等多个领域,并且进一步专业化,在各自的垂直领域深耕开发,走向专业直播。直播的受众群体也进一步扩大,不再局限于男性市场,特别是美妆、穿搭、美食等领域吸引了大量女性用户,艾瑞咨询数据显示,2021年,中国直播电商行业的总规模达到12012亿元。

(二)中国网络直播产业的现状与问题

1. 网络直播的狂欢化发展带来双刃剑效果

从2016年电商直播伴随着直播风口诞生,各大电商平台纷纷推出"直播带货"模式,到2019年一些知名主播"出圈",各大直播平台竞相入局电商,电商直播成为真正的行业风口和各方必争的巨型蓝海。2020年,突如其来的新冠肺炎疫情将原来的许多线下场景和服务拉到线上,再次推动电商直播行业逆势上扬,呈现出强烈的狂欢化发展态势。一方面,网络直播的狂欢式爆发有利于培养对受众的观看习惯和消费习惯,从这一点来看,其作用类似于2002年至2005年中国电影产业的"盛事营销",当《英雄》《十面埋伏》等电影通过宏大首映礼、社会热点事件的方式把电影变成"茶余饭后的谈资"的同时,也逐渐培养了大众走进影院观看电影的消费习惯,进而推动中国电影产业发展进入快车道。疫情期间的直播带货狂欢也有助于参与直播的多元主体和观看直播的普通受众形成一种消费习惯。但同时,由这种

---

① 陈昊:《我国网络直播平台的运营发展研究——以斗鱼TV为例》,硕士学位论文,江西财经大学,2019。

直播带货狂欢所推动的全民化、表演化、娱乐化和围观化趋势,也需要一定时间去沉寂和冷却,以推动直播带货的健康持续发展和对产业整体的良性重塑。

2. **市场洗牌,头部平台马太效应明显**

经过 2010 年到 2021 年的高速发展期,整个直播行业进入成熟阶段,面临产业全面洗牌。2018 年,网易薄荷全面关停,2019 年熊猫直播宣布关闭服务器,开启熊猫直播主站流浪计划,花椒直播与六间房重组合并,一直播被微博收购,全民直播倒闭……在大量中尾部直播平台难以继续的同时,头部直播平台如映客、YY、虎牙、斗鱼却持续存活并且有了更大的用户群体,有大量资本支持的腾讯直播和淘宝直播也从游戏和电商两个细分领域切入,瓜分了大量用户,整个直播行业的马太效应愈发明显。正如安妮塔·埃尔伯斯所说:"数字化非但没有削弱爆款和超级明星的角色,反倒进一步深化了赢者通吃的竞争趋势"。[①] 罗永浩等主播无论在流量分配还是与供给方的议价能力上,都占据绝对优势,业界所说"头部翻车,腰部坚持,尾部自掏腰包"的整体态势十分明显。今后,如何避免直播带货"活力满满,却是亚健康"的弊病,推动形成各类主播、平台和环节的良性互动,进而形成直播带货产业的健康生态,是行业发展的关键问题之一。

3. **内容精耕逐渐构筑起竞争壁垒**

在网络直播行业发展的下半场,核心竞争力来自内容,早期的用户具有猎奇心理,会接受各种各样的内容,但是在看了一段时间之后,很容易产生审美疲劳,因此只有对内容精心深耕,满足用户日益增长的个性化需求,才能在激烈的竞争环境中获得一席之地。以映客直播为例,2018 年映客增加了电台、交友、户外、二次元、电商等多个频道,还增加了社交属性,另外专门为三、四线城镇青年推出了种子视频,日活跃数达到 200 万,为中老年人推出了老柚直播,开发银发市场。[②] 这一系列布局都使得映客直播在各个内容分布领域都筑建起自己的竞争壁垒,而且随着用户量进一步增加和平台的技术发展,这一壁垒将会更高。

二、中国网络直播产业的未来趋势

(一)网络直播产业链拓展,"直播+"赋能多领域

2014 年"直播+游戏"让游戏直播和电竞直播行业蓬勃发展起来,2019 年"直播+电商"又给直播行业赋予了新机遇,直播作为一个让主播和观众实时面对面交流的渠道,拥有其他渠道难以比拟的亲和力和社交性。"直播+"与各个领域相结合会为宣传、变现、用户偏好调查等各个方面带来不一样的效果。

"直播+影视"为影视作品宣传造势带来很好的效果。2016 年 5 月 12 日,《百鸟朝凤》出品人方励在微博直播平台下跪请求院线经理为电影排片,结果"一跪成名",5 月 14 日开始票房直升,从 13 日的 175 万一跃达到 887 万,15 日更是达到 1224 万,可见"直播+"在影视营销

---

① 安妮塔·埃尔伯斯:《爆款:如何打造超级 IP》,杨雨译,中信出版社,2016,第 225 页。
② 江瀚:《直播产业的下半场》,《理财》2019 年第 5 期。

中的强大作用。《百鸟朝凤》之后,又有多部影视作品借助直播进行营销宣传,《大闹天竺》中主角在斗鱼直播印度片场,《受益人》主演大鹏和柳岩到淘宝直播间宣传,十万张电影票瞬间卖光。除了影视行业,"直播+"未来将于更多领域结合产生"直播+新闻""直播+教育"等,创造出更多元化的内容,拓展网络直播产业的产业链条。

(二)直播产业形成生态闭环,实现一体化直播服务

在前文对直播产业发展历程的梳理中,我们看到网络直播产业从秀场直播到游戏直播再到现在的泛娱乐直播,实现了内容的规范化和多元化。实际上这也预示了我国网络直播产业未来的发展方向,即泛娱乐一体化,打通上下游产业链,形成直播产业生态闭环。

网络直播产业的泛娱乐一体化形态当下已有雏形,斗鱼以游戏直播起家,现在不仅覆盖网游、手游、单机游戏,还开发了舞蹈、二次元、美食、交友互动、数码科技、在线教育、汽车、电台等多个领域,哔哩哔哩直播也开发了包括游戏、唱见、舞见、虚拟主播、户外、手工、学习、美食等领域的直播分平台,除了线上直播之外,B站还积极开发线下活动。BILIBILIWORLD是B站从2017年开始举办的娱乐嘉年华,包括漫展、演出、互动游戏等多项活动,为红人UP主和粉丝搭建面对面舞台,打破屏幕隔阂,将线上互动转入线下。可见,多元化娱乐内容的直播只是第一步,接下来,直播产业将进一步延伸到上游的主播经纪、内容生产与下游的内容变现、线下活动、广告营销等领域,真正打通上下游产业链,实现多元化盈利,形成直播产业良性生态闭环。

(三)直播行业规范化,竞争逐步有序化

从2016年开始,国家就出台了一系列法律法规对直播行业进行约束和规范,2019年有关部门更是针对网络直播平台出台了《网络直播平台管理规范》和《网络直播主播管理规范》,对未成年主播、网络主播的穿着等细节方面做出了严格规定。可以预见未来随着对网络直播行业监管力度加大,通过"三俗"内容打擦边球的方式博眼球的直播将会销声匿迹;相反,高质量、高水平的直播内容会吸引用户的关注。平台之间的竞争也不会再依靠美女主播博出位,而是通过内容、渠道和用户黏性筑建自身壁垒,直播行业的竞争将更加有序。

第四节 短视频与MCN产业

一、中国短视频与MCN产业的发展与现状

短视频和MCN都是近年来出现的新兴领域。短视频的定义在本书其他章节已有说明,此处重点介绍MCN的概念。MCN是联合若干垂直领域具有影响力的互联网专业内容生产者,利用自身资源为其提供内容生产管理、内容运营、粉丝管理、商业变现等专业服务和管理的机构。其中短视频MCN是聚合若干短视频内容创作方,为其提供包括内容制作、版权管

理、宣发推广、用户拓展、变现销售等专业化服务,获取广告或销售收益分成的机构。①

（一）中国短视频产业发展概况

2016年,我国短视频产业兴起,抖音、梨视频、一条等短视频App上线,短视频以其"短、平、快"的特点,迅速吸引了大量用户,形成了体量庞大的短视频市场,2016年短视频用户为1.53亿人,2018年已达到6.48亿人;2017年短视频市场规模达到57.3亿元,同比增长183.9%,2018则达到了467.1亿元,同比增长了744.7%。② 短视频行业内,用户数量和市场规模爆发性增长的背后,是该行业的人口红利和大量资本的注入,2018年全行业投融资金额达到407.87亿元,今日头条拿出10亿元扶持短视频创作者,腾讯3.5亿美元投资快手,"芒种计划"宣布拿出12亿扶持内容创作者,阿里巴巴实施"大鱼计划",用20亿扶持短视频创作,短视频行业目前已经进入白热化阶段。③ 资本的大量入局和专业化团队的进驻,使短视频行业逐渐从野蛮生长向产业化、规模化、专业化方向发展。

短视频行业目前还处于高速发展阶段,短视频内容从早期的UGC内容转化为PUGC和PGC内容,从无组织自发性的内容制作上传变成在MCN的组织下创作推广的专业内容。内容从质量和数量上都得到了保证,所以对用户的吸引度也进一步提高,短视频App的用户黏性都有所上升。用户量的增加和停留时间的增长,为短视频平台开发多元化盈利提供了基础,目前我国短视频的盈利方式主要有四种,分别是广告变现、电商导流、内容付费、平台分成,其中主要依靠平台分成和广告变现。

（二）中国MCN行业发展历程与现状

MCN(Multi-Channel Network)是一个源于国外视频网站YouTube的概念,直译为多频道网络。国外的MCN平台基本都是基于YouTube平台发展起来的,第一个MCN是由Jay Adelson和Kevin Rose建立的Revision3 Corporation。④ 但它主要是一个电视内容的网络播出频道,并不是现在这种成熟的MCN频道。2007年,被谷歌收购后,YouTube开始进一步扩大公司规模并积极寻求盈利方式。很快,YouTube建立了以广告为核心的主要盈利模式,并且通过与内容创作者分账的形式源源不断地获取优质内容,以保证广告收入的稳定。为此,谷歌开发了自己的内容ID管理系统和内容锁定管理系统,让第三方公司具有了管理广告投放和自动移除侵权内容的权限。YouTube的商业化催生了"中间商"MCN的产生。

国外MCN的快速发展主要动力有三个方面:一是谷歌公司及YouTube平台本身的发展需求,使得它们成为塑造MCN并推动其发展的主要推手;二是传统娱乐传媒公司想要进入

---

① 易观数据:《2017年中国短视频MCN行业发展白皮书》,易观分析,2018年2月,https://www.analysys.cn/article/analysis/detail/1001185,访问日期:2022年5月20日。
② 前瞻产业研究院:《2019年中国短视频行业研究报告》,前瞻产业研究院,2019年9月,https://bg.qianzhan.com/report/detail/1909091648561802.html,访问日期:2022年5月21日。
③ 侯顺:《中国网络影视产业研究》,博士学位论文,华中师范大学,2019。
④ Vonderau, Patrick, "The video bubble: Multichannel networks and the transformation of YouTube." *Convergence* 22.4 (2016): 361-375.

新媒体市场的需求,促使这些公司通过投资、收购等方式进入 MCN 领域;三是 MCN 公司成形之后,自我发展和扩张的需求促进了整个 MCN 行业的多元化。

国内的 MCN 于 2016 年快速兴起,其主因是短视频市场的快速发展,根据易观数据的统计数据,2017 年短视频平台的用户规模和用户使用时长与年初相比增幅都超过 100%,2016 年我国 MCN 机构有 980 家,其中 43%是短视频 MCN。2017 年开始,我国 MCN 迎来爆发性增长,各大平台转型并推出"内容补贴"战略,头部网红、工作室、内容平台、签约博主都开始转型做 MCN,随着短视频市场规模的扩大,对 MCN 的需求也不断增加,至 2020 年年底,中国 MCN 市场规模达 245 亿元,比 2015 年增加超过 30 倍。目前,原有的 MCN 还在不断强化自身竞争力向大型公司努力,新的 MCN 也在不断涌现,MCN 行业仍处于高速上升期。前瞻产业研究院数据显示,2020 年我国 MCN 机构的数量约有 2.8 万家,较 2015 年的 160 家增长了 175 倍之多。

我国 MCN 以内容生产和运营为业务核心,在此基础上开发营销、电商、经纪、知识付费、IP 授权、版权业务等,一般的 MCN 都是在核心业务的基础上,增加一到两项其他业务做大做精,营销类的代表机构有蜂群、青藤文化等,电商类有如涵控股及旗下的张大奕,达人说及其旗下的张凯毅,经纪模式的有 papitube、贝壳视频等,主要是头部网红转型签约新的达人组成的,还有米未传媒、日日煮等做知识付费的平台。总的来说,根据短视频细分市场的不同,MCN 也有不同的业态设计,盈利模式也趋向多元化发展。

二、中国短视频及 MCN 产业的未来趋势

(一)中国短视频行业的未来发展趋势

1. 用户停留时间继续增长,用户黏性增强

当前短视频行业与其他行业竞争的本质就是用户时间的争夺,用户时间碎片化的当下,社交平台、长视频平台和短视频平台是三大娱乐时间占用者,其中社交类平台占时最长,其次是长视频,再次是短视频,但从增长趋势来看,短视频的增长很快,2021 年 3 月,短视频 App 的人均单日使用时长为 125 分钟,较长视频高出 27 分钟,且差距呈增长趋势;53.5%的短视频用户每天都会看短视频节目,这一比例较长视频(36.3%)高出 17.2 个百分点。[①] 用户已经慢慢养成短视频收看习惯,用户对自己订阅的博主也已经产生了粉丝黏性。未来短视频的用户停留时间和用户黏性将会进一步增加,短视频的商业价值也会进一步提高。

2. 内容付费市场需要进一步开发

我国长视频的付费习惯和付费模式已经慢慢成形,但是相对来看,短视频内容付费的意愿和习惯都低得多。《新势能人群休闲娱乐 App 偏好洞察报告》数据显示,七成以上的用户没有为 App 付费的意愿。其他用户视内容质量而定,但是由于短视频时长短内容精简,很难

---

① 中国互联网络信息中心:《第 48 次中国互联网络发展状况统计报告》,2021 年 9 月 23 日,http://www.cnnic.cn/gywm/xwzx/rdxw/20172017_7084/202109/t20210923_71551.htm,访问日期:2022 年 6 月 10 日。

吸引用户付费。内容付费也是短视频未来发展的一个重要盈利点,目前还没有非常有效的模式进行,未来需要进一步研究,在短视频精简的内容中尽量给用户传达有效信息才能真正拥有付费价值。

3. 用户下沉将开拓新的市场空间

短视频在一二线城市的用户增长已经进入平台期,一二线城市的人口红利基本用尽,接下来短视频的竞逐地将下沉的三四线城市的用户。《第 48 次中国互联网络发展状况统计报告》数据显示,农村群体与城镇居民互联网普及率差异较 2020 年 12 月缩小 4.8 个百分点,下沉市场短视频使用率已超过一二线市场。三四线城市正成为短视频行业下一步争夺的巨大市场,一方面这一人群的人口数量庞大;另一方面由于城镇居民可支配收入增长速度普遍低于农村,这一人群的消费潜力也很强,为下一步的流量变现提供了可能。

(二)中国 MCN 行业的未来发展趋势

1. MCN 的盈利模式进一步成熟

我国短视频 MCN 的盈利模式还不成熟。金秒奖数据显示,2017 年 11 月,47.9%的短视频团队不能盈利,21.85%的团队不能达到收支平衡,30.25%的团队可以做到略有盈余,在盈利的团队中仍有 71.18%是通过平台补贴的方式。① 虽然大部分 MCN 目前除了内容和运营之外都在积极寻求新的盈利点,但是还没有完全发展成熟,以获得持续的营收增长。

国外的很多 MCN 公司已经建立起以自己为核心的价值网络,通过整合创作者、内容、广告商、观众等资源,实现了多平台内容分发、自制内容的广告植入、基于用户大数据分析的咨询和营销服务以及从线上导流到线下的巡演活动和实体商店,有非常丰富、成熟、系统化的盈利模式,随着行业的发展,我国 MCN 的盈利模式未来也将会进一步成熟。

2. 市场洗牌后,MCN 向专业化程序化发展

目前 MCN 行业还处于疯狂增长的阶段,接下来经过市场洗牌,尾部 MCN 将会渐渐失去话语权,而头部和中部的 MCN 机构会为了整个行业的有机发展自发进行行业自治,再加上国家相关部门的监管和调控,MCN 市场的发展将会更加健康有序。

可以预见的是除了行之有效的行业规范和法律法规,MCN 行业内部也将进行优化升级。随着内容电商的需求增大,可能会出现专业的程序化平台,为了更好地获取和分析用户数据,也会有专业的第三方数据机构介入进行评估。另外,随着 MCN 机构的扩大化,机构内部的科学管理系统也将启用。MCN 行业的分工和管理将趋向专业化、程序化和科学化,整个行业走向健康发展。

3. MCN 国际化发展,内容出海

我国 MCN 和国外 MCN 发展早期最大的不同就是对平台的依赖度很低,因此不论是中国的抖音快手或者是国外的 YouTube、Instagram 都可以成为 MCN 机构的展示平台。目前我国

---

① 周小白:《从金秒奖看短视频这一年关键词:MCN 国际化等上榜》,TechWeb,2018 年 1 月 26 日,http://www.techweb.com.cn/internet/2018-01-26/2633127.shtml,访问日期:2022 年 5 月 21 日。

一些MCN的内容在国际平台上的发展已经受到了很多粉丝的欢迎,例如办公室小野的YouTube粉丝有37万,Facebook粉丝有250万,单集播放量超过50万,短视频内容出海比长视频更方便、更容易,因为内容短而且反映平常人的生活,文化折扣小,只要带上字幕基本上都能被理解。很多跨境MCN也会把国外的内容"引进来",丰富国内平台,例如pony朴惠敏的头条号粉丝就有7.4万,视频播放量高达186万。短视频内容的"引进来"和"走出去"都是MCN国际化所带来的效果,它极大地丰富了短视频平台内容,也促进了不同国家的文化交流。

本章思考题

1. 中国网络游戏产业的发展趋势是什么?
2. 中国网络直播产业主要有哪几个发展阶段?
3. 什么是MCN?你认为MCN在未来是否会被替代或消失?

本章参考文献

1. 廖秉宜,索娜央金.中国网络直播产业市场结构、行为及绩效分析[J].新闻与写作,2019(07).
2. 孙立军.中国游戏产业发展报告(2020)[M].北京:社会科学文献出版社,2021.
3. 张海涛,胡占凡.视界的革命:中国视频媒体产业考察报告[M].北京:中国广播影视出版社,2020.
4. 陈积银,杨廉.中国网络视频产业的发展现状、趋势与思考[J].现代传播(中国传媒大学学报),2017,39(11).
5. 吴声.超级IP:互联网新物种方法论[M].北京:中信出版集团,2016.

第七单元

网络文明建设论

从1969年世界互联网诞生迄今50余年的时间里,网络在不断地影响着人类的生产生活方式和思维方式,并对整个社会的经济、政治、文化带来了前所未有的冲击,网络技术引发的工具理性与价值理性的冲突日益显现。一方面,现实世界中的各种道德和法律问题,不可避免地会反映到网络空间中来;另一方面,网络空间又产生了许多现实世界中未曾遇到过的新问题。国家主席习近平在第二届世界互联网大会开幕式上指出:"网络空间同现实社会一样,既要提倡自由,也要保持秩序。自由是秩序的目的,秩序是自由的保障。"网络空间的自由与秩序需要网络文明建设。2021年9月,中共中央办公厅、国务院办公厅印发了《关于加强网络文明建设的意见》指出,加强网络文明建设,是推进社会主义精神文明建设、提高社会文明程度的必然要求,是适应社会主要矛盾变化、满足人民对美好生活向往的迫切需要,是加快建设网络强国、全面建设社会主义现代化国家的重要任务。要加强网络空间思想引领、网络空间文化培育、网络空间道德建设、网络空间行为规范、网络空间生态治理、网络空间文明创建等。

本单元将概括分析网络文明建设体系,呈现国内外网络法制建设、网络道德文明建设和网络素养教育的基本情况,探讨在国家治理体系和治理能力现代化的进程中如何加强网络文明建设。

第二十六章 网络文明建设体系概观

扫码可见
第二十六章PPT

20世纪90年代以来,互联网的逐步普及带来了信息共享。以信息生产与信息连接为核心的网络社会在经历了前期技术至上的发展阶段以后,网络文明建设提上日程。

第一节 网络文明建设的基本认识与范畴

一、网络文明的含义

汉语"文明"一词,最早出自《易经》,曰"见龙在田,天下文明。"《中国大百科全书》将其定义为:"人类改造世界的物质和精神成果的总和,社会进步和人类开化的标志。"①因此,文明是一种社会进步状态,涵盖了人与人、人与社会、人与自然之间的关系。文明不同于文化,文化是一种存在方式,有先进文化也有落后文化。而文明总是先进的,与"野蛮"相对立。按照法国文明史家基佐指出的"文明由两大事实组成人类社会的发展和人自身的发展。一方面是政治和社会的发展,另一方面是人内在的和道德的发展"②。政治和社会的发展需要维护公众利益和公共秩序,人内在的发展即追求个人道德修养的完善。这两方面构成了文明的基本作用。文明进步离不开生产力的发展。

网络文明,有狭义和广义之分。狭义的网络文明是指以网络进行的各种文明活动,主要指行为层面而言。广义的网络文明则是指借助计算机网络所形成的经济、政治和社会文化现象,是相对于农业文明、工业文明而言的,"指的是人类社会进入信息网络社会后的进步状态及其积极成果"。③ 网络文明具有开放、虚拟、共享、交互等特点,其表现与影响是全方位的,广泛地体现在物质文明、政治文明和精神文明的发展进程中。是人的个性、交往与精神世界进一步的丰富与完善。信息与网络社会是网络文明产生发展的基础,网络文明的秩序、规范与伦理道德是信息与网络社会健康发展的保障。

---

① 中国大百科全书总编委会主编《中国大百科全书》(第23卷),中国大百科全书出版社,2009,第296页。
② 基佐:《欧洲文明史》,程洪逵等译,商务印书馆,1998,第29页。
③ 张瑜、闫聚群:《"网络文明"的概念辨析》,《青海社会科学》2014年第6期。

二、网络文明建设的基本范畴

网络的产生发展带来了媒介环境乃至社会环境的改变。在变化了的环境中,新旧道德规范并存、冲突、交替,同时,网络世界与现实生活交叉、分化、互映。技术变革伴随着新情况、新问题层出不穷,给网络空间与社会治理不断带来新挑战。对此,习近平总书记明确指出:"要加强网络伦理、网络文明建设,发挥道德教化引导作用,用人类文明优秀成果滋养网络空间、修复网络生态。"世界各国也都在不断地采取积极措施加强网络文明建设。

网络文明建设是综合性系统工程。从建设主体来看,需要政府、行业、公众等各方的全面参与。从建设内容来看,包括网络法治建设和网络伦理与道德建设,二者都具有规范网络行为、调节网络社会关系、维护网络社会秩序的作用。从建设机制来看,需要思想引领、文化培育、道德建设、行为规范、生态治理、文明创建的系统建构。从建设渠道和方式上来看,离不开法律法规、伦理规范、自律条约、技术管制等多方面的综合引导。

网络法治建设是网络文明建设的基本范畴之一。互联网的文明和秩序首先需要法治的保障。党的十八届四中全会明确指出,加强互联网领域立法,完善网络信息服务、网络安全保护、网络社会管理等方面的法律法规,依法规范网络行为。党的十九届四中全会提到,建立健全网络综合治理体系,加强和创新互联网内容建设,落实互联网企业信息管理主体责任,全面提高网络治理能力,营造清朗的网络空间。这些决定为网络法治建设指明了方向,也提出了要求。

网络伦理与道德建设是网络文明建设的另一基本范畴。我国有强大的伦理与道德传统,在漫长的社会演进和发展过程中起着重要的基础性作用,地位无可动摇。因此,从20世纪90年代互联网传入中国起,有关伦理与道德规范就应运而生,在网络文明建设中发挥着重要作用。法安天下,德润人心。依法治国与以德治国相辅相成,在网络文明建设中,网络伦理与道德建设和网络法治建设互为补充,缺一不可。

第二节 网络文明建设的基础与原则

一、网络文明建设的基础

技术进步。人类文明从农业文明、工业文明到网络文明一路走来,每一步发展变迁都离不开技术的进步。网络技术带来的不仅是网络基础设施,近年来,伴随着网络计算、移动互联、大数据、人工智能等新的信息技术,人类传统的生产生活形态也被迅速地改变,给政治、经济、文化等领域都带来了巨大影响,人类已然全面步入网络社会。网络技术的发展是网络文明的基础,同时也引发了许多新问题。面对这些新问题,解决的渠道和方式不可一概而论,但技术带来的问题离不开技术层面的考虑和策略,网络文明的进步和世界文明的发展离不开网络技术尤其是核心技术的突破与掌握。20多年来,我国互联网技术取得了很大成就,在某些方面已走在世界前列,为我国网络文明建设奠定了坚实的技术基础。

价值共识。无论伦理道德还是法律法规,只有建立在人们"普遍的认识"基础上,才容易被接受,才能真正地持久地起作用。我国自农业文明以来积累了深厚的文化传统,"仁、义、礼、智、信"是传统中国社会的价值共识,在此基础上逐渐形成并构建了延续千年的行为规范,直到今天仍深深地影响着中华儿女。2012 年 11 月,中共十八大报告明确提出"三个倡导",即"倡导富强、民主、文明、和谐,倡导自由、平等、公正、法治,倡导爱国、敬业、诚信、友善,积极培育社会主义核心价值观"。社会主义核心价值观是与新时代中国特色社会主义发展要求相契合,与中华优秀传统文化和人类文明优秀成果相承接,是全党全社会的价值共识,也是我国网络文明建设的基础。要把社会主义核心价值观贯彻到网络法治建设和网络伦理与道德建设中,维护社会的公平正义、文明和谐。同时,网络的全球性亦要求形成共同的行为规范。在哲学界,学者们提出了"全球伦理"的理论构想,希望从不同的民族文化传统中汲取资源,对当今社会重大问题达成"最低限度上的共识",形成"和而不同"的"全球伦理"。"全球伦理"应成为世界网络文明建设的基础。

二、网络文明建设的基本原则

开放共享原则。网络是开放的,网络信息交流和互动的通畅是网络文明先进性的基本特点,网络最大的吸引力也在于此。其丰富、海量的信息带来了知识与资源的共享。知识与资源的共享不仅促进了以网络为代表的新媒体的快速发展,也可以增进多元文化的交流和共同进步。当然,这种开放共享原则具有约定性,它使用的是网络提供的默认值,如果超出约定的范围,这一原则就会受到挑战和限制。但是,无论如何,网络信息交流和互动,不同于商品社会中的资源配置原则。后者体现的是利益最优,而前者却是以信息传播效果的最大化为出发点的。

无害原则。这一原则被称为"最低道德标准",即人们不应利用计算机和信息技术给他人造成直接或间接的损害。无害原则是网络伦理的基本准则,也是网络伦理最起码的道德规范。正如斯皮内洛所提出的,"不允许对他人造成伤害的被动强制令有时被称为最低道德标准,也就是说,不管选择什么样的道德准则,都应包括这条强制令。确切地说,大多数道德体系都会超过这个最低道德标准",而"这一原则对分析信息技术领域里出现的道德两难的困境是很有帮助的"。[①] 因此,避免实际或潜在的损害或危害是最低道德标准。

自律与他律结合原则。网络传播的低成本和强互动性,给我们带来充分的传播自由和较少约束的同时,也容易带来诸如网络谣言、网络欺诈、侵犯隐私、侮辱、诽谤,甚至危害国家安全等一系列问题,这些问题的解决无论是完全靠法律还是完全靠自律,都不现实、也不可能。网络时代,每个网络用户的自觉性和对一般道义原则的遵守是必不可少的,只有这样,每个人才能够充分享有互联网带来的便捷与自由。自律是一种终极的道德诉求,遵循最小授权原则,即只在网络中获取应当获取的资源,而不越权去访问或者试图获取那些不应该获

---

① 理查德·A.斯皮内罗:《世纪道德》,刘钢译,中央编译出版社,1999,第 54 页。

得的资源,否则就会被取消授权。① 同时,网络平台的快速发展带来的国家安全、网络犯罪等问题也引起了政府和监管部门的注意。在遵循比例原则、平衡各方权利的基础上提高网络平台的注意义务成为趋势。因此,未来网络治理与网络文明建设离不开自律与他律的相辅相成,以自律促规范,用他律保安全。

第三节 我国网络文明建设的路径选择

截至 2021 年 12 月,我国网民人数已达 10.32 亿。② 网络与经济、政治、文化、生态、安全等社会各领域已呈现出深度融合趋势,网络治理和网络文明建设面临挑战。2018 年 4 月 21 日习近平总书记在全国网络安全和信息化工作会议上强调,"要提高网络综合治理能力,形成党委领导、政府管理、企业履责、社会监督、网民自律等多主体参与,经济、法律、技术等多种手段相结合的综合治网格局。"由此可见,我国网络文明建设需在网络综合治理的理念指导下,从伦理约束、法律体系、行业自律及网络素养教育等领域协同实践。

一、以伦理约束为先

对网络的管理,如若像对传统媒体一样层层把关,不仅收效甚微,甚至会起反作用。首先,从网络本身的特征来看,信息自由交流对整个互联网有决定性的推动作用。ARPANET 管理局不能容忍在网络上讨论诸如药物、性、摇滚乐之类的话题,为 USENET 新闻组设立了路径系统对其采取技术限制,但这一政策遭到了网络用户的反对,认为这是"新闻检查制度"的翻版。不到 5 个月,ARPANET 当局做出了让步,取消了检查制度。获取信息的自由和信息传播的自由已是网络用户的基本理念,网络如今的成就与吸引力也无不体现着自由的魅力。其次,网络空间作为公民社会的一种延伸,言论自由是现代社会中公民享有的一项基本人权,是公民发表个人见解、参政议政、进行舆论监督的基本前提。现代社会中,网络大众传媒是公民舆论的集散地和代言人,承担着舆论监督的职责,保护公民的言论自由不仅是大众传媒实现社会责任的基本前提,更反映了一个社会的法治和文明程度。过于从紧的政府管理和规制会对言论自由产生一定的威胁与禁锢,不利于网络的正常运转和健康发展。因此,网络文明建设应以强调内在准则的伦理约束为先。

二、全面推进网络空间法治化

从目前我国有关网络的法律法规总体来看,数量丰富,既有网络本体法,又有网络关联

---

① 刘俊英、刘平:《网络伦理难题与传统伦理资源的整合》,《烟台大学学报(哲学社会科学版)》2004 年第 1 期。
② 中国互联网络信息中心(CNNIC):《第 49 次中国互联网络发展状况统计报告》,中国互联网络信息中心,2022 年 2 月, https://www.cnnic.net.cn/hlwfzyj/hlwxzbg/hlwtjbg/202202/t20220225_71727.htm,访问日期:2022 年 6 月 20 日。

法。仅就网络本体法而言,也已多达百余部,但具体来看,上位法较少,即由全国人民代表大会或全国人民代表大会常务委员会制定的基本法律(目前有《中华人民共和国网络安全法》《中华人民共和国个人信息保护法》)以及国务院制定的行政法规偏少,各部门如工业和信息化部等部门制定的部门规章较多。法律位阶较低的部门规章调节范围小、法律效力弱,而网络的无边界使其相关行为错综交叉,部门规章使用起来常有冲突,不利于规范。而且,有的规章与上位法也有冲突,如《互联网视听节目服务管理规定》里的相关条款就与《行政许可法》有冲突。还有,目前有关网络的法律大多属于管理型的,禁止性规范较多,这与网络与生俱来的开放、资源共享的特点和原则不相符。

《法治社会建设实施纲要(2020—2025年)》指出,网络空间不是法外之地。加强依法管网、依法办网、依法上网,全面推进网络空间法治化,营造清朗的网络空间。完善网络法律制度。培育良好的网络法治意识。保障公民依法安全用网。因此,未来需构建完善的网络法律体系,进一步制定位阶较高的基本法律,统一规范互联网行为;同时,修改目前相关规章中与其他基本法律相冲突的条款,做到下位法符合上位法;在符合网络特点和遵循网络规制基本原则的基础上平衡授权性规范和义务性规范。总之,要从法律制度、法治意识、依法用网等诸方面推进网络空间法治化。

三、提高行业自律

随着计算机技术的进一步发展,世界各国计算机协会与网络组织大多制定了一些相应的行为规范,如美国计算机伦理协会的十条戒律、南加利福尼亚大学的网络伦理申明,以及欧盟最新发布的人工智能道德准则等。近十年来,我国很多行业协会、网站也建立了自己的自律公约、自律条例,但遗憾的是大多公信力、影响力不高,可行性和认可度也就形同虚设。网络的宽泛性使分散的伦理条约难以真正起到作用。此时,政府宜积极引导并与民间团体共同推行相应的网络伦理规则,以规范网络行为和促进网络空间文明。可建立多层次、多样化的网络伦理与道德委员会,通过最广泛的商讨和民主程序,逐步形成新的网络文明共识,构建适合网络交往和网络特点的道德原则、规范和要求。同时,网络作为"第四媒体",在传播主体、传播方式、传播过程及传播效果等方面均与传统媒体有很大不同,政府与相关行业应该坚持"与时俱进"的原则,推动网络文明建设,把网络伦理道德建设当作一个系统工程来展开,努力建立较为客观和适应网络发展的行业自律规范。

2019年6月,国家新一代人工智能治理专业委员会发布《新一代人工智能治理原则——发展负责任的人工智能》,提出了人工智能治理的框架和行动指南,强调了和谐友好、公平公正、包容共享、尊重隐私、安全可控、共担责任、开放协作、敏捷治理等八条原则。《治理原则》旨在更好协调人工智能发展与治理的关系,确保人工智能安全可控可靠,推动经济、社会及生态可持续发展,共建人类命运共同体,突出了发展负责任的人工智能这一主题。《治理原则》的发布体现了对人工智能的积极引导与行业自律。

四、构建网络素养教育机制

网络文明的基础是网络素养。网络素养主要表现为伦理意识和道德自觉,而伦理意识和道德自觉首先是人们内心世界的活动,它是一种无形的、非程序化的精神力量,深藏于人们的品性、意向之中,内化为人的情感、意志和信念。某种价值观念要想成为现实的道德力量,就必须以征服人们的心灵、获得主观上的认同为前提。衡量文明建设成败的关键主要不在于订立了多少伦理道德规范以及这些规范的内容达到了何等水平,而在于公众是否都遵守了一个社会共同要求的伦理道德准则,是否普遍地养成了文明习惯。如果一个社会所倡导的道德规范是高度文明和进步的,但公众的行为选择普遍是不道德的,整个社会的风气是不健康的,那么其伦理道德建设不可能是成功和有效的。① 因此,加强网络文明建设必须着眼于如何增进社会公众伦理意识的养成和道德行为的自觉。有些国家的网络伦理教育是通过硬性、长效的教育机制实现的。比如美国、韩国、新加坡等从中小学开始就开设有关网络伦理和计算机伦理的课程,通过持久、深入的教育,使网络伦理思想深入人心,提高国民整体网络伦理道德水准;在大学则开设讲座,培养学生正确的技术价值观,使其能在价值理性的指导下,成为合格的网络公民。一个不明是非对错、不辨善恶美丑的行为主体,是很难有好的伦理意识和道德自觉的,即使他并非故意作恶,也有可能因无知而违背伦理道德规范。因此,通过必要的网络素养教育,帮助人们在网络空间正确区分是非对错、善恶美丑,并在此基础上引导公众逐步提高网络自律意识,普遍的、共同的网络伦理道德自觉才会成为可能,整体网络文明状况才会进一步提高。

本章思考题

1. 什么是网络文明?网络文明的基本范畴有哪些?
2. 网络文明建设的基础和原则是什么?
3. 我国网络文明建设的路径如何选择?

本章参考文献

1. 宫承波,刘姝,李文贤. 新媒体失范与规制论[M]. 北京:中国广播电视出版社,2010.
2. 宫承波. 新媒体的多维审视[M]. 北京:中国广播电视出版社,2008.
3. 王中军. 网络文明建设中网民自律培育[M]. 长沙:湖南人民出版社,2011.
4. 丁春燕. 网络社会法律规制论[M]. 北京:中国政法大学出版社,2016.
5. 李伦. 网络传播伦理[M]. 长沙:湖南师范大学出版社,2007.
6. 东鸟. 网络战争[M]. 北京:九州出版社,2009.
7. 理查德·A. 斯皮内罗. 世纪道德[M]. 刘钢,译,北京:中央编译出版社,1999.
8. 基佐. 欧洲文明史[M]. 程洪逵等,译,北京:商务印书馆,1998.
9. 牟宗艳,吕本修. 构建网络伦理的基本原则[J]. 齐鲁学刊,2003(02).
10. 张瑜,闫聚群. "网络文明"的概念辨析[J]. 青海社会科学,2014(06).

---

① 李仁武:《论道德建设的制度伦理环境》,《云南社会科学》2002年第5期。

11. 李仁武.论道德建设的制度伦理环境[J].云南社会科学,2002(05).
12. 张丹丹.21世纪以来国内网络伦理研究现状与评述[J].法制与社会,2006(10).
13. 薛伟莲.国外网络伦理教育的主要做法及启示[J].教育科学,2011(02).
14. 李琨.媒介素质教育与中国[J].国际新闻界,2003(05).
15. 刘俊英,刘平.网络伦理难题与传统伦理资源的整合[J].烟台大学学报(哲学社会科学版),2004(01).

第二十七章 网络法治文明建设

扫码可见
第二十七章PPT

网络兴起以来,世界各国都在进行管理,尽管理念不一、程度不同,但基于网络传播的全球性特征,还是逐渐形成了一些基本原则。从国际上来说,成立于1998年的ICANN(Internet Corporation for Assigned Names and Numbers)是一个影响甚大的互联网治理机构,掌握了互联网地址的分配方案,即IP协议;控制了互联网的基础服务——域名系统,掌握了互联网最关键的资源服务——根服务器。ICANN名义上是非营利性国际组织,但实际上一直处于美国政府的控制之下。[①] 另外,网络中立也是国际社会普遍遵循的原则,一般是指终端用户对互联网内容及手段的使用是畅通无阻的;还有保护言论自由的原则等。在这些基本原则的指导下,各国都制定了有关互联网的指令和法律。我国也积极采取措施加强网络法制建设,依法规范网络行为。

第一节 国外对网络的政府监管与法律规制

一、完善网络监管立法体系

用法律规制互联网行为是世界多数国家的普遍选择,经过多年的探索与实践,各国的互联网立法体系都在不断完善。

(一)美国

作为互联网的诞生地,美国是最早对互联网进行管制的国家,也是世界上有关互联网立法最多的国家,积累了比较成熟的网络监管经验。1977年以来,美国先后出台了130多项涉及互联网的法律法规,包括联邦立法和各州立法。比较有影响的有1984年颁布的《伪装进入设施和计算机欺诈及滥用法》,这是美国第一部联邦计算机犯罪成文法。之后,1986年颁布《电子通信隐私法》、1987年颁布《计算机安全法》,并在1987年设立了国家计算机安全技术中心。此后还有1996年《电信法》、1997年《全球电子商务框架》、1998年《千禧年数位版权法》、1999年《反域名抢注法》、2002年《电子政务法案》、2003年《控制未经请求的淫秽信

[①] 邵国松:《网络传播法导论》,中国人民大学出版社,2017,第4—5页。

息和营销信息法案》等。2002年、2009年、2018年分别通过了《加强网络安全法》《网络安全法》《网络威慑与响应法案》,均涉及强化美国的网络安全问题。2015年,在经历了数年的激烈争论和此前的败诉之后,美国联邦通信委员会(FCC)重新发布了《网络开放指令》,为"网络中立"原则提供强有力的保护,以确保互联网成为一个自由公开的交易平台,该指令是近20年来对互联网行业做出的最大监管整顿。①

(二)欧洲

英国。由于坚持严格的言论自由保护立场,英国在网络规制立法方面非常谨慎,在1996年之前没有专门针对互联网内容的立法。后来,作为英国互联网主要监管机构的互联网监察基金会确立了基本的管理指导思想,即对其他媒介适用的法律,对互联网同样适用。因此沿用已有的《诽谤法》《公共秩序法》《广播法》《黄色出版物法》《青少年保护法》《录像制品法》《禁止滥用电脑法》等对互联网行为进行规制。2006年,英国政府对《反恐怖主义法》作了修正,将严重干扰或中断电子系统运行的行为、计算机黑客行为纳入恐怖主义范畴。2008年,英国内政部提出监听现代化计划,监听并保留英国互联网上所有人的通信数据。2010年出台了《数字经济法》,补充了原有的《通信法》《著作权法》,将原法的适用范围扩展到了互联网。还有2012年《通信数据法》、2014年《数据保留和调查权法案》等。

德国。德国对网络的规制主要有两个渊源:议会立法和法院判例。1977年,德国出台了《联邦数据保护法》,此后历经多次修改,成为德国数据保护法的根基。该法确立了个人数据的保护规则:一般情形下,禁止使用个人数据。此后德国还制定了《电信法》《多媒体法》《青少年媒体保护州际协议》《信息技术安全法案》等一系列有关互联网的法律。其中1997年通过的《多媒体法》是世界上第一部规范互联网的法律,该法案确立了"传播自由"和"责任并重"原则、数字签名合法性原则、保护未成年人原则等,并对网络服务商提出了责任三原则:第一,对自己提供的网上信息内容负全部责任;第二,对网上提供来自他人的内容只是在一定条件下才负有责任;第三,对于仅仅提供了进入通道的网上信息不承担责任。2017年又通过了《网络执行法》,要求注册用户超过200万的网络平台,应当在收到投诉的24小时内删除"明显非法"内容,违者面临高达5000万欧元的罚款。德国政府在互联网监管方式上采取联邦、各州和行业混合监管模式,将国家安全视为首要价值选择,同时重视良好社会秩序的维护。在监管机构上设立联邦、州和行业三级管理机构。联邦互联网监管机构,如内政部的联邦信息技术专员办公室和联邦数据保护与信息自由专员办公室;州互联网监管机构,如青少年媒体保护委员会;行业自律机构,如多媒体服务提供商自愿自我规制协会、互联网内容分级协会等。

法国。1996年,法国对一部有关通讯自由的法律进行补充并提出《菲勒修正案》,为解决互联网从业人员和用户之间的问题提出了相关措施。2006年,通过了《信息社会法案》,加强对互联网的监管,在给人们提供自由空间和人权自由的同时,充分保护网民的隐私权、著作权以及国家与个人的安全。2009年,法国政府又通过了被认为到目前为止最严厉的打击网

---

① 参见邵国松:《网络传播法导论》,中国人民大学出版社,2017,第7页。

络非法下载行为的法案,并以此成立了"网络著作传播与权利保护高级公署",维护公共秩序,保护著作权人的合法权益,打击侵权盗版活动。另外,法国基础法律中也有许多条款可以规范网络行为,如民法典第 6 条规定:"任何人不得以特别约定违反有关公共秩序与善良风俗之法律。"这对网络低俗行为有很强的约束力。

俄罗斯。俄罗斯的互联网监管部门比较健全,设立了俄罗斯网络安全管理委员会、俄罗斯科技委员会、俄罗斯特种技术措施局等专门机构,分工明确、职责明晰、管理规范。俄罗斯重视对互联网自由的保护,形成了以《俄罗斯联邦宪法》为准则,《俄罗斯联邦信息、信息技术和信息保护法》为基础的互联网监管法规。

欧盟。欧盟自成立以来,通过和颁布了许多有关网络规制的决议、指令等。如 1992 年的《信息安全框架决议》,提出了有关信息安全的总体战略。2005 年通过了《打击信息系统犯罪的框架决议》,规定了应受惩罚的犯罪类型。近年来,在个人隐私和数据保护、青少年保护、网络版权、人工智能等领域不断制定相关规范。

(三)亚洲

韩国。韩国是世界上最早设立互联网审查机构的国家。分别在 1991 年、1995 年两次修改《电信事业法》,将"危险通信信息"作为管制对象,并根据该法组建信息通信道德委员会。虽然该法有关"不当通信"的标准在 2002 年被韩国宪法法院判定违宪,但为最终制定的《信息通信网络促进法》中的"非法通信"标准提供了依据。其内容包括:以"非法通信"标准取代"不当通信"标准;韩国信息通信部可以发布命令要求网络服务提供者删除或阻断"非法通信",而拒绝服从命令的网络服务提供者将受到刑事制裁;韩国信息通信道德委员会可以建议网络服务提供者删除和阻断"非法通信";推行互联网内容分级制,韩国信息通信道德委员会有权决定分级的标准、程序以及应用于分级的标识方法,并有权直接判定网站属于何种等级并进行公告;网络服务提供者经营对未成年人有害的网站必须按规定进行标识,否则将受到惩罚;学校和图书馆必须安装过滤软件等。① 2005 年 10 月,韩国政府发布了"网络实名制"规定,规定网民在网站留言、建立和访问博客时,必须先登记真实姓名和身份证号,通过认证后方可使用。2006 年年底,国会通过了《促进信息通信网络使用及保护信息法》修正案,规定主要门户网站在接受网民留言、发布照片和视频等操作前,必须先对网民个人的真实姓名和身份证号码等信息进行记录和验证,否则将对网站处以最高 3000 万韩元的罚款。由此,韩国成为世界上首个强制推行"网络实名制"的国家。然而推行以后,韩国政府也遭遇了一系列考验,如韩国女星崔真实自杀事件,韩国门户网站 Nate 遭黑客攻击导致 1000 万用户信息外泄事件等,最终 2012 年 8 月,韩国政府宣布废除网络实名制。

日本。日本的互联网管理过去基本采取行业自主管理、自我约束的方针。但针对网上犯罪现象增加等问题,日本警察厅成立了"信息系统安全对策研究会",在一定程度上反映了日本政府对互联网管理态度的变化。近年来,日本政府针对互联网领域出现的网络诈骗、网

---

① Kijoong Kim: Internet filtering, blocking and government censorship in South Korea. Presentation Document for "Computer Freedom and Privacy 2003" conference, April 2003.

络色情、垃圾邮件、电脑病毒等问题,加大了通过法律手段监管的力度。如通过修改《刑法》草案,将制作、传播、拥有电脑病毒纳入刑法处罚范围,还规定政府可以要求网络运营商保存某特定用户最长60天的上网和通信记录。另外还相继出台了《禁止非法访问法》(1999)、《规范电子邮件法》(2002)、《打击利用交友网站引诱未成年人法》(2003)、《个人信息保护法》(2003)、《青少年网络规范法》(2008)、《青少年安全上网环境整备法》(2009)等专门法规遏制网络犯罪和违法有害信息的传播。①

新加坡。1996年,新加坡出台《国际互联网管理办法》,依法对互联网实行管制,宣布实施分类许可证制度,以保护网络用户,尤其是年轻人免受非法和不健康信息的侵害。同时对网络从业者的管理采取分级授权制度,依照其性质及提供内容的不同而予以划分。新加坡互联网治理最重要的特色是3C原则,即服从原则、妥协原则和竞争原则。服从原则是指媒体必须服从国家整体利益,必须实行许可和注册登记制度,以保证网络服务提供者的合法性和正当性,同时采取严格的检查制度。妥协原则是指实行互联网内容监管轻度干预原则,对互联网内容监管实行区别对待,包括对进入家庭资料的检查严于对进入公司企业资料的检查;对青年人的信息利用严于对成年人的信息利用;对公共消费信息的检查严于对个人消费信息的检查;对仅用于艺术、教育等资料的检查则较为宽松。竞争原则是指新加坡政府从国家软实力的角度考虑如何使小国家在互联网领域保持竞争优势,如何制定最恰当的政策保证观点和意见可以自由公开的讨论和交换。近年来新加坡有关网络的法律法规主要有《计算机犯罪法》《通讯与多媒体法》《广播电视法》《电影法》《垃圾邮件控制法》《2012年个人信息保护法》《2013年新加坡媒体发展管理局新闻网站许可证制度》等。

印度。印度的互联网治理与其信息产业推进和信息立法密不可分。1998年,印度制定了"信息技术超级大国"计划,并相继制定了一系列政策法规,包括:下调互联网收费标准;允许一家电信公司经营多种业务,某些业务允许多家运营商参与竞争经营;全面开放海底电缆连接通道;增加互联网站点,扩大带宽;免除信息产业销售税;放宽购买计算机和软件贷款条件;严惩电脑黑客违法犯罪等。印度互联网监管最重要的法规是2000年5月通过的《信息技术法》,确认电子商务活动的法律地位以及规范电子商务活动,防范并打击针对计算机和网络的犯罪。

二、重视网络安全

近年来,网络安全的重要性日益提高,世界各国也都加强了该领域的立法。如2001年"9·11"事件以后,美国众议院以绝对优势通过《爱国者法案》,该法案有多项条款涉及互联网管理和监督的内容。2018年9月5日,美国众议院又通过《2018网络威慑与响应法案》,旨在应对国外网络技术对美国网络的破坏、对基础设施的威胁、对经济的损害、对选举的破坏,保护国家免受外国网络威胁,对抗各种数字威胁。该法案将是一个识别、阻止和应对恶意的国家支持的网络攻击的法案。它要求总统确认那些在网络活动中对国家安全,如国家政策、经济健康或金融稳定等构成重大威胁的外国组织或个人,并规定了一系列制裁措施。法案

---

① 严圣禾:《日本监管互联网》,《光明日报》2011年4月23日第8版。

还规定了总统对发现从事恶意网络的国家实施外交、经济和刑事制裁的正式程序。2019年10月,美国国家安全局新建了网络安全局,将通过向合作伙伴与客户提供威胁情报,以及其他方式来使其免受网络安全威胁,包括针对基础设施的网络攻击、机密信息的窃取和大规模网络诈骗。但该机构将只专注于防御,并不会发起针对性反击。

2019年4月,俄罗斯联邦委员会批准了《〈俄罗斯联邦通信法〉及〈俄罗斯联邦信息、信息技术和信息保护法〉修正案》(又称《稳定俄网法案》或《主权互联网法》),允许俄罗斯创建自主互联网,旨在确保俄罗斯互联网在受到境外威胁时仍能够稳定运行;同时要求政府、电信运营商和技术网络所有者要定期举行"断网"演习。

欧盟2006年通过了《信息数据监管指引规则》,要求成员国控制与储存通讯信息数据,建构统一的通信服务平台监管信息网络数据,以应对恐怖主义。[①]《网络安全法》于2019年6月生效后,欧盟网络与信息安全局(ENISA)正式获得永久授权,旨在保护欧盟的关键网络和信息系统。ENISA的新任务之一是开发网络安全认证计划,为ICT产品、流程和服务的安全性提供保障,并将继续在网络安全方面发挥咨询作用,协助成员国和联盟机构在自愿基础上制定和执行脆弱性披露政策,帮助成员国协调应对跨境网络威胁和攻击。

加拿大于2019年5月发布了全新的《数字宪章》,旨在保护公民的在线权益,并加强对社交媒体平台的管理。其中提道:"加拿大政府将捍卫言论自由、防范旨在破坏选举和民主制度完整性的网络威胁和虚假信息。""加拿大人可以期盼数字平台不会助长或传播仇恨、暴力极端主义或犯罪内容。""对违反支持这些原则的法律和法规的行为将给予明确、有意义的惩罚。"

韩国为应对国家网络安全风险,于2019年4月公布《国家网络安全战略》,同年11月确定《国家网络安全基本规划》,落实具体方案。根据规划,政府将通过改善国家信息通信网和主要信息通信设施的安全环境,增强网络修复和存活能力,开发和推广安全便利的新一代安全基础设施,提高核心基建设施的安全性;增强民官军联合应对体系,以便事先有效防控网络攻击,主动迅速应对事故,提升网络威胁的应对力量;基于个人、企业和政府的互信与合作,激活国家信息共享系统,增进与地方政府、中小企业和信息保护支援中心等的合作,打造综合网络安全管理系统。

新加坡政府近年来也逐步加强网络安全措施,分别于2016年实行网络隔离政策;2019年3月宣布成立公共部门数据安全审查委员会,以加强公共部门的数据安全;2019年5月通过了《防止网络虚假信息和网络操纵法案》,以保护社会免受恶意行为者在网上制造谎言和进行操纵。

印度于2008年再次修订《信息技术法》,重点规定了网络恐怖主义内容,将网络反恐上升到国家安全高度。2019年印度还关闭了部分地区的互联网长达130多天,创造了民主国家最长的互联网关闭记录。还有部分地区的通信服务也被关闭,引发民众走上街头游行。

---

① 参见北京市互联网信息办公室:《国内外互联网立法研究》,中国社会科学出版社,2014,第222—226页。

三、重视未成年人保护

对未成年人的保护一直是各国网络法制建设的重点,尤其是对儿童隐私、有害信息等,许多国家都制定了相关法律予以明确规范。

美国 1996 年颁布《通信规范法》,禁止利用网络向未成年人发送或开放涉及性行为或者性器官的信息,1998 年又通过了《儿童在线保护法》,限制未成年人接触那些法律规定为对其有害的信息,但这两个法案最终都被联邦最高法院宣布违宪无效。2000 年《儿童在线隐私保护法案》正式生效,它规定任何提供网络服务和产品的组织和个人不得通过互联网收集 13 岁以下儿童的姓名、住址、电话或儿童父母的个人信息。2019 年 9 月,谷歌旗下 YouTube 被指控涉嫌违反儿童隐私法,诉状称 YouTube 在未经父母同意的情况下,使用 cookie 收集了"儿童频道"观众的个人信息。谷歌为此将支付 1.7 亿美元罚金,被认为是自《儿童在线隐私保护法》通过以来涉案最高罚款。美国在 2000 年还出台了《未成年人互联网保护法》,规定中小学校、公共图书馆等区域必须在网络服务目录上提供过滤器,以确保儿童接触不到带有色情内容的网站;任何因为商业目的在网络传播中导致未成年人接触到有害信息的行为,视情节轻重予以处罚。很多州还制定了适用于公立学校和图书馆的网络过滤法。① 此外,美国还专门成立机构保护未成年人的网上安全,如司法部成立特种部队,打击针对未成年人的互联网犯罪活动,联邦调查局设立专门机构,辨认甄别互联网上发布的儿童色情图像,调查不法分子。

2019 年 4 月,英国数字、文化、媒体与体育(DCMS)和内政部联合发布《网络有害内容白皮书》,以保护用户免受虐童影像、网络欺凌、极端思想和恐袭言论等有害内容的影响,标志着英国对网络有害内容的治理进入立法阶段。

德国《联邦反垃圾邮件法案》规定:对于滥发色情信息之类的垃圾短信者,政府将会处以最高 5 万欧元的罚款;对于利用手机或网络传播青少年色情内容者,可判处最多 2 年徒刑或处以罚金。2009 年 6 月,德国联邦议院高票通过了《阻碍网页登录法》,赋予了德国执法机关封锁儿童色情网站的权力。他们还通过专项行动的方式打击手机网络色情。

法国 1998 年通过了《未成年人保护法》,从严从重惩罚利用网络诱惑青少年犯罪的行为。如在网上传播带有未成年色情内容的图像要处以 3 年徒刑,4.5 万欧元的罚款;向大众或是通讯网络上传播类似内容,则要被判刑 5 年,罚款 7.6 万欧元。②

俄罗斯出台了诸如《保护青少年免受对其健康和发展有害的信息干扰法》等专门法规。

欧盟有《保护未成年人和人权尊严建议》(1998)、《儿童色情框架决定》(2004)等,以保护未成年人免受儿童色情伤害。

韩国近年来陆续制定了《促进信息化基本法》(2005)、《促进信息通信网络使用及保护信息法》(2006)等,对于在互联网上散布淫秽色情信息、通过侮辱诽谤来损害他人名誉、反复发送可诱发恐怖或不安情绪的信息、网络赌博、放任发布对青少年有害的信息等行为,韩国广

---

① 参见北京市互联网信息办公室:《国内外互联网立法研究》,中国社会科学出版社,2014,第 200—203 页。
② 姚立:《法国依法监管互联网》,《光明日报》2010 年 7 月 26 日第 8 版。

播通信审议委员会一经核实后,可要求互联网服务商或网站管理者进行删除或限制。

日本政府特别重视对手机网络色情的打击。2009年4月正式实施《青少年安全上网环境整备法》,首次以法律形式明确规定手机过滤软件的地位。2003年9月实施的《交友类网站限制法》也明确规定了交友类网站有义务传达儿童不得使用的信息,并在做广告时明示禁止儿童使用。《关于处罚致使儿童卖春、儿童涉黄相关行为以及儿童保护法律》中对在网络等媒体上散步有害信息者也都视情节轻重给予不同程度的处罚,如利用互联网、手机等媒体散布有害信息者可视情节轻重给予判刑3年并罚款300万日元,或者判刑5年并罚款500万日元的处罚。

四、保护个人隐私

互联网的普及利用带来个人数据、个人信息的广泛泄露,因此,近年来各国纷纷加强立法保护个人隐私。

2018年,剑桥分析丑闻引起全世界关注。2019年12月,美国联邦贸易委员会(FTC)对剑桥分析作出裁定,认为该公司通过数百万脸书用户收集个人数据(直至2016年大选)进行选民分析从事"欺诈行为",违反了《联邦贸易委员会法》。此外,美国联邦贸易委员会还发现剑桥分析并未遵守《欧盟—美国隐私盾》规定,下令该公司停止对数据收集方式进行"虚假陈述",并表示必须删除已收集的个人数据。另外,《加州消费者隐私法》于2018年6月获得批准,被认为是美国最激进、最全面的数据隐私法规之一。据其规定,企业必须向用户披露其收集的个人资料、资料是否会被出售及出售对象,并允许用户选择不出售个人资料。

在保护个人隐私方面,欧盟被认为是全世界最严格的地区,先后颁布1996年的《电子通讯数据保护指令》、1998年的《私有数据保护法》、1999年的《互联网上个人隐私权保护的一般原则》等,建立起网络隐私权保护的法规体系。2018年5月,又出台了《通用数据保护条例》(GDPR),规范数据收集者的操作,禁止网络公司以默认隐藏的模式收集用户数据,同时保障用户对自己数据完全自主的权利。违规者则会被处以巨额罚款。

五、互联网反垄断与国际合作

新媒体的迅猛发展和强大影响力给世界各国政治、经济带来了不同程度的影响,原有的利益分配格局受到了挑战,尤其是不断形成和发展的互联网巨头垄断日益引发关注,欧盟、北美、澳大利亚等国家和地区均不同程度地发出呼声。近年来,欧盟发起过多起对谷歌的反垄断调查,美国司法部宣布对包括亚马逊、苹果、脸书、谷歌等在内的科技公司进行反垄断调查,韩国也呼吁打破硅谷网络巨头的垄断。加拿大新闻媒体协会(NMC)则发起了名为"消失的头条"运动,2021年2月4日,《国家邮报》《多伦多星报》《多伦多太阳报》等多家加拿大报纸发布空白头版,仅在底部印有一句话"想象一下这里没有新闻是什么样子"。此举矛头直指谷歌和脸书,称其"剽窃"媒体内容、不仅拒绝付费还获取了巨额数字广告收入。而澳大利亚参众两院则在2021年2月25日通过了《新闻媒体议价法》,成为全球第一个有权强制谷歌、脸书等科技巨头为新闻内容付费的国家。

互联网垄断反映了网络发展的不平衡,也凸显了网络空间全球治理的重要性。在互联网管制、打击网络犯罪过程中,需要开展国际合作。2019年10月,美、英政府签署了"史上首份"双边数据分享议,允许执法部门直接向对方国家的科技公司要求数据。这意味着,英国当局不再需要向美国政府提出申请,即可直接要求美国Facebook、谷歌、推特等公司提供用户数据,协助涉及恐怖主义、儿童侵害与网络犯罪等严重犯罪的调查。

为了围剿网络色情,尤其是儿童色情,德国积极与欧盟、欧洲理事会及八国集团开展合作,在八国集团范围内建立网上常设联络机构,并参与建设"打击儿童色情数据库"。德国还在1997年由各联邦州的青少年部以公益有限责任公司形式共同组建企业,主要负责电子媒体尤其是互联网青少年保护事务的运营,对网络内容进行审查和监督,处理网络上的垃圾信息。

法国、日本于2019年10月签署了网络安全领域的第一份合作协议,呼吁两国讨论它们面临的一个重大问题:举办大型国际文化和体育赛事所面临的安全挑战。两国迫切希望在此协议基础上加强对话,共同在不断变化和复杂的数字环境中应对此类网络安全挑战。

为了打击日益猖獗的网络犯罪,全球最大的警察组织——国际刑警组织,对其工作人员提供专门培训,开通了24小时不间断的网络支持系统,以为其成员国警方提供证据调查、收集及专家咨询服务。2019年9月,27个国家签署了《推动各国在网络空间中担负责任的声明》,为各国继续支持以规则为基础的国际秩序提供了框架,并鼓励各国遵守、执行和发展这一框架。同时,北大西洋公约组织(NATO)宣布北约《集体网络防御战略》,将在比利时的蒙斯建立一个新的网络运营中心,以加强北约各国在网络防御领域的合作,进一步提升成员国的网络防御能力。欧洲数据保护委员会则于2019年7月成立工作组负责处理欧盟《一般数据保护条例》(GDPR)的违规行为。

以上国际合作主要源于现有的国际法、政治协议以及相关技术协议等,面对新技术带来的互联网领域的新挑战,各国仍需进一步加强合作与对话,完善相关规范。

第二节 我国对网络的法律规制与行政管理

我国对网络的法律规制与行政管理始于20世纪90年代。2014年党的十八届四中全会审议通过的《中共中央关于全面推进依法治国若干重大问题的决定》又进一步指出,加强互联网领域立法,完善网络信息服务、网络安全保护、网络社会管理等方面的法律法规,依法规范网络行为。从此,我国网络法治建设进入了快车道。

一、法律规制

我国关于网络的法律规制分为网络本体法与网络关联法。

(一)网络本体法

网络本体法是指主要针对网络传播的立法。从1991年劳动部出台的《全国劳动管理信息计算机系统病毒防治规定》开始至今,据不完全统计,先后制定了100多部有关网络的法律、法规和规章,初步形成了有关网络的基本体系。主要分为三个层次:一是底层的关键信息基础设施,如《中华人民共和国网络安全法》;二是中间层的互联网服务提供商,如《信息网络传播权保护条例》;三是应用层的互联网信息,如《互联网信息服务管理办法》。网络本体法的立法内容从互联网物理接入、信息服务规范、信息内容治理、知识产权保护、网络安全,到互联网文化管理各个方面。

保障网络运行与信息安全的法律法规主要有:《中华人民共和国网络安全法》(2017年6月1日起施行),主要保障网络安全,维护网络空间主权和国家安全、社会公共利益,保护公民、法人和其他组织的合法权益。与网络安全法配套的《中华人民共和国数据安全法》(2021年9月1日起施行)规范数据处理、保障数据安全的基础性法律。《中华人民共和国密码法》(2020年1月1日起施行),是规范密码应用和管理,保障网络与信息安全的密码领域的综合性、基础性法律。还有相关司法解释,如《最高人民法院最高人民检察院关于办理非法利用信息网络、帮助信息网络犯罪活动等刑事案件适用法律若干问题的解释》(2019年11月1日起施行)等。

保护个人信息的法律法规主要有:《电信和互联网用户个人信息保护规定》(2013年9月1日起施行)、《互联网医疗保健信息服务管理办法》(2009年7月1日起施行)、《网络游戏管理暂行办法》(2010年8月1日起施行)、《互联网信息服务管理办法》(2000年9月公布,2011年1月修订)、《中国互联网络域名管理办法》(2004年12月20日起施行)、《互联网IP地址备案管理办法》(2005年3月施行)、《互联网电子邮件服务管理办法》(2006年3月30日起施行)、《互联网用户公众账号信息服务管理规定》(2017年10月8日起施行)等。党的十九届四中全会提到推进数字政府建设,加强数据有序共享,依法保护个人信息。这方面的立法、执法力度都在不断加强。

有关电子商务的法律法规主要有:《中华人民共和国电子签名法》(2005年4月施行,2015年4月修订)、《互联网销售彩票管理暂行办法》(2010年9月发布)、《网络交易管理办法》(2014年3月15日起施行)、《网络零售第三方平台交易规则制定程序规定》(2015年4月施行)、《网络发票管理办法》(2013年4月1日起施行)等。

保护未成年人上网安全的法律法规主要有:《互联网上网服务营业场所管理条例》(2002年9月公布,2011年1月修订,2016年2月第二次修订)、《最高人民法院、最高人民检察院关于办理利用互联网、移动通信终端、声讯台制作、复制、出版、贩卖、传播淫秽电子信息刑事案件具体应用法律若干问题的解释》(2004年9月施行)、《关于办理利用互联网、移动通讯终端、声讯台制作、复制、出版、贩卖、传播淫秽电子信息刑事案件具体应用法律若干问题的解释(二)》(2010年2月4日起施行)、《文化部关于加大对网吧接纳未成年人违法行为处罚力度的通知》(2010年3月发布)。针对部分青少年网络游戏成瘾却又存在着监管矛盾的现象,2019年5月,文旅部发布通知,今后网络游戏行业管理职责归属于新闻出版部门。从此,网络游戏告别多头监管。同年10月,国家新闻出版署发布《关于防止未成年人沉迷网络游戏的通知》(2019年11月1日起施行)。2019年8月,网信办发布《儿童个人信息网络保护规定》,确立儿童信息的收集和使用应征得监护人的明示同意,要求网络运营者设置专门的儿童个人信息保护规则和用户协议,设立个人信息保护专员或指定专人负责儿童信息保护。

保护网络知识产权的法律法规主要有:《计算机软件保护条例》(2001年12月公布,2011年1月第一次修订,2013年1月第二次修订)、《信息网络传播权保护条例》(2006年5月公布,2013年1月修订)、《最高人民法院关于审理侵害信息网络传播权民事纠纷案件适用法律若干问题的规定》(2013年1月1日起施行)、《最高人民法院、最高人民检察院关于办理侵犯知识产权刑事案件若干具体应用法律问题的解释》(2004年12月施行)、《最高人民法院、最高人民检察院关于办理侵犯知识产权刑事案件若干具体应用法律问题的解释(二)》(2007年4月施行)、《互联网著作权行政保护办法》(2005年5月20日起施行)等。

关于互联网信息与视听节目的规定主要有:《互联网新闻信息服务管理规定》(2017年6月1日起施行),保障互联网新闻信息的健康有序。随着"算法"的广泛使用,2021年9月,国家互联网信息办公室、中宣部、教育部等联合发布《关于加强互联网信息服务算法治理的指导意见》指出,要"逐步建立治理机制健全、监管体系完善、算法生态规范的算法安全综合治理格局。"对网络视听节目和音视频,《互联网视听节目服务管理规定》(2008年1月31日起施行)、《网络音视频信息服务管理规定》(2020年1月1日起施行)等,将其纳入广播电视总局的管理和审查范围,相关节目必须经过审查方能在互联网上播出。2019年国家广播电视总局发布了第一份专门针对未成年人节目的《未成年人节目管理规定》(2019年4月30日施行),明确提出16条未成年人节目禁止的内容,如渲染暴力、血腥、恐怖,教唆犯罪或者传授犯罪方法等,并对未成年人参与节目制作、未成年人节目广告播出等内容作出明确规定。《广播电视和网络视听领域经纪机构管理办法》(2022年6月30日施行),明确了广播电视和网络视听领域经纪机构、经纪人员的权利和义务。

随着互联网的深入发展,网络综合治理提上日程。党的十九届四中全会决定指出,建立健全网络综合治理体系,加强和创新互联网内容建设,落实互联网企业信息管理主体责任,全面提高网络治理能力,营造清朗的网络空间。2019年12月,国家互联网信息办公室发布了《网络信息内容生态治理规定》(自2020年3月1日施行),对网络信息内容生产者、网络信息内容服务平台、网络信息内容服务使用者等提出了具体要求。如明确规定:网络信息内容服务使用者和生产者、平台,不得开展网络暴力、人肉搜索、深度伪造、流量造假、操纵账号等违法活动。该规定是对网络安全法等相关法律法规在互联网内容安全领域适用的具体解释,有利于加强网络生态治理,培育积极健康、向上向善的网络文化,建立健全网络综合治理体系。2021年9月,国家互联网信息办公室又发布了《关于进一步压实网站平台信息内容管理主体责任的意见》,充分发挥网站平台信息内容管理第一责任人作用,引导推动网站平台准确把握主体责任。

(二)网络关联法

网络关联法是指与网络传播相关联的法律。有关互联网立法与现行其他法律法规是"你中有我,我中有你"的关系,即现行相关法律有许多涉及互联网领域的条款,同时,互联网法律亦与其他法律有交叉。网络关联法主要有《刑法》《刑事诉讼法》《民法典》《著作权法》《商标法》《广告法》《反不当竞争法》《反垄断法》《消费者权益保护法》《民事诉讼法》《涉外民事关系法律适用法》《行政许可法》《治安管理处罚法》《行政处罚法》《行政复议法》《行政诉讼法》《未成年人保护法》《预防未成年人犯罪法》《反间谍法》《突发事件应对法》《保守国家秘密法》《出版管理条例》《音像制品管理条例》《政府信息公开条例》等。《中华人民共和国个人信息保护法》(2021年11月1日起施行)则明确规定了提供重要互联网平台服务、用户数量巨大、业务类型复杂的个人信息处理者,应当履行按照国家规定建立健全个人信息保护合规制度体系等义务。

(三)互联网法院

2017年6月,中央全面深化改革领导小组第三十六次会议审议通过了《关于设立杭州互联网法院的方案》。根据会议精神,2017年8月18日,杭州互联网法院正式揭牌,成为中国首家互联网法院。互联网法院旨在通过互联网方式审理互联网案件,从起诉、立案、举证、开庭、送达、判决、执行全部在网上完成,以实现"网上纠纷网上审理",推动网络空间治理法治化。随后,2018年9月9日,北京互联网法院挂牌成立。2018年9月28日,广州互联网法院挂牌成立。同时,2018年9月3日,最高人民法院审议并通过《最高人民法院关于互联网法院审理案件若干问题的规定》,明确规定了互联网法院的管辖范围、上诉机制和诉讼平台建设,并制定了身份认证、立案、应诉、举证、庭审、送达、签名、归档等在线诉讼规则。互联网法院的设立和完善,是我国司法主动适应互联网发展大趋势的一项重大制度创新,也是我国主动参与全球网络空间治理和规则制定的重大尝试。

二、行政管理

(一)机构设置

我国当前管理互联网的基础机构主要有中华人民共和国工业和信息化部、中共中央网络安全和信息化委员会,中华人民共和国国家互联网信息办公室等。工业和信息化部(工信部)组建于2008年3月,主要职责为:拟订实施行业规划、产业政策和标准;监测工业行业日常运行;推动重大技术装备发展和自主创新,管理通信业;指导推进信息化建设;协调维护国家信息安全等;系管理互联网技术和基础设施为主的行业管理机构。中共中央网络安全和信息化委员会成立于2018年3月,由中央网络安全和信息化领导小组改组而来,负责网信领域重大工作的顶层设计、总体布局、统筹协调、整体推进、督促落实。国家互联网信息办公室(网信办)成立于2011年5月,主要职责为:落实互联网信息传播方针政策和推动互联网信息传播法制建设,指导、协调、督促有关部门加强互联网信息内容管理,依法查处违法违规网站等;系管理互联网信息和内容为主的互联网核心管理机构。另外,文化和旅游部、国家新闻出版署、国家广播电视总局、公安部、教育部、商务部、卫健委、农业农村部、国家市场监督总局等管理部门也都对各自管理的行业内的网络行为负有相应的管理职责。

目前我国互联网的行政管理机构多达60多个,一定程度上存在着多头管理的问题,容易相互矛盾、职责不清,影响管理效率。近年来随着机构调整,各部门职责权限也不断调整、进一步清晰。如2019年明确把网络游戏归国家新闻出版署管理,使其告别了多年来的多头管理状况。但职能交叉带来的成本增加和监管不力的问题仍亟待解决。

(二)行政执法

我国政府在对互联网信息的治理中,有时会采取行政执法的方式,通常由特定机构在特定情况下针对一段时间以来反映比较突出的问题集中开展专项行动。主要有:打击淫秽色情网站专项行动;治理网吧专项行动;"阳光绿色网络工程"系列专项行动;搜索引擎清理整治行动;打击网络侵权盗版专项行动;整治互联网低俗之风专项行动;"扫黄打非"专项行动;保护公民个人信息安全专项行动;整治网络赌博专项行动等。如2018年以来,公安部等部门持续开展打击整治网络侵犯公民个人信息安全的"净网"专项行动,有力筑牢公民个人信息防护墙。再如针对网络淫秽色情,2019年网信办进行了为期6个月的网络生态治理专项行动,对淫秽色情、低俗庸俗、传播不良生活方式和不良流行文化等12类负面有害信息进行整治。除特定机构外,相关行业也会进行有关网络的专项治理,如市场监管总局在2019年6—11月开展了网络市场监管专项行动,以规范电子商务,维护网络市场秩序。

法律规制和行政管理相结合,是我国政府对网络监管的主要方式。其中行政管理运用较多,这样虽然便于统一管理,有时效率也颇高,但也不可避免地使某些部分容易形成重叠管理,同时又存在着无人管理的真空地带。而且如果运用不当,还可能对言论自由及网络产业造成影响。

本章思考题

1. 世界主要国家网络监管的重点领域有哪些?各自采取了哪些方法?
2. 我国网络法律规制的基本状况是怎样的?
3. 我国网络行政管理的基本状况是怎样的?

本章参考文献

1. N·哈里森.第三世界:苦难·曲折·希望[M].钟菲,译.北京:新华出版社,1984.
2. 约瑟夫?奈.硬权力与软权力[M].门洪华,译.北京:北京大学出版社,2005.
3. 阿尔文?托夫勒.第三次浪潮[M].黄明坚,译.北京:中信出版社,2006.
4. 邵国松.网络传播法导论[M].北京:中国人民大学出版社,2017.
5. 北京市互联网信息办公室.国内外互联网立法研究[M].北京:中国社会科学出版社,2014.
6. 潘天翠.透视国外互联网管理[J].网络传播,2007(05).
7. 姚立.法国依法监管互联网[N].光明日报,2010-07-26.
8. 严圣禾.日本监管互联网[N].光明日报,2011-04-23.
9. 陈怡.韩国以加强立法和实名制规范网上行为[EB/OL].(2010-01-31)[2021-03-26].http://news.qq.com/a/20100131/001025.htm.

第二十八章 网络伦理建设与网络素养教育

扫码可见
第二十八章PPT

网络给人类生产生活带来便利和效率的同时,社会伦理与道德规范也遭遇着冲击。虚拟性和去中心化使传播主体与接受主体的符号功能越发强大,主体意志更加容易屈从于群体情境,身份隐匿伴随着责任模糊,使人们在网络空间中的自我控制能力和道德约束能力都变得弱化,既有的社会文明与道德规范对网络治理来说,较难在操作层面付诸实施。因此,网络伦理建设与网络素养教育也是网络文明建设的重要方面。

第一节　国外网络伦理规范

一、网络伦理与行业自律

由于互联网所特有的自由和开放,完全依赖刚性的法律和政府手段反而会影响网络信息资源的正常开发和利用。与直接干预相比,基于伦理约束的行业自律不仅可以减轻政府的压力,还能给予行业更多的灵活性来应对快速变化的网络与新媒体环境。因此,"少干预、重自律"逐步成了当前国际社会管理网络的共同思路。为了有效地进行网络伦理规范,许多国家都建立了行业自律组织。

英国对网络媒体监管主要采取行业自律的方式。英国的行业自律模式是目前世界上最成功的互联网管理模式。其主要靠成立于1996年的互联网观察基金会(IWF),目前已经有100多个成员,其中包括社会网络、网络运营商、移动运营商、内容服务提供商、技术过滤公司、搜索服务提供商、商业联盟以及支持基金会工作的财政部门等。其主要工作集中在英国网民、运营商和执法部门三个方面,对英国网民,主要培养网民对互联网的信赖;对运营商,主要是协助其消除系统中非法内容的散布;对执法部门,主要是协助其对网络违法内容的执法。英国互联网观察基金会在政府和行业财政的支持下,主要负责打击网络非法内容,尤其针对互联网上儿童虐待图像、色情犯罪以及煽动种族仇恨三种内容。1996年,英国互联网观察基金会与贸工部、主要互联网服务提供商、城市警察署、内政部签署了《R3安全网络协议》,这是国际上第一部有关互联网监管的行业自律规范,也是英国接受度最高、涵盖面最广、影响力最大的互联网行业自律规范。该协议的R3分别代表分级管理(Rating)、告发举报(Reporting)和承担责任(Responsibility),其宗旨是消除网络儿童色情和其他有害网络信息,具有明确的权责界定。以此为基础,英国互联网观察基金会又拟定了《互联网从业人员行为守则》,要求网络提供者承担起确保内容合法的责任。英国有众多网络安全公司提供网络安全业务。

手机上网业务兴起之后,英国主要电信运营商于2004年联合发布了一份关于手机上网的行业自律条例,并于2009年6月进行了修订和更新,形成了《英国关于新形式手机内容的自律执业条例》,要求所有电信运营商以自律的方式对有关内容进行分级。分级的标准则主要是"依据年龄"。对于适合所有年龄层消费者接触的内容,归为"非18级";对于仅适合18岁以上消费者接触的内容,归为"18级",即为限制级。对于限制级内容,电信运营商必须要透过年龄辨识程序进行禁用管制,以确保这些内容不被18岁以下的未成年人取得。为了建立一个内容分级的共同标准,英国于2005年2月颁布了一份指导性文件《英国电信运营商商业内容服务指南与分级架构》。在这一架构下,包括静态图片、影音内容以及在线游戏等三种形态在内的商业内容都需要进行分级,而商业内容的提供者(包括电信运营商与第三方内容提供商)将自行判断内容的所属级别并进行分级标注。为了更有效地监管手机媒体,英国政府还实行了准入机制:一是年龄验证机制。采取"年龄确认"的方式控制手机用户可访问内容的范围。自2008年10月起,英国所有购买手机的用户,包括预付费用户,都要登记姓名和住址,提供护照或官方个人身份信息。二是父母控制机制。所有的手机运营商都提供有免费的父母控制服务,父母通过控制软件,不仅可将未成年人可以接触的网站限制在"非18级",而且可以切断蓝牙连接。三是教育和辅导机制。在分级机制之外,电信运营商的自律责任还体现在向消费者——包括未成年人以及他们父母和监护人等提供有关手机上网等方面的技术辅导和信息建议,以使前述分级和保护系统能够更好地运作。①

美国的行业自律近年来的重点在网络安全方面。2019年11月,美国国防创新委员会发布了有关美国国防部开发和部署人工智能技术的道德准则,主要包括责任、公平、可靠、可治、可追溯等。国防创新委员会认为,这些准则符合现有国际条约和美国国防部规范,可用于解决国防部现有道德框架未涵盖的人工智能技术问题,并将有助于促进美国国防部人工智能战略的实施。谷歌则与三家移动安全软件商EST、Lookout和Zimperium合作成立了"应用防御联盟",共同打击Android上的恶意软件。

德国实施"受监管的自我监管"模式,其行业自律的代表性机构、成立于1997年的多媒体服务提供商自愿自我规制协会(FSM),以在线网络服务提供商为主要成员,负责审查和过滤有关虐童的网络信息,附带对有关宣传纳粹、仇恨言论和暴力色情等网络内容进行审查和

---

① 陈映:《手机不良内容的规制路径、框架和手段——英国的经验及启示》,《新闻界》2014年第14期。

屏蔽。在实施互联网监管的过程中,它会参照联邦刑事警察署提供的信息,主动删除和屏蔽那些被列为违法的网络内容,使这些内容无法进入搜索引擎,从而保证德国的信息安全。

上述英美的网络行业自律与包括德国在内的欧陆有所不同,前者作为受规制的自律,是政府和私人利益的调和,在一定意义上是政府根据宪法所确立的原则对网络行业所做的间接调整;而后者则在一定程度上是源于国家保障社会经济基本权利实现的需要。[①]

近年来,人工智能技术获得长足发展,图像识别、视频识别、人脸识别得到了广泛应用,也引发了进一步的伦理担忧。2019年4月欧盟发布了人工智能道德准则,要求"值得信赖"的人工智能应当满足技术的健全性和安全性、隐私和数据管理、透明性、多样性、非歧视和公平性、环境和社会福祉、问责制七个方面的要求。该准则标志着欧盟的人工智能产业发展立足于强化产业的道德水准。2019年11月澳大利亚工业、创新和科学部发布了八项人工智能伦理原则,内容涉及人类社会和环境福祉、以人为中心的价值观、公平、隐私保护和安全、可靠性和安全性、透明度和可解释性、可争议性和问责性。这些原则是自愿遵守的,相关行业已签署协议。2020年被称为人工智能监管元年,1月,欧盟委员会《人工智能白皮书》提出,欧盟正在考虑禁止在公共场所使用人脸识别技术3年至5年,以便有时间研究如何防止这种技术被滥用,意在设置严苛的条件事前规制。美国白宫科学技术政策办公室(OSTP)则发布了《人工智能应用监管指南》,提出人工智能十项监管原则,包括:人工智能的公众信任、公众参与、科学诚信与信息质量、风险评估与管理、收益与成本、灵活性、公正和不歧视、公开透明、安全保障、机构间协作。该原则旨在限制当局对人工智能的"过度干预",确保公众参与,促进公平、透明和安全的可信赖人工智能。

除各国关于网络的行业自律规范以外,国际联盟也逐步就网络伦理达成共识。2018年法国呼吁建立"信任互联网",发出《网络空间信任与安全巴黎倡议》。一年后就有74个国家、350多个国际、民间社会和公共组织以及600多个私营部门实体参加。2019年9月,国际互联网协会(ISOC)发布《物联网隐私保护的政策建议》,对政策制定者、物联网服务提供商和其他利益相关者应采取的行动提出建议:加强用户控制、提高透明度及告知用户、紧跟技术发展、加强多利益相关者对物联网隐私保护的力量。2019年11月,全球网络空间稳定委员会(GCSC)发布《推进网络空间稳定性》报告,报告制定了"国家和非国家行为者都不应进行损害互联网公共核心的通用性和完整性以及网络空间稳定的行为""国家和非国家行为者不得追求、支持或默许旨在破坏选举、投票技术基础设施的网络行动"等八条规范,旨在更好维护网络空间稳定并解决技术问题或漏洞。

二、网络伦理与网民监督

英国在互联网领域建立起了一个全民共管的监督体系。如英国互联网观察基金会建立了著名的"热线举报"制度,获得了100多个互联网行业成员的支持和广泛认可。其一般流程是互联网观察基金会收到网民举报和投诉之后,查找被举报的内容,并进行评估,如果在英国法律框架下,被举报的内容不违法或仅仅是潜在违法,则不采取进一步行动;如果被举

[①] 北京市互联网信息办公室:《国内外互联网立法研究》,中国社会科学出版社,2014,第232页。

报的内容违法或显在违法,则将结果回复给举报者,并告知下一步采取的行动。英国除了"热线举报"制度之外,还支持网络举报,尤其是英国通信管理局(OFCOM)的在线投诉,涵盖了与英国通讯行业相关的各种投诉,涉及9个主要方面:固定电话、手机、互联网服务、视频点播服务、电视、赞助广告和电视、电台、无线电干扰和接待、对英国通信管理局自身的投诉。同时对投诉内容、纠纷及指导方针界定清晰并对每一类的具体划分也非常细致。比如对"互联网服务问题"的投诉,细分为垃圾邮件、服务的销售方式、账单和费用、合同等七个类别。①为了避免基于行业自律的分级机制流于形式,英国电信运营商们还联合成立了一个非营利的民间组织——"独立移动通信分级组织",专门负责调查消费者对内容提供商所提供内容的投诉,并依照框架协议对分级进行监督。面对人工智能带来的相关伦理道德问题,英国也提出了很多对策,鼓励公众参与就是其中之一。他们认为应该鼓励公众积极参与关于人工智能的决策,以尽量避免可能出现的伦理道德问题。

其他如澳大利亚联邦政府曾拨款500万澳元用于向社区提供关于儿童上网的咨询;欧盟也在1998年制定了从1999年到2002年的"通过与全球网上非法和有害内容作斗争来促进更安全地使用互联网的4年行动计划",其中专门有一条"鼓励充分提高认识行动",并帮助家长和所有与儿童打交道的人(如教师、社会工作者等)认识互联网的利弊,了解保护儿童不受网上不良内容侵袭的最佳方法(包括如何确定有益的内容和清除有害内容的技术方法)。美国对网络的监管则特别重视家庭教育的作用,家庭一般会对使用手机的小孩"约法三章":告诉孩子网络的利弊和安全使用网络的重要性;在给孩子买智能手机前,考虑孩子的自控力,和孩子签订一份文字协议,告诉孩子使用手机的权限;告诉孩子不可删除手机里的短信,父母如有必要,可以当着孩子的面查看信息;告诉孩子发言要谨慎,每次发言时,自己至少要思考三遍,是否会给他人造成不利影响;是否会给自己带来潜在的不利影响;是否会泄露个人的重要信息;要求某个时间段,手机要放在固定的地方,不能时刻都放在身边。②

三、网络伦理与技术管制

网络技术催生了网络伦理,网络伦理也需要技术的保障。目前,国外维护网络伦理和互联网行业自律的基本技术手段是分级与过滤技术,也是对网上不良信息,尤其是对青少年不利信息进行技术监管的核心。分级与过滤是指通过应用软件来设定不同的信息获取水平,帮助用户控制在登录网络后应该看到和不应该看到的信息内容。目前已经有包括美国、日本、澳大利亚等40多个国家建立了分级和过滤技术,开发了相关网络过滤软件。

(一)互联网分级技术

互联网分级技术的工作模式分为两种:一种以内容为基础,另一种以年龄为基础。前一种通常是按暴力、性、裸露、语言、潜在有害内容等几个方面进行分级,从而把网络信息分为一般节目、色情节目、暴力节目等,以防止用户接近有害信息。后一种则通常分为适合成人

---

① 英国通信管理局主页:http://www.ofcom.org.uk/complaints,访问日期:2021年4月3日。
② 肖远骑:《美国孩子"玩"手机也约法三章》,《中国教育报》2016年5月20日第6版。

的内容、儿童必须在父母指导下观看的内容、适合13岁以下儿童观看的内容、所有观众观看的内容等若干级别。在不少国家,这种分级标准常常参照已有的电影分级制度。目前通用的分级制度标准采用PICS(Platform for Internet Content Selection)技术标准协议,此协议主要是以网页呈现内容中的性、暴力、不雅言论和裸体表现程度四个项目作为依据进行分级。除了第三方分级方式外,未来的网络控制软件还将提高用户在自我控制方面的要求,鼓励用户实行自我分级。目前网络信息的分级都是建立在自愿基础上,以维护网络言论自由和多元化的价值观。

互联网内容分级制度起源于美国,但是韩国和德国是互联网内容分级制度比较成熟的国家。韩国的互联网内容分级围绕自律分级标识、第三方分级标识以及过滤软件S/W三个中心环节展开。自律分级标识是一种网络内容提供商或网络服务提供商参与既定的互联网内容分级标准;第三方分级标识是由政府或相关认证机构对网络内容,特别是海外色情、暴力等对未成年人有害的信息进行等级标识,并向网络使用者提供目录数据库;过滤软件是韩国政府通过各地教育主管部门,通过青少年网络安全网"Green i-net"为有使用需求的家庭免费提供14种互联网内容过滤软件。德国的互联网内容分级制度主要体现在2011年1月1日生效的《青少年媒体保护州际协议》,它为各网站及网站服务商提供了分级标准,同时要求各大网站和网络服务提供商为其提供的内容设置年龄许可标志,并配合过滤软件等技术手段,使青少年在上网时只能看到符合其年龄段的内容。①

(二)互联网过滤技术

互联网内容过滤是通过开发具有过滤功能的应用软件来实现的。目前,过滤软件的工作机制有两种:一种是基于词的过滤,另一种是基于站点的过滤。

基于词的过滤软件有一个预先定义好的词汇表,包括不良用语、词组和字母组合等,通过关键词和主题词以及面向主题的分析方法等阻挡有关信息,例如一般的过滤软件都对"性"进行过滤。按词来过滤,即关键词过滤,需要对网站和网页进行内容鉴定和内容分析,通过寻找特定词语,把包含这些词的网站或网页屏蔽在外。如果一个网站的内容含有过滤软件设定的禁用词语,就会被列入过滤的范畴。当然,按词过滤也会出现一些问题,例如不看上下文统统过滤掉某一词语,有时会影响过滤的准确性;另外,按词过滤对一些多义、歧义词的处理有时不切实际。为了避免某些不良信息提供者将不良文本嵌入多媒体文件中,或直接以多媒体文件的形式出版,基于文本的过滤软件还增添了专门针对多媒体信息的过滤方法,这是目前多媒体信息过滤最常用的方法。基于文本的多媒体信息过滤原理是以关键词的形式来反映多媒体的物理特征和内容特征,并对抽取的关键词进行标引,建立类似于文本信息检索系统的索引数据库,过滤时通过文本匹配即可完成。

基于站点的过滤实际上就是基于网址的过滤,是对含有不良信息的网址的控制。对站点过滤的方法是建立一个获准名单,把获准名单外的所有站点都屏蔽出去;或者是建立一个拒绝名单,凡是在拒绝名单上的所有站点都不允许进入。不良网站一旦上了过滤软件设定

---

① 崇山:《德国:网络分级助力青少年健康成长》,《法制日报》2010年10月26日第11版。

的名单，就会被屏蔽在用户所能接触的信息内容之外。按站点进行过滤的另一种方式是预先设置可访问的网站，让用户放心地在这些网站上浏览。学校和图书馆经常使用这种类似于向用户推荐网站的方式。这种黑名单式的过滤软件通过分析评判信息内容，评判结果形成两个系列的名单，含有不良信息的网站被集中于一个"黑名单"上，能够访问的网站则被集中于一个"白名单"上。由于互联网上的不良信息资源每天都在变化，所以这两个名单也就需要不断地更新。

这种自我分级与过滤体系的开发，能使用户自己选择哪些信息可以浏览，哪些不良信息应该屏蔽。如苹果公司推出了"家长控制软件"，用以过滤手机中的色情内容，家长可以帮助孩子控制对部分互联网内容的浏览，这样就实现了信息过滤，保护儿童免受不良信息侵害。自我分级与过滤机制之所以广受青睐，也正是因为作为一种自愿分级制度，它既解决了互联网的内容问题，同时又保护了网民获取信息的自由。

第二节　我国网络伦理规范

与世界各国对网络的管理类似，我国除了运用法律和行政管理来规范网络以外，相应的行业自律、网民自律、公众监督以及技术管制等也必不可少。

一、自律与监督

网络带来的各种问题并不是仅仅依靠法律和技术就能解决的，人的因素在互联网管制中发挥着不可替代的作用。作为现代人生存的第二空间，网络应该建立自己的一套伦理体系，提倡网络文明，加强网络道德建设，成为实现对网络信息进行有效管理的重要因素，而这些因素都离不开自律与监督。

（一）自律

自律分为行业自律与网民自律。我国互联网治理中根据"法律规范、行政监管、行业自律、技术保障相结合"原则，充分发挥行业自律在互联网信息管理中的重要作用。先后成立互联网新闻信息服务行业组织，发布《互联网站制止淫秽色情等有害信息自律规范》《博客服务自律公约》等，指导网站加强内部管理，建立帖文先审后发、专家审读、有害信息删除以及管理员岗位责任制、时政类论坛版主实名制、从业人员岗位培训等制度。中国互联网协会是全国性的行业自律组织。协会成立于2001年5月，由国内从事互联网行业的网络运营商、服务提供商、设备制造商、系统集成商以及科研、教育机构等70多家互联网从业者共同发起成立。其宗旨是团结互联网行业的相关企事业单位和学术团体，组织制定行约、行规，维护行业整体利益，保护互联网用户的合法权益，加强企业与政府的交流与合作，促进相关政策与法规的实施，提高互联网应用水平，普及互联网知识，积极参与国际互联网领域的合作、交流，促进中国互联网健康发展。

中国的自律规约，既有政府主导的规约，也有行业协会和商业联盟制定的规约，规约涉及行业自律和个人自律两个方面。中国互联网自律规约主要包括:《中国互联网视听节目服务自律公约》《博客服务自律公约》《网商诚信自律公约》《文明上网自律公约》《抵制恶意软件自律公约》《中国互联网网络版权自律公约》《中国互联网行业自律公约》《互联网站禁止传播淫秽、色情等不良信息自律规范》《互联网新闻信息服务自律公约》《保护网络作品权利信息公约》《中国新闻界网络媒体公约》《反网络病毒自律公约》等。2007年12月,在人民网主办的"第五媒体高峰论坛"上,人民网等18家媒体共同签署了《手机媒体自律公约》,号召全行业从业者加强自律,推动手机行业的职业道德建设。这是国内手机媒体行业推出的首个自律公约,对营造健康、有序的手机媒体环境起到了积极的促进作用。2015年4月,在江西日报社主办的"首届全国手机媒体看江西"活动上,又发布了《全国移动媒体自律倡议》。2022年6月,国家广播电视总局、文化和旅游部制定了《网络主播行为规范》指出,"网络主播应当坚持健康的格调品位,自觉摒弃低俗、庸俗、媚俗等低级趣味,自觉反对流量至上、畸形审美、'饭圈'乱象、拜金主义等不良现象,自觉抵制违反法律法规、有损网络文明、有悖网络道德、有害网络和谐的行为。"为达到自律目的,行业自律组织和网站都采取了一些措施,提高自律效果,如开设举报网站:2004年6月,中国互联网协会互联网新闻信息服务工作委员会开通了"违法和不良信息举报中心"网站,接受公众举报网络上违法和不良信息。设立奖项:中国互联网协会在2005年中国互联网大会期间特设了"互联网行业自律贡献奖",以弘扬自我约束、自我管理、互相监督、共同发展的自律精神,宣传为推动互联网行业自律做出显著贡献并模范自律的会员单位和签约单位。进行宣示活动:网站等互联网单位、特定的网民群体围绕自律的主题以发布公约、签署宣言或发出呼吁等形式进行宣示活动,对行为主体的自律能够起到提示和导向的作用。建立地区特色制度:如北京网络媒体协会的网络新闻信息评议制度对于约束和规范网络媒体的传播行为,意义明显,具有良好的区域特色。

我国网络媒体进行行业自律的另一平台是中国网络媒体论坛。该论坛是由中华全国新闻工作者协会、人民网等十几家单位共同发起组织的一个大型论坛。首届中国网络媒体论坛于2001年6月在青岛举办。在此次论坛上,与会代表向全国网络传播界发出倡议,要求坚持网上新闻传播的真实性,提供健康向上的网络信息。2003年10月,第三届中国网络媒体论坛在北京举行,会上发表了38家网络信息服务单位共同签署的以"中国网络媒体的社会责任"为主题的《北京宣言》,宣言阐明了中国网络新闻媒体的定位、职责和宗旨,号召和呼吁中国的网络媒体及网络工作者严格自律,恪守媒体工作者的职业道德和良知,肩负起推动国家发展、民族昌盛、社会文明进步的历史责任。可以说,《北京宣言》开启了中国网络媒体履行社会责任的征程。

除行业自律外,我国网民也开展了一系列自律活动。如2000年12月启动的"网络文明工程",该工程的宗旨就是通过正面引导方式,形成网上健康文明的道德规范,并号召"文明上网、文明建网、文明网络",建造一个没有污染的"绿色"网络环境。此后,网络文明工程的一系列提倡成为我国网民的行动指南。2000年12月7日,在网络文明工程启动仪式上,光明网、人民网等15家优秀网站在会上宣读了题为"推进网络文明工程、发展中国网络事业"的倡议书,得到国内60余家知名网站的积极响应。2000年12月26日,北京大学、清华大学、中国人民大学及北京师范大学的学生会向全国大学生发出了《大学生做文明网民倡议书》,号召全国大学生努力学习网络知识、技能,提高操作水平,自觉维护网络安全,建设网络文明,勇做倡导和维护网络安全的先锋。2001年11月22日,共青团中央、教育部、中国青少年网络协会等部门向社会发布《全国青少年网络文明公约》,标志着我国青少年有了较为完备的网络行为道德规范。此后,网络文明工程"绿色行动""青少年健康上网"等活动相继展开,得到众多网民的热情支持。

(二)公众监督

公众监督就是把网络使用监督权交给网络使用者,让他们参与网络监督,发现违法和不良信息及时举报,通过各种渠道参与网络治理,是继政府监管、行业自律之后互联网治理的第三条途径。[①]

2004年6月,由中国互联网协会互联网新闻信息服务工作委员会主办的"违法和不良信息举报中心"网站开通。该网站的宗旨是举报违法信息,维护公共利益,任何公民在网上发现违法和不良信息,只要登录到该网站,说明相关信息所在网站的名称和页面位置,提供举报人的必要联系渠道,即可实施举报;同时,该网站还公布了《互联网站禁止传播淫秽、色情等不良信息自律规范》。"举报中心"的开通为公众监督互联网信息传播提供了全新的渠道,标志着我国网络媒体在公众监督方面进入实质性发展阶段。另外还有公共信息网络安全举报中心和12321网络不良与垃圾信息举报受理中心等公众举报监督平台,以及不断完善公众评议网络新闻、定期曝光谴责违规网站等监督机制。公众监督成为有效遏制网络色情、网络垃圾、虚假新闻等违法和不良信息的重要途径。也使互联网信息管理机制更加符合国际惯例和互联网传播规律。但这需要公众较高的信息素养、维权意识和监督意识。

二、技术管制

我国互联网控制技术主要有网络安全技术、内容监控技术和网络行为控制技术、网络警察。

(一)网络安全技术

运用网络安全技术进行控制的目的是要实现网络系统的运行安全以及网络的信息安全,包括防火墙技术、加密技术和访问控制技术。防火墙技术是一个有软件和硬件设备组合而成、在内部网和外部网之间、专用网与公共网之间的界面上构造的保护屏障,是一种计算机硬件和软件的结合,使Internet与Intranet之间建立起一个安全网关,从而保护内部网免受非法用户的侵入。防火墙主要由服务访问政策、验证工具、包过滤和应用网关4个部分组成,实现防火墙的主要技术有数据包过滤、应用网关和代理服务等。加密技术是实现网络安全的关键技术之一,也是网络信息传输最常用的安全保密手段。利用技术手段把重要的数据变为乱码(加密)传送,到达目的地后再用相同或不同的手段还原(解密)。加密技术包括两个元素算法和密钥,从而提供机密性、数据完整性和身份验证三种功能。访问控制技术策略和机制的集合,允许对限定资源的授权访问。网络访问控制技术是网络安全防范和保护的

[①] 孙光海:《公众监督的逻辑归宿》,《网络传播》2006年第1期。

主要核心策略,它的主要任务是保证网络资源不被非法使用和访问。据公开报道,2018 年,位于美国的 1.4 万余台木马或僵尸网络控制服务器,控制了中国境内 334 万余台主机;3325 个 IP 地址向中国境内 3607 个网站植入木马,给我国网络安全带来威胁。访问控制规定了主体对客体访问的限制,并在身份识别的基础上,根据身份对提出资源访问的请求加以控制。网络访问控制技术是对网络信息系统资源进行保护的重要措施,也是计算机系统中最重要和最基础的安全机制。2020 年 3 月,国家市场监督管理总局、国家标准化管理委员会发布《信息安全技术 个人信息安全规范》,旨在遏制个人信息非法收集、滥用、泄露等乱象,最大限度地保障个人的合法权益和社会公共利益。

(二)内容监控技术

对互联网内容进行监控的技术包括网络舆情监测技术,主要用于对新闻网站发布的新闻信息内容进行手工设置过滤词收集、监测和分析。内容安全控制技术、网关过滤控制技术,普遍被应用于 BBS 论坛监控、各类型网站信息内容监控和邮件监控。网络监听技术,主要是针对网络用户的聊天行为、聊天内容、邮件内容进行监控,多被网络警察监测网络社会的日常"运转"以及进行网络犯罪信息的调查。不良信息监测,实时监测互联网上的色情、暴力等不良信息,给出实时预警。内容过滤系统,"绿坝—花季护航",是中国政府为净化网络环境,避免青少年受互联网不良信息的影响和毒害,由国家出资,供社会免费下载和使用的上网管理软件,是一款保护未成年人健康上网的计算机终端过滤软件,可以有效识别色情图片、色情文字等不良信息,并对之进行拦截屏蔽,产品同时具有控制上网时间、管理聊天交友、管理电脑游戏等辅助功能。

(三)网络行为控制技术

对网络行为进行控制的技术除网络版权保护技术,主要是对网络作品进行保护,对侵犯网络版权行为进行控制外,"网络用户行为实时监控技术、网络用户行为追踪技术、聊天系统控制-Web-chat 监控系统、网络用户登录访问管理技术、网游防沉迷技术都是对互联网用户的上网行为进行监测、跟踪以及控制的技术。网络用户行为实时监控技术、网络用户行为追踪技术的监测结果还往往具有商业用途,分析网络用户的关注点、在网站的停留时间、对某条信息的关注度,都能够作为网站对用户黏着度、网络广告投放点击效果的评定和提高的数据基础。"[①]

(四)网络警察

除了技术防范与监管,我国政府还建立了网络警察部队,主要目的是为打击快速且不留任何作案痕迹的网上犯罪。网络警察均具有高超的计算机能力和良好的专业素质,他们的主要任务是进行网上搜寻,检索出淫秽、反动等不良信息,然后根据线索,利用高科技手段对网络犯罪协查破案。他们中有的负责电子信箱,包括打击辱骂、恐吓和垃圾邮件等现象;有的负责调查青少年色情,包括画面和文字;有的负责计算机跟踪恐怖活动,寻找闯入和破坏

---

① 张东:《中国互联网信息治理模式研究》,博士学位论文,中国人民大学,2010,第 89 页。

计算机者;有的负责调查经济诈骗等犯罪活动。由于有些"黑客"还是未成年的孩子,网络警察还增加了"家访"的任务,从打击和疏导两方面维护网络安全。①

第三节 网络素养教育

一、网络素养的内涵

早在 1994 年,美国学者麦克库劳(C. R. McClure)就提出了网络素养(Network Literacy)的概念,认为网络素养包括知识和技能两个方面。② 在我国,人们对这一概念的认识最初建立在"网络素质"基础上。网络素质主要是就技术层面的网络知识普及而言的。后来,随着网络的进一步普及和人们认识的深入,以及媒介素养概念的影响,网络素养的说法出现。③ 一般认为,网络素养是指人们接触、认识和使用网络的能力与修养。包括使用网络的基础技能、网络交流和沟通的能力、用网络解决问题的能力、网络安全意识、网络规范意识和网络伦理意识等。

网络素养与网络伦理有关系,又有不同。网络伦理是人们从事网络活动、处理网络关系的原则或准则,是基于价值取向的。网络素养是关于网络知识与能力的结构,是基于网络环境的。网络素养更为综合,它包含了网络伦理的关系原则和价值取向。④

二、网络素养教育的依据与价值

美国学者麦克库劳提出"网络素养"概念的那一年,互联网正式传入中国。在 20 多年的发展历程中,用户与网络的关系发生了根本性的改变。用户和网络相互作用的关系正逐渐退居到次要地位,取而代之的是人们能够熟练地操作网络对现实社会中的人和事起到影响作用。网络不仅是一种工具,已然成为一种综合的社会环境,即"网络社会"。网络的虚拟性、匿名性和用户至上的特点,在无形中纵容情绪化、非理性的群体行为时,有时会使"群体规范"失去效用。因此,相对于传统现实社会,网络社会需要更高的自律和网络素养,网络上的言行更多地依靠个人的内心信念与道德约束来维系,要求人们在外在控制和监督较少的情况下,能够很好地自我约束、理性地控制自己的言行。近年来,网络谣言、网络欺凌、网络暴力乃至网络犯罪等频频出现,与网络伦理道德的缺失、网络素养教育的滞后不无关系。网络时代,如何接触和使用媒介、如何选择信息、如何判断分析信息、如何发布和传播信息等,是网民需要具备的基本素养,也是当前网络治理亟须解决的问题。

按照社会学的观点,对于越轨行为需要有社会控制,社会控制分为外在控制和内在控制。外在控制通过奖惩机制起作用,内在控制则可以转化为个人价值观,使其主动遵循社会

---

① 佚名:《中国有了网络警察》,《江南时报》2000 年 8 月 7 日。
② Charles R. McClure, (1994). "Network Literacy: A Role for Libraries?" *Information Technology and Libraries*. Vol. 13, No. 2(June 1994):115.
③ 耿益群、阮艳:《我国网络素养研究现状及特点分析》,《现代传播(中国传媒大学学报)》2013 年第 1 期。
④ 参见高萍:《当代媒介素养十讲》,中国人民大学出版社,2015,第 259 页。

规范。由此,网络素养则是对网络行为的内在控制,拥有较高网络素养的人就会主动遵循网络规范尤其是网络伦理规范。网络伦理规范对网络社会规范起着基础性作用,它是一种无形的、内在的精神力量。它是规避网络失范行为的内力根基,也是法律法规等外在规制的基础。网络素养教育即是帮助人们掌握网络使用技能、了解网络关系原则、提高网络规则和伦理道德意识,并将其转化为内在行为准则。

三、构建网络素养教育机制

(一)政府

对网络素养教育的巨大社会需求,政府应高度重视、积极回应,并承担起顶层设计和宏观调控的职责。如通过广泛的调查、研究、论证、征求意见等方式,制定有关网络素养教育政策,组织成立相关的网络素养教育委员会以及与相关社会公益组织合作,畅通回应机制和问题解决机制等,对网络素养教育给予宏观指导和积极推动。在这方面,美国、新加坡等国家走在了前面,有很多经验和做法值得各国借鉴。

(二)行业

行业自律是网络文明建设的主要途径之一,互联网行业本身承担着网络素养教育的重要职责。早在2013年,网信办主办的"网络名人社会责任论坛"提出网络空间的"七条底线"成为共识。[①] 底线不仅是约束,还是教育。遵守、呵护网络底线的过程也是网络素养教育的过程。近年来,我国很多互联网行业协会、网站都建立了自律公约、自律条例,在网络素养教育中发挥了积极作用。在此基础上,相关行业可成立专门的网络素养教育机构,定期举办网络法规和网络伦理规范培训,使行业的网络素养教育常态化。

(三)学校

互联网的普及同时也诞生了"网络土著"。原来大学才开设的计算机类、信息类课程随之纳入了中小学必修课程,但主要是技术类内容。对网络文明、网络道德的要求则主要是通过守则、规范等形式实现,如2001年11月,共青团中央、教育部等部门联合发布的《全国青少年网络文明公约》等。由于网络游戏、网络不良信息对青少年的影响越来越大,加强网络素养教育的呼声也越来越高。2010年全国两会,15位全国政协委员联名提交了一个关于加强未成年人网络素养教育的提案,呼吁把网络素养教育纳入义务教育课程,以保护未成年人免受网瘾、网络欺诈等危害,提高其对网络信息的辨别能力和自我保护能力。[②] 从实践来看,学校的网络素养教育可以独立设置,也可以纳入德育课程,但均应科学制定教育计划、编写教材、配备师资,做到理论教育和实践操作的统一。针对青少年网络素养教育,《关于加强网络文明建设的意见》(2021年发布)还明确提出,要"精心打造青少年愿听愿看的优秀网络文化产

[①] 殷建光:《"七条底线"促网络文明》,《经济日报》2013年8月19日第2版。
[②] 王国珍:《新加坡公益组织在网络素养教育中的作用》,《新闻大学》2013年第1期。

品"。

(四)网民和公益组织

网民在网络素养教育中的作用主要体现在网络监督上。网络时代,网民是重要的舆论监督主体之一,通过对网络违规和不良行为予以举报或谴责,使其引起各方面的重视,进而在社会上形成依法依规用网、遵循网络伦理道德规范的风尚,同时宣传推广网络素养,提升网络文明程度。公益组织是政府、行业和学校进行网络素养教育的重要合作伙伴,可以充分发挥其公益性和公共性,组织广泛的网络素养教育培训和相关活动,为行业培训网络素养教育师资,提供网络素养教育资源等,让网络素养教育在网络空间和现实社会中均得到普及。

本章思考题

1. 世界各国网络伦理规范的重点是什么?有哪些具体措施?
2. 我国网络行业自律、网民自律与公众监督的发展程度如何?
3. 什么是网络素养?如何开展网络素养教育?

本章参考文献

1. 官承波,刘姝,李文贤.新媒体失范与规制论[M].北京:中国广播电视出版社,2010.
2. 官承波.新媒体的多维审视[M].北京:中国广播电视出版社,2008.
3. 高萍.当代媒介素养十讲[M].北京:中国人民大学出版社,2015.
4. 北京市互联网信息办公室.国内外互联网立法研究[M].北京:中国社会科学出版社,2014.
5. 蒋海升.青少年网络道德建构研究[M].济南:山东大学出版社,2011.
6. 张东.中国互联网信息治理模式研究[D/OL].中国人民大学,2010[2021-03-26]. https://kns.cnki.net/kcms/detail/detail.aspx?dbcode=CDFD&dbname=CDFD0911&filename=2010209111.nh&v= dvSFRatuGtFBfqgYoAQHFclg6Q5yv3EyyFGV%25mmd2BJMt35 dmLpTOR2aMSQHDPjsro7vx.
7. 陈映.手机不良内容的规制路径、框架和手段——英国的经验及启示[J].新闻界,2014(14).
8. 耿益群,阮艳.我国网络素养研究现状及特点分析[J].现代传播(中国传媒大学学报),2013(01).
9. 王国珍.新加坡公益组织在网络素养教育中的作用[J].新闻大学,2013(01).
10. 孙光海.公众监督的逻辑归宿[J].网络传播,2006(01).
11. 肖远骑.美国孩子"玩"手机也约法三章[N].中国教育报,2016-05-20.
12. 崇山.德国:网络分级助力青少年健康成长[N].法制日报,2010-10-26.
13. 殷建光."七条底线"促网络文明[N].经济日报,2013-08-19.

14. 佚名.中国有了网络警察[N].江南时报,2000-08-07.

第八单元

新媒体创新与未来媒体论

XINMEITIGAILUN

用户思维是新媒体创新的重要指导理念,这一思维强调在新媒体传播的各环节都要以用户为中心,并把用户作为媒介产品创新的出发点和落脚点。用户大数据是新媒体创新的重要依据,能够反映用户的基本状态属性和行为趋势属性,帮助分析者了解用户实际需求,从而辅助产品设计和相关决策。用户体验与新媒体创新是相辅相成的关系,提升媒体用户体验是新媒体创新的重要动力,而促进新媒体创新又能够带来积极的用户体验。

新媒体的当下已让人眼花缭乱,新媒体的未来更加值得期待。通过探究新媒体发展现状和技术变革趋势,我们得以窥视新媒体的未来图景——未来媒体。智能升级、万物皆媒、社会媒介化是未来媒体的三大内在逻辑;场景化、融合化、智能化和平台化是未来媒体演化的四条基本进路。随着未来媒体技术的成熟,区块链传播体系将给未来媒体带来深刻的结构性变革,而元宇宙将成为未来媒体的组合形态。

第二十九章 用户思维与新媒体创新

扫码可见
第二十九章PPT

媒体与用户的关系始终是传媒发展的核心问题之一。伴随着新媒体形态的发展和交互方式的革新,用户对媒体的需求变得越来越巨大,也越来越复杂。在新媒体时代,用户决定市场,只有立足用户思维,紧紧抓住用户需求,对媒体产品进行优化和完善,才能切实提升媒体用户体验,真正丰富新媒体使用和传播价值,从而实现新媒体创新性发展。

第一节 用户思维概说

随着传播环境的改变,媒体竞争越来越激烈;同时,新媒体环境中的用户角色多样且更加具有自主性。只有深入把握用户思维,新媒体才能在设计、生产和运营等各环节更好地满足用户需求,拓展自身生存和发展空间。

一、用户思维的含义

用户思维即在泛互联网、大数据、云计算等科技不断发展的背景下,深度接触用户、采集数据并汇集成用户画像,围绕用户需求不断进行创新——从需求收集、产品构思到市场定位、品牌规划、产品研发、生产销售、售后服务、组织设计等,面向用户提供服务,以用户为中心、以体验为核心,以实现互联网企业不断创新和发展的一种理念。[①] 传统思维一般是以产品为中心的思维方式,用户思维则改变这一点,强调在企业运行的各个环节都要以用户为中心,并将用户作为产品创新的出发点和落脚点。用户思维是互联网思维最核心、最基础的理念,有助于我们切实把握和运用互联网思维。这一思维要求我们明确用户对象,并对用户做必要的分层。

用户思维虽然源自互联网企业,但其适用范围早已超出互联网企业。用户是媒体传播的关键主体,新媒体更是将用户拓展出信息传播者、关系连接者和社会参与者等多方面的角色。因此,媒体发展同样要重视用户思维。

---

① 许志强、刘彤:《共享与智能——信息技术视角下未来媒体发展趋势》,科学出版社,2020,第167页。

二、用户思维的基本维度

根据用户思维的含义,我们可以从"以用户为中心""刻画用户特征""重视用户体验"三个方面把握用户思维的基本维度,将其更好地运用到媒体创新之中。

(一)以用户为中心

用户思维的首要特征就是"以用户为中心"。进行任何产品创新都必须以用户为中心,并且将这一点贯穿整个创新流程,媒体创新也不例外。媒体创新所设计的产品最终都是要为用户服务的,因此,用户在使用媒体产品时的使用需求是媒体创新在开展任何一项工作都必须要关注的重要内容。以用户为中心就是要求媒体决策者、设计者和生产者把用户放在正确的位置上去展开媒体创新。只有如此,才能使媒体服务真正且满足用户需求。

(二)刻画用户特征

用户思维强调以用户为中心,但仅仅以用户为中心是远远不够的。在过去,受技术手段和思维方式等因素的影响,部分媒体内容创作者只能推测受众喜好去创作,或者直接根据自己的经验进行创作,往往出现作品喜爱程度较低的情况。随着调研手段的增多、用户思维的觉醒,越来越多的决策者、设计者、运营者在媒体产品制作过程中积极刻画用户特征,了解和挖掘用户的真正需求,在此基础上进行产品创新,以提升媒体产品的个性化、精准化和高效化水平。

(三)重视用户体验

用户思维是不能忽视用户体验的。用户体验的概念以"可用性"和"以用户为中心的设计"为基础,它是指用户使用一个产品时或享受服务过程中的全部体验。近些年,随着计算机技术在移动和图形技术等方面取得的突飞猛进的发展,用户体验在人机交互技术发展过程中受到了相当的重视,这导致对用户体验系统的评价指标从单纯的可用性工程,扩展到范围更丰富的用户主观感受、动机、价值观等方面。可以看出,与满足用户基本需求相比,用户体验更进一步,关注到用户的界面使用、心理、情感、满意度等更多细节和主观感受。重视用户体验是将用户思维落实到具体实践过程的必然要求。

三、用户思维视角下的传媒发展

在用户思维指引下,传媒生态已经发生巨大变革,主要体现在以下三个方面:

(一)从"受众"到"用户",充满媒体服务意识

用户思维相关理念强调,在产品开发设计的流程中要贯彻"以用户为中心"的核心思想。从本质上讲,媒体中的用户思维反映的是媒体用户地位的变化。随着新媒体的发展,"用户"成为对信息接收者的流行称呼,它一方面包含了传统媒体传播过程中的读者、听众、观众等受众概念;另一方面,用户也包括依托新媒体发展成长起来的信息提供者和交互者,较传统

受众在信息传递过程中具有了更大的自主性。在用户思维的驱动下,媒体把服务对象从受众看作用户,意味着媒体要从用户角度去设计媒体产品,充满着服务意识。

(二)从"接收"到"体验",满足用户多元需求

从接收到体验是媒体最重要的转变。过去,媒体工作者只是满足接收对象基本的信息接收需求,对于接收对象的接收感受关照较少。在新媒体语境下,接收对象升格为"体验用户",他们不仅仅接收媒体内容,还主动拍摄、制作、分享相关信息,与传播内容和其他参与者发生互动,在这一过程中,体验用户与各类媒体交互的范围更为广泛,只有设计更加完善的媒体产品才能让用户形成良好的接触体验,媒体内容生产者也转变为媒体传播内容和服务的设计者,对媒体用户体验的关注度不断加强。这种强调媒体用户主体地位的思想,消解了媒介"异化"的负面效果,在保证用户体验的同时,有助于人本身的发展和成长,真正满足用户需求。例如,2017年两会时,人民日报社的新媒体部门就对两会内容在社交媒体的传播做了专门的策划:通过《两会喊你加入群聊》H5页面进行传播,将相关内容呈现在微信群聊、朋友圈场景中,与社交媒体阅读环境适配,互动性和趣味性因此大大提升。

(三)从"内容"到"产品",提升媒体竞争力

在过去,媒体往往把自身定义为"内容生产和传播"的角色,各种流程围绕"内容"进行。而在用户思维指引下,媒体发展规划者、产品设计者和内容生产者要将"内容"向"产品"过渡,对各类媒体产品的进行优化设计。这种优化设计涉及媒体的方方面面,包括媒体发展的战略规划、运营的短期目标确定、媒介业务的具体开展、特殊时期的策划准备等;也包括对新媒体产品的功能、界面、互动等的设计;还包括媒体传播内容质量和效率的提高等。媒体对这些层面优化设计,其最直接的结果是可以提升媒体用户流量、扩大用户规模,进而形成规模经济,吸引广告商的入驻;对内容产品的优化设计可以助推内容产品的融合,如可以促进网络文学作品的影视剧化、游戏化,促进影游联动,借由优质IP提升媒体的美誉度、宣传品牌文化、提升公信力和传播力。[①] 这个优化设计的过程,实质上就是促进媒体创新发展的过程。唯有创新,才能保持媒体在激烈市场竞争中的核心竞争力。总之,随着媒体用户规模达到瓶颈,整体市场由增量市场向存量市场过渡,而贯彻用户思维可以使媒体在众多竞争者中脱颖而出。

第二节 用户大数据与新媒体创新

用户大数据是新媒体创新的重要依据。在新媒体创新过程中,用户大数据对优化新媒体产品、提升用户体验和媒介竞争力具有重要影响。用户大数据已经在多个场景得到应用,

---

① 宫承波、梁培培:《从"用户体验"到"媒体用户体验"——关于媒体用户体验几个基本问题的探析》,载于《新闻与传播评论》2018年第1期。

如用户画像、个性化推荐和社会治理。随着大数据时代的深入,用户大数据所蕴含的巨大价值也将被挖掘。

一、大数据与用户大数据

大数据自提出至今得到广泛关注,其并无统一的定义,由于大数据是相对概念,因此目前的定义都是对大数据的定性描述,并未明确定量指标。全球著名的管理咨询公司 McKinsey 则将数据规模超出传统数据库管理软件的获取、存储、管理以及分析能力的数据集称为大数据;研究机构 Gartner 将大数据归纳为需要新处理模式才能增强决策力、洞察发现力和流程优化能力的海量、高增长率和多样化的信息资产;徐宗本院士则在第 462 次香山科学会议上的报告中,将大数据定义为"不能够集中存储,并且难以在可接受时间内分析处理,其中个体或部分数据呈现低价值性而数据整体呈现高价值的海量复杂数据集"。虽然以上关于大数据定义的定义方式、角度以及侧重点不同,但是所传递的信息基本一致,即大数据归根结底是一种数据集,其特性是通过与传统的数据管理以及处理技术对比来凸显,并且在不同需求下,其要求的时间处理范围具有差异性,最重要的一点是大数据的价值并非数据本身,而是由大数据所反映的"大决策""大知识""大问题"等。[①]

用户大数据是伴随大数据的形成而得到重视的。根据大数据的概念,我们可以将用户大数据进行如下的定义:所谓用户大数据,指的是传统数据处理应用软件不足以处理的大量或复杂的与用户相关的数据集。用户大数据能够反映用户的基本状态属性和行为趋势属性,帮助分析者了解用户实际需求,从而辅助产品设计和相关决策。在新媒体用户数量快速增长的背景下,新媒体用户的连接、互动、共享等行为持续发生,各种类型的信息在社交网络中不断传播,使新媒体用户的数据越来越庞杂、巨大,形成新媒体用户大数据。

二、用户大数据的应用场景

在大数据技术及其他新媒体技术的支持下,用户大数据已在多个新媒体场景得到应用,本部分将分析当下主要的用户大数据应用场景。

(一)用户画像

数字时代,用户数据(包括人口学特征、设备信息、商业属性等相对稳定的静态数据和访问频率与深度、停留时间、拖拽行为等实时变化的动态数据)直接或间接地反映出了用户行为习惯和态度偏好。若能将用户所有的数据快速归类与聚合分析并进行标签、权重与模型化处理,便能抽象出一个标签化的用户模型,即用户画像。例如,零售巨头沃尔玛推出了一款针对购物的语义搜索引擎"Polaris",其具备语义数据、文本分析、机器学习和同义词挖掘等的能力,可对 Polaris 上的数据进行挖掘和分析,从而构建画像并预测用户的行为。销售部人员通过用户在 Polaris 上的日常商品搜索数据统计了解当季最新、最热产品,网站前端负责者

---

① 彭宇、庞景月、刘大同、彭喜元:《大数据:内涵、技术体系与展望》,《电子测量与仪器学报》2015 年第 4 期。

则通过用户反馈不断完善网站类各版块属性,此举帮其在线购物的完成率提升了15%左右。①

(二)个性化推荐

个性化推荐是互联网企业广泛采用的个性化营销策略之一,它是指运营方根据用户已有的浏览、评论、消费或搜索历史等行为数据以及相似用户的历史行为数据推测目标用户的需求和偏好,然后在目标用户获取服务时为其推荐或展示他们可能喜欢的产品或服务。采用不同的标准,个性化推荐可以划分为不同的类型。根据用于产生推荐的数据类型的不同,可以分为基于显式反馈的个性化推荐和基于隐式反馈的个性化推荐。基于显式反馈的个性化推荐系统通常需要用户提供他们对产品的偏好信息才能提供个性化推荐,而基于隐式反馈的个性化推荐系统在用户不易察觉的情况下记录其行为和偏好,一般不需要用户提供关于产品属性偏好和属性重要性的信息就可以提供推荐。② 根据产生个性化推荐所采用算法的不同,可以分为基于内容的推荐——根据用户过去的浏览记录推荐用户没有接触过的推荐项,基于用户的协同过滤算法——基于一个"跟你喜好相似的人喜欢的东西你也很有可能喜欢"的假设,基于关联规则的推荐——挖掘发现不同内容在售卖过程中的相关性而进行的推荐。③

(三)数字化社会治理

大数据技术在加强和创新社会治理中的广泛应用,将深化我们对智能社会运行规律及其治理规律的认识。在这样的背景下,用户大数据应用于数字化社会治理场景之中。积极推进社会治理体系智能化,运用先进的理念、科学的态度、专业的方法、精细的标准提升社会治理效能,有助于增强社会治理预见性、精准性、高效性。④ 嘉兴以全市实体划分的4365个网格为基本参照,由政府牵头搭建与居民群众互联互通的"微嘉园"。围绕"积分赚取、积分资源、积分应用"三大要素,全面激活基层自治的内生动力;围绕构建线上线下一体化工作体系,设立警民直通车、嘉心在线、在线法院等功能版块,方便居民群众直接反映问题、互动交流;将线上"微嘉园"与线下市级社会治理综合指挥服务中心、县级矛调中心、镇街"四平台"等一一对应,形成服务决策的全量基础数据库。

三、基于用户大数据的新媒体创新思考

目前,基于用户大数据进行创新已成为许多媒体的常规发展路径,许多全新媒体产品或服务形态不断涌现出来。本部分将对这些现象进行思考,以期使用户大数据更好地服务于新媒体创新。

---

① 许志强、徐瑾钰:《基于大数据的用户画像构建及用户体验优化策略》,《中国出版》2019年第6期。
② 孙鲁平、张丽君、汪平:《网上个性化推荐研究述评与展望》,《外国经济与管理》2016年第6期。
③ 陈昌凤、王宇琦:《新闻聚合语境下新闻生产、分发渠道与内容消费的变革》,《中国出版》2017年第12期。
④ 徐浩然:《提高大数据时代社会治理智能化水平》,澎湃新闻,2020年8月29日,https://www.thepaper.cn/newsDetail_forward_8941452,访问日期:2021年5月17日。

(一)注重用户大数据的积累、维护和分析

用户大数据的获取是将大数据转化为新媒体创新资源的前提。对传统电视媒体来说,收视率便是深入分析电视收视市场的科学基础。新媒体环境下,用户交互行为更加多样,用户大数据的测量指标也随之丰富。如果仅仅通过后期简单的数据抓取,得到的用户大数据信息很可能是表面的、不够具体的。因此,要根据自身需求,尽可能建立起覆盖各个传播环节的用户大数据监测系统,以实现用户大数据的积累和维护,并不断丰富用户大数据的监测维度,为之后的用户大数据分析奠定基础。例如,抖音短视频应用建立起整个平台的用户大数据监测系统,以此来完善平台和制作大数据报告,《2018抖音大数据报告》就包含了用户活跃时间、城市、不同年龄段喜爱内容等指标;此外,抖音还为每一位创作者配置了"数据中心",创作者可以根据播放量、点赞量、分享量和访问量等指标调整自身的创作方向。

(二)基于用户大数据实现精准传播,优化资源配置

坚持以数据分析为导向,在充分了解用户基本状态属性和历史行为属性等数据的基础上,深入挖掘用户行为、兴趣和偏好等数据,并从多个触点和时间段的大数据分析中找到关键点推动用户最终完成购买或持续使用,使用户连接从过去的"经验主义"的模糊方式迈向"数据驱动"的精确方式,①我们可以将这种方式概括为"精准传播"。"朋友圈广告"是以类似好友的原创内容形式在用户朋友圈进行展示的原生广告,通过整合亿级优质用户流量并基于用户画像实现精准传播,为广告主提供了一个高效的互联网社交推广营销平台。总之,在新媒体环境中,基于用户大数据进行精准传播,能够优化资源配置、降低推广成本和提升传播效果。

(三)防范用户大数据滥用带来的新问题

信息社会离不开大数据,但用户大数据的滥用也可能带来新的问题,对此我们要高度警惕。在充分利用用户大数据和挖掘其中的价值时,要防范用户大数据滥用带来的新问题。一是用户隐私保护问题。在大数据时代,用户信息可以被轻易地获取、存储、分析和传播,各种妨碍用户信息收集和共享的技术基本上被全面攻克,加之资本和政府的合力作用,用户隐私遭遇了前所未有的危机,用户信息变得越来越公开和透明。② 二是信息茧房问题。个性化推荐算法的主要作用,就是过滤掉它认为某个特定对象不需要的内容,以提高内容与用户需求的匹配度,降低用户获取有效信息的成本;这种机制的确有可能会在特定平台里局限用户的视野,形成在这个平台里的茧房。③ 三是用户大数据"杀熟"问题。所谓"大数据杀熟",是经营者依据用户个人的消费偏好数据,利用忠诚用户的路径依赖和信息不对称,就同一商品或服务向其索取高于新用户的售价的现象,④从而造成部分用户正当权益受到侵害。

---

① 许志强、徐瑾钰:《基于大数据的用户画像构建及用户体验优化策略》,《中国出版》2019年第6期。
② 董淑芬、李志祥:《大数据时代信息共享与隐私保护的冲突与平衡》,《南京社会科学》2021年第5期。
③ 彭兰:《导致信息茧房的多重因素及"破茧"路径》,《新闻界》2020年第1期。
④ 詹好、邵靳天、黄智威:《"大数据杀熟":概念澄清及解决方案》,《软件》2019年第8期。

第三节 用户体验与新媒体创新

用户体验正成为互联网领域的重要关注点。传媒领域技术日新月异的发展,带来了媒体呈现方式的创新,为用户提供了更多选择,用户体验这一概念也越来越流行。近些年,新媒体技术的迅猛发展带来了用户网络使用习惯的迅速变迁,使用户媒介接触体验成为传媒业的竞争焦点。

一、媒体用户体验的内涵

媒体用户体验的概念涵盖了包括传统媒体和新媒体用户体验在内诸多类型媒体的用户体验。所谓媒体用户体验(Media User Experience,MUE 或 MUX),指的是用户与媒体的交互界面为用户带来的所有方面构成的感知整体。在宏观层面,媒体用户体验还关乎用户在媒体实践过程中的感受和感悟,与用户主观世界的形成、世界观的建构和知识积累息息相关。可以说,媒体是用户认识世界和改造世界的工具,用户在借助媒体与他者发生交互时才会生成自我意识,而这种自我意识的直接来源就是媒体用户体验。这也是媒体与其他产品、媒体用户体验与用户体验的根本差异所在。

除此之外,媒体还与其他产品共享用户体验的一般内涵,具体包括如下几个方面:其一,媒体的可用性,涉及媒体在用户资讯获取、社会交往、教育和学习以及娱乐方面是否有效、高效和令人满意;其二,媒体用户的情感体验,涉及用户对媒体的情绪情感,它直接作用于媒体的品牌忠诚度、用户黏度、活跃用户数以及用户流失等方面;其三,媒体的价值联想,涉及媒体的品牌特征、信息的编码和解码以及媒体符号的能指和所指等,可以影响到媒体的美誉度、媒体文化和用户的符号消费与身份认同等社会文化层面的问题。[①]

二、媒体用户体验的基本类别[②]

依据用户的感知维度把媒体用户体验自具体至抽象、自微观至宏观划分为三大类:用户的内部生理和外在感觉体验,用户的行为体验,用户的内心感受体验。

依据贝恩特·施密特的用户体验体系,可以把媒体用户体验分为:媒体用户感官体验、媒体用户情感体验、媒体用户思考体验、媒体用户行为体验和媒体用户关联体验。[③]

依据媒体产品的功能,可以划分为:信息获取体验、社交分享体验、生活服务体验、休闲娱乐体验等。

依据媒体内容生产、流通和消费的过程,将媒体用户体验划分为生产阶段的媒体用户体

[①] 宫承波、梁培培:《从"用户体验"到"媒体用户体验"——关于媒体用户体验几个基本问题的探析》,《新闻与传播评论》2018 年第 1 期。

[②] 宫承波、梁培培:《从"用户体验"到"媒体用户体验"——关于媒体用户体验几个基本问题的探析》,《新闻与传播评论》2018 年第 1 期。

[③] 罗仕鉴、朱上上:《用户体验与产品创新设计》,机械工业出版社,2010,第 5 页。

验(涉及用户参与、参与式设计等)、传播阶段的媒体用户体验和消费阶段的媒体用户体验。

依据体验的不同阶段,将媒体用户体验划分为期望体验、即时体验和长期体验。

依据用户使用媒体的过程,将媒体用户体验划分为前体验、中体验和后体验三个阶段。

依据客观现实和虚拟现实等不同的体验场景,将媒体用户体验分为直接体验和间接体验。

三、媒体用户体验的构成要素

媒体用户体验这一整体体验是由许多具体体验要素构成的。我们可以将这些媒体用户体验要素划分为五大层级:设备、平台、媒体、形态与内容。① 不同层次用户体验要素、同一层次内用户体验要素的相互作用构成了最终的媒体用户体验。对新媒体来说,它的一部分用户体验要素由传统媒体继承和发展而来,又形成了独特的新要素。

(一)设备层:物理层次的媒体用户体验要素

现阶段的媒体难以脱离物理意义上的终端设备。设备层的用户体验要素是物理层次的体验要素,是媒体用户体验最基础的要素。一方面,它与技术直接相联系,是媒体功能实现的基础;另一方面,它也提供给用户最直接的体验,如设备材质的触觉体验、外观的视觉体验和音量音质的听觉体验等。传统媒体时代的物理媒介种类和数量都较为有限,主要是纸张、收音机和电视机。如今,新媒体终端设备无论是在种类上,还是在数量上都在急剧增长。计算机、移动智能手机、电子阅读器、可穿戴设备、智能音箱、车载媒体终端等构成了丰富的新媒体物理终端设备图景。

媒体终端设备种类的丰富意味着功能体验的多样化。首先,一些新媒体终端设备实现了对原有功能体验的升级,例如传统电视机只能在固定环境收看电视,而移动智能手机可以随身携带、连接网络,利用移动智能手机看电视可以随时随地观看且能进行点播,增加了用户移动化、个性化的体验。其次,新媒体终端设备还创造了新的功能体验,如在VR设备上观看VR视频,用户可以转换自己的视角带来视频观看视角的改变。最后,媒体终端设备种类出现了两种趋向:一是功能集成趋向,许多功能集成到一个设备之中(如移动智能手机),集传统媒体功能于一身,又不断增添许多新功能,带来了"一站式"的便捷体验;二是功能独立趋向,一些附属在多功能设备上的功能独立出来,演化出具有独立功能的设备,如电子阅读器和智能音箱,主要功能分别为阅读电子书和进行语音交互,带来了"专业化"和"专注性"的体验。

媒体终端设备的普及和增多也赋予了用户更多新体验。首先,媒体终端设备的大规模增加,使每个人都能拥有专属于自己的媒体终端设备(特别是移动智能手机),这自然给用户带来了私密化、个性化的体验。其次,部分媒体终端设备的重量、体积大幅度降低,方便用户携带,增强了移动化体验,这也是媒体场景化体验的物理基础。最后,媒体终端设备的大量

---

① 宫承波、梁培培:《从"用户体验"到"媒体用户体验"——关于媒体用户体验几个基本问题的探析》,《新闻与传播评论》2018年第1期。

增加,意味着媒体能够连接到更多的用户,用户也能连接到更多的其他用户,一定程度上强化了用户的社会化体验。

除此之外,媒体终端设备种类和数量上的变化,也使互动方式得以升级,语音互动、触摸互动、手势互动、体感交互、眼神互动甚至是神经互动都成为媒体交互方式,丰富了互动体验,降低了互动和传播成本,同时增强了趣味性。

(二)平台层:媒体载体集合的用户体验要素

平台是承载媒体的母体,是其基本生态。① 媒体平台是诸多单位媒体的集合,主要类型有社交媒体平台(如微博、微信)、聚合媒体平台(如今日头条、百度客户端)、生活应用平台(如支付宝)、智慧生态平台(如智能家居系统、车联网系统)。这些媒体平台拥有着强大的功能,也是用户进入某一具体媒体的入口,同时为媒体打上了平台的印记。这里将以微信这一社交媒体平台为例,分析平台层主要的媒体用户体验要素——主动性体验、社交性体验、工具性体验。

平台层的主动性体验。传统电视中包含许多频道,可以看作许多电视台的播放平台。但传统电视中电视台具有绝对的内容主导权,用户几乎没有主动性体验。而在微信传播场域中,每个人都获得了相对平等的传播权限,可以在好友对话、群聊、朋友圈等场景中自由发布内容。微信公众平台、微信视频号则将用户的主动权大幅度提升,用户与媒体、政务部门、企业一起都成了公众号和视频号的主体,在共同的信息流当中推送。

平台层的社交性体验。社交性体验是新媒体激发用户活力的主要体验要素,它主要包括人际社交互动和媒体信息的社交传播两个方面。在微信的人际社交互动中,人与人之间可以通过文字、语音、视频等多种方式连接,并增加了表情包互动、点赞、评论、微信红包等多种社交形式,是现实社交的延伸性体验。在微信中,用户不仅可以获取媒体信息,还可以将媒体信息分享出去,实现媒体信息的社交传播,这种分享活动可能带给用户广泛的认同性体验。

平台层的工具性体验。微信也可看作是一个多功能工具,拥有微信支付、城市服务等功能,实现了数字化的生活体验。此外,微信小程序的上线进一步丰富了微信的使用场景,提升用户的轻量化体验。

(三)媒体层:作为"单位媒体"交互的用户体验要素

媒体是用户交互过程中的主体部分。这里所说的媒体指的是"单位媒体",是能被称为媒体的较小层次单位,如新闻客户端、微信公众号、单个微博号、新闻网站、智能音频。与其他层次的要素相比,媒体层的要素对形构用户体验起着关键作用;同时,它也肩负着承载和传播内容的职能。② 媒体层的用户体验要素以媒体与用户的连接为核心,即如何开展交互活

---

① 宫承波、梁培培:《从"用户体验"到"媒体用户体验"——关于媒体用户体验几个基本问题的探析》,《新闻与传播评论》2018年第1期。
② 宫承波、梁培培:《从"用户体验"到"媒体用户体验"——关于媒体用户体验几个基本问题的探析》,《新闻与传播评论》2018年第1期。

动,这里主要以新闻客户端为例介绍这一点。

新闻客户端的用户体验要素可以分为三类:产品特性、用户感知和情感反应。事实上,这三类体验要素具有一定的逻辑顺序。首先,用户感知到新闻客户端诸如内容(Content)、视觉(Presentation)、功能(Functionality)和交互(Interaction)等特性,在此基础上,开始构建用户自己对产品属性的独特感知,这个感知包含两个层面——实用的(Pragmatic)和享乐的(Hedonic);然后,用户对产品的感知导致一定的结果:对新闻客户端吸引力、情感反应的判断,以及行为上的结果。当然,产品属性并不一定总是导致同样的结果,这一过程受使用情境的影响。① 具体来说,在产品特性方面,在新闻客户端传播内容日益相近的情况下,界面呈现、推送功能和品牌定位起到了较大的作用。在用户感知方面,越能提供使用的内容,在使用上增添创意和趣味性,越能给用户带来强烈的感知和记忆。在情感反应方面,建立在品牌定位和良好感知基础上的新闻客户端,能够促进较长时间的使用,带来持续的吸引力和积极的情感反应,这反过来又能强化与产品特性和用户感知相关的体验。

(四)形态与内容层:微观层次的用户体验要素

由于形态和内容层关系密切,这里我们将形态与内容层放在一起进行讨论。从媒介传播形态的角度来看,内容的主要组成因子为文字、图片、音频、视频、增强现实、虚拟现实和混合现实以及 H5 标准的交互场景动画等。这些不同的媒介样态作用于用户的不同感官和行为,进而带来多元的体验。② 这部分我们将以视频新闻用户体验为例介绍形态与内容层的用户体验。

如下图所示,视频新闻的用户体验可以分为"预期""进程""反馈"三大类。

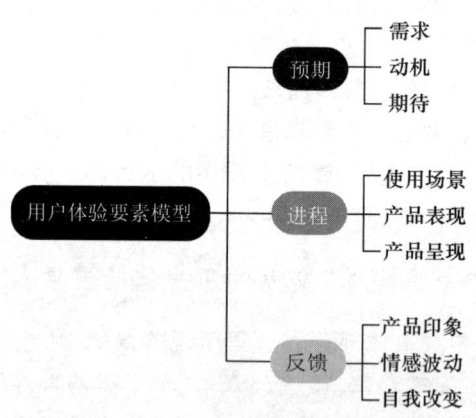

图 29-1　视频新闻用户体验要素模型③

---

① 赵雪薇:《移动新闻客户端的用户体验实证研究》,硕士学位论文,暨南大学,2015。
② 宫承波、梁培培:《从"用户体验"到"媒体用户体验"——关于媒体用户体验几个基本问题的探析》,《新闻与传播评论》2018 年第 1 期。
③ 王玉凤、孙宇、宫承波:《基于视频新闻的用户体验要素模型探究》,《当代传播》2018 年第 5 期。

视频新闻的预期体验是用户接触视频新闻之前对其所抱有的希望。具体来说又包括三个方面：一是需求，用户往往先对某一事物产生功能上的需求，或者先产生需求动机才会关注该事物，视频新闻也不例外；二是动机，动机即用户满足自身某一需求而采取的行动；三是期待，这是用户在使用视频新闻之前对其进行的预先定位。

"进程"要素描述的是用户对视频新闻的整个使用过程。其中，在使用场景中包含了视频新闻用户消费的各种场景，使用场景主要提供了视频新闻使用的基本语境。产品表现指的是视频新闻的内容本身，具体包含了内容品质、表达视角和发布权威与否等要素。产品呈现是视频新闻研究中的重要一环，随着媒介技术的发展变革，视频新闻的呈现方式越来越多元化、多样化。

视频新闻的"反馈"要素指的是用户使用视频新闻以后产生的情感反应、使用黏性以及心理归属。这方面的体验是视频新闻呈现给用户心理上的体验，用户对视频新闻的接受充满感情色彩，突出的是用户能否体验到满足、认可等感受。[1]

四、媒体用户体验的测量

媒体用户体验的测量与一般产品用户体验的测量方法约同。尽管用户的感觉、感受和感悟所具有的主观性特点增加了结果测量和评价的难度，在用户体验领域仍然形成了一些广为沿用的测量和评价方法。可用性测量领域业已存在诸多较为成熟的量表，通过问卷调查法、访谈法等可以获得所需数据；在情感体验测量领域，主观情感测量也是一种较为常用的方法，一些规范的情感测量量表有 PAD 量表、实用性和享乐性量表等；此外，"通过实验手段获取客观数据的方法不断受到关注，如生理指标测量，面部表情识别、脑电、眼动数据测量等"。[2]

需要指出的是，没有任何一种用户体验模型能够应对所有测量对象，在对媒体用户体验进行测量前，应评估测量方式和模型的合理性，根据测量对象调整或改进具体测量指标，以获得更加准确的测量结果。此外，媒体用户体验的动态性、主观性和复杂性等多个特点，决定了单一测量工具和评价方法的有限性。因此，主客观、定性和定量多种方法相结合的做法，应是媒体用户体验测量和评价的主要取向。

五、用户体验视角下新媒体创新的基本方向

（一）贯彻用户思维，由"传播信息"升级到"服务设计"

思维的转变是提升新媒体用户体验的根本创新方向。强调用户体验，就是要坚持"以用户为中心的设计"的原则，这是用户思维的体现。传统媒体是"短缺传播时代"的产物，他们所熟悉的是"共性的生产"与"主流价值观"的传播，[3]而面对当今的"精确化"传播市场，最能

---

[1] 王玉凤、孙宇、宫承波:《基于视频新闻的用户体验要素模型探究》，《当代传播》2018 年第 5 期。
[2] 丁一、郭伏、胡名彩等:《用户体验国内外研究综述》，《工业工程与管理》2014 年第 4 期。
[3] 喻国明、姚飞:《强化互联网思维推进媒介融合发展》，《前线》2014 年 10 月。

占据主动权的传播主体是能发现并满足用户个性化需求的媒体或机构。密切了与受众的关系是新媒体相较于传统媒体最大的优势。对新媒体而言，获取用户反馈并满足用户需要十分重要。这一方面源于媒体传播技术的进步和手段的多元化，降低了用户使用媒体选择信息的成本；另一方面也源于互联网生态环境下的新媒体用户获得了更广阔的话语表达空间。作为用户的受众，其地位从附属向中心转变，实则反映出媒体竞争环境由卖方市场向买方市场的转变。面对市场的改变，媒体则需要贯彻用户思维、以用户为中心来制定媒体的传播和发展策略，其实质是通过提升媒体各方面的水平来更好地服务新媒体用户对信息内容的多元化诉求，并由单一的"传播信息"升级到全方位的"服务设计"。

（二）关注媒介使用情境，系统化设计新媒体产品

媒介使用情境，既包括媒介使用的物理场景，又包括媒介使用的信息场景。新媒体打破了地域限制和传统媒体情境，将不同情境融合成"新情境"，人们在这一新情境中也会有一系列新的感知、新的行为和新的表现。人们可以更随意更轻松地进行线上线下切换，可以在各种场景之间任意穿梭。在新媒体环境之下，多个场景之间的互通、并存和相互作用就表现为地域的消失，这种消失既表现为对物理场景的打破，又表现为信息场景的无边和自由。新媒体还在不同社会群体之间创造了一个混合的新情境，对于促成不同地域、不同群体的文化认同、价值观塑造都凸显了强大的影响力。① 用户体验的形成是一个系统化的过程，用户在使用新媒体时处于一定使用情境之中，这些情境会对用户媒介使用产生影响。这也要求新媒体产品设计者要对产品进行系统化设计，而不能抽离这种情境，否则这种用户体验就是空洞的、无意义的。在不同的情境下，用户的情感和行为都不相同，对这一点的重视程度关系着媒体用户体验设计的成败。

（三）利用技术完善新媒体服务，注重"技术人性化"

技术是媒体发展的先导力量，技术的变迁推动着新媒体形态和交互手段的变革，也促使媒体用户体验不断升级。技术与媒体用户体验中设备、平台、媒体、形态和内容等五大层级都关系密切，通过技术能够实现各层次要素的优化，从而完善新媒体服务。例如，在设备层，利用技术可以对媒体终端设备进行优化，如屏幕清晰度、信息获取速度、交互方式、体积、形状、质量等；在平台层，可以利用算法推荐等技术使平台更加智能化，实现人与人、人与信息的个性化匹配；在媒体层，可以利用技术加强媒体与用户的联系，如反馈与互动的多样化；在形态与内容层，可以丰富媒体内容呈现的形式。

在利用技术优化用户体验时，要注重技术人性化的原则，这对媒体来说也很重要。技术人性化就是按照人的生理、心理特点来架构技术形态，它主张技术的发展要把人置于核心地位，强调科技与人的融合。简单来说，就是发展技术要坚持以人为本。② 新媒体用户需求变得越来越复杂和多样化，要求表现自我意识、个人风格和审美情趣，这反映在新媒体服务的

---

① 孙莉、孙佳乐：《试论网络媒介情境下的"地域"消失》，《新闻世界》2010年第11期。
② 罗仕鉴、朱上上：《用户体验与产品创新设计》，机械工业出版社，2010，第214页。

设计上要使服务越来越丰富和细化,体现出人情味和个性。新媒体的个性化推送、无障碍操作、可穿戴设备都体现出技术人性化的特征。在未来,技术人性化的方向是一方面要继续了解人,深入人的潜意识,达到一种情感交流的状态;另一方面要紧跟时代步伐,让新媒体富有时代特征,成为促进个人发展、社会进步的重要力量。

(四)注重软硬件、交互方式、界面使用等细节要素的完善

新媒体的宏观策略和产品定位固然重要,但一些细节要素也同样不能忽略。细节决定成败,在媒体用户体验上体现得尤为明显。对媒体用户体验的优化,要精益求精,每一个细节都可能影响用户使用的实际体验,甚至决定整个媒体用户体验的成败。优化媒体用户体验的细节,可以从软硬件、交互方式、界面使用等角度认真检查与完善一些细节要素。随着时代的发展,目前已经进入了软硬件整合的阶段,软件和硬件的配合程度关系着媒体使用的诸多细节,因此要注重媒体软件与硬件的一体化设计。在交互方式方面,要努力让媒体交互方式变得自然、智能和便捷,而不是为了凸显媒体特点而使交互变得刻意又复杂。在界面使用上,要注意内容布局、界面风格、交互反馈效果等细节,同时以人机结合的方式不断排查与优化,降低遗漏的可能,提高细节优化效率。

(五)坚持新媒体永续创新,实现"产品创新"与"用户体验"良性互动

需要强调的是,不论采取何种方法研究用户,对用户体验进行评价,都有其局限性,只能为新媒体内容、功能和产品的设计提供一种参考。我们提倡以用户为中心的设计,但不能囿于这一点。事实上,用户往往不能完整准确地描述心中的需求,难以表达出真正需求,所以,即便是满足他们心中所想,也并不一定就是真正满足用户需求。因此,新媒体服务提供者还是要大胆创新,永续创新。通过创新引导潮流,引领消费,创造新的生活方式和体验,不限制自身的思维,创造出用户可能接受的新媒体产品或服务,这是万物皆媒时代新媒体提升用户体验的必然之路。世界上唯一不变的就是万物永远在变化,唯有永续创新,保持新媒体的新鲜感,因时而变,创造新需求,又为媒体产品提供设计新的方向,才能实现"产品创新"与"用户体验"的良性互动。

本章思考题

1. 如何理解用户思维?
2. 请思考基于用户大数据进行新媒体创新需要注意哪些问题。
3. 请结合案例分析各层级新媒体用户体验要素。

本章参考文献

1. 罗仕鉴,朱上上.用户体验与产品创新设计[M].北京:机械工业出版社,2010.
2. 官承波,梁培培.从"用户体验"到"媒体用户体验"——关于媒体用户体验几个基本

问题的探析[J].新闻与传播评论,2018(01).

3. 王玉凤,孙宇,官承波.基于视频新闻的用户体验要素模型探究[J].当代传播,2018(05).

4. 易钟林,姚君喜.新媒体产品创新的特征与过程[J].现代传播(中国传媒大学学报),2016(03).

5. 喻国明.大数据智能算法范式下的媒介用户体验的效果评估[J].教育传媒研究,2018(05).

6. 陈力丹,王之月,王娟."用户体验"的新型媒体生存模式[J].新闻爱好者,2015(05).

7. 许竹.未来新媒体用户体验模式的发展[J].新闻与写作,2016(11).

8. 周冲.传统媒体转型定位于策略[J].重庆社会科学,2015(01).

9. 彭宇,庞景月,刘大同,彭喜元.大数据:内涵、技术体系与展望[J].电子测量与仪器学报,2015(04).

10. 许志强,徐瑾钰.基于大数据的用户画像构建及用户体验优化策略[J].中国出版,2019(06).

11. 陈昌凤,王宇琦.新闻聚合语境下新闻生产、分发渠道与内容消费的变革[J].中国出版,2017(12).

12. 董淑芬,李志祥.大数据时代信息共享与隐私保护的冲突与平衡[J].南京社会科学,2021(05).

13. 彭兰.导致信息茧房的多重因素及"破茧"路径[J].新闻界,2020(01).

第三十章 未来媒体

扫码可见
第三十章 PPT

传播技术的不断翻新和传媒形态与应用的层出不穷已然构成"乱花渐欲迷人眼"之景，元宇宙、区块链、智能汽车……我们似乎总是跟不上新事物前进的脚步。不过，若是以发展的眼光观察传媒领域的诸种变化，以系统性的眼光考量技术更迭规律、传媒演变轨迹、生活方式变化等，我们便能发现媒体生态的变革趋势，从而探索未来媒体的演变图景。

第一节 未来媒体概观

人们对技术的畅想从未中止，其中就包括未来媒体的思考。而技术的不断发展与快速迭代使未来媒体的雏形越来越明晰，本节将从概念界定、内在逻辑和演化进路三个方面来对未来媒体进行介绍。

一、未来媒体的概念界定

未来媒体，顾名思义，就是未来的媒体，它描述的不是过去，也不是现在，而是未来。既然是未来的媒体，它可以指代从此刻之后所有的媒体形态。但为了便于研究，一般是以年份作为时间标准的，这个时间跨度往往是5年至10年。5年至10年正好是能够把握的时间跨度，如果太短研究的对象就变成了当下媒体，太长又因为媒体技术的迅速革新而失去了现实意义。

从字面上看看，未来媒体包含了媒体的内涵，但已经超出媒体的意义。一方面，媒体超媒化，媒体除了传递信息的基础功能之外，还集合了社交关系、产品服务、使用场景等要素；另一方面，非媒体媒体化，随着媒体外延性的增强，越来越多非媒体的行业和企业，如金融、环境、科技等都将介入媒体业务。

此外，未来媒体与当下媒体的联系是紧密的，未来媒体的发展根植于当下媒体，通过当下媒体的发展可以探究未来媒体的发展趋势。

根据未来媒体的概念，我们发现这一定义具有以下特征：动态性、复合性、预见性和开放性。充分理解未来媒体的定义，是我们把握未来媒体发展的关键。

动态性。与新媒体概念的时间性一致，未来媒体也是一个时间性概念，我们可以将其概括为动态性，这种动态性表现在两个方面：一是视角的相对性，未来媒体是以当下近几年的时间范围作为参照的，随着时间的推移，未来媒体会出现动态变化，即当下理解的未来媒体可能不再是未来媒体,新一代的未来媒体形态进入人们的视野;二是形态的动态性,未来媒体表现的是一种演变趋势和发展路径,并不是一种固化的形态,即便有其代表形态,但也不是一成不变的,而是随着技术的发展而不断革新。

复合性。未来媒体描述的是媒体形态的发展趋势,并不是单一的媒体形态,因而具有显著的复合性。首先,未来媒体具有发展趋势的复合性,各种发展趋势都可以纳入未来媒体的思考之中。其次,正是由于发展趋势的复合性,未来媒体还具有媒体形态的复合性,未来媒体趋向的媒体形态也是多种类型的。最后,未来媒体具有媒体要素的复合性,内容、技术、组织和用户等要素均可纳入未来媒体的讨论范畴。

预见性。未来媒体是一种面向未来的思考,因而它是对媒体发展的预判和前瞻。由此可以看出,未来媒体具有预见性,蕴含着媒体发展走向的推测意味,因此,这种推测允许出现一定的偏差。但是,未来媒体的预见性并不说明可以随意构想、胡乱猜测,而是要基于当下媒体形态、媒介技术发展脉络和用户需求等,从而使未来媒体图景更加清晰。

开放性。某种意义上说,未来媒体并不是一个具体概念,它表现出的是媒体发展的开放性,即未来媒体不排斥各种可能。随着技术的发展,未来媒体可能向着新的路径进发,更有可能形成与当下媒体截然不同的形态。此外,这种未来媒体的开放性还表现在未来媒体思维的开放性,即如何将新的技术逻辑和发展理念注入媒体发展之中,促进媒体持续创新。

二、未来媒体的内在逻辑

未来媒体具有很大的不确定性,但就目前而言,其内在逻辑是相对稳定的,包括智能升级、万物皆媒和社会媒介化。

(一)智能升级

智能升级主要指利用现代信息技术及智能自动化技术升级信息计算、分析和决策模式。主要表现为以提升人在生理、心理方面的需求为导向,突出人性化的设计和应用。机器时代传承的审美观念"精密、审慎考量、无瑕疵、简洁、经济"在智能制造时代依然存在。智能升级本身也是人类实践活动中追求体验感,满足深层次自我需求的表征。未来媒体以算法为驱动的信息推送将更讲求人性化体验,更注重以人体实时状态的数据为基础的进行聚合推送,而不是一推了之或人脑处于工作繁忙之时给用户推送复杂的资讯。另外,智能升级表现在对人类部分脑力劳动的可替代性上,如通过智能软件程序进行数据自动清理的机器人,进行信息整合发布的写作机器人。[1]

(二)万物皆媒

万物皆媒描述了未来泛媒化的趋势,首先指的是物体的媒介化,依靠于物联网技术、人工智能技术、云计算技术,各个物体间都能够进行互联,实现基础的媒介化;其次,万物皆媒指的是人体的媒介化,目前通过可穿戴设备已经能够让人体作为发射和接收信息的终端。在未来,万物

---

[1] 强月新、陈志鹏:《未来媒体的内容生产与叙事变革》,《新闻与写作》2017年第4期。

皆媒将进一步向深度发展,物体的媒介化将更加智能,人和物媒、穿戴设备融合将更加紧密。

智能互联网时代,媒体产业链各主体角色泛化:信息采集主体从人拓展到各智能终端,信息加工方式从人工发展到机器智能,信息传播渠道从专用设备与延伸到各种智能物件,一切"物体"均可成为信息生产、加工和传播的主体。万物皆媒背景下,一方面,新的媒介形态倒逼内容生产模式变革,全息影像、一句话新闻、短频快播报等内容"因屏而生";另一方面,万物皆终端使得个体场景数据和媒介内容数据实现同步交互,海量数据在反哺内容生产的同时也为个性化信息服务提供支撑。媒体从一种独立实体进化成为一种伴生物,万物互联,一切皆媒体。①

(三)社会媒介化

社会的"媒介化"发展是未来社会发展中一个现象级的主流趋势,它意味着整个社会开始传播的机制、法则和模式来进行自身业态和架构的重建。因此,传播起到了穿针引线的激活者、设计者、整合者和推动者的作用,促使其在整合与匹配中形成功能、形成价值,构造出新的关系结构和利益分配的模式,这是时代发展赋予未来媒体发展的巨大机遇。未来的媒介化的社会发展,不仅要求媒体去做内容,更要求媒体、特别是主流媒体,要把内容作为社会"媒介化"的载体去激活关系、组织圈层,这是未来主流媒体的基本价值逻辑。②

三、未来媒体的演化进路

未来媒体的演化进路和媒体形态之间并不是一一对应的,一种演化进路可能演化出多种媒体形态,某种媒体形态也可能由多种演化进路共同塑造而来。

(一)场景化进路

场景化是未来媒体发展的重要方向之一,是信息传播回归于人类最自然的交流方式的必然选择。它不仅意味着媒体平台的迁徙,更是从媒体思维到信息生产逻辑、产品呈现形态、产品结构、传播端口等各方面的一次系统化升级。

过去,人们只有在读报纸、听广播、看电视时才会产生媒体接触行为,而如今,移动互联网使媒体的随时、随地、随身、随心成为可能,任何人只要拿出手机,就有可能产生视听信息消费,媒体日益超越单纯的资讯供应商而成为一种生活方式。

从时间上来说,移动化让用户"Always On"(永远在线),不仅媒体需要全天候在线,用户接触媒体的时间也大大拉长。"有数据表明,美国用户每天在PC和移动端所花费的时间是4小时15分钟③。对很多人来说,在睡觉前接触的是移动化媒体,醒来后接触的第一个媒体依然是移动化媒体。可以说,我们已经进入了一个'Always on'的世界。在'Always on'的使用之下,场景化的媒体变成全天候媒体。"④

---

① 向安玲、沈阳:《全息、全知、全能——未来媒体发展趋势探析》,《中国出版》2016年第2期。
② 喻国明:《有的放矢:论未来媒体的核心价值逻辑》,《新闻界》2021年第4期。
③ 根据群邑移动发布的《2018上半年移动媒介概览》,中国移动互联网用户的人均每日使用时长约4.8小时,即289分钟/天。
④ 刘胜义:《人民日报新媒观察:移动化媒体的新时代》,《人民日报》2013年6月6日第19版。

从空间上来说，场景化增加了媒体在用户生活中的"曝光率"，大大拓展了用户的媒体接触场景。大众生活已经逐渐被"媒体化"，人们始终处于动态的信息流之中。而且，不仅是移动阅读，在网购、聚餐、支付、出行等各种场景中，智能手机都不可或缺。人们的"连网"场景极大拓展，信息、资讯、媒体与大众的日常生活联系的日益紧密，不少媒体应用甚至已经具备较为完善的生活服务属性。例如，智能汽车作为下一代的交通工具，在对车内驾驶员和乘客收集信息的同时，还能对车外的数据进行交互，将外界环境数据实时上传云端，也将车内的可共享信息向外界发送，从而保证驾驶员在两个平行世界穿梭时的稳定与安全，从而打通虚拟空间与现实生活的界限，帮助人们扩展其所能触达的边界，这无疑意味着汽车将成为未来媒体场景化的代表样态。①

（二）融合化进路

新媒体给整个媒介生态带来了具有颠覆性意义的变革，传统媒体与新媒体之间、新媒体与新媒体之间由过去的各自为政、相互独立走向互联互通、相互融合，媒体融合正在成为整个媒介系统的发展趋势。"媒介融合"的概念应该包括狭义和广义两种，狭义的概念是指将不同的媒介形态"融合"在一起，产生"质变"，形成或趋近一种新的媒介形态，如互联网电视、H5新闻等；而广义的"媒介融合"则范围要广得多，既包括一切媒介及其有关要素的结合、汇聚甚至融合，也包括媒介形态的融合，还包括信息内容、媒介功能、技术应用、平台终端、管理手段、体制机制、组织结构、人才队伍等要素的融合。广义的"媒介融合"是一种大尺度范围内的聚合，其初级阶段可以用媒介组合来代替，是一种由物理变化向化学变化、从相加阶段向相融阶段逐渐发展的过程，狭义的"媒介融合"使媒介产生化学变化，变成"你就是我、我就是你"，是我们真正要实现的目标，是媒介融合发展的高级阶段。② 从这个意义上看，未来媒体的发展路线之一就是融合化。媒体融合是一个多维度、逐渐拓宽和纵深的系统化过程。它涵盖了多种路径：技术路径的网络融合、设备融合和应用融合；组织路径的机构融合和产业融合；主体路径的专业生产者融合和用户融合；内容路径的内容来源融合、内容形态融合，等等。

（三）智能化进路

随着信息技术的发展，计算机对数据的分析与处理能力不断增强，智能技术已悄然走进了我们的日常生活。在媒体领域，智能技术也为当代媒体的转型和升级带来了新的机遇。当前，智能技术正以其强大的信息处理能力影响着未来媒体的发展。

未来媒体智能化进路的主要动力是智能技术。通俗地讲，所谓媒体智能化，即是指媒体在智能技术的辅助下，对传统的媒体形态进行升级与革新，以达到提升信息传播效率目的的媒体技术发展趋势。

---

① 郭婧一、喻国明：《元宇宙新"入口"：智能网联汽车作为未来媒体的新样态》，《传媒观察》2022年第6期。
② 丁柏铨：《媒介融合：概念、动因及利弊》，《南京社会科学》2011年第11期；韦路：《媒体融合的定义、层面与研究议题》，《新闻记者》2019年第3期。

智能化媒体的核心可以概括为：软件定义媒体，数据驱动新闻，算法重构渠道，智能创造未来。① 软件定义媒体，即以计算机软件程序为主体的网络信息平台已经成为信息传播的主要手段；数据驱动新闻，即大数据在智能化媒体中起到了关键作用，精准的新闻推送与个性化推荐离不开数据支持；算法重构渠道，即智能算法带来个性化服务已成为影响用户选择信息接受渠道的重要因素；智能创造未来，则点明智能媒体发展的核心动力依旧是人工智能技术，只有技术的进步才能推动智能媒体进一步发展。

（四）平台化进路

所谓的媒体平台是指媒介机构搭建的，以信息传播技术为支撑的，供媒介机构向受众传递信息的一种媒介形式，如报刊、广播、电视、PC、移动互联网等。2014年2月Sulia CEO乔纳森·格里克(Jonathan Glick)在《平台型媒体的崛起》一文中首次使用了"Platisher"。Platisher由Platform(平台商)和Publisher(出版商)合成。Digiday(领英)的一位撰稿人随后对其做了进一步阐述："'平台媒体'是指既拥有媒体的专业编辑权威性，又拥有面向用户平台所特有开放性的数字内容实体。简言之，这种平台性的媒介不是单靠自己的力量做内容和传播，而是打造一个良性的开放式平台，平台上有各种规则、服务和平衡的力量，并且向所有的内容提供者、服务提供者开放，无论是大机构还是个人，其各自独到的价值都能够在上面尽情地发挥。"在国外，现在比较成功的平台媒体有BuzzFeed,Gawker,Vox,Medium等。平台媒体构建的关键词是开放、激活、整合和服务。平台型媒体区别于媒体平台的重点在于其自身的开放性与聚合性。媒体平台侧重于信息传播方式、媒体服务的横向跨媒体延伸，而平台型媒体则侧重于在一个媒体平台内部各种应用、功能、服务、信息的聚合。②

互联网构造了一个全新的传播场域和社会场域，这是未来媒体平台化趋势的主要动力。在这种以个人为基本单位的社会传播的格局下如何激活、匹配和实现生态型的资源配置和功能整合，预示着包括传媒领域在内的整个社会将出现一场深刻革命。传统不对等的、单向性的、局域式的媒介市场格局被打破，依托大流量开放平台为基础系统，由个人、商业或非商业利益组织以及专业新闻机构共同组成的信息节点在平台间自由流通、平等互动、相互聚合，完成信息的生产、分享与价值创造，并在平台共同体的作用下达至动态平衡。主要表现为以下三个方面：首先，吸聚着海量信息的开放平台为以个人为基本单位的传播能量被激活的微资源提供了互联互通、全新聚合的基础系统。其次，平台赋予所有信息节点的技术地位是平等的，可以联结一切；海量流量开放平台改变了传播中信息的意义，使得社会关系的总和构成共享信息、利益、价值等的共同体，从而达到人人参与、价值多元的动态平衡状态。最后，在互联网逻辑下的新媒介生态中，各方面处于一个共同体中，政府应充当全新的"守夜人"角色，通过制定规则、搭建平台、共营生态，为系统中每个主体提供最基础的保障与约束，而不再是无所不能的控制者和指挥者。③

---

① 沈浩、元方：《智能化媒体与未来》，《新闻战线》2018年第1期。
② 许同文：《媒体平台与平台型媒体：移动互联网时代媒体转型的进路》，《新闻界》2015年第13期。
③ 喻国明、焦建、张鑫：《"平台型媒体"的缘起、理论与操作关键》，《中国人民大学学报》2015年第6期。

第二节　区块链+媒体：未来媒体的结构性变革

目前，对"区块链+媒体"一般有两种理解：一种是报道区块链相关内容的媒体，另一种是以区块链技术为基础发展起来的媒介业态，本节重点关注后者。随着区块链技术在媒体行业应用范围的扩大，"区块链+媒体"将获得更加广阔的发展空间，带给未来媒体从思维到应用形态的结构性变革。

一、区块链技术与区块链传播

区块链技术是当下最受关注的一种新型互联网技术，它是一种公开的、分布式的账簿，可以有效核查和永久记录各方之间的交易。具体来说，它是由网络上一个个储存区块组成的相互连接的链条，在每个区块中，储存着一定时间内网络链条中所有交流信息的数据。由于数据在每个区块上都有实时记录，也就使得区块链具备去中心化和不可篡改的特点。

区块链的本质是由分布式数据存储、点对点传输、共识机制、加密算法、智能合约等技术组合而构成的技术体系，如图30-1所示。这些技术以新的方式组合在一起，可以完成防篡改的数据存储、可追溯的数据查看、可信任的点对点传输，可解决许久以来的信任构建难题。[1] 身处数字化、信息化和智能化的时代，世界各国积极向数字化转型，我国也在十九大报告中提出加快建设数字中国，以信息化培育新动能。而区块链，作为数字时代的前沿新技术，能极大推动数字产业化的整体发展。近年来，正逐渐成为中央和地方政府重点关注的对象，被视作具有国家战略意义的新兴产业。中国政府推出一系列支持区块链技术创新发展的政策，以期超前布局快速占领区块链技术高地，在国际标准制定方面拥有一定发言权。目前，我国对区块链行业的政策主要集中在金融监管和产业扶持两方面：一方面加大对数字货币领域的监管，防范金融风险，另一方面积极推动相关领域研究、标准化制定以及产业化发展。[2]

依托这一技术而形成的区块链传播体系也继承了区块链的核心特性，形成了以下特征：第一，去中心化传播。区块链的点对点网络决定了传播体系的去中心化的特性。在区块链的网络层中，任何传播节点都能够发现信息、创造信息、传播信息。在点对点的网络中，每个分散的区块最终形成了分布式的网络表达。第二，自组织化传播。区块链中的共识算法决定了传播体系的自组织化特性，区块链传播体系中的各个节点并不需要第三方的中介机构来达成共识。虽然初始阶段各个节点处于孤立且互不信任的状态，但通过共识算法，各个节

---

[1] 艾瑞咨询：《冥古宙——区块链思维研究报告》，数据局，2018年10月，http://www.shujuju.cn/lecture/detail/4978，访问日期：2021年5月26日。

[2] 腾讯研究院：《2019腾讯区块链白皮书》，数据局，2019年10月，http://www.shujuju.cn/lecture/detail/6315，访问日期：2021年5月26日。

应用层	API接口、激励机制、分配机制、资产拨行机制等
智能合约层	虚拟机、高级语言编辑器、合约格式化证明
共识协议层	拜占庭容错、PoW、PoS、DPoS等
数据保护层	时间戳、哈希函数、数据加密、数字签名、零知识证明等
网络通信层	P2P网络、同步机制、链间通信、传播机制、验证机制等
数据存储层	分布式文件系统与数据库、数据区块、链式结构等

图 30-1　区块链技术体系架构 ①

点最终能够就内容的一致性达成共识,并使得内容能够逐步推进。第三,传播内容的稳固性。区块链中的哈希算法决定了其不可篡改的特性。在哈希算法中,若修改任意一个输入的内容,则经过运算后得到的输出内容将与先前的结果大相径庭。若某一传播节点想要对内容进行非法篡改,则其面临的计算数量通常超出其能承受的算力,这使得区块链传播体系中的内容不能够被随意篡改。第四,传播流程的可追溯性。区块链中的时间戳决定了其可追溯的特性。在区块与区块相链接时,时间戳作为前后两个区块相链接的印章而存在,这使得区块传播体系中链接的前后流程都能够被追踪溯源。②

二、基于区块链技术的未来媒体思维

区块链技术不仅会给金融、医疗、电商、公益和法务等领域探索新的解决方案,为相关产业发展注入新动能,还将对媒体行业的发展贡献力量。例如,区块链为简化媒体供应链流程提供了很多机会。它对行业基础流程具有重要影响,包括审计、支付结算、不一致问题管理、税收规则、广告活动级的报告、欺诈缓解、权利清算以及版税管理等。区块链技术还可用于开发新功能和差异化的增值数字服务,满足客户(如内容创作方和广告投放方)以及消费者的殷殷期待。其中,区块链技术可以更好地造福目标受众,为消费者提供数量不多但更加及时相关的内容和广告,从而增强客户体验,如果能够与人工智能技术相结合,无疑是如虎添翼。③

从认识论上看,区块链技术体现的是一种开放、平权、互信、自治、协作、共享的思维观,以区块链为底层技术架构起来的媒介场域自然也渗透着这种思维逻辑。每一个行动者在媒介场域中都是一个平等的去中心化节点,通过开放、透明的机制达成去中介化的互信与共识,并集体协同维护一个安全可靠的数据库。所谓革命性技术,一定是对旧有习惯和思维定势的全面颠覆和超越,必定产生出一种创新的思维观。如果说当今社会的传媒生态已经在

---

① 腾讯研究院:《2019 腾讯区块链白皮书》,数据局,2019 年 10 月,http://www.shujuju.cn/lecture/detail/6315,访问日期:2021 年 5 月 26 日。
② 喻国明、高琴:《区块链技术下,主流媒体重塑社会共识的路径》,《传媒观察》2021 年第 10 期。
③ IBM 商业价值研究院:《区块链技术如何为媒体和娱乐行业贡献力量》,数据局,2018 年 11 月,http://www.shujuju.cn/lecture/detail/5059,访问日期:2021 年 5 月 26 日。

技术驱动下开始了"流动"和"液化",那么,"区块链+传媒业"必将彻底颠覆传统的运作模式,打破旧有的传媒规则和秩序。中心化的组织架构将被瓦解,专业的"职业共同体"将被消融,行业壁垒将被打破,开放共享、互信自治、创新协同才是新的思维主导。①

区块链技术对媒体生态的影响包括以下三个方面:

第一,在区块链的分布式网络中,没有固定中心,每一个节点都可被激活。这必将冲破传媒业"中心化"的固有边界和权力垄断,穿透传媒组织、机构、角色、分工间的壁垒,导致传媒业态的彻底"液化"。

第二,"区块链+新闻业"将有望从技术上重塑新闻的"客观性",重拾媒体的社会公信力。同时,区块链可以进一步打通线上与线下的信任区隔,构建虚拟与现实的互信,将离散的观点、主张、事实碎片聚合为社会共识,将"想象的共同体"外化为"实在的共同体",在后现代社会语境下重拾传媒业的社会系统整合功能。

第三,区块链将可以从源头上,在传媒作业"流水线"上构建起一个公开、透明、共享的公共账本,供全民参与和监督媒介产品的生产、分发、营销等全过程,将媒介行业的运作流程彻底"去黑箱化",使得每一个媒介产品和媒介行为均可被追踪、溯源、核查,如此将有效遏制假新闻、谣言的泛滥。②

三、基于区块链技术的未来媒体应用

(一)媒体可信度认证

在信源可信度方面,媒体可通过共同维护的账本记录发放信息发布者的数字身份,实现信源资质的全区域链的数字验证,利用区块链技术加密新闻数据,将其分散到多个用户节点,难以通过单一用户篡改新闻数据,并由AI赋予动态信任积分与全链用户评价挂钩。在内容可信度方面,通过全链节点共同维护,区块链融媒体数据库的每一节点(信息发布源)各自保留全部信息交换数据,并生成数据指纹验证和区域块下链,保证信息内容在没有可信第三方条件下自证其信。在渠道可信度方面,区块链融媒体中所有信源进行信息交换无须再信任,由于嵌入的智能合约规制,强制执行的代码使得信息交换按约定自动完成且无法干预,如通过智能化合约,可以使信任积分低于阈值的信源账号直接关停。"代码即法律"保证了区块链融媒体的信息传播渠道的可信度。例如,日本Tech Bureau公司提供的私有区块链技术发展平台"獬讯"(Mi-in),发布经过加密新闻,同时共享到多个区块链终端上,第三方很难进行篡改。③

(二)数字版权保护

基于区块链与人工智能技术,人民版权在传统确权方式基础上引入AI版权识别算法,媒体单位或个人仅需身份认证,即可绑定机构或个人的媒体矩阵,一步完成原创确权和版权登

---

① 张文娟、宫承波:《区块链与未来传媒生态秩序:一种新的思维观和方法论》,《新闻爱好者》2020年第3期。
② 张文娟、宫承波:《区块链与未来传媒生态秩序:一种新的思维观和方法论》,《新闻爱好者》2020年第3期。
③ 杨梅:《区块链技术推动我国融媒体发展研究》,《传媒》2021年第5期。

记。依托人民网舆情数据中心/人民在线的大数据分析能力,除自有版权智能识别登记外,还可进行全网传播统计、版权内容存储,发布版权传播影响力与媒体版权影响力排行榜等。一方面,实现了人工确权到智能确权的重要突破;另一方面,为融媒体单位的原创融合作品策划、版权信息保护与交流,提供更多参考。①

(三)数字资产管理

多年来,传媒业基于数字货币和数字资产进行了相当可观数量的报道,但大部分的收益并未流入真正的创作者的口袋。数字货币允许任何人、任何地方以数字的方式去完成支付行为,使得数以万亿计网络节点所产生的巨量数据点对点的价值交换与传递成为可能,从而提升交易效率,同时大幅降低交易成本。

作为驱动加密数字货币运作的底层技术,区块链技术和思维可创建一种对用户、内容创作者、媒体机构均有利的商业模式。通过建立起用户、内容创作者、媒体机构三者之间的直接联系,创建一个更直接的支付流,让所有用户为内容支付的资金都能以超低费率、及时准确地进入内容创作者的口袋,全面疏通内容聚合器、平台提供商等相关方,破解困扰媒体业的内容传播方式,并创造全新的媒体产业盈利模式,助推内容变现。②

第三节 元宇宙:未来媒体的组合式向度

在美剧《神盾局特工》中,一个名为"框架"的数字虚拟世界曾被搭建,现实世界的人们可进入其中开启一段新的人生体验,正火热的"元宇宙"概念便与此类似。虽然当前距离元宇宙的全面落地还有很长的一段路要走,但其对我们探索未来媒体的发展方向和终极形态具有重要参考意义。

一、从未来媒体到元宇宙

互联网实现的是人的视觉、听觉的数字化,但其在空间上仍是二维呈现。移动互联网在PC互联网的基础上,扩展了时间与空间的广度,即移动设备的可移动性使得人们随时随地获取信息,但此时的空间呈现仍是以二维为主。因此,从某种意义上说,互联网在时间性上已达极限,空间性的扩增也极为有限。与此同时,从现实发展情况来看,现阶段的互联网陷入了内卷化的负向循环,不同形态的内容,其分发、商业化的逻辑走向高度一致,在内容载体、用户体验、传播、场景、交互等方面都进入瓶颈期;当前的互联网内容形态对用户的吸引力明显下挫。③

---

① 翟薇:《区块链+版权,如何赋能融媒体建设?》,人民网舆情数据中心微信公众号,2022年4月13日,https://mp.weixin.qq.com/s/OkEDsynzmdOGleWmG5Xxxw,访问日期:2022年7月4日。
② 张玮玮:《区块链对媒体生产关系的重构与赋能》,《中国出版》2021年第4期。
③ 北京大学、安信元宇宙研究院:《元宇宙2022——蓄积的力量》,未来智库,2022年1月,https://baijiahao.baidu.com/s?id=1721263624768946072,访问日期:2022年7月7日。

从媒介发展史意义来说,元宇宙的出现可视为对传统互联网的补偿与突破,其将为传统互联网增加真正的空间性维度,将赋予用户时空拓展层面上的全新体验、价值,为用户创造沉浸式、交互式、更多感官维度的体验。在这一基础上,我们便能很好地理解元宇宙的基础性内涵。目前,对元宇宙这一概念还未有统一的界定,从字面意思理解,"Meta"和"元",意味着"超级""超越",是一种更高的、超越的状态;"Universe"和"宇宙",意味着"空间""世界",是全面的、广泛的存在,元宇宙即超越于现实世界的、更高维度的新型世界。简而言之,元宇宙就是互联网、虚拟现实、沉浸式体验、区块链、产业互联网、云计算及数字孪生等互联网全要素的未来融合形态,又被称为"共享虚拟现实互联网"和"全真互联网"。由此可见,元宇宙不是某一项技术,而是一系列"连点成线"技术创新的集合;它集区块链技术、交互技术、电子游戏技术、人工智能技术、网络及运算技术等各种数字技术之大成,是集成与融合现在和未来全部数字技术于一体的终极数字媒介。①

综上所述,元宇宙是互联网发展全要素的集合体,将一系列断裂、分隔的要素整合成一套有序运行的规则范式和组织体系,为未来媒体提供聚合性承载空间,也为社会发展构建了新的传播向度。换言之,元宇宙是未来媒体的集成模式,②或称之为未来媒体的组合形态。对未来媒体来说,实现形态和要素更高层次的组合是其必然归宿。因此,元宇宙将为我们思考未来媒体提供较为明确的方向指引。

二、元宇宙视域下的未来媒体生态

(一)虚实互通性

自互联网诞生之日起,虚拟网络空间与现实空间的融合趋势便已经开始。如今,随着虚拟现实(VR)、增强现实(AR)、混合现实(MR)等技术的发展,这一趋势得到进一步加强。在元宇宙环境中,沉浸传播更将发展到极致,完全打通虚拟和真实。元宇宙可以穿越时空,将过去、现在和未来拉到一起;可以通过虚拟与真实的无边界交融,让人们在两个世界里无时无刻地不在自在漫游。因此元宇宙视域下的媒介生态,既有过去形态,也有现在形态;既有虚拟形态,也有现实形态。元宇宙重构了传播的第三空间,打通了三大空间的界限,让物质与精神空间、心理与情感空间、真实与虚拟空间、真实的空间与想象的空间,所有这些空间融为一体。元宇宙的媒介生态就在这样一个融合后的大空间或大环境下运行,也就兼具了所有这些空间的特质。③

(二)体验传播

正如前文所说的,元宇宙在空间上是三维呈现,且更强调感官体验的全面跟进,用户的

---

① 喻国明、耿晓梦:《元宇宙:媒介化社会的未来生态图景》,《新疆师范大学学报(哲学社会科学版)》2022年第3期。
② 喻国明、陈雪娇:《元宇宙:未来媒体的集成模式》,《编辑之友》2022年第2期。
③ 李沁:《沉浸传播的形态特征研究》,《现代传播(中国传媒大学学报)》2013年第2期。

感官体验得以高度仿真,当下互联网的平面功能也将在元宇宙中实现三维立体化升级。因此,对于元宇宙所构成的媒介生态来说,其关注的不只是信息传播,而更强调一种"体验传播"。与信息传播相比,体验传播不再把传播效果作为唯一归宿,而将以人为中心的多维度感官体验作为核心指向。元宇宙即为体验传播的"集大成者":第一,它把我们身上所有的眼耳鼻舌身意等感官全部数字化,让感官体验在虚拟世界之中与现实世界几乎没有差别;第二,这种感官体验也可实现与现实空间的无缝衔接,体验传播不再存在各种意义上的壁垒;第三,元宇宙的体验传播将重构沉浸传播的意涵,当沉浸传播发展到极致自然、一切体验传播皆沉浸传播的时候,沉浸将指向新的维度;第四,这种体验传播不是单人、小范围的交互体验,而是一种全员在线、大规模的生存状态。

(三)智能驱动与生成

在互联网环境中,人类生产了大部分的对象与内容。虽然人工智能已参与一些内容的生产与传播,但仍处于较低水平。但在元宇宙时代,环境、对象及内容等要素将由人工智能生成。"智能驱动与生成"将是元宇宙概念下的一大新增生产要素,AI 会大量存在于供给、需求的各个环节。一方面,AI 生产的内容可以满足大量实时交互的需求。与互联网时代的被动消费内容不同,元宇宙中用户会更加积极地参与叙事,增加情感的投入,以此产生大量实时交互的需求,在强大的算力支撑下,元宇宙重塑了内容的生成与叙事方式。就如同《黑客帝国:觉醒》游戏,游戏制作团队并没有仅仅将其定义为一款游戏,而是打上"探索虚幻引擎 5 带来的交互式叙事与娱乐的未来"的标签。另一方面,AI 生产的内容可以满足沉浸式交互需求。元宇宙的互动内容是动态、身临其境的,尤其涉及观众可以与之交互的角色时,用 AI 技术提供交互式叙事已经成为一大趋势。AI 技术驱动的内容创作能够减少媒体制作与后期制作的成本、时间,给创作者提供全新的数字体验。[1]

三、元宇宙与媒介化生存

媒介化生存描述了以媒介为载体的生存状态。在传统互联网环境中,媒介化生存是对原有连续性生存状态的介入,断裂性明显;而元宇宙将带来一种新的媒介化生存样态,超越、重返乃至消弭人类的生存状态。

(一)超越生存:实现人机共生

元宇宙带来的一种终极景观便是媒介技术与人类身体的融合。这之中,又包含着两种趋向:第一,技术更为深度和广泛地"浸入"人的身体,听觉、视觉、嗅觉、触觉、味觉等人体自然感官被越来越多地应用于人机互动界面,推动着人的"数据化""智能化"。有学者以"赛博人"命名这些为技术所穿透、数据所浸润的身体,认为媒体进入了重造主体的阶段,传播的

---

[1] 北京大学、安信元宇宙研究院:《元宇宙 2022——蓄积的力量》,未来智库,2022 年 1 月,https://baijiahao.baidu.com/s? id=1721263624768946072,访问日期:2022 年 7 月 7 日。

主体不再是纯粹的生物体,媒介也不再是外在于人的一个工具或者机构,而是转为身体本身。① 媒介真正成为"人的延伸",人体同时成为一个完整的信息系统。第二,以人工智能技术为引领的各种技术制造数字行动主体,通过对人类智能的深度模仿推动着技术的"人化"。例如,以虚拟偶像为代表的虚拟人是依托于各种数字化和智能化制作方式生成及呈现、不以实体形式存在的虚拟主体,这类虚拟人拥有独立身份,被赋予具有个性的人格特征。

(二)重返生存:补偿和增强身体

元宇宙不只在超越生存,还在重返生存,即对人类生存某种意义上的再次强调。首先,要实现元宇宙环境的媒介化生存,至少要保证人生存状态的基本稳定,即强调某些习以为常的感官状态,以保证身体的顺畅介入。其次,技术构建的"数字躯体"能够对现实中的人体缺陷进行一种"补偿",消除身体的物理残缺、症候和痛苦。电影《阿凡达》的主人公是患有双腿残疾的前海军陆战队员,他进入潘多拉星球的"数字化身"却不受残疾的影响,可以自由地奔跑和行走。最后,技术可以增强身体的素质,元宇宙中的"数字分身"在体能、力量、记忆、防御等诸多方面远远胜过现实生活中的人类,外扩和延展了身体的边界。②

(三)消弭生存:重塑社会关系

元宇宙将延续互联网对社会关系的影响,持续重塑各类社会关系。从积极意义上说,元宇宙在一定程度上将消弭原有社会关系的一些要素,构建出纯粹数字化的虚拟关系,有助于消除地域、种族、国籍、文化的偏见和限制,产生新的数字交往行为,形成有序且高效的虚拟协作关系,构建多元的虚拟社区。③ 但从消极意义上说,元宇宙同样可能消弭一些重要的生存特征,可能会使人们过度沉浸于虚拟生活而无法平衡现实生活,弱化与他人的情感联系;也可能形成类似于互联网霸权的元宇宙霸权,这些问题都是我们需要警惕的。

本章思考题

1. 如何理解未来媒体?
2. 试说明区块链传播体系的优势。
3. 请思考元宇宙将给人的生存带来哪些影响。

本章参考文献

1. 官承波. 媒介融合概论(第三版)[M]. 北京:中国广播影视出版社,2021.
2. 罗杰·菲德勒. 媒介形态变化[M]. 明安香,译. 北京:华夏出版社,2000.

---

① 孙玮:《赛博人:后人类时代的媒介融合》,《新闻记者》2018年第6期。
② 喻国明、姜桐桐:《元宇宙时代:人的角色升维与版图扩张》,《新闻与传播评论》2022年第4期。
③ 喻国明、姜桐桐:《元宇宙时代:人的角色升维与版图扩张》,《新闻与传播评论》2022年第4期。

3. 约斯·德·穆尔. 赛博空间的奥德赛——走向虚拟本体论与人类学[M]. 麦永雄,译,桂林:广西师范大学出版社,2007.

4. 韦路. 媒体融合的定义、层面与研究议题[J]. 新闻记者,2019(03).

5. 沈浩,元方. 智能化媒体与未来[J]. 新闻战线,2018(01).

6. 强月新,陈志鹏. 未来媒体的内容生产与叙事变革[J]. 新闻与写作,2017(04).

7. 向安玲,沈阳. 全息、全知、全能——未来媒体发展趋势探析[J]. 中国出版,2016(02).

8. 喻国明. 有的放矢:论未来媒体的核心价值逻辑[J]. 新闻界,2021(04).

9. 丁柏铨. 媒介融合:概念、动因及利弊[J]. 南京社会科学,2011(11).

10. 官承波,孙宇. 习近平总书记关于媒体融合重要论述的演进脉络及目标指向[J]. 中国出版,2021(03).

11. 孙玮. 赛博人:后人类时代的媒介融合[J]. 新闻记者,2018(06).

12. 许同文. 媒体平台与平台型媒体:移动互联网时代媒体转型的进路[J]. 新闻界,2015(13).

13. 喻国明,焦建,张鑫. "平台型媒体"的缘起、理论与操作关键[J]. 中国人民大学学报,2015(06).

14. 李沁. 沉浸传播的形态特征研究[J]. 现代传播(中国传媒大学学报),2013(02).

15. 张文娟,官承波. 区块链与未来传媒生态秩序:一种新的思维观和方法论[J]. 新闻爱好者,2020(03).

16. 郭婧一,喻国明. 元宇宙新"入口":智能网联汽车作为未来媒体的新样态[J]. 传媒观察,2022(03).

17. 喻国明,高琴. 区块链技术下,主流媒体重塑社会共识的路径[J]. 传媒观察,2021(10).

18. 张玮玮. 区块链对媒体生产关系的重构与赋能[J]. 中国出版,2021(04).

19. 喻国明,耿晓梦. 元宇宙:媒介化社会的未来生态图景[J]. 新疆师范大学学报(哲学社会科学版),2022(03).

20. 喻国明,陈雪娇. 元宇宙:未来媒体的集成模式[J]. 编辑之友,2022(02).

21. 喻国明,姜桐桐. 元宇宙时代:人的角色升维与版图扩张[J]. 新闻与传播评论,2022(04).

附录:《新媒体概论》第一至第九版编写组

《新媒体概论(第一版)》编写组

主　编　宫承波

副主编　詹骞　张磊　金梦玉　王长潇　蒋海升

执笔人员

　　第 一 章　宫承波(新媒体概说)
　　第 二 章　齐立稳、艾诚(门户网站)
　　第 三 章　詹骞(搜索引擎)
　　第 四 章　潘晓慧(虚拟社区)
　　第 五 章　齐立稳(RSS)
　　第 六 章　张磊(电子邮件/即时通信/对话链)
　　第 七 章　冯彦武(博客/播客)
　　第 八 章　管璘(维客)
　　第 九 章　杨阳、张磊(网络文学)
　　第 十 章　张磊、刘书峰(网络动画)
　　第十一章　詹骞、袁哲(网络游戏)
　　第十二章　詹骞(网络杂志)
　　第十三章　高莹、詹骞(网络广播)
　　第十四章　王长潇(网络电视)
　　第十五章　蒋海升(手机短信/彩信)
　　第十六章　蒋海升(手机报纸/出版)
　　第十七章　蒋海升、田迪(手机电视/广播)
　　第十八章　张磊、王玉霞(数字电视)
　　第十九章　乔芳(IPTV)
　　第二十章　王长潇(移动电视)
　　第二十一章　王长潇(楼宇电视)

《新媒体概论(第二版)》编写组

主　编　宫承波

副主编　詹骞　张磊　齐立稳　陈靖　田旭

执笔人员

　　第 一 章　　宫承波(什么是新媒体)
　　第 二 章　　宫承波、齐立稳(新媒体技术概观)
　　第 三 章　　宫承波、齐立稳(新媒体发展概观)
　　第 四 章　　詹骞、陈靖(搜索引擎)
　　第 五 章　　齐立稳(门户网站)
　　第 六 章　　马丽玮、詹骞(网络视频)
　　第 七 章　　高莹(网络广播)
　　第 八 章　　程方远、詹骞(网络报纸/杂志)
　　第 九 章　　陈靖(网络出版)
　　第 十 章　　齐立稳(网络社区)
　　第十一章　　迟林晨、田旭(SNS)
　　第十二章　　陈靖、张磊(电子邮件/即时通信)
　　第十三章　　齐立稳(RSS)
　　第十四章　　陈靖(博客)
　　第十五章　　陈靖(播客)
　　第十六章　　管璘(维客)
　　第十七章　　陈超(网络游戏)
　　第十八章　　杨阳、张磊(网络动画)
　　第十九章　　杨阳(网络文学)
　　第二十章　　倪桓(其他网络媒体形态)
　　第二十一章　程方远(手机短信/彩信/彩铃)
　　第二十二章　程方远(手机报纸/出版/杂志)
　　第二十三章　马琳(手机电视/广播)
　　第二十四章　田旭(手机游戏/动漫)
　　第二十五章　王晶晶(数字电视)

第二十六章　翁立伟(IPTV)
第二十七章　田旭、迟林晨(户外新媒体)
第二十八章　张燕(楼宇电视)
第二十九章　刘姝(车载移动电视)
第 三 十 章　刘姝、王晶晶、宫承波(新媒体的负面效应)
第三十一章　刘姝、王晶晶、宫承波(新媒体的管理与规制)

《新媒体概论(第三版)》编写组

主　编　宫承波

副主编　詹骞　翁立伟　刘姝　田旭

执笔人员

　　第一单元　宫承波、齐立稳、詹骞(第一至三章,新媒体概说)

　　第二单元　詹骞、陈靖、张磊(第四至十八章,网络媒体)

　　第三单元　翁立伟、马琳、蒋海升(第十九至二十四章,手机媒体)

　　第四单元　翁立伟、范雪纯(第二十五至二十六章,互动性电视媒体)

　　第五单元　田旭、倪桓(第二十七至二十九章,新型媒体群)

　　第六单元　刘姝、宫承波(第三十至三十一章,新媒体失范与规制)

《新媒体概论(第四版)》编写组

主　编　宫承波

副主编　詹骞　翁立伟　倪桓　王晶晶

执笔人员
- 第一章　宫承波(什么是新媒体)
- 第二章　宫承波、齐立稳、詹骞(新媒体发展概观)
- 第三章　宫承波、齐立稳、詹骞(新媒体技术审视)
- 第四章　詹骞(新兴媒体群之一:网络媒体)
- 第五章　翁立伟、马琳(新兴媒体群之二:移动媒体)
- 第六章　翁立伟、范雪纯(新兴媒体群之三:互动性电视媒体)
- 第七章　田旭(新型媒体群)
- 第八章　葛云飞、倪桓(新媒体新闻)
- 第九章　王晶晶、倪桓(新媒体舆论)
- 第十章　田旭(新媒体艺术)
- 第十一章　倪桓(新媒体广告)
- 第十二章　翁立伟、宫承波(新媒体产业概说)
- 第十三章　翁立伟、宫承波(新媒体产业发展现状及趋势)
- 第十四章　王晶晶、宫承波(国外对新媒体的管理与规制)
- 第十五章　王晶晶、宫承波(我国对新媒体的管理与规制)
- 第十六章　王晶晶、宫承波(新媒体法制与伦理建设探析)
- 第十七章　翁立伟、宫承波(新媒体对传统媒体的冲击与影响审视)
- 第十八章　翁立伟、宫承波(新媒体背景下的媒介环境审视)
- 第十九章　翁立伟、宫承波(媒介融合大趋势)

《新媒体概论(第五版)》编写组

主　编　宫承波

副主编　詹骞　张凌霄　何海翔　田园

执笔人员
  第一单元　詹骞、宫承波(第一至三章,新媒体概说)
  第二单元　詹骞(第四至六章,新媒体形态论)
  第三单元　郝丽丽、宫承波(第七至八章,新媒体新闻;新媒体舆论)
      朱逸伦、宫承波(第九章,新媒体艺术)
      张凌霄、宫承波(第十章,新媒体广告与营销)
      范松楠、宫承波(第十一章,新媒体应用)
  第四单元　张凌霄(第十二至十四章,新媒体产业论)
  第五单元　何海翔(第十五至十七章,新媒体管理与规制论)
  第六单元　田园、宫承波(第十八至二十章,新媒体生态与发展论)

《新媒体概论(第六版)》编写组

主　编　宫承波

副主编　詹骞　张凌霄　何海翔　田园

执笔人员
　　第一单元　付砾乐、宫承波(第一至三章,新媒体概说)
　　第二单元　詹骞(第四至八章,新媒体形态论)
　　第三单元　王晶晶(第九章,新媒体新闻)
　　　　　　　郝丽丽(第十章,新媒体舆论)
　　　　　　　朱逸伦(第十一章,新媒体艺术与娱乐)
　　　　　　　齐立稳(第十二章,新媒体广告与营销)
　　　　　　　范松楠(第十三章,新媒体应用)
　　第四单元　张凌霄(第十四至十六章,新媒体产业论)
　　第五单元　何海翔(第十七至十九章,新媒体管理与规制论)
　　第六单元　田园(第二十至二十一章,新媒体生态与发展论)

《新媒体概论(第七版)》编写组

主　编　宫承波

副主编　詹骞　蒋海升　张凌霄　田园

执笔人员
  第一单元　宫承波、孙宇(第一至三章,新媒体概说)
  第二单元　詹骞、孙宇(第四至七章,新媒体发展及形态论)
  第三单元　卢维林(第八章,网络语言与符号)
      　王晶晶(第九章,新媒体新闻)
      　郝丽丽(第十章,新媒体舆论)
      　朱逸伦(第十一章,新媒体艺术与娱乐)
      　齐立稳(第十二章,新媒体广告与营销)
      　范松楠(第十三章,新媒体应用)
  第四单元　张凌霄(第十四至十六章,新媒体产业论)
  第五单元　蒋海升、张晶晶(第十七至十九章,新媒体管理与规制论)
  第六单元　田园、宫承波(第二十至二十一章,媒体融合化趋势;媒体移动化趋势)
      　王凡、宫承波(第二十二章,媒体智能化趋势)

《新媒体概论(第八版)》编写组

主　编　宫承波

副主编　詹骞　闫玉刚　张晶晶　范松楠　孙宇

执笔人员
　　第一单元　孙宇、宫承波(第一至二章,新媒体概说)
　　第二单元　詹骞、刘娜、马嘉阳(第三至五章,新媒体形态演变概观;聚合类媒体;社交类媒体)
　　　　　　　徐瀚祺(第六章,智能媒体)
　　第三单元　卢维林(第七章,网络语言与符号)
　　　　　　　张文娟(第八章,网络直播与短视频)
　　　　　　　降帅杰(第九章,新媒体新闻)
　　　　　　　张凌霄(第十章,新媒体舆论)
　　　　　　　朱逸伦(第十一章,新媒体艺术与娱乐)
　　　　　　　付砾乐(第十二章,新媒体广告与营销)
　　第四单元　范松楠(第十三至十五章,互联网思维及其应用论)
　　第五单元　张隽、闫玉刚(第十六章,新媒体产业概说)
　　　　　　　蒋珍珍、闫玉刚(第十七章,新媒体产业略览)
　　第六单元　张晶晶、蒋海升(第十八至二十章,网络文明建设论)
　　第七单元　孙宇、宫承波(第二十一至二十二章,新媒体创新与发展论)

《新媒体概论(第九版)》编写组

主　编　宫承波
副主编　詹骞　范松楠　闫玉刚　张晶晶　孙宇
执笔人员
　　第一单元　孙宇、宫承波(第一至三章,新媒体概说)
　　第二单元　詹骞(第四章,新媒体形态演变概观)
　　　　　　　杨鉴琳(第五章,聚合类媒体)
　　　　　　　屠怡文(第六章,社交类媒体)
　　　　　　　徐瀚祺(第七章,智能媒体)
　　第三单元　王哲(第八章,新媒体新闻)
　　　　　　　付砾乐(第九章,新媒体舆论)
　　　　　　　朱逸伦(第十章,新媒体艺术与娱乐)
　　　　　　　陈曦(第十一章,新媒体广告与营销)
　　　　　　　吕永洁(第十二章,网络直播)
　　　　　　　王伟鲜(第十三章,短视频传播)
　　第四单元　范松楠(第十四至十六章,互联网思维及其应用论)
　　第五单元　闫玉刚、张隽(第十七章,新媒体产业概说)
　　　　　　　闫玉刚、蒋珍珍(第十八章,新媒体产业略览)
　　第六单元　张晶晶、蒋海升(第十九至二十一章,网络文明建设论)
　　第七单元　孙宇、宫承波(第二十二至二十三章,新媒体创新与未来媒体论)

图书在版编目（CIP）数据

新媒体概论：第十版 / 宫承波主编. -- 北京：中国广播影视出版社，2022.11
媒体创意专业核心课程系列教材
ISBN 978-7-5043-8929-9

Ⅰ.①新… Ⅱ.①宫… Ⅲ.①传播媒介—高等学校—教材 Ⅳ.①G206.2

中国版本图书馆CIP数据核字（2022）第201374号

新媒体概论（第十版）
宫承波　主编

策划编辑	王丽丹
责任编辑	王丽丹
封面设计	盈丰飞雪
责任校对	龚　晨

出版发行	中国广播影视出版社
电　　话	010-86093580　010-86093583
社　　址	北京市西城区真武庙二条9号
邮　　编	100045
网　　址	www.crtp.com.cn
电子信箱	crtp8@sina.com

经　　销	全国各地新华书店
印　　刷	河北鑫兆源印刷有限公司

开　　本	787毫米×1092毫米　1/16
字　　数	500（千）
印　　张	27.25
版　　次	2022年11月第10版　2022年11月第1次印刷

书　　号	ISBN 978-7-5043-8929-9
定　　价	60.00元

（版权所有　翻印必究·印装有误　负责调换）